HENNIG BRINKMANN · MITTELALTERLICHE HERMENEUTIK

HENNIG BRINKMANN

MITTELALTERLICHE HERMENEUTIK

1980

WISSENSCHAFTLICHE BUCHGESELLSCHAFT

DARMSTADT

Mit Genehmigung des Max Niemeyer Verlags, Tübingen,
herausgegebene Sonderausgabe für die Mitglieder
der Wissenschaftlichen Buchgesellschaft, Darmstadt

Ⓦ Bestellnummer 8430-6

© 1980 by Max Niemeyer Verlag, Tübingen
Satz und Druck: Sulzberg-Druck GmbH, Sulzberg im Allgäu
Printed in Germany

*Mitarbeitern und Teilnehmern
meiner mediävistischen Tätigkeit
in Münster (1958–1969)
gewidmet*

Inhaltsverzeichnis

Vorwort

Es begann mit meinem ersten Semester als Hochschullehrer in Jena: Anfang 1925 lasen wir Dantes Brief an Cangrande, weil er uns authentisch im Sinne des Mittelalters einen hermeneutischen Zugang zum »Paradiso« öffnet. Überlegungen zur Kunst- und Dichtungsauffassung des Mittelalters schlossen sich an; sie erschienen zwei Jahre später (1927) in der Germanisch-Romanischen Monatsschrift (XV, 183 ff.) und leiteten im Jahre darauf (1928) das Buch »Zu Wesen und Form mittelalterlicher Dichtung« ein, das wie meine ersten Arbeiten in der Obhut des Verlages Max Niemeyer herauskam.

Das eigentliche Anliegen dieses Versuches war: die Maßstäbe zu finden, die im Mittelalter für literarische Gestaltung galten. Anhaltspunkte dafür gaben Anweisungen zur vershaften und prosaischen Sprachgestaltung aus dem 12. und 13. Jahrhundert; ihnen lagen die Regeln für »Wirkungsrede« (Rhetorik) zugrunde, die von der Spätantike bis zur Barockzeit das abendländische Gestalten beherrschten. Sie werden in der Geschichte der »Beschreibung« wirksam, die in der europäischen Literatur nach geltenden Mustern Merkmale und Zweitaussagen liefert.

Der Anglist Hans H. Glunz kam 1937 (offenbar ohne Kenntnis meiner Arbeit) von einer ganz anderen Seite her, der Bibelbedeutung im mittelalterlichen England, zu einer »Literarästhetik des europäischen Mittelalters« (1963 neugedruckt), die im Untertitel große Dichter und Dichtung des Mittelalters nennt (Wolfram – Rosenroman – Chaucer – Dante). Sie wurde zum kritischen Anstoß für die weitausgreifenden Unternehmungen des Romanisten Ernst Robert Curtius, an deren Anfang (1938) die Auseinandersetzung mit dem Buch von Glunz stand (Zs. f. rom. Phil. 58, 1–50. 129–232. 433–479). Diese Untersuchungen, von großartiger Belesenheit getragen, mündeten in das berühmte Buch »Europäische Literatur und lateinisches Mittelalter« (1948, 7. Aufl. 1969), das ein Denken in »Epochen« durch ein konsequentes Verfolgen der »Konstanten« abgelöst hat. Was in meiner Arbeit aus dem Jahre 1928 versuchsweise angestrebt war, wurde durch die Leistung und den Ruhm von Curtius weitesten Kreisen bekannt. So ist es wohl zu verstehen, wenn der Wunsch laut wurde, »Zu Wesen und Form mittelalterlicher Dichtung« wieder durch Neudruck in die Hand zu bekommen.

Die Wissenschaftliche Buchgesellschaft in Darmstadt nahm das Anliegen auf, und der alte Betreuer, der Max Niemeyer Verlag (jetzt in Tübingen), schloß sich dankenswerter Weise an.

Inzwischen hatte sich aber die wissenschaftliche »Szene« wesentlich verändert.

Mir selber war unmittelbar nach Erscheinen der frühen Arbeit klar geworden, daß Bereiche wie religiöses Theater und religiöse Lyrik in ihrem Zentrum nicht von den Gestaltungsregeln für profane Literatur zu erreichen sind. So kam es 1929 und 1930 zu den Bemühungen um liturgisches Spiel und religiöses Drama des Mittelalters, die jetzt im 2. Band der »Studien zur Geschichte der deutschen Sprache und Literatur« (Düsseldorf 1966, S. 163–231) zugänglich sind, dreißig Jahre später noch einmal aufgenommen (Das religiöse Drama, in: Wirkendes Wort IX, 1959, S. 257–274), diesmal mit dem Blick auf Struktur und Geschichte. Für die religiöse Lyrik konnte erst später ein Aufschluß vorgelegt werden (Voraussetzungen und Struktur religiöser Lyrik im Mittelalter, in: Mittellateinisches Jahrbuch III, 1966, S. 37–54).

Wichtiger aber war, daß die Literatur des Mittelalters insgesamt nicht allein von der Gestaltung aus zu begreifen war, sondern einen Einblick in die Verfahrensweisen des Verstehens verlangte. Das war der frühen Arbeit nicht entgangen (vgl. S. 86–90) und auch der Forschung längst bekannt (vgl. Schwietering und Auerbach). Vor allem die Enträtselung der »Allegorie« führte zu neuen mittelaltergemäßen Wegen des Verstehens. Bedeutende Werke (Smalley, Spicq, de Lubac) gaben Einblick in Eigenart und Geschichte der Hermeneutik im Mittelalter. Friedrich Ohly brachte mit seiner Kieler Antrittsrede »Vom geistigen Sinn des Wortes im Mittelalter« (1958, jetzt in: Fr. Ohly, Schriften zur mittelalterlichen Bedeutungsforschung, Darmstadt 1977, S. 1–31) die mittelalterliche Bedeutungsforschung in Gang, die durch ihn und seinen großen Schülerkreis bereits reiche Früchte getragen hat. Verstehen und Gestalten zugleich stellte das dreibändige Werk von Edgar de Bruyne dar (Etudes d'esthétique médiévale, Brugge 1946), das wegen seines Erscheinungstermins in Deutschland kaum beachtet wurde.

Die Neuausgabe des Buches »Zu Wesen und Form mittelalterlicher Dichtung« sollte mit einem »Nachwort« verbunden sein, und so ist sie auch im Programm der Wissenschaftlichen Buchgesellschaft angekündigt worden. Eine Umarbeitung nach dem Stand der allgemeinen und der eigenen Forschung war undurchführbar, eine Ergänzung der Bibliographie ohne Änderung des Textes ohne rechten Sinn. Selbst das »Nachwort« konnte nicht zustande kommen, solange ich neben meiner mediävistischen Tätigkeit in Münster noch mit der Umarbeitung des Buches über »Die deutsche Sprache« befaßt war.

Als dann 1971 das Buch über die deutsche Sprache endlich fertig war und wir nach Beendigung meiner Lehrtätigkeit in unser Haus nach Senden übersiedeln konnten, war der Weg für eine Ausarbeitung frei. Aus den »hermeneutischen Fragen«, die früh skizziert waren, entwickelte sich die Konzeption einer »Hermeneutik«, die mit den Erfahrungen meiner mediävistischen Arbeit in Münster und den Neugewinnen der Forschung die mittelalterliche Lehre vom Verstehen systematisch und exemplarisch darstellen sollte. Da die mittelalterliche Lehre vom Verstehen ganz auf der Zeichenlehre aufbaut, konnte sich zugleich ein historischer Beitrag zum aktuellen Gespräch über zeichenhafte Phänomene ergeben. So tritt Vergangenes in eine gegenwärtige Denksituation.

Das Buch beruht im wesentlichen auf Notizen, Sammlungen und Aufzeichnungen, die während meiner Lehrtätigkeit in Münster (1958–1969) entstanden sind. Nur in wenigen Fällen konnten Zahlenangaben noch einmal nachgeprüft werden. Wissenschaftliches Schrifttum aus späterer Zeit wurde herangezogen, soweit es mir bekannt und erreichbar wurde. Daß die Möglichkeit dazu bestand, verdanke ich vor allem Christel Meier-Staubach und Hellmut Rüter. Was in meinen eigenen Kräften lag, ist geschehen. Ende des Jahres 1978 erhielt der Verlag das Manuskript.

Ostern 1980

Senden bei Münster   Hennig Brinkmann

Die hermeneutischen Anschauungen
des Mittelalters

Hermeneutik und Zeichenlehre

Die hermeneutischen Fragen

Die Lehre vom Verstehen im Mittelalter gilt dem geschriebenen Wort. So beginnt der Kommentar Bernhards von Utrecht zur Ecloga Theodoli[1] mit dem Begriff des Buches (*liber*), und Konrad von Hirsau folgt ihm darin in seinem *Dialogus super auctores*.[2] An den Begriff des Buches schließen die aus dem Altertum übernommenen literaturwissenschaftlichen Grundbegriffe an: die unterscheidenden Begriffe für die formalen Merkmale eines literarischen Werkes (*prosa, metrum, rithmus*), für die Arten der Verfasserschaft (*auctor, historiografus, poeta, commentator* usw.) und für die Gattungen (*carmen bucolicum, tragicum, comicum* usw.).

Die Beschäftigung mit dem Buch macht den Menschen frei. Konrad von Hirsau sagt (Huygens, Z. 104 ff.): *dictus autem liber est a liberando, quia qui vacat lectioni sepe solvit mentem a curis et vinculis mundi.* Ähnlich heißt es in einem *Accessus* zu *Prudentius* (bei Huygens, wie Anm. 5, S. 14): *liber dicitur a liberando, quia nos liberat ab errore.* Allerdings wird an dieser Stelle als zweite Erklärung eine Ableitung von *libra* hinzugefügt, die das Buch als Abwägung von *materia* und *intentio* versteht (*a librando, quia intentionem cum materia librat*).

---

[1] Der Kommentar Bernhards von Utrecht ist nach der Überlieferung in der Münchener Handschrift (Staatsbibliothek in München, Clm. 22293, 13. Jahrhundert) benutzt (seit langem verfüge ich über eine Copie von Wilhelm Breuer). Diese Handschrift hat Josef Frey herangezogen und Morton Yale Jacobs seiner Ausgabe vom Jahre 1962 zugrunde gelegt, die mir nach Abschluß der Arbeit durch Hellmut Rüter (Oberbibliotheksrat an der Universitätsbibliothek Münster) zugänglich gemacht wurde und in einem Exemplar an der Universitätsbibliothek Münster (Signatur: 3 E 53033) vorhanden ist: Bernard's Commentum in Theodulum, editio princeps by Morton Yale Jacobs, The University of North Carolina at Chapel Hill, Phil. Diss. 1963. Jacobs hat neben der genannten Münchener Handschrift 5 andere Handschriften herangezogen, darunter auch die Kasseler Handschrift (Kassel, Landesbibliothek, Theol. 27, 12. Jahrhundert), die Roswitha Klinck (wie Anm. 95) bei der Besprechung des Kommentars zu Rate gezogen hat. Die Einleitung mit dem accessus, die der Erklärung der Ecloga Theodoli vorausgeht, steht bei Jacobs: S. 3–15 (M 1ᵛ–5ᵛ).

[2] Die Schrift Konrads von Hirsau, die unvollständig überliefert ist, wird zitiert nach der Zeilenzählung in der Ausgabe von Huygens: Conrad von Hirsau, Dialogus super auctores, ed. R. B. C. Huygens (Collection Latomus Vol. XVII), Brüssel 1955.

3

Hinter solcher Auffassung von der Bedeutung des Buches steht die paulinische Überzeugung, daß die Beschäftigung mit dem Wort Gottes den Christen frei macht. Konrad zitiert diese Anschauung zu Beginn des letzten Teils seines *Dialogus*, der das System der Wissenschaften, der *artes liberales*, entwickelt (Huygens, Z. 1572 ff.): *nihil autem felicius in hoc mundo quam pasci verbo divino ... in libertatem vocati sumus* (Gal. 5,13), *studiis liberalibus regi nostro serviamus*. Was Konrad von Hirsau, der nur eine Einführung (*introductio*) bieten will, am Ende bringt, steht im *Didascalicon* Hugos von St. Victor, das Konrad kannte, am Anfang:[3] er entwickelt die Lehre vom Verstehen aus der Situation des Menschen, der das göttliche Ebenbild in der Seele wiederherstellen soll.[4]

Dabei knüpft Hugo an Augustinus an, der in seiner *Doctrina christiana* an den Anfang die Lehre vom Wort als Zeichen stellt. Diese Lehre war naturgemäß auch Konrad von Hirsau vertraut. Er verwendet sie zunächst im Zusammenhang mit dem Begriff der *explanatio* (Dialogus, hg. Huygens, Z. 198–208), dann im Anschluß an die Fabeldichtung (Esopus, Avianus), um eine Grenze zwischen profaner Dichtung und heiliger Schrift zu ziehen (Huygens, Z. 306–556), und benutzt sie schließlich als Fundament für die Darstellung des Wissenschaftssystems (Huygens, Z. 1601–1630).

Die Schrift Konrads von Hirsau ist uns, ebenso wie sein *Dialogus de mundi contemptu*, nur in einer unvollendeten Fassung erhalten. Sie diskutiert nacheinander 21 Autoren, und zwar in jener vorläufig orientierenden Form, die in der Hinführung zu den Autoren (den *Accessus ad auctores*) überliefert war. Nach dem Schema dieser Hinführungen werden die Autoren in einer bestimmten Reihenfolge behandelt. Dabei schließen sich vielfach systematische Fragen an. Am Ende steht die schon erwähnte Darstellung des Systems der Wissenschaften (Z. 1572–1854). Sie setzt ohne Übergang und Anschluß ein, eins der Merkmale dafür, daß die überlieferte Fassung nicht abgeschlossen ist.

In allen Bereichen des Schrifttums war es üblich, einem Werk oder Kommentar bestimmte Fragen vorauszuschicken.[5] Sie werden eingeleitet mit einem Satz wie: Zu Beginn des Werkes sind folgende Fragen zu unter-

---

[3] Hugo von St. Victor, Didascalicon, ed. Charles Henry Buttimer, Diss. Washington 1939 (Studies in Medieval and Renaissance Latin, Nr. 10); die Stelle: I, 5 ff.

[4] Augustinus, De doctrina christiana (Corpus Christianorum, Series latina XXXII), 1962. Zur Lehre von der Sprache als Zeichen sei auf meine Aufsätze verwiesen: Die Zeichenhaftigkeit der Sprache, des Schrifttums und der Welt im Mittelalter (ZfdPh 93, 1974, S. 1 ff.); Die Sprache als Zeichen im Mittelalter (Gedenkschrift für Jost Trier, hg. Hartmut Beckers und Hans Schwarz, Köln und Wien 1975, S. 23–44); Kritische Sprachanalyse im Lichte der Zeichentheorie (Wirkendes Wort XXV, 1975, S. 289–323).

[5] Accessus ad auctores, ed. R. B. C. Huygens (Collection Latomus XV), Brüssel 1954.

suchen (*in principio huius libri VII inquirenda sunt: Accessus Sedulii*, bei Huygens S. 23). Diese Fragen sind nicht Bestandteil eines Kommentars, sondern gehen dem Werk oder Kommentar voraus. Die Anzahl der Fragen wechselt zwischen drei und sieben (so in der von Huygens veröffentlichten Sammlung der *Accessus*), und auch die Art der Fragen ist verschieden. Drei verschiedene Überlieferungsreihen, die zugleich verschiedene Sehweisen repräsentieren, lösen sich ab, gehen nebeneinander her oder vermischen sich. Die philosophische Reihe geht von der Erklärung des Aristoteles aus und wurde dem Mittelalter durch Boethius vermittelt. Die literarische Reihe wurde von Servius in seinem Vergilkommentar begründet.[6] Die rhetorische Reihe hat ihren Ursprung in der Lehre von den »Umständen« *(circumstantiae)*, die bei der Inventio zu beachten sind.

In der Überlieferung des Kommentars von Bernhard von Utrecht zur Ecloga Theodoli treten alle drei Reihen auf. Bernhard wendet zunächst die Servius-Reihe auf die *Ecloga Theodoli* an, übergeht dann die Lehre von den Umständen[7] und appliziert darauf die (reduzierte) philosophische Reihe auf das zu erklärende Werk. Die Servius-Reihe wird als »alter« Brauch von der philosophischen Reihe als »neuem« Brauch abgesetzt. Alle diese Reihen werden aber als Vorfragen verstanden, die »außerhalb« *(extra)* verbleiben. Konrad von Hirsau übernimmt von Bernhard die »alte« und »neue« Reihe, läßt aber die Nennung der »Umstände«, also die rhetorische Reihe, aus.

Servius beginnt seinen Kommentar zu Vergils Aeneis mit den Worten (wie Anm. 6, S. 1): *In exponendis auctoribus haec consideranda sunt: poetae vita, titulus operis, qualitas carminis, scribentis intentio, numerus librorum, ordo librorum, explanatio.* Nachdem er die sechs ersten Fragen beantwortet hat (S. 1–5), geht er zur Erklärung über *(sola superest explanatio, quae in sequenti expositione probabitur)*. Bernhard von Utrecht übernimmt diese sieben »Vorfragen« und erläutert sie:[8]

In libris quidem explanandis antiqui non minus quam septem ... requirere solent: vitam auctoris, ut ex ea opus commendetur; titulum operis, ut unde tractet vel cuius sit opus pateat, ne apocriphon id est secretum vel sine superscriptione

---

[6] Servius, In Vergilii carmina commentarii, rec. Georg Thiele und Hermann Hagen, Vol. I (rec. G. Thiele), zu Aen. I–V, Leipzig 1881.

[7] Ich lese: nec expositis septem circumstantiis (statt: nunc expositis), weil Bernhard tatsächlich die »Umstände« nicht behandelt.

[8] Diese Stelle steht in der Ausgabe von Jacobs (wie Anm. 1): S. 4. Sie war bereits in der Abhandlung von Josef Frey im Auszug mitgeteilt (Josef Frey, Über das mittelalterliche Gedicht »Theoduli ecloga« in dem Kommentar des Bernhardus Ultrajactensis, im: 24. Jahresbericht des Paulinischen Gymnasiums, Münster 1904, S. 15). Vollständig ist sie bei Huygens in der Einleitung zum Dialogsu super auctores Konrads von Hirsau (wie Anm. 2) abgedruckt (S. 10 f.).

id est inauctorabile deputetur; qualitatem carminis, scilicet quo metri genere vel qua dicendi lege constet; scribentis intentionem, quare scriptum vel legendum sit; numerum librorum, quot sint, ut quantitate operis valentia commendetur auctoris; ordinem, utrum scilicet artificiosus vel naturalis vel commixtus sit, vel secundum Servium ut quid prius scriptum vel legendum sit innotescat; explanationem, qua quomodo legendum vel intelligendum sit aperiatur.

Drei dieser Fragen, die nach *vita, titulus* und *intentio*, sind auf den Verfasser gerichtet, die anderen gehen auf die Anlage und Gestalt des literarischen Werks. Keine der Fragen hat unmittelbar den Empfänger des Werkes im Auge. Diese Reihe, von Bernhard von Utrecht und von Konrad von Hirsau als »alter« Brauch und damit als überholt bezeichnet, tritt aber auch weiterhin auf, so im *Accessus* zu Sedulius (Huygens, wie Anm. 5, S. 23 f.), der Hieronymus und Remigius benutzt.

Die rhetorische Reihe, die er nicht behandelt, nennt Bernhard von Utrecht in der Form von sieben Fragen, die sich bei der Topik für die *narratio* und *argumentatio* ausgebildet hatten: *quis quid ubi quibus auxiliis cur quomodo quando*. Diese Fragen, die uns seit dem 11. Jahrhundert in dieser Form als Hexameter begegnen, hatte offenbar Victorinus in seinem Kommentar zu Ciceros Schrift *De inventione* zuerst formuliert;[9] er bringt sie zuerst in Verbindung mit der Wahrscheinlichkeit einer *narratio* (Halm S. 207) und dann in Zusammenhang mit dem Beweis (Halm S. 213 f.). Die Fragen lauten bei ihm: *quis? quid? cur? ubi? quando? quemadmodum? quibus adminiculis?* Sie vertreten Ciceros Begriffe: *persona, factum, causa, locus, tempus, modus, facultas.* Diese Fragen und die zugehörigen Begriffe wurden dem Mittelalter durch Augustinus (Halm, wie Anm. 9, S. 141 f.) und durch Alkuin (Halm S. 527) vermittelt. Seit der Karolingerzeit werden sie als »Vorfragen« auf Dichtung angewandt.[10] Johannes Scottus scheint sie zuerst aus irischer Tradition auf die Dichtung übertragen zu haben (Silvestre Nr. 4), und zwar als Ersatz für die Servius-Reihe. In seiner Nachfolge steht Remigius (Silvestre Nr. 9 und 11), der die Hermeneutik des Mittelalters stark beeinflußt hat. Matthaeus von Vendôme benutzt die

---

[9] Heinrich Lausberg, Handbuch der literarischen Rhetorik, München 1960, I, § 328. Die betreffende Stelle im Kommentar des Victorinus zu Ciceros Schrift De inventione (I, 22 über die narratio) steht bei Halm (Rhetores latini minores, ed. Carl Halm, Leipzig 1863): S. 217.

[10] Die immer noch grundlegende Arbeit über die accessus und ihre Geschichte ist die Arbeit von Edwin A. Quain, S. J., The medieval accessus ad auctores, in: Traditio III (1943), 215–264. Sie wird ergänzt durch Hubert Silvestre, Le schema »moderne« des accessus, in: Latomus XVI (1957), 684–689, und vor allem durch die bedeutende Untersuchung von Bernhard Bischoff: Wendepunkt in der Geschichte der lateinischen Exegese im Frühmittelalter, in: Sacris Erudiri VI (1955), 189–281. Anm. 5 ist die Sammlung von Accessus durch Huygens genannt. Clemens Heselhaus würdigt Dantes accessus zum Paradiso in der Festschrift für G. Müller (Bonn 1957), S. 272–275.

Fragen in seiner Poetik,[11] um seine Lehre von den *attributa* für *persona* und *negotium* zusammenzufassen.

In einer Handschrift mit dem Kommentar Bernhards von Utrecht (Clm. 2601, 13. Jahrhundert) werden die Fragen, wie folgt erklärt (Frey, wie Anm. 8, S. 17, Anm. 6):

quis = cuius conditionis sit auctor, sive nobilis sive ignobilis, seu graecus seu latinus; quid = cuiusmodi materiam scribat, sive historiam sive tragoediam sive comoediam; ubi scripserit, vel Romae vel alio; quibus auxiliis = quibus adiuvantibus et defendentibus; cur = qua necessitate; quomodo = metrice an prosaice; quando = sub cuius tempore, an Romano imperio florente an Medorum aut Persarum regno vigente.[12]

Die Erklärung zeigt, daß die Fragen auf antike Autoren abgestimmt sind; sie haben die geschichtliche Stellung des Autors und die Form seines Werkes im Auge und sind darin offenbar der Servius-Reihe nachgebildet.

Aus der Tradition der Grammatik hatte die irische Hermeneutik ein neues Schema ausgebildet, das zunächst bei Erklärungen grammatischer Werke (so des Donat) begegnet und dann auf die Erklärung der Heiligen Schrift angewendet wird. Ein Donatkommentar entwickelt die drei Fragen nach *persona*, *locus* und *tempus* im Anschluß an Matthaeus I, 1 (Silvestre, wie Anm. 10, Nr. 13); vielfach tritt die Frage nach der *causa scribendi* hinzu. Im irischen »Bibelwerk« sind die Grundfragen den Bedürfnissen bei der Erklärung der Heiligen Schrift angepaßt und zu einem Schema von 15 Fragen erweitert (Bischoff, wie Anm. 10, S. 209): *nomen*, *locus*, *tempus*, *persona*, *genus*, *lingua*, *ordo*, *auctoritas*, *causa*, *numerus*, *canones*, *significatio*, *figura*, *prophetia*, *demonstratio*. In seiner Kurzform (*persona*, *locus*, *tempus*) hat das Schema vor allem bei der Erklärung einer *historia* fortgelebt. So sagt Hugo von St. Victor in seinem *Didascalicon* (wie Anm. 3, VI, 3) zu *historia: haec enim quattuor in historia requirenda sunt: persona, negotium, tempus et locus.*

Die Servius-Reihe war in ihrer Anwendung dadurch begrenzt, daß sie auf die Erklärung antiker Dichter angelegt war. Darum konnte sie durch die philosphische Reihe abgelöst werden, die auf Schrifttum jeder Art angewendet werden konnte. Sie geht über Boethius auf die Erklärung der Werke des Aristoteles zurück (Quain, wie Anm. 10, S. 243 ff.). Ihr besonderes Merkmal ist, daß sie die Fragen nach dem systematischen Ort eines Werkes und nach dem Nutzen für den Empfänger einschließt.

---

[11] Matthaeus von Vendôme, Ars versificatoria I, 116 (bei Edmond Faral, Les arts poétiques du XIIe et XIIIe siècles, Paris 1924 (Neudruck Paris 1958), S. 150.

[12] Über die Handschrift: Jacobs (wie Anm. 1), S. XXXIII.

In der Nachfolge von Erklärern des Aristoteles wie Ammonius nennt Boethius in der Übersetzung der *Isagoge* des Porphyrius sechs Fragen (Quain, wie Anm. 10, S. 236), wobei er jeweils den griechischen Terminus anführt:

> Sex omnino ... magistri in omni expositione praelibant. Praedocent enim quae sit cuiuscumque operis intentio, quod apud illos skopos vocatur; secundum, quae utilitas, quod a Graecis chresimon appellatur; tertium, qui ordo, quod taxin vocant; quartum, si eius, cuius esse opus dicitur, germanus propriusque liber est, quod gnesion interpretari solent; quintum, quae sit eius operis inscriptio, quod epigraphen Graeci nominant. ... Sextum est id dicere, ad quam partem philosophiae cuiuscunque libri ducatur intentio, quod Graeca oratione dicitur: eis poion meros philosophias anagetai. Haec ergo omnia in quolibet philosphiae libro quaeri convenit atque expediri.

Diese Stelle wird um 1022 von Burchard von Worms, dem Verfasser des einflußreichen Decretum, in einem Brief zitiert, und sie scheint, vielfach in reduzierter oder variierter Form, die Grundlage für den »neuen« Brauch geworden sein. Bernhard von Utrecht nennt vier Fragen (Konrad von Hirsau folgt ihm darin), die er auf Aristoteles und Boethius zurückführt (Frey S. 17, Jacobs S. 12):

> quid moderni querant audiamus, qui quanto tempore posteriores, tanto in indagatione sunt discretiores. querunt igitur operis materiam, scribentis intentionem et ad quam philosophie tendat partem. hec quidem in Analiticis Aristoteles querenda innuit, cum dicit: videndum circa quid et de quo versetur intentio. in circa quid enim philosophie pars, in de quo materia, in versetur intentio exprimitur ipsa intentio. his addunt quartum utilitatem auctoritate Boetii qui dicit in Topicis: ut comparetur copia argumentorum et clara possit esse distinctio locorum (darin wird die utilitas ausgesprochen).

Die *materia* sagt, woraus etwas besteht (*unde constat quodlibet*); das sind bei den *auctores* die handelnden Personen und ihre Handlungen (bei Lucan: Pompeius, Caesar und der Senat, bzw. der Bürgerkrieg). Die *intentio* ist die Einstellung des Autors zum Gegenstand (*affectus animi circa materiam*). Konrad erweitert die *intentio* (Huygens 226 f.): *quid, quantum, de quo scribere proponat*. Die *utilitas* bestimmt Konrad als *fructus legentis*. Den systematischen Ort, die Zuweisung zu einer *pars philosophiae*, bestimmen Bernhard von Utrecht und Konrad von Hirsau nach der Einteilung Platos, die sie bei Isidor[13] fanden (II 24,3); jedes Werk gehört entweder zur *Physica* (*philosophia naturalis*), zur *Logica* (*philosophia rationalis*, bzw. *sermocinalis*) oder zur Ethik (*philosophia moralis*). Im 12. Jahrhundert wurde ein umfassenderes System aller geistigen Tätigkeiten des

---

[13] Isidor, Etymologiarum libri XV, rec. W. M. L. Lindsay, 2 Bde., Oxford 1911 (zuletzt 1971): II 24.

Menschen entwickelt, das die aristotelische Unterscheidung von *Practica* und *Theorica* nutzt.

In den vier Fragen sind die Momente erfaßt, die nach der Anschauung der gegenwärtigen Linguistik einen »Text« konstituieren: der Verfasser (»Sender«) in der *intentio*; der Inhalt (»die Information«) in der *materia*; die Art des Textes in der Zuweisung zu einer *pars philosophiae*; der Empfänger in der Frage nach der *utilitas*.

Tatsächlich werden seit dem 12. Jahrhundert alle Arten von Texten diesen Fragen unterworfen. Im einzelnen treten Erweiterungen auf: so die Frage nach der Veranlassung des Werkes (*causa scribendi*) oder nach dem *modus tractandi* (auch der *distinctio*). Abaelard fragt in seinen Glossen zu Porphyrius nach *intentio, materia, modus tractandi, utilitas, per quam partem logicae* (Quain, wie Anm. 10, S. 261, Anm. 2). Ein Kommentar aus der Schule von Chartres zu *De trinitate* des Boethius beginnt:[14] *Que sit auctoris intentio in hoc opere videndum est, que operis utilitas et ad quam partem philosophie spectet, et qua de causa scripsit hoc opus.* Honorius fragt in der Exegese (so zu Psalm 100) nach *titulus, materia, intentio* und *divisio* (Migne 172,294). Quain hat gezeigt, wie die *accessus*-Fragen als »materia« in das römische und kanonische Recht aufgenommen werden. Im römischen Recht wird dabei zwischen *materia, intentio* und *utilitas* unterschieden, die allen *principes* gemeinsam sind, und denen, die für Justinian im besonderen gelten (so von Bulgarus, bei Quain, wie Anm. 10, S. 230 f.). Stefan von Tournai beginnt seinen Kommentar zu der *Concordantia Gratians* (Quain S. 241):

> Circa librum autem, quem prae manibus habemus, haec attendenda sunt: sc. Quae sit operis materia? quae ipsius intentio? quis finis intentionis (das ist die utilitas)? quae causa operis? quis modus tractandi? quae distinctio libri?

Auf den Anticlaudianus wendet ein *Summarium*[15] die Fragen an nach der *materia*, die zweischichtig ist (*historialis* und *misticus*), nach der *intentio*, die sich aus der *materia* ergibt, nach dem systematischen Ort (alle *partes* der *philosophia* werden berührt), nach der *causa* und nach der *utilitas* (*humane nature cognitio*). Alanus selber stellt in seiner Erklärung zu der Engelsequenz *Ad celebres*[16] die Vorfragen: *quis auctor huius cantici fuerit, que causa ad hoc opusculum eum invitavit, quam in hoc opusculo habuit materiam, quo modo tractandi idem ordinavit.* Die *Expositio hym-*

---

[14] J. M. Parent, La doctrine de la Création dans l'école de Chartres (Publications de l'Institut d'Etudes médiévales, vol. VIII), Paris/Ottawa 1938, S. 180.

[15] Alain de Lille, Anticlaudianus, ed. R. Bossuat (Textes philosophiques du Moyen Age, vol. 1), Paris 1955, S. 201.

[16] Marie-Thérèse d'Alverny, Alain de Lille (Etudes de philosophie médiévale 52), Paris 1965, S. 194 f.

norum des Hilarius (gedruckt u.a. 1496 in Köln bei Quentell) wird nach der *intentio* und *utilitas* befragt und der *theorica* zugewiesen; jeder Hymnus hat seine eigene *materia*, sie lautet zum *Hymnus Ales diei nuntius: materia huius hymni est exhortatio Christi ad nos, ut surgamus a viciis et adhereamus virtutibus* (vgl. das Kapitel über den ›liber hymnorum‹).

Im 13. Jahrhundert treten die *Accessus*-Fragen auch in der volkssprachigen Dichtung auf. Quain (wie Anm. 10) hat dafür auf das Gedicht *La Lumiere as Lais* von Peter von Peckham hingewiesen (S. 261 f.), und Gottfried von Straßburg, der Riwalin nach der rhetorischen Attributenlehre darstellt, wie sie bei Matthaeus von Vendôme in seiner *Ars versificatoria* (wie Anm. 11) entwickelt ist (I, 74–116), geht in seinem Prolog nacheinander auf *intentio* (mit *causa scribendi*), *materia* und *fructus legentis* ein.

Die Beweglichkeit und Anpassungsfähigkeit der *Accessus*-Fragen wird an der variierenden Anwendung in Konrads *Dialogus* (wie Anm. 2) klar. In Verbindung mit der Behandlung der *Accessus*-Fragen werden jeweils grundsätzliche Probleme erörtert: bei Donat die Lehre von den acht Wortarten (Huygens 238–316), bei Aesop und Avian das Wesen der Fabel (Huygens 382–513), bei Cicero die Anwendung des Dialogs (Huygens 969–976), bei Sallust der Prolog (989–1005), bei Ovid die Offenbarung Gottes durch die Natur (1335–1385).

Die Darstellung kann so angelegt sein, daß die vier Grundfragen nur zu einer Zusammenfassung benutzt sind, denen eine Orientierung über den Autor und die Veranlassung des Werkes sowie über den Titel vorausgeht (darin wirkt sich die Servius-Reihe aus). So ist es bei Cicero, dessen Schrift *De amicitia*[17] vom christlichen Standpunkt aus gewürdigt wird (Huygens 874–940). Die *amicitia* wird als ein Weg verstanden, zum *summum bonum* zu gelangen. Die *materia* sind Vorschriften für Gewinn und Bewahrung der Freundschaft, die *intentio* Ciceros ist, die Freundschaft zu bestimmen und dadurch zu empfehlen, die *finalis causa* das *summum bonum*, der Gewinn für den Leser das Streben nach dem *summum bonum* durch einen vollkommenen Freundschaftsbund. Das Werk fällt in den Bereich der *Ethica*, hat aber auch mit der *Physica* zu tun, insofern es von der Natur ausgeht, und mit der *Logica*, weil es ein Werk der Rhetorik ist.

---

[17] Zur Wirkung des Laelius: Hennig Brinkmann, Der deutsche Minnesang (in: Der deutsche Minnesang, hg. Hans Fromm, Wege der Forschung XV, Darmstadt 1961), S. 90–100; vorher über die Wirkung des Laelius auf das 12. Jahrhundert: Hans Liebeschütz, Das 12. Jahrhundert und die Antike (in: Archiv für Kulturgesch. 35, 1953, S. 247–271, bes. 250 ff.); danach: Peter Dronke, Medieval Latin and the Rise of European Love-Lyric, Oxford 1965/66, I, S. 195 ff.; Aelreds Verhältnis zu Cicero: Friedrich Ohly, Außerbiblisch Typologisches (in: Fr. Ohly, Schriften zur mittelalterlichen Bedeutungsforschung, 1977, S. 338–360), S. 347–359.

Wie die hermeneutischen Fragen in den *Accessus*, so dienen auch die Schriftstellerkataloge[17a] mit ihren kurzen Notizen über Autor und Werk einer schnellen Orientierung, wie sie vor allem in Bibliotheken erwünscht war. Von Isidor, der das Vermächtnis der Antike dem Mittelalter vermachte, haben wir Verse über die Bücher seiner Bibliothek (Migne 83, 107 ff.). Hieronymus begründete die Gattung eines Katalogs christlicher Schriftsteller, die unter dem Titel *»De viris illustribus«* ging; sie wurde dann von Gennadius, Ildefons, Isidor und Beda fortgesetzt.

Mit dem Aufschwung in der zweiten Hälfte des 11. Jahrhunderts wurde sie wieder aufgenommen, und zwar von Sigebert von Gembloux (1030–1112), nun aber unter dem Titel *»De scriptoribus ecclesiasticis«*. Sigebert, der über ungewöhnliche Kenntnisse verfügte, war auch der Neubegründer der Weltgeschichtsschreibung (Weltchronik: Migne 160, 57–546). Er informiert in seiner Literaturgeschichte (Migne 160, 545–592) über Autoren der älteren Zeit, wie Pseudo-Dionysius (cap. 4), Wulfila (cap. 8), Fulgentius (cap. 28), Boethius (cap. 37), Gregor den Großen (cap. 41), Isidor (cap. 55) und besonders ausführlich über Beda (cap. 68); aber auch Zeitgenossen wendet er sein Interesse zu: Lanfrank (cap. 155), Marbod (cap. 158) und Anselm von Canterbury (cap. 168). Wie schon Hieronymus schließt er mit seinen eigenen Werken.

Das gilt auch für Honorius, der seine knappen Auszüge »Leuchten der Kirche« (*De luminaribus ecclesiae*: Migne 172, 197–234) nannte. Er beruft sich ausdrücklich auf die ältere Tradition (Hieronymus, den er vollständig übernahm); die aus Beda übernommenen Autoren ergänzt er (Nr. 12 Johannes Scottus, Nr. 22 Boethius, Nr. 30 Benedikt), von seinen Zeitgenossen rühmt er Anselm von Canterbury und Rupert von Deutz, die für seine Anschauungen grundlegend waren, und er schließt dann mit einer unvollständigen Liste seiner eigenen Werke.

[17a] Die Gattung ist nur einmal dargestellt worden: Paul Lehmann, Literaturgeschichte im Mittelalter (in: Germ. Roman. Monatsschrift IV, 1912, S. 569 ff., 617 ff.; jetzt in: Paul Lehmann, Erforschung des Mittelalters I, 1941, S. 82 ff.). Die älteren Autoren: C. A. Bernoulli, Der Schriftstellerkatalog des Hieronymus, 1895; von Dzialowski, Isidor und Ildefons als Literarhistoriker, Münster i. W. 1898. Zu den Autoren des 11. bis 13. Jahrhunderts: G. Ladner, Sigebert von Gembloux (in: Mitteilungen des Österreich. Instituts für Geschichtsforschung 60, 1952, S. 55 ff.); Jos. Ant. Endres, Honorius, 1906, S. 69–73; Hermann Menhardt, Der Nachlaß des Honorius (in: ZfdA 89, 1958, S. 23–69, bes. S. 24 ff.); Heinrich von Fichtenau, Wolfger von Prüfening (in: Mitt. d. Inst. f. Österr. Geschichtsforschung 51, 1937, S. 313–357); Karl Langosch, Das Registrum multorum auctorum des Hugo v. Trimberg (Germ. Studien 235), 1942. Zu den Autorenlisten: Ernst Robert Curtius, Europäische Literatur und lateinisches Mittelalter, 1948, III, 5 (S. 56 ff.) und Exkurs VI (S. 445 ff.). Der Prolog Theoderichs zum »Eptateucon« bei: Jeauneau, Note (wie Anm. 24), S. 34/35.

Einen ganz anderen Rang hat das bedeutende Werk des »*Anonymus Mellicensis*« (Wolfger von Prüfening?), das zur Hälfte seiner 117 Kapitel (Migne 213, 959–988) ganz aus eigener Lektüre stammt. Eingehend behandelt er: Ambrosius (117), Boethius (15), Priscian (18), Beda (31); liebevoll würdigt er Anselm von Canterbury (96) und besonders Rupert von Deutz (117 *Rudpertus Magnus magnum et mirabile scientiae donum assecutus*). Er rühmt den Waltharius (70) und würdigt Notker als Sequenzdichter.

Bei dieser Gelegenheit sei bemerkt, daß sich auch die Geschichtsschreibung dem geistigen und literarischen Leben öffnet. Ein bedeutender Fall ist die *Historia ecclesiastica* des Ordericus Vitalis, in Wahrheit eine Weltgeschichte vom normannischen Standpunkt aus (Migne 188, 17ff.), die gegen 1142 abgeschlossen wurde. Er prüft kritisch literarische Quellen, so Widos Gedicht über die Eroberung Englands (Migne 188, 302) und Wilhelm von Poitiers (Migne 188, 330), den er Nachahmer Sallusts nennt (Migne 188, 330: *Salustii stilum imitatus*). Er bezeugt besonders durch Zitat die Gattung des Epitaphs, das einer geschichtlichen Persönlichkeit ein literarisches Denkmal setzt. Hildebert von Tours würdigt er aus Anlaß seiner Wahl zum Erzbischof (Migne 188, 732): *temporibus nostris incomparabilis versificator floruit et multa carmina priscis poematibus aequalia vel eminentia condidit.*

Zum Unterricht in Grammatik und Rhetorik gehörten die Autoren, die in Empfehlungslisten angeboten wurden. Quintilian bringt in den ersten Kapiteln des 10. Buches seiner *Institutio oratoria* kritische Übersichten. Wie das im Mittelalter wieder aufgenommen wurde, zeigt der *Dialogus* Konrads von Hirsau (wie Anm. 2). Theoderich von Chartres (gest. um 1150) sagt im Prolog zu seiner Darstellung der *septem artes liberales*, dem »*Eptatheucon*« (wie Anm. 17a), ausdrücklich, daß die Grammatik für die Auslegung aller Autoren zuständig ist (*grammatica … expositionem omnium auctorum sibi debitam profitetur*). Eine umfangreiche Liste von Autoren stellte Alexander Neckam in seinem »*Sacerdos ante altare*« zusammen. Eberhard der Deutsche bringt in seinem »*Laborintus*« (bei Faral, wie Anm. 11, S. 358–361, v. 599–686) eine Übersicht über Autoren und Werke (unter 37 sind 14 der eigenen Zeit). Im Jahre 1280 vollendete dann Hugo von Trimberg sein »*Registrum multorum auctorum*« in Versen, das 80 *auctores* (Prosa ist dabei ausgeschieden) nach Gruppen darstellt (so etwa die Autoren der augusteischen Zeit).

Auch Werke, die das System der *artes* entwickeln, nennen zu den Sachbereichen, die sie behandeln, die Autoren, die man für die Sachbereiche heranziehen soll. Das geschieht in Werken, die im nächsten Kapitel zu

12

charakterisieren sind, wie im »*Fons philosophiae*« des Gottfried von St. Victor; für spätere Zeit vorbildlich wurde die Darstellung, die Alanus in den ersten Büchern seines »*Anticlaudianus*« gab (ausgelegt u. a. von Radulph von Longchamp: vgl. Anm. 15 und 26). Diese Dichtung ist aber hier nicht berücksichtigt, weil sie keine Darstellung des Klassifikationssystems sein will.

Das Klassifikationssystem

Die Angaben über *intentio*, *materia* und *causa finalis* wechseln naturgemäß von Autor zu Autor und von Werk zu Werk. Konstant dagegen bleibt im wesentlichen das System, nach dem die Texte klassifiziert werden. Für das Mittelalter maßgebend waren die Informationen, die Isidor über die *septem artes liberales* überlieferte,[18] und besonders die Darstellung der *artes* in der »Hochzeit Merkurs mit der Philologie« von Martianus Capella.[19] Bereits in der Karolingerzeit wurde dies Werk wiederholt kommentiert von Männern wie Dunchad, Johannes Scottus, Remigius und Martin von Laon, im 12. Jahrhundert folgen Kommentare von Thierry von Chartres, Wilhelm von Conches, Bernhard Silvestris und Alexander Nekkam. Dabei hat außer der Darstellung der *septem artes liberales* in den Büchern III–IX vor allem der von Cicero übernommene Gedanke fasziniert, daß *sapientia* und *eloquentia* untrennbar zusammengehören.[20]

Das neue System der Klassifikation im 12. Jahrhundert hat de Bruyne dargestellt.[21] Zwei Gesichtspunkte wirken bei diesem System zusammen,

---

[18] Isidor (wie Anm. 13) gibt in den ersten drei Büchern: I Grammatik, II Rhetorik und Dialektik, III Mathematik (Arithmetik, Geometrie, Musik, Astronomie); das IV. Buch bringt die Medizin, das V. Buch behandelt Recht und Zeit. Mit dem VI. Buch beginnt die Sachdarbietung, die mit Gott beginnt und dem täglichen Leben endet.

[19] Martianus Capella, De nuptiis Mercurii et Philologiae, ed. A. Dick 1925. In den Büchern III–IX (I und II stellen die »Hochzeit« dar) werden die septem artes liberales als Brautjungfern vorgeführt. Die Kommentare des Mittelalters zu Martianus Capella bespricht Cora E. Lutz in dem großen Sammelwerk: Catalogus translationum et commentariorum, Medieval and Renaissance latin translations and commentaries, Editor in chief Paul Oskar Kristeller, Vol. 2, Washington 1971, S. 367–381. Nachträge dazu: Vol. 3 (1976). Notkers Martianus jetzt hg. von J. K. King (Altdt. Textbibl. 87), Tübingen 1979. Einen Beitrag »Zum besseren Verständnis von Martianus Capella« hat W. H. Stahl geliefert, in: Speculum 40 (1963), S. 102–115; ferner: Fanny Le Moïne, Martianus Capella, München 1972 (Diss. 1968). Die Wirkung des Martianus Capella bis zum hohen Mittelalter verfolgt: Gabriel Nuchelmans, Philologia et son mariage avec Mercure jusqu'à la fin du XIIᵉ siècle, in: Latomus XVI (1957), S. 84–107.

[20] Nuchelmans, wie Anm. 19, bes. S. 84 ff.

[21] Edgar de Bruyne, Études d'Esthetique médiévale, 3 Bde., Brugge 1946, bes. II, S. 375–406. Dieses umfassende Werk, dessen 1. Band von Boethius bis Johannes Scottus führt, dessen 2. Band die »romanische« Epoche behandelt und dessen 3. Band das 13.

einmal die Unterscheidung von *voces* und *res*, wie wir sie bei Konrad von Hirsau in Nachfolge Augustins finden, und dann die Entfaltung der *artes* aus der ergänzungsbedürftigen Natur des Menschen, die durch den Eingang von Ciceros *De inventione* inspiriert ist. Wichtig ist, daß zwischen den einzelnen *artes* ein Zusammenhang hergestellt wird, der sich als Fortschritt und Aufstieg manifestiert.

An der Spitze steht Hugo von St. Victor mit seinem *Didascalicon*,[22] mit dessen Lehre Konrad von Hirsau bekannt ist.[23] Die Auffassungen der Schule von Chartres spricht Bernhard Silvestris in seinen Kommentaren zu Martianus Capella und zu der *Aeneis* Vergils aus.[24] Dominicus Gundissalinus bringt in seinem Werk *De divisione philosophiae*[25] die neuen Gewinne, besonders aristotelische Gedanken, aus der spanischen Übersetzerschule ein. Radulph von Longchamp zeigt sich in seinem Kommentar zu den drei ersten Büchern des *Anticlaudianus* von Alanus neuplatonisch beeinflußt.[26] Die Poesie ist bei diesen Autoren allmählich zu einer selbständigen Stellung avanciert.

Der Mensch ist seit dem Sündenfall von Gott entfernt und in die Not des Lebens versetzt. Seine Aufgabe ist es, durch *ars* auszugleichen, was ihm die Natur versagt hat, und das göttliche Ebenbild in sich wiederherzustellen: *omnium humanarum actionum ad hunc finem concurrit intentio, ut*

Jahrhundert darstellt, ist von der Mittelalterforschung kaum beachtet worden. Schuld daran ist wohl das Erscheinungsdatum (unmittelbar nach dem Ende des 2. Weltkriegs). Dabei ragt das Werk durch seinen umfassenden Blick und die Klarheit der Darstellung hervor.

Vorausgegangen war die Darstellung von J. Mariétan, Le problème de la classification des sciences d'Aristote à St. Thomas, Paris 1901; wichtig und inhaltsreich ist das Gemeinschaftswerk von: G. Paré, A. Brunet und P. Tremblay: La renaissance du XIIe siècle (Publications de l'Institut d'Etudes médiévales, Nr. III), Paris und Ottawa 1933, bes. das 3. Kapitel (S. 94–137) und das 5. Kapitel (S. 213–239). Zuletzt hat das Klassifikationssystem Weisheipl untersucht: James A. Weisheipl, O. Pr., Classification of the Sciences in Medieval Thought, in: Medieval Studies XXVII (1965), S. 54–90.

[22] Hugo von St. Victor (wie Anm. 3).

[23] Konrad von Hirsau (wie Anm. 2).

[24] Zu Bernhard Silvestris vgl. (außer dem Kapitel über seinen Aeneis-Kommentar): Edouard Jeauneau, Note sur l'école de Chartres, Estr. dagli Studi Medievali 3. Serie, V, 2 (1964) S. 23–29 und 35–44. Zuletzt über Bernhard Silvestris als Kommentator: Winthrop Wetherbee, Platonism and Poetry in the Twelfth Century, Princeton/New Jersey 1972, S. 104–125 (S. 267–272 Auszüge aus Bernhards Kommentar zu Martianus Capella).

[25] L. Baur, Dominicus Gundissalinus De divisione philosophiae (Beiträge zur Gesch. d. Philos. des Mittelalters IV, 2–3), Münster 1906.

[26] Zu Radulph von Longchamp: de Bruyne (wie Anm. 21), II, S. 376–379 (nach der Handschrift: Paris, Bibl. Nat. lat. 8083); vgl. ferner die Notiz bei R. Bossuat (wie Anm. 15), S. 43. Hier nicht erreichbar ist die Ausgabe (Hinweis von Christel Meier): Radulphus de Longo Campo, In Anticlaudianum Alani commentum, hg. J. Sulowski, Wrocław 1972.

vel divinae similitudinis imago in nobis restauretur vel huius vitae necessitudini consulatur.[27] Jede *ars* ist zunächst ein Mittel des Menschen, sich in der Not des Lebens zu behaupten. Was aus der Not geboren ist (ein *necessarium*), kann dann zu einem *commodum* werden (wie die Wahl des Stoffes bei der Bekleidung) und weiter zu einem *congruum* (wie die Wahl der Farbe bei der Kleidung) und schließlich zu einem *gratum*, das wegen seiner Schönheit gefällt. Dabei folgt der Mensch dem Wink der Natur. Die *artes mechanicae* (nach Bernhard Silvestris: *scientia humanorum operum*), *lanificium, architectura, navigatio, venatio, agricultura, theatrica* und *medicina* (bei Isidor unabhängig von den *artes* in den letzten Büchern dargestellt), helfen dem Menschen gegen den Mangel (*indigentia*) und sorgen für *sufficientia*. Sie brauchen zu ihrer Ausübung Stoff (*materia*) und Werkzeuge (*instrumenta*).

Befragt man die Dichtung allein auf ihren Wahrheitswert, dann ist sie wie bei Hugo von St. Victor nur ein »Anhang« zu den *artes*.[28] Sieht man sie dagegen als Sprachwerk, dann führt sie zur *eloquentia* hin (so Bernhard Silvestris); bei Radulph von Longchamp erhält sie einen eigenen Platz (über der *mechanica*), und bei Dominicus Gundissalinus nimmt die Dichtung als *poetica* in der *eloquentia* den Platz der Dialektik ein (die ihrerseits als *logica* zu einer Mittelstellung zwischen *eloquentia* und *sapientia* aufrückt).

Die *eloquentia*, die das *Trivium* umfaßt, hilft dem Menschen gegen die *imperitia loquendi*; sie macht ihn zum sprachfähigen Wesen. Die Stufen der *eloquentia* stellt Bernhard Silvestris so dar:[29]

Ut autem perfecte habeatur eloquentia, primo oportet scire loqui absque soloecismo et barbarismo, quod per grammaticam habetur; deinde sic loquendo oportet scire aliquid probare vel improbare, quod fit per dialecticam; adhuc necessarium persuadere vel dissuadere; possunt enim auditores grammatica oratione aliquid intelligere, dialectica probatione de eodem certi esse et tamen illud nolle: ideo necessaria rethorica persuasio. Itaque est grammatica initium loquendi, dialectica dicitur provectio, rethorica perfectio.

Die *eloquentia* bekommt so einen dreifachen Bezug: auf die Sprache (*grammatica*), auf die Wahrheit (*dialectica*) und auf das Handeln des Empfängers (*rhetorica*). Dominicus Gundissalinus,[30] der an die Stelle der *Dialectica* die *poetica* setzt, gibt der Dichtung den Auftrag (nach dem

---

[27] Hugo von St. Victor (wie Anm. 3), lib. I, cap. 7 (S. 15).
[28] Vgl. Hennig Brinkmann, Zu Wesen und Form mittelalterlicher Dichtung, 1928, S. 6 f.; Hugo von St. Victor (wie Anm. 3), lib. III, cap. 4 (S. 54 f.).
[29] W. Riedel, Commentum Bernardi Silvestris super sex libros Aeneidos, Diss. Greifswald 1924, S. 31, 6 ff.
[30] Dominicus Gundissalinus (wie Anm. 25), S. 69.

Wort des Horaz), den Hörer zu erfreuen und zu fördern. Die Rhetorik steigert diesen Einfluß:

> discat homo per poeticam, qualiter delectet auditores vel prosit; deinde qui per poeticam delectare vel prodesse iam novit, continuo discat per rethoricam, qualiter persuadere et movere auditorem possit. iam enim aliquantulum movit, qui delectavit; sed plus commovet, qui persuadet.

Als politische Tätigkeit schließt die Rhetorik das Recht ein.[31]

Aus der Zwischenstellung der Dichtung zwischen *mechanica* und *sapientia* ergibt sich eine doppelte Analogie. Sie hat mit der *mechanica* gemeinsam, daß sie ein Werk hervorbringt, und darum kann der Dichter mit einem Architekten oder bildenden Künstler verglichen werden. Der Dichter hebt sich aber dadurch ab, daß er keinen Stoff (als die Sprache) und kein Werkzeug (als die Sprache) braucht.[32] Auf der anderen Seite ist der Dichter mit der praktischen Weisheit (*practica*) dadurch verbunden, daß er Einfluß auf das Leben nimmt, und mit der theoretischen Weisheit (*theorica*) dadurch, daß er in fiktivem Gewande Wahrheit ausspricht.[33]

Die *eloquentia* hat nur Wert, wenn sie sich mit der *sapientia* verbindet (so Bernhard Silvestris), sowie die *sapientia* auf die *eloquentia* angewiesen ist:

> si vero sapientia esset sola, habet quidem in mente quod proferat, hoc deest, quod artificiose quod scit explicare nequeat. si autem solam habeat magister eloquentiam, scit quid est loqui, sed quid loquatur ignorat.[34]

Als *practica* hilft die *sapientia* dem Menschen, den Kampf gegen die *vitia* durch Mobilisierung der *virtutes* zu gewinnen und so zum *honestum* und weiter zum *summum bonum* zu gelangen. Als *scientia moralis* (oder *ethica*) lenkt sie das Leben des einzelnen Menschen, die *vita solitaria*; als *scientia oeconomica* das Leben der Familie, die *vita privata*; als *scientia politica* das Leben der Gemeinschaft, die *vita publica*. Dieser Dreistufig-

---

[31] Vgl. de Bruyne (wie Anm. 21), II, S. 390 ff. (Dominicus Gundissalinus).

[32] Konrad von Würzburg, Der trojanische Krieg, hg. Adalbert von Keller (Bibl. d. Stuttgarter Lit. Vereins 44), 1858, V. 102 ff.; Konrad folgt darin Ciceros Rede für den Dichter Archias, die noch von den Humanisten zitiert wird.

[33] Thomasin von Zerclaere, Der wälsche Gast, hg. Heinrich Rückert (Bibl. d. dt. Nat. Lit. 30), 1852, v. 1118 ff.; Neudruck mit Einleitung von Friedrich Neumann (Deutsche Neudrucke, Reihe: Texte des Mittelalters), Berlin 1965; dazu jetzt der schöne Band: Zucht und schöne Sitte, eine Tugendlehre der Stauferzeit mit 36 Bildern aus der Heidelberger Handschrift (Fr. Neumann über den Text, Ewald Vetter über die Bilder), Wiesbaden 1977.

[34] Bernh. Silv. Commentum (wie Anm. 29), S. 91, 8 ff. Damit spricht Bernhard Silvestris einen antiken Grundgedanken aus, dem Nuchelmans (wie Anm. 19) nachgegangen ist.

keit folgt der Ablauf der Geschehnisse im Reinhart Fuchs des Dichters Heinrich.[35]

Die theoretische Weisheit (*theorica*) hilft dem Menschen gegen die *ignorantia*. Sie unterscheidet sich von der *practica* dadurch, daß ihre Betrachtung allein Unkörperlichem zugewandt ist:[36] *theorica ea contemplatur, in quibus practica nequit agere*, i. e. *incorporalia*. Die *theorica* gliedert sich in drei Stufen der Erkenntnis. Die *mathesis* (oder *mathematica*) auf der ersten Stufe hat es mit den sichtbaren Erscheinungsformen zu tun, die zwar an sich unkörperlich sind, aber wahrgenommen werden (*visibiles visibilium forme*). Die *mathesis* (bzw. *mathematica*) schließt das *quadrivium* ein: die *arithmetica* untersucht die Zahl (*numerus*), die *musica* die *proportio*, die *geometria* die Ausdehnung (*dimensio*), die *astronomia* die Bewegung (*motus*); so unterscheidet in Übereinstimmung mit den anderen Konrad von Hirsau.[37] Die *physica* untersucht das »Innere« der Natur (so Konrad von Hirsau 1624), die unsichtbaren Ursachen des Sichtbaren (*invisibiles visibilium cause*), die zwar nicht sichtbar, aber fühlbar sind:[38] *cause ... etsi invisibiles tactum tamen non refugiunt. Calor enim et frigus, levitas et pondus, humor et siccitas huic sensui se suggerunt.* Schließlich

[35] Diese Dreistufigkeit ist bei Hugo von St. Victor (wie Anm. 3) im 19. Kapitel des II. Buches dargestellt (S. 37f.). Die vita solitaria hat es mit dem einzelnen zu tun (solitaria convenit singularibus), die vita privata umfaßt die Pflichten in einer Familiengemeinschaft (domesticarum rerum sapienter ordo disponitur), die vita publica (bzw. die practica civilis) sorgt für das Gemeinwohl. Im Reinhart Fuchs erzählt der erste Teil (V. 11–384), wie der Fuchs in bäuerlicher Kleinwelt als einzelner untriuwe übt und dabei das Nachsehen hat. Der zweite Teil (385–1238) stellt die Verbindung des Fuches mit der Wolfsippe auf dem Hintergrund der ritterlichen Gesellschaft dar. Die Tierfabel tritt dadurch aus der Bindung an eine lehrhafte Einzelsituation heraus, daß sie Rollen ausbildet, die als einzelne und gemeinsam durch die verschiedensten Situationen gehn. Der Fuchs bietet dem Wolf Gevatterschaft an mit den Worten (396–400): ich bin listic (sapiens), starc (fortis) sit ir, ir mohtet guoten trost han ze mir: vor iuwere kraft (fortitudo) und vor minen listen (sapientia) kunde sich niht gevristen; ich konde eine burc wol zebrechen. Der zweite Teil beginnt damit, daß Reinhart Dienst und Minne anbietet; er schließt mit der Vergewaltigung der Wölfin. Der dritte Teil führt aus der vita privata in die Welt des Staates, die vita publica (1239–2248): der Löwe hält als König Hof- und Gerichtstag ab; am Ende wird er von Reinhart vergiftet. Er stirbt mit den Worten (2238–2240): swer sich an den ungetriuwen lat, dem wirt iz leit, des muoz ich jehen: alsam ist ouch nu mir geschehen. Die Abfolge der drei Stufen der practica ist zugleich eine Ausweitung und Steigerung. Ein Denkmuster, wie es Hugo von St. Victor für die practica bereitstellte, erlaubte es, die zunächst situationsgebundene Tierfabel zur weitausgreifenden Erzählung auszuweiten, die von konstanten Rollen getragen wird.

[36] Bernhard Silvestris (wie Anm. 24 und 29) entwickelt sein »System« vor dem Erscheinen der Sibylle (Riedel, S. 40, 28–41, 25.).

[37] Konrad von Hirsau, Dialogus (wie Anm. 2), Z. 1020–1024.

[38] Bernhard Silvestris, bei Jeauneau (wie Anm. 24), S. 35f. (im Prolog zum Martianus Capella-Kommentar); andere Auszüge aus Bernhards Kommentar zu Martianus Capella bringt: Wetherbee (wie Anm. 24); zum Folgenden: Kommentar zur Aeneis (wie Anm. 29), S. 41, 2ff.

wendet sich die *theologia* den unsichtbaren Wesenheiten (*invisibiles substantie*) zu, wie Gott, Engel, Seele.

Das gesamte Klassifikationssystem ist für die Hermeneutik relevant. Johannes von Salisbury bezeugt ausdrücklich für die Unterrichtsweise des Kanzlers Bernhard von Chartres, daß bei der Lektüre der *auctores* die Beziehungen zu den verschiedenen Disziplinen berücksichtigt wurden.[39]

Es ist nicht verwunderlich, daß dies System Gegenstand von Gedichten werden konnte. Aus dem 11. Jahrhundert ist ein Gedicht überliefert, das zum Studium der Philosophia nach Pavia einlädt, wo die Gebeine des Boethius ruhn und sein Vermächtnis gepflegt wird.[40] In Griechenland sind *phisica*, *ethica* und *logica* begründet worden, von Griechenland aus haben sie das ganze Abendland erreicht. Über das Meer kam die *philosophia* nach Rom: die *grammatica* als Fundament, die *rethorica* (wesentlich als forensische Beredsamkeit gesehen) und die *dialectica* mit ihrer Unterscheidungskunst (die vor allem Boethius durch seine Werke gelehrt hat), sowie das *quadrivium* (mit *arithmetica*, *musica*, *geometria*, *astrologia*), das die Kenntnis der »abstrakten Quantitäten« vermittelt.

Im 12. Jahrhundert hat dann Gottfried von St. Victor seine persönliche Begegnung mit dem System in einem Gedicht dargestellt.[41] Das geltende System, wie er es in der Schule von St. Victor vorfand, begegnet ihm bei einem Spaziergang, den er im Morgengrauen unter Führung des Heiligen Geistes antritt. Der schmutzigen Quelle der *mechanica* weicht er aus, um sich der *philosophia* zuzuwenden, die vom Gipfel des Berges kommt. Von ihr gehen die drei Flüsse der *eloquentia* aus (*grammatica*, *rethorica*, *dialectica*). Ihr Studium wird aber von vielen zugunsten von Jura und Medizin vernachlässigt, und die Jungen wollen die Alten unterrichten. Die Dialektik erscheint als Agon, zu dem Aristoteles die Waffen liefert, während Plato von erhöhtem Sitz die Welt der Ideen schaut. *Theorica* und *practica* führen hinauf. Die *practica* zeigt für den einzelnen, die Familie und die Gemeinschaft den Weg zum *honestum*. Ihr Lehrer Seneca (mit seinen Briefen an Lucilius) steht kaum hinter dem Evangelium zurück. Als Teil der *theorica* erforscht die *physica* die Natur, während die *mathesis* (das *quadrivium*) den vielgestaltigen Erscheinungen (*figuris*) zugewandt ist. Schließlich hat er den Weg zur *theologia* gefunden, die zu Gott geleitet,

---

[39] Johannes von Salisbury, Metalogicon, ed. C. C. J. Webb, Oxford 1929, lib. I, cap. 25; dazu jetzt: Wetherbee, Platonism (wie Anm. 24), S. 22–26.

[40] Die Cambridger Lieder, hg. Karl Strecker, 3. Auflage 1966. Nr. 37, S. 91 f. und Anhang Nr. 2, S. 113–115.

[41] Gottfried von St. Victor, Fons Philosophiae, ed. Pierre Michaud-Quantin, Namur 1956.

und ist *canonicus regularis* geworden; unter den Meistern der *theologia* wird Augustinus besonders hervorgehoben. Das Gedicht klingt aus in einen Preis der Incarnation, die das zentrale Geheimnis des Glaubens im 12. Jahrhundert war.

Wohl im letzten Jahrzehnt des 12. Jahrhunderts ist ein *Ordo artium* entstanden, den L. Gompf bekannt gemacht hat.[42] Das Gedicht ist mit der Lehre des Bernhard Silvestris bekannt und folgt in der Form (Vagantenstrophen) Gottfried von St. Victor.

Überraschend beginnt das Gedicht im Anschluß an den Kommentar des Calcidius zum Timaeus, der ausdrücklich zitiert wird (Str. 16), mit der Entstehung der Welt.[43] Aus dem alten Urstoff geht ein Baum von wunderbarer Höhe hervor,[44] der mit seinen Zweigen alles überschattet, was bis dahin der Urstoff (*hyle*) hervorgebracht hatte (Str. 21 und 46): er trägt einen goldenen, silbernen, ehernen und eisernen Zweig (Str. 22 und 23). Das ist ein *figmentum* (Str. 24), dessen tieferer Sinn[45] dann erklärt wird (Str. 25–45): es sind *prudentia* (bzw. *sapientia*), *eloquentia*, *poesis* und *mechanica*. Die *prudentia* (bzw. *sapientia*) gliedert sich in *theorica* und *practica*. Die *theorica* schließt drei Wege der Betrachtung ein: die *theologia*, die Gotteserkenntnis schenkt, zu der die *philosophia* hinführt; die *physica*, die das Wesen der Erscheinungen (*naturas rerum*) erforscht; und die *mathesis* (das *quadrivium*). Die *practica* wendet sich dem Leben des einzelnen, der Familie und des Staates zu. Der silberne Zweig der *eloquentia* bringt als Blätter die Grammatik, als Blüten die Rhetorik und als Früchte die Dialektik (also zusammen das *Trivium*) hervor. Die Grammatik liefert das Fundament, die Logik (*loyca*) die aufrechten Wände und die Rhetorik das Dach (so Str. 37). Der eherne Zweig der Poesie (*poesys*) gliedert sich in die sechs Gattungen der *historia*, *satyra*, *fabula*, *elegia* (*eleya*), *comedia* und *tragedia* (*traiedia*). Der eiserne Zweig der *mechanica* bringt die handwerklichen Künste (Waffen, Handel, Heilkunst, Seefahrt, Landbau, Schmiedekunst, Töpferei). So werden die *artes* nach ihrem Wert klassifiziert (wohl im Anschluß an Daniel 2, 32), und zwar in absteigender Folge. Gegen Ende des 11. Jahrhunderts hatte Aimeric die religiösen und profanen Texte nach dem Wert der Metalle abgestuft.[46]

---

[42] Ludwig Gompf, Der Leipziger »Ordo artium«, in: Mittellateinisches Jahrbuch III (1966), S. 94–128; Text: S. 107–128.

[43] Str. 1, 3/4 perscrutabar anxius ductu rationis/mundana primordia generationis.

[44] Str. 21, 1/2 ex hac quoque veteri silva prosilire/arbor altitudinis videbatur mire.

[45] Str. 24, 1/2 falsitatis arguat nullus hoc ficmentum/nec a sensu mistico vacat hoc commentum.

[46] Ernst Robert Curtius, Europäische Literatur und lateinisches Mittelalter, Bern 1948, S. 460f.

Im Schatten dieses Baumes der *artes* versammelt sich am jeweiligen Ort der *conventus* derer, die den *artes* folgen (Str. 46 und 47). Weil es um die Menschen geht, die die *artes* betreiben, werden die *artes* nun (wie bei Martianus Capella und bei Alanus) als Gestalten vorgestellt, die in aufsteigender Folge vorgeführt werden. Es sind die *septem artes liberales* (ohne die *mechanica* und ohne Nennung der *physica*). Ihren Reigen schließt die *theologia* ab (Str. 91–93). Es geht um die rechte Reihenfolge.

Darum klingt das Gedicht aus in einen Dialog zwischen der Rhetorik, als der Sprecherin der *artes*, und der Theologie. Die *artes liberales*, die im Dienst der Theologie stehen, fühlen sich dadurch zurückgesetzt, daß viele sich der Theologie zuwenden, ohne durch das Studium der *artes liberales* (der *philosophia*) darauf vorbereitet zu sein (Str. 95–113). Die Theologie weist zwar die Anklage der Rhetorik zurück, gibt aber zu, daß Unwissende zu ihr kommen, unter anderem solche, die nicht der *scientia*, sondern der *glossatura* vertrauen.[47] Sie selber fordert einen Bildungsgang *ex ordine*,[48] der mit der *poetica* beginnt und über das *Trivium* zur Bekanntschaft mit der *mathesis* (dem *quadrivium*) führt. Wichtig ist, daß die Theologie an den Anfang die *poetica* stellt und damit den neuen Rang bestätigt, den die Dichtung im 12. Jahrhundert bei Bernhard Silvestris, Dominicus Gundissalinus und Radulf von Longchamp gewonnen hatte.

In lateinischer wie volkssprachiger Dichtung begegnen wir dem Klassifikationssystem, das den Weg zur *sapientia* zeigt. Zu Anfang des 12. Jahrhunderts stellt Balderich in seinem großen Huldigungsgedicht an Gräfin Adele in nahezu vierhundert Versen nacheinander das *Quadrivium*, das *Trivium* und die Medizin dar[49] (v. 971–1342). Dabei ist sein Vorbild Martianus Capella (vgl. Anm. 19), der mit der Grammatik im 3. Buch beginnt und mit der Musik im 9. Buche schließt; Balderich hat die Folge umgekehrt (die Musik steht bei ihm an Anfang, die Grammatik am Schluß) und die Medizin hinzugefügt. Ihn hat sicher Alanus gekannt, der im Anticlaudianus den Wagen für die Himmelsreise durch die *artes* (in der üblichen Reihenfolge) herstellen läßt (vom Ende des zweiten bis zum Anfang des vierten Buches). Seine Darstellung ist dann für eine Fülle späterer Gedichte zum Vorbild geworden.

---

[47] Das wird auf die glossatura marginalis des Anselm von Laon und die maior glossatura des Petrus Lombardus gehen. Die glossatura marginalis in: Migne, Patr. lat. 113, 67–752; dazu: P. C. Spicq, Esquisse d'une histoire de l'exégèse latine (Bibliotheque Thomiste XXVI), Paris 1944, S. 111–113. Die maior glossatura steht in: Migne Patr. lat. 191, 1297–1696 und 192, 9–520; dazu Spicq, S. 125–127.

[48] Str. 127, 1 opus est ex ordine meos informari.

[49] Les oeuvres poétiques de Baudri de Bourgueil, ed. Phyllis Abrahams, Paris 1926, Nr. 196, V. 970–1341 (S. 221–230).

In der französischen Literatur muß Alexander (im anonymen Alexanderroman) die *septem artes* (*les VII arts et toz les granz autors*) lernen, um zum Königtum zu reifen.[50] Chretien läßt im *Erec* dem Helden durch Artus bei der Krönung ein Königsgewand überreichen, auf dem das *Quadrivium* (Geometrie, Arithmetik, Musik und Anstronomie) von vier Feen sinnvoll und meisterhaft (*per grant san et par grant mestrie*) angefertigt worden ist. Bezzola hat die Bedeutung dieses Vorgangs erhellt. Wenn Chretien sich auf Macrobius beruft, so kann er an die beiden Kapitel (I, 8 und I, 9) aus dem Kommentar zum Somnium Scipionis denken, in denen begründet wird, daß verdiente Staatsmänner nach dem Tode fortleben (Cicero: *beati aevo sempiterno fruantur*); sie haben den Blick für das, was über uns ist (I 8, 3 ... *sapientes, qui superna ... requirunt*). In der deutschen Literatur gibt Thomasin im Zusammenhang mit der Darstellung des Mikrokosmos (im VII. Buch) eine »Wissenschaftslehre«, die auch das Klassifikationssystem in Erinnerung bringt (v. 8901 ff.), sowie er im II. Buch im Zusammenhang mit der Ordnung des Makrokosmos eine »Naturlehre« gebracht hatte.[51] Diese »Lehre« ist an die Fürsten und Herren in Deutschland gerichtet; ihnen wird also auch das Klassifikationssystem zugemutet, das in der Heidelberger Handschrift (Cod. Pal. Germ. 389) 50 Jahre nach der Abfassung des Werkes auch abgebildet ist (fol. 138ᵛ–139ʳ).

Die Sprachauffassung[52]

Ein Wesensunterschied besteht zwischen der Heiligen Schrift als dem Wort Gottes an die Menschen und der profanen Literatur, die von Mensch zu Mensch geht: die profane Literatur kennt allein die Bedeutung der Lautsprache (*voces*), die Heilige Schrift darüber hinaus auch eine Bedeutung von Sachverhalten (*res*), auf die wir mit Worten verweisen. Diese

---

[50] Vgl. Reto R. Bezzola, Liebe und Abenteuer im höfischen Roman, 1961, S. 236 ff.

[51] Thomasin (wie Anm. 33); die Bilder der septem artes in Auswahl (wie Anm. 33), S. 134/135.

[52] Quellendenkmäler: Donatus, Ars Grammatica (maior), in: Grammatici Latini, ed. H. Keil, Bd. IV, 367 ff.; Ars minor, ebd. IV, 355 ff. Priscianus, Institutiones Grammaticae, ed. M. Hertz, Leipzig 1855/59. In: Keil, Grammatici Latini, Bd. II und III.
Malsachanus, hg. B. Löfstedt, Uppsala 1965 (S. 169–260).
Alcuin, Grammatica (Migne 101, 849–902).
Hugo von St. Victor, De grammatica, in: Opera propaedeutica, ed. R. Baron, Notre Dame/Indiana 1966, S. 75–163.
Petrus Abaelardus, Dialectica, ed. L. M. de Rijk, 1956.
Alexander de Villa Dei, Doctrinale, hg. Dietrich Reichling (Monumenta Germaniac Paedagogica Bd. 12), Berlin 1893.

Unterscheidung, die auf die Zeichenlehre des Augustinus[53] zurückgeht

Eberhard von Béthune, Graecismus, ed. Joh. Wrobel, Breslau 1887.

S. Hamson Thomas, Robert Kilwardy's Commentaries in Priscianum et in Barbarismum Donati (The New Scholasticism XII, 1938, 52–65).

G. Wallerand, Les oeuvres de Siger de Courtrai, Löwen 1913.

J. Reginald O'Donnell, The Syncategoreumata of William of Sherwood (Medieval Studies III, 1941, 46 ff.).

Martin Grabmann, Die Introductiones in logicam des Wilhelm von Shyreswood (Sitz. Ber. Akad. d. Wiss. München, phil.-hist. Kl. 1937, Heft 10.).

Dante Alighieri, De vulgari eloquentia, ed. A. Marigo, 3. Aufl., Florenz 1957 (Opera di Dante VI).

Mitteilungen aus handschriftlichen Quellen vereint mit Darstellung die immer noch ganz unentbehrliche Arbeit von: Charles M. Thurot, Notices et Extraits de divers manuscrits latins pour servir à l'histoire des doctrines grammaticales du moyen âge, Paris 1869 (Neudruck: Frankfurt a.M. 1964).

Über die Sprachauffassung des Mittelalters:

Hennig Brinkmann (wie Anm. 4), Die Sprache als Zeichen im Mittelalter (Gedenkschrift für Jost Trier, hg. Hartmut Beckers und Hans Schwarz, Köln/Wien 1975, S. 23–44).

Rudolf Haller, Untersuchungen zum Bedeutungsproblem in der antiken und mittelalterlichen Philosophie (Archiv für Begriffsgeschichte VII, 1962, 57 ff.).

Joseph de Ghellinck, L'essor de la littérature latine au XIIe siècle, 2. Aufl. 1954, S. 232–236 und 267–278.

Eugen Coseriu, Die Geschichte der Sprachphilosophie, Teil I, Stuttgart 1969 (Vorlesung Tübingen Wintersemester 1968/69).

Hans Arens, Sprachwissenschaft, 1955 (2. Aufl. 1969, 2 Bde. Fischer Athenäum Bücher 2077/78).

Hennig Brinkmann, Sprachanalyse im Lichte der Zeichentheorie (Wirkendes Wort XXV, 1975, bes. S. 289–294 und Anm. 1–38).

Johannes Baebler, Beiträge zu einer Geschichte der lateinischen Grammatik im Mittelalter, Halle a.S. 1885.

M. D. Chenu, Grammaire et théologie au XIIe et XIIIe siècles (Archives d'histoire doctrinale et littéraire du Moyen Âge X, 1935, 5 ff.).

R. H. Robins, Ancient and Medieval grammatical Theory in Europe, London 1951.

Martin Grabmann, Die geschichtliche Entwicklung der mittelalterlichen Sprachphilosophie und Sprachlogik (Mélanges Joseph de Ghellinck, Gembloux 1951, II, 421 ff.).

Heinrich Roos, Sprachdenken im Mittelalter (Classica et Mediaevalia IX, 1948, 200–215).

J. Pinborg, Mittelalterliche Sprachtheorien (Festschrift für H. Roos, Kopenhagen 1964, 66–84); ders., Die Entwicklung der Sprachtheorie im MA (Beitr. z. Gesch. d. Philos. d. MAs 42, 2), 1967; ders., Logik und Semantik im MA (problemata 10), 1972; G. L. Bursill-Hall, Speculative Grammars of the Middle Ages (Approaches to Semiotics 11), Den Haag/Paris 1971.

Maximilian Scherner, Die sprachlichen Rollen im lateinischen Weihnachtslied des Mittelalters (Beihefte zum Mittellateinischen Jahrbuch 4. hg. Karl Langosch), 1970, bes. 26 ff., 66 ff.

Ulrich Krewitt, Metapher und tropische Rede in der Auffassung des Mittelalters (Beihefte zum Mittellateinischen Jahrbuch 7, hg. Karl Langosch), 1971, passim.

Heinrich Roos, Die modi significandi des Martinus de Dacia (Beitr. zur Gesch. d. Philos. und Theol. des Mittelalters, Bd. XXXVII, Heft 2, Münster/Kopenhagen 1952), 72 ff.

[53] R. Kuypers, Der Zeichen- und Wortbegriff im Denken Augustins, Amsterdam 1934; R. A. Markus, St. Augustine on Signe (Phronesis 1957, 60 ff.); J. Engels, La doctrine du

22

und im ganzen Mittelalter begegnet,[53a] hat im 12. Jahrhundert besonders Hugo von St. Victor formuliert, dem Konrad von Hirsau, Richard von St. Victor und andere Autoren des 12. und 13. Jahrhunderts bis zu Thomas von Aquin (und weiter) folgen. Hugo von Victor sagt:[54]

Philosophus in aliis scripturis solam vocum novit significationem; sed in sacra pagina excellentior valde est rerum significatio quam vocum: quia hanc usus instituit, illam natura dictavit. Haec hominum vox est, illa Dei ad homines. Significatio vocum est ex placito hominum; significatio rerum naturalis est et ex operatione creatoris volentis quasdam res per alias significari.

Diese Unterscheidung ist Allgemeingut geworden.[55] Sie wird von Konrad von Hirsau wie später von Stefan Langton (vgl. Lubac, wie Anm. 55, I,

---

signe chez St. Augustin (Studia Patristica VI, 1962, 366 ff.); Ulrich Wienbruch, »Signum«, »significatio« und »illuminatio« bei Augustin (Miscellanea Mediaevalia, hg. Albert Zimmermann, VIII, 1971, 76 ff.); Eckhard Hegener, Studien zur »zweiten Sprache« in der religiösen Lyrik des 12. Jahrhunderts (Beihefte zum Mittellateinischen Jahrbuch hg. Karl Langosch 6), 1971, S. 8 ff.

[53a] Dazu bes. Friedrich Ohly, Vom geistigen Sinn des Wortes im Mittelalter (ZfdA 89, 1958, bes. 3–8; selbständig in der Reihe Libelli der Wissenschaftl. Buchgesellschaft Darmstadt als Nr. CCXVIII, 1966); ders. Probleme der mittelalterlichen Bedeutungsforschung (Frühmittelalterliche Studien, hg. Karl Hauck, II, 1968, 162 ff.); Hennig Brinkmann, Die »zweite Sprache« in der Dichtung des Mittelalters (Miscellanea Mediaevalia, hg. Albert Zimmermann, VII, 1970, 155 ff.); Arbeiten zu diesem Komplex diskutiert jetzt: Christel Meier, Überlegungen zum gegenwärtigen Stand der Allegorie-Forschung, mit besonderer Berücksichtigung der Mischformen (Frühmittelalterliche Studien, hg. Karl Hauck, X, 1976, 1–69). Vor allem Edgar de Bruyne und Henri de Lubac sind in ihren Darstellungen darauf eingegangen.

[54] De scripturis et scriptoribus sacris, cap. 4 (Migne 175, 20 f.); Diese Stelle, die Ohly (wie Anm. 53 a, 1958) am Ende seines Aufsatzes bringt, hatte schon 1937 Hans Glunz hervorgehoben (Die Literarästhetik des Mittelalters, 1937, 2. Aufl. 1963, S. 170). Ähnlich äußert sich Hugo auch in seinem Didascalicon (wie Anm. 3), im 3. Kapitel des 5. Buches (S. 96 f.): Sciendum est etiam, quod in divino eloquio non tantum verba, sed etiam res significare habent, qui modus non adeo in aliis scripturis inveniri solet. philosophus solam vocum novit significationem, sed excellentior valde est rerum significatio quam vocum, quia hanc usus instituit, illam natura dictavit. Haec hominum vox est, illa vox Dei ad homines. haec prolata perit, illa creata subsistit. vox tenuis est nota sensuum, res divinae rationis est simulacrum. quod ergo sensus oris, qui simul subsistere incipit et desinit, ad rationem mentis est, hoc omne spatium temporis ad aeternitatem. ratio mentis intrinsecum verbum est, quod sono vocis, id est, verbo extrinseco manifestatur. et divina sapientia, quam de corde suo Pater eructavit (vgl. Ps. 44, 2 eructavit cor meum verbum bonum), in se invisibilis, per creaturas et in creaturis agnoscitur. ex quo nimirum colligitur, quam profunda in sacris litteris requirenda sit intelligentia, ubi per vocem ad intellectum, per intellectum ad rem, per rem ad rationem, per rationem pervenitur ad veritatem.

[55] Henri de Lubac, Exégèse médievale, I, 1; I, 2; II,1 und II, 2 (Paris 1959/1961/1964), hat das an verschiedenen Stellen seines großen Werkes gezeigt (I, 2, S. 495 ff. und II, 2, S. 266, 273, 289 f.)

2, S. 497) zitiert. Konrad von Hirsau zieht daraus Folgerungen für die Geltung des Klassifikationssystems (Huygens, wie Anm. 2, 1601 ff.). Das Verständnis des profanen Schrifttums kommt mit der *eloquentia* (dem *trivium*) aus, die es mit der Beziehung der *voces* zu den *res* zu tun hat, wobei sich die *grammatica* allein mit der *pronuntiatio* befaßt, die *dialectica* allein mit der *significatio*, die *rethorica* mit *pronuntiatio* und *significatio*. Mit Hilfe der *eloquentia* wird der *sensus historialis* im profanen (und auch im religiösen) Schrifttum erfaßt. Zum Verständnis der Heiligen Schrift, in der auch die *res* Bedeutung haben (*res significative sunt*), ist die Kenntnis der *res* erforderlich, deren *forma* (die äußeren Erscheinungsformen) das *quadrivium* untersucht, deren *natura*, die inneren Eigenschaften (*interiorem naturam*), die *physica* erforscht. So wird der Weg zur Erkenntnis der *allegoria* gebahnt, die im Verweis der *res* auf *facta* oder *facienda mistica* besteht.[56]

Die grundsätzliche Unterscheidung zwischen der Sprache der *voces* und der Sprache des *res*, zwischen profanem und religiösem Schrifttum scheint bei Konrad von Hirsau (wie Anm. 2) zunächst kategorisch, wird dann aber im Verlauf des Dialogus relativiert. Erst heißt es, daß in erfundener Dichtung (*in poemate fabuloso*) die *vox* nichts bezeichnet (sie ist fiktiv und hat darum keinen Bezug auf die Wirklichkeit) und daß ihr Klang schnell vergeht. Auf einen Einwand des Schülers hin (525–528) gibt dann aber der Lehrer zu, daß in der Profanliteratur (*in literatura seculari*) die Zeichen der Worte (*verborum signa*) etwas bezeichnen (553–556), und bei der Behandlung Vergils (1500 ff.) wird mit einem *sensus geminus* gerechnet (1524), der einen tieferen Sinn (*subtilior sensus*) voraussetzt. Die Hermeneutik des 12. und 13. Jahrhunderts hat diesen Zweitsinn in profaner Literatur vom Spiritualsinn der Heiligen Schrift unterschieden.

Die Sprachauffassung des Mittelalters geht in der Nachfolge des Augustinus von der Gegenüberstellung von *vox* und *res* aus.[57] Augustinus entwickelt aus dieser Gegenüberstellung im Dialog *De magistro* und in *De doctrina christiana* seine Lehre von der Lautsprache als Zeichen. Das Sprechen (*loqui*) will Neues mitteilen (*docere*) oder Bekanntes in Erinne-

---

[56] Dazu: Eckhard Hegener (wie Anm. 53), S. 26 f. (mit Bezug auf: Hugo von St. Victor, De sacramentis fidei christianae, in Migne 176, 183 B).

[57] Dazu: D. M. Chenu, Histoire et allégorie au XIIe siècle (Festschrift für J. Lortz, Bd. II, Baden-Baden 1958); Hennig Brinkmann (wie Anm. 4), 25–27; Hartmut Freytag, Quae sunt per allegoriam dicta, Das theologische Verständnis der Allegorie in der frühchristlichen und mittelalterlichen Exegese von Gal 4, 21–31 (Verbum et Signum, I. Bd. Beiträge zur mediävistischen Bedeutungsforschung, Friedrich Ohly zum 60. Geburtstag, hg. von H. Fromm/Wolfg. Harms/Uwe Ruberg, München 1975, S. 27–43, bes. 37 ff.). Bei Hennig Brinkmann (wie Anm. 4), S. 25, Anm. 8 Literatur zu Augustinus.

rung bringen (*commemorare*). Das Wort lädt uns ein, eine Sache zu suchen, und auf die Sache kommt es Augustinus an. Nach Dante[58] eignet die Sprache allein dem Menschen. Die Engel als reine Geister brauchen sie nicht, und die Tiere werden allein vom Instinkt geleitet. Nur der Mensch ist für den Gedankenaustausch auf ein geistiges, sinnlich wahrnehmbares Zeichen angewiesen: *oportuit ergo genus humanum ad communicandum inter se conceptiones suas aliquod rationale signum et sensuale habere* (cap. 3). Das erste Wort des Menschen war eine Antwort an Gott (cap. 4).

Augustinus unterscheidet: 1) *res*, die nicht als Zeichen verwendet wird; 2) *vox* als Zeichen für *res* (sie wird nur als Zeichen verwendet); 3) *res*, die selber Zeichen für eine andere *res* ist, wie der Widder, den Abraham nach Gen. 22, 13 an Stelle seines Sohnes opfert. Es gibt also: nicht zeichenhafte Wirklichkeit, Zeichen für die Wirklichkeit und zeichenhafte Wirklichkeit. Diese »Sprache der Dinge« wollen wir die »zweite Sprache« nennen.

Als Zeichen versteht Augustinus alle sinnlichen Wahrnehmungen, die auf etwas anderes schließen lassen, so wie ein Rauch, der wahrgenommen wird, auf Feuer schließen läßt. Solche *signa naturalia* treten ohne Intention auf. Von ihnen unterscheiden sich *signa data* (»gesetzte Zeichen«), die sich Menschen geben, um Gefühle (*motus animi*), Eindrücke (*sensa*) oder Gedanken (*intellecta*) mitzuteilen. Solche Zeichen geben heißt: *significare*. Zeichen wenden sich immer an die sinnliche Wahrnehmung. An den Gesichtssinn sind z. B. Gebärden gerichtet (u. a. einem anderen zunikken), an den Gehörsinn Signale (wie ein Trompetensignal), vor allem aber die Worte (*verba*). Die sprachlichen Zeichen sind allen anderen Zeichen dadurch überlegen, daß sie alle vertreten können. Um die vergänglichen Lautzeichen festzuhalten und zu zeigen, wurde die Schrift (*littera*) verwendet.

Augustinus sieht wohl, daß es Klassen von Wörtern gibt, die nicht eigentlich Zeichen für eine *res* sind, sondern Zeichen für eine Geistesverfassung, wie die Konjunktion *si*, die einer *dubitatio in animo* entspricht, oder Zeichen für Zeichen, wie die Namen für die Redeteile. Grundsätzlich aber hält er an der Konfrontierung von *vox* und *res* fest.

Im 12. Jahrhundert lernt man, die *voces* nicht einfach unmittelbar auf die *res* zu beziehen, sondern die geistige Seite der Sprache und die innersprachlichen Bedingungen zu beachten.

---

[58] De vulgari eloquentia (wie Anm. 52).

Die geistige Seite der Sprache wird durch Anselm von Canterbury hervorgehoben, wenn er im *Dialogus de veritate*[59] zwischen einer Aussage an sich und einer Aussage, die auf die Wirklichkeit bezogen ist, unterscheidet (die Aussage an sich gilt *naturaliter,* die auf die Wirklichkeit bezogene Aussage *accidentaliter*), und wenn er im *Monologion*[60] mit drei Arten der *vox* rechnet, der *vox,* mit der ich tatsächlich z. B. einen Menschen mit dem Wort »Mensch« bezeichne, der *vox,* die ich (ohne zu sprechen) nur denke (also den Menschen), und der *vox,* durch die wir im Geist das Wesen (des Menschen) innerlich vorstellen.

Wichtiger als diese Unterscheidungen war die Differenzierung der Zeichenlehre mit Hilfe der Dialektik.

Auf Abweichungen des Bibellateins vom klassischen Latein hat man frühzeitig geachtet. Man pflegt zu sagen, daß die Sprache der Heiligen Schrift nicht den Regeln des Donat unterworfen ist, so Smaragdus im 9. Jahrhundert (Thurot S. 81);[61] und Gottschalk hat in einer Abhandlung die »christlichen« Verwendungsweisen der Präposition ›in‹ von den antiken abgegrenzt.[62]

Wie bei Augustinus ist auch bei Abaelard[63] die *significatio* nicht auf die Sprache beschränkt, sondern kommt auch den *res* zu:[64] *Est autem significare non solum vocum, sed etiam rerum.* Zeichenhafte *res* sind die Buchstaben, die den Augen *vocalia elementa* »repräsentieren«, oder ein Standbild des Achilles (also ein *res*), das auf Grund einer Analogie Achilles selber vergegenwärtigt (Abaelard ebd.).

Umgekehrt ist nicht jeder Laut (*sonus*) eine *vox,* so ein Geräusch, das nichts »besagt«; eine *vox* dagegen ist das Bellen des Hunden, das wir als Ausdruck seiner Erregung (*ira*) verstehen (Abaelard S. 114).[65] Eine *vox* kann weiter zeichenhaft (*significativa*) sein oder nicht. Zeichenhaft ist

---

[59] Dialogus de veritate (Migne 158, 467–486; vgl. auch den Dialogus de grammatico: Migne 158, 561–582); dazu: Philotheus Böhner und Étienne Gilson, Christliche Philosophie, 3. Aufl. 1954, S. 296–299; Krewitt (wie Anm. 52), S. 482–485.

[60] Monologion: Migne 158, 141–224.

[61] Thurot (wie Anm. 52), S. 81: In his omnibus Donatum non sequimur, quia fortiorem in divinis Scripturis auctoritatem tenemus. Donat im Mittelalter: de Lubac (wie Anm. 55) II, 53 ff., 77 ff.

[62] Godescalc d'Orbais, Oeuvres théologiques et grammaticales, ed. D. C. Lambot (Spicilegium Sacrum Lovaniense 20), Louvain 1945, S. 499 ff. Dazu: Hennig Brinkmann, Die Sprache als Zeichen (wie Anm. 52), S. 24 f.

[63] Dazu: Hennig Brinkmann, Die Sprache als Zeichen (wie Anm. 52), S. 27–37.

[64] Abaelard, Dialectica (wie Anm. 52), S. 111.

[65] Offenbar geht auf Abaelard zurück, was Wilhelm von Shyreswood in seinen Introductiones in logicam (wie Anm. 52) sagt (bei Grabmann 31, 6–14). Zur Sache: Heinrich Roos (wie Anm. 52), 1952, S. 142 ff.

eine *vox*, die *intellectum generat* (Abaelard, Dial. 112, 30); d. h. eine *vox*, deren Bedeutung dem Sprecher bewußt ist und dem Hörer bekannt wird (Abaelard, Dial. 112, 4 ff.). Als nicht zeichenhaft gelten sinnlose und unverständliche Laute[66] (bei Gervasius auch fremde und bis dahin unbekannte Wörter), bei Abaelard (Dial. 121, 10 ff.) auch *interiectiones naturales* wie „ah").

Eine *vox significativa* kann ihren »Inhalt« durch die Natur oder durch den Menschen erhalten (Abaelard, Dial. 114, 18 ff.): *Quaecumque (voces) enim habiles sunt ad significandum, vel ex natura* (bzw. *naturaliter) vel ex impositione (humana) significativae dicuntur.* Es gibt also *voces significativae naturaliter* und *ad placitum.* Das Bellen des Hundes (so Abaelard) und das Stöhnen von Kranken (so Wilhelm von Shyreswood) werden von Natur aus verstanden. Für die Sprache wesentlich sind nur die Laute, die durch den Menschen ihren Inhalt bekommen. Abaelard zieht zwischen der *natura rerum* und der menschlichen Sprache eine scharfe Grenze (Dial. 576, 35 ff.): *neque enim vox aliqua naturaliter rei significatae inest, sed secundum hominum impositionem; vocum enim impositionem summus artifex nobis commisit, rerum autem naturam propriae suae dispositioni reservavit.* Eine Lautung, die durch den Menschen einen bestimmten Inhalt bekommen hat, heißt: *dictio.*

Diese Unterscheidungen werden bei Alanus in der Erklärung von Matth. 3,3 (*vox clamantis in deserto*) wirksam, die Christus als das Wort Gottes versteht, das Zeichen und Propheten vorhergesagt haben:[67] *res inanimatae* wie das Manna faßt er als *sonus verbi* (nicht *vox verbi*) auf; Balaam, der auf Christus vorausdeutete, ohne es zu wissen, als *vox verbi non significativa;* Aussagen der antiken Philosophen über Gott Vater und Sohn, die durch ihre Vernunft zustande kamen, als *vox verbi significativa naturaliter;* Aussagen der Propheten Isaias und Jeremias, die aus göttlicher Inspiration wußten, was sie sagten, als *vox significativa ad placitum.*

Eine *dictio* kann sich auf éine *res* beziehen; dann handelt es sich um ein *univocum* wie *homo.* Sie kann sich aber auch mit einer Nennung auf verschiedene *res* beziehen, wie *canis* (Haushund, Seehund und Hundsstern); dann handelt es sich um ein *aequivocum.* Schließlich kann es für eine *res*

---

[66] Auch sinnlose und unverständliche Laute sind ohne Zeichenwert (voces non significative) nach Gervasius: Gervais von Melkley (Gervasius de Saltu lacteo), Ars poetica (besser: versificatoria), hg. Hans-Jürgen Gräbener (Forschungen zur romanischen Philologie, hg. Heinrich Lausberg, Heft 17), Münster 1965, S. 89, 15 ff. (Gervasius geht es dabei um Neubildungen, wie sie im »Architrenius« versucht sind.).

[67] Diese Erklärung ist in der Ausgabe von Migne (Bd. 210) unter den »Sententiae« abgedruckt (243 B–244 D).

verschiedene Namen geben, die verschiedene Aspekte haben (*mucro, gladius, ensis*); dann handelt es sich um ein *diversivocum,* bzw. ein *synonymum.* Abaelard geht in seiner Dialectica auf diese Unterscheidungen ein (563, 27 ff.), und Johannes von Garlandia faßt sie in seinen »*Synonyma*« in folgende Verse:[68]

> Est opus idcirco cognoscere, qualiter et quo
> Aequivocis et ab univocis synonyma disstent:
> Significat multas res unius rationis
> Univocum, sicut homo particularia signat.
> Aequivocum signat sub eadem plurima voce,
> Quorum nomen idem, ratione diversa sub illo:
> Quod natat aequore, splendet in aethere, latrat in aede,
> Significat triplici canis haec tria sub ratione.
> Diversa celant unum synonyma voce,
> Ut mucro, gladius, ensis res una vocatur;
> Nominibus tribus his eadem res significatur.

Durch *impositio* erhält eine *dictio* ihre *prima* (oder: *principalis*) *institutio* (Abaelard, Dial. 113, 24 u. 124, 11 ff.).[69] Diese *principalis significatio* ist *quasi substantialis* (Abaelard, Dial. 124, 13). Sie ist von Bedeutung für den Austausch von Synonymen[70] und für die Anwendung von *dictiones* in neuer oder übertragener Bedeutung.[71] Die »Erstbedeutung« (*significatio principalis*) geht von der *proprietas,* bzw. *forma* der *res* aus.

Jede *dictio* hat aber auch eine *consignificatio* oder *significatio accidentalis* (Abaelard, Dial. 124, 14 f.) gemäß ihrer syntaktischen Prägung zur *pars orationis.* Diese kommt durch den jeweiligen *modus significandi* zustande.

Der von Boethius übernommene Begriff des *modus significandi* wird von Abaelard und Petrus Helie verwendet, um *partes orationis* zu bestimmen. Abaelard kennt den Begriff *modus significandi* noch in einem

---

[68] Johannes von Garlandia, Opus synonymorum (853 Hexameter), bei: Polycarp Leyser, Historia poetarum et poematum medii aevi, 1721, 312–338. Die hier zitierten Verse (v. 22–32) stehen im Eingang. Über die lexikalischen Werke des Johannes von Garlandia unterrichtet in seiner Einleitung L. J. Paetow, »Morale scolarium« of John of Garland, 1927.

[69] Gervasius (wie Anm. 66) sagt unter »transumptio« (108, 3 f.): intransumpta est similitudo que sumitur a vocis significatione quam habet ex principali institutione. Alanus beginnt seine 17. Regel (Theologicae Regulae, Nr. 17: Migne 210, 629 f.): cum omne nomen secundum primam institutionem datum sit a proprietate sive a forma (es folgt Berufung auf Boethius, De trinitate).

[70] Matthaeus von Vendôme, Ars versificatoria (wie Anm. 11), IV, 24–30 (Faral, S. 186 f.).

[71] Gervasius (wie Anm. 69), S. 89 ff. unter assumptio und transumptio.

anderen Sinn (Dial. 111, 12 ff.): eine *significatio* kann durch *impositio*, *determinatio*, *generatio*, *remotio* und *demonstratio* zustande kommen. Die *impositio* führt zur einfachen *dictio*; die *determinatio* bestimmt die *qualitas*; die *generatio* erzeugt einen *intellectus* im Geist des Hörers; die *remotio* gilt, wenn etwas Bestimmtes (*res finiti nominis*) durch ein unbestimmtes Wort (*infinitum vocabulum*) bezeichnet wird; bei der *demonstratio* werden begleitende oder folgende Momente mitgemeint und mitverstanden, die nicht ausdrücklich ausgesprochen werden, also Implikationen (wenn ich *sein Vater* heiße, heißt er zugleich *mein Sohn*). Diese Unterscheidungen gelten dem Bedeutungsproblem allgemein.

Im engeren Sinne dienen die *modi significandi* dazu, die *partes orationis* für die *voces significativae*, die *dictiones*, festzulegen. Im Anschluß an Aristoteles und Priscian werden vor allem Nomen und Verbum unterschieden. Dabei sind zunächst in den Bereich des Nomens auch Pronomen und Adverb eingeschlossen (Dial. 121, 8), während das Partizip zum Verbum zählt (ebd. 121, 19 f.) Diese *partes orationis* haben eine bestimmte (*certa*) und darum vollständige (*perfecta*) *significatio*, während Präposition und Konjunktion nur eine unbestimmte (*incerta*) und darum unvollständige (*imperfecta*) *significatio* besitzen: sie sind »Ersatzstücke« (*supplementa*) bzw. »Verbindungsstücke« (*colligamenta*: so Dial. 118 ff.). Die Interjektion wird als irrelevant ausgeschlossen (Dial. 121, 8 ff.).

Im Anschluß an Aristoteles[72] und Priscian[73] werden vor allem für Nomen und Verbum bei Abaelard die *modi significandi* geprüft. Für das Nomen zitiert Abaelard die Definition Priscians (I,55): *proprium est nominis substantiam et qualitatem significare* (Dial. 93, 5 f. und 113, 19 ff.), schließt sich aber bei der Analyse an Aristoteles an. Die spätere Betrachtung[74] interpretiert *substantia cum qualitate* als *modus* der Dauer (*modus quietis vel habitus vel permanentis*) und der Bestimmtheit (*determinati vel distincti*) und führt diese beiden wesentlichen Bezeichnungsweisen des Nomens auf entsprechende Seins- und Erfassungsweisen (*modi essendi* und *intelligendi*) zurück. Wie schon bei Abaelard (Dial. 92, 2)[75] und Petrus Helie (Thurot 153) wird scharf unterschieden zwischen der *res* und den sprachlichen Erfassungs- und Bezeichnungsweisen (Thurot 160 ff.).

---

[72] Aristoteles, De interpretatione in der Übersetzung des Victorinus und Boethius, mit den beiden Kommentaren des Boethius: editio prima (Migne 64, 239–392); editio secunda (Migne 64, 393–640). Die editio secunda gibt eine eigene Übersetzung von Boethius.
[73] Institutiones grammaticae (wie Anm. 52).
[74] Michel von Marbais bei Thurot (wie Anm. 52), S. 160 ff.
[75] Abaelard, Dialectica (wie Anm. 52), S. 124, 24 f.: significationes accidentales.

Mit den wesentlichen verbinden sich zusätzliche *significationes*, die mit ihnen zusammenhängen und sich in den morphologischen und syntaktischen Eigenschaften einer *pars orationis* zeigen: *quaedam (nominum proprietates) vero secundum positionem constructionis attendendae.*[76] Abaelard analysiert unter diesem Gesichtspunkt Numerus, Genus und Kasus (Dial. 124, 30 ff.), die sich nicht aus der *impositio* ergeben, sondern aus der *constructionis diiudicatio* (Dial. 125, 35 ff.).

Abaelard spricht von Substantiv und Adjektiv (Dial. 125, 13; 224, 12 f.; 425, 21 ff.) und behält dem Substantiv vor, in *essentia*, dem Adjektiv, in *adiacentia* zu bezeichnen (Dial. 425, 3 ff. im Zusammenhang mit der *comparatio*), verwendet aber im Abschnitt *De definitionibus* die Unterscheidung zwischen *substantiva* und *sumpta* (Dial. 595, 32 ff.).

Wie dem Nomen werden auch dem Verbum zwei wesentliche *modi significandi* zugesprochen, die von Aristoteles (bzw. Boethius) übernommen sind.[77] Das Verbum bezeichnet (wie das Partizip) eine *actio* oder *passio* (oder Analoges) in der Zeit (das ist der eine *modus essentialis*) und teilt diese Bezeichnungsweise dem Subjekt mit, indem es nach der Zeit unterscheidet (Abaelard, Dial. 133, 14 ff.):

> Verba enim principalem suam significationem, sive actio sit sive passio, subiectis rebus eas secundum tempora dimentiendo distribuut, ut »curro« cursum circa personam tamquam ei praesentialiter inhaerentem demonstrat.

Durch diese zweite Eigenschaft, die Abaelard *inhaerentia* nennt, unterscheidet sich das Verbum vom Nomen (Dial. 123, 15 ff.). Auf sie, also die Prädikation (dazu Dial. 165, 9 ff.), kommt es Abaelard wesentlich an. Er spricht jedem Verbum die Fähigkeit zu, *copulativum* zu sein (Dial. 125, 25 f.), und geht besonders auf das Verbum *substantivum* (*esse*) und *nuncupativum* (*vocari*) ein (Dial. 131, 3 ff.). Verbalsätze prädizieren im eigentlichen Sinn (*proprie*), Nominalsätze *per accidens* (Dial. 134, 28 ff.). Später wird der *modus* der *actio* oder *passio* als *modus* der Veränderlichkeit (*fluxus vel fieri*) bestimmt, der geeignet ist, über das Subjekt ausgesagt zu werden. So sagt Michel von Marbais (Thurot 181): *Verbum igitur est pars orationis significans per modum fieri de altero dicibilis.* Mit diesen beiden wesentlichen Eigenschaften des Verbums hängen seine mor-

---

[76] Abaelard (wie Anm. 52), 124, 28 f.: vgl. auch 125, 27 ff.
[77] Verbum est quod consignificat tempus, cuius pars nihil extra significat, et est semper eorum, quae de altero praedicatur, nota; so Abaelard, der auch die Definition Priscians zitiert (Dial. 133, 14 ff.).

phologischen und syntaktischen Eigenschaften zusammen (Thurot 182 ff.): Tempus, Modus, Person. Mit dem Prädikatswert des Verbums ist gegeben, daß eine Affirmation nur durch das Verbum ausgesprochen werden kann (Dial. 158, 1 ff.).

Das Pronomen unterscheidet sich nach Petrus Helie (Thurot 154) vom Nomen dadurch, daß es eine *substantia sine qualitate* bezeichnet. Später wird das genauer gefaßt als die Fähigkeit, eine *substantia* zu bezeichnen, die bestimmungsfähig ist (Thurot 172): *nomen significat per modum substantie determinate, pronomen per modum substantie determinabilis.* Zum Pronomen gehören nach Petrus Helie: *demonstratio, relatio* und *discretio* (Thurot 173). Abaelard behandelt das Pronomen nicht als *pars orationis,* sondern prüft es im Zusammenhang mit der Logik auf seinen Wahrheitswert.

Das Partizip hebt sich vom Verbum dadurch ab, daß es keine *distantia* voraussetzt wie das Verbum, das über ein anderes aussagen kann, weil es von ihm gesondert ist (Thurot 181, 187). Wohl bezeichnet das Partizip wie das Verbum die Zeit (Abaelard, Dial. 121, 20: *participia … temporis designativa*) und schließt eine Person ein, die etwas tut oder erfährt, aber es prädiziert nicht (Abaelard, Dial. 149, 14 ff.): *In hoc enim verbum a participio abundat* (das hat das Verbum vor dem Partizip voraus), *quod non solum personam per impositionem demonstrat aut ei c o h a e r e n t e m actionem vel passionem significat, verum etiam c o h a e r e r e dicit.* Das Partizip spricht keine *inhaerentia* aus und kann darum nicht prädizieren. Die Verbindung *homo currens* ist zwar *competens substantivi et adiectivi constructio* (Dial. 148, 24 f.), aber es fehlt zum vollständigen Sinn ein *competens verbum* (ebd. 148, 27 ff.).

Vom Adverb sagt Abaelard (Dial. 562, 3 f.): *adverbiis quasi adiectivis verborum utimur;* ferner (ebd. 487, 12): *adverbium … ad verbum proprie est referendum.* Es kann aber auch auf den Sinn des Satzes (einer *propositio*) bezogen werden (ebd. 487, 14 ff.). Besonders beschäftigt er sich mit den Modaladverbien (191, 1 ff. *de modalibus*). Er kennt adverbiale (*adverbiales*) und »fallbestimmte« (*casuales*) *modi* (191, 2 ff.). Ein Satz wie: *Socratem p o s s i b i l e est esse episcopum* ist gleich: *Socrates p o s s i b i l i t e r est episcopus* (Dial. 191, 15 f.). Dieser Feststellung schickt er die Bemerkung voraus (Dial. 191, 11–14):

Resolvuntur enim huiusmodi nomina (wie possibile) in adverbia, quae videlicet adverbia proprie modos dicimus et inde adverbia vocamus, quia verbis adposita eorum determinant significationem, sicut adiectiva nomina substantivis adiuncta.

31

Von der *dictio,* die als Einheit des bezeichnenden Wortes verstanden wird, unterscheidet sich der Satz (*oratio*). Unter der Kategorie der Quantität behandelt Abaelard die Einheit der *oratio* (Dial. 65, 22–71, 14); ihm ist wichtig, daß eine *oratio* ein Ganzes ist (68, 25 ff.). Von einer *dictio* unterscheidet sich die *oratio* dadurch, daß sie nicht nur als Ganzes eine *significatio* hat wie die *dictio* (die nicht weiter in bezeichnungtragende Elemente zerlegt werden kann), sondern daß auch ihre Glieder (*partes*) eine *significatio* haben (Dial. 147, 22 ff.): *In hoc igitur tantum a dictionibus oratio dividitur, quod non solum in toto sicut dictiones, verum etiam in partibus significationem habet* (wie *homo* und *currit* in dem Satz: *homo currit*). Eine *oratio* besteht aus *dictiones,* die nicht *naturaliter,* sondern *ad placitum* bezeichnen; daher gilt (Dial. 147, 7 f.): *oportet ipsam orationem non naturaliter, sed per inventionem habere significationem.*Damit bezieht sich Abaelard auf Aristoteles. Im übrigen aber legt er für einen vollständigen Satz (*oratio perfecta*) die Definition Priscians (II, 15) zugrunde: *Oratio est ordinatio dictionum congrua perfectam sententiam demonstrans;*[78] er sagt (Dial. 148, 10 ff.): *Perfectas autem illas (orationes) dico, quas Priscianus constructiones appellat, quarum videlicet et partium recta est ordinatio et perfecta sensus demonstratio.* Dabei kommt es wesentlich auf das Verbum an.

Die *orationes perfectae* unterscheiden sich nach ihrem Kommunikationszweck (Dial. 151, 5 ff.).[79] Es gibt »Aussagesätze« (*orationes enuntiativae*), *quae affirmant praedicatum de subiecto vel negant;* Fragesätze (*in-*

---

[78] Die Definition Priscians wird bei Petrus Helie diskutiert; es geht um den Begriff der constructio (bei Thurot, wie Anm. 52, S. 214 f.).

[79] Vgl. dazu: Hennig Brinkmann, Sprachanalyse (wie Anm. 4), S. 296 und Anm. 51/52. Den Aussagen Abaelards liegen Überlegungen des Aristoteles (Peri hermeneias = De interpretatione) und die Kommentare des Boethius dazu (wie Anm. 72) zugrunde. Im ersten Kommentar des Boethius heißt es (Migne 64, 296): Sunt enim principales quinque orationum differentiae. Est autem oratio deprecativa, ut »Jupiter omnipotens, precibus si flecteris ullis«; secunda imperativa, ut »Suggere tela mihi«; tertia interrogativa, ut »Quo, te Moeri, pedes?«; quarta vocativa, ut »Huc ades, o Meliboee?«; quinta enuntiativa, in qua verum inesse falsumque perspicitur. Huius autem duae sunt species: una affirmariva, altera negativa. Zwischen oratio perfecta und oratio imperfecta wird von Boethius in seinem zweiten Kommentar unterschieden. Im ersten Kommentar fügt Boethius zur Feststellung des Aristoteles, daß den Philosophen nur die oratio enuntiativa angehe, hinzu (Migne 64, 314): Deprecativam, inquit, et optativam et vocativam et imperativam poetis atque oratoribus relinquamus. Illis enim vel ad inmittendos vel ad movendos affectus ceterae orationum species assumantur. Aristoteles, der im 16. Kapitel seiner Poetik fünf Arten von Erkennungszeichen unterscheidet, verlangt im 19. Kapitel, daß die Schauspielkunst weiß, was ein Befehl, eine Bitte, eine Erzählung, eine Drohung, eine Frage und eine Antwort ist, daß sie also mit den Unterschieden der Kommunikationsform vertraut ist.

terrogativae); Bitten (*deprecativae*); Aufforderungen (*imperativae*);
Wünsche (*desiderativae*); Anreden (*vocativae*) und Klagen (*conquesti-
vae*). Anrede und Klage sind eine *imperfecta oratio*; Bitte, Aufforderung
und Wunsch modifizieren unter Umständen denselben Satz (Dial. 152,
17 ff.): *festinet amica* kann als Befehl, Bitte oder Wunsch gemeint und verstanden werden. In der Sprache des Gesetzes kann der Indikativ für den
Imperativ stehen, wie in den zehn Geboten (Exod. 20, 13/14): *Non occi-
des*; *Non moechaberis* (Dial. 152, 23 f.). Eine Aussage, die etwas als wahr
oder falsch bezeichnet, heißt: *propositio* (Dial. 153, 33).

Abaelards Aussagen über die *oratio* sind später nur weiter ausgebaut
und differenziert worden (vgl. Thurot 214 ff.). Vor allem Petrus Helie hat
für die Überlegungen der Folgezeit das Fundament geliefert. Man hat sagen können, daß er für die Grammatik als Kommentator dasselbe bedeutet hat wie Abaelard für die Dialektik. Dagegen sind für die Entwicklung
der Sprachbetrachtung kaum von Bedeutung die beiden Schulgrammati-
ken in Versen, die um 1200 entstanden sind (wie Anm. 52): das *Doctrinale* des Alexander de Villedieu (1199), das Priscian ersetzen will, und der
Graecismus des Eberhard von Béthune (vor 1212), der seine mnemotech-
nischen Verse wesentlich an Donat anschließt und dabei die *partes orationis* zugrunde legt.

Die neuen Einsichten in die Sprache, besonders die Lehre von den *partes
orationis*, werden im 12. Jahrhundert wirksam bei der Beurteilung der
Sprache durch Poetik und Theologie; die Poetik benutzt die Unterscheidung der Wortarten (*partes orationis*) für Anweisungen zur »Transformation«, die Theologie zur kritischen Prüfung der Aussagen über Gott.

Als Verfahren der *permutatio* behandelt Matthaeus von Vendôme (wie
Anm. 11), wohl im Anschluß an Quintilian (IX, 3,7), die Passivtransfor-
mation.[80] Als *permutatio* versteht Matthaeus auch die Metonymie (IV,
27–31, Faral S. 187). Galfredus hat, was Matthaeus *permutatio* nennt,
als Lehre von der *conversio* entwickelt.[81] Dabei legt er die *partes orationis*
zugrunde. In der *Poetria* behandelt er die Transformation des Verbums in
ein Substantiv (v. 1602 ff.), die *conversio* eines Adjektivs in ein Substantiv
(v. 1652 ff.), die er als *mobile* und *fixum* unterscheidet, die Einführung
anderer Kasus beim Substantiv (v. 1680 ff.) und die Umsetzung von Ad-

---

[80] Matthaeus von Vendôme (wie Anm. 11) sagt (IV, 11. Faral S. 185): aliter fit permutatio
verborum et sententiarum, sed retenta sensus aequipollentia, quando activae constructiones in passivas vel e converso solvuntur (ars puerum flectit, flectitur arte puer).
[81] Galfredus de Vino salvo, Poetria nova (bei Faral, wie Anm. 11, S. 197–262), v.
1588 ff.; Documentum de modo et arte dictandi et versificandi (bei Faral, wie Anm. 11,
S. 265–320), S. 304 ff.

verbien (er spricht von *immobile*, weil es ihm auf die Veränderung der Formen ankommt) in ein Nomen oder Verbum, wobei er sich auf Ciceros Topik (4, 23) beruft (v. 1740 ff.).[82] Einfacher werden die Transformationen im *Documentum* entwickelt (Faral S. 303 ff.): Die Umwandlung einer transitiven in eine intransitive Fassung (*video rem illam > se res illa mihi praetendit*) oder umgekehrt (*sedeo in hoc loco > iste locus sedem praestat mihi*), die Überführung einer verbalen in eine substantivische Aussage (*ego ludo > ludus delectat animum*) oder die Umwandlung einer adjektivischen in eine substantivische Fassung (*tu es turpis > deformatus es turpitudine*). Diese Umformungen dienen zwar einer bestimmten stilistischen Absicht und unterscheiden sich dadurch von grammatischen Transformationen, sie setzen aber die Einsicht in das Wechselspiel der *partes orationis* voraus. Diese Einsicht ist auch bei der Lehre von der *translatio* vorausgesetzt (Poetria v. 779 ff.) und bei der *determinatio* (v. 1761 ff.), die offensichtlich (wie die Lehre vom *status*) an Abaelard anknüpft (Abaelard, Dial. 586–590).[83]

In der Theologie des 12. Jahrhunderts wird das Erbe des Pseudo-Dionysius und des Johannes Scottus auf zwei verschiedenen Wegen wirksam. Auf dem einen Wege geht es um die Frage, ob und wie die Sprache des Menschen auf Gott angewendet werden kann; auf dem anderen Wege wird die Schöpfung analogisch als Sprache Gottes an den Menschen verstanden. Der erste Weg führt zu den Überlegungen des Alanus in seiner Summa »*Quoniam homines*« und in seinen »*Regulae*«; der andere Weg zur Lehre von der zweiten Sprache bei Hugo von St. Victor. Sowohl Alanus wie auch Hugo von St. Victor haben Dionysius kommentiert und den umstrittenen Johannes Scottus gekannt. Beide Wege sind aber als komplementäre Unternehmungen zu verstehen.

Daß Gott unaussprechlich ist, war bei Pseudo-Dionysius und Johannes Scottus betont.[84] Anselm von Canterbury sprach diese Auffassung im 65. Kapitel seines *Monologion* aus (Krewitt S. 483 f.). Vor allem aber die Schule von Chartres nahm diese Überzeugung im Anschluß an Platos Timaeus auf. Bereits im 10. Jahrhundert wird in einem Kommentar zum Metrum 9 des 3. Buches der *Consolatio* des Boethius (in Übernahme aus

---

[82] Es heißt in der Poetria (wie Anm. 81) v. 1738 ff. (bei Faral, S. 350): si vim scire velis maiorem, sume minorem: / sic se maior habet, sicut minor. Inspice pauca: / quae lex est paucis, et pluribus. Astruit auctor/in Topicis: ubi pauca magis speculatio, maior/est via. In Ciceros »Topic« heißt es (4, 23): quod in re maiore valet, valeat in minore … item contra: quod in minore valet, valeat in maiore.

[83] Dazu: Hennig Brinkmann, Sprache als Zeichen (wie Anm. 4), S. 39–41.

[84] Vgl. Krewitt, Metapher (wie Anm. 52), S. 462, 472, 474 ff.

Boethius) zitiert:[85] *ipse (Plato) namque de mundi genitura in Timeo disserens dicit: opificem genitoremque universitatis tam invenire difficile quam inventum inpossibile digne profari.* Abaelard weist in seiner *Theologia christiana* im 3. Buch auf dieselbe Stelle hin.[86] Gilbert de la Porrée, der Kanzler von Chartres war und die *opuscula sacra* des Boethius kommentiert hat, führt in seiner Expositio zu »*Quicumque vult*« (d. h. zum Text des pseudoathanasianischen Credo) unter Artikel 54 die Stelle aus dem Timaeus an[87] und verknüpft sie mit analogen Aussagen von Augustinus und Hilarius. Dabei stellt er fest, daß die menschliche Sprache nicht ausreicht, von Gott zu reden (Art. 52): *Non enim habemus verba rebus cognata nec satis digna ad loquendum de Deo.* In Art. 18 und 19 dehnt er die Unaussprechlichkeit (das *ineffabile*) über die *divinitas* des Schöpfers auch auf die »Geschöpfe« aus (Art. 19, S. 33): *Nec solum de Creatore, sed etiam de creaturis ineffabilia multa sunt* (so: *ut de anima quomodo scilicet qualitatibus informetur.*).

In der von M. Schlenker[88] verfolgten Linie kommt Alanus eine besondere Stelle zu;[89] die Grenze zwischen dem menschlichen (bzw. natürlichen) Bereich und dem göttlichen (bzw. übernatürlichen) hat ihn in Theologie und Dichtung immer wieder beschäftigt. Er hat seine Auffassungen zunächst in seiner Summa entwickelt,[90] die sich mit der Tradition und abweichenden Meinungen auseinandersetzt, und später in seinen »*Regu-*

---

[85] Der Kommentar ist von R. B. C. Huygens herausgegeben: »Mittelalterliche Kommentare zum »O qui perpetua« ... (Sacris Eruditi VI, 1954, S. 400–404; die Stelle steht im Eingang S. 400 f.).

[86] Theologia christiana in 5 Büchern (Migne 178, 1113–1330); die Stelle steht: Migne 178, 1224.

[87] N. M. Haring, A commentary on the Pseudo-Athanasian Creed by Gilbert of Poitiers (Mediaeval Studies 27, 1965, S. 23 ff.; die Stelle: S. 40).

[88] Ernst Schlenker, Die Lehre von den göttlichen Namen in der Summa Alexanders von Hales (Freiburger theologische Studien 46), 1938 (Einleitung). Zu diesem Thema: Hennig Brinkmann, Voraussetzungen und Struktur religiöser Lyrik im Mittelalter (Mittellateinisches Jahrbuch, hg. Karl Langosch, III, 1966, S. 37–39); ders. Sprache als Zeichen (wie Anm. 4), S. 41–44. Zu den »Namen« Gottes: Ernst Robert Curtius, Nomina Christi (Mélanges Joseph de Ghellinck II, 1951, 1029–1032); Heinz Schuhmacher, Die Namen der Bibel und ihre Bedeutung im Deutschen, 1958; Klaus Sommer, Die Nennung der Gottheit in der religiösen Lyrik des Mittelalters, Staatsexamensarbeit Münster 1966 (ungedruckt); Maximilian Scherner (wie Anm. 52), bes. S. 66–79 (religiöse Rede), 83–115 (Anrede).

[89] Dazu: Scherner (wie Anm. 52), S. 68–71; Krewitt (wie Anm. 52), S. 497–510.

[90] Die Summa »Quoniam homines« (so nach den Anfangsworten benannt) ist herausgegeben von: P. Glorieux, in: Archives d'histoire doctrinale et littéraire du Moyen-Age, XXII, 1954, S. 113–364.

lae«[91] in einer theologischen Axiomatik knapp zusammengefaßt, wobei er in den Regeln 23 bis 47 nacheinander die verschiedenen Wortarten auf ihren Aussagewert prüft.

Am Anfang steht der Satz (Summa S. 139): *Sicut probatum est Deum esse incomprehensibilem, ita evidens est ipsum esse innominabilem.* Daraus folgt, daß kein Wort der menschlichen Sprache Gott im eigentlichen Sinne zukommt.[92] Die Sprache ist eingesetzt zur Bezeichnung der natürlichen Welt (Summa S. 141: *dictiones sunt invente ad significandum naturalia*). Die *auctoritates* haben Namen für die natürliche Welt auf Gott übertragen (ebd.); weil sie sahen, daß Gott die Ursache alles Gutseins (*totius bonitatis causam*) ist, haben sie ihn gut (*bonus*) genannt. Das ist eine metonymische Übertragung von der Wirkung auf die Ursache (Gott erst macht uns gut, ermöglicht, daß wir gut handeln). Alle Aussagen über Gott gelten also nicht im eigentlichen, sondern nur im übertragenen Sinn.[93]

Dabei gibt es vier Arten der Übertragung (Summa S. 149 und Reg. 21). Bei einer Übertragung *per causam* wird Gott z. B. gerecht (*justus*) genannt, weil er die Ursache dafür ist; bei einer Übertragung *per similitudinem* (auf Grund einer Analogie) wird Gott Vater oder Sohn genannt oder der Sohn Abglanz (*splendor*) des Vaters; bei einer Übertragung *per consequentiam* wird für Späteres ein Früheres gesetzt, wie bei der Aussage: »Gott zürnt« (d. h. »Gott straft«, weil aus dem Zorn in der menschlichen Welt die Strafe hervorgeht); Aussagen *per negationem* sagen über Gott nichts aus. Bei einer analogischen Übertragung handelt es sich jeweils um eine Metapher, bei den anderen beiden Übertragungen um Metonymien. Übertragungen *per causam* sagen über das Wesen Gottes aus (*de Deo predicant divinam usiam*), Übertragungen *per similitudinem* oder *per consequentiam* dagegen sprechen Relationen aus (*de Deo predicant relationem*). Bei allen diesen Aussagen wird nur der Name (*nomen*), nicht der Inhalt (*res*) übertragen (Reg. 26).

Theologisch unterscheidet Alanus bei Aussagen über die Trinität (Reg. 32) »Wesensbegriffe« (*essentialia*) und »Personalbegriffe« (*personalia*). Die *essentialia* (*deitas*) sagen über das Wesen der Gottheit aus, *coessentialia* (*principium, dominus*) über Relationen, die ewig oder in der Zeit gel-

---

[91] Theologicae Regulae (leider nur in der unzureichenden Ausgabe bei Migne): Migne 210, 621–684. Dazu: M. D. Chenu, Une théologie axiomatique au XIIᵉ siècle (Citeaux IX, 1958, 137 ff.).

[92] Es heißt in der Regula XX (Migne 210, 630 f.): omne enim nomen, quod de Deo dicitur, improprie dicitur. Vorher heißt es in der Regula XIX: ... nullum nomen proprie convenit Deo.

[93] So in Regula XIX und XX; vgl. Krewitt (wie Anm. 52), S. 474 über Pseudo-Dionysius und Johannes Scottus.

ten (*dominus, creator*); *personalia* (*paternitas, pater*) sagen über *proprietates* von Personen aus, *compersonalia* (*alius*) bezeichnen Unterscheidungen zwischen den Personen.[94]

Diese prinzipiellen Feststellungen sind von höchster Bedeutung für die Hermeneutik des Mittelalters, weil sie verstehen lassen, wie damals Aussagen über Gott gemeint waren. Sie werden ergänzt durch eine Prüfung des Aussagewertes der verschiedenen Wortarten und ihrer Klassen.

Substantiv und Adjektiv haben verschiedene Grade der Uneigentlichkeit (an sich sind alle Wörter in der Übertragung auf Gott uneigentlich). In der Summa unterscheidet Alanus *principalia* (Substantive) und *sumpta* (Adjektive). Danach sind (so Summa S. 150) die Substantive in der Anwendung auf Gott weniger uneigentlich als die Adjektive (so ist *justitia* weniger uneigentlich als *justus*), weil sie mehr auf das Einfache sehen (*magis spectant ad simplicitatem*). In der Rede von Gott werden die Adjektive durch die Substantive als die höhere Kategorie erklärt, beim Menschen ist es umgekehrt. Entsprechend lautet Regel 35: *Nomina substantiva minus improprie dicuntur de Deo quam adiectiva.*

Die Regeln 23 bis 25 beschäftigen sich mit dem Numerus des Nomens. Aussagen über das Wesen Gottes in Form eines Substantivs werden von jeder Person der Gottheit ausgesagt und zwar im Singular (Reg. 23): *Pater est Deus*; Adjektive dagegen im Plural (ebd.): *Pater et filius et spiritus sanctus sunt iusti* (bzw. *potentes*). Das Adjektiv richtet sich nach dem Substantiv im Numerus, ebenso das Verbum (bei ihnen ist der Numerus nur eine *consignificatio*). Wenn aber ein Adjektiv substantiviert wird, steht es in einer Aussage über Gott im Singular (Reg. 25): *Pater et filius et spiritus sanctus sunt Omnipotens* (*li tut pussant*).

Regel 27 stellt für das Genus masculinum und femininum fest, daß sie sich auf eine Person beziehen, während das Neutrum sich auf ein Wesen (*essentia*) bezieht.

Nach Regel 28 können Pronomina partitiva, die eine Mehrheit implizieren (*aliquis, quidam, iste*) auf Gott nicht angewendet werden (unmöglich: *quidam deus*), wohl aber *unus* (*unus Deus*), weil dabei eine Mehrheit ausgeschlossen ist.

Regel 34 sagt, daß Adjektive im Positiv weniger uneigentlich in der Anwendung auf Gott sind als die »Steigerungsformen«.

Regel 36 geht auf die Pronomina demonstrativa ein, zu denen auch das Personalpronomen gerechnet wird. Sie geben keine *demonstratio ad sensum*, weil Gott nicht wahrnehmbar ist; auch keine *demonstratio ad intel-*

---

[94] Zu diesem ganzen Abschnitt: Krewitt (wie Anm. 52), S. 491–510.

lectum (weil Gott nicht erkennbar ist), sondern eine *demonstratio ad fidem*, die Donat nicht kennt. Wenn nach Exodus 3, 14 Gott zu Moses sagt: *Ego sum qui sum*, so sind das Worte, die einem Engel in den Mund gelegt werden.

Die Regeln 37 bis 39 gelten dem Verbum, das in der Anwendung auf Gott uneigentlicher ist als das Nomen, weil es stets über etwas anderes aussagt, Gott aber in sich identisch ist. Von allen Verben ist am wenigsten uneigentlich das Verbum *esse* (*Deus est*), weil es zeitlos ist, während die anderen Verben *actiones successivas* bezeichnen.

Ortsadverbien bezeichnen in der Anwendung auf Gott (*Deus est ubique*) seine Unermeßlichkeit (Reg. 41 und 42), Zeitadverbien (*Deus fuit antequam quidquid esset*) seine Ewigkeit. Eine besondere Bedeutung kommt in religiöser Rede den Präpositionen *in* und *secundum* zu (Reg. 45–47).

Die folgenden Regeln 48–53 beschäftigen sich mit den Besonderheiten, die sich bei den drei Personen der Trinität ergeben.

Auch in die Wörterbücher dringt die Zeichenlehre ein.[95] Das besondere Anliegen der Wörterbücher wird es, die Wörter auf die Motivation des *significans* hin zu durchschauen. Das gilt schon für das Wörterbuch des Papias,[96] das »*Elementarium doctrine rudimentum*« (nach 1050), das zwischen Ableitungen nach *littera* und *sensus* unterscheidet. Auf diesem Wörterbuch bauen nacheinander auf die anspruchsvollen Werke des 12. Jahrhunderts: die »*Panormia instar Vocabularii*« des Osbern von Gloucester[97] (2. Hälfte des 12. Jahrhunderts) und der »*Liber derivationum*«

---

[95] Zu den Wörterbüchern des Mittelalters: M. W. Lindsay, Medieval latin glossaries, London 1922; Georg Goetz, De glosariorum latinorum origine et fatis, Leipzig/Berlin 1923; Ilona Opelt, Etymologie (Reallexikon für Antike und Christentum VI, 797–844); Klaus Grubmüller, Vocabularius Ex quo, München 1967; Willy Sanders, Grundzüge und Wandlungen der Etymologie (Wirk. Wort 17, 1967, 361–384); Roswitha Klinck, Die lateinische Etymologie des Mittelalters (Medium Aevum 17), München 1970. Kurze Übersicht bei: Joseph de Ghellinck, L'essor de la littérature latine au XIIᵉ siècle, ²1954, S. 273–276. Die Realenzyklopädien und theologischen Wörterbücher werden im 6. Kapitel als Quellen der »zweiten Sprache« behandelt.

[96] Papias, Elementarium doctrinae rudimentum, Mailand 1476, dann Venedig 1496 (Neudruck: Turin 1966); dazu: Georg Goetz, Papias und seine Quellen (Sitz. Ber. d. Bayer. Akad. d. Wiss., phil.-hist. Klasse 1903, S. 267–286); Klinck (wie Anm. 95), S. 25–29 und 66/67.

[97] Osbern von Gloucester, Panormia instar Vocabularii, ed. Angelo Mai (Classicorum auctorum ... t. VIII), Rom 1836. Der Verfasser beginnt sein Werk mit der Erscheinung der Grammatik. Bei jedem Buchstaben eröffnet Osbern die Behandlung mit einem Gespräch zwischen ihm und der Grammatik und beschließt sie mit einer Repetitio, die den Inhalt zusammenfaßt. Zu seinem Werk: Georg Goetz, Beiträge zur Geschichte der lateinischen Studien im Mittelalter (Berichte über die Verhandlungen d. sächs. Ges. d. Wiss. 55), 1903; R. W. Hunt, The »lost« preface to the liber derivationum of Osbern of

des Huguccio von Pisa (kurz vor 1200).[98] 1286 ist das »Catholicon« des Johannes Balbus verfaßt (1460 in Mainz gedruckt). Die Vorreden zu diesen Werken sind gedruckt.[99] Huguccio gibt für sein Werk vier Ziele an: *significationum distinctiones, derivationum origines, ethimologiarum assignationes, interpretationum reperientur assignationes*.[100] Es kommt diesen Werken darauf an, die Bedeutung der Wörter aus Entstehung und Ableitung zu erklären.

Nach Abaelard (Dial. 582, 26 ff.) unterscheiden sich *interpretatio* und *etymologia* dadurch von einer Definition, daß diese die zugrunde liegende *res* mit ihren *proprietates* erklärt, während *interpretatio* oder *etymologia* das Wort erklären (*maxime nomen aperiant*), wobei sie allerdings auch auf die zugrunde liegende *res* achten. Als *interpretatio* wird im allgemeinen die Wiedergabe eines Wortes aus einer anderen Sprache verstanden (so Abaelard, Dial. 582, 26 ff.), die *derivatio* hat es mit den eigentlichen Ableitungen zu tun, die in der Grammatik vorgeführt werden, die *etymologia* aber sucht mehr und mehr ein Wort als Zusammensetzung aus anderen Sinnelementen zu verstehen.

Diese Art der Etymologie fordert eine besondere Diskussion, weil ihre Bedeutung umstritten ist und weil sie den Zeichenwert berühren kann.[101]

Gloucester (Mediaeval and Renaissance Studies IV, 1958, S. 267–282); Klinck (wie Anm. 95), S. 34–39.

[98] Huguccio von Pisa, Liber derivationum (noch ungedruckt). Der berühmte Jurist stieß (vor 1201) auf ein Exemplar des Papias und legte diesen wie Osbern seiner Arbeit zugrunde, die eine außerordentliche Verbreitung fand. Dazu: A. Marigo, De Hugucionis Pisani Derivationum latinitate earumque prologo (Archivum Romanicum 11, 1927, S. 98–107); ders. I Codici mss delle »Derivationes« di Uguccione, Rom 1936; R. W. Hunt, Hugutio und Petrus Helias (Mediaeval and Renaissance Studies II, 1950, S. 174–178); C. Leonardi, La vita e l'opera di Uguccione da Pisa Decretista (Studia Gratiana IV, 1956/57, S. 40–120); C. Riessner, Die Magnae Derivationes des Uguccione da Pisa und ihre Bedeutung für die romanische Philologie, Rom 1965; dazu kritisch: Klinck (wie Anm. 95), Anm. 96 (S. 35 f.) und Anm. 108 (S. 39).

[99] Corpus glossariorum latinorum I (1923), S. 176 Papias, S. 197 Osbern, S. 192 Huguccio, S. 215 Johannes Balbus.

[100] Zitiert bei de Ghellinck (wie Anm. 95), S. 275.

[101] Zur Etymologie (außer den in Anm. 95 genannten Arbeiten von Sanders, Ilona Opelt und Roswitha Klinck) jetzt die Beiträge von Grubmüller und Ruberg zur Festschrift für Ohly (zum 60. Geburtstag) »Verbum et Signum«, 2 Bde., München 1975: Klaus Grubmüller, Etymologie als Schlüssel zur Welt? Bemerkungen zur Sprachtheorie des Mittelalters (Bd. I, S. 209–230); Uwe Ruberg, Verfahren und Funktionen des Etymologisierens in mhd. Literatur (Bd. I, S. 295–330). Zur Etymologisierung der Namen: Wolfgang Haubrichs, Veriloquium nominis (Bd. I, S. 231–267); Gudrun Schleusener-Eichholz, Biblische Namen und ihre Etymologien in ihrer Beziehung zur Allegorese in lateinischen und mhd. Texten (Bd. I, S. 267–294). Klinck hat sich besonders bemüht, die Etymologie als *expositio* nach Petrus Helic herauszuarbeiten; Grubmüller schränkt die Bedeutung der Etymologie als »Schlüssel zur Welt« ein.

Cicero führt in seiner Topik die Etymologie als *argumentum* an, nennt sie aber *notatio*,[102] »*quia sunt verba rerum notae*«. Artistoteles spricht (*Peri hermeneias* 2, 3) von *symbolon*, »*quod latine est nota*«. »*Ea*« (sc. *notatio*) *est autem, cum ex vi nominis argumentum elicitur*«. Als Beispiel verwendet er *postliminium* (Heimkehrrecht), das sowohl als Ableitung wie als Kompositum verstanden wurde. Der Auctor ad Herennium hatte unter *notatio* die griechische *ethopoiia* verstanden.[103] Quintilian bezieht sich auf Cicero und Aristoteles, wenn er sagt (Inst. I 6, 28–38): »*Etymologia, quae verborum originem inquirit, a Cicerone dicta est notatio, quia nomen eius apud Aristotelem invenitur symbolon, quod est nota*«. Er kennt Varro und das etymologische Spiel seiner Zeit, von dem er sich distanziert. Er kennt die Herleitung von *homo* aus *humus* (Inst. I 6, 34), die er ablehnt,[104] und führt aus Varro die Etymologie von *merula: quasi mera volans* an (Inst. I 6, 38). Es geht um die *causa nominis*.[105]

Grubmüller (wie Anm. 101) hat mit Recht gegenüber Roswitha Klinck darauf hingewiesen, daß nach der überwiegenden Auffassung des Mittelalters die Worte auf der *impositio* des Menschen (nicht Gottes) beruhen. Der Wille Gottes kann mit der menschlichen Sprache nur insofern erkannt werden, als er durch Stellen der Heiligen Schrift erkennbar wird. So ist es bei der dreifachen Auslegung von *sol*, die Thomas Cisterciensis in seinem Kommentar zum Hohenliede behandelt (vgl. Klinck, wie Anm. 95, 164); die dritte lautet (nach R. Klinck): *Pro tertio dicitur Sol, quasi semitas omnium lustrans ...* Damit wird *sol* als Akrostichon einer *oratio* aufgefaßt, die eine *proprietas* (und zwar ein Verhalten) formuliert. Das die *oratio* (*semitas omnium lustrans*) einleitende *quasi* macht deutlich, daß damit eine andere sprachliche Ebene eingeführt wird. Roswitha Klinck hat zwar das häufige *quasi* bemerkt, aber zu Unrecht entwertet (S. 43, Anm. 26). Grubmüller sagt mit Recht (Verbum et Signum I, 228): »Das Wort wird dabei zur (Akrostichon-)Sigle für einen Ausdruck, der die Sache (bei

---

[102] Cicero, Topica, in: Ciceronis Rhetorica, II, ed. A. S. Wilkins, Oxford 1957 (zuerst 1903), VIII, 35. Das griech. etymologia scheint ihm nicht geeignet (nos autem novitatem verbi non satis apti fugientes genus hoc notationem appellamus).

[103] Es heißt (IV, 50): notatio est, cum alicuius natura certis describitur signis. Am Ende steht (IV, 51, 65): huiusmodi notationes, quae describunt quod consentaneum sit unius cuiusque naturae, vehementer habent magnam delectationem, totam enim naturam cuiuspiam ponunt ante oculos ...

[104] Quintilian, Institutionis oratoriae libri XII, ed. Ludwig Radermacher, Leipzig 1907, Bd. I (I 6, 34): etiamni hominem appellari, quia sit humo natus, quasi vero non omnibus animalibus eadem origo ...

[105] Quintilian (wie Anm. 104) I 6, 38: quidam non dubitarunt etymologiae subicere omnem nominis causam ... etiam derivata et composita pluraque his similia, quae sine dubio aliunde originem ducunt ...

Thomas Cisterciensis: *sol*) unter einem bestimmten Aspekt charakterisiert ...«. Ruberg (*Verbum et Signum* I, 299 f.) geht auf die Bedeutung des Verfahrens auch für die volkssprachige Literatur ein. Er charakterisiert die Herleitung solcher Art mit den Worten (*Verbum et Signum* I, 300): »Seit dem 12. Jahrhundert begegnen zunehmend Etymologien als Wortfolge, deren (meist) erste Buchstaben zusammengesetzt das zu erläuternde Wort ergeben: *cor* wird etymologisiert als *camera omnipotentis regis*«.

Wichtig scheint mir, daß das Verfahren auch in der Mythendeutung der Antike verwendet wurde, so bei Fulgentius:[106] *Mercurium dici voluerunt* (sc. *Graeci*) *quasi mercium curum; omnis negotiator dici potest Mercurius.* Von Vulcanus heißt es:[107] *...unde et Vulcanus dicitur velut voluntatis calor.* In der Erklärung der Thebais wird Creon erklärt: *Creon quasi cremans omnia.*[108]

Roswitha Klinck (wie Anm. 95) hat gezeigt, daß »Silbenableitungen«, wie sie Fulgentius zeigt, in der Frühzeit vor allem im Psalmenkommentar Cassiodors begegnen (bes. S. 65 ff.), so zu Ps. 118, 158: *pactum ... quasi pacis actum* (Klinck, S. 65, Anm. 121). Seit dem 12. Jahrhundert wächst die Zahl der Ableitungen aus Silben einer Wortfolge, und der Kommentator Priscians Petrus Helie führte eine neue Definition von *etymologia* ein (Klinck, S. 13; Grubmüller, wie Anm. 101, S. 220); sie war vielleicht schon in der verbreiteten Definition Isidors angelegt:[109] *Etymologia est origo vocabulorum, cum vis verbi vel nominis per interpretationem colligitur.*

Die Definition lautet bei Petrus Helie:[110]

---

[106] Fabii Planciadis Fulgentii opera, ed. Rudolf Helm 1898, S. 29 (Mitologiae, lib. I, Nr. 18 unter »Fabula Mercurii«).

[107] Fulgentius (wie Anm. 106), S. 51 (lib. II, Nr. XI unter »Fabula Minervae et Vulcani«).

[108] Die kurze Erklärung der Thebais (bei Helm S. 180–186) wird in der Pariser Handschrift dem Bischof Fulgentius zugeschrieben. Sie sucht unter dem sensus literalis den sensus misticus, den »Zweitsinn« und schließt (Helm, S. 186): Tanto autem vitiorum conflictu Thebe, id est humana anima, quassata est quidem, sed divinae benignitatis clementia subveniente liberatur. Zuletzt erhebt sich die superbia, die Kreon verkörpert (Helm 185, 21–23): sed his peremtis vitiis in anima insurgit superbia, quae bene dicitur Creon quasi cremens omnia.

[109] Isidor, Etymologiarum libri, rec. W. M. Lindsay, Oxford 1971 (zuerst 1911), lib. I, Cap. 29, 1; Isidor läßt auf diesen Eingangssatz folgen: Hanc Aristoteles symbolon, Cicero adnotationem nominavit, quia nomina et verba rerum nota facit. ... Omnis enim rei inspectio etymologia cognita planior est (diese Stelle I, 29, 2). Allerdings versteht Isidor interpretatio nach Aristoteles als sprachliche Mitteilung eines geistig erfaßten Sachverhalts (quod res mente conceptas prolatis sermonibus interpretetur; so I 29, 3).

[110] Sie ist mitgeteilt bei Thurot (wie Anm. 52) nach dem Text im 2. Buch des Speculum doctrinale, in dem Vincenz von Beauvais Auszüge aus dem Kommentar des Petrus Helie gibt. Die angeführte Stelle steht im 3. Kapitel; sie ist zitiert bei Klinck (wie Anm. 95), S. 13, Anm. 17, nach Hunt (wie Anm. 97), und S. 13–18 kommentiert.

Ethimologia ergo est expositio alicuius vocabuli per aliud vocabulum, sive unum sive plura magis nota, secundum rei proprietatem et litterarum similitudinem, ut lapis quasi ledens pedem, fenestra quasi ferens nos extra. Hic enim rei proprietas attenditur et litterarum similitudo observatur.

Wie das gemeint ist, erläutert die Bemerkung zu *littera: etymologia fit sequendo litterarum similitudinem, ut fiat accessus ad rei proprietatem per voces.*

Bei dieser »Etymologie« wird ein Wort aus einer Wortfolge abgeleitet, sei es daß aus den Anfangsbuchstaben ein »Initialwort« gebildet wird (wie sie unser Zeitalter liebt) oder daß die Anfangssilben (ganz oder teilweise) ein Wort bilden. Auf solches Verfahren weist Cassiodor im Anfang seines Psalmenkommentars, zu Ps. 1, 1 (bei Klinck, wie Anm. 95, S. 40):[111] *Etymologia est enim oratio brevis, per certas assonationes ostendens, ex quo nomine id qoud quaeritur venerit nomen.* So wird bei Petrus Helie *lapis* aus der *oratio* (es wäre nach Abaelard eine *oratio imperfecta*) *quasi ledens pedem* abgeleitet.

Diese Art der *etymologia* fällt nicht mit der *significatio* zusammen; Thomas von Aquin hebt die *significatio* von der *etymologia* ab:[112] die *etymologia* erklärt, woher eine Benennung stammt (ein *accidens* des Sachverhalts kann dabei gewählt werden, um die *natura rei* zu bezeichnen), die *significatio* aber teilt den Begriff dieses Sachverhalts mit:

> Aliud est etymologia nominis, et aliud est significatio nominis. Etymologia attenditur secundum id a quo imponitur nomen ad significandum; nominis vero significatio attenditur secundum id ad quod significandum nomen imponitur. Quae quandoque diversa sunt: nomen enim lapidis imponitur a laesione pedis, non tamen hoc (sc. laesionem pedis) significat; alioquin ferrum, cum pedem laedat, lapis esset.

An anderer Stelle der Summa heißt es:[113]

> Sicut hoc nomen lapis imponitur ab eo quod laedit pedem, non tamen imponitur ad hoc significandum quod significet laedens pedem, sed ad significandam quandam speciem corporum; alioquin omne laedens pedem esset lapis.

Die gemeinte *expositio*, die nach Petrus Helie und seinen Nachfolgern eine *etymologia* leistet, besteht darin, daß sie ein Wort aus einer Wortfolge (*oratio*) ableitet, also als Wort gefaßte Sprache aus einem anderen sprachlichen Ausdruck, der eine *proprietas* des Sachverhalts, meist ein

---

[111] Die Stelle wird von Klinck (wie Anm. 95) nach der Pariser Handschrift (Bibl. Nat., ms. lat. 16220, fol. 3ra) angeführt (Klinck S. 67). Dazu Grubmüller (wie Anm. 101), S. 220f.

[112] Thomas von Aquin, Summa Theologiae II, 2, quaestio 92, art. 1 ad 2 (zur Erklärung von superstitio). Die Stelle ist bei Grubmüller (wie Anm. 101) angeführt (S. 222).

[113] Summa Theologiae I, quaestio 13, art. 2 ad 2; zitiert nach Grubmüller (wie Anm. 101), S. 223.

Verhalten, mahnend in Erinnerung ruft. So steht die *etymologia* im Sinne von Petrus Helie einer tropologischen Deutung nahe. Das zeigt die Erklärung des *pontifex* bei Honorius in seiner »*Gemma animae*«:[114]

> Est item pontifex dictus, quasi pons factus. Vita quippe episcopi debet esse pons populi super mare saeculi ad patriam paradisi. Vel pontifex potius dicitur pontem faciens, quia quasi pontem populo facit, dum eam sana doctrina super paludem haeresum ad atria vitae ducit.

Neben alphabetischen Wörterbüchern gab es Versuche, den Bedeutungszusammenhang von *dictiones* zu erklären. Das konnte dadurch geschehen, daß die *dictiones* nach inhaltlichen Gesichtspunkten geordnet wurden, wie im »*Dictionarius*« (vor 1229) und im »*Commentarius*« (1246) des Johannes von Garlandia.[115] Der »*Dictionarius*«[116] ist ein Lesebuch für Schüler mit Erklärung schwieriger Wörter, das sachlich nach der Umwelt geordnet ist (Haus, Schule, Kirche, Garten usw.). Der »*Commentarius*«[117], für den Halbbruder des englischen Königs geschrieben, bietet als *liber curialium personarum* den Wortschatz der vornehmen Gesellschaft.

---

[114] Gemma animae 1, 183 (Migne 172, 600 C); angeführt von Klinck (wie Anm. 95), S. 85.

[115] Über Johannes von Garlandia: Bernard Hauréau, Notices sur les oeuvres authentiques ou supposées de Jean de Garland (Notices et Extraits XXVII, 2, 1879, S. 1–86); Edwin Habel, Johannes de Garlandia, ein Schulmann des 13. Jahrhunderts (Mitteilungen d. Gesellschaft für Erziehungs- und Schulgeschichte XIX, 1909, S. 1–34 und 118–130); Edmond Faral, Les arts poétiques du XIIe et XIIIe siècles, 2. Aufl. Paris 1958 (zuerst: 1923), S. 40–46; Louis John Paetow, Morale scolarium of John of Garland, Berkeley/USA 1927. Von seinem außerordentlich vielfältigen Werk hat in letzter Zeit besonders die Oviderklärung (Integumenta Ovidii, ed. F. Ghisalberti, Messina/Milano 1933) Beachtung gefunden (vgl. Christel Meier, in: Frühmittelalterliche Studien, hg. Karl Hauck, Bd. 10, 1976, S. 12ff.). Seine Bedeutung für Poetik und Rhetorik ist schon lange bekannt (darüber: Krewitt, wie Anm. 52, S. 426–442). Paetow gibt in der wichtigen Einleitung zur Ausgabe des Morale scolarium eine Übersicht über die Schriften des Autors. Noch wenig gewürdigt sind, soviel ich sehe, seine großen Werke, wie die zeitgeschichtliche Dichtung in acht Büchern »De triumphis ecclesiae« (hg. Thomas Wright, London 1856), die vom 3. Kreuzzug über Albigenserkrieg und Mongoleneinfall bis zum Kreuzzug Ludwig IX. von Frankreich (1248ff.) führt. Vgl. auch: F. J. E. Raby, A history of christ. latin poetry² 1953, S. 385–389. Hier interessieren seine Arbeiten zum Wortschatz.

[116] Der Dictionarius, ein Frühwerk (vor 1220?), ist nach Paetow (Morale Scolarium, S. 128, Anm. 1) in 27 Handschriften überliefert. Es ist herausgegeben in: A. Scheler, Trois traités de lexicographie latine du XIIe et XIIIe siècle (Jahrbücher für roman. und engl. Lit. VI, 1865, S. 144; als Buch: Leipzig 1867). Vgl. auch Thomas Wright, A volume of vocabularies from the Xth to the XVth century, London 1857. Ein Dictionarius metricus ist herausgegeben von: August Scheler, Olla patella, Vocabulaire latin versifié (Revue de l'Instruction publique en Belgique, Bd. 21, Gent 1887). Die Schrift verzeichnet in 120 Versen 700 Nomina (Substantive und Adjektive). Der Dictionarius hat in der Erfurter Handschrift (Ampl. 0 12) deutsche Glossen (Bl. 1–12). Noch die Humanisten haben die Lehrbücher des Johannes von Garlandia dankbar benutzt.

[117] Der Commentarius, ein späteres Werk (1246), ist m. W. noch ungedruckt.

Die »*Synonyma*« des Johannes von Garlandia[118] führen in Hexametern Synonyma vor, die eine *res* mit verschiedenen Namen unter verschiedenen Aspekten bezeichnen. So werden (v. 42–45) sechs *officia* der *anima* nach ihren Funktionen unterschieden, vier Funktionen des Richters (v. 126–129) und fünf Namen für einen Gefährten nach der sozialen Situation erklärt (v. 470–471):

> Dat sors consortem, comitem via, mensa sodalem,
> Missio collegam, socios labor efficit idem.

Das Wörterbuch des Alanus, das an sich der religiösen Sprache gilt, enthält eine Fülle von Einsichten in die Bedeutung der sprachlichen Gebilde.[119] Als Beispiel für sein Verfahren und seine Deutung dient am besten der Artikel über *homo* (Migne 210, 811f.). Der Artikel entwickelt an Hand von Bibelstellen das christliche Bild des Menschen unter drei Aspekten. Unter dem ersten Aspekt erscheint der Mensch als Abbild Gottes (nach Gen. 1, 27). Als *animal rationale* (*in designatione dignioris partis*) ist der Mensch in Ps. 11, 9, als *animal mortale* (*in designatione deterioris partis*) in Ps. 8, 5 gesehen. Unter dem zweiten Aspekt wird der Mensch als Einheit von Leib und Seele verstanden. Sie gilt für die Aussage, daß Christus Mensch geworden ist, d. h. Leib und Seele des Menschen angenommen hat. Diese Einheit macht zugleich den *status* des Menschen aus (*in designatione substantialis status, qua homo est homo, id est humanitas*), der gemeint ist, wenn gesagt wird: *Homo est unitus Deo* (*id est humanitas divinitati in Christo*). Paulus meint Leib (*corpus*) und Seele (*anima*), wenn er vom äußeren und inneren Menschen spricht (Rom 7, 22; Eph. 3, 16) und damit die *sensualitas* und *ratio* des Menschen bezeichnet. Schließlich steht der Mensch in der Spannung zwischen Schuld (*culpa*) und Gnade (*gratia*). Auf die *culpa* des Menschen weist Paulus hin, wenn er sagt (Rom 6, 6): *Vetus homo crucifixus est cum Christo*; auf die Gnade mit den Worten (Eph 4, 24): *induite novum hominem*. Die Mehrdeutigkeit (Plurivalenz) des Namens in der religiösen Sprache zeigt sich, wenn bei Job (5,7) *homo* nach Alanus für *caro* steht, wenn im Evangelium (Matth. 21, 33) Gott Vater *homo* genannt wird und ebenda (Matth 13, 39) auch der Teufel Mensch heißt (*inimicus homo hoc fecit*).

---

[118] Die »*Synonyma*« sind herausgegeben von: Polycarp Leyser: Historia poetarum et poematum medii aevi, Halle 1721, S. 311–341 (danach bei Migne 150, 1577–1592). Dazu: Matth. Kurz, Die Synonyma des Johannes von Garlandia (in: Jahresbericht des K. K. Staatsgymnasiums im IX. Bezirk, Wien 1884/85; als »Wissenschaftliche Abhandlung« Nr. 47 (ohne Jahr) bei A. Pichler, Wien und Leipzig.

[119] Das Wörterbucch des Alanus (Migne 210, 685–1012) trägt den Titel: Liber in distinctionibus dictionum theologicarum. Die Vorrede gibt als Zweck an (Migne 210, 688 B): sic diversae vocabulorum acceptiones, quae in diversis sacrae paginae locis iacent incognitae, in lucem manifestationis reducantur praesentis opusculi explanatione.

Das Mittelalter kennt außer der *significatio* der *voces* (der menschlichen Sprache) auch eine *significatio* der *res*, d. h. der von Gott geschaffenen Welt.[120] Damit sind aber nicht die *signa naturalia* gemeint, die Augustinus von den *signa data* unterscheidet[121], z. B. der Rauch, der den Menschen darauf aufmerksam macht, daß ein Feuer da ist (das ist ein Schluß *ex consequentiis*); auch nicht *voces significativae ex natura* (bzw. *naturaliter*), die Abaelard von den *voces significativae ex impositione (humana)* unterscheidet,[122] wie das Bellen eines Hundes oder Interjektionen, die verstanden werden, ohne daß es dazu einer *impositio* der Sprache bedarf. Es gehört ja zum Wesen der menschlichen Sprache, daß sie nicht von der *res*, die sie bezeichnet, bestimmt wird, sondern allein von der *impositio* und *voluntas* des Menschen. Diese Unabhängigkeit der Sprache zeigt sich schon darin, daß es außer Wörtern, die nur einer bestimmten *res* entsprechen, auch Wörter gibt, die mehrere *res* bezeichnen können *(aequivoca)*, und daß umgekehrt für eine bestimmte *res* mehrere Wörter *(multivoca, bzw. synonyma)* zur Verfügung stehen können, die verschiedene Aspekte der *res* formulieren. Im Prinzip aber gilt für die Wörter der Sprache, daß sie eine Identität im Verhältnis von *significans* und *significatum* voraussetzen und darum definierbar sind.[123] In jedem Falle verbleibt die Sprache des Menschen im Bereich der wahrnehmbaren Welt, sie ist für die *naturalia* geprägt. Während also die Sprache des Menschen einmal unabhängig von der *res* ist, die sie bezeichnet, und im Prinzip eine Identität zwischen *significans* und *significatum* voraussetzt, ist es bei der *significatio* der *res* umgekehrt.[124]

Sie ist zunächst nicht *ad placitum*, sondern von der Natur bestimmt (nach Hugo von St. Victor: *illam natura dictavit*), die Gott geschaffen hat. Insofern ist sie *naturalis*. Sie vergeht nicht wie der menschliche Laut mit der Äußerung, sondern hat die Dauer des Geschaffenen.[125] Die Natur (die

---

[120] Zur Sprache der res: die Anm. 53a angeführten Arbeiten.

[121] Vgl. Brinkmann, Die Sprache als Zeichen (wie Anm. 52), S. 26f.

[122] Brinkmann, Sprache als Zeichen (wie Anm. 52), S. 27–29 und S. 37 (dort auch Literatur in Anm. 15).

[123] Dazu: Abaelard, Dialectica (wie Anm. 52), 562, 13ff. und 584, 13f.

[124] Aufhebung der Identität in der religiösen Sprache: Hennig Brinkmann, Voraussetzungen und Struktur religiöser Lyrik im Mittelalter (Mittellateinisches Jahrbuch, hg. Karl Langosch, III, 1966, S. 37–54, bes. 41–43; dort S. 42: »Die Bedeutung der res unterscheidet sich von der Bedeutung des Worte dadurch, daß sie ohne das Merkmal der Identität ist, das zum Wesen sprachlicher Begriffe gehört.«

[125] Hugo von St. Victor, Didascalicon (wie Anm. 3), lib. V, cap. 3 (»quod res etiam significent in divina scriptura«): haec prolata perit, illa creata subsistit.

res) empfängt ihre *significatio* von Gott *(res ex divina institutione significant)*: *significatio rerum naturalis est* (besteht von Natur aus) *et ex operatione creatoris volentis quasdam res per alias significari* (Hugo von St. Victor). Durch *voces significativae* spricht der Mensch zum Menschen, durch *res significativae* redet Gott zum Menschen. Die *significatio rerum* ist durch die unwandelbare *voluntas* Gottes, seine Intention, bestimmt.

Während menschliche Sprache im Prinzip Identität voraussetzt, gilt für die Sprache der *res*, daß sie keine Identität zeigt; sie hat so viele Möglichkeiten der *significatio*, wie sie *proprietates* besitzt: *res autem tot possunt habere significationes, quot habent proprietates.*[126] Es gibt zwei Weisen *(modi)* der *significatio* einer *res* (ebd.): *res duobus modis significat, natura et forma*. Die jeweilige Beziehung zwischen *res* und *significatio* kommt durch Analogie zustande.

Aufschluß über die *significatio* einer *res* gibt die Heilige Schrift, das Wort, dessen Urheber Gott ist. Augustinus versteht das als eine Art der Übertragung (vgl. Krewitt, wie Anm. 52, S. 122 f.); in der Nachfolge der neuplatonischen Auffassung des Pseudo-Dionysius, die Johannes Scottus dem Mittelalter vermittelt, wird der Sachverhalt als Analogie der sichtbaren (natürlichen) Welt zur unsichtbaren Welt begriffen, deren Abglanz sie ist.

Für einen Meister der Schreibkunst wie Otloh von St. Emmeram lag es nahe, die Schöpfung Gottes als ein Buch zu verstehen (Migne 146, 283): *Nonne creatorem testantur cuncta creata, quin velut in libris illum cognoscere quitis.*[127] Augustinus hatte im Rahmen seiner Zeichenlehre auch die Lehre vom Zeichenwert der *res* entwickelt (vgl. Krewitt, wie Anm. 52, S. 122 f.).

Wie dieser Zeichenwert zustande kommt, macht er deutlich an *bos* (Doctr. christ. II, 10): *bos* ist in der lateinischen Sprache ein Wort für *pe-*

---

[126] Angeführt von Ohly (Vom geistigen Sinn, wie Anm. 53a), S. 5, Anm. 1 aus Richard von St. Victor, Excerptiones II, 5, Migne 177, 205 D.

[127] Alexander Neckam sagt im Prolog zum 2. Buch seines Werkes De naturis rerum (hg. Th. Wright, London 1863, S. 125): Mundus ergo ipse calamo Dei inscriptus littera quaedam est intelligenti, repraesentans artificis potentiam cum sapientia eiusdem et benignitate. Sicut autem totus mundus inscriptus est (sc. calamo Dei), ita totus littera est, sed intelligenti et naturas rerum investiganti ad cognitionem et laudem Creatoris (angeführt von Klinck, wie Anm. 95, S. 166). Bereits im 10. Jahrhundert hatte Odo von Cluny in seiner Dichtung in sieben Büchern »Occupatio« die Manifestierung der unsichtbaren Gottheit durch die sichtbare Welt ausgesprochen: Rex invisibilis mundum, qui cernitur, egit,/indicet ut per opus se opifex mirabile mirus./maxima res mundus rerum, quas cernimus, extat./... dissona materiem rerum qui elementa feracem/... concordes dat habere vices, Deus inde probatur./ergo fit invisus per visibilem manifestus (abgedruckt bei F. J. E. Raby, The Oxford Book of Medieval Latin Verse, Oxford 1959, Nr. 111, nach der Ausgabe der Dichtung von A. Swoboda, Leipzig 1900, S. 3).

cus, aber wir verstehen es als Bezeichnung für den Evangelisten, gemäß der Erklärung der Stelle aus Deuteronomium (25,4) durch den Apostel Paulus (1 Cor 9,9), der ausdrücklich von dieser Stelle sagt (1 Cor 9,10): *propter nos scripta sunt.* Das Analogon sind das Pflügen und Dreschen der Ochsen. Augustinus macht auch schon auf die Mehrdeutigkeit einer *res* aufmerksam.[128] Von der rhetorischen Allegorie grenzt sich die zweite Sprache wesentlich dadurch ab, daß jene sich auf das Wort bezieht, während die zweite Sprache *res* oder *facta* zur Grundlage hat.

Die Auffassung des Augustinus vererbt sich über Beda ins Mittelalter,[129] bekommt aber dann durch den Einfluß des Pseudo-Dionysius, den Johannes Scottus vermittelt, eine neue Wendung. Auf der einen Seite macht er deutlich, daß Gott eigentlich mit den Mitteln der menschlichen Sprache nicht bezeichnet werden kann und daß es sich bei Aussagen über Gott immer um übertragene Rede handelt. Diese Seite seiner Theologie nahm Alanus auf (s. o. Anm. 89 ff.). Auf der anderen Seite aber versteht er das Universum als Theophanie. Seine symbolische Theologie nimmt an, daß wir im Symbol, in unähnlichen Analogien *(dissimiles similitudines)*, Gott erkennen.[130] Zwar führt Dionysius Bibelstellen an (Krewitt S. 465), aber sie haben nur die Bedeutung von Beispielen für die gemeinte Bezeichnung. Johannes Scottus gibt diese Auffassungen weiter; er sagt:[131]*Nihil enim visibilium rerum corporaliumque est, ut arbitror, quod non incorporale quid et intelligibile significet.*

Der Begriff des Symbols bleibt auch im 12. und 13. Jahrhundert auf den Bereich der symbolischen Theologie beschränkt, die das Universum als eine Manifestierung Gottes versteht. Alanus spricht von *symbolum* im Anschluß an Dionysius;[132] er versteht Symbole als *signum*, als *similitudi-*

---

[128] Vgl. Krewitt (wie Anm. 52), S. 128f. und 134f. und Hegener (wie Anm. 53, S. 9f.).

[129] H. H. Glunz, Die Literarästhetik des europäischen Mittelalters, (zuerst Bochum 1937),² Frankfurt 1963, S. 121f. über Hrabanus.

[130] Vgl. dazu Krewitt (wie Anm. 52), S. 462, der aus der Caelestis Hierarchia zitiert: ... et nostrum animum reducunt magis dissimiles similitudines.

[131] Johannes Scottus, De divisione naturae, V, 3; Migne 122, 865. Zu Pseudo-Dionysius und Johannes Scottus vgl. Krewitt (wie Anm. 52), S. 457–481.

[132] Marie-Thérèse d'Alverny, Alain de Lilles, Textes inédites, Paris 1965, S. 83f. (Prologus zur Expositio super symbolum apostolicum et Nicenum): Hoc nomen symbolum aliquando sumitur in designatione signi, ut res aliquid significans dicatur symbolum. Unde apud Dionysium in Hierarchia locutio dicitur symbolica, que rei occulte est significativa, et secundum hoc dicitur a »sin« quod est simul et »olon« quod est totum, quia in tali locutione simul totum comprehenditur, et ut aliud in superficie littere intelligatur et aliud in interiori intelligentia comprehendatur. In seiner Erklärung der Engelsequenz (bei d'Alverny, S. 194–217) gibt er als Beispiel für »symbolische Rede« (locutio symbolica): cum legitur angelos habere currus igneos vel alas vel huiusmodi, locutio symbolica est (bei d'Alverny, S. 201). Vgl. dazu: Brinkmann, Sprache als Zeichen (wie Anm. 4), S.

nes quae transferuntur a terrenis ad caelestia.[133] Ähnlich definiert Hugo von St. Victor im Anschluß an Dionysius (Migne 175, 941): *symbolum est collatio formarum visibilium ad invisibilium demonstrationem.* Danach ist die zweite Sprache nur insofern als »Symbol« aufzufassen, als sie die Theophanie Gottes voraussetzt (was für ihre Anwendung nur teilweise gilt).

Für die Harmonie der Schöpfung beruft sich Johannes Scottus[134] auf den Satz aus dem Buche der Weisheit (Sap. 11, 12): *omnia in mensura, numero et pondere disposuisti.*[135] Im 11. Jahrhundert führt Adalbold von Utrecht in seinem Kommentar zu Metrum III, 9 des Boethius den Satz an[136] (Sacris Eruderi VI, 1954, S. 416), und zwar zu v. 10 *(tu numeris elementa ligas).* Er ist in die Volkssprachen übergegangen. So zitiert ihn Thomasin[137] für die Geltung der *maze* (9945f. *verliese wir maze, wage, zal,/daz ist dem reht ein michel val)* und des Rechts (12375f. *daz reht ist über al/an allen dingen maze, wage, zal).* Wie die Dreizahl *mensura, numerus, pondus* als Merkmal der Ordnung in der Schöpfung, ihrer Schön-

---

35 f. Zur Geschichte des Begriffs »Symbol«: Brinkmann, Kritische Sprachanalyse im Lichte der Zeichentheorie (Wirkendes Wort XXV, 1975, S. 289–323, bes. S. 296–301).

[133] Alanus beginnt seinen Artikel »symbolum« in den Distinctiones (Migne 210, 964 C): Symbolum signum, unde Dionysius in Hierarchia similitudines, quae transferuntur a terrenis ad coelestia, vocat symbolicas.

[134] In seinem Hauptwerk De divisione naturae (Migne 122, 651).

[135] Isidor hatte den Satz in seinen »Etymologien« angeführt, um die besondere Bedeutung der Zahlen zu begründen (wie Anm. 13: lib. III, cap. 4): non enim frustra in laudibus Dei dictum est (Sap. 11, 21): Omnia in mensura et numero et pondere fecisti. Ambrosius hatte den Satz noch abgewertet; vgl. August Nitschke, Naturerkenntnis und politisches Handeln im Mittelalter (Stuttgarter Beiträge zur Geschichte und Politik, Bd. 2, Stuttgart 1967), S. 57. Er sagt in seiner Erklärung des »Sechstagewerks« (Exaemeron I 6, 22; Corpus Scriptorum Ecclesiasticorum Latinorum 32, 1, S. 18): nonne evidenter ostendit Deus omnia maiestate sua consistere, non numero, pondere atque mensura? Für ihn kommt es allein auf den Willen Gottes an (voluntas eius mensura rerum est). Die Bedeutung des Satzes für den ordo-Gedanken des Mittelalters, die auch Curtius betont (Europäische Literatur und lateinisches Mittelalter, Bern 1948, S. 495f.), hat besonders Hermann Krings hervorgehoben: Ordo, Philosophisch-historische Grundlegung einer abendländischen Idee, Halle 1941 (vorher: Deutsche Vierteljahrsschrift 18, 1940, S. 238).

[136] Vgl. Mittelalterliche Kommentare zum »O qui perpetua« ... hg. R. B. C. Huygens, in: Sacris Eruderi VI, 1954, S. 373–427. Der Kommentar Adalbolds steht: S. 404–426. Adalbold sagt zu V. 10 (S. 416, Zeile 167–171: Tu numeris elementa ligas non adiutorio, sed ratione numerorum, quia elementorum ligator est etiam auctor, quorum exemplo et elementa ligantur et cuncta creantur. omnia quippe in numero et mensura et pondere disposita sunt, et mensura et pondus sine numero esse non possunt.

[137] Thomasin von Zirclaria, Der Wälsche Gast, hg. H. Rückert 1852, Neudruck hg. Friedrich Neumann (Deutsche Neudrucke, Reihe Texte des Mittelalters), Berlin 1965; vgl. Anm. 33.

heit und Güte durch das Denken des 13. Jahrhunderts (im Rückgriff auf Augustinus) weiter entwickelt worden ist, hat de Bruyne gezeigt.[138] In einem Gedicht aus dem 12. Jahrhundert, das vielleicht von Jordan Fantasma stammt,[139] verbindet sich der Gedanke der vollkommenen Ordnung mit dem Hinweis darauf, daß der Mensch durch das Verständnis des Geschaffenen zur Erkenntnis des Unsichtbaren aufsteigen kann:

Creatori serviunt omnia subiecta,
sub mensura, numero, pondere perfecta;
ad invisibilia per haec intellecta
sursum trahit hominem ratio directa.

Wesentlich ist dabei, daß der Mensch nicht allein nach dem Bilde Gottes geschaffen ist, sondern als Mikrokosmus dem Makrokosmus analog ist,[140] als geistiges Wesen (*homo interior*) Gott ähnlich, als leibliches Wesen (*homo exterior*) aus dem gleichen Stoff geschaffen wie die Welt, der er analog gebaut ist. Gedanken der großen Kappodozier Basilius (*Hexaemeron*) und Gregor von Nyssa (*De hominis opificio*) werden lebendig, wenn von der Welt oder dem Menschen gesprochen wird. Ganz konkret nimmt die Analogie von Mikrokosmus und Makrokosmus Milo in seinem »*Liber de philosophia mundi*«[141] (Hs. Tours 789, fol. 38):

---

[138] Edgar de Bruyne, Etudes d'esthétique médiévale, III, Brugge 1946, S. 99ff., 119, 153ff., 189, 217f.

[139] Das Gedicht ist u. d. T. »Sermo« kritisch herausgegeben von Hellmut Rüter (Das Epithalamium des Alanus von Lille, Diss. Münster 1966, ungedruckt, S. 79–98). Die zitierte Strophe ist die 7. von 35 Strophen. Rüter weist in seinem umfangreichen Kommentar zu dem Gedicht (S. 126–152) darauf hin (S. 132), daß die Formulierung auf den Brief des Heiligen Paulus an die Römer zurückgeht (Rom 1, 20 Invisibilia enim ipsius, a creatura mundi, per ea quae facta sunt, intellecta, conspiciuntur).

[140] Zu Makrokosmos und Mikrokosmos: R. Allers, Microcosmos from Anaximander to Paracelsus (Traditio II, 1944, S. 319–407); C. von Korvin-Krasinski, Mikrokosmos und Makrokosmos in religionsgeschichtlicher Sicht, Düsseldorf 1960; Marian Kurdzialek, Der Mensch als Abbild des Kosmos (Miscellanea Mediaevalia, hg. Albert Zimmermann, VIII, 1971, S. 35–75).

[141] Das noch ungedruckte Gedicht ist überliefert in der Handschrift: Tours 789, fol. 37–43. Von der Handschrift hatte Léopold Delisle Kenntnis gegeben (Note sur un ms. de Tours, in: Bibl. de l'Ecole des Chartes XXX, 1869, S. 323ff.). Darauf hat sich dann F. J. E. Raby bezogen (A History of secular latin Poetry, II, 2. Aufl. Oxford 1957, zuerst 1934, S. 14). Jetzt hat Peter Dronke in seinen Untersuchungen über die Verwendung von Mythen im mittelalterlichen Platonismus (Fabula, Explorations into the use of Myth in medieval Platonism, Leiden und Köln 1974, in der von Karl Langosch herausgegebenen Reihe »Mittellateinische Studien und Texte« X) auch (neben Abaelard und Hildegard von Bingen) Milos Werk (im 2. Kapitel) berücksichtigt. Es ist in zwei Bücher gegliedert, von denen das erste Makrokosmus und Mikrokosmus in 161 Versen darstellt, während das zweite Buch in 330 Versen die Maße im Makrokosmos angibt (mit Illustration). Ich besitze seit zwölf Jahren eine Kopie von Wilhelm Breuer.

qui cosmus minor est cosmi maioris imago (v. 54);
sic oculi capitis signant duo lumina celi
et caput ut celum cognoscitur esse rotundum (v. 58 f).

Das entspricht der Aussage des Honorius,[142] und ist bei Walther vorausgesetzt, wenn er von den Augen der Frau sagt (54, 30), daß von ihrem »Himmel« (dem Haupt) zwei Sterne leuchten *(da liuhtent zwene sternen abe)*.

Die Verbindung zwischen der Welt und dem Menschen stellen die vier *humores* dar,[143] die aus den Elementen hervorgehen, die Abaelard als »*alimenta*« versteht.[144] Ihnen kommt besondere Bedeutung für die Medizin zu (nach Hippokrates und Galen); so nehmen sie einen wichtigen Platz ein im *Regimen sanitatis Salernitanum*[145] (v. 286–341), das um 1100 entstanden ist.

Wie das Universum hat der Mensch als Doppelwesen eine zweifache Bewegung:[146] die Bewegung des Geistes *(motus spiritus,* bzw. *rationis)* folgt der Bewegung des Firmaments von Osten nach Westen, die von den

---

[142] Bei Honorius heißt es im »Elucidarium« (Migne 172, 116): caput eius est rotundum ... in coelestis sphaerae modum, in quo duo oculi ut duo luminaria in coelo micant.

[143] Isidor (wie Anm. 13) sagt im IV. Buch der »Etymologien«, das der Medizin gewidmet ist (IV 5, 3): Sicut autem quattuor sunt elementa, sic et quattuor humores, et unusquisque humor suum elementum imitatur: sanguis aerem, cholera ignem, melancholia terram, phlegma aquam. Et sunt quattuor humores, sicut quattuor elementa, quae conservant corpora nostra.

[144] August Nitschke (wie Anm. 135) zitiert (S. 85) aus Abaelards Erklärung des Sechstagewerks zum ersten Tag: Unde et bene elementa quasi alimenta dicta sunt, quod ex eis caetera suum esse trahant, sicut et quaecumque animantia per alimenta ciborum vivere habent atque subsistere.

[145] Regimen sanitatis Salernitanum (zuerst: ed. A. Croke, Oxford 1830), ed. Packard, Oxford 1922; unter dem Titel »Die Kunst sich gesund zu erhalten« mit deutscher Übersetzung hg. Rolf Schott in der Reihe »Lebendige Antike«, Zürich und Stuttgart 1964, S. 33–37.

[146] Unter dem Stichwort »mundus« in seinem Wörterbuch »Distinctiones theologicarum dictionum« (wie Anm. 119) entwickelt Alanus knapp und umfassend den Gedanken (Migne 210, 866 C D): ...sicut in mundo maiori firmamentum movetur ab oriente in occidentem et revertitur in orientem, sic ration in homine movetur a contemplatione orientalium, id est coelestium, primo considerando Deum et divina, consequenter descendit ad occidentalia, id est ad considerationem terrenorum, ut per visibilia contempletur invisibilia, deinde revertitur ad orientem iterum considerando coelestia. Et sicut planetae moventur contra firmamentum et retardant eius motum, sic quinque sensus moventur contra rationem et impediunt eius motum, ratio tamen eos fert secum et servire cogit. Von der Welt wird weiter gesagt: Et sicut mundus constat ex quatuor elementis, sic homo ex quatuor humoribus, elementorum proprietatibus consonis ... Zum Schluß heißt es (Migne 210, 866 D-867 A): Homo etiam habet similitudinem cum omni creatura, cum lapidibus in essendo, cum arboribus in vivendo, cum brutis animalibus in sententiendo, cum angelis in discernendo.

Sinnen bestimmte Bewegung *(motus carnis,* bzw. *sensualitatis)* dagegen der Gegenbewegung der Planeten von Westen nach Osten. Diese Auffassung ist von Arnulf von Orléans in seinen *»Allegoriae super Ovidii Metamorphosin«*[147] ausgesprochen, bei Wilhelm von Conches[148] und besonders nachdrücklich in der Klage der Natur des Alanus.[149]

---

[147] Arnulf von Orléans, Allegoriae super Metamorphosin, ed. Fausto Ghisalberti, Milano 1932; vgl. Wetherbee (wie Anm. 24), S. 11–13. Arnulf in den Lucan-Glossen zu IX, 4 (Arnulfi Aurelianensis glosule super Lucanum ed. Berthe M. Marti, Papers and Monographs of the American Academy in Rome, Vol. 18, 1958), S. 432. Über Arnulfs Naturanschauung, die von Macrobius und Wilhelm von Conches ausgeht, S. XLIV–XLIX.

[148] Vgl. Edouard Jeauneau in seiner Untersuchung über die Verwendung des Begriffs integumentum bei Wilhelm von Conches (L'usage de la notion integumentum à travers les gloses de Guillaume de Conches, in: Archives d'histoire doctrinale et littéraire du Moyen Age XXXII, 1957, S. 35–100), S. 77.

[149] De planctu Naturae (Migne 210, 443). Dazu vgl. in meinem Vortrag »Verhüllung« (integumentum) als literarische Darstellungsform (in: Miscellanea Mediaevalia, hg. Albert Zimmermann, Bd. 8, 1971, S. 314–339) die Partie über »Metamorphose« bei Arnulf von Orléans und Alanus (S. 326f.) und die Interpretation der »Klage der Natur« (S. 330–339). Zum Gedicht: Richard H. Green, Alan of Lille's »De planctu naturae« (Speculum XXXI, 1956, S. 649–674); Winthrop Wetherbee, The Function of Poetry in the De planctu naturae of Alain de Lille (Traditio XXV, 1969, S. 87–126); ders., Platonism and Poetry. (wie Anm. 24), S. 188–211. Die Stelle steht in der Ansprache des Dichters durch die Natur, die der von Gott gewollten Ordnung den Abfall des Menschen gegenüberstellt.

Die Welt und der Mensch

Den Zusammenhang des Menschen mit der Schöpfung spricht in der ersten Hälfte des 12. Jahrhunderts in der Volkssprache die »*Summa theologiae*« aus:[150] *Von unsir herrin gischepphidi* (von den Geschöpfen unseres Herrn)/*gab er uns misilichi crefti* (verschiedene Kräfte); *Von den anigengen* (Elementen) *virin/got wolte den menschin zirin* (Str. 9 und 10). Thomasin gibt den »Herren«, die Verantwortung tragen, im II. Buch des »Welschen Gastes« unter dem Gesichtspunkt der *staete* (der Ordnung) ein Bild des Makrokosmus, im VII. Buch ein Bild des Menschen.

Ein Bild der »Welt«[151] vermittelten dem Mittelalter in der Karolinger-

---

[150] Die »Summa Theologiae« wird zitiert (mit einzelnen Abweichungen) nach der Ausgabe von Erich Henschel und Ulrich Pretzel: Die kleinen Denkmäler der Vorauer Handschrift, Tübingen 1963, S. 28–49. Die angeführten Verse eröffnen die 9. und 10. Strophe. Zu dem Gedicht: Hartmut Freytag, Kommentar zur frühmittelhochdeutschen Summa Theologiae (Medium Aevum 19), 1970; hier S. 79ff. der Mikrokosmusgedanke.

[151] Über das Bild der »Welt« im Mittelalter: Ch. V. Langlois, La connaissance de la nature et du monde au moyen âge, Paris 1911; Pierre Duhem, Le système du monde, Histoire des doctrines cosmologiques de Platon à Copernic, Bd. III, Paris 1915; H. O. Taylor, The mediaeval mind, 2 Bde., New York 1919; R. L. Poole, Illustrations of the history of mediaeval thought and learning, London 1920; Charles H. Haskins, Studies in the History of Medieval Science, Cambridge/Mass. 1927; Heinrich Liebeschütz, Kosmologische Motive in der Bildungswelt der Frühscholastik (Vorträge der Bibl. Warburg 1923/24, Leipzig/Berlin 1926, S. 83–148); J. M. Parent, La doctrine de la création dans l'école de Chartres (Publications de l'Institut d'Etudes Médiévales d'Ottawa VIII), Paris/Ottawa 1938; Marie-Thérèse d'Alverny, Le cosmos symbolique du XIIᵉ siècle (Arch. d'histoire doctr. et litt. du moyen âge XXVIII, 1954, S. 31–81); Tullio Gregory, Anima mundi. La filosofia di Guglielmo di Conches e la Scuola di Chartres, Florenz 1955; Philotheus Böhner-Etienne Gilson, Christliche Philosophie von ihren Anfängen bis Nikolaus von Cues, 3. Aufl. 1954 (zuerst 1952), passim, bes. S. 316–323 (Das mittelalterliche Weltbild); M.-D. Chenu, La théologie au XIIᵉ siècle, Paris 1957 (dies Buch geht keineswegs nur »theologischen« Fragen nach; es beleuchtet alle Seiten des Lebens); Tullio Gregory, Platonismo medievale, Rom 1955; R. Lemay, Abu Ma'shar and latin Aristotelism in the XIIᵗʰ Century, Beirut 1962; Richard McKeon, Medicine and Philosophy in the XIᵗʰ and XIIᵗʰ Centuries: The problem of Elements (The Thomist XXIV, 1961, S. 211–256); R. C. Dales, Anonymi De Elementis (Isis LVI, 1965, S. 174–189); La filosofia della natura nel medioevo: Atti del terzo congresso internazionale di filosofia medievale, Milano 1966 (darin wichtig: Nardi S. 3–23, Gregory S. 27–65, Javelet S. 286–296, Jolivet S. 297–304); August Nitschke (wie Anm. 135); A. Pellicer, Natura. Etude sémantique et historique du mot latin (Univ. Montpellier, Fac. de Lettres, Publication 27), Paris 1966; G. Economou, The Goddess Nature in Medieval Literatur, Cambridge/Mass. 1972; Barbara Bronder, Das Bild der Schöpfung und Neuschöpfung

zeit ein Werk wie »*De universo*« von Hrabanus,[152] im 12. Jahrhundert die »*Philosophia mundi*« des Wilhelm von Conches,[153] von Honorius die »*Imago mundi*« und das »*Elucidarium*«,[154] die früh in die Volkssprachen übersetzt wurden. Auf ihnen beruht wesentlich der von Heinrich dem Löwen veranlaßte »*Lucidarius*« in Prosa;[155] daraus war der Abschnitt »*von der ordenunge der welt*« »(Heidlauf 8, 16–30,5) aus dem ersten Buch, das auf Gott Vater als den Schöpfer bezogen ist, besonders beliebt; er läuft dem II. Buch Thomasins parallel. In großartigen Visionen stellt Hildegard von Bingen im »*Liber divinorum operum*« Makrokosmus und Mikrokosmus dar.[156]

In Nachfolge des Timaeus und der Kommentare von Calcidius (zum Timaeus)[157] und Macrobius (zu Ciceros Somnium Scipio-

der Welt als orbis quadratus (Frühmittelalterliche Studien, hg. Karl Hauck, VI, 1972, S. 188–210); Peter Dronke, Fabula (Mittellateinische Studien und Texte, IX), 1974 (bes. das 2. und 4. Kapitel).

[152] Hrabanus, De universo (Migne 111, 9–614).

[153] Wilhelm von Conches, Philosophia mundi (Migne 172, 39–102); die beiden ersten Bücher in zweiter Fassung hg.: C. Ottaviano, Un brano inedito della »Philosophia« di Guglielmo di Conches, Neapel 1935. Auszüge aus den Glossen Wilhelms von Conches bei Parent (wie Anm. 151), S. 122–177; die Plato-Erklärungen hat Edouard Jeauneau herausgegeben: Glosae super Platonem, hg. Ed. Jeauneau, Paris 1965. Zu Wilhelm von Conches aus früherer Zeit: H. Flatten, Die Philosophie des Wilhelm von Conches, Koblenz 1929. Zu Wilhelms Quellen: Theodore Silverstein, Guillaume de Conches and Nemesius of Emesa: On the Sources of the »New Science« of the XIIth Century (Harry Austryn Wolfson Jubilee, 3 Bde, Jerusalem 1965, Vol. II, 719–734).

[154] Das Spätwerk »Imago mundi« steht bei Migne 172, 115–188; das Frühwerk »Elucidarium« Migne 172, 1109–1176; dazu: Yves Lefèvre, L'Elucidarium et les Lucidaires, Paris 1954.

[155] Lucidarius, nach der Berliner Handschrift, hg. Felix Heidlauf (Deutsche Texte des Mittelalters XXVIII), 1915; zur Überlieferung: Marie-Luise Dittrich, Zur ältesten Überlieferung des deutschen Lucidarius (ZfdA 70, 1940, S. 218–255); Orientierung durch Karl Stackmann, Lucidarius (Verf. Lex. V, 1955, 621–629).

[156] Hildegard von Bingen, Liber divinorum operum (Migne 197, 739–1038); Heinrich Schipperges, Hildegard von Bingen, Welt und Mensch, Salzburg 1965. Zu Hildegard in mehreren aufschlußreichen Untersuchungen: Christel Meier, u. a. Die Bedeutung der Farben im Werk Hildegards von Bingen (Frühmittelalterliche Studien, hg. Karl Hauck, VI, 1972, S. 245–355). Jetzt auch: Barbara Maurmann-Bronder, Die Himmelsrichtungen im Weltbild des Mittelalters. Hildegard von Bingen, Honorius Augustodunensis und andere Autoren (Münstersche Mittelalter-Schriften 33), München 1976. Zum Verhältnis von Text und Illustration bei Hildegard: Christel Meier in der Festschrift zum 800. Todestag (hg. Anton Ph. Brück, Mainz 1979), S. 159 ff. Auf die Zahlenverhältnisse und Proportionen in Hildegards Werk geht Edgar de Bruyne ein (wie Anm. 21), II, S. 350–356.

[157] Calcidius, Commentarius in Timaeum Platonis, ed. J. H. Waszink (Corpus Platonicum Medii Aevi, Plato latinus, vol. IV), 1962; dazu: J. C. M. van Winden, Calcidius on Matter, Leiden 1959 (darin ist der Kommentar z. T. übersetzt und erklärt); J. H. Waszink Studien zum Timaioskommentar des Calcidius, I, 1964; Raymund Klibansky, The Continuity of Platonic Tradition during the Middle Ages, London 1950; Einfluß auf Bernard Silvestris: Brian Stock, Myth and Science in the XIIth Century, Princeton, New Jersey 1972, S. 106–112.

nis)[158] hat das Verhältnis von Makrokosmus und Mikrokosmus in der Schule von Chartres[159] eine eigene Ausprägung gefunden. Sie geht von der Voraussetzung aus, daß Platos Aussagen im Timaeus prinzipiell mit den Aussagen der Genesis übereinstimmen. So unternahm es Thierry von

[158] Ambrosii Theodosii Macrobii Comentarii in Somnium Scipionis, ed. Jakob Willis, Leipzig 1963; ins Englische übersetzt von: W. H. Stahl, Macrobius: Commentary of the Dream of Scipio, New York 1952; M. Schedler, Die Philosophie des Macrobius und ihr Einfluß auf die Wissenschaft des christlichen Mittelalters (Beitr. zur Gesch. d. Philos. d. MAs XII, 1), M0nster 1916; Edouard Jeauneau, Macrobe source du platonisme chartrain (Studi Medievali I, 1960, S. 3–24); H. Silvestre, Note sur la survie de Macrobe au Moyen Age (Classica et Mediaevalia XXIV, 1963, S. 170–180); Edouard Jeauneau, Gloses de Guillaume de Conches sur Macrobe (Arch. d'histoire doctr. et litt. du m.-a., XXVII, 1961, S. 17–28); Auszüge aus dem Kommentar zu Macrobius bei: Peter Dronke, Fabula (wie Anm. 151), S. 68–78.

[159] Zur Schule von Chartres: A. Clerval, Les écoles de Chartres au moyen âge, Paris 1895; R. L. Poole, The masters of the schools at Paris and Chartres in John of Salisbury's time (English Historical Review XXXV, 1920, S. 321 ff.); auch in: Studies in chronology and history collected and edited by A. L. Poole, Oxford 1934, S. 223–247; Parent (wie Anm. 151); de Ghellinck (wie Anm. 95), S. 60–70; Böhner-Gilson (wie Anm. 151), S. 364–381; Edouard Jeauneau, Note sur l'école de Chartres (Studi Medievali, 3. Serie, V, 1964, S. 821–865, auch als Sonderdruck); Peter Dronke. New Approaches to the School of Chartres (Annuario de estudios medievales VI, 1971, S. 117–140). Zur »Schule von Chartres« werden im engeren und weiteren Sinn gerechnet: Bernhard der Kanzler, sein Bruder Theodericus (Thierry), Wilhelm von Conches, Gilbert von Poitiers, Bernhard Silvestris, Johannes von Salisbury, Clarembald von Arras u. a. Als Merkmale dürfen gelten: das Studium der antiken Autoren, aus dem zahlreiche Kommentare hervorgegangen sind, insbesondere die Beschäftigung mit neuplatonischen Quellen wie dem Kommentar des Calcidius zu Platons Timaeus und dem Kommentar des Macrobius, die intensive Auseinandersetzung mit den Werken des Boethius, vor allem der Consolatie und der Schrift de Trinitate, vollständigere Kenntnis des Aristoteles, frühe Verbindung mit den Übersetzungen aus dem Arabischen. Im Interesse für Übersetzungen aus dem Griechischen und Arabischen, um die Natur besser zu verstehen, waren der Schule von Chartres zwei Engländer verbunden: Adelard von Bath und Daniel von Morley. Adelards Frühwerk »De eodem et diverso« (hg. H. Willner 1903, in: Beitr. z. Gesch. d. Philos. D. MAs IV, 1) stellt in Mischung von Prosa und Vers (Martianus Capella und Boethius folgend) dialogisch das System der artes dar; darin liegt ein Programm für das 12. Jahrhundert. Nach seinen großen Forschungsreisen in den Orient, Jahrzehnte später als die Frühschrift (diese wird kurz vor 1110 entstanden sein), sind die »Quaestiones naturales« (hg. M. Müller 1934, in: Beitr. z. Gesch. d. Philos. d. MAs XXXI, 2) entstanden (dazu: Nitschke, wie Anm. 135, S. 104–112), die Wilhelm von Syrakus gewidmet sind. Adelard hat auf allen Gebieten der Mathematik und Naturwissenschaft griechische und arabische Wissenschaft vermittelt (Monographie: Fr. Bliemetzrieder, Adelhard von Bath, eine kulturgeschichtliche Studie, München 1935). Wie Adelhard das erste Viertel des 12. Jahrhunderts, so eröffnet Daniel von Morley das dritte Viertel. Nach 1175 ist sein »Liber de Naturis Inferiorum et Superiorum« entstanden (Daniels von Morley Liber de naturis inferiorum et superiorum, hg. Karl Sudhoff, in: Archiv für die Gesch. d. Naturwiss. u. Technik VIII, 1917, S. 1–41). Daniel war von Paris nach Toledo geflüchtet, weil er das unmittelbare Gespräch mit den Arabern suchte. Die arabische Einführung des Abu Ma'shar (1. Hälfte des 9. Jahrhunderts), das »Introductorium in astronomiam«, kannte er in der Übersetzung Hermanns aus Kärnten (dazu: R. Lemay, Abu Ma'shar and Latin Aristotetelianism in the XIIth Century, in: Ameri-

Chartres in seinem »*Hexaemeron*«[160] unter dieser Voraussetzung den Wortlaut der Genesis mit den naturwissenschaftlichen Mitteln des Quadrivium zu erklären. Auf diesem Werk fußen Arbeiten von Schülern, besonders das große Werk »*De universitate mundi*« (oder besser: *Cosmographia*) des Bernhard Silvestris[161], dessen Sinn Etienne Gilson erschlossen hat.[162] Man könnte dieses Werk, das Thierry gewidmet ist, mit Hilfe von Thierrys »*Hexaemeron*« kommentieren. In Nachfolge des Bernhard Silvestris stehen

---

can Univ. Beirut, Publications of the Fac. of Arts and Science, Oriental Series, 38), Beirut 1962). Würdigungen: M. Müller, Die Stellung des Daniel von Morley in der Wissenschaft des Mittelalters (Philos. Jahrb. d. Görres-Gesellschaft 41, 1928, S. 301–337); Stock (wie Anm. 157), S. 261–271 (dazu: S. 61–62).

[160] Um die Identifizierung der Werke Thierrys haben sich nach Hauréau besonders Haring und Jeauneau verdient gemacht: Sein »Heptateuchon« liefert ein System der Wissenschaft, gestützt auf Auszüge aus den antiken Autoren, die in Chartres gelesen wurden (der Prolog dazu herausgegeben von Ed. Jeauneau: Mediaeval Studies XVI, 1954, S. 171–175); die Erklärung des Sechstagewerks, das »Hexaemeron« mit dem Anfang »De septem diebus et sex operum distinctionibus«, hat N. Haring ediert in Zusammenhang mit seiner Untersuchung: The creation and the creator of the world according to Thierry of Chartres and Clarenbaldus of Arras, in: Arch. d'hist. doctrinale et litt. du Moyen Age XXII, 1956, S. 137–216; darin S. 183–200 das »Hexaemeron«; einen Kommentar zu De trinitate (Zuweisung unsicher) hat ebenfalls Haring herausgegeben: Arch. d'hist. doctr. et litt. du Moyen Age XXIII, 1957, S. 257–325; vgl. auch von Haring: Commentaries on Boethius of Thierry of Chartres and his School, Toronto 1971. Mögliche Beziehung zu Dominicus Gundissalinus erörtert M. Haring: Mediaeval Studies XXVI, 1964, S. 271–286. Über die Forschungslage berichtet: Ed. Jeauneau, (Note, wie Anm. 159), S. 1–19. Würdigung: B. Widmer, Thierry von Chartres, ein Gelehrtenleben des 12. Jahrhunderts (Hist. Zeitschr. 200, 1965, 552ff.). Zur Naturauffassung: Böhner-Gilson (wie Anm. 151), S. 368–372; Nitschke (wie Anm. 135), S. 93–97; Brian Stock (wie Anm. 157), S. 240–249.

[161] Das Werk ist allein zugänglich in der alten und unzulänglichen Ausgabe von C. S. Barach und J. Wrobel (Bernardus Silvestris, De mundi universitate, hg. C. S. Barach und J. Wrobel, Innsbruck 1876; Neudruck: Frankfurt a. M. 1964). Der kritische Text, den André Vernet 1937 ankündigte, konnte von Stock (wie Anm. 157) in seinem Buch über Bernards »Cosmographia« benutzt werden, ist aber bis heute nicht im Druck erreichbar (über den Text: Stock, wie Anm. 157, S. XI–XIII).

[162] Etienne Gilson, La cosmogonie de Bernardus Silvestris (Arch. d'hist. doctr. et litt. du Moyen Age III, 1928, S. 5–24). Danach: Theodore Silverstein, The fabulous Cosmogonie of Bernard Silvestris (Modern Philology 46, 1948/49, S. 92–116). Winthrop Wetherbee hat das Werk ins Englische übersetzt: Winthrop Wetherbee, The cosmographia of Bernardus Silvestris, a Translation with Introduction and Notes, New York/London 1973. Brian Stock hat die Cosmographia aus ihren geistigen Voraussetzungen zu verstehen gesucht (wie Anm. 157). Das Bild vom literarischen Wirken des Bernard Silvestris hat sich dadurch erweitert, daß außer dem Mathematicus, der unter Hildebert (Migne 171, 1365–1380) gedruckt war, aber besser von Hauréau publiziert (Paris 1895), außer einem (in der Zuweisung unsicherem) »Dictamen« (hg. M. B. Savorelli, in: Rivista critica di Storia della Filosofia XX, 1965, S. 182–230) auch das »Experimentarius« (hg. M. B. Savorelli, in Rivista critica della Storia della Filosofia XIV, 1959, S. 283–342) auch Kommentare zu Vergils Aeneis I–VI (hg. W. Riedel, Diss. phil. Greifswald 1924) und zu den beiden ersten Büchern des Martianus Capella

die »Klage der Natur« des Alanus,[163] die noch zu nennen ist, und ein Gedicht des Giraldus Cambrensis *»De creatione mundi«*.[164] Das Thema war so beliebt, daß es ein unbekannter Autor (Richard von Fournival?) um die Mitte des 13. Jahrhunderts benutzte, um die Umkehr Ovids zur Erkenntnis Gottes darzustellen;[165] er sucht durch die Schöpfung den Schöpfer:[166] *Inde creatorem per res intendo creatas venari.* Dabei zeigt sich der Autor von Robert Grosseteste abhängig, er kennt aber auch arabische Quellen.[167] Es ist daran zu erinnern, daß der Mikrokosmus-Gedanke im jüdisch-arabischen Denken der Zeit eine Rolle spielte.[168]

Wo vom Makrokosmus gesprochen wird, ist auch vom Mikrokosmus die Rede, und wo vom Menschen als Mikrokosmus die Rede ist, gilt der Bezug auf den Makrokosmus (und natürlich auf Gott). Wo das im Mittelalter geschieht, werden Gedanken Gregors von Nyssa[169] lebendig. Unter seinem Namen ging die Schrift des Nemesius über die »Natur des Menschen«,[170] die im Abstand von 70 Jahren zweimal ins Lateinische über-

---

(vgl. Jeauneau, Note, wie Anm. 159, S. 35−44 Appendix B, und Winthrop Wetherbee, Platonism and Poetry in the XIIth Centura, Princeton/New Jersey 1972, S. 111−124 und S. 267−272) bekannt geworden sind. Dronke (wie Anm. 158) untersucht im 4. Kapitel (Fables of Destiny) Cosmographia, Mathematicus und Experimentarius auf ihre Schicksalsauffassung hin. Bei Wetherbee tritt mehr die literarische Erscheinung, bei Stock mehr die geistige Auffassung hervor. Alle aber sind sich darin einig, daß Bernhard Silvestris mit seiner Cosmographia »mythische« Dichtung erneuert, mit bedeutenden Wirkungen auf die Folgezeit. Daß mit ihm »mythische« Dichtung wieder beginnt, hatte ich bereits 1964 betont in meinem Aufsatz »Wege der epischen Dichtung im Mittelalter« (Archiv für das Studium der neueren Sprachen und Literaturen, 1964, Bd. 200, 115. Jahrgang, S. 401−435, wieder abgedruckt in meinen »Studien zur Gesch. d. dtsch. Sprache u. Lit., Bd. II, 1966, S. 106−136; die betreffende Partie: S. 423−428, bzw. S. 125−129).

[163] De planctu Naturae: Migne 210, 431−482. Vgl. Anm. 149.

[164] Giraldus Cambrensis, Opera, ed. J. Sh. Brewer, I, 1861, S. 341ff.

[165] Paul Klopsch, Pseudo-Ovidius de Vetula (Mittellateinische Studien und Texte, hg. Karl Langosch, Bd. II), Leiden/Köln 1967.

[166] Lib. 3, V. 34f. (bei Klopsch, S. 251).

[167] Klopsch (wie Anm. 165), S. 59−77.

[168] Vgl. Heinrich Schipperges, Die Assimilation der arabischen Medizin durch das lateinische Mittelalter (Archiv für Geschichte der Medizin und Naturwissenschaften, Beiheft 3), Wiesbaden 1964; vorher derselbe: Die frühen Übersetzer der arabischen Medizin in chronologischer Sicht (Archiv für Gesch. d. Medizin, hg. Sudhoff 39, 1955, S. 53−59); Einflüsse arabischer Medizin auf die Mikrokosmos-Literatur des 12. Jahrhunderts (Miscellanea Mediaevalia, hg. P. Wilpert, I, 1962, S. 129−153).

[169] Zu Gregor von Nyssa: Gilson-Böhner (wie Anm. 151), S. 103−117. Literatur bei: B. Altaner, Patrologie, ⁶1960, S. 272ff. Von Gregor von Nyssa übernahm Nemesius die Auffassung, daß die Seele über den Leib wie über ein Kunstwerk verfügt und daß sie den Leib organisiert, ohne auf einen bestimmten Platz im Leibe beschränkt zu sein.

[170] Text in Mignes Patrologia Graeca 40, 504−817. Deutsche Übersetzung: E. Orth, Nemesius von Emesa Anthropologie, 1927. Zur antiken Auffassung des Menschen: J.

setzt wurde, beidemal von Autoren, die mit der griechischen Medizin vertraut waren, und beide Male bedeutenden Herrschern gewidmet: das erste Mal von Alphanus von Salerno (1085), wohl an Robert Guiskard (der ungenannt bleibt) gerichtet,[171] das zweite Mal von dem vielseitigen Juristen und Übersetzer Burgundio von Pisa (1159) für Friedrich Barbarossa.[172] Johannes von Salisbury nennt das Werk: *librum de anima copiosissime disputantem* (Metalogicon IV, 20; bei Webbs S. 187). Die Gedanken dieser Schrift sind im 12. Jahrhundert gegenwärtig (unmittelbar oder mit-

---

Wild, Plato's Theory of Man, Cambridge/Mass. 1947; H. Cassirer, Aristoteles' Schrift von der Seele, 1932; Kommentar des Thomas von Aquin dazu: Thomas v. A., In Aristotelis librum De anima commentarius, hg. A. M. Pirotta, Torina/Roma 1948; D. Dobler, Nemesius von Emesa und die Psychologie des menschlichen Aktes bei Thomas v. A., Diss. Freiburg/Schweiz 1950; F. Hubner, Leib und Seele in der Sprache Senecas, Diss. Basel 1924; Josef Goldbrunner, Das Leib-Seele-Problem bei Augustinus, Diss. München 1934; J. Hirschberger, Leib und Seele in der Spätantike (Sitz. Ber. d. Wissenschaftl. Gesellschaft an der Universität Frankfurt VIII, 1), 1969.

[171] Die lateinische Übersetzung des Nemesius durch Alphanus (hg. K. J. Burkhard, Leipzig 1917) trägt den Titel »premnon physicon« (Stamm der Naturerscheinungen). Der Prolog der Übersetzung sagt, daß Mangel an geeigneten lateinischen Schriftstellern zwinge, von denen zu übernehmen, die Mutter Griechenland erzogen habe; dabei werden Plato, Aristoteles, Hippokrates und Galen namhaft gemacht. Die griechische Welt hatte Alphanus als Mediziner an der berühmten Hochschule von Salerno kennen gelernt, er kannte naturgemäß die medizinischen Werke, die Constantinus Africanus aus dem Arabischen und Griechischen übersetzte, er war in Byzanz und in Jerusalem (vgl. F. J. E. Raby, A history of christian latin poetry, Oxford 1953, S. 236–249; ders., A history of secular latin poetry, Oxford² 1957, S. 374–383). Über Alphanus als Arzt: R. Creutz, Erzbischof Alfanus I., ein frühsalernitanischer Arzt (Studien und Mitteilungen zur Geschichte des Benediktinerordens 47, 1929, S. 414ff.); zu seiner Übersetzung: Clemens Baeumker, Die Übersetzung des Alfanus von Nemesius' Peri physeos anthropoy (Wochenschrift für klassische Philologie XIII, 1896, 1095ff.). Nach dem Prolog gilt vor allem für einen Herrscher, daß die Souveränität des Menschen auf der ratio beruht, die ihm Selbsterkenntnis und Erkenntnis der anderen gestattet und damit Einsicht in das rechte Verhältnis von Herrschaft und Dienst.

[172] De natura hominis (Gregor von Nyssa zugeschrieben), hg. K. J. Burkhard in fünf Wiener Schulprogrammen von 1891–1902. Die Übersetzung des Burgundio von Pisa redet ein »Dolmetscher-Latein«, das mit den Mitteln des Lateinischen das Griechische vermitteln will, während der ungemein gebildete Alfanus, der selbst eine Fülle lateinischer Gedichte verfaßt hat, in fließender Sprache vollendetes Latein sprechen will. Burgundio, Jurist (Palatii iudex publicus Pisanorum), der die griechische Welt unmittelbar kannte (er war dreimal in Byzanz) und das Griechische wie das Lateinische beherrschte, begann mit einer Übersetzung aus dem Bürgerlichen Recht (Digesten), wandte sich dann theologischen Werken (Johannes von Damaskus und Johannes Chrysostomus) zu (1150/51). Die Kaiser Friedrich gewidmete Übersetzung von »De natura hominis« war ein Vorläufer seiner zahlreichen Übersetzungen (Hippokrates und Galen) von Werken griechischer Medizin, die er 1185 Heinrich, dem Sohne und späteren Nachfolger Kaiser Friedrichs widmete (Burgundio starb 1193). Durch ihn wurde Johannes von Salisbury nach eigenem Zeugnis (Metalogicon, IV, 11) mit der Bedeutung des Aristoteles bekannt. Zu Burgundio: de Ghellinck (wie Anm. 95), S. 254f. (in dem inhaltsreichen Kapitel über die Übersetzungen aus dem Arabischen und Griechischen: S. 239–278).

telbar) bei dem Bemühen, die Natur des Menschen und seine leibseelische Einheit zu verstehen. [173] Die Schrift des Nemesius lieferte Informationen über die konkrete Natur des Menschen aus der griechischen Naturwissenschaft und Medizin (Hipppokrates und Galen werden genannt) sowie eine kritische Übersicht über die antiken Anschauungen von der Seele. Außer im II. Buch von »De universitate«, bzw. der »Cosmographia« des Bernhard Silvestris[174] treffen wir die Gedanken des Nemesius vor allem bei Wilhelm von Saint Thierry[175] an, weiter bei Hugo von St. Victor,[176] bei Isaac von Stella[177] und Alcher von Clairvaux.[178]

---

[173] Johannes von Salisbury nennt die Schrift des Nemesius eine inhaltsreiche Erörterung des Seelenproblems (Metalogicon IV, 20, ed. Webb 1929, S. 187: librum de anima copiosissime ... disputantem). Theodore Silverstein ist Beziehungen Wilhelms von Conches zu Nemesius nachgegangen: Th. Silverstein, Guillaume de Conches and Nemesius (Harry Austryn Wolfson Jubilee, 3 Bde., Jerusalem 1965, Bd. II, S. 719–734). Einfluß auf Thomas von Aquin untersucht: Dobler (wie Anm. 170). Sonst aber ist die Wirkung des Nemesius nicht genügend beachtet worden. Er führt vom Allgemeinen (Wesen des Menschen) zum Besonderen (den Sinnesvermögen: Gesichtssinn, Tastsinn, Geschmack, Gehör, Geruch). Am umfangreichsten und inhaltsreichsten ist das Kapitel über die Seele (Kap. 2), dem die Kapitel über die Vereinigung von Seele und Leib (de unione animae et corporis) und über den Leib (de corpore) folgen.

[174] Ausgabe der »Cosmographia«, wie man sie jetzt nennt, Anm. 161; Übersetzung ins Englische mit Einführung und Erklärungen von Winthrop Wetherbee (wie Anm. 162). Im II. Buch spricht ein Gedicht (Nr. 4) die von der Gottheit gewollte Bestimmung des Menschen aus; in einem späteren Gedicht (Nr. 10) macht der Noys, plötzlich erscheinend, der Natura und der Physis das Doppelwesen des Menschen deutlich (v. 19ff.: divus erit, terrenus erit, curabit utrumque/consiliis mundum, religione deos), und wieder ein späteres Gedicht (Nr. 12) berichtet die Erfüllung des Auftrags. Wie die darauf folgende Prosa (u. a.) erzählt, wird der Mensch aus den Wesenheiten der Elemente gebildet (Nr. 13), und das Schlußgedicht beschreibt Aufbau und konkrete Erscheinung des Menschen (Nr. 14). Als »Mangelwesen« ist der Mensch mit besonderen Gliedern ausgestattet (v. 179f.: membra, quibus mundus non indiget, illa necesse/Physis in humana conditione daret).

[175] Wilhelm von St. Thierry, De natura corporis et anime (Migne 180, 695–726). Über ihn: J. M. Dechanet, Guillaume de St. Thierry, l'homme et son oeuvre, Bruges-Paris 1942.

[176] Hugo von St. Victor, De unione corporis et animae (Migne 177, 285ff.). Über das Verhältnis des Menschen zu Gott spricht Hugo im ersten Buch (bes. im 6. Kapitel) seines großen Werkes »Sacramenta christianae fidei« (Migne 176, 173–618). Danach ist bei Böhner-Gilson (wie Anm. 151) Hugos Bild vom Menschen gezeichnet (S. 391–397). Vgl. ferner: H. Ostler, Die Psychologie des Hugo von St. Victor (Beitr. z. Gesch. d. Philos d. Mittelalters VI, 1), Münster 1906; Roger Baron, Science et sagesse chez Hugues de St. Victor, Paris 1963; J. Ehlers, Hugo von St. Victor, Wiesbaden 1972.

[177] Isaac von Stella, Epistula de anima (Migne 194, 1875–1890). Der aus England stammende Abt Isaac von Stella (1147 Abt, 1165 gestorben) hat diesen Brief, der verschiedene Traditionen (Augustinus und Aristoteles, Abaelard und Hugo von St. Victor) zu vereinen sucht (vgl. de Ghellinck, wie Anm. 95, S. 189), an den zisterziensischen Mitbruder Alcher von Clairvaux gerichtet. Zu Isaac: Franz Bliemetzrieder, Isaac de Stella, sa speculation théologique (Recherches de Théologie ancienne et médiévale IV, 1932, S. 134–159).

[178] Alchers Schrift »De spiritu et anima« (Migne 40, 779ff.) wurde unter dem Namen des

Der Mensch wird als Wesen der Mitte verstanden, zwischen der sichtbaren Welt der natürlichen Schöpfung und der unsichtbaren geistigen Welt (Gott und die Engel). Hugo von St. Victor faßte das in die Aussage:[179] *Et positus est in medio homo, ut intus et foris sensum haberet; intus ad invisibilia, foris ad visibilia.* Im Menschen gipfelt die geschaffene Welt, die sich in einer hierarchischen Stufenfolge aufbaut: Sie führt vom Anorganischen (den Steinen und Metallen) über das Vegetative (Pflanzen und Bäume) zum Organischen (Tieren), das wie der Mensch über Sinne und Bewegung verfügt. Diese Stufen ordnen sich (so Hugo von St. Victor) nach ihrem Verhältnis zur Bewegung: die Erde wird nur von außen bewegt; Wasser ist beweglich, aber festzuhalten; Luft ist nur vorübergehend festzuhalten; das Feuer ist überhaupt nicht festzuhalten. Der Mensch, nach draußen der Sinnenwelt, nach innen der geistigen Welt zugewandt, ist als Mikrokosmus analog dem Makrokosmus gebaut.[180]

Auch der Bau des Menschen ist hierarchisch angelegt. Die natürliche Funktion *(virtus naturalis)*, die der Mensch mit den Pflanzen und Tieren teilt, hat ihren Sitz in der Leber; sie regelt die Ernährung des Menschen. Die Erhaltung des Lebens (Ein- und Ausatmen, Verteilung der Lebenswärme) liegt bei der *virtus spiritualis*, deren Zentrum das Herz ist. Im Gehirn sind die geistigen Funktionen der *virtus animalis* angesiedelt.[181] Hier sind (von vorn nach hinten) die drei Zellen der Wahrnehmung und Vorstellung *(imaginatio)*, des Verstandes *(ratio)* und des Gedächtnisses *(memoria)* angelegt. Was die *imaginatio* mit Hilfe der Sinneswahrnehmungen aufnimmt, wird von der *ratio* geklärt und dann ins Gedächtnis

---

Augustinus überliefert. Über Alcher: J. M. Canivez, in: Dictionnaire de la Spiritualité I, 294–295. Für Alchers Auffassung ist der Satz bezeichnend (cap. 6), der dann im einzelnen ausgeführt wird: anima omnium in se gerit similitudinem.

[179] Hugo von St. Victor, De sacramentis (wie Anm. 176) I, 6 (Migne 176, 266).

[180] Alcher von Clairvaux (wie Anm. 178) entwickelt die Analogie (indem er den Satz über die anima fortführt, mit dem Anm. 178 schließt) im 6. Kapitel seiner Schrift: (anima est) similis terrae per sensum, aquae per imaginationem, aeri per rationem, firmamento per intellectum, coelorum coetu per intelligentiam; similis lapidibus per essentiam, arboribus per vitam, animalibus per sensum et imaginationem, hominibus per rationem, angelis per intellectum, Deo per intelligentiam. Die proprietates der anima nennt Alcher im 13. Kapitel nach dem großen Abschnitt über den Menschen, mit dem Isidor das XI. Buch seiner Etymologien (wie Anm. 13) beginnt. XI, 1, 13 ist nach den »Funktionen« unterschieden (das ist in den Synonyma des Johannes von Garlandia übernommen): dum ergo vivificat corpus, anima est; dum vult animus est; dum scit, mens est; dum recolit, memoria est; dum rectum iudicat, ratio est; dum spirat, spiritus est; dum aliquid sentit, sensus est. Isaac von Stella (wie Anm. 177) sieht in der Seele eine Analogie zum Makrokosmos; nach Gewicht und Schwere führen beide in fünf Stufen empor: der Reihe im Makrokosmos (terra-aqua-aer-aether-empyreum) entsprechen in der Seele: sensus-imaginatio-ratio-intellectus-intelligentia.

[181] So unterscheidet (nach Nemesius) Wilhelm von St. Thierry (wie Anm. 175).

aufgenommen, von dem (durch die Nerven) die Bewegung abhängt. Diese Lehre von den drei Zellen tritt auch in der Dichtung auf.[182] Die fünf Sinne sind den Elementen zugeordnet; so wird in der Dichtung eine schöne Landschaft zu den fünf Sinnen in Entsprechung gebracht:[183] *sensus quinque loci praedicti gratia pascit* (v. 55). Mit den Sinnen (und der *imaginatio*, bzw. *phantasia*) ist der Mensch der Außenwelt zugewendet, durch den *intellectus* (bzw. die *intelligentia*) dagegen stellt er die Verbindung mit der geistigen Welt (den Engeln und Gott) her. Diese Anschauungen gibt Thomasin im VII. Buch des »Welschen Gastes« weiter.[184]

Von den anderen Lebewesen unterscheidet sich der Mensch durch seine aufrechte Haltung, die ihn zum Himmel emporschauen läßt,[185] durch die harmonische Vereinigung aller vier *humores* und die besondere Gestaltung von Hand und Mund, die ihm zu sprechen und schreiben gestattet. So ist er »die Krone der Schöpfung«. Bei seiner Geburt ist er freilich hilflos, ein »Mangelwesen«, das darauf angewiesen ist, was ihm die Natur versagt hat, durch *ars* auszugleichen;[186] aber gerade diese Ergänzungsbe-

---

[182] Text von Carm. Bur. Nr. 62 »Dum Diane vitrea« nach Peter Dronke (Medieval Latin and the Rise of European Love-Lyric, Bd. I, Oxford 1965, S. 307f.): (Str. 6) Ex alvo leta fumus evaporat,/qui capitis tres cellulas irrorat;/... unde ligant oculos virtutes animales,/que sunt magis vise ministeriales. Wie seine Vorgänger hatte Otto Schumann in seiner Ausgabe (Carmina Burana I, 2, Heidelberg 1941, S. 21–23) die zweite Hälfte des Liedes als »Versifizierung« eines »physiologischen Lehrbuchs« ausgeschlossen. Dronke hat sie mit Recht wieder eingesetzt und darauf hingewiesen, daß solche »philosophisch-medizinische Sprache« nicht singulär sei. Als Beispiel bringt er einen Abschnitt aus »Causae et Curae« von Hildegard von Bingen (ed. P. Kaiser, Leipzig 1903, S. 81–83), und er verweist auf die Arbeit von: B. Nardi, L'amore e i medici medievali (Studi in onore di Angelo Monteverdi, Modena 1959, S. 517ff.). Man braucht nur heranzuziehen, was Wilhelm von St. Thierry (wie Anm. 175) zu Anfang seiner Schrift über die Entstehung des Schlafes sagt (M 180, 698). In der Poetik werden die Funktionen der drei Zellen bei Matthaeus von Vendôme (wie Anm. 11, in der »descriptio« des Odysseus: I, 52, v. 19–30) und in Eberhards »Laborintus« (bei Faral, wie Anm. 11, v. 119–126, mit der Anmerkung von Faral) vorgeführt.
[183] Matthaeus von Vendôme, Ars versificatoria (wie Anm. 11), I, 111, bei Faral S. 149, Descriptio Ioci, v. 49–60.
[184] Thomasin (wie Anm. 33), v. 8499ff.
[185] Bernhard Silvestris sagt (wie Anm. 174) in seiner »Cosmographia« (Buch II, Nr. 10, v. 27–30; S. 55): Bruta patenter habent tardos animalia sensus,/cernua deiectis vultibus ora ferunt./Sed majestatem mentis testante figura/tollet homo sanctum solus ad astra caput ... Brian Stock (wie Anm. 152), der die Stelle bespricht (S. 199ff.), zieht als vergleichbar Asclepius heran (S. 201) und zwar Asclepius 6 und 8 (Corpus Hermeticum, edd. A. D. Nock und A.-J. Festugiere, Paris 1960, Vol. II, S. 301ff.), ferner von Firmicus Maternus aus seiner »Mathesis« das Proömium zum 3. Buch (in der Ausgabe von W. Kroll und F. Skutsch, 2 Bde. Leipzig 1897/1913: I, 90–91). Aber diese Aussagen haben keine prägnante Analogie.
[186] Eindrucksvoll spricht Hugo von St. Victor diesen Sachverhalt in seinem »Didascalicon« (wie Anm. 3, S. 17) aus, und zwar im 9. Kapitel des 1. Buches: nec tamen sine causa fac-

dürftigkeit (die Nemesius und Hugo von St. Victor betonen) wird zum Antrieb seines Aufstiegs, zu dem er als Abbild Gottes bestimmt ist. Dieser Aufstieg der Seele wird nach Augustinus über sieben Stufen erreicht, wie sie bei Hildebert in seinem Gedicht über die Klage der Seele formuliert sind.[187]

In seinem »*Microcosmus*«[188] hat Gottfried von St. Victor in einer neuen (und doch auch alten)[189] Analogie den Aufbau der Seele des Menschen nach dem Hexaemeron dargestellt. Der Mensch war im Ursprung ein *animal rationale vitale*, wurde durch seine Schuld ein *animal rationale mortale* und wird am Ende ein *animal rationale immortale* sein. Wie Gottfried von St. Victor die Lehre von der Entstehung des Makrokosmus auf die Seele überträgt, so geht Isaac von Stella[190] von der Voraussetzung aus, daß wir von der Seele mehr als vom Leibe und von Gott mehr als von der Seele wissen. Wie die Seele in der *intelligentia* ein Abbild Gottes, ist der Leib in der *sensualitas* ein Abbild der Seele. Als Abbild der Trinität hat die Seele drei Funktionen, die doch dem Wesen nach (wie die drei Personen der Gottheit) eins sind: Die Fähigkeit zur Erleuchtung (sie ist *rationalis*), die Fähigkeit, zu begehren (sie ist *concupiscibilis*) und auf diese Weise Freude und Hoffnung zu erfahren, und die Fähigkeit zur Erregung (sie ist *irascibilis*), d. h. zu Trauer und Furcht. Als *anima rationalis* ist der Mensch fähig zum Glauben, als *anima concupiscibilis* zur Hoffnung, als

---

tum est quod, cum singula animantium naturae suae arma secum habeant, solus homo inermis nascitur et nudus. oportuit enim ut illis, quae sibi providere nesciunt, natura consuleret, homini autem ex hoc etiam maior experiendi occasio praestaretur, cum illa, quae ceteris naturaliter data sunt, propria ratione sibi inveniret. Sicher ist Bernhard Silvestris wie Wilhelm von Conches (und der Nemesius-Übersetzer Alphanus) mit den medizinischen Übersetzungen des Constantinus Africanus bekannt (Stock, wie Anm. 152, S. 212ff.).

[187] Hildebert von Tours, Liber de querimonia et conflictu carnis et spiritus seu animae (Migne 171, 989–1004), Metrum IV (M 171, 1001; auch: Migne 171, 1437; Migne 40, 826); vgl. Augustinus, De quantitate animae (Migne 32, 1035–1080), cap 33; dazu: M. P. Michaud, La classification des puissances de l'âme au douzième siècle (Revue du Moyen Age latin V, 1949, S. 15–37). Peter von Moos bespricht im Rahmen seines Buches über Hildebert (Hildebert von Lavardin, Pariser Historische Studien III, Stuttgart 1965, S. 118–130) das Gedicht und gibt einen Text (S. 125) mit Übersicht und Erläuterung.

[188] Gottfried von St. Victor, Microcosmus, ed. Ph. Delhaye (Memoires et travaux ... des facultés catholiques de Lille, fasc. 56), Gembloux 1951; dazu die Studie: Ph. Delhaye, Le Microcosmus de Godefroy de St. Victor (Memoires et travaux ... des facultés catholiques de Lille, fasc. 57), Gembloux 1951.

[189] Ph. Delhaye zeigt in seiner Studie, daß das Sechstagewerk auf den Menschen bereits bei Augustinus übertragen war, bei Johannes Scottus und dann weit verbreitet im 12. Jahrhundert erscheint. Zu Gottfried noch: Anm. 41.

[190] Isaac von Stella: wie Anm. 177.

anima irascibilis zur Liebe. Wie der Leib aus den *humores* der vier Elemente besteht, hat die *anima rationalis* als ihre »Elemente« die vier Kardinaltugenden zur Verfügung, die Thomasin als die »Kräfte« *(virtutes)* der Seele versteht. Durch die Seele übt der Mensch seine »Meisterschaft« aus.

Diese Überlegungen über die Natur und das Wesen des Menschen führen zur Frage, wie das Mittelalter die leibseelische Einheit des Menschen beurteilte.[191] Verse aus Freidanks »Bescheidenheit«[192] zeigen den Ansatz, den Nemesius im 3. Kapitel seines Werkes[193] gab: *Diu sele ist zallen stunden/zem libe so gebunden,/daz si zuo im muoz haben phliht* (Gemeinschaft),/*swaz guots und übels von im geschiht./Min lip von anders nihte lebt,/wan daz ein sele drinne swebt* (17,17ff.). Ferner (20,12f.): *als lip und sele ein mensche ist,/also wart got und mensche Krist.* Seele und Leib sind eine Einheit wie die göttliche und die menschliche Natur in Christus, nur daß die Seele des Menschen mit dem Leibe leidet, während die Gottheit in Christus vom Leiden seiner menschlichen Natur unberührt bleibt.

Die Seele ist nicht im Leibe gegenwärtig wie in einem Raum (darum hinkt der Vergleich mit der Sonne), sondern wie Gott in ihr. Leib und Seele sind eine unlösbare Gemeinschaft, weil die Seele mit dem Leibe leidet; sie steht zu ihm im Verhältnis einer *coexistentia*, wie der Liebende zur Geliebten (so Nemesius).

Das 12. Jahrhundert suchte konkret die Stelle auszumachen, an der sich im Menschen der Übergang vom Körperlichen zum Geistigen vollzieht. Nach Hugo von St. Victor[194] kommen im Menschen zwei Bewegungen

---

[191] Außer der in Anm. 171 (und den folgenden Anmerkungen) genannten Literatur: Richard Schwarz, Leib und Seele in der Geistesgeschichte des Mittelalters (Deutsche Vierteljahresschrift f. Litwiss. u. Geistesgesch. XVI, 1938, S. 293–323). Das mehrfach angekündigte Buch von Schwarz ist m. W. nicht erschienen. Etienne Gilson, L'esprit de la philosophie médiévale (Etudes de la philosophie médiévale 33), 2. Aufl. Paris 1944, ins Deutsche übersetzt von R. Schmücker u. d. T.: Der Geist der mittelalterlichen Philosophie, Wien 1950. Gilson zeigt, wie das Mittelalter das Leib-Seele-Problem mit dem ihm zur Verfügung stehenden Mitteln zu bewältigen suchte (in der Übersetzung von Schmücker S. 191ff.); Hans Meyer geht im Rahmen seines fünfbändigen Werkes »Geschichte der abendländischen Weltanschauung« (III², 1952, S. 81ff.) auf das Leib-Seele-Problem ein.

[192] Ausgabe: Fridankes Bescheidenheit, hg. H. E. Bezzenberger, Halle 1872. Über Freidank u. a.: Friedrich Neumann, Freidanks Lehre von der Seele (in: Festschrift für M. H. Jellinek, Wien 1928, S. 86–96); ders., Meister Freidank (Wirkendes Wort I, 1950/51, S. 321–331), wieder abgedruckt in: Friedrich Neumann, Kleinere Schriften zur deutschen Philologie des Mittelalters, Berlin 1969, S. 123–136. Die zitierten Verse sind von Schwarz (wie Anm. 191), S. 316 angeführt.

[193] Nemesius: Anm. 172 und 173.

[194] Hugo von St. Victor: Anm. 176.

zusammen, präfiguriert in der Erscheinung Gottes auf dem Berg Sinai, wo Gott herabsteigt und Moses emporsteigt. In der *cella phantastica* erhebt sich der Leib *(corpus)* zum Geist *(spiritus)*, ohne selber *spiritus* zu werden; hier läßt sich der Geist *(spiritus)* zum Leibe *(corpus)* herab, ohne Leib zu werden. Beim Übergang von der *imaginatio* zur *ratio* findet eine *coaptatio* von Leib und Seele statt. Isaac von Stella[195] nimmt eine wachsende Sublimierung vom Materiellen zum Geistigen an, die in einer kontinuierlichen Stufenfolge emporführt. Im *phantasticon,* wo die Seele fast Körper, der Leib fast Geist ist, kommt die *personalis unio* von Seele und Leib zustande.

Das eigentliche Anliegen dieser Überlegungen ist, die Einheit des Menschen besser zu verstehen. Eben um diese, christlich verstandene Einheit geht es auch in den zahlreichen »Streitgesprächen«[196] zwischen Leib und Seele im Mittelalter. Die Thematik dieser Gedichte war bei dem Apostel Paulus gegeben: sowohl die Bestimmung zur Freiheit des Menschen (Rom 8,21; Gal 5,13), auf die sich die Streitgedichte berufen, wie auch der Widerstreit zwischen *spiritus* und *caro* (Gal 5,16–25; Rom 8,15–21), der in diesen Gedichten ausgetragen wird, und auch ein Streitgespräch zwischen dem einen Leib und seinen vielen Gliedern stand bereit (1 Cor 12, 12–27), das um 1200 Philipp der Kanzler nachgestaltet hat.[197]

Die Kontrahenten eines solchen Streitgesprächs sind komplementäre Rollen, die zusammengehören und zwei Aspekte einer übergeordneten Ganzheit sind, die im Verlauf des Gesprächs in der Regel zusammengeführt werden.[198] Rhetorisch treten sie als objektivierte Metonymien auf, die bestimmte Aspekte formulieren. Sie folgen den Regeln für eine *Disputatio,* wie sie Johannes von Salisbury in seinem »*Metalogicon*« formu-

---

[195] Isaac von Stelle: Anm. 177.

[196] Zum Streitgedicht: Th. Batioutchkof, Le débat de l'âme et du corps (Romania XX, 1891, S. 1–55 und 513–578); Hermann Jantzen, Die Geschichte des deutschen Streitgedichts im Mittelalter (Germ. Abh. 13), 1896; Hans Walther, Das Streitgedicht in der lateinischen Literatur des Mittelalters (Quellen und Untersuchungen zur lateinischen Philologie des Mittelalters V, 2), 1920; N. Pflaum, Die religiöse Disputation in der europäischen Dichtung des Mittelalters, I, Florenz 1935; A. Wilmart, Un grand débat de l'âme et du corps en vers élégiaques (Studi Medievali XII, 1939, S. 192–209); F. J. E. Raby, A history of the secular latin poetry in the middle ages, vol. II², Oxford 1957, S. 282–308.

[197] Analecta Hymnica XXI, S. 114–117.

[198] Im früheren Mittelalter sind es überpersönliche Erscheinungen der natürlichen Welt, wie Blumen oder die Jahreszeiten, oder Erscheinungen der christlichen Welt, wie virtutes und vitia, Heidentum (Pseustis) und Christentum (Alithia). Seit dem 12. Jahrhundert wird der Streit zwischen Körperteilen und Angehörigen verschiedener Stände beliebt.

liert:[199] *Versatur ergo tota dialecticae agitatio, quoniam alter alterius iudex est, inter opponentem et respondentem. Horum vero uterque finem suum assequitur, si nihil omittat ex contingentibus* (ebd. 910). Natürlich sind die Gedichte nicht einfach eine *Disputatio*, aber sie haben wesentliche Züge mit ihr gemeinsam.

Die Reihe wird von Hildeberts Dichtung »Klage und Streit von Leib und Seele« eröffnet,[200] die wie die *Consolatio* des Boethius im Prosimetrum[201] gehalten ist (wohl 1098 verfaßt). Dem Bischof erscheint beim Wiederaufbau seines zerstörten Hauses seine Seele *(spiritus)* als Frauengestalt und erinnert ihn, der mit Vergänglichem beschäftigt ist, an seine Bestimmung zur Freiheit und zur Vereinigung mit Christus. Er hat den natürlichen Bund zwischen Leib und Seele vergessen *(foedus quod dictavit natura).*[202] Sie ist es, die alle seine Bewegungen und Tätigkeiten bestimmt, die sich aber jetzt aus der Wohnung des Leibes herauswünscht, weil der

---

[199] Johannes von Salisbury, Metalogicon (Migne 199, 910). In einer auch heute vorbildlichen Manier legt der Verfasser die Rollen und ihre Aufgaben bei einer Disputation fest. An späteren Stellen heißt es: prae omnibus utrique expedit nosse fideliter, circa quid confligentium versetur intentio (Migne 199, 912); vires quoque adversarii metiatur; quoniam et ex hoc plerumque negotii pendet eventus. ... Est autem, ut ait Palladius, magna pars prudentiae eius, cum quo agitur, aestimare personam (Migne 199, 914).

[200] zu Hildeberts Gedicht: Anm. 187.

[201] Zum Prosimetrum, der Verbindung von Prosa und Vers, wie sie sich bei Laurentius von Durham, Adelhard von Bath, in der »Cosmographia« des Bernhard Silvestris und in der Klage der Natur des Alanus findet: Paul Klopsch, Prosa und Vers in der mittellateinischen Literatur (Mittellateinisches Jahrbuch, hg. Karl Langosch, III, 1966, S. 9–24). Vgl. ferner meinen Aufsatz: Verhüllung (integumentum) als literarische Darstellungsform im Mittelalter, (in: Miscellanea Mediaevalia, hg. Albert Zimmermann, Bd. VIII, 1971), S. 331f.

[202] Zur sprachlichen Fassung von Leib und Seele: A. Guillaumont, Les sens des noms du coeur dans l'antiquité (Etudes Carmelitaines), 1950; ders. im Dictionaire de Spiritualité II, 1953, 2281ff.; E. Sperka, Cor und Pectus bei den Römern, Diss. (Masch.) Tübingen 1953; Endre von Ivanka, Apex mentis (Zeitschr. f. kath. Theol. 72, 1957, S. 129ff.). Helene Adolf, Wortgeschichtliche Studien zum Leib-Seele-Problem (Zeitschrift für Religionspsychologie, Sonderheft 5), 1937; Xenja von Ertzdorff, Studien zum Begriff des Herzens und seiner Verwendung als Aussagemotiv in der höfischen Liebeslyrik des 12. Jahrhunderts, Diss. Freiburg i. Br. 1958; dies., Das »Herz« in der lat. theol. u. frühen volkssprachigen Literatur (Beiträge 84, Halle 1962, S. 249–301). Bei Adolf und Ertzdorff wird auch die sprachliche Repräsentanz der Person durch herze oder lip untersucht (Adolf, S. 48ff.), die vorher bei Hans Arens beobachtet war (Studien zum höfischen Sprachstil, Palaestra 216, 1939, S. 144ff.), die von mir auf eine »funktionale« Auffassung des Menschen zurückgeführt wurde (Geschehen, Person und Gesellschaft in der Sprache des deutschen Rittertums, in: Wirkendes Wort, Sonderheft 2, 1954, S. 29f., jetzt wieder abgedruckt in: Studien zur Geschichte der deutschen Sprache und Literatur, I, 1965, S. 349ff.), neu beleuchtet von Shoko Kishitani (got und geschehen, Die Vermeidung des menschlichen Subjekts in der ritterlichen Sprache, Sprache und Gemeinschaft V, Düsseldorf 1965, S. 115ff., 197ff. und sonst) und in der Besprechung dieses Buches durch Ingrid Hahn (Anz. f. dt. Altertum 79, 1968, S. 125–132).

Leib ihr nicht mehr folgt und so ihre eigentliche Bestimmung gefährdet. Der Leib wundert sich, daß sie allein den äußeren Menschen, der nur Diener des inneren Menschen ist, anklagt.[203] An der *vivificatio* zeigt die Seele die Einheit von Leib und Seele, nachdem sie dem Bischof vorher durch die *mandata* der sieben *actus* der Seele den Weg zum Aufstieg klar gemacht hat.[204]

In der Nachfolge dieses Werkes stehen Streitgedichte, die sich im Inneren des Menschen abspielen, während er noch lebt, so daß eine *conversio* möglich ist. Bei Philipp dem Kanzler schlichtet die *ratio* als höhere Instanz den Streit zwischen Herz und Auge.[205] Oder die *ratio* schlichtet den Streit zwischen *spiritus* und *caro*, in dem sich *caro* zum Genuß der Welt bekennt, die Gott geschaffen hat, während der *spiritus* daran erinnert, daß auf solche Freuden die ewige Verdammnis folgt.[206] Den Streit zwischen *spiritus* und *caro* und seine Schlichtung durch die *ratio* stellt ein unbekannter Autor auf Bitten eines Freundes in einer umfangreichen mehrgliedrigen Dichtung (536 Verse) dar.[207] Es geht dabei nicht um die Liebe, wie in dem vorhergehenden Gedicht, sondern um den Besitz und um die

---

[203] In dem großen Kapitel über den Menschen bei Isidor (wie Anm. 180) heißt es (XI 1, 6): Duplex est autem homo: interior et exterior, Interior homo anima, exterior homo corpus.

[204] Die sieben Stufen (wie Anm. 180) stehen auch am Ende der Schrift von Wilhelm von St. Thierry (wie Anm. 175): Migne 180, 723; ebenso bei Alcher von Clairvaux (wie Anm. 178) im 61. Kapitel. Die Einheit des Menschen wird im Begriff der »Person« gefaßt. Hugo von St. Victor sagt in seinem Hauptwerk »De sacramentis christianae fidei« (wie Anm. 176): in quantum ergo corpus cum anima unitum est, una persona cum anima est; sed tamen personam esse anima ex se habet, in quantum est rationalis spiritus; corpus vero ex anima habet, in quantum unitum est rationali spiritui (Migne 176, 408). Dem Begriff der »Person« ist über Jahrhunderte hinaus die Definition des Boethius zugrunde gelegt worden: persona est naturae rationabilis individua substantia (De persona et duabus naturis III: Migne 64, 1343). So wird sie in den »Distinctiones« des Alanus unter dem Stichwort »homo« zitiert (Migne 210, 898): dicitur naturae rationalis individua substantia, id est substantia, quae est ita naturae rationalis ... unde Boetius ...: Persona est naturae rationalis individua substantia. Zu der Wirkung der Definition des Boethius: M. H. Marshall, Boethius' understanding of persona and mediaeval understanding of the Roman theater (Speculum 25, 1950, S. 471–482). Weitere Literatur: Rudolf Hirzel, Die Person: Begriff und Name derselben im Altertum, 1914; C. Andresen, Zur Entstehung und Geschichte des trinitarischen Personenbegriffes (Zeitschr. f. neutestamentl. Wissenschaft 52, 1961, S. 1–39); Helga Offermann, Der christologische und trinitarische Personenbegriff der frühen Kirche, Diss. Frankfurt a. M., als Buch: Bern und Frankfurt 1976; H. Rheinfelder, Das Wort »Persona«, Geschichte seiner Bedeutungen mit besonderer Berücksichtigung des französischen und italienischen Mittelalters (Beiheft zur Zeitschr. f. roman. Phil. 77), Halle 1928; Heribert Mühlen, Sein und Person nach Duns Scottus, 1954.

[205] Quisquis cordis et oculi/non sentit in se iurgia: Analecta Hymnica XXI, S. 114f.

[206] O caro, cara vilitas: Walther, Streitgedicht (wie Anm. 196), Nr. VII, S. 215f. Die letzte (zehnte) Strophe beginnt: Hiis mediatur Ratio,/ut terminum lis subeat.

[207] Bekannt gemacht von Wilmart (wie Anm. 196), S. 196–209.

Gnade Gottes, die sich Leib und Seele durch rechtes Verhalten verdienen können. Leib *(corpus)* und Seele *(anima)* finden sich ohne Eingreifen der *ratio* zu neuer Gemeinschaft in einem Gedicht,[208] in dem Gedanken des Nemesius widerklingen, der zu den übernatürlichen Vorzügen des Menschen rechnet, daß er durch Reue und Buße Verzeihung bei Gott finden kann und daß der Leib an der Unsterblichkeit der Seele teilhat. Wie bei Hildebert weiß die Seele ihren Adel in der Bestimmung zur Freiheit, die der Leib durch sein Versagen gefährdet, weil er in diesem Leben nicht mit dem Notwendigen zufrieden ist (das bedeutet nach Augustinus, daß er das *uti* der Welt mit dem *frui* vertauscht). Der Leib will seinem *genius* folgen (der bei Bernhard Silvestris in Anlehnung an Martianus Capella eine Rolle spielt),[209] was nach dem Tode kommt, interessiert ihn zunächst nicht; erst als die Seele daran erinnert, daß in Nachfolge Christi alle Menschen auferstehen werden, findet sich der Leib zur Reue und zu rechter Gemeinschaft mit der Seele bereit.

In die Reihe dieser Gedichte fügt sich Hartmanns »Klage« ein, die das religiöse Modell auf die innerweltliche Situation des Minnedienstes überträgt.[210] Leib *(lip)* und Herz *(herze)* repräsentieren auf der Ebene des Natürlichen das Unsichtbare *(herze)* und Sichtbare *(lip)* am Menschen, die aufeinander angewiesen sind. Der *lip* ist zur Gemeinschaft mit dem *herze* bereit, fühlt sich aber vom Herzen im Stich gelassen bei seinem Werben um die Frau; das *herze* erwidert, daß es nur zum Guten raten kann, aber die Ausführung beim *lip* liegt. Beide finden sich in der Einsicht, daß sie gemeinsam Verantwortung für die Seele haben (1034f. *got der hat uns beiden eine sele gegeben*). Damit wandelt sich der Streit zum Dialog (1168–1268). Das *herze* gibt dem *lip* seinen Rat, und der *lip* übernimmt

---

[208] Conpar mea nobilis: Walther (wie Anm. 196), Nr. IX, S. 218–221. Es sind 60 Strophen, die sich in zehn Wechsel zu je sechs Strophen gliedern (wobei jeder Rolle jedesmal drei Strophen zufallen). Auf das Bekenntnis des Leibes zum genius (XV, 3/4 sequor ovans plenius/sicut optat genius) erwidert die Seele (XVI): Ergo sacrilegium/sequeris gentilium,/quod plus colis genium/quam factorem omnium.

[209] Zum genius: Brian Scott (wie Anm. 152 und 185), S. 170ff. Isidor (wie Anm. 13) sagt in dem Abschnitt über die Götter der Heiden (VIII 11, 88): genium autem dicunt, quod quasi vim habeat omnium rerum gignendarum seu a gignendis liberis; und im nächsten Paragraphen heißt es von dieser und anderen vorausgehenden Aussagen (VIII 11, 89): haec et alia sunt gentilium fabulosa figmenta.

[210] Hartmann von Aue, Die Klage – Das (zweite) Büchlein, hg. Herta Zutt, Berlin 1968; Das Klagebüchlein Hartmanns und das 2. Büchlein, hg. Ludwig Wolff (altdt. Texte in kritischen Ausgaben 4), München 1972; zu dem Werk: Roswitha Wisniewski, Hartmanns Klage-Büchlein (Euphorion 57, 1963, S. 341–369); Herta Zutt, Die formale Struktur von Hartmanns Klage (Zeitschr. f. dt. Philol. 87, 1968, S. 359–372); aus älterer Zeit: Hedwig Gross, Hartmanns Büchlein dargestellt in seiner psychologischen, ethischen und theologischen Bezogenheit auf das Gesamtwerk des Dichters, Diss. phil., Bonn 1936.

als *fürspreche* des ganzen Menschen eine Botschaft an die Frau.[211] Dem Beispiel Hartmanns ist Ulrich von Lichtenstein in seinem »Frauendienst« gefolgt.[212]

Bei einer zweiten Reihe von Streitgesprächen zwischen Leib und Seele kommt es zum Gespräch nach dem Tode des Menschen, der für den betroffenen Menschen keine innere Wandlung mehr erlaubt, wohl aber für den Autor und Leser, dem der Streit im Traume erscheint. Für sie ist das Streitgespräch, das sie im Traum erleben, eine Warnung, sich zu besinnen. Das wird in dem Gedicht »*Nuper huiuscemodi visionem somnii*«,[213] das die Reihe eröffnet, ausdrücklich gesagt: *illis scire liceat/quos vite vis vegetat,/qui a suo scelere/queunt resipiscere* (v. 1949–1952).[214] Der Träumende ist wie bei Hildebert ein Bischof, der über Besitz und Macht verfügt. Das Gedicht hat die Zeilenform von »*Compar mea nobilis*«[215] übernommen, aber den Umfang (von 240 Zeilen) auf das Zehnfache (2544 Zeilen) gesteigert und den Dialog durch eine Folge von langen Reden (25–1452, 1467–2140, 2177–2452) ersetzt.

An den Marmorsarkophag, in den die Leiche des Verstorbenen gebettet ist, tritt in Gestalt eines blassen, weinenden Kindes die Seele, um die Verbrechen des Leibes zu enthüllen, bevor sie der ewigen Strafe verfällt. Ihre *querimonia* über ihr Schicksal wird zu einer *invectio* gegen den Leib. Er hat seine Pflichten gegenüber Gott und den Menschen und die Pflichten seines Amtes versäumt, Schätze gehäuft und den Besitz anderer Menschen sich angeeignet. Die Fähigkeiten, die ihm die Seele verliehen hat, hat er mißbraucht, so daß die Gemeinschaft mit ihm für die Seele zum Verhängnis geworden ist. Dafür sollte den Leib und nicht die Seele die Strafe treffen, die sie nun nach dem Tod und beim jüngsten Gericht ereilt, wenn sie mit dem Leib wiedervereint der ewigen Verdammnis verfällt.

---

[211] Zu den literarischen Zusammenhängen: Fr. Panzer in seiner Besprechung (Zeitschr. f. dt. Philol. 31, 1899, S. 520–529) der Dissertation von Fr. Piquet, Etude sur Hartmann d'Aue, Paris 1898, S. 73–98.

[212] Ulrich von Lichtenstein, Frauendienst, hg. Reinhold Bechstein, 2 Bde., Leipzig 1888, Str. 17–20 (S. 7f.), Str. 121–130 (S. 40–42) und sonst; dazu: Arens, Höf. Sprachstil (wie Anm. 202).

[213] Das Gedicht beginnt: Nuper huiuscemodi/visionem somnii/cuidam pontifici/factam esse didici. Es ist überliefert in der Handschrift: Britisches Museum, Ms. Reg. 7 A III, fol. 123ʳ–145ʳ. Nachdem bereits Hans Walther (wie Anm. 196) darauf aufmerksam gemacht hatte (S. 76ff.), gab Raby (wie Anm. 196) daraus Proben (S. 300–302). Ich bespreche das Gedicht nach einer Fotokopie des Britischen Museums, deren Umschrift ich seit 18 Jahren Helmut Riebschläger verdanke.

[214] Es heißt fol. 140ʳ (v. 1945–1952): hoc iis innotuerit,/quibus scire proderit;/nam si notum fieret,/nobis nil proficeret./illis scire liceat,/quos vite vis vegetat,/qui a suo scele-re/queunt resipiscere.

[215] »Compar mea nobilis« bei Walther (wie Anm. 196), S. 218 (dazu vgl. Anm. 208).

Da erhebt sich der Leib aus dem Sarkophag zur Verteidigung, mit Hilfe der *ratio* will er seine *causa* führen. Mit Recht wird die Seele zuerst bestraft, weil sie sich zuerst vergangen hat. Sie waren als Ebenbild Gottes geschaffen und wurden nach dem Sündenfall durch Christus erlöst und frei, sind aber erneut dem Teufel verfallen, weil die Seele, die über den Leib verfügt, ihn dazu veranlaßt hat. Er brauchte den Tod nicht zu fürchten, wenn er Tier statt Mensch geworden wäre.[216] Noch einmal erinnert er sich an die einstige *amicitia* zwischen Leib und Seele,[217] dann verstummt er, sinkt zurück und streckt sich mit einem Seufzer im Sarge aus.

Die Seele klagt Gott an, daß er, der alles vorausschaut, den Menschen so zugrunde gehen läßt.[218] Niemand schützt sie vor den Teufeln, die sie unter Mißhandlungen holen. Von der Klage der Seele wacht der Bischof auf.

Dies umfangreiche Gedicht ist in der berühmten »*Visio Philiberti*«[219] zu einem dreifachen Wechsel zwischen Seele und Leib umgestaltet und ganz auf den Kontrast zwischen dem gottgewollten Adel der Seele und dem irdischen und ewigen Tod, dem sie durch ihre Schuld verfallen kann, angelegt. Erbarmungslos werden die Folgen des irdischen Todes, der alle irdischen Werte, Reichtum und Macht, zunichte macht, dargestellt und die Folgen des ewigen Todes, der für den Verdammten kein Entrinnen und kein Erbarmen kennt.

In dieser Gestalt hatte die Konzeption einen außerordentlichen Erfolg. Sie wurde in die Volkssprache übertragen, um 1300 von Heinrich von Neustadt ins Deutsche übersetzt.[220] Man darf nicht vergessen, daß noch im Versagen und in der Verlorenheit das Bild vom Adel der Seele aufleuch-

---

[216] v. 1717–1728 (fol. 138ʳ): O Deus, o utinam/dedisses cuiuspiam/me fuisse volucris/corpus vel quadrupedis./utinam volatile/essem vel aquatile/animal vel marmoris/pars vel truncus arboris,/anguis aut vermiculus,/non timerem amplius/concremanda ingeri/in profundum inferi.

[217] v. 2105–2108 (fol. 141ᵛ): cum recordor pristine/nostre amicitie,/et de nostra gloria/recurrit memoria.

[218] Die Klage beginnt v. 2249 (fol. 142ᵛ): O Deus, quam ob rem/creasti sic hominem. In dieser Klage heißt es dann später v. 2276–2280 (fol. 143ʳ): Tu, qui potens diceris,/qui humani generis/pater es et diceris,/cur perire toleras,/quod salvare poteras.

[219] Text: Th. Wright, The latin poems commonly attributed to Walter Mapes, 1841, S. 95ff. Dazu: Walther (wie Anm. 196), S. 64ff. Man hat das Gedicht Robert Grosseteste zugeschrieben (vgl. Walther, wie Anm. 196, S. 70).

[220] Die Übersetzung folgt in der Überlieferung auf die große Erlösungsgeschichte »Von Gottes Zukunft«, für die Peter Ochsenbein ein »Compendium Anticlaudiani« als eine Quelle nachgewiesen hat (ZfdA 98, 1969, S. 81–109). Sie schließt sich an V. 6167 an und ist zusammen mit dem »Apollonius« herausgegeben von Samuel Singer (Deutsche Texte des Mittelalters 7), 1906. Zur Übersetzung der »Visio«: Maria Geiger, Die Visio Philiberti des Heinrich von Neustadt (Sprache und Dichtung 10), Tübingen 1912.

tet, die Gott geschaffen und erlöst hat.[221] Mit besonderer Schärfe trifft die Strafe die Mächtigen;[222] im Gedicht »Nuper huiuscemodi« heißt es in der Rede des Leibes: *quanto quis potentior,/tanto vis ferventior,/que potentes miseros/torquet apud inferos.*[223]

Die Analogie zwischen Makrokosmus und Mikrokosmus[224] hat darin eine Grenze, daß die Natur den Gesetzen treu geblieben ist, die ihr bei der Schöpfung gegeben wurden, während der Mensch (durch den Sündenfall) ihnen untreu geworden ist.[225] Das ist ein Gedanke, der in der deutschen Dichtung besonders betont wird.

Nach Honorius *(Elucidarium)* hat Gott die Welt wie eine Zither angelegt, bei der Erscheinungen verschiedener Art wie Saiten zusammen harmonieren:[226] *spiritus* und *corpus, angelus* und *diabolus, coelum* und *infernum,* Feuer und Wasser, Luft und Erde, Süß und Bitter, Weich und Hart (u. a. also 4 Elemente und 4 Qualitäten). Hinter dem Bild von der Zither, das schon Quintilian zitiert,[227] wird die Sphärenharmonie stehen, die man aus Ciceros *Somnium Scipionis* (5,18) und dem Kommentar des Macrobius[228] kannte.

Nach Boethius[229] unterschied man bis ins späte Mittelalter[230] drei Arten der Musik:[231] *musica mundana, musica humana* und *musica instrumentalis.* In der »*Musica disciplina*« von Aurelianus[232] wird dabei auf den Vers aus dem Buch Job (38,37) verwiesen: *quis enarrabit coelorum rationem, et concentum coeli quis dormire faciet?* Diese Auffassung der

---

221 »Visio« v. 25/26 sagt die Seele: ego quae tam nobilis fueram creata,/ad similitudinem Domini formata. Der Leib bestätigt (v. 110–112): sed, sicut iam dixeras, Deus te creavit/et bonam et nobilem sensuque dotavit/et ad suam speciem pariter formavit. Und nach der Erwiderung der Seele sagt er später noch einmal (v. 195/96): vitam et memoriam sed et intellectum/tibi dedit Dominus sensumque perfectum.

222 Die Seele sagt (v. 253–258): adhuc quod interrogas, si aliquid parcatur/personis nobilibus: non, nam lex haec datur,/quod quanto quis in saeculo magis exaltatur,/tanto cadit gravius, si transgrediatur./dives ergo moriens si vitiis prematur,/gravius prae ceteris poenis impulsatur. Mit dieser Auskunft antwortet die Seele auf die Frage des Leibes.

223 Zu dem Gedicht: Anm. 213. Die zitierten Verse (v. 1825–1828) stehen in der Handschrift fol. 139ʳ.

224 Zur Analogie Makrokosmus – Mikrokosmus vgl. Anm. 140–151.

225 Vgl. Hildegard von Bingen, Scivias II, 1 (Migne 197, 444).

226 Migne 172, 1117.

227 Quintilian, Inst. orat. I 10, 12.

228 Macrobius (wie Anm. 158) bespricht in seinem Kommentar zu Ciceros Somnium Scipionis im Eingang des 2. Buches (II, 1) die Sphärenharmonie.

229 Boethius, De musica I, 2 (Migne 63, 1171f.).

230 Diese Anschauung wurde abgelehnt von Johannes de Grocheo.

231 Diese Definition steht noch bei Hugo von St. Victor (Didascalicon II, 13).

232 Edgar de Bruyne (wie Anm. 21), I, S. 311.

Musik[233] ist wichtig für das richtige Verständnis jener Partien mittelalterlicher Dichtung, die eine ideale Landschaft mit der Musik von Vögeln und Instrumenten ausstatten. Mit dieser Musik ist jeweils die *musica mundana* gemeint. So wird es von einem Anhänger Abaelards ausdrücklich ausgesprochen:[234] *sed illa diversitas consonantiarum/praefigurat ordinem septem planetarum.* Die *musica mundana* verkörpert die Harmonie des Universums.

An vielen Stellen des Alten Testamentes wird die Größe des Schöpfers und der Schöpfung gerühmt, so besonders im Buch Ecclesiasticus (Jesus Sirach): das Firmament, Sonne und Mond, die Sterne, Wolken und Regen, das Meer (42,15–43,37). Alles gehorcht ihm.[235] Vorher heißt es (16,25–28): *ornavit in aeternum opera illorum... et non destituerunt ab operibus suis.* Von der Abweichung des Menschen sprach der Apostel Paulus im Römerbrief (1,20 ff.; 5,12ff.); durch ihn und Augustinus[236] war dem Mittelalter diese Vorstellung geläufig. Der Mensch hat seine *rectitudo* verloren.[237]

Auf dieser Anschauung beruht die »Klage der Natur« des Alanus.[238] Die Natur beklagt, daß allein der Mensch von den Gesetzen abweicht (die in Chartres und bei Johannes von Salisbury als *naturalis iustitia* bezeichnet werden), die mit seiner Natur gegeben sind,[239] während alles Geschaf-

---

[233] Vgl. J. Handschin, Ein mittelalterlicher Beitrag zur Lehre von der Sphärenharmonie (Zeitschrift für Musikwissenschaft IX, 1927, S. 193–208); zusammenfassend: de Bruyne (wie Anm. 21), I, S. 306–319; II, S. 108–123. De Bruyne stützt sich wesentlich auf die Arbeiten von G. Pietzsch: Die Klassifikation der Musik von Boethius bis Ugolino von Orvieto, Halle 1929, und: Die Musik im Erziehungs- und Bildungsideal des ausgehenden Altertums und frühen Mittelalters, Halle 1932.

[234] »Metamorphosis Goliae« hg. von Th. Wright, Latin poems attributed to Walter Mapes, London 1841, S. 21–30; neue Ausgabe unter Heranziehung einer neuen Handschrift von R. B. C. Huygens (Studi medievali 3, 1962, S. 764–772). Die zitierte Stelle auch in dem Teilabdruck von F. J. E. Raby: The Oxford Book of Medieval Latin Verse, Oxford 1959, S. 217 (Nr. 156). Das Gedicht ist zuletzt besprochen von Winthrop Wetherbee (wie Anm. 24), S. 127–134.

[235] Ecclus 42, 24: omnia haec vivunt et manent in aeternum, et in omni necessitate omnia obaudiunt ei.

[236] Augustinus sagt im 7. Buch der Confessiones, in dem er über seine Begegnung mit dem Neuplatonismus spricht (10, 16; Corpus Scriptorum Ecclesiasticorum Latinorum Vol. 30, S. 157): et inveni longe me esse a te in regione dissimilitudinis.

[237] So heißt es bei Hugo von St. Victor in »De Sacramentis« (Migne 176, 266) und bei Bernhard von Clairvaux in seiner 80. Predigt über das Hohelied (Migne 183, 1167).

[238] Literatur zur »Klage der Natur«: Anm. 149. Vgl. bes. meinen in Anm. 149 genannten Aufsatz »Verhüllung«, S. 326f. und S. 330–339.

[239] Natura sagt in ihrer Antwort auf die erste Frage des Alanus (Migne 210, 448 C): cum omnia lege suae originis meis legibus teneantur obnoxia ..., fere omnia ... meis edictis regulariter obsequuntur; sed ab huius universitatis regula solus homo anomala exceptione excluditur ...

fene sonst die Bestimmung erfüllt, die ihm beim Ursprung gesetzt war.[240] Dann werden die Erscheinungen genannt, die auch im Alten Testament wiederholt aufgeführt werden: das Firmament mit den Sternen und Planeten, die Luft mit den Vögeln, das Wasser mit den Fischen, alles, was auf der Erde wächst. Zum Schluß nimmt die Natur das Bild von der Zither (vgl. Anm. 227) auf und stellt fest: *solus homo meae moderationis citharam aspernatur.*[241]

Diese Auffassung ist schon lange vor Alanus im deutschen Annolied markant formuliert.[242] Der Mensch hat Anteil an der körperlichen und geistigen Welt *(der beide ist corpus unte geist).* Die anderen Geschöpfe sind auf dem rechten Weg geblieben, nur der Mensch (und Lucifer) nicht: *ein iwelich dinc die e noch hat,/die ime got van erist virgap,/ni were die zwei gescefte,/due her gescuof die bezzisten* (3,17–20). Bei Freidank heißt es bündig (5,11–14): *Gotes gebot niht übergat/wan der mensche, den er geschaffen hat;/vische, vogele, würme, tier/hant ir reht baz danne wir.* Walther konfrontiert die Ordnung im Reich der Tiere mit der Unordnung im Reich des Menschen.[244] Der Marner sagt:[245] *ieglich creatiure erkennet wol ir zit/niht wan die tier in menschen hiute.*

Ausführlich ist der Gedanke bei Thomasin im »Welschen Gast« entwickelt.[246] Im II. Buch, mit dem sich Thomasin an die »Herren« wendet, wird der Makrokosmus unter dem Gesichtspunkt der *staete* dargestellt, sachlich im wesentlichen übereinstimmend mit der »*Imago mundi*« des Honorius, der *Philosophia mundi* des Wilhelm von Conches und dem »*Lucidarius*«. Die »*werlt*« wurde *staetic* geschaffen, hat aber durch die

---

[240] Die Natura eröffnet dann ihren Überblick über den Makrokosmus mit den Worten (Migne 210, 448 D): attende, quomodo fere quaelibet ... mei iuris statuta persolvant.

[241] Migne 210, 449 C.

[242] Das Annolied wird zitiert nach der Ausgabe von Karl Meisen (1946). Das Gedicht ist sicher später, als de Boor annimmt (Helmut de Boor, Geschichte der deutschen Literatur, I, 5. Aufl. 1962, S. 151). Friedrich Neumann kommt der Wahrheit näher, wenn er es nach 1110 und vor 1126 (damals wurde der Abt von Siegburg Kuno Bischof von Regensburg) ansetzt (Friedrich Neumann, Geschichte der altdeutschen Literatur, Berlin 1966, S. 80).

[243] Freidank: vgl. Anm. 192.

[244] Die Lieder Walthers von der Vogelweide, hg. Friedrich Maurer, Bd. 1 (Die religiösen und politischen Lieder), 2. Aufl. 1960, S. 21 (in der 2. Strophe seines Reichstons): so we dir, tiuschiu zunge,/wie stet din ordenunge!/daz nu diu mugge ir künec hat,/und daz din ere also zergat!

[245] Der Marner, hg. Ph. Strauch (Quellen und Forschungen 14), Straßburg 1876 (Neudruck mit Nachwort von Helmut Brackert in der Reihe: Deutsche Neudrucke, Berlin 1965). Die Stelle (XIV, 44–45) steht in demselben Ton, der v. 225 ff. und 227 ff. von den vier Elementen spricht.

[246] Zu Thomasin vgl. Anm. 33.

Schuld des Menschen an *staete* verloren, wie es sich an den Unbilden der Witterung zeigt (2151–2176). Zeichen ihrer *staete* sind aber geblieben: der Wechsel von Nacht und Tag, Winter und Sommer, der allerdings dem Menschen Schaden bringen kann (2177–2192). Geblieben ist, daß in der Welt alles seine Zeit hat (2193–2214): *an der werlde staete lit,/daz ieglich dinc hat sine zit* (2197/98); nur der Mensch kümmert sich nicht um die rechte zeitliche Ordnung (2209: *aver wir behalten deheine zit*), sondern folgt seiner Laune. Geblieben ist in der Welt, daß die Sonne und die Planeten ihre regelmäßige Bewegung wahren (2215–2248): *ein ieglicher sinen kreiz hat/da er inne umbe gat* (2229/30); der Mensch aber bewegt sich hin und her und versucht viele Wege, die ihn aus seinem Umkreis herausführen. Geblieben ist, daß sich der Mond verändert, je nach dem Stand zur Sonne, wir aber bessern uns nicht (2249–2260), und daß die Sonne am Tage die Sterne unsichtbar macht, während die Menschen in aller Öffentlichkeit Unrechtes tun (2261–2276).

Die sublunare Welt besteht aus den vier Elementen, die nach ihrer Natur entgegengesetzt sind, aber auch miteinander bestimmte Verbindungen eingehen (2277–2348), die auf den vier Qualitäten beruhen; sie folgen immer ihrer Natur, während der Mensch sich immer wieder von seiner Natur entfernt.[247] Über dem Mond, also in der superlunaren Welt, befindet sich eine fünfte Natur, der Himmel mit den Planeten (2349–2422), die auf die Erde einwirken und denen man nach ihrer Wirkung Qualitäten zuschreibt. Diese »fünfte Natur« ist einheitlich und hat darum ein gleichbleibendes Verhalten; sie ist *staete* (2395/96).[248]

Mit der Annahme einer »fünften Natur« wird ein Gedanke des Aristoteles[249] aufgenommen, der bei Cicero zu lesen war[250] und im 12. Jahrhundert bei Bernhard Silvestris[251] und dem Übersetzer Daniel von Morley wieder begegnet[252]; dieser rechnet mit dem Firmament als *quinta essen-*

---

[247] Welscher Gast (wie Anm. 33), v. 2335f.: wie kumt der man dan also wit/von siner nature zaller zit?

[248] Bei Cicero heißt es im »Somnium Scipionis« (17): infra (sc. Lunam) autem iam nihil est nisi mortale et caducum …; supra Lunam sunt aeterna omnia. Macrobius führt das in seinem Kommentar (wie Anm. 158) näher aus (lib. I 21, 33): sed omnia haec, quae de summo ad lunam usque perveniunt, sacra incorrupta divina sunt, quia in ipsis est aether semper idem nec umquam recipiens inaequalem varietatis aestum. infra lunam et aer et natura permutationis pariter incipiunt, et sicut aetheris et aeris, ita divinorum et caducorum luna confinium est.

[249] Aristoteles, De caelo I, 2–3; vgl. Nitschke (wie Anm. 135), S. 40f.

[250] Cicero, Tusculanae disputationes I, 10 (quinta natura).

[251] Bernhard Silvestris, Cosmographia (wie Anm. 161), II, Nr. 3, Zeile 80–83 (S. 38): Aether omnisque compago siderea non elementale est compositum, sed ab elementis numero quintum, ordine primum, genere divinum, natura invariabile.

[252] Nitschke (wie Anm. 135), S. 90.

tia[253] unter Berufung auf ältere Astronomen.[254] Diese fünfte *essentia*, die sich aus sich selbst bewegt, teilt die Bewegung den vier Elementen mit, die von der Natur ihren Platz und ihr Gesetz empfangen.[255]

Der Schluß des II. Buches bereitet das III. vor (2423–2517): nirgends ist in den »Ländern« die *staete* und *triuwe* zu finden, wie sie im Makrokosmos gilt (vor allem im Firmament). Mit diesem Gedanken leitet Thomasin zugleich das III. Buch ein, das am Maßstab der *staete* die Sozialwelt mißt (für die gottgewollte Ordnung in der Gesellschaft verwendet Thomasin den Begriff des *orden*): *ein ieglich dinc sin orden hat,/daz ist von der nature rat,/ane alters eine der man,/der sinen orden niht halten kan* (2611–1614). Jeder strebt aus seinem Stand *(orden)* heraus, Besitz, Herrschaft und Macht folgen nicht ihrer »Natur«. Mit *maze* (9945f.) und *reht* (12375f.) verbindet er den Satz aus dem Buche der Weisheit: *verliese wir maze, wage, zal,/daz ist dem reht ein michel val.*

[253] Daniel von Morley, Liber de naturis inferiorum et superiorum, hg. Sudhoff (wie Anm. 159), S. 22f.

[254] Daniel (wie Anm. 253): hoc enim prescire equum est, quod maiores in astrologia affirmant, corpus celi non esse ex massa huius substantie corruptibilis, sed ex quadam quinta essentia, que preter quatuor naturas ex nihilo fuit creata ...

[255] Daniel von Morley (wie Anm. 253), S. 17: ... ut datam legem rate conditionis inviolatam servarent.

Die zweite Sprache

Quellen und Bereiche

Die doppelte Reihe der res

Welche Bedeutung die Schöpfung für den Menschen hat,[256] spricht die *Summa theologiae*[257] aus, bevor gesagt wird, daß der Mensch als Mikrokosmus aus den vier Elementen geschaffen wurde (Str. 8): *er (der Mensch) habiti in allin gischephidon/ wunni odir bilidi odir erzinduom.* Hrabanus hatte diesen Gedanken bereits formuliert[258]: *Unde non debemus ea (opera Dei) spernere, quae noverimus ad utilitatem nostram et sanitatem Creatorem nostrum nobis procreasse.......sicut corporales per herbarum medicinam curant corporum aegritudinem, ita et spiritales per divinorum praeceptorum medelam sanant animarum infirmitatem.* Honorius drückt den gleichen Sachverhalt im »*Elucidarium*« so aus:[259] *onmis itaque Dei creatio consideranti magna est delectatio, dum in quibusdam sit decor, ut in floribus, in aliquibus medicina, ut in herbis, in quibusdam pastus, ut in frugibus, in quibusdam significatio, ut in vermibus et avibus.* Die »Dinge« der Schöpfung haben also für den Menschen eine natürliche und eine übernatürliche Bedeutung.[260] Im natürlichen Sinne dienen sie der Gesundheit des Leibes (sie sind: *erzintuom*, bzw. *medicina*), im übernatürlichen Sinne dem Heil der Seele (sie sind: *bilidi*, bzw. *significatio*).

Bei der Bedeutung der »Dinge« ist also mit einer doppelten Reihe zu rechnen: einer natürlichen und einer übernatürlichen (allegorischen). Bei der Annahme, daß die sichtbare Welt Zeichen für die unsichtbare ist, daß

---

[256] Zu dem Eingang des 5. Kapitels, der die Bedeutung der Schöpfung für den Menschen darstellt, vgl. den Eingang des 4. Kapitels (Die Auffassung der Welt und des Menschen) und die in den Anmerkungen 120ff. genannte Literatur. Dazu vgl. den Abschnitt über die »Summa Theologiae« bei Heinz Rupp (Deutsche religiöse Dichtungen des 11. und 12. Jahrhunderts, Freiburg 1958, S. 83–138, bes. S. 90ff.) und jetzt den Kommentar von Hartmut Freytag (wie Anm. 150).

[257] Zur »Summa Theologiae«: Anm. 150.

[258] Die Stelle steht im Kommentar zu Ecclesiasticus, der in die Glossa ordinara aufgenommen wurde (Migne 109, 1030); sie ist angeführt bei Rupp (wie Anm. 256), A. 91.

[259] Die Stelle (Migne 172, 1117) ist angeführt bei Hegener (wie Anm. 53), S. 27; zum Elucidarium Anm. 153.

[260] Die Unterscheidung von zwei Ebenen, die sonst in der Forschung nicht hervortritt, ist in meinem Kölner Vortrag aus dem Jahr 1968 (gedruckt: 1970) über die »zweite Sprache« und die Dichtung des Mittelalters (wie Anm. 53) eingeführt (bes. S. 159–161, 163–169).

durch die Erkenntnis der sichtbaren Welt der Weg zur Erkenntnis der göttlichen Wahrheit führt, gehen Pseudo-Dionysius und Johannes Scottus von einer Hierarchie aus, die sich in drei Stufen aufbaut.[261] Nach Pseudo-Dionysius umfaßt der obere Bereich der sichtbaren Welt die Lichterscheinungen, der mittlere Bereich die Welt der vier Elemente, der untere Bereich die Steine und Tiere.[262] Nach Johannes Scottus dagegen stehen am höchsten als Namen für Gott die Abstrakta (z. B. *virtus*), der mittlere Bereich wird von den oberen Erscheinungen der sichtbaren Welt gebildet (also von den beiden höheren Bereichen des Areopagiten), der untere Bereich schließt die übrigen Naturerscheinungen ein.[263]

Informationen über die *res* erhielt das Mittelalter aus den Kommentaren zum *Hexaemeron*.[264] Was Basilius in seinen Homilien zum Sechstagewerk vorgetragen hatte, überlieferte nach Lactantius (*De opificio Dei:* CSEL 27) Ambrosius in seinem Kommentar,[265] der für das Mittelalter die Bedeutung von Naturerscheinungen und Tieren festlegte.[266] Für die Karolingerzeit maßgebend wurde Beda.[267]. Bezeichnend für die Zuwendung zur Natur im 12. Jahrhundert ist, daß von ganz verschiedenen Standorten aus die Weltschöpfung kommentiert wird. Honorius gab sachliche Erklärungen.[268] Abaelard, dessen Denken sonst nicht um die Natur kreiste, verstand in seiner *Expositio in Hexaemeron* die Natur als Kraft.[269] Während Arnald von Bonneval, der Freund Bernhards von Clairvaux, an Ambrosius anknüpfte,[270] unternahm es Thierry von Chartres,[271] den Bericht der Genesis mit naturwissenschaftlichen Mitteln zu erklären. Dabei war er mit Dominicus Gundissalinus bekannt, dem bedeutenden Übersetzer und Systematiker, dessen Abhandlung *De processione mundi*[272] hier zu

[261] Dazu: Krewitt (wie Anm. 52), S. 465ff., 480.

[262] Ps. Dionysius, ins Lateinische übersetzt von Johannes Scottus, De Caelesti Hierarchia II, 5 (Migne 122, 165).

[263] Johannes Scottus, De divisione naturae I, 67 (Migne 122, 511f.).

[264] Zu den Kommentaren zum Hexaemeron: J. B. Pitra, Spicilegium Solesmense II, 1855 (186–188); Spicq (wie Anm. 47), S. 29 (Beda), S. 63 (Thierry von Chartres), S. 117 (Honorius), S. 118 (Abaelard), S. 125 (Arnald von Bonneval).

[265] Ambrosius: Migne 14, 133–268 und CSEL 32 (1896).

[266] Vgl. E. K. Rand, Founders of the Middle Ages, Harvard 1928 (Neudruck: 1957), S. 90ff.; vgl. zuletzt: Krewitt (wie Anm. 52), S. 115–117.

[267] Bedas Kommentar: Migne 91, 9ff.; dazu Nitschke (wie Anm. 135), S. 63–68; vgl. auch Krewitt (wie Anm. 52), S. 161ff.

[268] Hexaemeron des Honorius: Migne 172, 253–266.

[269] Abaelards Expositio in Hexaemeron: Migne 178, 731–784; dazu: Nitschke (wie Anm. 135), S. 81–88.

[270] Arnalds Tractatus de operibus sex dierum: Migne 189, 1515–1570.

[271] Thierrys Hexaemeron: Anm. 160; dazu Nitschke (wie Anm. 135), S. 93–97.

[272] Dominicus Gundissalinus, De processione mundi, hg. G. Bülow (Beiträge zur Gesch. d. Philos. d. MAs 24, 3), Münster 1925.

nennen ist. Diese naturwissenschaftliche Richtung setzt im 13. Jahrhundert Robert Grosseteste fort, dessen Kommentar noch nicht veröffentlicht ist.[273] Eine allegorische Erklärung in 200 Versen (100 Distichen) hatte vor 1100 Odo von Orléans gegeben.[274]

Eine weitere Quelle für Informationen über die *res* waren die Realenzyklopädien in der Nachfolge von Isidors Etymologien,[275] die ihre Darstellung mit Gott, nicht wie Isidor mit den *artes* beginnen, und so die hierarchische Auffassung des Mittelalters bezeugen. So beginnt Hrabanus in seinen 22 Büchern *De universo*[276] mit Gott und der Heiligen Schrift (1–5) und kommt dann erst auf den Menschen und die Welt zu sprechen und auf seine Tätigkeiten. Alexander Neckam, der Milchbruder von Richard Löwenherz (1157–1217), der in England die Traditionen von Chartres fortsetzt, gab zunächst in der zweiteiligen Schrift »De rerum naturis«[277] in Prosa eine Übersicht über die Kenntnis der Natur, die den vier Elementen folgt. Das 1. Buch orientiert über Firmament, Sterne, Luft und Vögel, das 2. Buch spricht vom Wasser und seinen Lebewesen, von der Erde, den Mineralien, Gewächsen und Tieren und schließlich vom Menschen und seinen Tätigkeiten. Gegen Ende seines Lebens (gegen 1211) nahm er das Thema noch einmal auf in seinem umfangreichen Verswerk (3103 Distichen) »De laudibus sapientiae divinae«.[278] In der Wahl des Verses folgte er offenbar Bernhard Silvestris, auf dessen Werk *(De universitate mundi bzw. cosmographia)* er ausdrücklich verweist. In der Wahl der Versform

---

[273] Zum »Hexaemeron« von Robert Grosseteste: R. C. Dales, A Note on Robert Grosseteste's Hexaemeron (Mediaevalia et Humanistica 15, 1963, S. 69ff.).

[274] Migne 171, 1213–1218.

[275] Ausgabe der Etymologien: Anm. 13. Zu Isidor: J. Fontaine, Isidore de Seville et la littérature classique dans l'Espagne Wisigothique, 2 Bde., Paris 1959.

[276] Hrabanus, De universo (Migne 111, 9–614); es wird auch der Titel »De natura rerum« verwendet. Das Werk war in zahlreichen Bilderhandschriften verbreitet. Zu Hrabanus als schriftstellerischer Persönlichkeit: Paul Lehmann, Zu Hrabans geistiger Bedeutung (in: Erforschung des Mittelalters, III, Stuttgart 1960, S. 198–212); zu Quellen und Methode: Elisabeth Heyse, Hrabanus Maurus' Enzyklopädie »De rerum naturis« (Münchener Beiträge zu Mediävistik und Renaissanceforschung 4), München 1969; zuletzt: Hans-Georg Müller, Hrabanus Maurus »De laudibus sanctae crucis« (Beihefte zum Mittellateinischen Jahrbuch, hg. Karl Langosch XI), 1973, S. 156–173 (»Zur schriftstellerischen Tätigkeit Hrabans«).

[277] Alexander Neckam, De naturis rerum, hg. Th. Wright (Rerum Britannicarum medii aevi scriptores 34), London 1863.

[278] De laudibus sapientiae divinae von Th. Wright herausgegeben als Anhang zu »De naturis rerum« (Anm. 277), S. 357ff. Über seine literarische Leistung: Jos. de Ghellinck, L'essor (wie Anm. 52), S. 150–155; F. J. E. Raby, A History of christian-latin Poetry, Oxford² 1953, S. 379–385; Mario Esposito, On some unpublished poems attributed to Alexander Neckham (English Historical Review 30, 1915, S. 450ff.).

waren vorangegangen Theoderich von St. Trond, dessen Werk »*De mirabilibus mundi*« Solin versifizierte,[279] und Milo in seiner »*Philosophia mundi*«.[280] In 10 Büchern gibt Alexander Neckam ein umfassendes Bild über den Himmel und die Sterne (I), die Luft mit den Vögeln (II), über Gewässer und Fische (III), über Erscheinungen der Elemente (IV), über die Erde mit ihren Ländern und Städten (V), wobei Deutschland sowie Nord- und Osteuropa ausgeklammert bleiben, über die Schätze der Erde (VI), die Pflanzen (VII), über das, was auf der Erde wächst, Früchte, Gemüse und Bäume (VIII), über die Tiere (IX) und schließlich über den Menschen (X). Bemerkenswert ist, daß er sich mit antiker Naturwissenschaft und Medizin vertraut zeigt.

Zahlreiche andere Enzyklopädien folgten im 13. Jahrhundert. Fast gleichzeitig mit dem Werk des Alexander Neckam entstanden die Otto IV. gewidmeten »*Otia imperialia*« des Gervasius von Tilbury,[281] die in drei »*Decisiones*« gegliedert sind; die erste *Decisio* gibt einen Überblick über Naturgeschichte und Physik, die zweite liefert Weltgeschichte und Geographie, die dritte Legenden und Volksüberlieferungen. Eine starke Wirkung hatte das Werk des Thomas von Chantinpré »*De natura rerum*«, das von Jakob von Maerland vor 1300 ins Niederländische übertragen wurde (*Der Naturen Bloeme*), 1349/50 von Konrad von Megenberg ins Deutsche.[282]

Unmittelbar für Verständnis und Gebrauch der zweiten Sprache ist das Werk des Bartholomaeus von Glanville (Anglicus) »*De proprietatibus re-*

---

[279] De mirabilibus mundi von Theoderich von St. Trond (Lüttich): M. R. James, Ovidius de mirabilibus mundi (in: Essays and Studies presented to William Ridgeway, Cambridge 1913, S. 286ff.); J. G. Préaux, Thierry de St. Trond, auteur du poème pseudo-ovidien »De mirabilibus mundi« (Latomus VI, 1947, S. 353ff.); Auszüge aus seinem Werk bei Max Manitius (Neues Archiv XXXIX, 1914, S. 159ff.).

[280] Zu Milos Philosophia mundi: Anm. 141.

[281] Gervasius von Tilbury schuf die Quasi-Enzyklopädie der »Otia imperialia« nach einem bewegten Leben, das ihn wie andere Engländer als Lehrer des Rechts nach Bologna, an den Hof Heinrichs II. und weiter zu Heinrich dem Löwen und dessen Sohn Otto IV. und schließlich nach Arles führte. Die »Otia imperialia« sind herausgegeben von Leibnitz (in: Scriptores rerum Brunswiciensium I, 1707, S. 888–1004; Ergänzungen und Berichtigungen im Bd. II, 1710, S. 751–784); vgl. de Ghellinck (wie Anm. 52), S. 149f.

[282] Das große Werk des Thomas von Chantimpré (Liber de natura rerum, hg. Helmut Boese, Berlin/New York 1973), um 1240 entstanden, wurde 100 Jahre später durch Konrad von Megenberg selbständig in deutsche Prosa gefaßt (Buch der Natur, hg. Franz Pfeiffer, 1861; dazu jetzt: Uwe Ruberg, in: Frühmittelalterliche Studien XII, 1978. S. 310–325); vorausgegangen war der »Mainauer Naturlehre« (hg. Wilh. Wackernagel 1841, als Bd. 22 der Bibl. d. Stuttgarter Lit. Vereins), die dem Deutschherrn Hugo von Langenstein zugeschrieben wird (nach der Basler Bilderhandschrift, hg. Helm. R. Plant, Marie Rowlands u. Rolf Burkhart, Litterae 18, Göppingen 1972).

rum«bestimmt,[283] das vor 1240 entstanden ist. Vorwort und Nachwort[284] sprechen es deutlich aus. Einfache Leser *(simplices)* können seinem Werk die *proprietates rerum* entnehmen, von denen die Heilige Schrift spricht.[285] Bartholomaeus gibt die Auffassungen der antiken Naturwissenschaft wieder, ist aber zugleich mit dem analogischen Denken der symbolischen Theologie des Pseudo-Dionysius (bzw. Johannes Scottus) vertraut. Seine Darstellung führt von Gott und den Engeln zur Seele und zum Körper des Menschen sowie zu seinem Leben (den Lebensaltern und den Krankheiten) und legt dann seiner Anordnung die vier Elemente zugrunde, beginnend mit der Sternenwelt (an die sich Zeit und Materie anschließen), weiterleitend zu der Luft mit den Vögeln und zum Wasser, um dann von der Erde zu sprechen, ihren Edelsteinen, Pflanzen und Tieren, und schließlich der Wirkung auf die Sinne (dieser Schlußteil ist besonders bezeichnend für ihn). Bartholomaeus wurde wenig später benutzt von Arnold von Loccum (Arnoldus Saxo) in seinem »*Liber de naturalibus*«.[286] Am Ende der Reihe steht die große Kompilation des Vincenz von Beauvais »*Speculum naturale*« (Druck: Nürnberg 1486).

Wichtige Hilfe für das Verständnis der zweiten Sprache leisteten Wörterbücher mit sachlicher oder alphabetischer Ordnung.[287] Aus der Karolingerzeit stammt die »*Clavis*«, die der Herausgeber Pitra Melito von Sar-

---

[283] Bartholomaeus von Glanville (Anglicus), De rerum proprietatibus, ed. D. G. B. Pontanus, Frankfurt 1601 (Nachdruck: Frankfurt 1964). Zu Bartholomaeus: Glunz (wie Anm. 54), S. 164f.

[284] Vor- und Nachwort sind angeführt von Glunz (wie Anm. 54), S. 164f.

[285] singularum rerum proprietates, de quibus tractat scriptura.

[286] Nach L. Thorndike (A History of Magic and Experimental Science, II, 1947, S. 430f.) hat Arnold (Arnoldus Luce) das Werk des Bartholomaeus, das vor 1240 angesetzt wird, in seiner Enzyklopädie »De finibus rerum naturalium« wenig später benutzt. Zu Arnold: Valentin Rose, Aristoteles De lapidibus et Arnoldus Saxo (ZfdA 18, 1875, S. 321–433). An Bartholomaeus knüpfte wenig später Petrus Berchorius (gest. 1362) in seinem »Reductorium morale« an; vgl. Christel Meier, Das Problem der Qualitätenallegorese (Frühmittelalterliche Studien, hg. Karl Hauck, VIII, 1974, S. 426, Anm. 171). Chr. Meier zitiert aus dem Reductorium morale nach der Ausgabe: Köln 1731. Für die Lösung der Enzyklopädien von der Theologie: Walter Goetz, Die Enzyklopädien des 13. Jahrhunderts (Zeitschrift für Deutsche Geistesgeschichte II, 1936, S. 227–250). Zur Kenntnis der Natur in den Enzyklopädien: Michel de Bouard, Encyclopédies médiévales. Sur la connaissance de la nature et du monde au moyen âge (Revue des questions historiques 58, Ser. 3, 16, 1930, S. 258–304).

[287] Zur Lexikographie des Mittelalters vgl. die bibliographischen Angaben in den Anmerkungen 95 bis 101. Hier geht es um Hilfsmittel für das Verständnis der Bibel. Dazu: S. Berger, De glossariis et compendiis exegeticis quibusdam medii aevi, Paris 1879; Hans Rost, Die Bibel im Mittelalter, Augsburg 1939, S. 102ff. Über die »distinctiones«: Spicq (wie Anm. 47), S. 175–177. Zu den »allegorischen« Wörterbüchern noch: Marie-Dominique Chenu, La théologie au douzième siècle, Paris 1957, S. 198ff.; Ohly, Vom geistigen Sinn (wie Anm. 53a), S. 15ff. (diese grundlegende Darlegung eröffnet die Samm-

des zuschrieb.[288] Die Anlage ist von dem mittelalterlichen Weltbild bestimmt, das auch in den Realenzyklopädien begegnet. Das 1. Buch bespricht die Wörter für Gott (wesentlich aus dem Alten Testament), das 2. Buch handelt »*De filio Dei*«, das 3. Buch »*De supernis creaturis*« (gemeint ist der Raum zwischen Himmel und Erde), das 4. Buch »*De mundo et partibus eius*«, das 5. Buch »*De homine*«, das 6. Buch »*De metallis et aliis rebus sive his quae ex eis fiunt*«, das 7. Buch »*De lignis et floribus*«, das 8. Buch »*De avibus*«, das 9. Buch »*De bestiis*«, das 10. Buch »*De hominibus*«, das 11. Buch »*De civitate*« (die Stadt als Lebens- und Kulturraum), das 12. Buch »*De numeris*«. Auch die einzelnen Bücher sind in sich inhaltlich (bedeutungsmäßig), nicht alphabetisch geordnet.

Substantive und Verben aus dem menschlichen Bereich werden danach geprüft, was sie in der Anwendung auf Gott besagen, so Organe und Funktionen des Menschen: die Augen des Herrn *(oculi Domini)* stehen für die Aussage: Gott sieht alles; das Antlitz des Herrn *(facies Domini)* meint das Erscheinen Gottes; der Arm Gottes *(brachium Domini)* ist der Sohn Gottes, durch den er alles bewirkt *(per quem omnia operatus est)*; die Hand Gottes *(manus Domini)* ist das göttliche Wirken *(divina operatio)*; der *uterus Domini* ist das Geheimnis Gottes, aus dem Christus hervorgegangen ist; die Spuren Gottes *(vestigia Domini)* sind die sichtbaren Zeichen seines geheimnisvollen Wirkens; wenn Gott sitzt *(sedere domini)*, so bedeutet das, daß er herrscht *(regnare)*; wenn er steht *(stare Domini)*, so meint das die Geduld Gottes gegenüber den Sündern; wenn Gott sich erinnert *(recordari)*, so bedeutet das, daß er sich des Menschen erbarmt. In dieser Weise werden im 1. Buch *(De Deo)* die theologischen Zeichenwerte bestimmt, die in der Heiligen Schrift gelten.

lung: Fr. Ohly: Schriften zur mittelalterlichen Bedeutungsforschung, Wissenschaftliche Buchgesellschaft Darmstadt 1977); besonders: Christel Meier, Qualitätenallegorese (wie Anm. 286), S. 415–429. Hier werden vier Repräsentanten charakterisiert: Eucherius (S. 416–417), Hrabanus (S. 417–420), Alanus (S. 420–422) und Lauretus (S. 423–429).

[288] Nach Christel Meier (Qualitätenallegorese, wie Anm. 286), S. 418, Anm. 140, folgt die Clavis dem Vorbild der Formulae spiritualis intellegentiae des Eucherius (hg. K. Wotke, 1894, als Band 31 der Reihe »CSEL«), die schon aus dem 5. Jahrhundert stammen und bereits alle Kategorien eines allegorischen Wörterbuchs enthalten. Die Clavis ist in verschiedenen Fassungen überliefert; eine Redaktion ist herausgegeben von J. B. Pitra, Spicilegium Solesmense, Bd. II und III, 1855 (Neudruck: Graz 1962/63). Eine andere Anordnung bietet z. T. die Fassung, die aus dem Codex Claromontanus von J. B. Pitra mitgeteilt worden ist: Analecta Sacra II (Typis Tusculanis 1884; Nachdruck: Farnborough 1966), S. 6–127. Zur Clavis: Ohly, Vom geistigen Sinn (wie Anm. 53a), S. 15–17; Literatur zur Clavis bei: Friedrich Stegmüller, Repertorium Biblicum Medii Aevi, Bd. I–VII, 1950–1961, Nr. 5574–5578. Die im Text gegebenen Beispiele zeigen, daß die angeführten Sachverhalte weniger »Dinge« meinen; es sind vielmehr »Verhaltenszeichen«.

Petrus Cella, 1183 als Bischof von Chartres gestorben, unternahm es in seiner Schrift »*De panibus scripturae divinae*«,[289] alle Erwähnungen von *panis* in der Heiligen Schrift zu sammeln und ihre Bedeutung zu klären. Aus solcher Sammelarbeit gingen die theologischen Wörterbücher hervor, die alphabetisch angelegt sind. Sie wurden wohl von Petrus Cantor (gest. 1197) eröffnet mit seiner »*Summa quae dicitur Abel*«,[290] die weite Verbreitung fand und in Deutschland durch Liebhart von Prüfening zur »Vorratskammer der Ameise« *(Horreum formicae)* bearbeitet wurde.[291] Die »*Distinctiones*«[292] des Alanus (nach 1180), bei seinem Aufenthalt in Südfrankreich verfaßt, werden bald nach dem Werk des Petrus Cantor entstanden sein.

Das Wörterbuch des Alanus soll den Zugang zum Verständnis der Heiligen Schrift dadurch öffnen, daß es die verschiedenen Bedeutungen klärt und vorführt, die für Wörter der Heiligen Schrift gelten *(theologicorum verborum significationes distinguere)*. Bemerkenswert ist, daß Alanus sich nicht auf Wörter beschränkt, die in der Heiligen Schrift begegnen, sondern Stichwörter und Belege bringt, die außerbiblisch sind. So steht für das Stichwort *truncus* (981), das an sich auch biblisch ist (Judith 14,4; Is. 44,19), als Beleg nur ein Vers aus Lucans Pharsalica (I, 140): *trunco, non frondibus efficit umbram*.[293] Dieser Vers begegnet in der Vorrede des Matthaeus von Vendôme (Faral, S. 110) zur Kennzeichnung unberufener Versmacher: *qui trunco, non frondibus efficit umbram*; er ist übernom-

---

[289] Text: Migne 202, 927–1046.

[290] Text: Pitra (wie Anm. 288), Spicilegium III, 1–328; Migne 205, 21–556. Handschriften dieses einflußreichen Werkes nennt: Hans Martin Landgraf, Einführung in die Geschichte der theologischen Literatur der Frühscholastik, Regensburg 1948, S. 119. Zur Methode: Martin Grabmann, Geschichte der scholastischen Methode (Nachdruck: Darmstadt 1961), II, S. 483ff.

[291] Ungedruckt; Handschriften nennt Landgraf (wie Anm. 290), S. 123. Zur Methode: Grabmann (wie Anm. 290), S. 485–487; das Vorwort teilt Grabmann (wie Anm. 290), S. 486, Anm. 1 mit.

[292] Text der »Distinctiones« des Alanus: wie Anm. 199. Die im Text gegebene Analyse war vor Erscheinen der Arbeit von Christel Meier (wie Anm. 286, S. 420–422) abgeschlossen. Zum zweiten Prolog: Krewitt (wie Anm. 52), S. 496f.

[293] Der angeführte Vers steht an einer Stelle, die Pompeius mit einer altgewordenen Eiche vergleicht. Abaelard wendet sie in seiner Historia Calamitatum (ed. J. Monfrin, Paris 1967, S. 68, Zeile 172–179) auf Anselm von Laon an: Arbor eius (sc. Anselmi) tota in foliis aspicientibus a longe conspicua videbatur, sed propinquantibus et diligentius intuentibus infructuosa reperiebatur. Ad hanc itaque cum accessissem, ut fructum inde colligerem, deprehendi illam esse ficulneam, cui maledixit Dominus, seu illam veterem quercum, cui Pompeium Lucanus comparat ... Dazu: Peter von Moos, Lucan und Abaelard (Hommages à André Boutemy, Collection Latomus vol. 145, Brüssel 1976, S. 413–443), S. 425–427. Offenbar kennt Arnulf von Orléans die Stelle bei Abaelard, wenn er zu Lucans Vers I, 139 bemerkt (Arnulfi Aurelianensis Glosule super Lucanum,

men von Eberhard dem Deutschen in seinem »*Laborinthus*« (v. 111f.) für falsche Lehrer: *Florent hypocritae, sapientum simia, trunco/qui faciunt umbram, quos ligat aeris amor.* Gottfried von Straßburg verwendet den Vers, um sein Dichten von der Dichtart Wolframs abzuheben. Von den falschen Dichtern sagt er (4673ff.): *die bernt uns mit dem stocke schate,/niht mit dem grüenen meienblate.* Für sich selber nimmt er nach dem Musenanruf dagegen in Anspruch (4913f.): *ber iegelichem herzen schate/mit dem ingrüenen lindenblate.*

In Beleg und Erklärung werden alle Bereiche der Sprache einbezogen: Gebrauchssprache (meist eingeführt mit: *unde dicitur*); Sprichwörter (eingeführt: *unde dicere solent);* die Sprache des Glaubens und der Liturgie, der Legenden (u. a. Martinus, Dionysius, Nicolaus), der Hymnen und Sequenzen (besonders Adams von St. Victor), der Wissenschaft (Plato, Aristoteles, Porphyrius, Boethius, Donatus, Priscianus), der Kirchenväter (Gregorius, Hieronymus, Hilarius, Origenes, Johannes Chrysostomus, Augustinus), antiker Autoren (Vergil, Ovid, Lucan, Statius, Juvenal, Seneca, Martianus, Capella, Avianus, Boethius), der Logik (*apud logicos*) und Medizin (*in physica*). Bezeichnend sind Zitate aus Pseudo-Dionysius (796, 964), aus Hermes Trismegistos und Johannes Scottus (780, 971), aus dem Physiologus (718) und aus der Ecloga Theodoli (776, 825, 973, 995). Auch Zeitgenössisches (außer den Sequenzen Adams von St. Victor) wird berücksichtigt: Papst Urban (974) und die *Glossatura super Psalterium* von Petrus Lombardus (981).

Die einzelnen Artikel, für die als Beispiel bereits der Artikel *homo* vorgeführt worden ist, sind verschieden angelegt. Teilweise beschränken sie sich nach der Angabe der *proprie*-Verwendung auf die *distinctio*, zum Teil aber entwickeln sie sich zu eigenen knappen Abhandlungen; außer den philosophisch und theologisch relevanten Stichwörtern *(natura, ratio)* gilt das für Artikel wie *mane* (848f.) und *meridies* (857f.). Besonders interessiert sich Alanus für die kleinen Wörter, wie die Präpositionen und die Elemente der zweiten Sprache (Edelsteine, Tiere, Pflanzen). Innerhalb der einzelnen Artikel treten weitere Stichwörter auf. Im ganzen wird für das Sprachverständnis (damals und heute) eine Fülle von Informationen bereitgestellt. Leider bietet die Ausgabe von Migne kein zuverlässiges Bild der ursprünglichen Konzeption.

---

ed. Berthe M. Marti, American Academy in Rome, Papers and Monographs XVIII, 1958, S. 27): quercus est Pompeius . . . Zu efficit umbram trunco (I, 140) heißt es u. a. (S. 28): . . . per nudos ramos favorem populi sine viribus, per truncum antiqua, per frondes nova facta . . . Vor dem Hintergrund dieser und der im Folgenden zitierten Stellen ist die berühmte Stelle bei Gotfrid von Straßburg zu sehen.

Werke wie die des Petrus Cantor und Alanus häufen sich um 1200.[294] Damals verfaßte ein unbekannter Cisterzienser, der in Paris Schüler von Petrus Cantor gewesen war, *Distinctiones*, die in fünf Bücher gegliedert sind.[295] Besonders umfangreich ist das noch ungedruckte »*Alphabetum*« des Petrus von Capua.[296]

---

[294] Eine Sammelarbeit ähnlich der des Petrus von Cella (wie Anm. 289) unternahm Garnier von St. Victor (1170 als Subprior von St. Victor in Paris gestorben) in seinem »Gregorianum« (Migne 193, 23–462), das in 16 Büchern alle biblischen Allegorien ordnet, die in den Werken Gregors des Großen vorkommen. Die bei Migne unter den Werken des Hrabanus gedruckten »Allegoriae in universam Sacram Scripturam« (Migne 112, 849–1088) werden von Wilmart (Revue Bénédictine 32, 1920, S. 47–56) Garnier von Rochefort (gest. um 1216) zugeschrieben; die Vorrede, die Pitra abdruckt (Spicilegium, wie Anm. 288, Bd. III, 436–445), wird einem anderen (Adam, erst Prämonstratenser, später als Kartäuser 1210 gestorben) zuerkannt. Zu Garnier von Rochefort: J. Ch. Didier, Garnier de Rochefort (in: Collectanea ordinis Cisterciensis 17, 1955, S. 155ff.).

[295] Zu diesen »Distinctiones«: A. Wilmart, Un répertoire de l'exégèse composé en Angleterre vers le début du treizième siècle (in: Memorial Lagrange, Paris 1940, S. 307–346). In 282 Artikeln werden wesentlich »Dingbegriffe« behandelt und vielfach nach dem vierfachen Schriftsinn erklärt. Eine Auswahl aus diesem Werk ist bei Pitra (wie Anm. 288), Spicilegium III, 452–487 mitgeteilt.

[296] Das noch ungedruckte Werk des Petrus von Capua verbindet alphabetische Ordnung mit hierarchischem Aufbau der Artikel (vgl. Ohly, Vom geistigen Sinn, wie Anm. 53a, S. 17). Das große und vielbenutzte Lexikon des Johannes Balbus von Genua, das 1286 publizierte »Catholicon«, das 1470 bei A. Rusch in Straßburg gedruckt wurde, gehört nicht zu den allegorischen Wörterbüchern, sondern zu den Lexika, die in den Anmerkungen 95–98 genannt sind. Die allegorischen Wörterbücher setzen sich bis ins 16. Jahrhundert fort.
Aus dem 13. Jahrhundert stammen: die differenzierten »Distinctiones« des Frater Mauricius (vgl. Grabmann, wie Anm. 290, S. 483), die z. T. (Buchstabe A–E) gedruckt worden sind (bei Zane, Venedig 1603); die weniger umfangreichen Distinctiones des Nikolaus von Gorran (gestorben 1295), die auf Exempla verzichten und viele Verben enthalten (vgl. Spicq, wie Anm. 47, S. 176); die Sammlung von Distinctiones, der der Verfasser Nikolaus de Byart den Titel »De abstinentia« gab (um die Mitte des 13. Jahrhunderts), weil in ihnen die moralische Erklärung überwiegt und durch Exempla gestützt wird (vgl. Spicq, wie Anm. 47, S. 176f.). Andere Werke sind bei Grabmann (wie Anm. 290), S. 484, Anm. 2 genannt, so die besonders weit verbreiteten Distinctiones des Wilhelm de Montibus. Am Ende steht das große Werk des Hieronymus Lauretus: »Silva seu potius Hortus floridus allegoriarum totius Sacrae Scripturae« (Barcelona 1570). Fr. Ohly hat das Werk nach einer später in Deutschland erschienenen Ausgabe (Köln 1681) nachdrucken lassen (München 1971) und in der Einleitung (S. 5–12) charakterisiert (vgl. auch die ausführliche Würdigung bei Christel Meier, Qualitätenallegorese, wie Anm. 286, S. 423–429). Zum Verfasser (Lauretus): G. M. Colomba, Un reformador benedictino en tiemps de los reyes catolicos, Monserrat 1955. Das wenig früher erschienene Werk des S. Pagninus (Isagogae ad mysticos sacrae scripturae sensus, Köln 1543) nennt nicht den »historischen« Wortsinn und bietet nur eine Auswahl, während Lauretus mit dem »historischen« Wortsinn jeweils beginnt und der Intention nach den ganzen Wortschatz der Bibel aufschließen will (Erstausgabe: Santis Pagnini Lucensis praedicatoris ordinis Isagogae ad sacras literas Liber unicus. Eiusdem Isagogae ad mysticos sacrae scripturae sensus). Das Werk des Lauretus wurde bis ins 18. Jahrhundert gelesen (vgl. Ohly, Einleitung, S. 7).

Weil sich die gemeinten Zeichenwerte aus der Heiligen Schrift ergeben, konnte die neue Bibeldichtung, die sich seit der zweiten Hälfte des 11. Jahrhunderts entwickelt, Aufschluß erteilen.[297] Das gilt weniger von der Dichtung des Hugo von Amiens »In Pentateuchum«,[298] die in den fünf Büchern Moses das Wirken der göttlichen *providentia* sieht; wohl aber für den noch ungedruckten »*Liber praefigurationum Christi et ecclesiae*«, von dem Pitra einzelne Proben mitteilt;[299] die Intention der Dichtung spricht der Anfang aus: *Mille modis Christus precognitus est oriturus.* Das Werk gibt dieser Intention gemäß Typologien für Christus. Aus der zweiten Hälfte des 11. Jahrhunderts stammt das dreiteilige Werk des Fulcoius von Beauvais,[300] der in Gedichten auf Wilhelm den Eroberer und auf den Sieg Heinrichs IV. über die Sachsen (1081) hervortritt (im *Epistolarium* Nr. 11 und 1). Der dritte Teil *(Utriusque de nuptiis Christi et ecclesiae libri septem)*[301] ist eine Bibeldichtung, die als Dialog zwischen *Spiritus* und *Homo* angelegt ist. Durch die Heilige Schrift (Altes und Neues Testament) werden Christus und die Kirche miteinander vermählt. Die

---

[297] Eine Geschichte der abendländischen Bibeldichtung fehlt; eine Übersicht: Max Wehrli, Sacra poesis (in: Festschr. für Maurer 1963, S. 262–282); zur Spätantike: Reinhart Herzog, Die Bibeldichtung der lat. Spätantike 1975. Die Forschung hat sich auf die einzelnen Werke (von Juvencus über Otfrid, das Orrmulum, die Erlösung, Vidas Christias, das Werk von Du Bartas bis zu Miltons Verlorenem Paradies und Klopstocks Messias) konzentriert. Vgl. jetzt: Dieter Kartschoke, Bibeldichtung. Studien zur Geschichte der epischen Bibelparaphrase von Juvencus bis Otfried, München 1975; ders. Altdeutsche Bibeldichtung, 1975. Auch nach meinem Kölner Vortrag (Die zweite Sprache, wie Anm. 53a, S. 161f.) sind die lateinischen Bibeldichtungen des 11. und 12. Jahrhunderts wenig beachtet worden. Sie sind dagegen gewürdigt bei: Manfred Derpmann, Die Josephgeschichte, Auffassung und Darstellung im Mittelalter (Beihefte zum Mittellateinischen Jahrbuch, hg. Karl Langosch 13), 1972, S. 199–253. Kurz genannt sind lateinische Bibeldichtungen der Zeit bei: Spicq (wie Anm. 47), S. 72. Von den zahlreichen Gedichten zur Bibel bei Hildebert ist hier abgesehen. Hingewiesen sei aber noch auf die Dichtung von Stefan Langton über das Sechstagewerk (Hexameron); zur Dichtung dieses bedeutenden Kopfes: M. Lacombe, Etienne Langton versificateur (in: Mélanges Mandonnet, II, Paris 1930, S. 183–190). Genannt sei auch noch die Messiade, die unter dem Titel »Eupolemius« überliefert ist (hg. Karl Manitius, Mon. Germ. Quellen zur Geistesgesch. d. MAs IX, Weimar 1973).

[298] Hugonis Ambianensis sive Ribomontensis opuscula, hg. Ed. Huemer, Wien 1880 (darin: Opusculum in Pentateuchum); vgl. Derpmann (wie Anm. 297), S. 209–211.

[299] Pitra (wie Anm. 288): II, 253 (lib. I, v. 11–18); II, 299 (lib. III, v. 1–14).

[300] Die Briefgedichte (Epistulae) sind herausgegeben von L. Colker, in: Traditio X (1954), S. 191–273.

[301] Fulcoii Belovacensis »Utriusque de nuptiis Christi et Ecclesiae« libri septem, hg. Sister Mary Isaac Jacques Rousseau (The Catholic University of American Studies in Medieval and Renaissance Latin, Vol. XXII), Washington 1960. Zur Josephepisode: Derpmann (wie Anm. 297), S. 203–207. Pitra (wie Anm. 288) hatte auch von diesem Werk Proben gegeben: III, 142 (Anfang); III, 277 (aus dem Prolog).

Dichtung beginnt: *Bella superna canam, rem nolo dicere vanam*; bestimmend ist beim Bibelverständnis der tropologische Bezug, die Anwendung auf das Verhalten des Menschen. Über diesen Aspekt führt hinaus die große Bibeldichtung *»Hypognosticon«* des Laurentius von Durham,[302] deren neun Bücher nach den drei Epochen der Heilsgeschichte angelegt sind. Die ersten drei Bücher stellen die Zeit *ante legem* dar (Gott, Engel, Welt und Mensch bis zum Sündenfall), die nächsten drei Bücher geben die Zeit *sub lege* (das Alte Testament), die letzten drei Bücher die Zeit *sub gratia* (das Neue Testament und das Christentum). Diese selbständige Komposition (gegen 1140 entstanden) beginnt:[303] *Principium rerum sine tempore tempora formans/ et formata regens regnat ubique Deus.* Dies umfangreiche Werk (4684 Verse) fand (mit Recht) große Verbreitung.

Um ein vielfaches größer war freilich der Erfolg der *»Aurora«* des Petrus Riga (1140–1209), die in mehr als 250 Handschriften überliefert ist,[304] vom Autor selbst mehrfach erweitert und schließlich noch von Aegidius bearbeitet wurde (insgesamt über 15000 Verse). Diesen Erfolg verdankte das Werk einmal seiner literarischen Artistik, dann aber auch dem Reichtum des Inhalts. Hier werden tatsächlich alle Seiten der zweiten

---

[302] Auf Laurence von Durham und seine Werke war F. J. E. Raby eingegangen (A history of secular latin poetry II, 2. Aufl. Oxford 1957, S. 106–108). Seit langem waren seine Dialoge bekannt (Dialogi Laurentii, ed. J. Raine, Surtees Society, Bd. 70, 1880), die in die ovidianische Form der Distichen gefaßt und in vier Bücher gegliedert sind. Sie zeigen Laurentius im Gespräch mit seinen Freunden Peter und Philip über die Zeitgeschichte (heute noch steht die mächtige normannische Kathedrale in Durham). Es ist sein Spätwerk. Angefangen hatte er mit einer Vita sancta Brigide. Eine Übersicht über seine damals noch unpublizierten Werke gab: A. Hoste, A survey of the unedited work of Laurence of Durham (in: Sacris Erudiri XI, 1960, S. 249–265). Unveröffentlicht waren damals noch die Reden, (jetzt hg. von Udo Kindermann, in Mlat. Jb. VIII, 1973, S. 108–141), das schöne Emmausgedicht (hg. Udo Kindermann, in: Mittellat. Jahrbuch, V, 1968, S. 79–100) und die Consolatio de morte amici, die Kindermann in seiner Dissertation herausgegeben hat (Udo Kindermann, Laurentius von Durham: Consolatio de morte amici, Diss. Erlangen 1969); eine eindringliche Würdigung hat das prosimetrische Werk durch Peter von Moos gefunden: Peter von Moos, Consolatio, Münstersche Mittelalter-Schriften III, 1 (Darstellung) und III, 2 (Anmerkungen), München 1971 (III, 1: S. 427–445; III, 2: S. 247–273). Das Bibelepos mit dem Titel »Hypognosticon«, von dem Pitra (wie Anm. 288) zahlreiche Stücke mitgeteilt hatte (II, 194, 243, 299, 322, 445f., 466; III, 93, 98, 119, 149, 154, 184, 226, 249, 274), war bereits 1941 in einer New Yorker Dissertation herausgegeben worden: M. Liguori Mistretta, The »Hypognosticon« of Lawrence of Durham, Diss. (Masch.) New York 1941. Die Josephepisode ist gewürdigt bei Derpmann (wie Anm. 297), S. 215–218.

[303] Dieser Eingang war schon von Pitra (wie Anm. 288) mitgeteilt (II, 196).

[304] Aurora, Petri Rigae Biblia versificata, ed. Paul E. Beichner, Notre Dame/Indiana 1965. 2 Bde. (Publications in Medieval Studies XIX);dazu die Besprechung von Peter Christian Jacobsen (Mittellat. Jahrbuch III, 1966, S. 286–288).

Sprache entwickelt, und die Gliederung ist so angelegt, daß der Leser die einzelnen Abschnitte für sich aufnehmen konnte.[305]

Das Beispiel des Stephan Langton (wie vorher das Beispiel Hildeberts von Tours und die Berücksichtigung religiöser Themen in der Poetik) zeigt, daß Bibelgedichte zu den beliebten Themen bei den Gebildeten gehörten. Bisher noch ganz unbekannt, bis auf die zahlreichen Proben, die Pitra im II. und III. Band des Spicilegium Solesmense mitteilt,[306] ist der »Hortus deliciarum Salomonis« des Hermann von Werden (1215 verfaßt). Diese Dichtung, die die Aurora benutzt und um die *Proverbia* erweitert, ist, wie Titel und Eingang zeigen, vom Hohen Lied inspiriert; es beginnt mit Vers 4,16 des Hohenliedes: *Auster adesto calens, aquilonis ut ira recedat.* Offenbar hat in diesem Werk die Realität ein besonderes Gewicht.[307]

Die Dinge der Schöpfung, die *res*, haben eine natürliche und eine religiöse Bedeutung; sie dienen dem Heil des Leibes und der Seele.[308] Ent-

---

[305] Zum Vergleich mit der deutschen Bibeldichtung ist die Aurora herangezogen von: Bernd Naumann, Dichter und Publikum in der deutschen und lateinischen Bibelepik des frühen 12. Jahrhunderts (Erlanger Beiträge zur Sprach- und Kunstwissenschaft 30), 1968. Die Josephepisode ist gewürdigt bei: Derpmann (wie Anm. 297), S. 216–227 (die »allegoria«: S. 222–224).

[306] Bei Pitra (wie Anm. 288) werden an folgenden Stellen Auszüge gegeben: II, 9, 11, 14, 16, 19, 20, 28f., 38f., 43, 59f., 76, 89, 91, 111, 112, 130, 131, 144, 146, 161, 167, 171, 192, 209, 224, 226, 230, 251, 292, 335, 337, 338, 343, 352, 366f., 386, 394, 401, 404, 405f. (Schluß?), 431, 435, 436, 437, 440, 460, 465, 479, 484, 490, 514; III, 9, 24, 38, 39f., 42, 43, 46f., 54, 62, 72, 74f., 78, 82, 84, 87f., 92, 96, 107f., 125, 137, 166f., 180, 187, 197, 215, 231f., 246, 248, 268, 275; die 18 Eingangsverse stehen bei Pitra: II, 401 (v. 9–18 werden die Bäume genannt, die im Garten nicht fehlen sollen). Zum Verfasser (Hermann von Werden): Pitra (wie Anm. 288): III, S. XXXV.

[307] Zu den Bibeldichtungen ist auch die »Philomena« des Johannes von Hoveden (gestorben 1275) zu rechnen (hg. Clemens Blume, Leipzig 1930), die Menschwerdung, Leiden und Auferstehung Christi zum Gegenstand hat; das eigentliche Thema ist die Macht der Liebe (die anderen religiösen Gedichte: Poems of John Hoveden, hg. F. J. E. Raby 1939, Surtees Society 154). Steht bei Johannes von Hoveden die Liebe im Zentrum, so ist es bei dem Franziskaner Johannes Pecham, der 1292 als Erzbischof von Canterbury starb, in Nachfolge Bonaventuras die Compassio (seine »Philomena« in: Analecta Hymnica 50, 602ff.). Orientierung über beide Verfasser bei Raby: A history of christian-latin poetry, 2. Aufl. Oxford 1953 (S. 389–395 John of Hoveden; S. 425–429 John Pecham).

[308] Einige Stellen, die bereits von Ohly und Christel Meier herangezogen sind, mögen die in den Anmerkungen 256–260 angeführten Aussagen ergänzen. Guibert von Nogent spricht in seiner Anweisung zur Predigt (Migne 156, 29) Gregor von Nazianz die Gewohnheit zu, was er sah, allegorisch zu deuten (... ut quidquid videret ad instructionem animi allegorizare studeret). Ihm solle man folgen: ... pene in his omnibus, quae subiacent oculis, comparationes satis idoneas in exemplum et significationes utiles illarum, quas ex usu assiduo nihili pendimus, rerum uberrime invenit ... (die Stelle ist zitiert bei Ohly, vom geistigen Sinn, wie Anm. 53a, S. 14, Anm. 3). An gleicher Stelle (S. 14, Anm. 4) führt Ohly Worte aus einem Brief Bernhards von Clairvaux an (Migne 182, 242):

sprechend haben wir bei der zweiten Sprache mit zwei Ebenen zu rechnen: der natürlichen und der religiösen. Das gilt für alle Bereiche: die Zahlen, die Edelsteine, die Tiere und die Pflanzen. Vielfach werden diese beiden Seiten nicht deutlich geschieden.

Die Zahlen

Das gilt zunächst für die Zahlen. Vincent Forster Hopper[309] hat die verschiedenen Traditionen verfolgt, die bei der Bewertung der Zahlen zusammenkommen: die astrologische, die pythagoreische, die gnostische und die christliche. Edgar de Bruyne[310] hat die Bedeutung der Zahl bei Boethius (I,9–26), Cassiodor (I,71f.) und Isidor (I,86–89) entwickelt und die ästhetische und religiöse Bedeutung der Zahl für das 12. Jahrhundert dargestellt (II,343–368). Ernst Robert Curtius gab der Forschung den Anstoß, die Zahlenkomposition zu untersuchen,[311] die vor allem die ger-

---

Experto crede: aliquid amplius invenies in silvis quam in libris. Ligna et lapides docebunt te, quod a magistris audire non possis. Christel Meier, Überlegungen (wie Anm. 53a), S. 55, ergänzt, daß Berthold von Regensburg sich auf die Aussage Bernhards bezieht (Berthold von Regensburg, Vollständige Ausgabe seiner Predigten I, hg. Franz Pfeiffer, Neudruck mit Vorwort von Kurt Ruh, Berlin 1965, S. 157): Wie ir daz nütze machen sult an der sele, da von sullet ir lesen an iuwern buochen, an dem himel und an der erden. ... als tet der guote sant Bernhart: »ich suoche den gehiuren an allen kreatiuren«. Ohly führt aus einer Predigt Hildeberts von Tours (Migne 171, 612) die Worte an (Ohly, Probleme der Bedeutungsforschung, wie Anm. 53a, S. 189): Hae ergo aviculae (turtur und columba), fratres charissimi, sunt nobis forma vitae. Qui libros ignoratis, et in eis, quid facere debeatis, legite. Creaturae enim Domini non solum vobis ad cibum sunt, sed etiam ad exemplum.
Hugo von Folieto sagt in seinem Vogelbuch über den Phönix (Migne 177, 49 A): ecce volucrum natura simplicibus resurrectionis argumentum praestat et, quod Scriptura praedicat, opus naturae confirmat. Mit dieser Aussage, die ebenfalls Ohly zitiert (Probleme, wie Anm. 53a, S. 191, Anm. 59), wird das Verhältnis von erster und zweiter Sprache bestimmt. Die zweite Sprache ist wesentlich eine Aufgabe für den Rezipienten. Das betont Wilhelm von Auvergne (gest. 1249) in seiner Predigttheorie (angeführt bei Christel Meier, Überlegungen, wie Anm. 53a, S. 54): Docentes utique a sentenciis incipiunt et tendunt ad signa. Legentes vero a signis incipiunt et ad sentencias spirituales tendunt.
[309] Vincent Forster Hopper, Medieval Number Symbolism (Columbia University Studies in English and comparative Literature 132), New York 1938.
[310] de Bruyne: wie Anm. 21.
[311] Curtius (wie Anm. 46): Exkurs XV (»Zahlenkomposition«), S. 493–500; Exkurs XVI (»Zahlensprüche«), S. 501–504. In der Germanistik war Curtius vorausgegangen: M. Ittenbach, Deutsche Dichtungen der Salischen Kaiserzeit und verwandte Denkmäler (Bonner Beiträge zur Deutschen Philologie Bd. 2), Würzburg 1937. Ihm folgten: J. A. Huisman, Neue Wege zur dichterischen und musikalischen Technik Walthers von der Vogelweide, mit einem Exkurs über die symmetrische Zahlenkomposition im Mittelalter, Utrecht 1950; Karl-Heinz Schirmer, Die Strophik Walthers von der Vogelweide, Halle 1956; Hans Eggers, Symmetrie und Proportion epischen Erzählens, Stuttgart

manistische Forschung bis heute beschäftigt. Henri de Lubac[312] hat die Bedeutung der Zahl für die Exegese untersucht. Seine Darstellung ist bei aller Knappheit die umfassendste; nur unterscheidet sie nicht zwischen den beiden Verfahrensweisen, die im Mittelalter (und schon bei den Kirchenvätern) zusammenfließen.

1956; Fritz Tschirch, Schlüsselzahlen (in: Beiträge zur deutschen und nordischen Literatur, Festgabe für Leopold Magon, Berlin 1958, S. 30–53), erweitert und mit anderen Arbeiten Tschirchs zur »Zahlensymbolik« vereint: Spiegelungen, Berlin 1966, S. 188–211; Johannes Rathofer, Der Heliand – Theologischer Sinn als tektonische Form (Niederdeutsche Studien IX), Köln und Graz 1962, bes. S. 280–300, S. 314–328, 373–392, 416–439, 490–529; Heinz Rupp, Über den Bau epischer Dichtungen des Mittelalters (in: Festgabe für Fr. Maurer, Stuttgart 1963, S. 366–382); Wolfgang Mohr, Vorstudien zum Aufbau von Priester Arnolds »Loblied auf den Heiligen Geist« (Festgabe für Fr. Maurer, Stuttgart 1963, S. 320–351); Volker Schupp, Septenar und Bauform (Philologische Studien und Quellen 22), Berlin 1964; M. S. Batts, The Origins of Numerical Symbolism … in Medieval German Literature (in Traditio 20, 1964, S. 462–471); Wolfgang Haubrichs, Ordo als Form – Strukturstudien zur Zahlenkomposition bei Otfrid und in karolingischer Literatur (Hermaea N. F. 27), 1969; Karl Langosch, Komposition und Zahlensymbolik in mittellateinischer Dichtung (Miscellanea Mediaevalia, hg. A. Zimmermann, VII, 1970, S. 106–151); Wolfgang Kleiber, Otfrid von Weißenburg (Bibliotheca Germanica 14), Bern und München 1971, bes. S. 170–180, 194–215, 251–312.

[312] Henri de Lubac (wie Anm. 55) II, 2 (1964), S. 7–40. An dieser Stelle seien Arbeiten zur »Zahlensymbolik« genannt: Josef Sauer, Symbolik des Kirchengebäudes, 1902, S. 61ff.; A. Heller, Biblische Zahlensymbolik, 1936 (2. Aufl. 1951); in Paulys und Wissowas Realencyklopädie der classischen Altertumswissenschaft: Franz Boll, Hebdomas (VII, 1912, 2547–2578); Th. Hopfner, Mageia (XIV, 1, 1928, 301–393); Ursula Großmann, Studien zur Zahlensymbolik des Frühmittelalters, Diss. (Masch.) Freiburg i. Br. 1948, als Aufsatz: Zeitschrift für katholische Theologie 76, 1954, S. 19–54; G. Quarnström, Poetry and numbers, on the structural use of symbolic numbers, Lund 1966.
Quellen der Zahlensymbolik: die Register in den Poetae III, 799 (allegorica de numeris) und Migne 221, 1033 (numerus); Clavis Melitonis (wie Anm. 288), cap. 12 (de numeris), bei Pitra III, 282–289; Petrus Bungus (aus Bergamo), Numerorum mysteria, ein Werk, das am Ende des 16. Jahrhunderts Antikes und Mittelalterliches zusammenfaßt (vgl. den Hinweis von Johannes Rathofer: Numerorum mysteria – Ein Hinweis für die Forschung (Miscellanea Mediaevalia VII, 1970, S. 152–154); Lauretus, Silva allegoriarum (wie Anm. 296), S. 1069–1096. Ein wichtiges Denkmal ist die Erklärung Hinkmars von Reims (Explanatio in ferculum Salomonis: Migne 125, 817–834) zu einem Gedicht über Cant III, 9–10, das als Ganzes verloren ist, dessen Schlußverse aber durch Durandus (11. Jahrhundert) überliefert sind (Poetae III, 414f.). Nach Großmann (s. o. unter Anm. 312, S. 26–45) und Friedrich Ohly (Hohelied-Studien, Wiesbaden 1958, S. 87–91) ist Rathofer auf diese Erklärung eingegangen (Rathofer, wie Anm. 311, S. 290–295).
Ohly, der auch später auf die Allegorie der Zahl hingewiesen hat (vgl. jetzt: Schriften zur mittelalterlichen Bedeutungsforschung, Darmstadt 1977, S. XV–XVII und S. 40–42), hat eine Reihe von Arbeiten angeregt, die jetzt in ein Lexikon der Zahlenbedeutungen münden sollen: W. Köster, Die Zahlensymbolik im St. Trudperter Hohenlied und Theologischen Denkmälern der Zeit, Diss. Kiel (Masch.) 1963; Heinz Meyer, Die allegorische Deutung der Zahlenkomposition des Psalters (Frühmittelalterliche

Beiden Reihen[313] liegt die Auffassung zugrunde, die Isidor in den Satz gefaßt hat:[314] *Tolle numerum in rebus omnibus, et omnia pereunt.* Boethius hatte gesagt:[315] *Omnia, quae a primaeva natura constructa sunt, numerorum videntur ratione formata.* In der ersten Reihe, die auf Pythagoras zurückgeht, erhalten die Zahlen ihre Werte aus ihrer Stellung im Zahlensystem.[316] In der zweiten Reihe dagegen ergeben sich die Werte aus der Analogie, ihrem Vorkommen in der Heiligen Schrift. Ambrosius sagt dazu[317] von der Zahl sieben: *quem non Pythagorico et caeterorum philosophorum more tractamus, sed secundum formam et divisiones gratiae spiritalis.*

Die Zahl tritt in allen vier Bereichen des Quadriviums auf, die sich ja mit Menge und Größe befassen: die Arithmetik untersucht die Zahlen für sich, die Musik die Zahlen in ihrem Verhältnis zueinander (die Proportionen), während die Geometrie die unveränderlichen Größenverhältnisse erforscht, die Astronomie die Bewegungen. Die mathematischen Werte der Zahlen wurden dem Mittelalter (außer durch Boethius) besonders durch Übersetzung und Kommentar des spanischen Archidiakons Calcidius (4. Jahrhundert) zu Platos Timaeus überliefert,[318] der vor allem im 12. Jahrhundert studiert wurde;[319] hinzu kommt der Kommentar des Macrobius (um 400) zu Ciceros *Somnium Scipionis*, der weit verbreitet

Studien, hg. Hauck, VI, 1972, S. 211–231); ders., Die Zahlenallegorese im Mittelalter (Münstersche Mittelalter-Schriften 25), München 1975; Heinz Meyer und Rudolf Suntrup, Zum Lexikon der Zahlenbedeutungen im Mittelalter, Einführung in die Methode und Probeartikel sieben (Frühmittelalterliche Studien XI, 1977, S. 1–72). Aus Ohlys Schule ist auch hervorgegangen: Reinildis Hartmann, Allegorisches Wörterbuch zu Otfrids Evangeliendichtung (Münstersche Mittelalter-Schriften 26), München 1975; dazu als Ergänzung: Reinildis Hartmann, Die sprachliche Form der Allegorese in Otfrids Evangelienbuch (in: Verbum et Signum, wie Anm. 101, I, S. 103–142).

[313] Auf die Notwendigkeit, die beiden Reihen zu unterscheiden (was im allgemeinen nicht geschieht), habe ich in meinem Vortrag über die zweite Sprache hingewiesen (wie Anm. 53a, S. 159); für die Zahlen habe ich dabei (S. 159, Anm. 14) »eine mathematische und eine allegorische Bedeutung« namhaft gemacht.

[314] Isidor in dem Kapitel IV (quid praestent numeri) des III. Buches der Etymologien (§ 4), das beginnt: Ratio numerorum contemnenda non est. In multis enim sacrarum scripturarum locis, quantum mysterium habent elucet. Dazu wird dann der bekannte Satz aus dem Buch der Weisheit zitiert (Sap. 11, 12). Nachdem das an Beispielen für die Sechs und für Vierzig gezeigt worden ist, schließt Isidor (1 3): Sic et alii in scripturis sacris numeri figuras existunt, quorum figuras nonnisi noti huius artis scientiae solvere possunt.

[315] Boethius, De institutione arithmeticae, hg. Gottfried Friedlein, 1867: I 1, 2.

[316] de Bruyne (wie Anm. 21) hat solche Werte zusammengestellt (II, S. 346f.). Er unterscheidet dabei neun Möglichkeiten.

[317] Ambrosius in einem Brief (Ep. 44, Nr. 3: Migne 16, 1136; angeführt von de Lubac, wie Anm. 55, II, 2, S. 12).

[318] Calcidius: wie Anm. 157.

[319] Von insgesamt 119 Handschriften stammen allein 42 aus dem 12. Jahrhundert!

war.[320] In der Schule von Chartres wurden die pythagoreischen Zahlen-werte in der Trinitätslehre und bei der Erklärung der Schöpfung benutzt; ein Schüler von Thierry von Chartres zeigt,[321] daß man um die Herkunft wußte: Pythagoras *(diu admiratus est, quare numerus in denario termina-retur)* habe erkannt, daß im *denarius* die Grundverhältnisse enthalten sei-en, *unitas (Deus), binarius (materia), ternarius (necessitas complexionis)* und *quaternarius (quatuor elementa).* Entsprechend wurde *decorus* von *decem* abgeleitet.[322] Ein Gedicht der Karolingerzeit[323] (Poetae IV, 1, S. 249 f.), auf das schon Curtius aufmerksam gemacht hat (S. 495), entwik-kelt die Reihe von eins bis zehn. Die Zahlen erhalten dabei Zeichenwert.

Das wird anschaulich an der Zahl sieben, die den Namen Pallas, bzw. Minerva trägt,[324] weil sie als einzige Zahl unter zehn weder durch Multi-plikation aus einer anderen Zahl hervorgeht (wie 4, 6, 8, 9, 10) noch sel-ber durch Multiplikation eine andere Zahl unter zehn hervorbringt (wie 2, 3, 4, 5). Das erwähnte Gedicht sagt (v. 126ff.): *procedit hinc pervirgo* (sc. Minerva) *septenarius,/qui solus infra preminens denarium/non gignit ullum nec ullo gignitur.*

Nach Boethius[325] ist die *unitas (monas)* das Prinzip der Identität, die *dyas* das Prinzip der Alterität. Die ungeraden Zahlen, die als männlich aufgefaßt werden, verbinden sich mit den geraden, die als weiblich gelten. Von der *identitas* gehen die Quadratzahlen und Quadrate, von der *alteri-tas* die Rechtecke aus. Bernhard Silvestris sagt:[326] *Erant igitur duo rerum principia, unitas et diversum.* So werden die Zahlen zu Zeichen der Ord-nung, die in der Natur wie in der Kunst (Musik und Architektur) besteht.

Isidor, der bereits in seinen Etymologien auf die Bedeutung der Zahl in der Heiligen Schrift aufmerksam macht (III,4 *quid praestent numeri*), hat

---

[320] Macrobius: Anm. 158. Auszüge aus dem Kommentar des Wilhelm von Conches zu Ma-crobius gibt: Peter Dronke, Fabula (wie Anm. 141), S. 68–78, der S. 15–53 den Kom-mentar diskutiert.

[321] Liber de eodem secundus: Auszüge daraus bei Parent (wie Anm. 151), S. 208–213; die zitierte Stelle: S. 210,28–S. 211,11.

[322] Isidor (wie Anm. 13), X, 68: Decorus, perfectus, a decem. Decens, compositus, a nu-mero decem dictus.

[323] Poetae IV, 1, S. 249f.; dazu Curtius (wie Anm. 46).

[324] Calcidius (wie Anm. 157), cap. 35–37; Macrobius (wie Anm. 158), I, 6.

[325] Boethius, De institutione arithmeticae (wie Anm. 315), cap. 31–33.

[326] Bernhard Silvestris, De universitate ... (wie Anm. 166) im Eingang seines letzten Prosa-kapitels (lib. II, Nr. XIII, S. 61); dazu vgl. Stock (wie Anm. 161), S. 112–117. Stock führt aus der Schrift Daniels von Morlay (wie Anm. 159) an (S. 113, Anm. 76): Pitago-ras vero et Aristoteles duo omnium principia dicebant: Unitatem, id est deum, alterita-tem, id est naturam. Hanc enim ylen intelligebant. Pitagoras eam alteritatem vocabat, Aristoteles possibilitatem ...

in seinem *Liber numerorum qui in sanctis Scripturis occurrunt*[327] die religiösen Zeichenwerte der Zahlen aus analogischen Entsprechungen zwischen dem Alten und dem Neuen Testament abgeleitet. Wie die vier Paradiesesströme ihr Wasser in die vier Weltgegenden tragen, so verbreiten die vier Evangelien die Erlösungsbotschaft in die vier Himmelsrichtungen, und den vier großen Kirchenvätern entsprechen die vier großen Propheten. Aus solchen Entsprechungen, die den Willen Gottes erkennen lassen und nicht aus der Stellung innerhalb der Zahlenreihe hervorgehen, wird der Zeichenwert der Zahl sieben festgelegt (so entspricht der Ruhe Gottes am 7. Schöpfungstag der große Sabbath im 7. Weltalter usw.).[328] In der Karolingerzeit stellte die Clavis im letzten Abschnitt die religiösen Zeichenwerte der Zahlen zusammen.[329] Beide Reihen gehen aber schon bei Augustinus ineinander über. Wie bei Calcidius (cap. 37) die Bedeutung der Zahl sieben im Leben des Menschen gezeigt wird, so verbinden sich mit dem religiösen Zeichenwert auch mathematische Werte.

Wie genau das Mittelalter auch außerhalb des Klerus mit den Zahlen als Zeichenwerten vertraut war, verrät die Strophe Walthers (80,3 *sich wolte ein ses gesibent han*),[330] die sich nach Karl Kurt Klein[331] gegen die Kritik Thomasins richtet. Walther wirft Thomasin, der im Welschen Gast das Prinzip der *maze* vertritt, *übermaze*, das Überschreiten der gesetzten Grenzen vor. Der Zeichenwert von »sechs« ist Mühe und Arbeit[332], wie sie zum irdischen Leben gehören; der Zeichenwert von »sieben« dagegen Vollkommenheit.[333] Walther sagt also, allein durch den Zeichenwert der Zahlen: ein Wesen, das der irdischen Ordnung unterliegt, will sich über diese Ordnung erheben. Bisher hatte er zur Sechs noch eine weitere Stelle

---

[327] Isidor, Liber numerorum qui in sanctis scripturis occurrunt (Migne 83, 179–200).
[328] Bezeichnend ist, daß Metellus von Tegernsee (12. Jahrhundert) in seinen »Quirinalia« (hg. Peter Christian Jacobsen, Mittellateinische Texte und Studien 1, Leiden und Köln 1965) eine Partie über die Erscheinungen bringt, die in der Heiligen Schrift durch die Siebenzahl charakterisiert sind (S. 186, Nr. 6 De mysticis rebus sacre Scripture per septenarium editis).
[329] Clavis (wie Anm. 288 und 312).
[330] Die Lieder Walthers von der Vogelweide, hg. Friedrich Maurer, I, Tübingen 1960, S. 59, Str. 5 (Sich wolte ein ses gesibent han). Mit Recht läßt Maurer das Gedicht mit den Strophen beginnen (S. 58f.), die sich an Gott (selbst ohne Anfang, kann er Anfang und Ende machen), Maria, die Engel und Erzengel wenden; dadurch bekommt die Kritik (es ist eine »Antikritik«) an Thomasin einen besonderen Stellenwert.
[331] Innsbrucker Beiträge zur Kulturwissenschaft, Bd. 6, 1959, S. 73f.
[332] Honorius (Migne 172, 740): senarius numerus ad laborem pertinet. In seiner Erklärung des Hohenliedes sagt Honorius zu Cant 7, 8 (Migne 172, 404): Sciendum, quod numeri pro magno mysterio in sacra Scriptura ponuntur. Dann heißt es, daß die vollkommenen Zahlen die »Vollkommenen« in der Kirche bezeichnen, die unvollkommenen Zahlen die »Unvollkommenen«.
[333] Sicard von Cremona (Migne 213, 159): septenarius est numerus perfectionis.

(die Sieben) offen *(dir was zesese ein velt gefriet)*.[334] Nun soll ihm zur Strafe für seine *übermaze* der Lebensraum verengt werden, und zwar durch Reduktion *(nu smiuc dich an der drien stat)*. Daß Umfang[335] und Gliederung literarischer Werke durch Zahlen oder Zahlenverhältnisse bestimmt sind, ist allgemein bekannt. So hatte Aldhelm seine Rätsel auf 1000 Verse angelegt, und Sigebert von Gembloux, der belesene Kenner der Literatur, sagt darüber in seinem »*Liber de scriptoribus ecclesiasticis*«:[336] *scripsit Aenigmatum librum et in mille versibus consummavit illum, sicut ipse in capitalibus litteris prologi sui praemonstrat: Aldhelmus cecinit millenis versibus odas*. Ein Zählen und Rechnen war Voraussetzung für die Figurengedichte,[337] die in der Nachfolge des Porphyrius Optatianus in der frühen Karolingerzeit entstehen und mit Porphyrius in der Berner Handschrift überliefert sind. Im lateinischen wie im volkssprachigen Bereich gibt es Werke, denen die Sieben als heilige Ordnungszahl zugrunde liegt: die dem Johannes von Salisbury zugeschriebene Schrift *De septem septenis*,[338] die von den sieben *modi* des Lernens zu den sieben Prinzipien des Seins führt; im Deutschen u. a. Priester Arnolds Gedicht von der Siebenzahl (als der Zahl des Heiligen Geistes), das auch den Makrokosmos einbezieht und mit einem siebenstrophigen Lobgesang endet.[339] Hier legitimiert die Zahl als Zeichen die gewählte Ordnung. Wesentlich aber ist, daß Zahlen und Zahlenverhältnisse einen eigenen Zeichenwert erhalten und so zu Elementen der zweiten Sprache werden.

---

[334] Mit Kraus und C (gegen Maurer) ist der Lesung »was« zu folgen: »was« steht in Gegensatz zu »nu«.

[335] Dazu: Fritz Tschirch, Spiegelungen, Berlin 1966; darin die Aufsätze: Die Bedeutung der Rundzahl 100 für den Umfang mittelalterlicher Dichtungen (S. 188–211); Literarische Bauhüttengeheimnisse: Vom symbolbestimmten Umfang mittelalterlicher Dichtungen (S. 212–225).

[336] Sigebert v. G., Liber de scriptoribus ecclesiasticis, cap 25 (Migne 160, 576).

[337] Elsa Kluge, Studien zu Publilius Optatianus Porfyrius (Münchener Museum für Philologie des Mittelalters und der Renaissance, hg. Fr. Wilhelm IV, München 1924, S. 323–348); Dieter Schaller, Die karolingischen Figurengedichte des Cod. Bernensis 212 (in: Medium aevum vivum, Festschrift für Walther Bulst, Heidelberg 1960, S. 22–47); Rathofer, Heliand (wie Anm. 311), S. 289, Anm. 92, S. 290–295, 425–429, 537–539, 625ff.; Heinz Klingenberg, Hrabanus Maurus: in honorem sanctae crucis (in: Festschrift für Otto Höfler, Wien 1968, S. 273–300); Hans Georg Müller (wie Anm. 276), S. 113–156.

[338] De septem septenis: Migne 199, 945ff.

[339] Dazu: Wolfgang Mohr (wie Anm. 311). In dem Gedicht heißt es (v. 886–889): Disiu dinch sint elliu geordinot/soz got selbe gebot/dem heiligen geiste zeren,/daz wir sin lop der mit meren.

Die Zahlen sind abstrakte Zeichen; dadurch unterscheiden sie sich von den anderen Bereichen der zweiten Sprache: den Edelsteinen, Tieren und Pflanzen. Von Anfang an sind diese Bereiche als zusammengehörig verstanden worden. Schon der *Physiologus*[340] bezieht außer Tieren auch Bäume und Steine[341] ein. Im *Bestiaire* des Philipp von Thaun[342] stehen nacheinander Tiere, Vögel und Edelsteine als Zeichen für die religiöse Haltung des Menschen. In Wolframs Parzival werden zur Heilung des Amfortas u. a. Blut des Pelikans, Herz des Einhorns, Karfunkelstein und Drachenkraut herangezogen, und zwar nach Befragung der *arzatbuoche*.[343] Im »*Tum*« Heinrichs von Mügeln werden nacheinander als Zeichen Tiere, Edelsteine und Bäume aufgeboten.[344] Volemar spricht in seiner Apologie der Edelsteine, die gegen die entwertende Kritik des Strickers (Nr. 121) gerichtet ist, im Prolog von der *wisheit*, die Gott Steinen, Pflan-

---

[340] Griechischer Text: Physiologi Graeci... recensiones, hg. Franciscus Sbordone, Mailand 1936; vorher bei: Friedrich Lauchert, Geschichte des Physiologus, Straßburg 1889, als Beilagen die griechische und die jüngere deutsche Fassung; die griechische Fassung übersetzt von: Otto Seel, Physiologus, übertragen und erläutert, in der Reihe: Lebendige Antike des Artemis-Verlags, 1960 (2. Aufl. 1967); hier S. 53−72 ein »Nachwort«, das über das Denkmal orientiert, S. 73−95 Anmerkungen (wesentlich: Stellennachweis). Lateinische Fassung (»Dicta Chrysostomi«) bei: Friedrich Wilhelm, Denkmäler deutscher Prosa des 11. und 12. Jahrhunderts, 1916 (Neudruck: München 1960), Kommentar S. 17−44. Die ältere lateinische Fassung herausgegeben von F. J. Carmody (1939 und 1941). Orientierung über den antiken Physiologus: Max Wellmann, Der Physiologus (Philologus-Supplement XXII, 1, Leipzig 1931); B. E. Perry, Physiologus (Pauly und Wissowa, Realenzyklopädie des classischen Altertums, 1941, Bd. XX, 1, Sp. 1074−1129); zum deutschen Physiologus die vorzügliche Orientierung von Karl Stackmann (Verfasserlexikon V, 1955, Sp. 901−908); ohne Heranziehung nichtdeutscher Literatur: Heinz G. Jantsch, Studien zum Symbolischen in frühmittelhochdeutscher Literatur, Tübingen 1959 (S. 108−179). Dazu jetzt: Nik. Henkel, Studien zum Physiologus im Mittelalter (Hermaca N.F. 38), Tübingen 1976.

[341] Bäume: Nr. 34 Baum Peridexion (bei Seel, S. 32f.) und Nr. 48 Maulbeerfeigenbaum (Seel, S. 45); Steine: Diamant Nr. 32 (Seel, S. 28−30) und Nr. 42 (Seel, S. 39), Nr. 44 Achat und Perle (Seel, S. 42f.) und Nr. 46 Vom indischen Stein (Seel, S. 43f.).

[342] Le bestiaire de Philippe de Thaun, hg. E. Walberg, Lund 1900. Das Werk ist wahrscheinlich kurz nach 1121 der englischen Königin Alice gewidmet worden. Hinweis auf die Anlage des Werkes; Brinkmann, Zweite Sprache (wie Anm. 53a), S. 167.

[343] Das steht in der umfangreichen Erzählung Trevrizents von den Versuchen, Amfortas zu heilen. Die Stelle wird eingeleitet (481, 6/7): swaz man der arzatbuoche las,/die engaben deheiner helfe lon. Die Heilkraft von Schlangengiften, die von der Medizin verwendet werden, versagt (481, 14−17): swaz die wisen arzt davür bejagent/mit fisiken liste an würzen/..., der deheinez gehelfen kunde. Ebenso versagt das Wasser der Paradiesesflüsse (481, 19−28) und der Zweig, der Eneas schützte (481, 29−482, 11), ebenso das Blut des Pelikans (482, 12−23) wie der Karfunkelstein aus der Stirn des Einhorns (482, 24−483, 4) und das Drachenkraut (483, 5−18).

[344] Text: Die kleineren Dichtungen Heinrichs von Mügeln, hg. Karl Stackmann (Deutsche Texte des Mittelalters 51), Berlin 1959, S. 148−219. Dazu: Brinkmann, Zweite Sprache (wie Anm. 53a), S. 169ff.

zen und Segen verliehen hat;[345] und später heißt es bei ihm (v. 761ff.): *die krefte alsant/die ich hie han genant/von den edelen guoten steinen,/die sint ouch alle gemeine/an wurzeln und an krute.* Schon Marbod hatte im Prolog zu seinem *Liber lapidum*[346] gesagt: *Ingens est herbis virtus data, maxima gemmis.*

Die Steine

Marbod hat mit seinem Steinbuch die Tradition der *Lapidarien* begründet, die von den *virtutes*, den natürlichen Wirkungen der Edelsteine, sprechen.[347] Das Interesse für die Natur geht durch sein ganzes Dichten hindurch,[348] und es ist sicher kein Zufall, daß der jüngere Dichter Gualterius[349] ihm, den er *pater* nennt (vor 1096), mit Widmungsversen eine *Physiognomonia* übersendet, das älteste bekannte Zeugnis der lateinischen Überlieferung. Nach antiken Quellen berichtet Marbod[350] in Hexame-

---

[345] Text: Hans Lambel, Das Steinbuch Volemars, Heilbronn 1877, v. 69–71: wan aller hande wisheit/hat got an driu dinc geleit:/an steine, an wurzen und an segen. Bei Freidank (wie Anm. 192) heißt es (S. 168, 111, 6/7): krut, steine und wort/diu hant an kreften grozen hort.

[346] Text: Migne 171, 1757–1770 (unter dem lateinischen Text eine altfranzösische Übersetzung aus dem Anfang des 12. Jahrhunderts). Eine kritische Ausgabe dieses erfolgreichen Werkes, das vor 1096 entstanden ist, fehlt leider noch. Der zitierte Vers beendet den Prolog (Migne 171, 1759 A).

[347] Immer noch unentbehrlich: Leopold Pannier, Les lapidaires français du moyen-âge, Paris 1882 (Nachdruck: Genf 1973). Über die Edelsteine bei den Kulturvölkern: Ph. Schmidt, Edelsteine. Ihr Wesen und Wert bei den Kulturvölkern, Bonn 1948. Im ganzen jetzt: Christel Meier, Gemma spiritalis (wie Anm. 362), mit Literaturverzeichnis (S. 511–542).

[348] Vgl.: Carmina varia, Nr. 2 (Migne 171, 1717), v. 3: ipsi naturae congratulor, ut puto, iure. Zu den Carmina varia: Walther Bulst, Studien zu Marbods Carmina varia (Göttinger Nachrichten, Phil.-Hist. Klasse, Fachgruppe VI, NF 2–3, 1937–1941, S. 173–241). Bulst las den »Liber decem capitulorum«, der Hildebert gewidmet ist, 1947 in den Editiones Heidelbergenses herausgegeben und im »Liber Floridus«, der Festschrift für Paul Lehmann, 1950 die »Liebesbriefgedichte« Marbods (S. 287–301).

[349] Über diesen Dichter Walther (Gualtherius): M. Delbouille, Le redoutable poète Gautier (in: Le Moyen Age 57, 4. Ser. 6, 1951, S. 205–240). Die Physiognomonia bei: Richard Foerster, Scriptores Physiognomonici Graeci et Latini, 2 Bde. 1893. Über das Gedicht »Dum transissem Danuvium«, das schon Wattenbach bekannt gemacht hatte: Peter Dronke, Medieval Latin and the Rise of European Love-Lyric, Oxford 1965, I, S. 281ff.

[350] Nach Aristoteles (dazu: J. Ruske, Das Steinbuch des Aristoteles, Heidelberg 1912) wurde die antike Steinkunde durch Plinius den Älteren im letzten Buch seiner Naturalis historia (lib. XXXVII) überliefert. Bei Isidor (wie Anm. 13) sind die Edelsteine im XVI. Buch (de lapidibus et metallis) behandelt und zwar nach den Farben geordnet (XVI, 6–16). Marbod hatte außerdem eine Quelle, in der die Wirkungen der Edelsteine dargestellt waren. Schon aus Aristoteles waren Auszüge hergestellt worden, die von den heilenden Wirkungen sprachen. Maßgebend für die medizinische Wirkung der Edelsteine war das große Lehrbuch des Dioskorides (materia medica), der zur Zeit Neros

tern über *species*, *nomen*, *color*, *regio* und *potentia* von 60 Edelsteinen.[351] Die Zahl sechzig bezeichnet nach Isidor (Migne 83, 199) die Heiligen, die durch Erfüllung der zehn Gebote zur vollkommenen Heiligkeit gelangen, und obwohl Marbod allein von der natürlichen Wirkung der Edelsteine spricht, die dem Menschen im Leben helfen, nimmt er doch an, daß Gott diese Kräfte in die Edelsteine gelegt hat.[352] Volemar begründet die Auffassung, daß Gott den Edelsteinen besonderen Wert verliehen habe, im Prolog mit dem Hinweis auf die Tafel aus Saphir mit den zehn Geboten (Exodus 24,10), auf die zwölf Edelsteine am Brustschild des Hohenpriesters (Exodus 28,17ff.), auf den Thron Gottes aus Saphir (Ecechiel 1,26; Isaias 54,11). Edelsteine konnten kirchlich gesegnet werden; dazu wurde ein Gebet an Gottes Majestät gesprochen, den Steinen Wirkung zu verleihen.[353]

Die *Lapidarien* sind eine abendländische Konstante.[354] Marbods kleine Schrift ist in mehr als 60 Handschriften erhalten[355] und noch von 1511 bis

---

wirkte. Marbod behauptet in seinem Prolog zum Lapidarius, daß er als Quelle eine Schrift des arabischen Königs Evax für Kaiser Nero benutzt habe. Hildegard von Bingen erörtert im IV. Buch ihrer Physica 50 Edelsteine und nimmt dabei gelehrte wie volkstümliche Quellen auf. Über die schwierige Frage nach den Quellen: Rudolf Creutz, Hildegard von Bingen und Marbod von Rennes über die Heilkraft der Edelsteine (in: Studien und Mitteilungen zur Geschichte des Benediktinerordens 49, 1931, S. 291–307). Über »medizinische und magische Wirkungen«: Christel Meier (wie Anm. 362), S. 361–460.

[351] Es heißt im Prolog, v. 3/4 (Migne 171, 1737): quot species lapidum, quae nomina, quive colores,/quaeve sit his regio vel quanta potentia cuique.

[352] Im Schluß des Prologs (Migne 171, 1739A) heißt es: nec dubium cuiquam debet falsumve videri,/quin sua sit gemmis divinitus insita virtus.

[353] A. Franz, Die kirchlichen Benediktionen im Mittelalter, Neudruck: Graz 1960, Bd. 1, S. 441: recipiant virtutum effectum, quem eis te dedisse sapientum experiencia comprobavit.

[354] Das tritt z. B. in den Arbeiten über die Perle hervor: Hermann Usener, Die Perle. Aus der Geschichte eines Bildes (1892), in: Vorträge und Aufsätze, Berlin/Leipzig 1907, S. 219–231; Odo Casel, Die Perle als religiöses Symbol (in: Benediktinische Monatsschrift VI, 1924, S. 321–327); Friedrich Ohly, Tau und Perle (Vortrag vom Jahr 1972; jetzt in: Fr. Ohly, Schriften zur mittelalterlichen Bedeutungsforschung, Wissenschaftliche Buchgesellschaft Darmstadt 1977, S. 274–292); Friedrich Ohly, Die Geburt der Perle aus dem Blitz (zuerst 1974 in der Festschrift für Blanka Horacek, S. 263–278, jetzt in: Schriften…, S. 292–311), wo im Anfang (S. 294) gesagt wird: »Die natürliche Mythe von Tau und Perle fand den Glauben des Orients und Okzidents, die ihn weitergaben von der Antike bis in die Moderne.« Besonders umfassend angelegt ist die Monographie: Fr. Ohly, Diamant und Bocksblut (in: Wolfram-Studien, hg. Werner Schröder, III, Berlin 1975, S. 73–188). Zu den Edelsteinen als Traditionsbereich: Fr. de Mély, Les lapidaires de l'antiquité et du moyen-âge, Paris 1896; Leon Baisier, The lapidaire chrétien, Diss. Cathol. University Washington 1936.

[355] Nach Leopold Pannier (wie Anm. 347). Meist ist das Werk schon so sehr Allgemeingut geworden, daß es ohne Verfassernamen überliefert wird. Eine frühe Handschrift, die zu Anfang des 12. Jahrhunderts im Raum von Angers entstanden ist, Bibl. Nat. Paris, fonds

1799 vierzehnmal aufgelegt worden.[356] Sie wurde früh (schon im 12. Jahrhundert) in die Volkssprachen übertragen.[357] Noch 1566 wurde die Schrift von einem Dichter der Plejade, Remy Belleau, ins Französische übersetzt,[358] und 1748 spricht Barthold Heinrich Brockes (Irdisches Vergnügen in Gott, Buch IX) von der heilenden Wirkung der Edelsteine.[359]

Die Edelsteine hatten naturgemäß eine besondere Bedeutung für die ritterliche Elite;[360] so braucht es nicht zu verwundern, daß ihnen von Wolfram im Parzival eine besondere Bedeutung zugesprochen wird. Von Feirefiz heißt es (743,1ff.): *Der heiden truoc zwo gesellschaft,/dar an doch lac sin meistiu kraft:/einiu daz er minne pflac,/diu mit staete in sinem herzen lac;/daz ander waren steine,/die mit edelem arde reine/ in hochgemüete lerten/und sine kraft gemerten*[361].

Die religiöse Reihe der Edelsteine[362] geht von den zwölf Edelsteinen auf

---

lat. 2887, hat den Titel: Marbodi Rhedonensis episcopi poema de lapidibus pretiosis (Pannier, S. 19f.).

[356] Marbodi liber lapidum ..., hg. J. Beckmann, Göttingen 1799.

[357] Zur Verbreitung der Lapidarien: Pannier (wie Anm. 347); R. M. Garrett, Precious stones in Old English Literature, Leipzig 1909; Joan Evans, Magical Jewels of the Middle Ages and the Renaissance, particularly in England, Oxford 1922; Paul Studer und Joan Evans, Anglonorman lapidaries, Paris 1924; Joan Evans und Mary Serjeantson, English medieval lapidaries, London 1932; Urban T. Holmes, Medieval Gem stones (Speculum IX, 1934, S. 195–204); Eugene H. Byrne, Some medieval gem Stones and relative values (Speculum X, 1935, S. 177–187). Der Abschnitt über die Edelsteine bei Albertus Magnus wurde ins Englische übersetzt von: Dorothy Wickoff, Albertus Magnus Book of Minerals, translated, Oxford 1967. Zur Verbreitung im Deutschen: Lambel (wie Anm. 345); Friedrich Wilhelm, Denkmäler deutscher Prosa des 11. und 12. Jahrhunderts (zuerst 1916), Nachdruck: München 1960, Kommentar zum Prüler Steinbuch, S. 79–88 (Text: Nr. X, S. 37–39).

[358] Es handelt sich um den ersten lyrischen Edelsteinzyklus der Neuzeit: Remy Belleau, Les amours et nouveaux eschanges des pierres precieuses, hg. M. F. Verdier, Genf/Paris 1973; über die Quellen: U. T. Holmes, The Background and Sources of Remy Belleau's Pierres Precieuses (in: Publ. of the Modern Language Association 61, 1946, S. 624–635).

[359] Barthold Heinrich Brockes, Irdisches Vergnügen in Gott, Buch IX (1748 nach seinem Tode erschienen). Hier (IX, 70) heißt es vom Smaragd: Man will von Smaragden merken,/daß sie unser Auge stärken,/daß beim Bauchfluß ihre Kraft/wie beim Blutfluß Hilfe schafft (die Orthographie ist der geltenden angepaßt).

[360] Dazu jetzt: Ulrich Engelen, Die Edelsteine in der deutschen Literatur des Mittelalters (Münstersche Mittelalter-Schriften 27), München 1977; ders., Die Bedeutung der Edelsteine im Rheinischen Marienlob (Frühmittelalterliche Studien VII, 1973, S. 353–376). Vorher: Brinkmann, Zweite Sprache (wie Anm. 53a), S. 159–161, 163–165, 169–171.

[361] Später nennt Wolfram Pythagoras als Meister der Edelsteinkunde (Parz. 7773, 25–3): der wise Pitagoras,/der ein astronomiere was/und so wise ouch ane strit,/... er kunde wol von steinen (sternen G g) sagen.

[362] Dafür grundlegend: Christel Meier, Gemma spiritalis. Methode und Gebrauch der Edelsteinallegorese vom frühen Christentum bis ins 18. Jahrhundert. 1. Teil, als Diss. 1972 (Münstersche Mittelalter-Schriften 34), München 1977.

dem Brustschild des Hohenpriesters (Exodus 28,17–21) und von der Apocalypse (21,19–21)[363] aus; es sind die beiden Stellen, auf die sich der kirchliche Segen (wie Anm. 353) beruft. Es sind die Edelsteine, die in der *Psychomachia* des Prudentius (v. 854–865) den neuen »Tempel« schmücken, der nach dem Sieg der *virtutes* über die *vitia* erbaut wird.[364] Hildebert vereint beide Ausgangsstellen in einem Gedicht, das die Edelsteine den zwölf Söhnen Israels zuweist, aber in der Reihenfolge der Apocalypse folgt und unter Hinweis auf die *virtutes*, die mit den Edelsteinen verbunden sind.[365]

Wer sich durch diese *virtutes* auszeichnet, kann Mitbürger der ewigen Stadt werden.[366] Den Hymnus »*Cives caelestis patriae*«[367] hat wahrscheinlich Amatus von Montecassino, Verfasser eines Traktats über die Edelsteine der Apocalypse, im Jahre 1071 zur Einweihung der neuen großartigen Kirche gedichtet.[368] Zum gleichen Ereignis schrieb Alphanus,

---

[363] H.-F. Reske, Jerusalem caelestis. Darbietungsformen eines christlichen Zentralgedankens in der deutschen geistlichen Dichtung des 11. und 12. Jahrhunderts (Göppinger Arbeiten zur Germanistik 95), 1973. Natürlich waren die Kommentare zur Apokalypse von Bedeutung (Ambrosius Autpertus, Beda, Alkuin, Haimo von Auxerre, Bruno von Asti, bzw. Segni, Richard von St. Victor, Joachim de Flore usw.).

[364] Kritischer Text von Lavarenne (1948); dazu: C. Gnilka, Studien zur Psychomachie des Prudentius (Klass. philol. Studien 27), Wiesbaden 1963 (bes. S. 107ff.); Reinhart Herzog, Die allegorische Dichtkunst des Prudentius (Zetemata 42), München 1966; Adolf Katzenellenbogen, Die Psychomachie in der Kunst des Mittelalters, Diss. Hamburg 1933.

[365] Hildebert, Carmina minora, rec. A. Brian Scott (Bibl. Teubn.), Leipzig 1969, Nr. 42 (S. 34); zu dieser Ausgabe: Dieter Schaller (Gnomon 44, 1972, S. 683–687). Zu dem Gedicht: Hegener (wie Anm. 53), S. 30f.

[366] In einer kurzen Übersicht über Kommentare zu Prudentius hat Silvestre »Glose in prima et extrema parte Sichomachie Prudentii« herausgegeben, die aus dem 11. Jahrhundert stammen (Hubert Silvestre, Aperçu sur les Commentaires Carolingiens de Prudence, in: Sacris Erudiri IX, 1957, S. 50–74, Text des Kommentars, der mit einem Accessus beginnt, S. 66–74). Für die Edelsteine benutzt dieser Kommentar wie andere die Erklärung der Apokalypse von Beda (Migne 93, 202), der Kommentar selbst ist z. T. wörtlich von Rupert von Deutz in seinem großen Werk »De trinitate« wie in seiner Erklärung der Apokalypse benutzt worden. Im Kommentar geht den Edelsteinen der Satz voraus (S. 72, Zeile 109–111): Deinde genera lapidum, quibus templum Dei construitur, id est virtutum describuntur, que duodecim propter misterium duodenarii numeri ponuntur. In einer Zusatzstrophe zu dem Hymnus »cives caelestis patriae« stehen die Worte (die auf die Schilderung folgen): his quicumque floruerit,/concivis esse poterit.

[367] Der Hymnus »Cives caelestis patriae« ist in der Patrologie von Migne zweimal abgedruckt; eine Fassung von 15 Strophen steht unter Marbod (Migne 171, 1771 f.); eine andere, unter Anselm von Laon (Migne 162, 1580) gedruckt, hat die drei Schlußstrophen nicht; kritischer Text: Analecta Hymnica II, S. 94f. Überlieferung: Hans Walther, Initia carminum ac versuum medii aevi posterioris latinorum, Göttingen 1959, Nr. 2612.

[368] So: Anselmo Lentini, Il Ritmo »Cives caelestis patriae« e il »De duodecim lapidibus« di Amato (in: Benedictina XII, 1958, S. 15–26).

der Übersetzer des Nemesius (wie Anm. 171), ein komplementäres Gedicht, das die anagogische Sehweise des Amatus durch einen umfassenden geschichtlichen Rückblick ergänzt.[369] Es war in der großen Zeit von Montecassino, wo die einzigartigen Schätze antiker Literatur (auch der Medizin und Naturwissenschaft) gesammelt wurden, wo Constantinus Africanus als Übersetzer tätig war, wo Alberich die Kunst der Rhetorik neu begründete. Zu erinnern ist an die *Expositio in Apocalypsim* von Bruno von Segni,[370] der Abt von Montecassino war, bevor er Bischof von Segni wurde (gest. 1123).

Auch diese Reihe setzt sich in den Volkssprachen fort, so im »Himmlischen Jerusalem«, das den Weg zur ewigen Stadt weist,[371] und in einer altfranzösischen Bearbeitung aus dem Anfang des 12. Jahrhunderts.[372] Beide Fassungen geben erst das Aussehen, das Sichtbare der natürlichen Erscheinung *(varwe,* bzw. *nature)* und dann den religiösen Zeichenwert *(waz die varwe bezeichenet,* bzw. ihre *senefiance).* In der französischen Fassung wird die Zwölferreihe (nach Exodus 28, 17.20) in je vier Gruppen gegliedert, die den vier Kardinaltugenden *(prudence, force, justice, atrempance)* zugeordnet werden und dadurch einen Bezug auf die ritterliche Ethik erhalten.

Beide Reihen sind grundsätzlich gesondert, gehen aber schon früh ineinander über. So verzeichnet das Prüler Steinbuch aus der Mitte des 12. Jahrhunderts[373] zunächst lateinisch die Farbe der Edelsteine aus dem Hymnus »*Cives caelestis patriae*« und danach in deutscher Sprache die

---

[369] Text: Migne 147, 1234ff.; dazu: Raby, A History of the secular latin poetry …, 2. Aufl. Oxford 1957, zuerst 1934, I, S. 378–380.

[370] Text: Migne 165, 605–736.

[371] Text: Die kleinen Denkmäler der Vorauer Handschrift, hg. Erich Henschel und Ulrich Pretzel, Tübingen 1963, Nr. 8, S. 94–123; Kleinere deutsche Gedichte des 11. und 12. Jahrhunderts, ausgewählt von A. Waag, neu hg. Werner Schröder, Tübingen 1972, S. 96ff. Als Quelle des Gedichts hatte W. Ehrentraut (Zu dem mhd. Gedicht »Vom himmlischen Jerusalem«, Diss. Leipzig 1913) eine Deutung der Edelsteine angenommen, wie sie unter Hugo von Folieto bei Migne abgedruckt ist (Migne 177, 115 D–119 A). Verwandt, aber doch ferner stehend ist die unter Marbod bei Migne im Anschluß an den Hymnus »Cives caelestis patriae« abgedruckte Auslegung (Migne 171, 1771–1774). Jetzt hat Christel Meier (Zur Quellenfrage des »Himmlischen Jerusalem«, ein neuer Fund, in: ZfdA 104, 1975, S. 204–243) zeigen können, daß als Vorlage des Gedichts »Vom himmlischen Jerusalem« eine Quelle anzusetzen ist, auf die ein in einer Berner Handschrift des 11./12. Jahrhunderts überlieferter Traktat zurückgeht (Überlieferung: Bürgerbibliothek Bern, Cod. A 92.27, fol. 1ʳ–3ᵛ). Gleichzeitig gibt Christel Meier eine Edition des Traktats (S. 234–243), auf den L. Thorndike aufmerksam gemacht hatte (L. Thorndike, De lapidibus, in: Ambix VIII, 1960, S. 6–23).

[372] Text bei Pannier (wie Anm. 347). Dazu: Brinkmann, Zweite Sprache (wie Anm. 53a), S. 164.

[373] Text: Wilhelm (wie Anm. 357), Nr. X, S. 37–39.

natürlichen Wirkungen. Umgekehrt geht der Jüngere Titurel (um 1270) von der natürlichen Reihe aus, gibt ihr aber religiöse Bedeutung.[374] So heißt es vom Chalzedon bei Marbod[375], daß er blaß ist und, am Finger oder Hals geragen, seinem Träger vor Gericht zum Erfolg verhilft. Diese *virtus* wird im Jüngeren Titurel eschatologisch gewendet (Str. 566): der Chalzedon verhilft dem Träger beim Jüngsten Gericht zur Gnade bei Christus. Dagegen sagt der Hymnus »*Cives caelestis patriae*« vom Chalzedon, daß er leuchtet, wenn sein Träger nach draußen kommt, und daß er darum die Gläubigen bezeichnet, die im Stillen dienen, deren stilles Dienen aber doch wider ihren Willen bekannt wird.[376]

Maßgebend für den religiösen Zeichenwert der Edelsteine ist ihre Farbe. Das zeigt schon der Hymnus »*Cives caelestis patriae*«.[377] Die Deutung beginnt mit dem Jaspis: *Jaspis colore viridi/praefert virorem fidei,/quae in perfectis omnibus/numquam marcescit penitus,/cuius forti praesidio/resistitur diabolo.* Die Auslegung in Prosa, die bei Migne auf den Hymnus folgt,[378] setzt ein: *Jaspis est primum fundamentum Ecclesiae Dei, et est viridis coloris. Quicumque illum super se habuerit, phantasma ei non nocebit. significat autem eos, qui fidem Dei semper tenent et numquam ab ea recedunt vel arescunt, sed semper virent in ea nec timent fallacias diaboli.* Der Text aus Isidor (Etym. XVI 7,8) ist abgestreift, den die von Christel Meier herausgegebene Auslegung noch bietet.[379]

Isidor hat die Edelsteine nach ihren Farben geordnet. Schon dabei entsteht ein Sprachproblem; Isidor schreibt *De viridioribus gemmis* (XVI,7), *De rubris gemmis* (XVI,8), *De purpureis* (XVI,9), *De candidis* (XVI,10),

---

[374] Werner Wolf hatte sein Leben an eine Ausgabe des »Jüngeren Titurel« gesetzt. Zwei Bände hat er selbst noch herausgeben können: I mit Einleitung zum Ganzen 1955 (Deutsche Texte des Mittelalters 45); II, 1, 1964 (Deutsche Texte des Mittelalters 55). Zu Verfasser (Albrecht von Scharfenberg) und Werk: Werner Wolf, Der jüngere Titurel, »das Haubt ob teutschen Puechen« (in: Wirkendes Wort VI, 1955/56, S. 1–12; danach in: Wirkendes Wort, Sammelband II, 1963, S. 209–220). Hier wie sonst liegt eine längere Ausarbeitung von mir aus dem Jahre 1960 zugrunde. Vgl. Brinkmann, Zweite Sprache (wie Anm. 53a), S. 161.

[375] Die Stelle: Migne 171, 1744, cap. VI: chalcedon lapis est hebeti pallore refulgens,/inter jacinthum mediomaximus atque beryllum;/qui si pertusus digito colloque geratur,/is qui portat eum perhibetur vincere causam.

[376] Nach dem Text unter Marbod (Migne 171, 1771, Str. 4): Pallensque Chalcedonius/ignis habet effigiem./Subrutilat in publico,/Fulgorem dat in nubilo./Virtutem fert fidelium/Occulte famulantium.

[377] Text des Hymnus: wie Anm. 367/368 (Migne 171, 1771/72). Über die Farben jetzt: Christel Meier (wie Anm. 362), S. 142–236.

[378] Bei Migne folgt auf den Hymnus eine »mystica seu moralis applicatio« (Migne 171, 1771–1774), weil diese in der Handschrift (Ms. S. Victoris Nr. 905) im Anschluß an den Hymnus überliefert ist.

[379] Vgl. Anm. 371; ZfdA 104, S. 234 (Zeile 4–8).

De nigris (XVI, 11), *De variis* (XVI, 12), *De crystallinis* (XVI, 13), *De ignitis* (XVI, 14), *De aureis* (XVI, 15). Unsre Farbnamen »gelb«, »blau«, »braun« kommen dabei nicht vor.

Mit dem allgemeinen Sprachproblem, das sich hier abzeichnet, haben sich besonders Leo Weisgerber[380] und Helmut Gipper[381] befaßt. Weisgerber hat in einer seiner lehrreichsten Untersuchungen für das Deutsche den Unterschied zwischen »Farbträger« und »Farbsender« sowie zwischen »Glanzträger« und »Glanzsender« dargelegt.[382] Der auffallendste Unterschied zwischen unserem Gebrauch und dem des Mittelalters besteht darin, daß die Glanzerscheinungen ebenso wie die Farberscheinungen in älterer Zeit als »Eigenschaften« (Attribute) aufgefaßt werden (es gibt also neben den »Farbträgern« auch »Glanzträger«). Für das Mittelenglische hat Ostheeren die Farbadjektive »*blak*« und »*brun*« untersucht.[383]

Mit den Farberscheinungen in der Sprache hat sich die Philologie früh befaßt. Neben dem Aufsatz von Zingerle über die Farbenvergleiche im Mittelalter[384] ist vor allem Wilhelm Wackernagel mit seinem Aufsatz über »die Farben- und Blumensprache des Mittelalters«[385] zu nennen. Für

---

[380] Leo Weisgerber, Grundzüge der inhaltsbezogenen Grammatik, Düsseldorf 1962, S. 170–176, 255–260; ders., Die sprachliche Gestaltung der Welt, Düsseldorf 1962, S. 280–294, 302–306.

[381] Die Arbeiten von Helmut Gipper zum sprachlichen Farbproblem sind verzeichnet im: Bibliographischen Handbuch zur Sprachinhaltsforschung, Teil I, Lieferung 5 und 6, 1962, S. 633–644; Hans Schwarz hat dazu eine kritische Besprechung geliefert.

[382] Leo Weisgerber, Adjektivische und verbale Auffassung der Gesichtsempfindungen (in: Wörter und Sachen XII, 1929, S. 197–226; jetzt in der von H. Gipper herausgegebenen Aufsatzsammlung Weisgerbers: Zur Grundlegung der ganzheitlichen Sprachauffassung, Düsseldorf 1964, S. 138–174).

[383] Klaus Ostheeren, Toposforschung und Bedeutungslehre. Die Glanzvorstellung im Schönheitskatalog und die mittelenglischen Farbadjektive »blak« und »brun« (in: Anglia 89, 1971, S. 1–47). Zum Begriff der Farbe im Lateinischen und Deutschen ist noch Folgendes zu sagen. Isidor erteilt seine Auskünfte über »color« an verschiedenen Stellen seines Werkes. Die Ordnung der Edelsteine nach Naturfarben ist schon genannt (Etym. XVI, 6–15); die Pferde haben ihre Farbnamen nach Götterkult und Elementen der Welt (XVIII, 41 De coloribus equorum); die Gewandfarben (tinctura) werden bei der Bekleidung behandelt (XIX, 28 De coloribus vestium); schließlich spricht Isidor ausführlich über die natürlichen und künstlichen (colores aut nascuntur aut fiunt) Farben (XIX, 17) im Anschluß an die Malerei (diese: XIX, 16). »Farbe« bedeutet im Mittelalter soviel wie wahrnehmbare Erscheinungsweise (nicht im engeren Sinne: »Farbe«). Für die Kunstwissenschaft ist auf die ältere Abhandlung von W. Waetzoldt zu verweisen: Das theoretische und praktische Problem der Farbenbenennung (in: Zeitschr. f. Ästhetik und allgemeine Kunstwiss. IV, 1909, S. 349–399).

[384] Ignaz von Zingerle, Farbenvergleiche im Mittelalter (in: Germania IX, 1864, S. 385–402).

[385] Wilhelm Wackernagel, Die Farben- und Blumensprache im Mittelalter (in: Kleinere Schriften I, Leipzig 1872, S. 143ff.)

das Altfranzösische ist auf A. G. Ott zu verweisen,[386] für das Altenglische auf Willms.[387] Der Rolle der Farben im deutschen Mittelalter ist Minna Jacobsohn nachgegangen,[388] und Walther Gloth hat das Fastnachtspiel von den sieben Farben untersucht, dessen Quelle ein Spruchgedicht aus dem ersten Viertel des 14. Jahrhunderts war:[389] Spieler in verschiedenen Gewandfarben treten nacheinander auf und machen der Dame deutlich, welche Stufe in der Liebe ihre Farbe meint: Grün den Anfang der Liebe, Rot die brennende Liebe, Blau die Stetigkeit, Schwarz Trauer über Verlust, Weiß Hoffnung (und Keuschheit), Gelb den Liebeslohn, Braun die Liebesbindung, Grau die Unterwerfung.[390] Gloth hebt hervor (S. 45), »daß man eine religiöse und eine weltliche minnigliche Farbensymbolik scharf unterscheiden muß...«.

Der liturgische Farbenkanon für die Messe ist erst verhältnismäßig spät festgelegt worden;[391] er begegnet zuerst in der Schrift »*De sacro altaris mysterio*«,[392] die Innocenz III. verfaßt hat (1198), unmittelbar bevor er Papst wurde. Natürlich hat die Kunstwissenschaft auf die Bedeutung der Farbe geachtet,[393] und Stephan Waetzold hat ein Verzeichnis der Farbnamen gegeben.[394] Aber noch H. Roosen-Runge[395] stellt fest, daß der (religiöse) Symbolwert der Farbe noch nicht ausreichend bekannt ist (S. 16). Inzwischen hat Friedrich Ohly die Anlage eines Farbenlexikons in die Hand genommen.[396] Ohly selbst hat den religiösen Zeichenwert der Farbe am Taubenbild Hugos de Folieto untersucht.[397] Christel Meier hat in einer großen Monographie »die Bedeutung der Farben im Werk Hilde-

[386] A. G. Ott, Etude sur les couleurs en vieux français, Paris 1899.

[387] Johann Eduard Willms, Eine Untersuchunq über den Gebrauch der Farbenbezeichnungen in der Poesie Altenglands, Diss. Münster 1902.

[388] Minna Jacobsohn, Die Farben in der mhd. Dichtung der Blütezeit (Teutonia 22), Leipzig 1915.

[389] Walther Gloth, Das Spiel von den sieben Farben (Teutonia 1), Königsberg 1902.

[390] Gloth (wie Anm. 399), S. 58–88.

[391] Josef Braun, Die liturgische Gewandung in Occident und Orient nach Ursprung und Entwicklung, Verwendung und Symbolik, Freiburg i. Br. 1907 (Neudruck: Darmstadt 1964), Kap. 12.

[392] Innocenz III., De sacro altaris mysterio (Migne 217, 701ff.).

[393] Gottfried Haupt, Die Farbensymbolik in der bildenden Kunst, Diss. Leipzig 1941.

[394] Stephan Waetzoldt, Quellengeschichtliche Untersuchungen zur Schedula diversarum artium des Theophilus, in: Münchner Jahrbuch der bildenden Kunst 3/4, 1952/53, S. 145–171 (das Verzeichnis: S. 150–158).

[395] H. Roosen-Runge, Farbgebung und Technik der frühmittelalterlichen Buchmalerei, 2 Bde., München 1967.

[396] Friedrich Ohly, Schriften zur mittelalterlichen Bedeutungsforschung, Darmstadt 1977, S. XIV–XVI.

[397] Friedrich Ohly, Probleme der mittelalterlichen Bedeutunqsforschung (in: Frühmittelalterliche Studien, hg. Karl Hauck, II, 1968, S. 176–184 und S. 192–196).

gards von Bingen« analysiert,[398] sie hat ferner »das Problem der Qualitätenallegorese« prinzipiell gefaßt[399] und in ihrem aus einer Dissertation
von 1972 hervorgegangenem Werk »Gemma spiritalis«[400] eine Deutung
der Edelsteinfarben gegeben.

Die Aufgabe der Forschung wird sein, die Werte der Farben im säkula-
ren und im religiösen Bereich jeweils gesondert festzustellen und dann den
Austausch, der sich zwischen beiden Reihen ergeben hat, zu klären. Sicher
können die religiösen Werte der Farben differieren, je nachdem ob sie tropologisch gemeint sind (also primär auf den Menschen bezogen, der sein
Heil sucht) oder anagogisch Auskunft über den Heilswillen Gottes geben.
Im Taubenbild Hugos de Folieto bedeutet die Farbe des Meeres *(marinus
color)* innere Verwirrung im Menschen, die Farbe des Himmels *(color
aerius)* den kontemplativ nach oben gerichteten Geist, die Silberfarbe *(color argenteus)* die Lehre durch das heilige Wort und die Goldfarbe *(color
aureus)* die Belohnung im Jenseits.[401] Worin der besondere Zeichenwert
liegen kann, macht Hugo de Folieto deutlich, wenn er die »Farbe des Meeres« durch einen Vergleich der Verhaltensweisen von *mare* und *caro* verdeutlicht:[402] das gewählte Zeichen steht für einen ganzen Komplex von
Verhaltensweisen. Christel Meier hat in der Untersuchung der »Qualitätenallegorese« mit Recht bemerkt, daß *proprietas* weit mehr umfaßt als
»Eigenschaft« im heutigen Sinne.[403]

Die Tiere

Besonders deutlich treten die beiden Reihen, die natürliche und die religiöse, bei den Tieren auseinander.[404] Natürliche Bedeutung haben die
Tiere in der Tierfabel,[405] die dem Mittelalter aus der Antike überliefert

---

[398] Christel Meier, Die Bedeutung der Farben im Werk Hildegards von Bingen (in: Frühmittelalterliche Studien, hg. Karl Hauck, VI, 1972, S. 245–355).

[399] Christel Meier, Das Problem der Qualitätenallegorese (in: Frühmittelalterliche Studien,
hg. Karl Hauck, VIII, 1974, S. 385–435).

[400] Christel Meier (wie Anm. 362 und 377).

[401] Friedrich Ohly, Probleme ... (wie Anm. 397), S. 180–184.

[402] Friedrich Ohly: wie Anm. 397.

[403] Christel Meier (wie Anm. 399), S. 391–395.

[404] Vgl. Brinkmann, Die zweite Sprache ... (wie Anm. 53a), S. 165–168.

[405] Zur »Fabel«: dtv-Lexikon der Antike, Bd. II, S. 122 (L. W. Daly); Reallexikon der deut-
schen Literaturgeschichte, 2. Aufl. Berlin 1956, Bd. I, Lieferung 5, S. 433–440 (Hans
Lothar Markschies); die vielfältigen Funktionen der deutschen Tierfabel im Mittelalter
untersucht: Klaus Grubmüller, Meister Esopus, Untersuchungen zur Geschichte und
Funktion der Fabel im Mittelalter (Münchener Texte und Untersuchungen ... Bd. 56),
München 1977.

wurde; religiöse Bedeutung dagegen im *Physiologus*, der das Verhalten von Tieren als Zeichen für religiöses Verhalten darstellt (um 200 in Alexandria entstanden).[406] Wie die Edelsteine haben beide Traditionen eine weit über das Mittelalter hinausreichende Wirkung für das Abendland gehabt.

Auf den Begriff der *fabula*, der mehr als die Tierfabel einschließt, geht Conrad von Hirsau in seinem *Dialogus* ein,[407] bei der Besprechung der Fabeln Aesops (Huygens 383–453) und Avians (ebd. 455–508), an die sich eine Erörterung der Wahrheitsfrage anschließt.

Dabei setzt er Überlegungen des Macrobius über den Wahrheitswert einer *fabula* voraus.[408] Macrobius fragt, welche *fabulae* für einen *philosophus*, der die Wahrheit sucht, in Betracht kommen. Er scheidet *fabulae* aus, die allein dem Vergnügen dienen, wie Komödien und Liebesgeschichten; auch die Äsopischen Tierfabeln,[409] weil sie sowohl in ihrem Inhalt wie in ihrer Darstellung auf Erfindung beruhen. Dagegen akzeptiert er die *narratio fabulosa*, die eine Wahrheit unter der Hülle einer Erfindung ausspricht.

---

[406] »Physiologus«: wie Anm. 340.

[407] Conrad von Hirsau, Dialogus (wie Anm. 2), Zeile 383–454 (Aesop), Zeile 455–508 (Avian). Zur Stellungnahme Konrads: de Bruyne (wie Anm. 21), II, S. 307–310, 323–325.

[408] Kommentar des Macrobius (wie Anm. 158), I, 2. Diese Stelle aus dem Eingang des Kommentars ist in meinem Kölner Vortrag vom Jahre 1969 gewürdigt: Hennig Brinkmann, Verhüllung (integumentum) als literarische Darstellungsform im Mittelalter (wie Anm. 149) S. 322 ff. Bei der Klärung des rhetorischen Begriffs der fabula ist auf diese Stelle noch einmal zurückzukommen. Inzwischen hat Peter Dronke Auszüge aus einem Kommentar Wilhelms von Conches zum Kommentar des Macrobius mitgeteilt und besprochen (wie Anm. 158). In seinem Beitrag zur Ohly-Festschrift »Verbum et Signum« (wie Anm. 57): Eine Theorie über fabula und imago im 12. Jahrhundert (Bd. II, S. 161–176), hat Dronke den Umkreis der Fragen noch einmal diskutiert. Wichtig ist die Beziehung Wilhelms zu Gedanken des Johannes Scottus (neben Einfluß des Augustinus), bzw. des Areopagiten (S. 169), ebenso seine Ansicht, daß erst durch die Inkarnation ein Abbild Gottes möglich geworden ist (Dronke, S. 168, Anm. 26: Ideo et nullum ei simulacrum, id est nullam imaginem ante incarnationem). Die von Dronke (S. 171) zitierte Stelle aus Macrobius (I 2, 18 sic ipsa mysteria figurarum cuniculis operiuntur ...) wird allerdings anders zu übersetzen sein (nicht: »in dieser Weise liegen die Mysterien selbst unter Labyrinthen von Bildern verdeckt«, sondern: »hier sind die eigentlichen Geheimnisse der Bilder in unterirdischen Gängen verdeckt«); zur Stelle: Dronke, Fabula (wie Anm. 141), S. 75. Zum Thema (fabula) noch: Paule Demate, Fabula. Trois études de mythographie antique et médiévale (Publications Romanes et Françaises 122), Genf 1973.

[409] Ben Edwin Perry, Studies in the text history of the life and fables of Aesop (Philological monographs of the Americ. Philol. Assoc. 7), Haverford/Penns. 1936; Aesopica. A series of texts relating to Aesop or ascribed to him ..., Bd. I, Greek and Latin texts, coll. and crit. ed. by B. E. Perry, Urbana 1952; B. E. Perry, Fable (in: Studium Generale XII, 1959, S. 17–37).

Conrad von Hirsau schließt sich an Isidor an (Etym. I, 40).[410] *Fabula* ist eine Erfindung *(fabula ficta res est, non facta)*. Solche Erfindungen können allein zum Vergnügen bestimmt sein, wie die Komödien des Plautus und Terenz (und anderer Dichter); sie können sich auf Naturerscheinungen beziehen *(inflexam ad naturas rerum)*, wie die Lahmheit Vulkans, die bezeichnet, daß Feuer (das ist Vulkan) niemals gerade aufsteigt (Conrad 405f. nach Isidor I, 40,4); oder auf das sittliche Verhalten des Menschen *(ad mores)*, wie die Fabel vom Wolf und vom Schaf, die sich an einem Wasserlauf treffen.[411] Mit diesem Beispiel weicht Conrad von Isidor ab, der die Geschichte des Horaz von der Stadtmaus und Feldmaus (die dem Verfasser der *Ecbasis captivi* bekannt war) anführt (Sermones II,6).[412] Der Wortlaut bei Conrad legt die Annahme nahe, daß er Prolog und 1. Fabel des Phaedrus vor Augen hatte, den auch Alexander Neckam gekannt haben kann.

Die Fabeln im engeren Sinn, die auf das Verhalten von Menschen *(ad mores)* bezogen sind,[413] geben Empfindungslosem (wie Steinen und Bäumen) und Vernunftlosem (wie Tieren) die Sprache des Menschen zu Gespräch und Streit (wie auch zu menschlichem Verhalten). Dafür beruft sich Conrad (433–438) nach Isidor (Etym. I, 4, 6) auf die Heilige Schrift,

---

[410] Isidor (wie Anm. 13) schließt mit den Kapiteln über fabula und historia das 1. Buch seines Werkes (es behandelt die Grammatik) ab. Die Definition Konrads (Zeile 389 fabula enim ficta res est, non facta, unde a fando nomen accepit) entspricht dem Sinne nach der Definition, mit der Isidor (I 40, 1) beginnt (fabulas poetae a fando nominaverunt, quia non sunt res fictae, sed tantum loquendo factae). Zum Schluß des 1. Buches bringt Isidor die rhetorische Definition (I 44, 5), die fabula mit historia und argumentum konfrontiert.

[411] Während Isidor eine Dreiteilung vornimmt (I 40, 3 fabulas poetae quasdam delectandi causa finxerunt, quasdam ad naturam rerum, nonnullas ad mores hominum interpretati sunt), geht Conrad von Hirsau (offenbar in Kenntnis des Macrobius) wesentlich von der Alternative »ad naturam rerum« oder »ad hominum mores« aus; das läßt auch der Kommentar Wilhelms von Conches (Dronke, Fabula, wie Anm. 141, S. 68/69) vermuten.

[412] Wilhelm von Conches führt als Beispiel die Fabel vom Fuchs und dem Raben (Phaedrus I, 6) an (Dronke, wie Anm. 141, S. 69): per fabulas enim, quas ille (Äsop) composuit, ad aliquam morum instructionem exhortamur, et tamen per eas nichil veri significatur, utpote est illud, quod refertur de vulpe et corvo); er gibt als »moralitas«: per hanc igitur fabulam, etsi veri nichil significet, per eam tamen innuit hanc moralitatem, quod multociens id, quod clauso habet ore, aperto amittit. Utpote multi sapientes videntur, dum tacent; dum vero loquuntur, apparent stulti, et ita amittunt sapientiam, quam ante saltim reputabant possidebant.

[413] Conrad sagt im Eingang zu seinem Abschnitt über Äsop (Zeile 335–338): auctor iste ex qualitate morum humanorum contexuit mendosa commenta fabularum suarum, res fingens insensibiles vel certe irrationabiles ludis vel seria invicem conserentes, omnia ad similitudinem humane vite referens.

die (Judices 9,7–15) Joathan den Männern von Sichem erzählen läßt, wie die Bäume einen König wählen.[414]

Solche Fabeln heißen »äsopisch«, wenn Sprachloses oder Vernunftloses unter sich bleibt, also Tiere mit Tieren reden; »libystisch« (libyisch), wenn sie mit Menschen konfrontiert werden.[415] Danach wäre äsopisch ein Epos wie der *Ysengrimus* des Magisters Nivardus um 1148;[416] libystisch dagegen das *Speculum Stultorum* von Nigellus (um 1180), die Geschichte vom Esel Brunellus, der einen Schwanz haben möchte, der der Größe seiner Ohren entspricht.[417]

Nach Conrad von Hirsau zeigt die Fabel dem Menschen durch den Vergleich mit niederen Geschöpfen Gefährdung oder Steigerung seiner höheren Natur, um ihn so zu sich selbst zurückzurufen; denn die menschliche Natur ist in ihrer Schwäche und Veränderlichkeit geneigt, die Gesetze der Natur zu übertreten.[418] Was bei Äsop als allgemeine Schwäche erscheint, wird von Avianus, den Conrad als Dichter und *catholicus* höher einschätzt, als Kritik am Sittenverfall seiner Zeit aufgefaßt.[419] Zwar wird die äsopische Fabel vom Wolf und Lamm auf die Nachstellungen der Häretiker bezogen[420] (418–422), aber die Intentionen Avians werden auf innerweltliches Verhalten gedeutet (486–498).

---

[414] Auf die Fabel, die Joathan erzählt, geht später auch Boccaccio ein (Boccaccio, Genealogia deorum gentilium, hg. Vincenzo Romani, Bari 1951, lib. XIV, cap. 9).

[415] Conrad, Dialogus, Zeile 393–398, nach Isidor (Etym. I 40, 2).

[416] Ysengrimus, hg. u. erklärt von Ernst Voigt, Halle 1884; ins Deutsche übersetzt von A. Schönfelder (Niederdeutsche Studien 3), 1955. Zum Werk: W. T. Jackson, Die Literaturen des Mittelalters, Heidelberg 1967 (übertragen von Ruth Lang nach der Originalausgabe: New York 1960), S. 352–360 (in dem Kapitel »Das Tierepos« S. 348–372); Karl Bertau, Die deutsche Literatur im europäischen Mittelalter, Bd. I, München 1972, S. 381–384 (unter dem Titel: »Epilog von der Macht der Welt«). Zur Gattung: H. R. Jauss, Untersuchungen zur mittelalterlichen Tierdichtung (Zeitschr. f. roman. Philologie, Beiheft 100) 1959. Wichtig: Max Wehrli, Vom Sinn des mittelalterlichen Tierepos (in: Life and Letters X, 1957, S. 221ff.).

[417] Nigell de Longchamp, Speculum stultorum, hg. John M. Mozley und Robert R. Taymo (Univ. of California, English Studies 18), Berkeley/Los Angeles 1960; dazu die Besprechung von Karl Langosch (Mittellateinisches Jahrbuch III, 1966, S. 280–288).

[418] Conrad von Hirsau, Dialogus (Zeile 426–433 und 444–447).

[419] Conrad von Hirsau, Dialogus (Zeile 465–468): considerans autem idem (Avianus) suis temporibus mores hominum precedenti generationi inconstantiores et insolentiores ...

[420] Bemerkenswert ist, daß der Abschnitt über Äsop bei Conrad von Hirsau (Zeile 383–454) in einer weiteren Handschrift (Clm 6911, 14. Jht.) überliefert ist: vgl. Karl Langosch, Zum Dialogus des Konrad von Hirsau (in: ZfdA 80, 1944, S. 8–10). Der Abschnitt endet mit einer Äußerung des Schülers (Zeile 454 Miror quo tempore Faunus iste gentium silvis prodierit), die nicht beantwortet wird. Faunus für Äsop kennzeichnet ihn als satirischen Dichter; das zeigt der Abschnitt über Persius und Juvenal (Dialogus, Zeile 1460–1483), wo satiri und fauni gleichgesetzt werden (Zeile 1475). Die sprachliche Wendung selbst erinnert an Horaz (ars poetica v. 244 silvis deducti ... Fauni).

Conrad läßt den Lehrer zunächst im Gespräch mit dem Schüler alle profane Literatur abwerten und sagen, daß sie als bloßer Schall nichts bedeute *(sonum vocis nihil significantis)*; auf den Einwand des Schülers hin, daß die Fabeldichter durch den Bezug auf die *mores* doch etwas bedeuten wollten (Huygens 525–528), gibt er zu, daß die Worte Zeichen seien, die etwas bedeuteten *(signa aliquid significantia)*, daß ihnen aber der *sensus spiritalis* fehle (553–556).

Wie verdeckte Darstellung in profaner Literatur zu verstehen ist, hat die Literaturbetrachtung der auf Conrad folgenden Zeit durch die Unterscheidung von parabolischer Bedeutung (in profaner Literatur) und allegorischer Bedeutung (in der religiösen Literatur) geklärt.[421] Boccaccio geht in seiner *Genealogia deorum gentilium* auf die *fabula* ein.[422] Dabei ist für ihn die Fiktion das eigentliche Merkmal der Dichtung,[423] das sie vom philosophischen Verfahren unterscheidet.[424]

Wie für Macrobius kommt es auch für Boccaccio auf die Wahrheit an,[424a] die unter der Hülle *(sub figmento,* bzw. *cortice)* verborgen ist. Ohne Wert sind für ihn »Ammenmärchen« *(delirantium vetularum inventio)*, die weder außen noch innen etwas Wahres enthalten *(nil penitus in superficie nec in abscondito veritatis habet)*. Die äsopische Fabel, in der Tiere miteinander reden *(animalia bruta aut etiam insensata inter se loquentia inducimus)*, ist nur in der Hülle *(in cortice)* ohne Wahrheit; sie hat in der Heiligen Schrift ihre Entsprechung (so Judices 9,7–15, wie Anm. 414, die Wahl eines Königs durch die Bäume). Schon in der Außenseite *(in superficie)* kann sich Wahrheit mit Erfindung vermischen, wie bei der Verwandlung von Menschen (Wahrheit) in Tiere (Erfindung), wenn z. B. bei Ovid (Met. IV, 1ff. und 389ff.) erzählt wird, daß die spinnenden Töch-

---

[421] Zu dieser Unterscheidung: Brinkmann, Verhüllung (wie Anm. 149), S. 318. Jetzt ist Christel Meier noch einmal auf das Problem eingegangen: Überlegungen zum gegenwärtigen Stand der Allegorie-Forschung (in: Frühmittelalterliche Studien, hg. Karl Hauck, X, 1976, S. 1–69). Die prinzipielle Unterscheidung verliert dadurch nicht ihren Wert, daß die Grenzen überschritten werden, wie in der Genealogia deorum gentilium von Boccaccio.

[422] Boccaccio, Genealogia (wie Anm. 414), lib. XIV, cap. 9.

[423] Boccaccio, Genealogia (wie Anm. 414), lib. XIV, cap. 13 (S. 719): cum suum officium, non ut fallat, sed ut fingat iustissime exequatur.

[424] Genealogia (wie Anm. 414), lib. XIV, cap. 17 (S. 731): poeta, quod meditando concepit, sub velamento fictionis, sillogismis omnino amotis, quanto artificiosius potest, abscondit.

[424a] Auf die Fabeltheorie Boccaccios hat Rolf Bachem hingewiesen: Dichtung als verborgene Theologie, ein dichtungstheoretischer Topos vom Barock bis zur Goethezeit und seine Vorläufer, Diss. phil. Bonn 1955, S. 22–29, S. 88/89, mit den Anmerkungen 74–94. In diesem Abschnitt sind zur Vereinfachung für den Leser die Zitate aus dem Werk Boccaccios dem Text der Darstellung in Klammern eingefügt.

ter des Minyas in Fledermäuse *(vespertiliones)* verwandelt wurden, weil sie sich der Verehrung des Bacchus entzogen. Dies Verfahren, Göttliches und Menschliches in Erfindung zu hüllen *(divina et humana pariter palliare figmentis)*, haben seit ältester Zeit die Dichter geübt, und das Alte Testament ist voll davon. Was der Dichter *fabula* oder *fictio* nennt, heißt bei den Theologen *figura (quod poeta fabulam aut fictionem nuncupat, figuram nostri theologi vocavere)*. Schließlich gibt es eine vierte Art, die der *historia* näher scheint als der Fiktion, die »heroische« Dichtung: wenn Vergil erzählt, wie Aeneas vom Seesturm erfaßt wird, meint er unter dieser Hülle in Wahrheit etwas ganz anderes *(longe aliud sub velamine sentiunt quam monstratur)*. Von dieser Art hat Christus Gebrauch gemacht in seinen »Parabeln« *(hac specie sepissime Christus deus in parabolis usus est)*, die von einigen »Exempel« genannt werden, weil sie als Beispiel dienen *(nonnulli exemplum dicunt, eo quod ratione dicatur exempli)*. So führt die Aufwertung der Fiktion als eigentliches Merkmal der Dichtung bei Boccaccio dazu, die Grenze zwischen profaner und religiöser Literatur, die von der Scholastik gezogen war,[425] wieder aufzuheben. Das Mittelalter kannte die äsopische Fabel vornehmlich in der lateinischen Prosafassung des »Romulus«[426] und aus den Fabeln Avians vom Ende des 4. Jahrhunderts, die in Distichen gefaßt sind.[427] An diese beiden Fassungen knüpft die lateinische Tradition des Mittelalters an.[428]

Seit dem 12. Jahrhundert kommt es zu neuen Bearbeitungen der Überlieferung.[429] Vielleicht steht am Anfang der *Novus Avianus* eines Dichters aus Asti (Hervieux III, 181ff.), eine freie Fassung in drei Büchern, die durch kunstvoll gereimte Distichen und Anrufung der Musen (in jeder Fabel) ein ausgeprägtes literarisches Bewußtsein zeigt; jeder Bezug auf die christliche Welt ist vermieden. Das gilt auch für die bescheidene Fassung des *Novus Avianus Vindobonensis*, die offenbar wesentlich den Inhalt der Fabeln (vielfach gerafft) wiedergeben will (Hervieux III, 430ff.); dem entspricht, daß jedem Stück eine Inhaltsangabe vorgesetzt ist.

---

[425] Vgl. Anm. 421.
[426] Vgl. Georg Thiele, Der lateinische Äsop des Romulus und die Prosafassungen des Phaedrus, Kritischer Text mit Kommentar und einleitenden Untersuchungen, 1910.
[427] The fables of Avianus, hg. R. Ellis, Oxford 1887; die Fabeln Avians sind in der Hauptsache dem Babrius entnommen (Babrius, hg. Otto Crusius, Leipzig 1897). Lat. Text mit französischer Übersetzung von L. Herrmann (Collection Latomus 96), Brüssel 1968.
[428] Dazu die große Sammlung von Hervieux: Leopold Hervieux, Les fabulistes latins depuis le siècle d'Auguste jusqu' à la fin du Moyen Age, 5 Bde., Paris 1893–1899.
[429] Max Manitius, Geschichte der lateinischen Literatur des Mittelalters, Bd. III, München 1931, S. 771–777; Grubmüller, Esopus (wie Anm. 405), S. 48–111. Wo in der Sammlung von Hervieux die Fabeln jeweils stehen, ist dem Text in Klammer beigegeben.

Aus dem anglonormannischen Raum stammen die Neufassungen des englischen Dichters Walther (Gauterius Anglicus) und des Alexander Neckam. Der Esopus Walthers (Hervieux II, 316ff.), der Kaplan am Hof Heinrichs II. von England war und danach (seit 1177) Lehrer seines Schwiegersohnes, des Königs Wilhelm von Sizilien, hat eine Prosafassung (»Romulus«) in Distichen (d. h. in die Form Avians) gebracht, die 60 Fabeln erzählt. Die Polarität von »Blüte« (Fabel) und »Frucht« (gemeinte Wahrheit), die nach dem Prolog erfreuen und nützen will, ist ausgeprägt in geschliffener Form und prägnanter Lehre. So erklärt sich die außerordentliche Wirkung des Werks, das mehrfach in die Volkssprachen übersetzt worden ist (so um 1330 im »Edelstein« des Schweizers Ulrich Boner).[430] In Kenntnis der Bearbeitung Walthers hat bald darauf kein geringerer als Alexander Neckam (gest. 1215) aus dem Prosa-Äsop (»Romulus«) 37 Fabeln übernommen und, durch 5 weitere ergänzt, in knappe Distichen gefaßt (Hervieux II, 392ff.), die Fabel und Lehre sprachlich pointieren. Sein *Novus Avianus* (Hervieux II, 462ff.) übt die gleiche Kunst der *abbreviatio* an einer kleinen Auswahl (6 Fabeln) aus Avian, wobei er für die Fabel von der Schildkröte und dem Adler drei Fassungen verschiedenen Umfangs *(copiose, compendiose* und *subcincte)* zur Auswahl stellt.

Schließlich hat der Italiener Baldo noch im 12. Jahrhundert in gereimten Hexametern *(versus leonini)* eine Fabelsammlung (35 Fabeln) verfaßt, (Hervieux V, 339ff.), die der ursprünglichen äsopischen Gestalt näher steht als der überlieferte »Romulus« und Beziehungen zum »Liber Kalilae et Dimnae« des Johannes von Capua (d. h. zum »Patschatantra«) zeigt.[431] So vermittelte diese Sammlung zum ersten Male in lateinischer Sprache morgenländische Überlieferung.

Neben diesen »Erneuerungen«, die eine produktive Rezeption bezeugen, laufen natürlich die (mannigfach veränderten) überlieferten Fassungen Äsops und Avians her, in der Schule gelesen, wie die Besprechung im *Dialogus* Conrads von Hirsau und die Erwähnung im Lektürekanon

---

[430] »Der Edelstein« von Ulrich Boner (hg. Franz Pfeiffer, Leipzig 1844) gibt im Anschluß an die Fabeldichtung des Engländers Walther zum ersten Male (um 1350) eine geschlossene Fabelsammlung in deutscher Sprache. Zu Boners Fabeln: Robert-Henri Blaser, Ulrich Boner, Un fabuliste suisse du XIV siècle, Thèse Paris 1949, gedruckt in Mühlhausen. Zu Boner jetzt: Grubmüller (wie Anm. 405), S. 297–374. Im übrigen ist für die deutsche Fabeldichtung auf den Artikel von Markschies im Reallexikon (wie Anm. 405) zu verweisen, der eine umfangreiche Bibliographie enthält.

[431] Vgl. Alfons Hilka, in: Abhandlungen der Göttinger Gesellschaft d. Wiss., Phil.-Hist. Kl., N.F. XXI, 3, S. 21ff.

Eberhards des Deutschen[432] (Laborintus v. 607–610) zeigt. Ferner werden mündlich und schriftlich, lateinisch und (später) in der Volkssprache unablässig einzelne Fabeln erzählt, wobei in älterer Zeit die Spannung von Maske und Enthüllung, Erfindung und Lehre scheinbar aufgehoben sein kann: der Autor erzählt allein die Fabel und überläßt dem Leser die Deutung, so daß Maskierung und Enthüllung auf Verfasser und Leser aufgeteilt sind. So ist es in der Fabel von der Heilung des kranken Löwen durch ein Bärenfell[433] und in Hergers Fabeln (Minnesangs Frühling 27,1f.). Später dagegen, wie in den Fabeln des Stricker[434], werden Tierwelt und Menschenwelt ausdrücklich zueinander in analogische Beziehung gesetzt.[435]

Die Struktur der Tierfabel beruht auf einer doppelten Polarität: auf dem Widerspiel von Erfindung und Wahrheit und auf dem Widerspiel von (tierischen) Rollen, die sich in einer bestimmten Situation begegnen. Anders als im *Physiologus*, der für den religiösen Zeichenwert mit den Verhaltensweisen e i n e s Tieres auskommt (wenn auch andere Tiere einbezogen sein können), gehören in der Regel zum profanen Zeichenwert der Tierfabel (mindestens) zwei verschiedenartige (oder entgegengesetzte) Rollen. Der richtige Zeichenwert wird erkannt, wenn man die beiden Rollen nennt, die dialogisch konfrontiert sind (Fuchs und Rabe, Schildkröte und Adler usw.). Dieser Unterschied wird beim Marner deutlich. Strophen desselben Tons[436] geben einmal die Fabel, wie der Wolf seinen fal-

---

[432] Eberhard der Deutsche, Laborintus, v. 607–610 (bei Faral, wie Anm. 11, S. 358): Instruit apologis, trahit a vitiis Avianus,/sed carmen venit pauperiore colo./Aesopus metrum non sopit; fabula flores/producit, fructum flos parit, ille sapit. Das »Registrum multorum auctorum« des Hugo von Trimberg (hg. Karl Langosch) war mir jetzt nicht erreichbar.

[433] Text: Karl Langosch, Lyrische Anthologie des lateinischen Mittelalters, mit deutschen Versen, Darmstadt 1968, S. 166–169 (nach Poetae I, 62ff.).

[434] Ausgaben seiner Fabeln: Albert Leitzmann, Kleinere mhd. Erzählungen und Lehrgedichte (Deutsche Texte des Mittelalters 4, Die Melker Handschrift), 1904; Fabeln und Mären von dem Stricker, hg. Heinz Mettke (Altdeutsche Textbibliothek 35), Halle 1959; Der Stricker, Tierbispel, hg. Ute Schwab (Altdeutsche Textbibliothek 54), Tübingen ²1968. Dazu die ältere Untersuchung: Albert Blumenfeldt, Die echten Tier- und Pflanzenfabeln des Strickers, Diss. Berlin 1916; Grubmüller (wie Anm. 405), S. 124–228.

[435] In der Fabel des Stricker vom Wolf und vom Hund (bei Mettke, Nr. 14) nimmt die Erzählung 60 Verse ein, die Anwendung ad mores hominum aber 44 Verse! Die Anwendung beginnt (v. 61–66): Der wolf gelichet vaste/einem gewaltigen gaste,/der des gert an sinen wirt,/daz im vil gar versaget wirt/und er danne selbe nimt/allez des in da gezimt.

[436] Ton XV in der Ausgabe von Philipp Strauch: Der Marner, hg. Ph. Strauch (Quellen und Forschungen XIV), Straßburg 1876; Neudruck mit Nachwort von Helmut Brackert in der Reihe »Deutsche Neudrucke«, Berlin 1965. Die Fabel ist die 7. Strophe des XV. Tons, die Zeichen für die Erlösung stehen in der 15. Strophe desselben Tons, die mit den Worten endet: mit der bezeichnunge sin wir von de helle erloeset hie.

schen Anspruch auf den Esel, von dem Fuchs dazu verleitet, auf ein Fangeisen (statt auf eine Reliquie) beeidet (XV, 7), das ihn verstümmelt, und dann sechs Zeichen für die Erlösung (Löwe, Elephant, Strauß, Adler, Phönix und Pelikan), die nach ihren Verhaltensweisen am Ende gedeutet werden (XV, 15). Es genügt, »Pelikan« zu sagen, um den gemeinten religiösen Zeichenwert zu verstehen; so beginnt in dem Kommuniongebet »*Adoro devote*« des Thomas von Aquin die 6. Strophe: *pie pelicane.*[437]

Die partielle Kritik der Tierfabel am sittlichen Verhalten des Menschen bezieht sich durchweg auf das Verhalten gegenüber dem anderen Menschen und hat darin einen sozialen Bezug, der über die einzelne Begegnungsszene hinausweist. Die einzelnen Fabeln öffnen sich ferner dadurch einem weiteren Horizont, daß bei Wolf und Fuchs Rollen dominieren, denen eine prinzipielle Bedeutung zukommt. Sie verkörpern durch ihre Gewalttätigkeit und List das satirische Widerspiel der beiden Grundtugenden *fortitudo* und *prudentia*, die zusammen erst das Bild des Helden ergeben. Wolf und Fuchs mißbrauchen Stärke und Klugheit, weil sie weder das Maß kennen *(temperantia)* noch Treue *(iustitia)*. In dem Gedicht Hildeberts über die Kardinaltugenden[438] heißt (v. 369f.) es: *Jam si transsiliat proprios prudentia fines,/fies suspectae calliditatis homo.* Und von der rechten *iustitia* wird gesagt (v. 335f.): *iustus enim quo sis, non solum laedere nullum, immo laedentes ipse iuvare stude.* Damit sind die Stellen bezeichnet, an denen Wolf und Fuchs die Grenzen überschreiten.

Dadurch ist ein umfassender Horizont begründet, der für die Tierfabel eine epische Großform möglich macht.

Vorläuferhaft ist noch die *Ecbasis captivi,*[439] die religiöse Sinngebung in der Außenfabel mit politischer Sinngebung in der Innenfabel vereint;

---

[437] Text des Gedichts »Adoro te devote«: The Oxford Book (wie Anm. 127), Nr. 265 (S. 403/04), nach: A. Wilmart, La tradition littéraire et textuelle de l'»Adoro te devote«, in: A. Wilmart, Auteurs spirituels et Textes devots du moyen âge latin, Paris 1932, S. 361—414 (Text: S. 393—395). In der (ersten) Darstellung der lateinischen Eucharistiedichtung von Breuer (Wilhelm Breuer, Die lateinische Eucharistiedichtung des Mittelalters von ihren Anfängen bis zum Ausgang des 13. Jahrhunderts, Ein Beispiel religiöser Rede, Beiheft zum Mittellateinischen Jahrbuch 2, Ratingen/Düsseldorf 1970) sind alle Fragen, die dieses Gedicht stellt, kritisch erörtert (S. 317—338); die 6. Strophe: S. 328—331.

[438] Anfang des Gedichts, das in 212 Distichen prägnant die Lehre von den Kardinaltugenden vermittelt (Migne 171, 1055—1064): Quattuor eximias virtutum proprietates ...

[439] Die »Ecbasis captivi«, 1875 von Ernst Voigt, 1935 von Karl Strecker herausgegeben (Neudruck: 1956), liegt jetzt in doppelsprachigen Ausgaben vor: Ecbasis cuiusdam captivi per tropologiam ... Introduction, Text, Translation, Commentary and Appendix, hg. u. übers. Edwin Zeydel, Chapel Hill 1964; Ecbasis cuiusdam captivi, Text und Übersetzung von Winfried Trillitzsch, historisch erklärt von Siegfried Hoyer, Leipzig 1964. Die kurzen Andeutungen meiner Darstellung beruhen auf einer eingehenden Ar-

das Gelingen der rechten staatlichen Ordnung, dargestellt am Hof des Löwen, ist Voraussetzung dafür, daß die religiöse Ordnung gesichert wird. So zielt das Werk in maskenhafter Darstellung auf die Einheit von Staat und Kirche.

Die beiden Großwerke der Tierdichtung, die im 12. Jahrhundert entstehen, der lateinische *Ysengrimus* Nivards (um 1148)[440] und der volkssprachige *Reinhart Fuchs*, uns zunächst in der Fassung des Dichters Heinrich greifbar (um 1180),[441] unterscheiden sich durch die Wahl des Helden und geben der Konfrontierung von Gewalt und List eine je verschiedene Richtung. Der lateinisch geschulte Nivardus liefert lateinisch Gebildeten in anspruchsvoller Sprache und Form die Geschichte vom Einbruch der Gewalt, die am Ende an ihrer eigenen plumpen Art zugrunde geht. Die in der Fabel liegende Spannung, die dialogisch ausgekostet wird, ist dadurch gesteigert, daß die Gewalt in den ihr wesensfremden Formen des kirchlichen Rituals dargestellt wird, wie am Ende die Vernichtung des wehrlos gewordenen Wolfes durch die Sauherde. Die sprachlich-rhetorische Form genießt die Überlegenheit über rohe Gewalt und Dummheit. Gleichzeitig freilich werden die Repräsentanten der kirchlichen Institutionen in ihrer Unzulänglichkeit demaskiert (eben durch die Maskierung). Die wesentlich kürzere Erzählung von *Reinhart Fuchs* verwendet zwar als Wesense-

---

beit, die in einem Auszug 1964 mitgeteilt wurde: Wege der epischen Dichtung im Mittelalter, in: Arch. f. d. Stud. d. neueren Sprachen u. Literaturen, 200. Band, 1964, S. 401–435 (Ecbasis S. 415–417), wieder abgedruckt in: Studien zur Gesch. d. deutschen Sprache u. Literatur, Bd. II, Düsseldorf 1966, S. 106–136 (Ecbasis S. 118–120). Danach ist erschienen: Elisabeth Gülich, Die Bedeutung der Tropologia in der »Ecbasis cuiusdam captivi« (in: Mittellateinisches Jahrbuch, hg. Karl Langosch, IV, 1967, S. 72–90); Ludwig Gompf, Die Ecbasis und ihr Publikum (Mlat. Jb.VIII, 1973, S.30–42). Zur »Fabel« und zur Auffassung der Tiere: Karl Meuli, Herkunft und Wesen der Fabel (in: Schweizer. Archiv f. Volkskunde 50, 1954, S. 65 ff.): Walter Pangritz, Das Tier in der Bibel, München und Basel 1963. Das Tier in der Dichtung, hg. und eingeleitet von Ute Schwab, Heidelberg 1970 (darin S. 91–113, Anm. S. 272–276: Dieter Schaller, Lateinische Tierdichtung in frühkarolingischer Zeit). Zu den Figuren von Fuchs und Wolf: Hans Robert Jauss, Untersuchungen (wie Anm. 416), S. 77–93. Erwin Leibfried, Fabel (Sammlung Metzler 66) 2. Aufl. Stuttgart 1973.
[440] Zum »Ysengrimus«: wie Anm. 416.
[441] Heinrich des Glichezares Reinhart Fuchs, hg. Georg Baesecke, mit einem Beitrag von Karl Voretzsch (Altdeutsche Textbibliothek Nr. 7), Halle 1925, 2. Aufl. v. Ing. Schröbler 1952; Reinhart Fuchs, das älteste deutsche Tierepos aus der Sprache des 12. Jahrhunderts in unsere übertragen von Georg Baesecke, Halle 1926. Zum Aufbau: Anm. 35. Jetzt auch: Karl Bertau (wie Anm. 416), I, 1972, S. 717–723 (»Verurteilte höfische Welt im Reinhart Fuchs«); Le Roman de Renart, übersetzt u. eingeleitet von Helga Jauß-Meyer (Klassische Texte d. roman. Mittelalters in zweisprachigen Ausgaben), München 1965. Literatur: I. Meiners, Schelm und Dümmling in Erzählungen des deutschen Mittelalters (Münchner Texte u. Untersuchungen zur deutschen Literatur des Mittelalters 20), München 1967; Bertau (wie Anm. 416), I, S. 509–515.

lement der Fabel den konfrontierenden Dialog und auch demaskierende Sprache, läßt aber sonst das Geschehen sprechen. Alle Ordnungen des menschlichen Daseins sind gefährdet, weil die *triuwe*, ihre Grundlage, nicht mehr gilt: weder in der Begegnung Einzelner (der *vita solitaria*) noch in den sozialen Gruppen (der *vita privata*) noch im Staat (der *vita publica*). Am Ende wird der Repräsentant des Staates, der Löwe, der nur an sich selbst denkt, vergiftet. Die Tiere als Träger menschlichen Verhaltens bilden eine in sich geschlossene Zeichenwelt, die überschaubar ist. Im späten niederdeutschen *Reinke de Vos*[442] ist diese satirische Gegenwelt zu einer Spielwelt geworden, in der Reineke, als Protagonist und Vorläufer des Schelmenromans, durch seine Schlauheit, die nicht mehr eigentlich bösartig scheint, triumphiert.

Auch im *Physiologus*[443] wird der Fuchs als *animal dolosum et fraudulentum* eingeführt,[444] er wird aber nicht mit dem Wolf als dem Repräsentanten der Gewalttätigkeit konfrontiert, sondern steht in einem anderen Bezug: er repräsentiert den Teufel und die Häretiker,[445] denen die Menschen verfallen (Ps. 63,10–12), die *secundum carnem* leben (vgl. Gal 5,17–21). Die *opera carnis* (Gal 5,19–21) sind des Teufels; so heißt es im lateinischen *Physiologus* und schon im griechischen *Physiologus* (Seel, S. 16), nur daß der griechische *Physiologus* in seinem Aufbau deutlicher macht, wie dieser religiöse Zeichenwert gewonnen wird: Er beginnt mit drei Zitaten aus der Heiligen Schrift (Matth 8,20 = Luc 9,58; Cant 2,15; Ps 63,10–12), die zeigen, wie nach Gottes Willen, der durch die Heilige Schrift spricht, der Fuchs aufzufassen ist; er berichtet dann, was der *Physiologus* vom arglistigen Verhalten des Fuchses sagt (er stellt sich tot und fängt so die Vögel, die sich auf ihm niederlassen); schließlich wird die Analogie zwischen der Aussage der Heiligen Schrift und der des *Physiologus* hergestellt. Der Fuchs wird zu einem religiösen Zeichen: die *opera carnis* führen in die Verdammnis (in die Gewalt des Teufels).

---

[442] Reinke de Vos, nach der Ausgabe von Friedrich Prien neu hg. Albert Leitzmann (Altdeutsche Textbibliothek 8), 1925. Das mittelniederländische Epos »Van den vos Reinaerde«: hg. J. W. Muller, 3. Aufl. 1944; dazu von demselben: Critische Commentaar, 1917; Exegetische Commentaar, 1942.

[443] Ausgaben und Literatur: Anm. 340. »Physiologus« als Dokument der zweiten Sprache: Brinkmann, Die zweite Sprache (wie Anm. 53a und 404), S. 165–168. Zur Wahrheitsfrage: Grubmüller (Frühmittelalterliche Studien XII, 1978, S. 160–177) u. Christel Meier (ebd. S. 116–159).

[444] »Dicta Chrysostomi« (Fr. Wilhelm, Denkmäler, wie Anm 340, Kommentar, S. 33): Vulpis est animal dolosum et fraudulentum nimis. ...

[445] Wilhelm (wie Anm. 444): sic sine dubio diabolus et omnes heretici, quorum similitudinem tenet vulpis, faciunt ...

Die Tiere des *Physiologus* haben einen *sensus spiritalis*, der verschiedene Verhaltensweisen einschließen kann. Ein Zeichen vereint in sich unter Umständen einen ganzen Komplex von Verhaltensweisen. So ist es beim Adler,[446] der als Zeichen für die Wiedergeburt des Menschen steht; er schließt die Taufe ein, die ihn von der Erbsünde befreit, die Buße, in der ihm Christus die Sünden vergibt und ihn rein macht zum Empfang des heiligen Brotes, und die Gnade des Heiligen Geistes, die ihm erlaubt, in das ewige Leben einzugehen. Das eine Zeichen des Adlers genügt, alle diese Momente zu vergegenwärtigen. Theologische Aussagen werden so auf die Kurzform einer sichtbaren Chiffre gebracht, die den ganzen Raum von der Schöpfung und Erbsünde über die Erlösung bis zur Wiederkunft umfaßt.

Der *Physiologus* ist von Anfang an ein Lehrbuch für Christen, das ihnen Winke geben will für das Bestehen der christlichen Existenz. Der unbekannte Urheber der Sammlung, der um 200 in Alexandria gelebt haben kann, benutzt Aussagen über das Verhalten von Tieren, die er in mündlicher und schriftlicher Überlieferung vorfand, um sie in Beziehung zu setzen zu Aussagen der Heiligen Schrift und so zu Zeichen für religiöse Sachverhalte zu erheben. Sie sehen den Menschen zwischen Christus und dem Teufel auf dem Weg zu seiner christlichen Bestimmung und fassen in Chiffern zusammen, was sonst oft umfänglicher dogmatischer Aussage bedürfte. So ist der *Physiologus* auch in der Wiener Handschrift, die den jüngeren deutschen *Physiologus* überliefert, zwischen Genesis und Exodus gestellt und ebenso in der Millstätter Handschrift, die den Prosatext – in Angleichung an Genesis und Exodus – in Reimverse bringt.[447] Um 400 bereits muß eine lateinische Bearbeitung des Originals entstanden sein, die Isidor, Aldhelm und Beda bekannt war. Spätestens im 11. Jahrhundert kam es zu einer lateinischen Bearbeitung, in der nur noch die Tiere enthalten sind (Edelsteine und Bäume werden ausgeschlossen) und zwar so geordnet, daß zuerst, mit dem Löwen als Zeichen für Christus beginnend und mit dem Igel als Zeichen für den Teuel schließend, die Tiere vorgeführt werden (19 Tiere) und dann die Vögel, mit dem Adler beginnend und mit dem Phönix schließend, folgen (9 Vögel).

---

[446] Adler: Griech. Physiologus (Seel), Nr. 6; Dicta Chrysostomi (bei Wilhelm), Nr. 19; Jüngerer deutscher Physiologus (bei Wilhelm im Textband S. 24f., Nr. 19); Metra Thebaldi (Migne 171, 1217–1224), Nr. 2 (12 Distichen).

[447] Texte: Der altdeutsche Physiologus. Die Millstätter Reimfassung und die Wiener Prosa nebst dem lateinischen Text und dem ahd. Physiologus, hg. Friedrich Maurer (Altdeutsche Textbibliothek 67), Tübingen 1967.

Im 11. Jahrhundert sind die *Metra Thebaldi*[448] entstanden, die vielleicht von Theobald von Montecassino (Abt 1022–1035) verfaßt sind, der am Aufbau der großen Klosterbibliothek wesentlich beteiligt war. Was Amatus später für die Edelsteine geleistet hat, wäre ihm dann für den Spiritualsinn der Tiere zu verdanken. Zwölf Tierzeichen (diese Anzahl offenbar in Analogie zu den zwölf Edelsteinen) sind in wechselnden Metren (nach dem Vorbilde der *Consolatio* des Boethius) dargestellt, wobei die Dreiteiligkeit des *Physiologus* in Prosa zu einer Zweiteiligkeit reduziert ist; die Schriftzitate sind in den Text eingeschmolzen. Der erste Teil spricht vom Verhalten des Tieres (seiner *natura*), der zweite Teil von seiner religiösen Bedeutung (seiner *figura*). Dies Gedicht hat eine starke Wirkung gehabt und ist seit dem 13. Jahrhundert erklärt worden.

Aus dem Englischen haben wir in der Exeter-Handschrift vier Gedichte, in denen Tiere des *Physiologus* behandelt sind (Panther, Walfisch, Rebhuhn und Phönix), wobei für die Darstellung des Phönix das dem Lactanz zugeschriebene Phönix-Gedicht (Anthologia latina Nr. 485 a) Vorbild war.

Folgenreich war auch das Vogelbuch Hugos von Fouilloy (de Folieto), der naturwissenschaftliche und medizinische Kenntnisse in seinen Werken[449] religiös verwendete. Es ist dadurch ausgezeichnet, daß es vom Verfasser selber illustriert worden ist.[450] In der Überlieferung schließt sich an das Vogelbuch ein Tierbuch *(Bestiarium)* an.[450a]

Besonders in Frankreich hat der *Physiologus* literarisch gewirkt.[451] Kurz nach 1121 bereits hat Philipp von Thaun der Königin Alice von England einen *Bestiaire* gewidmet,[452] der die Menschen klassifiziert. Menschen, die der Welt verfallen sind, werden durch die Tiere bezeichnet, die den Blick nach unten richten; Gläubige, die Gott zugewendet sind, durch

---

[448] Bei Migne (171) unter Hildebert (1217–1224); Überlieferung: Hans Walther, Initia carminum ac versuum Medii Aevi, Göttingen 1959, Nr. 19395. Vgl. auch: A. W. Rendall, A Medieval Bestiary, London 1912; deutsche Übersetzung (Physiologus Theobaldi deutsch) hg. Dietrich Schmidtke (Beitr. 89, Tübingen 1968, S. 270–301). Die metra Tebaldi als Dokument der zweiten Sprache: Brinkmann, Die zweite Sprache (wie Anm. 53a, 404 und 443), S. 167.

[449] Hugo de Folieto, De medicina animae (Migne 176, 1183ff.)

[450] Hugo de Folieto, De avibus: Migne 176, 13ff.; dazu: H. Peltier, Hugues de Fouilloy (in: Revue du moyen âge latin, II, 1946, S. 24–44).

[450a] Dazu: Fr. Ohly, Probleme der mittelalterlichen Bedeutungsforschung (wie Anm. 392), S. 172–201.

[451] Vgl. Florence McCulloch, Mediaeval Latin and French Bestiaries (Univ. of North Carolina Studies in the Romance Languages and Literatures Nr. 33), Chapel Hill, 2. Aufl. 1967; zur ersten Auflage (1962): Hubert Silvestre, in: Revue d'histoire ecclésiastique 58, 1963, S. 720ff.

[452] Text: wie Anm. 342; vgl. Brinkmann, Die zweite Sprache (wie Anm. 53a und 404), S. 167.

die Vögel, die den Blick nach oben lenken; die vollkommenen Christen durch die Edelsteine. An Zuhörer, die mit ritterlicher Dichtung vertraut sind, wendet sich um 1210 die große Dichtung des Guillaume le Clerc,[453] die Speise und Trank für die Seele bieten will. In Reimpaaren werden in Erzählung und Deutung 37 Tierzeichen behandelt. Der Eingang stellt die Beziehung zur Heiligen Schrift her, am Ende stehen die Parabeln von den Talenten (Matth 25,14–30) und von den Arbeitern im Weinberg (Matth 20,1–16). Etwas später (vor 1250) verfaßte der medizinisch geschulte Richard von Fournival einen *Bestiaire d'Amours*[454], der den *Physiologus* als Zeichen für spirituelle Minne versteht.

In allen Literaturen treffen wir Zeichen aus dem *Physiologus* an. Das hatte schon Friedrich Lauchert gezeigt,[455] und vor kurzem ist die Berliner Dissertation von D. Schmidtke[456] umfassend dem Sachverhalt nachge-

---

[453] Text: Le Bestiaire. Das Thierbuch des normannischen Dichters Guillaume le Clerc, hg. R. Reinsch, Leipzig 1892; dazu: Brinkmann, Die zweite Sprache (wie Anm. 53a und 404), S. 168.

[454] Li Bestiaires d'Amours di Maistre Richart de Fornival e Li Response de Bestiaire, hg. C. Segre, Milano/Napoli 1957. Friedrich Ohly (Probleme der Bedeutungsforschung, wie Anm. 392) zitiert in Übersetzung aus dem Prolog (Anm. 22, S. 174/175). Vor kurzem hat Paul Klopsch in Zusammenhang mit der Frage der Verfasserschaft für die »Vetula« Leben und Werk Fornivals überprüft: Paul Klopsch, Pseudo-Ovidius De Vetula (Mittellateinische Studien und Texte, II, Leiden/Köln 1967), S. 86–99. Außer dem Bestiaire d'Amours hat der Autor in der Volkssprache verfaßt: Liebeslieder, Marienlied, Kreuzlied und ein Jeu partit (hg. P. Zarifopol, Kritischer Text der Lieder Richards de Fournival, Diss. Halle 1902); ferner zwei liebestheoretische Abhandlungen, von denen die eine herausgegeben ist: W. M. McLeod, The Consaus d'Amours of Richard de Fournival (in: Studies in Philology 32, 1935, S. 1–21); Inhalt und Auszüge der Abhandlung »Puissance d'Amours« bei E. Langlois (Quelques oeuvres de Richard de Fournival, in: Bibl. de l'Ecole des Chartes 65, 1904, S. 101–115). Lateinisch sind geschrieben: eine »Biblionomia«, ein Katalog seiner Bibliothek, die von ihm der Öffentlichkeit zugänglich gemacht wurde und später (1271) in den Besitz der Sorbonne gelangte; eine astrologische Autobiographie (dazu: A. Birkenmajer, in: Isis 40, 1949, S. 18–31) und eine Abhandlung »De arte alchemica« (bisher nicht ediert).

[455] Friedrich Lauchert, Geschichte des Physiologus, (wie Anm. 340).

[456] Dietrich Schmidtke, Geistliche Tierinterpretation in der deutschsprachigen Literatur des Mittelalters, Diss. phil., Freie Universität Berlin 1968. An dieser Stelle sei auf Werke hingewiesen, in denen Tierzeichen behandelt sind: Vera von Blankenburg, Heilige und dämonische Tiere. Die Symbolsprache der deutschen Ornamentik im frühen Mittelalter, Leipzig 1943; G. Ferguson, Signs and Symbols in Christian Art, New York 1954; J. E. Cirlot, A dictionary of symbols, London 1962; Dorothea Forstner, Die Welt der Symbole, 2. verb. Auflage, Innsbruck/München 1967 (zuerst 1961); Wolfram von den Steinen, Altchristlich-mittelalterliche Tiersymbolik (in: Symbolon, Jahrbuch für Symbolforschung V, 1964, S. 218–243); derselbe, Homo caelestis. Das Wort der Kunst im Mittelalter, 2 Bde., Bern 1965; Margaret W. Robinson, Fictitious Beasts, London 1961; V. H. Debidour, Le Bestiaire sculpté du Moyen Age en France, Grenoble 1961; G. Penco, Il simbolismo animalesimo nella letteratura monastica (in: Studia Monastica VI, 1964, S. 7–35).

gangen. Einzelne Tierzeichen sind in ihrer Wirkung besonders verfolgt worden: der Löwe bei Hegener,[457] die Taube bei Ohly,[458] Taube und Rabe in der Kölner Dissertation von H. Messelken.[459] Dabei wird der im *Physiologus* gegebene Grundbestand immer wieder erweitert.[460] Die Zeichen werden so selbstverständlich, daß sie für die gemeinten religiösen Aussagen eintreten können, wie in Abaelards Hymnus zu den Laudes des österlichen Triduum:[461] *Dormit hoc triduo leonis catulus*. Naturgemäß sind die Tierzeichen für die Evangelisten geläufig.[462]

Diese Zeichen können aber auch auf den Ritter angewendet werden; dabei bekommen sie allerdings leicht einen neuen Zeichenwert. So nennt etwa Meister Stolle[463] die bekannten Zeichen des Löwen und des Straußes mit den Verhaltensweisen, die der *Physiologus* berichtet,[464] versteht sie aber als Mahnung an den Fürsten(*herren*), der Christenheit Frieden zu verschaffen (Ruf des Löwen) und Milte zu üben (der Strauß brütet seine Jungen mit den Augen aus).

---

[457] Hegener (wie Anm. 53), S. 33–43; im »Verzeichnis« (S. 209–210) sind die Worte aufgeführt, die dem Menschen als Zeichen dienen.

[458] Ohly, Probleme der Bedeutungsforschung (wie Anm. 397), S. 176–196.

[459] H. Messelken, Die Signifikanz von Rabe und Taube in der mittelalterlichen deutschen Literatur, Diss. phil. Köln 1965. An dieser Stelle seien weitere Monographien genannt: C. Cohn, Zur literarischen Geschichte des Einhorns (Wissenschaftliche Beilage zum Jahresbericht der Elften Städt. Realschule zu Berlin 1896); Jürgen Werinhard Einhorn, Spiritalis Unicornis. Das Einhorn als Bedeutungsträger in Literatur und Kunst des Mittelalters (Münstersche Mittelalter-Schriften 13), München 1976; Klaus Speckenbach, Der Eber in der deutschen Literatur des Mittelalters (in: Verbum et Signum, wie Anm. 101, I, S. 415–477).

[460] Zur Ergänzung und Erweiterung diente vor allem das 12. Buch von Isidors Etymologien, das antike Aussagen und Dichterzitate zu Tieren an das Mittelalter weitergab. Natürlich schöpfte man auch aus den Wörterbüchern und Realenzyklopädien, die in Anm. 151ff. genannt sind.

[461] Petri Abaelardi Hymnarius Paraclitensis, hg. G. M. Dreves, Paris 1891, Nr. LIII, S. 118. Mit diesen Worten beginnt die erste Strophe: Dormit hoc triduo leonis catulus,/sicut praedixerat sermo propheticus,/donec hunc suscitat rugitus patrius,/cum dies venerit, quo fit hoc, tertius. Die Strophe spricht allein von dem Zeichen (leonis catulus); sie legitimiert es aber in der 2. Zeile: sicut praedixerat sermo propheticus. Damit wird auf das 1. Buch Moses (Gen 49, 9) verwiesen, auf die Worte Jakobs an seine Söhne vor dem Tod (49, 1–28). Die »Dicta Chrysostomi«, die lateinische Bearbeitung des Physiologus, eröffnen mit diesem Zitat ihre Darstellung und Deutung der Tierzeichen (bei Wilhelm, wie Anm. 340, Kommentar, S. 17/18). Die angeführte Stelle auch: Analecta Hymnica 48, S. 176.

[462] Vgl. Nr. 8/9 bei Reinmar von Zweter: Gustav Roethe, Reinmar von Zweter, Leipzig 1887.

[463] Die Strophe (von der Hagen Minnesinger, III, S. 5) ist abgedruckt in: Die deutsche Literatur, Texte und Zeugnisse, hg. Helmut de Boor, München 1965, I, S. 836.

[464] In den »Dicta Chrysostomi« (bei Wilhelm wie Anm. 340), Nr. 1 und Nr. 24.

Reinmar von Zweter[465] und nach ihm der Jüngere Titurel[466] haben ein Bild des idealen Ritters entworfen, das aus je sieben Tierzeichen besteht, die Eigenschaften und Verhaltensweisen bezeichnen (mit leichten Abweichungen im Jüngeren Titurel): das Auge des Straußes bezeichnet reinen Blick, der Kranichhals überlegtes Sprechen, das Gehör von Schweinen (bzw. vom Luchs) Erkenntnis der Lage, das Herz des Löwen die Tapferkeit, die rechte Hand wie beim Adler Freigebigkiet, die linke Hand wie beim Greif die Fähigkeit zu bewahren, Bärenfüße Standfestigkeit. Dies zeichenhafte Idealbild des Mannes hat später Hutten auf seine Weise adaptiert;[467] bemerkenswert ist aber, daß er nicht von Tierzeichen ausgeht, sondern mit ihnen vergleichend seine Aussagen illustriert. Die Auffassung hat sich gewandelt.

Pflanzen und Bäume

Als Zeichen werden auch Pflanzen und Bäume verstanden.[468] Dabei konnte die umfangreiche Liste, die Isidor gibt (lib. XVII), keine Hilfe geben, weil sie nur gelegentlich über Bedeutung und Heilwirkung aussagt. Für den Nutzwert (Heilwirkung) waren Quelle wesentlich die *Naturalis historia* des Plinius, für die religiöse Bedeutung Aussagen der Heiligen Schrift und deren Kommentierung. Literarisch erscheinen sie vor allem als Elemente des Paradieses.[469] Am Beispiel der Lilie hat Hege-

---

[465] Roethe (wie Anm. 462), Nr. 99/100; bei de Boor (wie Anm. 463) I, S. 724. Die 1. Strophe (Nr. 99) entwirft aus 7 Tierzeichen das Bild; die 2. Strophe (Nr. 100) nennt die Verhaltensweise, die mit dem Zeichen gemeint ist: Struzes ougen sol ein man/durch lieplich ansihte gegen den sinen gerne han ...

[466] Jüngerer Titurel: Ausgabe wie Anm. 374; Str. 1894–1900, Bd. I, S. 481f. Zu dem Bild des idealen Ritters aus Tierzeichen: Brinkmann, Die zweite Sprache (wie Anm. 53a und 404), S. 168. Die Strophen geben jeweils ein Tierzeichen und dazu die tropologische Deutung, die jeweils in die Kehrzeile einmündet: nu hute wol der verte. Die Strophen stehen in Titurels Vermächtnis, das Jakobs Abschiedsworte an seine Söhne zur Präfiguration hat.

[467] Ulrich Hutten, Opera, hg. Eduard Boecking, 3. Bd., Leipzig 1862. Das Gedicht hat den Titel »vir bonus«.

[468] Die »Clavis Melitonis« (wie Anm. 288) stellt im 7. Kapitel (De lignis et floribus) Zeichenwerte der Bäume und Pflanzen zusammen.

[469] Elisabeth Peters, Quellen und Charakter der Paradiesbeschreibungen in der deutschen Dichtung vom 9.–12. Jahrhundert (Germanistische Abhandlungen 48), Breslau 1915; Rainer Gruenter, Das Paradies der Wiener Genesis (in: Euphorion 49, 1955, S. 121–144); Lottlisa Behling, Die Pflanze in der mittelalterlichen Tafelmalerei, Weimar 1957; dieselbe, Die Pflanzenwelt der mittelalterlichen Kathedralen, Köln/Graz 1964; Manfred Lurker, Der Baum in Glaube und Kunst (Studien zur deutschen Kunstgeschichte 328), Straßburg 1960; ders., Der Baum im alten Orient, ein Beitrag zur Symbolgeschichte (Beiträge zur Geschichte, Kultur und Religion des alten Orients), 1971;

ner[470] gezeigt, wie die Zeichenwert einer Pflanze entsteht und wie er in der Dichtung verwendet wird. »Moly, das seelenheilende Kraut des Hermes« und die berühmte »Mandragora« hat Hugo Rahner als Beispiele für christliche Umdeutung antiker Mythen dargestellt.[471]

Walahfrids Gedicht vom Gartenbau[472] behandelt 23 Pflanzen, die im Klostergarten angebaut werden, und gibt dabei Auskunft über ihren Namen, ihre *proprietates* und ihre schützende und heilende Wirkung. Nur im Schluß spricht er von der religiösen Bedeutung von Lilie und Rose (v. 415ff.).

Wie Marbod mit seinem *Lapidarius* das mittelalterliche Grundbuch für die Heilkräfte der Edelsteine gab, so lieferte Odo von Orléans im *Macer floridus de viribus herbarum* das Grundbuch für die Heilkräfte der Pflanzen.[473]

Das Werk führt in der antiken Form des Hexameters (2269 Verse), also in derselben Form wie Walahfrids Gedicht vom Gartenbau, die Kräfte von 77 Pflanzen vor. Der in der Dresdener Handschrift (Choulant S. 4) genannte Odo Magdunensis wird nach Williams[474] Odo von Orléans

---

Ernst Fehrle, Garten, Rose und Rosengarten im mhd. Epos, Diss. phil. (Masch.), Heidelberg 1924; D. W. Robertson, The doctrine of Charity in Mediaeval literary Gardens (in: Speculum 26, 1951, S. 24–49).

[470] Hegener (wie Anm. 53 Ende), S. 44–69.

[471] Zunächst als Abhandlung erschienen: Hugo Rahner, Die seelenheilende Blume in antiker und christlicher Symbolik (in: Eranos XII, 1945, S. 233ff.); dann zweiter Teil (S. 161–238) in dem bedeutenden Buch: Griechische Mythen in christlicher Deutung (3. Auflage 1957), Zürich 1966. Der Abschnitt über die christliche Deutung steht: S. 181–196 (Moly) und S. 215–238 (Mandragora). Es gibt nur wenige Arbeiten von solchem Gewicht.

[472] Walahfrid Strabo, De cultura hortorum (in: Monum. Germ. Poetae II, 335ff.); Walahfrids Gedicht vom Gartenbau, lateinisch und deutsch von Werner Näf und Matthäus Gabathuler, 2. Aufl. St. Gallen 1957; lat. und deutsch von Karl Langosch (wie Anm. 433). Lyrische Anthologie, S. 112–139. Vielfach wird die Heilwirkung der Pflanzen genannt. So schließt der Abschnitt über eine Melonenart (pepones) mit dem Vers (180): vi naturali frigus per viscera nutrit. Von Rose und Lilie heißt es im Schlußabschnitt (v. 415–418): Haec duo namque probabilium genera inclyta florum/Ecclesiae summas signant per saecula palmas,/sanguine martyrii carpit quae dona rosarum/liliaque in fidei gestat candore nitentis.

[473] Macer floridus de viribus herbarum, hg. Ludwig Choulant, Leipzig 1852; dazu: Cyrill Resak, Odo Magdunensis und der Verfasser des Macer floridus, Diss. Leipzig 1917. Odos medizinische Kenntnisse werden von Gottfried von Reims gerühmt (vgl. Wilh. Wattenbach, Lateinische Gedichte aus Frankreich im XI. Jahrhundert, in: Sitz. Ber. d. Akad. d. Wiss. Berlin, Phil.-hist. Kl. 1891, S. 103): huic etiam nomen peperit medicina superbum/sumptaque de Plinii pauca sit apta libris.

[474] J. R. Williams, Godfrey of Reims a Humanist of the XIth Century (in: Speculum XXII, 1947, S. 29–45, S. 34f.); Gedichte Gottfrieds von Reims hat André Boutemy bekannt gemacht: Trois oeuvres inédites de Godefroid de Reims (in: Revue du moyen âge latin III, 1947, S. 335 ff.); Autour de Godefroid de Reims (in: Latomus VI, 1947, S. 231 ff.).

sein, der in Tours und Tournai als Lehrer wirkte und durch Gottfried von Reims als Verfasser eines verlorenen Trojaepos bekannt ist. Bereits im *Regimen sanitatis Salernitanae* von Johannes von Mailand (1101) ist der *Macer floridus* benutzt. Das Werk wurde für die Folgezeit das maßgebende Lehrbuch. Im 13. Jahrhundert nahm Vincenz von Beauvais Teile daraus in sein *Speculum naturale* auf, noch im 16. Jahrhundert schrieb kein geringerer als Paracelsus zu den ersten dreizehn Kapiteln einen Kommentar, und bis ins 16. Jahrhundert wurde es immer wieder abgeschrieben und gedruckt.

Anders als Walahfrid ist der *Macer floridus* (der Name nach einem römischen Schriftsteller aus der Zeit des Augustus) mit der antiken Lehre von den *humores* bekannt, die Theophrastos von Eresos begründet hatte und Dioskurides der Nachwelt überlieferte. Dioskurides, ein Zeitgenosse des Heiligen Paulus, verfaßte eine Arzneimittellehre in 5 Büchern,[475] die – ähnlich wie der griechische *Physiologus* – im 5. Jahrhundert ins Lateinische übersetzt und im 11. Jahrhundert unter dem Namen *Dyaskirides* in Salerno alphabetisch geordnet wurde (diese Umordnung wird dem großen Übersetzer antiker Mediziner Constantinus Africanus zugeschrieben). Die Lehre des Dioskurides (bzw. Theophrastos) bestimmt die Heilkräfte der Pflanzen nach dem Grad, in dem sie die vier Eigenschaften (der vier Elemente) trocken oder feucht, warm oder kalt, enthalten. Diese Lehre ist auch Hildegard von Bingen in ihrer *Physica*[476] bekannt, tritt aber nicht in dem deutschen Kräuterbuch aus dem 12. Jahrhundert[477] auf (wohl aus praktischen Gründen).

Verhältnismäßig früh ist der *Macer floridus* ins Deutsche übersetzt worden: im 13. Jahrhundert mit einer gereimten Vorrede[478] und dann im 14. Jahrhundert.[479] Seit dem 15. Jahrhundert sind »Kräuterbücher« in Versen überliefert, so aus dem Ende des 15. Jahrhunderts (1485) ein »Confectbuch« von Hans Folz, dem Reformator des Meistersangs.[480]

---

[475] Dioskurides, De materia medica, hg. M. Wellmann, 3 Bde. 1958 (zuerst: 1906–1914); dazu: M. Wellmann, Die Schrift des Dioskurides Peri haplon pharmakon, 1914. Die Lehre von den humores wurde durch Isidor weitergegeben (Etym., wie Anm. 13, IV, 5 De quatuor humoribus corporis): Sicut autem quattuor sunt elementa, sic et quattuor humores (ebd. § 3). Ein Fundament dieser Lehre legte Plato im Timaeus.

[476] Hildegard von Bingen, Physica: Migne 197, 1117ff.

[477] Kräuterbuch in der Prüler und Innsbrucker Fassung: Wilhelm, Denkmäler (wie Anm. 357), Nr. XII, S. 42–45.

[478] Vgl. Josef Haupt, Über das mitteldeutsche Arzneibuch des Meisters Bartholomeus (in: Sitz.-Ber. d. Akad. d. Wiss., Phil.-hist. Kl., Wien 1872, Bd. 71, S. 451–566).

[479] Hg. G. Schmidt (in: ZfdPh XII, S. 155–182).

[480] In der Ausgabe des Macer floridus von Choulant (wie Anm. 473), S. 179–193.

Wie Walahfrid am Ende seines Werkes Rose und Lilie als Paar behandelt, so sind sie auch im *Macer floridus* gepaart (Nr. 21 und 22), wie Gold mit Silber. Aber nicht von der Schönheit soll die Rede sein, sondern allein von den Heilkräften (v. 776ff.). Die Rose ist trocken und kalt im ersten Grade (v. 780): *eius sicca gradu vis est et frigida primo*. Darum beruhigt sie den Magen; trocken gerieben wirkt die Rose gegen jede Art von Hitze. Rosenöl, dessen heilende Wirkung auch Walahfrid rühmt (v. 422ff.), kann den Magen beruhigen und, in den Mund genommen, Zahnschmerz lindern.

Als Zeichen für die zweite Sprache erscheint die Rose (wie die anderen Pflanzen) im *Macer floridus* nicht, weil es allein auf ihre natürliche Heilkraft für das Leben des Menschen ankommt, während bereits in der Karolingerzeit bei Walahfrid[481] und bei Sedulius Scottus[482] die Rose als Zeichen für das Martyrium genannt wird.

Walter von Chatillon führt in einem Rosengedicht für die Rose die Zeichengebung vor.[483] Es handelt sich bei dem Festgedicht um eine Rose aus Gold. Tropologisch (Str. 12 *moraliter*) ist die Rose *figura* für die *sapientia* durch das Material, das Gold als wertvollstes Metall, und für die *karitas* durch ihre rote Farbe;[484] allegorisch (nach dem *sensus altioris glose*) ist das Gold der Rose als *figura* der *sapientia* zugleich Zeichen für Christus, die *sapientia*, und die rote Farbe der Rose repräsentiert Christus, der am Kreuz sein Blut vergossen hat, das als Öl Wunden heilt und den Blinden Licht gibt.[485]

Daß Odo auch mit dem religiösen Zeichenwert von Pflanzen und Bäumen bekannt war, die im *Macer floridus* nicht erwähnt werden, zeigt sein

---

[481] Walahfrid im Buch vom Gartenbau, v. 417 (in der Anthologie von Langosch, wie Anm. 472, S. 136).

[482] Sedulius Scottus im Streit zwischen Rose und Lilie (Mon. Germ. Poetae III, hg. Ludwig Traube, S. 230f.), v. 41 (tu, rosa, martyribus rutilam das stemmate palmam), in der Anthologie von Langosch (wie Anm. 472), S. 180.

[483] Walter von Chatillon, Moralisch-satirische Gedichte, Heidelberg 1929, Nr. 14, S. 127–132. Zu der Zeichengebung des Gedichts: Hegener (wie Anm. 53 Ende und 470), S. 160–163.

[484] Str. 6–8 Si bene meminimus, duo sunt in rosa,/et hec a misterio non sunt otiosa,/scilicet materies auri pretiosa/et coloris species satis speciosa.//In metallis omnibus aurum dominatur,/per quod sapientia recte figuratur,/nam sicut in pagina sacra memoratur,/ceteris virtutibus ista principatur (Prov. 8, 11 und 16, 16).//Per colorem rose, quem rubeum notatis,/designatur karitas, soror largitatis. ...

[485] Str. 12, 1–2 Audisti moraliter intellectum rose,/set si sensum postulas altioris glose ...;/ Str. 13, 1–2 Dixi sapientiam auro figurari/et hoc Christo congrue potest adaptari; ...;/ Str. 15 (in Auswahl) Ecce rosa Christus est rubei coloris ... cuius caro ... in cruce respersa est ...//Str. 19, 1 Vite Christus olcum reddit lumen cecis ...

Gedicht über das Sechstagewerk *Omnipotens in principio*[486], das für die einzelnen Tage eine allegorische Erklärung gibt (v. 39ff.): die grünenden Pflanzen und Frucht tragenden Bäume, die am dritten Tage nach der Trennung trockener Erde vom Wasser entstehen (Gen. 1,9–12), bezeichnen die *doctores*, die die Worte Gottes bewahren und den Brüdern mitteilen.

Pflanzen und Bäume treten von Anfang an in Darstellungen des Paradieses auf; in Kommentaren werden sie (nach Ambrosius) auf ihren Zeichenwert gedeutet und gehen mit diesem Zeichenwert in die religiöse Dichtung, vor allem die Marienlyrik, ein.[487] Dabei wirken sinngebend vor allem Stellen aus dem Hohenliede (Cant. 2,1–5, 2,13 und 16; 4,11–15), das als Gespräch zwischen Christus und Maria (bzw. der Seele des christlichen Menschen, die Gott sucht) verstanden wurde, und der große Preis der *sapientia (divina)* aus dem Buch *Ecclesiasticus* (24,17–23), der in der Messe zur Himmelfahrt Mariens und zur Unbefleckten Empfängnis als Lesung verwendet wird. Dieser Preis der *sapientia* wurde im Buch *Ecclesiasticus* durch den Preis des Hohepriesters Simon ergänzt *(Ecclesiasticus* 50,8–14), und viele anderen Stellen aus dem Alten Testament (so Psalm 91,13 und Osee 14,6) und dem Neuen Testament (so Joh. 15, 1–7) kamen hinzu, die in die Liturgie übernommen wurden (so Ps. 91,13 in die Bekennermesse und Joh. 15,1–7 in die Märtyrermesse).

Wie die im Preis der *sapientia* genannten Bäume als religiöse Zeichen gedeutet wurden, läßt sich jetzt anschaulich am *Liber floridus* des Lambert von St. Omer (1120) studieren, einem illustrierten Florileg, das einer Enzyklopädie gleichkommt, die weite Bereiche des damaligen Wissens vorstellt.[488] In der Genter Handschrift ist das Original, in Wolfenbüttel eine illustrierte Abschrift erhalten. Abbildungen daraus hat Lottlisa Beh-

---

[486] Odo von Orléans, De operibus sex dierum (Migne 171, 1213–1218); bei Migne vor den Metra Tebaldi unter Hildebert gedruckt. Zu dem Gedicht: Neues Archiv XVII, S. 356. Zum 6. Tag wird gesagt (v. 81ff.), daß die Erde mit ihren Tieren den »äußeren Menschen« bezeichnet (v. 83 haec motus hominis designant exterioris ... v. 85/86 quod mare produxit, hominis notat interioris/sensus, quos piscis more profunda tegunt. Sonne und Mond, die am vierten Tage erschaffen werden, bezeichnen Christus und die Kirche (v. 52 per quae signantur Christus et Ecclesia). Im Anschluß an Genesis 1, 29/30 heißt es (v. 157–160): Quod cunctas herbas fructumque ferentia ligna/dat Deus, his escas sic potes accipere:/parvos et magnos, herbas et ligna fideles/accipe, qui patribus dant alimenta sacris.

[487] Zu Adam von St. Victor: Hegener (wie Anm. 53 Ende und 483), S. 107–108; vgl. auch bei Hegener das »Sach- und Wortverzeichnis« (S. 209–211).

[488] Zum »liber floridus« des Lambert von St. Omer: Manitius (wie Anm. 429) III S. 242ff.

120

ling[489] in ihrem Buch über die Pflanzenwelt der mittelalterlichen Kathedrale mitgeteilt.

Der Preis der *sapientia* wird als Stimme der Kirche genommen *(vox ecclesiae)*, die mit dem Lob der acht Bäume die acht Seligpreisungen aus der Bergpredigt (Matth. 5,3–11) verbindet und so die Verheißungen des Alten Testaments typologisch vom Neuen Testament aus erklärt. Es beginnt:[490] *Vox ecclesiae: Quasi cedrus exaltata sum in Lybano* (Ecclesiasticus 24,17) *humilitate per quam beati pauperes spiritu* (Matth. 5,3). *beatitudo virtusque prima.* In dieser Weise werden zugeordnet: *cypressus* den *mites*, *palma* den Trauernden *(qui lugent)*, die *plantatio rosae* denen, die hungern und dürsten nach Gerechtigkeit *(fortitudo)*, *oliva* den Barmherzigen, *platanus juxta aquam* denen, die reinen Herzens sind, der Terpetinbaum *(terebinthus)*, der seine Zweige ausbreitet, den Friedfertigen, der Weinstock *(vitis)* denen, die um der Gerechtigkeit willen Verfolgung erdulden. Ausgespart ist die Nennung der aromatischen Pflanzen, die beim Gottesdienst verwendet wurden (24,20–21). Ähnlich also wie die Edelsteine der Apokylpse repräsentieren die Bäume Haltungen, die zur ewigen Seligkeit führen. Der Jüngere Titurel, der die Elemente der zweiten Sprache (Edelsteine und Tiere) als Zeichen für den christlichen Ritter nimmt, verwendet zwölf Blumen als Zeichen für das Verhalten des Ritters gegenüber den Frauen.[491]

Die zweite Sprache bei Heinrich von Müglin

Wie die verschiedenen Reihen der zweiten Sprache in einer religiösen Dichtung eingesetzt werden konnten und welchen Stellenwert sie dabei im Rahmen des göttlichen Heilsplans erhalten konnten, zeigt eine Mariendichtung, der ihr Verfasser *(von Müglin Heinrich)* den Titel »Tum« gegeben hat.[492] Das Werk umfaßt 72 Strophen (VI, 1–72 ≈ Str. 110–181),

---

[489] Lottlisa Behling, Die Pflanzenwelt der mittelalterlichen Kathedralen (wie Anm. 469), Abbildung LX und LXI, dazu der Text: S. 44ff.

[490] Lottlisa Behling (wie Anm. 429 und 488), Anm. 115.

[491] Jüngerer Titurel (wie Anm. 374 und 466), Bd. I, Str. 1911–1925.

[492] Text in: Die kleineren Dichtungen Heinrichs von Mügeln, hg. Karl Stackmann (Deutsche Texte des Mittelalters 51), Berlin 1959, Buch VI, 1–72 (= Str. 110–181, S. 148–219). Titelangabe des Autors: diß buch das heißt der tum. Zu dem Gedicht: Brinkmann, Die zweite Sprache (wie Anm. 53a, 404 und 466), S. 169–171. Zu Heinrich von Mügeln: Karl Stackmann, Der Spruchdichter Heinrich von Mügeln (Probleme der Dichtung 3), Heidelberg 1958; Hans Kibelka, der ware meister, Denkstile und Bauformen in den Dichtungen Heinrichs von Mügeln, 1963.

121

die um eine Mitte angeordnet sind (144–146). Hier wendet sich der Dichter an Maria als *saelden boum*, nach deren schützender *barmunge* alles verlangt. Den Rahmen bilden ein Prolog in dreimal drei (9) Strophen (110–118), an deren Ende (118) der Dichter seinen Namen nennt (*von Müglin Heinrich*), und ein Epilog in sieben Strophen (175–181), an Maria gerichtet, der den Titel namhaft macht (176).

Das Gedicht will nach dem Prolog das überlieferte Lob des Schöpfers fortsetzen (110–112), von dem als *Idea* alles Entworfene stammt, das unvergänglich fortlebt in der Heiligen Schrift (113–115), und will in der Nachfolge Konrads von Würzburg Maria ein Loblied singen (116–118). Marias wegen und mit dem Blick auf sie ist die Schöpfung entworfen worden, so daß aus dieser die Zeichen zu entnehmen sind, die auf sie verweisen. Im Alten Testament ist sie vorherverkündet worden (119–127); sie ist die Stimme des Löwen (damit wird die folgende Reihe angekündigt). Die Natur verweist auf sie (128–131); denn die Zeichen des Pelikans, des Adlers, des Phönix und des Einhorns, die Zeichen für Christus sind, haben Beziehung zu ihr. Gott hat ihr eine Krone aus zwölf Edelsteinen verliehen (131). So werden dann in einer neuen Reihe die zwölf Edelsteine zu Zeugen für die Eigenschaften Mariens (132–143), wobei wie im Jüngeren Titurel die magischen Kräfte der Edelsteine religiös gewendet werden. Sie ist der blühende *saeldenbaum* (damit ist in 145 die folgende Reihe angesagt); alles, was aus den vier Elementen geschaffen ist (*fisch, vogel, mensche, tier*) sucht Schutz bei ihr, der Himmelsleiter (144–146). Die Bäume verkünden ihre Wirkung (147–154), die zum Sieg über die Sünde verhilft: Traube, Mandel, Zeder, Zypresse, Ölbaum, Lorbeerbaum, Feige und Weinstock.

Wie der erste Teil des Gedichts (110–143) zu Maria hinführte, so geht der zweite Teil (147–181) von Maria aus, um ihren Beistand zu finden. Die in den Bäumen repräsentierten Wirkungen Mariens erbittet der Dichter nun für sich persönlich (155–157); sein Schiff erstrebt das Ufer (damit ist sowohl auf das Ende des Werkes wie auch auf ein seliges Bestehen beim jüngsten Gericht verwiesen). Nach dem apostolischen Credo wird an Leiden, Tod, Begräbnis, Höllenfahrt und Auferstehung Christi erinnert (158–160) und an das jüngste Gericht, an dem Christus als Richter erscheint (161–166); Maria wird gebeten, dann den Menschen zu helfen, derentwillen sie geschaffen wurde, daß sie nicht Gottes Zorn verfallen. Die Barmherzigkeit Gottes ist durch die Heilige Schrift bezeugt (167–174); ausdrücklich heißt es (172): *sus diner güte trift/ich spür in aller hande schrift.* Im Epilog (167–174) wendet sich Müglin als Autor erneut an Maria.

Bemerkenswert ist, daß die Argumente der zweiten Sprache (128 bis 143 und 147–154) auf derselben Ebene stehen wie die Argumente aus der Heiligen Schrift (119–127 und 167–174). Dabei weisen Tierzeichen und Edelsteine auf Maria voraus (sie sind also typologisch gemeint), während die fruchtbringenden Bäume Zeichen für Marias Wirkung sind (also eher tropologisch gemeint). Das Werk legt um die Mitte (144–146) drei Ringe: der äußere Ring (110–118 und 175–181) gehört dem Dichter als Autor, wobei heilige Zahlen benutzt sind (dreimal drei, die trinitarische Zahl, für den Prolog; sieben, die Zahl des Heiligen Geistes, für den Epilog); der mittlere Ring gehört der Heiligen Schrift (119–127 und 167–174); der innere Ring enthält die Zeichen der zweiten Sprache (128–143 und 147–154), die in Gruppen mit geraden Zahlen (4, 12, 8) angeordnet sind, während die religiösen Aussagen in Gruppen mit ungeraden Zahlen auftreten (3, 9, 7).

Diese planvolle Anlage nimmt nicht wunder bei einem so umfassend gebildeten Laiendichter, der aus dem Latein übersetzte (Valerius Maximus) und selber lateinischer Autor war,[493] der die Wissenschaft seiner Zeit kannte,[494] der den Inhalt der Heiligen Schrift entwickelte[495] und eine umfassende Verdeutschung der Bibel unternommen hat.[496]

Gebäude und Kirche als Zeichen

Zeichenwert hatten für das Mittelalter auch die heiligen Gebäude, die in der Schrift beschrieben werden: die Arche Noe (Gen 6,13–16), das Tabernakel des Moses (Exodus 26,1–37 und 27, 1–21), der Tempel Salo-

---

[493] Lateinisch verfaßte er für den Schwiegersohn Karls IV., König Ludwig I. von Bayern, eine Ungarnchronik, der eine deutschsprachige Ungarnchronik voraufgegangen war; vgl. Helmut Ludwig, Mügelns Ungarnchronik, Diss. Berlin 1938.

[494] Dafür zeugt die Dichtung »Der meide kranz«, die er nach der Kaiserkrönung Karls IV. in deutschen Reimpaaren schrieb; dazu (Ausgabe): Willy Jahr, Der Meide Kranz, Diss. Leipzig 1908. Friedrich Neumann sagt von dieser Dichtung (Friedrich Neumann, Geschichte der altdeutschen Literatur 800–1600, Berlin 1966, S. 251) »Dichten heißt hier nicht wie in hochritterlicher Zeit eine Traumwelt zum Nachleben aufbauen, sondern mit Hilfe eines Ideenrealismus das bewegte Grundgefüge der Welt und des menschlichen Daseins ins Wort bringen, wobei man nicht vergessen sollte, daß Wissenslehre eine Urform der Poesie ist«. Für die Kenntnis der Wissenschaft zeugen auch kleinere Gedichte, wie in der Ausgabe von Karl Stackmann (wie Anm. 492), Nr. VII und XII.

[495] In der Ausgabe von Stackmann (wie Anm. 492) Nr. V.

[496] Dazu: Alfred Bergeler, Das deutsche Bibelwerk Heinrichs von Mügeln, Diss. Berlin 1938. Zu seiner Psalmenübersetzung: F. W. Ratcliffe, Die Psalmenübersetzung Heinrichs von Mügeln (in: ZfdPh 84, 1965).

mos (3 Reg 5,15–32; 6,1–38; 7,13–51; 8,1–9,9; 2 Par 3–7), die Vision Ezechiels vom neuen Gottesreich (Ez 40,1–42,20 und 43,13–17) und das neue Jerusalem der Apokalypse (Apoc 21,10–21). Alle diese Bauten waren dadurch geheiligt, daß sie dem Willen Gottes entsprachen; so konnten sie zu legitimer Nachfolge aufrufen.[497]

Henri de Lubac, der in seinem großen Werk über die Exegese des Mittelalters den »Architektursymbolen« ein eigenes Kapitel gewidmet hat[498], zitiert von Quodvultdeus (S. 41) den Satz[499]: *Aedificandi si est affectus, habes fabricam mundi, mensuras arcae, ambitum tabernaculi, fastigium templi Salomonis, ipsius per mundum membra ecclesiae, quam illa omnia figurabant.* Damit werden die Arche mit ihren Maßen, das Tabernakel mit seinem Umfang, der Tempel Salomos mit seiner Höhe als typologische Zeichen *(figura)* in Anspruch genommen.

Der »Einladung« des Quodvultdeus sind Patristik und Mittelalter gefolgt. Das lag schon deswegen nahe, weil bereits Christus selbst sich mit dem Tempel identifizierte (Joh 2,19–22) und Paulus die Gemeinde von Korinth, einen Bau Gottes (1 Cor 3,9 *Dei aedificatio*), deren Architekt (ebd. 10 *architectus*) er war, als Tempel Gottes bezeichnet hatte, in dem der Heilige Geist wohnt (1 Cor 3,16 und 6,19).

---

[497] Nach de Bruyne (wie Anm. 21) und de Lubac (wie Anm. 55) ist auch Ohly auf den Zeichenwert von Gebäuden eingegangen, vor allem mit dem Blick auf typologische Entsprechungen: Synagoge und Ecclesia. Typologisches in mittelalterlicher Dichtung (Miscellanea Mediaevalia IV, 1966, bes. S. 350–355); Probleme der Bedeutungsforschung (wie Anm. 397), bes. S. 170–172; Die Kathedrale als Zeitenraum. Zum Dom von Siena (Frühmittelalterliche Studien, hg. Karl Hauck, VI, 1972, bes. S. 95–107 die Bedeutung der Raumdimensionen); Schriften zur Bedeutungsforschung (wie Anm. 396), S. XXII–XXIV. Aus älterer Zeit: Joseph Sauer, Symbolik des Kirchengebäudes und seiner Ausstattung in der Auffassung des Mittelalters, 2. Aufl. 1924 (Neudruck: 1964); Julius Schwietering, Der Graltempel des jüngeren Titurel (in: ZfdA 60, 1923, S. 118–127); Heinrich Lichtenberg, Die Architekturdarstellungen in der mhd. Dichtung (Forschungen zur deutschen Sprache und Dichtung 4), Münster 1931; Alfred Stange, Das frühchristliche Kirchengebäude als Bild des Himmels, Köln 1950; Hans Sedlmayr, Die Entstehung der Kathedrale, Zürich 1950; Günter Bandmann, Mittelalterliche Architektur als Bedeutungsträger, Berlin 1951 (5. Auflage 1978); später: Hartmut Boblitz, Die Allegorese der Arche Noah in der frühen Bibelauslegung (in: Frühmittelalterliche Studien, VI, 1972, S. 159–170); Joachim Ehlers, Arca significat ecclesiam. Ein theologisches Weltmodell aus der 1. Hälfte des 12. Jahrhunderts (in: Frühmittelalterliche Studien VI, 1972, S. 171–187). Die Bedeutung von Richtungen untersuchen: Ursula Dettmaring, Die Bedeutung von Rechts und Links in theologischen und literarischen Texten bis um 1200 (in: ZfdA 98, 1969, S. 265–292); Barbara Maurmann-Bronder, Die Himmelsrichtungen im Weltbild des Mittelalters (Münstersche Mittelalter-Schriften 33), München 1976.

[498] Henri de Lubac (wie Anm. 55), II, 2, S. 41–60 (Symboles architecturaux).

[499] Quodvultdeus: Migne 51, 856.

Die Vorstellung vom Bauen beherrscht das Mittelalter.[500] Die Erschaffung der Frau berichtet die Genesis mit den Worten (Gen 2,22): *aedificavit Dominus Deus costam, quam tulerat de Adam, in mulierem*; Beda sah darin einen typologischen Hinweis darauf, daß mit dem Körper der Frau ein Haus *(domus)*, die Kirche, gemeint sei:[501] *typico verbo usa est Scriptura*. Bereits die Antike (Vitruv) kannte die Analogie zwischen dem Bau des menschlichen Körpers und einem Gebäude (das gilt für die Proportionen); darauf hat de Bruyne hingewiesen.[502] Das Mittelalter übertrug diese Analogie auf das Verhältnis zwischen dem Bau des menschlichen Körpers und der Kirche:[503] *Dispositio autem ecclesiae materialis modum humani corporis tenet.*

Diese materiellen Beziehungen in den Proportionen wurden zu geistigen Beziehungen ausgebaut.[504] De Bruyne ist diesen Beziehungen an vielen Stellen seines Werkes nachgegangen (auch den Vorstellungen von der Architektur, die dabei zur Geltung kamen). Vor allem in drei Bereichen wirkten sich Gebäudezeichen aus. Einmal wurde naturgemäß die Kirche als Gebäude vorgestellt,[505] als gegliederter, beziehungsreicher geistiger Raum, wobei mit dem Bild des Gebäudes das Bild einer *civitas* verschmolz (so in Predigten und Gedichten zur Einweihung einer Kirche). Weiter wurde in Nachfolge des Apostels Paulus das Innere des Menschen als *aedificium* oder *civitas* gedacht.[506] Im 12. Jahrhundert hat vor allem die Schule von St. Victor diese Auffassung ausgebaut; sie geht dabei von der Analogie zwischen dem äußeren und dem inneren Menschen aus.[507] Der Analogie kam damals dieselbe Evidenz zu wie in der Moderne dem Kausalprinzip. Schließlich hatten schon die Kirchenväter seit Origenes die Erklärung der Heiligen Schrift als die Aufrichtung eines Gebäudes verstanden[508], als *aedificatio fidei* (nach Gregor dem Großen), die in der Auslegung nach dem mehrfachen Schriftsinn geschieht.

Das Gebäude war sichtbar gegenwärtig bei der Einweihung einer Kirche; Predigten und Gedichte zu diesem Vorgang geben zu dem sichtbaren Gebäude Analogien im Unsichtbaren. Dabei konnten sie von sehr ver-

---

[500] Vgl. de Lubac (wie Anm. 55 und 498), II, 2, S. 44f.
[501] Beda: Migne 91, 51.
[502] de Bruyne (wie Anm. 21) I, S. 258ff.
[503] de Bruyne (wie Anm. 21) führt aus dem Rationale des Durandus (I, S. 258 aus Rationale I, 1) und zwar aus dem Eingang diesen Satz an und stützt ihn durch weitere Äußerungen.
[504] de Bruyne (wie Anm. 21), II, S. 343ff.
[505] de Lubac (wie Anm. 55), II, 2, S. 50ff.
[506] de Lubac (wie Anm. 55), II, 2, S. 47ff.
[507] de Bruyne (wie Anm. 21), II, S. 218ff.
[508] de Lubac (wie Anm. 55), I, 2, S. 330ff. und II, 2, S. 54ff.

schiedenen Schriftstellen ausgehen und sehr verschiedene Vorstellungen und Gedanken entwickeln. Das läßt sich schon an den sechs Predigten zur Kirchweihe beobachten, die unter den Werken Hildeberts abgedruckt sind.[509]

In einer Predigt zur Einweihung einer Nikolauskirche[510] wird als Text ein Auszug aus dem Bericht über den Bau des Tempels (3 Reg 8,30) und seine Einweihung (3 Reg 8,65) gegeben sowie ein Auszug aus Salomos Gebet (3 Reg 8,30; 8,46/47; 8,3). Trotzdem ist nicht eigentlich von dem Tempel die Rede, der als *figura* der *Ecclesia* bezeichnet wird, sondern von der Zeit für den Bau und die Einweihung: die sieben Jahre der Erbauung des Tempels weisen darauf hin, daß in dieser Zeit (die sieben Jahre sind die gesamte irdische Zeit) die Erbauung der Kirche nicht aufhört, die Einweihung des Tempels im achten Jahre aber bedeutet, daß sie erst nach diesem Leben stattfindet (das achte Jahr ist der Tag der Auferstehung). Die *encaenia,*[511] die Einweihungsfeier, an der Christus selber teilnahm (Joh. 10,22), war präfiguriert in der Weihe des Steins durch Jakob nach seinem Traum (Gen. 28,11–22), die dann auf Christus ausgelegt wird.

In einer anderen Predigt[512] wird der Eingang des Psalms 86 zugrunde gelegt,[513] in dem von den *fundamenta,* den *portae* und der *civitas* die Rede ist. Die Erbauung dieser *civitas* hat Gott mit der Erschaffung der Welt begonnen; sie ist nichts anderes als die *collectio beatorum.* Die Fundamente bilden Apostel und Propheten, die Tore Glaube und Taufe, die Steine die einzelnen Gläubigen, die Baumeister die Prediger. Diener der *civitas* sind die Engel, Feinde die Dämonen.

Im Anschluß an Psalm 121,3[514] entwickelt eine Predigt an die Mönche eines Klosters,[515] wie die *civitas* (sie ist *civitas ratione similitudinis*) aufgebaut wird: die Steine werden aus dem Steinbruch geholt *(separatio),* bearbeitet *(politio)* und an ihren Platz gebracht *(positio).* Das himmlische Jerusalem wird aufgebaut, wie nach der babylonischen Gefangenschaft Jerusalem wieder aufgebaut wurde (Nehemias ≈ 2 Esd. 3,1ff.). Die sieben Tore erhalten ihre Bedeutung durch die Seligpreisungen nach Matthaeus (Matth 5,3ff.). Sie bezeichnen die Engel, Patriarchen, Propheten, Apostel,

---

[509] Migne 171, 731A–752A.

[510] Migne 171, 748A–752A.

[511] Isidor sagt in den Etymologien (wie Anm. 13): Encaenia est nova templi dedicatio. Graece enim kainon dicitur novum. Quando enim aliquid novum dedicatur, encaenia dicitur (Etym. VI 18, 12).

[512] Migne 171, 733A–736B.

[513] Ps. 86, 1–3: Fundamenta eius in montibus sanctis:/diligit Dominus portas Sion super omnia tabernacula Jacob./Gloriosa dicta sunt de te, civitas Dei.

[514] Ps. 121, 3 … Jerusalem, quae aedificatur ut civitas, cuius participatio eius in idipsum.

[515] Migne 171, 739 C–744 D.

126

Martyrer, Bekenner und Jungfrauen; sie sind bereits im himmlischen Jerusalem da, während an den Zwischenräumen zwischen den Toren bis zum Ende der Zeiten gebaut wird.

In einer anderen Predigt,[516] die von Worten des Apostels Paulus im Brief an die Epheser ausgeht,[517] wird der Raum *convocatio* und *basilica* (weil darin der wahre König wohnt) genannt. Die einzelnen Teile des Gebäudes bezeichnen etwas Geistiges:[518] der Turm, in dem Gefangene Zuflucht finden, Beichte und Reue *(confessio et poenitentia)*; die Glocken bezeichnen die Priester, die zur *confessio* rufen; die Säulen die Prediger; die Fenster die heiligen Schriften, durch die Christus als *sol iustitiae* scheint; der Eingang *(ostium)* den Glauben, durch den die Menschen zur Kirche gelangen; die beiden Wände Juden und Heiden.

Bemerkenswert ist, daß als Bestandteile des Gebäudes nebeneinander Sakramente (wie die Buße) und tätige Glieder der Kirche (Priester und Prediger) stehen oder Glaube und Taufe neben Aposteln, Propheten und Gläubigen. Dieses Nebeneinander begegnet auch in Gedichten zur Kirchweihe.[519] Sie feiern in der Regel die Kirche als irdisches Abbild des himmlischen Jerusalem, wie es Notker in seiner frühen Sequenz *Psallat ecclesia*[520] ausspricht: *aemulans civitatem sine tenebris.* Durch die Jahrhunderte des Mittelalters geht dieser Gedanke durch. Er beherrscht im 8. Jahrhundert den Hymnus *Urbs beata Jerusalem,*[521] im 10. Jahrhundert den Hymnus *Sacratum hoc templum Dei,*[522] im 11. Jahrhundert die Sequenz *Ad templi huius limina,*[523] im 12. Jahrhundert das Gedicht *Hierusalem urbs beata domus Deo dedicata,*[524] aus dem 13. Jahrhundert *Hoc honoris tui templum.*[525]

---

[516] Migne 171, 736 C–739 B.
[517] Eph 5, 25–27 Viri, diligite uxores vestras, sicut et Christus dilexit ecclesiam et se ipsum tradidit pro ea,/ut illam sanctificaret mundans lavacro aquae in verbo vitae,/ut exhiberet ipse sibi gloriosam ecclesiam non habentem maculam aut rugam aut aliquid eiusmodi, sed ut sit sancta et immaculata.
[518] Migne 171, 737 D–738 A: sunt enim in aedficio huius materialis domus ecclesiae diversa membra, quae aliquid in nobis notare videntur. Est enim in hac ecclesia turris cum campanis columnis sustentata, fenestrae, ostium, duo parietes, singuli lapides colligati cum/caemento: quae omnia mystice aliquid in nobis designant.
[519] Eine Übersicht über diese Gedichte verdanke ich einer Staatsexamensarbeit von Karin Dohm (Münster 1965).
[520] Psallat Ecclesia: Analecta Hymnica 53, S. 398, Nr. 247; danach abgedruckt in: The Oxford Book of medieval Verse, hg. F. J. E. Raby, Oxford 1959, Nr. 108, S. 151/52.
[521] Analecta Hymnica 51, S. 110, Nr. 102; danach in: Oxford Book (wie Anm. 520), Nr. 63, S. 83/84.
[522] Sacratum hoc templum Dei: Analecta Hymnica 14, S. 131.
[523] Ad templi huius limina: Analecta Hymnica 7, S. 283.
[524] Hierusalem urbs beata domus Deo dedicata: Analecta Hymnica 55, S. 43.
[525] Hoc honoris tui templum: Analecta Hymnica 23, S. 43.

In Gedichten der früheren Epoche wie im Hymnus *Christe cunctorum dominator alme,*[526] in dem die Gemeinde *(plebs)* spricht, erscheint die Kirche als Haus, in dem die Eucharistie gefeiert und darum Schutz gegen Teufel und Krankheit gesucht wird. Dieser Schutzgedanke ist charakteristisch für Hymnen irischen Ursprungs wie den Hymnus auf Benchuir, der Benchuir als von Fluten nicht zu erschütterndes Schiff, als Haus auf Felsen, als starke Festung, als Arche und Königsschloß feiert.[527]

Im hohen Mittelalter kann die Kirche als Stätte gerühmt werden, in der die Hochzeit Christi mit der Kirche gefeiert wird, wie in dem Gedicht aus dem 13. Jahrhundert *Hierusalem et Sion filiae*[528] und aus späterer Zeit: *Laetabundus exsultet fidelis chorus.*[529] Oder es werden die Präfigurationen der Kirche entwickelt, wie in dem Gedicht aus dem 12. Jahrhundert *Quam dilecta tabernacula.*[530]

Am bezeichnendsten ist die Entfaltung räumlicher als geistiger Beziehungen in der Kirchweihsequenz Adams von St. Victor *Rex Salomon fecit templum.*[531] Der erste Teil (in 30 Zeilen) ordnet um einen Versikel (3) zwei Versikelpaare (1/2 und 4/5); er berichtet von der Errichtung des äußeren Raums. Der zweite Teil (ebenfalls 30 Zeilen) spricht von der Ausgestaltung des Inneren in drei gleichgebauten Versikeln. Der Schlußversikel (9) nimmt den Bau der beiden Eingangsversikel (1/2) wieder auf. Eingang und Schluß setzen die Kirche zu Christus als ihrem Fundament (1,5) und Grundstein (9,5) in Beziehung. Die Versikel sind im einzelnen zweiteilig angelegt: Der erste Teil nennt die konkreten Züge (er liefert die *historia*), der zweite Teil gibt ihre Deutung (die geistige Beziehung). Beide Teile entsprechen sich analogisch in ihrer Bedeutung und in ihrer Form; die Analogie ist das konstituierende Prinzip. Als *instar* und *exemplum* bezeichnet

---

[526] Christe cunctorum dominator alme: Analecta Hymnica 51, S. 112.
[527] Benchuir bona regula: The Antiphonary of Bangor, 2 Bde., hg. F. E. Warren, II, 1895, S. 28; Analecta Hymnica 51, S. 356f., Nr. 260; Oxford Book (wie Anm. 520), Nr. 50, S. 69/70: Str. 3, 1/2 Navis nunquam turbata,/quamvis fluctibus tonsa ... Str. 4, 1/2 Domus deliciis plena,/super petram constructa ... Str. 5, 1/2 Certe civitas firma,/fortis atque munita ... supra montem posita; Str. 6, 1 Arca Cherubin tecta; Str. 8, 1/2 Vere regalis aula,/variis gemmis ornata. Der Schutzgedanke auch in folgenden Hymnen, die im Oxford-Book (wie Anm. 520) abgedruckt sind: Nr. 39 (Christe qui lux es et dies) mit zweimaligem defensor); Nr. 46 (Suffragare trinitatis unitas) mit der Bitte: defendant me iam armis fortibus.
[528] Hierusalem et Sion filiae: Analecta Hymnica 55, S. 38.
[529] Laetabundus exsultet fidelis chorus: Analecta Hymnica 8, S. 40.
[530] Quam dilecta tabernacula: Analecta Hymnica 55, S. 33.
[531] Adam von St. Victor: rex Salomon fecit templum: Oeuvres poétiques d'Adam de St. Victor, hg. Léon Gautier, Paris 1894, S. 75; Analecta Hymnica 55, S. 35; Adam von St. Victor, Sämtliche Sequenzen lateinisch und deutsch (mit Erklärungen), hg. von Franz Wellner, 2. Aufl., München 1955, S. 180ff.

der Eingang das Verhältnis zwischen der Erbauung des Tempels durch Salomo und der Gründung der Kirche durch Christus; der Tempelbau ist also als Präfiguration verstanden.

Die Fundamente und Wände des Tempels sind aus Marmor (3 Reg 5,17); die weiße Farbe des Marmors weist auf die Reinheit, seine Festigkeit auf die Beständigkeit der Prälaten, die so (wenn sie sich entsprechend den Qualitäten des Marmors verhalten) die tragenden Kräfte der Kirche sind (Versikel 2). Länge, Breite und Höhe des Tempels (Versikel 3) bedeuten, in rechtem Glauben verstanden *(intellecta fide recta)*, Glaube, Hoffnung und Liebe; die Kirche reicht also geistig soweit, wie diese christlichen Grundtugenden reichen.

Der Gesamtraum ist nach dem Vorbild der Trinität *(trinitatis sub exemplo)*, die also dafür als Sinngebung in Anspruch genommen wird, in drei Stockwerke gegliedert, die die Lebenden, Verstorbenen und Wiederauferstandenen bezeichnen. Die Kirche ist eine Einheit in drei zeitlichen Dimensionen, die in ihr zusammenfallen (so Versikel 4).

Alle drei Stockwerke haben eine Ausdehnung von 60 Ellen; damit werden sie entgegen der biblischen Angabe (3 Reg 6,2 und 6,5) vereinheitlicht. Die Versammlungen *(conventus)* in diesen drei Bereichen huldigen der Trinität durch den Gesang, den sie dem einen Gott schulden. Sechs bezeichnet die Vollkommenheit der Welt;[532] durch die Multiplikation mit Zehn wird dieser Wert gesteigert, wobei auch daran zu denken ist, daß in der Parabel Jesu vom Sämann an zentraler Stelle die Sechzig, neben Dreißig und Hundert, als fruchtbringende Zahl gewählt ist (Matth 13,8; Marc 4,8). Diese Bewertung der Zahl Sechzig hat offenbar die Vereinheitlichung bestimmt. Sie weist auf die Vollkommenheit des Gebäudes (soweit Versikel 5).

Die benutzten Angaben stammen aus dem Eingang zum 6. Kapitel des 3. Buches der Könige, der 2. Versikel greift auf das 5. Kapitel (5,17) zurück.

Für die innere Ausstattung, wie er sie sich vorstellte, fand Adam von St. Victor keine entsprechenden Angaben bei der Schilderung des Tempelbaus im 3. Buch der Könige und im 2. Buch der Chronik (2 Paral 3–7). So griff er auf Angaben zurück, die Moses für die Herstellung des Salböls und des Räucherwerks erteilt wurden (Exod 30,23/24 und 30,34/35). Hinzu kam der Preis der Weisheit aus *Ecclesiasticus*, der neben Bäumen auch

---

[532] Isidor, Etym. (wie Anm. 13) im Buch (III) »de mathematica« 4 (quid praestent numeri), 2: senarius namque numerus, qui partibus suis perfectus est, perfectionem mundi quadam numeri sui significatione declarat.

aromatische Pflanzen nennt, die beim Gottesdienst verwendet wurden.[533] Der von ihnen ausströmende Duft bezeichnet Frömmigkeit und frommes Gebet.

Mit Versikel 7 wird wieder die Schilderung im 3. Buch der Könige zur Quelle (3 Reg 7,48–50). Alle Gefäße in heiligen Raume sind aus auserlesenem Gold; denn Lehrer und Diener der Kirche müssen wie das Gold im Feuer des Heiligen Geistes (gelehrt und) geläutert sein. So werden die Prälaten als äußere Stützen verstanden (Versikel 2), die Kirchenlehrer als die kostbaren Gefäße im Inneren der Kirche.

Der 8. Versikel bereitet (anschließend an 3 Reg 7,15 und 5,6–10) den Schluß vor: Das Gebäude entsteht aus dem Zusammenwirken Salomos (nach den Vorbereitungen Davids) mit dem König von Tyrus, der das Holz lieferte und durch seine Männer die Kunstwerke verfertigen ließ.

Die Deutung dazu gibt der Schlußversikel (9): Wie der Tempel wurde auch die Kirche von (aus) Heiden und Juden errichtet. Christus, der beide eint, weil er für beide der gemeinsame Eck- und Grundstein ist, gelten Preis und Ehre. Damit wird ans Ende ein Verweis auf alttestamentliche Bezeugungen des Ecksteins gesetzt (Ps. 117,22 und Is 28,16), die im Neuen Testament zitiert werden: die Psalmstelle von Jesus selbst (Matth 21,42; Marc 12,10; Luc 20,17) und von Petrus (Act 4,11 und 1 Petr 2,7), die Stelle aus Jesajas von dem Apostel Paulus im Römerbrief (9,33). So wird im Raume Sichtbares zum Zeichen für Unsichtbares.

Umgekehrt manifestiert sich Unsichtbares im Sichtbaren beim Kirchenbau. Dafür zeugt das große Beispiel Sugers von St. Denis,[534] der über den berühmten gotischen Neubau der Abteikirche selber in seiner Schrift *De rebus in administratione sua gestis*[535] (vom 24. Kapitel an) und in der Schrift *De consecratione*[536] berichtet hat. Die Aussage dieser Schriften ist nach Erwin Panofsky[537] ausführlich von Otto von Simson gewürdigt worden.[538] Suger teilt in *De administratione* auch die Versinschriften mit,

---

[533] Ecclu 24, 20/21 Sicut cinnamomum et balsamum aromatizans odorem dedi; quasi myrrha electa dedi suavitatem odoris/et quasi storax et galbanus et ungula et gutta et quasi Libanus non incisus vaporavi habitationem meam; et quasi balsamum non mistum odor meus.

[534] Suger von St. Denis, Oeuvres complètes, hg. A. Lecoy de la Marche, Paris 1867.

[535] De rebus in administratione sua gestis: bei Lecoy de la Marche (wie Anm. 534), S. 155–209; Migne 186, 1211–1240.

[536] De consecratione: bei Lecoy de la Marche, S. 213–238; Migne 186, 1239–1254.

[537] Erwin Panofsky, Abbot Suger, Princeton 1946 (Texte mit Kommentar).

[538] Otto von Simson, The Gotic Cathedral, London 1956 (2. Aufl. 1962); ins Deutsche übersetzt von: Elfriede R. Knauer, Die gotische Kathedrale, Wissenschaftl. Buchgesellschaft Darmstadt 1968; vgl. ferner: Wolfram von den Steinen, Der Kosmos des Mittelalters, Bern 1959, S. 328–334; L. Grodecki, Les vitraux de St. Denis (Art de France 1), Paris 1961; Bertau (wie Anm. 416) I (1972), S. 230–239 (Politik), S. 270–277 (Kunst).

die er für die Kirche verfaßte. *De consecratione* läßt den Leser miterleben, wie die Vision der Harmonie des Ganzen im einzelnen ausgeführt wird und sich im feierlichen liturgischen Vorgang der Einweihung vollendet. Die neue Kirche soll ein Abbild des Salomonischen Tempels sein (*De consecratione, cap.* 2), der nach dem Buche der Weisheit (9,8) seinerseits nach dem Willen Gottes ein Abbild des Tabernakels war.[539] Dem Bau liegen die Anschauungen des Dionysius Areopagita zugrunde, den man mit dem Patron des Klosters identifizierte; sie waren durch Johannes Scottus weitergegeben und damals von Hugo von St. Victor erneuert worden, mit dessen Gedanken Suger übereinstimmt. Die Harmonie des Ganzen vereinigt Verschiedenartiges und Gegensätzliches zu einer Einheit. Größe und Licht bestimmen die Anlage des Baus, um den Gläubigen auf »anagogischem Wege« vom Materiellen zum Immateriellen, zur Vorwegnahme der Freuden im ewigen Jerusalem zu erheben.

Wer durch das dreiteilige Westportal eintritt, geht, verwandelt, durch die *porta caeli* (*De administratione, cap.* 27) zum wahren Licht.[540] Im Tympanon erscheint Christus als Weltenrichter, wie er im Inneren als Schlußstein des Gewölbes gilt. Die je zwölf Stützen im Chor und Umgang repräsentieren die Apostel und Propheten. Chor und Schiff werden so angelegt, daß sie das Licht hindurchfluten lassen, das zugleich Christus ist.[541] Die Glasfenster, die durch ihre Darstellungen aus dem Alten (und Neuen) Testament anagogisch reden, sind wie Schleier, die zugleich verhüllen und enthüllen; Suger selbst hebt hervor, daß durch die Glasfenster unablässig wunderbares Licht das Innere erhellt.[542] Die neun Kapellen um den Chor werden den neun Himmelschören des Dionysius Areopagita entsprechen. Die irdische Gesellschaft, die bei der Einweihung zusammenkam, war ein Abbild der himmlischen Hierarchie. Der Gläubige wird angeleitet, nach dem Vorbild der Kirche in sich selbst ein Heiligtum aufzubauen. Erst im liturgischen Vollzug vollendet sich die Erbauung des Heiligtums im Äußeren und im Inneren; dabei bezieht Suger die Aussage des Apostels Paulus im 2. Korintherbrief (2,19–22) auf die von ihm erbaute Kirche (*De consecratione, cap.* 5) und bittet im Schlußgebet (*De consecratione, cap.* 7), durch die Vereinigung des Materiellen mit dem Immateriellen, des Körperlichen mit dem Geistigen, des Menschlichen mit

---

[539] Sap. 9, 8 ... dixisti me aedificare templum in monte sancto tuo et in civitate habitationis tuae altare, similitudinem tabernaculi tui, quod praeparasti ab initio.
[540] Suger, De administratione cap. 27: ... opus quod nobile claret,/clarificet mentes, ut eant per lumina vera/ad verum lumen, ubi Christus ianua vera.
[541] Suger, De administratione cap. 28: et quod perfundit lux nova, claret opus.
[542] Suger, De consecratione cap. 4.

dem Göttlichen, durch die sakramentale Zurückführung auf den reineren Ursprung, die unsichtbare Wiederherstellung mit Hilfe sichtbarer Weihen, die wunderbare Erhebung des gegenwärtigen in das himmlische Reich: Himmel und Erde zu einer Gemeinschaft zu machen. Die in Bau und Liturgie sichtbaren Zeichen werden von den teilnehmenden Gläubigen als Manifestierungen des Unsichtbaren verstanden.

Mit den Aussagen Sugers hat man den Pilgerführer für St. Jacob von Compostella verglichen;[543] er unterscheidet sich aber dadurch, daß er die Maße auf den Menschen bezieht.[544]

Aus der Vision eines harmonischen Ganzen ist das sichtbare Gebäude erstellt; der Gläubige wird durch Suger angeleitet, in der sichtbaren Manifestierung das Unsichtbare zu erkennen.

Die Exegese als Bau

Seit früher Zeit, bei Hieronymus und bei Gregor dem Großen,[545] wird die Auslegung der Heiligen Schrift nach dem mehrfachen Schriftsinn als die Aufrichtung eines Gebäudes verstanden.[546] Im 12. Jahrhundert hat vor allem Hugo von St. Victor diese Auffassung in seinem *Didascalicon* entwickelt.[547] Hugo, der am Ende seines Lebens in seiner Erklärung des *Ecclesiastes* (Migne 175, 115) eine »neue Art der Erklärung« *(novum quoddam expositionis genus)* gesucht hat, den Dialog, um so das Herz des Menschen zu bewegen,[548] hat auch eine neue Form gefunden, die stellenhafte und lineare Glossierung der älteren Zeit zu überwinden: den Versuch, in einer spirituellen Rekonstruktion ein Gebäude zu schaffen, in dem gleichzeitig alle Elemente des Glaubens vorhanden sind *(universa opera restaurationis nostrae a principio mundi usque ad finem)*. So hat er die Arche

---

[543] Le Guide du Pèlerin de St. Jacques de Compostelle, hg. J. Vielliard, Maon 1938.
[544] de Bruyne (wie Anm. 21), II, S. 90.
[545] Hieronymus: Migne 24, 154f.; Gregor der Große: Migne 75, 513.
[546] Vgl. de Lubac (wie Anm. 55), II, 2, S. 54ff.
[547] Hugo von St. Victor, Didascalicon (wie Anm. 3), VI, 4 (De allegoria), S. 117–122; dazu de Lubac (wie Anm. 55 und 546) II, 2, S. 55f. Hugo wendet sich an den Leser (S. 118): meministi, ut aestimo, supra me divinam scripturam aedificio similem dixisse (im vorhergehenden Kapitel: S. 116, 18–25), ubi primum fundamento posito structura in altum levatur. Es folgt dann ein ausführlicher Vergleich. Nach Erklärung der ordines (S. 119, 9–23) heißt es (S. 119, 24–26): Haec est tota divinitas, hae est illa spiritualis fabrica, quae, quot continet sacramenta, tot quasi ordinibus constructa in altum extollitur.
[548] Vgl. de Lubac (wie Anm. 55), II, 1, S. 433ff.

Noe in genauen Maßen, Figuren und Farben aus dem schauenden Geiste wiederaufgebaut.[549] Ohly hat diese neue Art der Exegese, »die zu einem Ganzen aufbauende Schriftauslegung« charakterisiert.[550] Als Beispiel für ein spirituelles Gebäude *(spiritualis aedificii exemplar)* bietet Hugo sein Werk dem Leser an, damit er in seinem Innern aufbaut, was er außen mit den Augen sieht (Migne 176, 622).

Das Verfahren Hugos von St. Victor setzt eine schauende und bauende Phantasie voraus, einen besonderen Sinn für die sichtbare Erscheinung, die sich in *situs, motus, species* und *qualitas* manifestiert;[551] d. h. in der Komposition *(situs est in compositione et ordine)*, in der Bewegung, die dem Lebendigen eignet *(motus est quadripertitus: localis, naturalis, animalis, rationalis)*, in der sichtbaren Gestalt *(species est forma visibilis, quae continet duo: figuras et colores)*, an der Hugo besonders die Farbe anzieht, und in der *qualitas*, die zu den anderen Sinnen des Menschen spricht *(qualitas est proprietas interior, quae ceteris sensibus percipitur)*.[552] Bei der Arche, die Hugo entwirft (er zeigt dem Leser, wie er dabei verfährt), erhalten Linie, Raum, Figur und Farbe ihr Gepräge vom spirituellen Sinn.[553] Die Farben, in denen sich die drei Bereiche der Arche als die aufeinander folgenden Zeiten der Natur, des Gesetzes und der Gnade unterscheiden (Migne 176, 69.), bezeichnen auch die drei Arten des Schriftsinns (Migne 176, 695): *Nos ad significandam historiam viridem colorem*

---

[549] Vgl. de Lubac (wie Anm. 55), II, 1, S. 321ff.

[550] Fr. Ohly, Probleme der mittelalterlichen Bedeutungsforschung (wie Anm. 53a), S. 170–172 (in: Schriften zur mittelalterlichen Bedeutungsforschung, S. 44–47); in der aufschlußreichen Abhandlung über »die Kathedrale als Zeitenraum«, die den Dom von Siena als Gestalt gewordene Heilsgeschichte versteht, heißt es (Frühmittelalterliche Studien VI, S. 95, Schriften zur mittelalterlichen Bedeutungsforschung, S. 173): »Das Bestreben, das frühere exegetische Staccato der Erklärung von Wort zu Wort zu überwinden und eine ganzheitliche Sicht in der Auslegung eines Textes zu realisieren, fand eine einzigartige Verwirklichung bei der Erklärung biblischer Bauwerke ... Die Exegese nahm hier die Gestalt einer geistigen Architektur an ...«

[551] Vgl. de Bruyne (wie Anm. 21), II, Kap. V (L'Esthétique des Victorins), 3. Teil (Mystique et Esthetique), S. 235–250 (bes. S. 242–250). Das 7. Buch des Didascalicon ist bei Buttimer (wie Anm. 3) nicht abgedruckt; wir sind darum auf den Abdruck bei Migne (176, 812–838) angewiesen. Das 7. Buch ist offenbar eine eigene Schrift.

[552] Die Stelle steht im Eingang des VII. Buches (Migne 176, 812f.). Zur Qualitas: Christel Meier in ihrer Untersuchung über das Problem der Qualitätenallegorese (wie Anm. 287), S. 388–395. Die »Gattungen«, von denen Hugo von St. Victor spricht (Christel Meier, wie Anm. 287, S. 390), entsprechen den Momenten, die Cicero in seiner Schrift De inventione (I, 21) als Merkmale der Wahrheit nennt (probabilis sit narratio, si in ea videbuntur inesse ea quae solent apparere in veritate); es ist auch an die Loca zu erinnern, die Quintilian nennt (Inst. orat. III 6, 23–28). Quintilian entwickelt einen weiter gefaßten Begriff der proprietas in dem Kapitel über die perspicuitas (VIII 2): ... proprietas non ad nomen, sed ad vim significandi refertur (lib. VIII, cap. 2, § 6).

[553] Hugo von St. Victor, De arca Noe morali: Migne 176, 617–680.

posuimus, ad tropologiam croceum, ad allegoriam caeruleum.[554] Im einzelnen kann diese »konstruktive Exegese« nicht dargestellt werden, weil sie einen umfassenden Nachvollzug fordert, wie ihn Ohly für das Taubenbild Hugos von Fouilloy unternommen hat.[555]

Die konstruktive Exegese hatte Vorläufer. So setzt sich Hugo von St. Victor in seinen Schriften *De arca Noe morali* (Migne 176, 617ff.) und *De arca Noe mystica* (Migne 176, 681ff.) mit der Erklärung des Origenes (Apologie gegen Apelles) auseinander; die von Origenes angenommene Form schien ihm ungeeignet.[556] Die zahlreichen Auslegungen des 12. Jahrhunderts zum Tabernakel des Moses fanden in Beda (Migne 91) einen Vorläufer, der ihren Anforderungen nicht mehr entsprach. Enger an Beda schloß sich Petrus Cella an: *Mosaici tabernaculi mystica et moralis expositio* (Migne 202, 104f.). Bereits Rupert von Deutz widmete in seinem Kommentar zu Exodus ein ganzes, das 4. Buch dem Tabernakel (Migne 167, 697ff.). Peter von Poitiers, seit 1169 als Nachfolger des Petrus Comestor Kanzler der Universität Paris, ging in seinen *Allegoriae super tabernaculum Moysi*,[557] wie schon der Titel ansagt, vor allem auf Fakten ein, die eine allegorische Erklärung nahelegten. Die große konstruktive Exegese aber lieferte der Prämonstratenser Adam (Adamus Scottus) auf Bitten des Abtes Johannes de Kelso (Migne 198, 627ff.) in seinem Werk *De tripartito tabernaculo una cum pictura* um 1176,[558] das seinen Titel nach der Anlage trägt: im ersten Teil geht es um die *veritas rei*, die genaue Erfassung des *tabernaculum* als eines Gebäudes; im zweiten Teil geht es um die Kirche, die Entfaltung des allegorischen Sinns, um die *veritas fidei*; der dritte Teil gibt die tropologische Anwendung auf die menschliche Seele. Adam verfährt genau so wie Hugo von St. Victor: er entwirft vor den Augen des Lesers Linien, Räume, Gestalten und Farben. So entsteht ein Gesamtbild, das die Heilsgeschichte vom Alten Testament über das Neue Testament und die Kirche bis zur Geschichte Englands umfaßt, ausgesprochen durch Maße, Zahlen und Farben, die er erklärt. Nach Ohlys Worten ist Adams Werk, das farbig ausgeführt werden sollte, ein »Weltbild, dessen Bildraum den Zeitraum von Jahrtausenden mit einschließt, ist

---

[554] Dazu: Henri de Lubac (wie Anm. 55), II, 1, S. 324.
[555] Fr. Ohly, Probleme der mittelalterlichen Bedeutungsforschung (wie Anm. 53a), S. 172–196 (= Schriften zur mittelalterlichen Bedeutungsforschung, S. 48–83).
[556] Vgl. de Lubac (wie Anm. 55) II, 1, S. 321.
[557] Petrus von Poitiers, Allegoriae super tabernaculum Moysi, hg. Ph. S. Moore und J. A. Corbett, Indiana/USA 1938.
[558] Adamus Scottus, De tripartito tabernaculo una cum pictura (Migne 198, 697–796); zu diesem Werk: Ohly, Probleme (wie Anm. 53a), S. 170–172 (= Schriften S. 45–47); de Lubac (wie Anm. 55) II, 1, S. 407ff.

ein geistiger Kosmos« (Probleme S. 171). Möglich wurde es offenbar durch die gesammelte Ruhe, in der Adam schuf (de Lubac II, 1, S. 410–412).

Noch vor Adam dem Schotten beschäftigte sich Richard von St. Victor mit schwierigen Stellen in der Auslegung des Tabernakels (Migne 196, 211ff.), so wie er sich mit anderen schwierigen Stellen aus dem Alten und Neuen Testament befaßte.[559] Sein Kommentar zur Apokalypse (Migne 196, 683ff.) zeigt seine Verbindung mit der Auffassung des Areopagiten und des Johannes Scottus, die durch Hugo von St. Victor vermittelt war. Unabhängig von der Erklärung der Heiligen Schrift hat er in eigenen Schriften erläutert, was er unter *contemplatio* verstand: in seinem *Benjamin minor de praeparatione animae ad contemplationem* (Migne 196, 1ff.) und seinem *Benjamin major de gratia contemplationis* (Migne 196, 63ff.). Die ästhetische Relevanz dieser Auffassung hat de Bruyne dargestellt,[560] vor allem im Anschluß an den *Benjamin major*.

Richard unterscheidet (wie Hugo von St. Victor) die *cogitatio*, die »flüchtig« *(fugitiva)* vom einen zum anderen übergeht *(semper vago motu de uno ad aliud transit)*; die *meditatio*, die intensiv und beharrlich auf einen Gegenstand gerichtet ist *(ad directionis finem cum magna industria nititur)*; die *contemplatio*, die in freier Bewegung des Geistes mit einem Blick die unzähligen Aspekte erfaßt *(sub uno visionis radio ad innumera se diffundit)*. In der *cogitatio* wirkt die *imaginatio*, in der *meditatio* die *ratio*, in der *contemplatio* vor allem die *intelligentia*. Die *contemplatio* im eigentlichen Sinne, die dem »Erhabenen« gilt, bedient sich der reinen *intelligentia*.[561] Auf der höchsten Stufe der *contemplatio* erfährt der Geist (Migne 196, 169) Erweiterung *(dilatatio)*, Erhebung *(sublevatio)* und selbstvergessene Hingabe *(alienatio mentis)*. Die Hingabe in der *contemplatio* ist verbunden mit Bewunderung der Größe und Freude am Schönen.

Richard von St. Victor unterscheidet sechs Stufen der *contemplatio* nach dem Anteil, den *imaginatio* und *ratio* daran haben. Auf der ersten Stufe macht sich die *contemplatio* von allem Begehren frei und gibt sich in der *imaginatio* ganz der wahrnehmbaren Erscheinung hin, die in der gegenständlichen Welt (den *res*), in den *opera naturae* und *artis*, in den *insti-*

---

[559] Dazu: Spicq (wie Anm. 47), S. 128–131.

[560] Edgar de Bruyne (wie Anm. 21) Bd. II, S. 237–250 (Hugo von St. Victor), S. 250–254 und 334–338 (Richard von St. Victor).

[561] Richard von St. Victor, Benjamin maior de gratia contemplationis (Migne 196, 67): specialiter et proprie contemplatio dicitur, quae de sublimibus habetur, ubi animus pura intelligentia utitur.

tuta divina und *humana* die *potentia, sapientia* und *munificentia* Gottes bezeugt. Auf der zweiten Stufe betrachtet die *contemplatio* in der *imaginatio* die Welt *secundum rationem* (nicht: *secundum imaginationem*) auf Struktur, Gesetzlichkeit und Zweck (das ist wesentlich die naturwissenschaftliche Betrachtung). Auf der dritten Stufe wendet sich die Betrachtung dem Unsichtbaren zu, um es nach der Analogie zum Sichtbaren zu verstehen *(secundum imaginationem formari dicitur, quia ex rerum visibilium imagine in hac speculatione similitudo trahitur)*.

Auf der vierten Stufe wendet sich die Betrachtung der Seele zu, der Selbsterkenntnis (es ist eine *contemplatio in ratione secundum rationem*). Auf der fünften und sechsten Stufe geht die *contemplatio* auf den Schöpfer in seiner Wesenheit *(supra rationem, sed non praeter eam)* oder als Trinität *(supra et praeter rationem)*, wie es Richard von St. Victor in seinem großen Werk *De trinitate* (Buch I und II über die *Unitas*, Buch III bis VI über die *Trinitas*) unternahm.

Bedeutsam ist die Charakteristik der *contemplatio:* sie ist eine Betrachtungsweise, die auf das Ganze geht, von der sichtbaren Welt bis zur unsichtbaren. In ihre Kompetenz fallen auch die unteren Möglichkeiten.

Für Richard von St. Victor, der in seinem *Liber excerptionum* die ersten drei Bücher aus dem *Didascalicon* Hugos von St. Victor wiedergibt, ist vor allem die erste und dritte Stufe der *contemplatio* wichtig, weil sie der sichtbaren Welt zugewandt sind, die Zeichen für die unsichtbare liefert. Im zweiten Buch seiner *Excerptiones* behandelt er auch den Zeichenwert der *res.* Er kennt drei Arten von Gegenständen, denen die *contemplatio* sich zuwenden kann (Migne 196, 81): *Haec speculatio triplici ratione consideratur: prima est in rebus, secunda in operibus, tertia in moribus.* Die *res* werden wahrgenommen nach ihrer *materia* (d. h. dem Stoff, aus dem sie bestehen), ihrer *forma* (d. h. *color* und *figura*) und ihrer *natura* (d. h. ihrer *qualitas intrinseca*, die vom Tast-, Geschmacks- und Geruchssinn wahrgenommen wird). Diese drei Merkmale *(materia, forma* und *natura)* gehören untrennbar zusammen und werden als Ganzes wahrgenommen.[562] Die *opera naturae* und *hominis* ergänzen sich *(sibi invicem cooperantur)*: Die *opera naturae* werden in ihrer Tätigkeit erkannt *(operationem naturae facile deprehendere possumus, ut in graminibus)*, die *opera artis* in den Werken *(opus artificiale, opus videlicet industriae, considera-*

---

[562] Richard von St. Victor, Benjamin maior (Migne 196, 82): in substantia corporea simul sunt et a se invicem dividi non possunt. In dieser Feststellung kommt das ganzheitliche Sehen deutlich zum Ausdruck.

tur ut in celaturis, in picturis, in agricultura). Beide Arten der Tätigkeit sind schon dadurch verbunden, daß die Kunst der Natur folgt und sie vervollkommnen kann.[563] Unter dem dritten Bereich, den *mores*, versteht Richard von St. Victor die Einrichtungen (*institutiones*), die auf Gott zurückgehen wie die Sakramente der Kirche, oder auf den Menschen wie Brauch, Recht und Gesetz (Migne 196, 83): *Ad divina instituta pertinent obsequia divina et quaelibet Ecclesiae sacramenta; ad instituta humana pertinent humanae leges, consuetudines, urbanitates, plebiscita, jura civilia et huiusmodi multa.*

Damit sind die Bereiche der sichtbaren Welt abgesteckt, die Zeichen werden können und auf der dritten Stufe der *contemplatio* als Zeichen der unsichtbaren Welt betrachtet werden (dazu: de Bruyne II, S. 334ff.). Alles, was zur sichtbaren Welt gehört, kann im Grundsatz auf Grund einer Analogie zum Zeichen für das Unsichtbare werden. Manches hat eine größere Affinität als anderes, aber gerade die Verschiedenheit bei einer Analogie macht deutlich, daß das Sichtbare doch etwas anderes als das Unsichtbare ist.[564] Auch Werke der Kunst können zum Zeichen werden, insofern die Kunst der Natur und damit dem Willen des Schöpfers folgt. Aber bevor der Zeichenwert erkannt werden kann, müssen die Erscheinungen der sichtbaren Welt für sich genau und präzise bestimmt sein. Eben darum geht es Richard von St. Victor in der Exegese, die um peinliche Genauigkeit in allen Einzelheiten bemüht ist, das Einzelne aber in der *contemplatio* als Teil des Ganzen versteht. Das große Beispiel dafür ist die konstruktive Exegese der Visionen des Propheten Ezechiel, die de Lubac gewürdigt hat.[565]

Wie in den exegetischen Bemerkungen zur Stiftshütte des Moses und zum Tempel Salomos im ersten und zweiten Teil seiner Schrift *Expositio difficultatum suborientium in expositione tabernaculi foederis,*[566] die sich um genaue Bestimmung des Wortsinns bemüht, aber anders als in seiner Erklärung der Apokalypse, in der er die Gottesstadt *secundum spiritualem intelligentiam* erklärt (Migne 196, 683ff.), nimmt sich Richard bei der Erklärung des Propheten Ezechiel vor, die Vision des Tempels als einen

---

[563] Richard von St. Victor, Benjamin maior (Migne 196, 83): ex naturali operatione opus industriae initium sumit ... et operatio naturalis ex industria proficit, ut melior sit.

[564] Richard von St. Victor, Benjamin maior (Migne 196, 99): longe a se distant invisibilia, quae in mente versamus, et ea, quae per imaginationem cernimus, et tamen ad illa exprimenda ex istis similitudines trahimus.

[565] Henri de Lubac (wie Anm. 55), II, 1, S. 387–403.

[566] Richard von St. Victor, Expositio difficultatum suborientium in expositione tabernaculi foederis: Migne 196, 211–256.

137

realisierbaren Bau zu verstehen.[567] Damit setzt er sich bewußt von seinen Vorgängern Hieronymus und Gregor dem Großen ab; dieser hatte ausdrücklich erklärt, daß die Vision des Tempels nach dem Wortsinn keinen Bestand haben könne (nach Richard: *De secunda visione dicit, quod iuxta litteram stare non possit*), und Hieronymus hatte keine Rekonstruktion nach dem Wortsinn versucht, wie sie Origenes für die Arche unternommen hatte. Richard baut den Tempel der Vision Ezechiels in allen Einzelheiten auf und gibt, damit der Leser dem Aufbau besser folgen kann, sogar Pläne und Zeichnungen bei. Er bringt die Maße miteinander in Einklang, u. U. indem er die eine Angabe auf einen Teil, die andere auf das Ganze bezieht;[568] vielfach muß von dem Propheten Verschwiegenes ergänzt werden, damit in minutiöser Kleinarbeit ein überzeugendes, geschlossenes Bild des Ganzen entsteht. Das Resultat ist wirklich ein geschautes Ganzes.[569]

Das Werk ist von den Zeitgenossen kritisiert worden;[570] später hat es Nachfolge gefunden bei dem Mystiker Ruysbroeck in seinem spirituellen Tabernakel. Die *descriptio mystica* ist bei Richard noch ein Verfahren der konstruktiven Exegese; sie kann sich aber verselbständigen zu einer Darstellung mystischen Verhaltens, die unabhängig von der Erklärung der Heiligen Schrift ist. Solches Verhalten hatten Hugo und Richard von St. Victor in der *contemplatio* beschrieben.

In der deutschen Dichtung des Mittelalters hat Albrecht von Scharfenberg um 1270 in seinem Jüngeren Titurel[571] dargestellt, wie der Gralstempel nach dem Vorbild der Gottesstadt (Apokalypse) und des Salomonischen Tempels erbaut wird.[572] Daß der Dichter mit der zweiten Sprache, der Bedeutung von Edelsteinen, Tieren und Pflanzen vertraut ist, hat sich schon gezeigt.[573] Das gilt vor allem für die Inschrift auf dem Brackenseil im zentralen dritten Teil, dessen »Held« Tschionatulander ist (Str.

---

[567] Richard von St. Victor, In visionem Ezechielis: Migne 196, 527–600; der Prolog dazu (Migne 196, 527) ist angeführt bei Spicq (wie Anm. 47), S. 94. In diesem bedeutsamen Prolog bekennt sich Richard sowohl zur patristischen Tradition wie zum Recht persönlicher Forschung. Er sagt: Nos autem a patribus pertractata cum omni aviditate suscipiamus et ab ipsis omissa perquiramus et sagaciter inventa cum omni liberalitate in commune proferamus (Migne 196, 527).

[568] Vgl. de Lubac (wie Anm. 55) II, 1, S. 391f.

[569] Zur Erklärung Ezechiels: Wilhelm Neuss, Das Buch Ezechiel in Theologie und Kunst bis zum Ende des 12. Jahrhunderts, 1912.

[570] Henri de Lubac (wie Anm. 55) II, 1, S. 404.

[571] Zum »Jüngeren Titurel«: Anm. 374.

[572] Gesondert herausgegeben von Werner Wolf: Albrecht von Scharfenberg, Der jüngere Titurel (Altdeutsche Übungstexte Bd. 14), Bern 1951, S. 18–40.

[573] Vgl. Anm. 374 und 466.

1893ff. mit dem Kehrreim: *hüete wol der verte*). Der Gralstempel wird im ersten Teil dargestellt, der berichtet, wie Titurel den Bau errichtet. Die Angaben sind so detailliert, daß im 14. Jahrhundert zweimal der Versuch unternommen wurde, den Bau nachzubilden: im Bau des Klosters Ettal durch Ludwig den Bayern und in der Karlsburg von Prag durch Karl IV. Die Forschung nimmt Beziehungen zu St. Gereon in Köln an; Werner Wolf und Lars-Ivar Ringbom[574] sehen Verbindungen zum sassanidischen Weltenthron, der 624 von Kaiser Heraclius zerstört wurde. Allgemein angenommen[575] ist die Auffassung, daß der Gral ein Abbild des Kosmos sein soll, das in den drei Sphären Himmel, Erde und Meer repräsentiert. Darauf kann hier im einzelnen nicht eingegangen werden. Wesentlich ist nur, daß die Konstruktion des Gralstempels in der Nachfolge der konstruktiven Exegese steht und das Gebäude mit seiner Struktur wie mit seinen schmückenden Elementen eine Anwendung der zweiten Sprache ist.

Im Jahre 1455 hat es Hermann von Sachsenheim in seinem »Goldenen Tempel«[576] unternommen, der Jungfrau Maria nach dem Vorbild des Salomonischen Tempels (v. 622ff.) einen Bau zu errichten, der nach außen die vier Himmelsrichtungen (vier Tore) und die vier Elemente (vier Wände) zeigt, in den zwölf Türmen die Monate und in den 364 Fenstern am Chor die Tage. Das Licht spenden Sonne, Mond und Planeten, Orgeln sind neun Universitäten, Glocken die vier Kirchenväter. Ein Umhang im Inneren gibt typologische Szenen aus dem Alten Testament.

Der Dichter des Lohengrin,[577] Neuheuser, der etwa ein Jahrzehnt nach Albrecht von Scharfenberg, aber in seiner Nachfolge schafft, vergleicht das Gedicht mit einem Bau (Str. 765); seit der Antike war man gewohnt, den Künstler mit einem Architekten zu vergleichen, der ein Haus baut.[578] Das gilt im Mittelalter sowohl für die Scholastik wie für die Poetik.

---

[574] Werner Wolf und Lars-Ivar Ringbom, Graltempel und Paradies, Stockholm 1951.

[575] Vgl. Helmut de Boor, Geschichte der deutschen Literatur, III, 1, München 1962, S. 62.

[576] »Der goldene Tempel« steht in der Ausgabe von Ernst Martin: Hermann von Sachsenheim (Bibliothek des Litterarischen Vereins Stuttgart 137), 1878, S. 232–271. Orientierung über die Forschungslage: Karl Stackmann (Verfasserlexikon V, 1955, S. 377–386); später: Dietrich Huschenbett, Hermann von Sachsenheim, ein Beitrag zur Literaturgeschichte des 15. Jahrhunderts (Philologische Studien und Quellen 12), Berlin 1962; vgl. auch Walter Blank, Kultische Ästhetisierung. Zu Hermanns von Sachsenheim Architektur-Allegorese im goldenen Tempel (in: Verbum et Signum I, 1975, S. 355–384).

[577] Der »Lohengrin« ist bis heute nur in der Ausgabe von Heinrich Rückert (Quedlinburg und Leipzig 1858) zugänglich; Zu Dichter und Werk: Helmut de Boor (wie Anm. 575) III, 1, S. 108–113.

[578] Dazu: Hennig Brinkmann, Zu Wesen und Form mittelalterlicher Dichtung, 1928, S. 7–10.

Die Tradition, in der die Schilderungen von Kirchen stehen, beginnt mit Werken wie der Beschreibung der Hagia Sophia durch Paulus Silentarius.[579] Eusebius hielt eine Festrede zur Einweihung der Basilika von Tyrus. Natürlich gehört die Minnegrotte Gottfrieds in diese Tradition.[580] An vielen Beispielen aus der Literatur des Mittelalters hat sich gezeigt, daß die zweite Sprache, besonders in einer *descriptio*,[581] eine zusätzliche zweite Aussage ermöglicht. Aufgabe der Interpretation ist es, diese Zweitaussage in Zusammenhang mit den überlieferten Zeichenwerten und dem Kontext zu verstehen.

Zweitaussagen in der descriptio

So können Zweitaussagen in den Architekturdarstellungen der mittelalterlichen Dichtung enthalten sein, die für das Altfranzösische Otto Söh-

---

[579] Paul Friedländer, Johannes von Gaza und Paulus Silentarius, 1912; vgl. Brinkmann, Zu Wesen und Form (wie Anm. 578), S. 105.

[580] Wie für die Minnegrotte immer noch auf Friedrich Ranke zu verweisen ist (Die Allegorie der Minnegrotte in Gottfrieds Tristan-Schriften der Königsberger Gelehrten Gesellschaft, II, 1925, S. 21–39), so für den Gralstempel auf Julius Schwietering (Der Graltempel des jüngeren Titurel, in: ZfdA 60, 1923, S. 118–127). Hinweis auf Aufgaben der Forschung bei Untersuchung der Architekturallegorese von Fr. Ohly in der Einleitung zu seinen »Schriften zur mittelalterlichen Bedeutungsforschung«, 1977, S. XXII f. (vgl. auch dort das Register S. 411 unter »Architekturallegorese«).

[581] Die descriptio ist als rhetorisches Verfahren ausführlich dargestellt in meinem Buch »Zu Wesen und Form« (wie Anm. 578), S. 53–68 (Theorie), S. 103–187 (Praxis). Hinzugekommen ist seitdem die von Hans-Jürgen Gräbener herausgegebene Poetik des Gervasius (Gervais von Melkley, Ars poetica, kritische Ausgabe von Hans-Jürgen Gräbener, Münster 1965, Forschungen zur romanischen Philologie, hg. Heinrich Lausberg 17). Hier ist die descriptio nur kurz behandelt (S. 65, 16–S. 67, 7). Gervasius fordert, daß eine descriptio motiviert ist (S. 65, 16–19): Descriptio est demonstratio proprietatis alicuius rei ... Descriptio autem in nulla materia fieri debet nisi talis, ut auctor ex ipsa eliciat aliquod argumentum. Die Circumlocutio wird als eine Art der descriptio aufgefaßt (S. 66, 24–26): Est enim circumlocutio quasi quedam rei descriptio; est enim equipollentia quedam nominis alicuius rei pro ipso nomine posita. Die Definition der descriptio zeigt, daß mit ihr eine Zweitaussage gemacht wird. Seit meinem Buch »Zu Wesen und Form mittelalterlicher Dichtung« ist eine Fülle von Arbeiten über die »Beschreibung« erschienen. Viele dieser Arbeiten waren schon im Zusammenhang mit der zweiten Sprache zu nennen, andere werden noch zu nennen sein.
An dieser Stelle seien einige der zahlreichen Arbeiten über den »Raum« in mittelalterlicher Dichtung erwähnt: Erwin Kobel, Untersuchungen zum gelebten Raum in der mhd. Dichtung (Züricher Beiträge zur deutschen Sprach- und Stilgeschichte 4; als Diss. Zürich 1950); Hilde Mittelstaek, Natur und Landschaft im klassischen höfischen Epos, Diss. Bonn 1951; Manfred Gsteiger, Die Landschaftsschilderungen in den Romanen Chrestiens, Bern 1958; Gaston Bachelard, Poetik des Raumes, München 1960 (vorher

ring untersucht hat[582], für das Deutsche Heinrich Lichtenberg.[583] Das gilt auch für den Entwurf von Grabmälern, die durch ihre Anlage und Ausstattung Aussagen über den Toten enthalten,[584] wie bei Walther von Chatillon in der Alexandreis[585] das Grabmal der Königin (IV, 176ff.), auf dem die Geschichte von der Erschaffung der Welt bis zur Erneuerung des Judentums unter Esdras dargestellt ist, und das Grabmal des Darius, ein Kuppelbau auf vier Säulen, auf dem im Bilde die Erde mit ihren drei Erdteilen und den zu ihnen gehörigen Völkern zu sehen ist (VII, 379ff.).

Zusätzliche Informationen ergeben sich aus der Ausstattung des Grabmals, wie in den Grabmälern der Dido, des Pallas und der Kamilla im Eneasroman und bei Veldeken.[586] So ist der Sarg Didos (2510) *ein prasin grune alse ein gras* und so mit dem Zeichen der irdischen Vergänglichkeit versehen[587] (das beim Grab des Pallas v. 8304 fehlt!). Das Grabgewölbe für Pallas hat einen Kristallfußboden mit *jaspis* und *coralle*[588] (8284f.); der Jaspis ist der Grundstein in der Apokalypse, den der Teufel meidet[589] (Himmlisches Jerusalem 133ff.), der Korall aber ist erst grün und wird

französisch: La Poétique de l'espace, Paris 1958); Rainer Gruenter, Zum Problem der Landschaftsdarstellung im höfischen Versroman (in: Euphorion 56, 1962, S. 248–278); Ingrid Hahn, Raum und Landschaft in Gottfrieds Tristan (Medium Aevum 3), München 1963; Joachim Schildt, Zur Gestaltung und Funktion der Landschaft in der deutschen Epik des Mittelalters (in: Beiträge 86, Halle 1964, S. 279–307; vorher als Diss. Berlin 1960); Uwe Ruberg, Raum und Zeit im Prosa-Lancelot (Medium Aevum 9), München 1965.

[582] Otto Söhring, Werke bildender Kunst in altfranzösischen Epen (in: Romanische Forschungen 12, 1900, S. 493–640).

[583] Heinrich Lichtenberg, Die Architekturdarstellung in der mhd. Dichtung (Forschungen zur deutschen Sprache und Dichtung 4), Münster 1931; vgl. ferner Anm. 580.

[584] Grab Japhites im Wigalois (18230–18320), das Scheingrab für Blanscheflur bei Konrad Fleck (1947–2117), die Grabmäler für Hektor (10735–10830) und Achilles (13753–13790) bei Herbort von Fritzlar, die Gräber im Alexanderepos Ulrichs von Etzenbach (11112–11821, 16923–16956, 17016–17066), Gahmurets Sarg im Jüngeren Titurel (Str. 964ff., 4815ff.).

[585] Vgl. Heinrich Christiansen, Die Alexandreis Walters von Chatillon, Halle 1905, S. 156–165.

[586] Vgl. Gabriele Schieb, Veldekes Grabmalbeschreibungen (in: Beiträge 87, Halle 1965, S. 201–243).

[587] Isidor, Etym. (wie Anm. 13) XVIII 33, 2: ... nam prasinus terrae ... dicatus est. Die Eneide wird zitiert nach der Ausgabe von Gabriele Schieb (Deutsche Texte des Mittelalters 58), Berlin 1964.

[588] Eneide (wie Anm. 586), v. 5282–84: neder was der estric/van luteren cristallen,/jaspen ende corallen.

[589] Himmlisches Jerusalem (wie Anm. 371) v. 133–140: der eine heizet jaspis/unt lit zaller unterist/an der gruntveste/unt habet uf daz gerüste./zware sagen ich iu daz,/der ist gruone sam ein gras./der tiuvel dannen vliuhet,/den selben stein er sciuhet.

dann blutrot.[590] Der Sargdeckel besteht aus einem Amethyst (8330f.),
dem obersten Stein der Apokalypse;[591] er trägt die Grabinschrift.

Der Fußboden am Grabmal für Kamilla besteht im unteren Stockwerk
nur aus Jaspis (9420); das *gewerke* über der Säule hat vier Fenster aus je
zwei Edelsteinen der Apokalypse (der eine ist hell, der andere rot). Der
Sarg besteht aus Chalzedon (der blaß ist, aber draußen leuchtet),[592] und
auf ihm liegt ein Sardon (er bezeichnet Menschen, die in ihrer Demut sich
schwarz vorkommen, aber rein wie das Weiße sind und rot wie das Martyrium;[593] die Stelle: 9482f.), der die Grabinschrift trägt (9493ff.). Die
Taube, die die goldene Kette mit der Lampe im Munde trägt, wird an
Psalm 54,7 erinnern,[594] wohl nicht an die Tauben Noes, Davids und Christus.[595] So ergänzen die Zeichen der zweiten Sprache den durch den Wortlaut gegebenen Horizont.

Daß die *descriptio* einen zusätzlichen Horizont schafft, ist an den viel-
diskutierten Beschreibungen in ritterlicher Dichtung deutlich: an Enitens
neuem Pferd im Erec, an dem Turnierschiff im Maurizius von Craun, an

[590] Isidor (wie Anm. 587), XVI 8, 1: colore viridi, sed maxime rubens; Marbod, Lapidarius
(wie Anm. 346), cap. 20 (Migne 171, 1753): cuique color viridis fuerat, modo puniceus
fit (v. 4); fulmina, typhonas tempestatesque repellit (v. 11); umbras daemonicas et
Thessala monstra repellit (v. 17).

[591] Himmlisches Jerusalem (wie Anm. 371 und 589), v. 419–423): des nist zwivel ne-
hein:/zoberist lit der selbe stein/an mines trahtines selde/unt besliuzet daz gewelbe/der
himeliscen Jerusalem. In dem Berner Traktat, den Christel Meier herausgegeben hat
(wie Anm. 366), heißt es (ZfdA 104, 1975, S. 239, Zeile 167–169): Et bene hic lapis (sc.
ametistus) ponitur extremus in edificio civitatis dei, nam hec est virtus maxima, supra
quam nulla est, orare scilicet pro inimicis …

[592] Himmlisches Jerusalem (wie Anm. 371 und 591), v. 175/76: der (sc. Calcedonius) ist
tunchel in dem hus/und scinet, so man in treit uz; er bezeichnet Menschen, die sich ganz
Gott zuwenden, aber das nicht zeigen (v. 189–194); der ist tunchel in dem hus;/swenne
er aver chumet uz,/so scinent sine guote. Im Berner Traktat (wie Anm. 371 und 591)
heißt es (ZfdA 104, S. 235, Zeile 20/21: Tercius est calcedonius. Hic quamdiu est in
domo, non nitet. Foris in aperto nitet … Hoc lapide significantur hi, qui suam bonitatem celant (Zeile 22ff.) … Sed cum episcopus vel abbas vel magister iubet exire foras,
tunc apparet bonitas eorum … (Zeile 27ff.).

[593] Vom Sardonyx heißt es bei Isidor (wie Anm. 13), Etym. XVI 8, 4: Constat autem tribus
coloribus: subterius nigro, medio candido, superius mineo. Im Hymnus »Cives caelestis
patriae« (Migne 171, 1771/72; vgl. Anm. 367) lautet die 6. Strophe: Sardonyx constat
tricolor:/homo fertur interior,/quem denigrat humilitas,/per quem albescit castitas./ad
honestatis cumulum/habet quoque martyrium. Dazu stimmt der Berner Traktat (wie
Anm. 591), der seine Aussage über den Sardonyx mit dem Zitat der Aussage Isidors beginnt (Zeile 77–80) und sie auf Menschen deutet (Zeile 82–88), die für Christus leiden
(rot), im Inneren rein sind (weiß), sich selber aber sündig vorkommen (quasi despecti et
nigri), während die Deutung im »Himmlischen Jerusalem« (262–278) etwas abweicht.

[594] Ps. 54, 7: quis dabit mihi pennas sicut columbae, et volabo et requiescam.

[595] Dazu: Fr. Ohly, Probleme der mittelalterlichen Bedeutungsforschung (wie Anm. 53a),
S. 167ff. (Schriften zur mittelalterlichen Bedeutungsforschung, 1977, S. 52ff.).

der Haube des Sohnes Helmbrecht. Die Schilderung von Enitens neuem Pferd hat Petrus W. Tax als Erhöhung Enitens aufgefaßt, als Darstellung des neuen vollkommenen Status, den sie nun erreicht hat.[596]

Wenn das Pferd teils weiß, teils schwarz ist,[597] so bezeichnet das, daß der Weg des ritterlichen Menschen zwischen Himmel und Hölle hindurchführt; der grüne Strich, der beide trennt, weist auf die *staete* (vgl. 7379), die Enite bewährt hat, ihre unerschütterliche Treue. Als Erec Enite zum ersten Male sah, trug sie über ihrem schwanenweißen Leib ein abgetragenes, verschlissenes grünes Gewand (323–341); ihr Leib aber leuchtete durch das unansehnliche Kleid wie eine weiße Lilie unter schwarzen Dornen.[598] Durch die Königin empfängt dann Enite später die kostbare Kleidung, die ihr ziemt (1529–1610): ein Hemd aus weißer Seide und einen Rock aus grünem Samt. Die *triuwe* und *staete*, die sie besaß (1497), bekommen nun auch die entsprechende äußere Erscheinung, und Armut muß dem Reichtum weichen (1579ff.). Das Reitzeug *(gereite)* ist aus harmonisch verteiltem Elfenbein und Edelsteinen, die von Gold durchwirkt sind (7528ff.); dadurch, wie durch die Herkunft des Pferdes (7394ff.) wird das Reitzeug aus der Wirklichkeit herausgenommen (wie es ausdrücklich in Hartmanns Gespräch mit dem Leser 7493–7525 geschieht); das Gold weist auf die Vollkommenheit. Das Pferd mit seinem Reitzeug begründet eine höhere Ebene, die einen Zweitsinn hat.

Auf dem Sattelbogen ist als Urbild des Ritters Eneas dargestellt: vorne die Zerstörung Trojas und die Flucht nach Karthago, hinten seine Taten bis zur Eroberung von Laurente und zur Gewinnung Lavinias (7545–7581). Auf der langen Satteldecke, die fast bis zum Boden reicht, sind *al der werlde wunder* (7589) zu sehen: die vier Elemente, die Erde mit den Tieren und dem Menschen, das Meer mit den Fischen, die Luft mit den Vögeln, das Feuer mit seinen Drachen (7588–7653). Den Saum stellt Hartmann über die Decke, die Jupiter und Juno bei ihrer Hochzeit hatten (7658–7666); damit wird an die Vermählung der Luft (Juno) mit dem Feuer (Jupiter) erinnert.[599]

---

[596] Petrus W. Tax, Studien zum Symbolischen in Hartmanns Erec (in: ZfdPh 82, 1963, S. 29ff.); derselbe, Erecs ritterliche Erhöhung (in: Wirkendes Wort XIII, 1963, S. 277ff.).

[597] Isidor, Etym. (wie Anm. 13) kennt Zweigespanne mit einem schwarzen und einem weißen Pferd, die sich auf den Mond beziehen (Etym. XVIII 36, 2): bigas lunae (sc. iungunt), quoniam gemino cursu cum sole contendit sive quia nocte et die videtur, iungunt enim unum equm nigrum, alterum candidum.

[598] Nach Cant. cant. 2,2 sicut lilium inter spinas, sic amica mea inter filias.

[599] Fulgentius berichtet in seinen »Mithologien« (Fulgentii opera, hg. Rudolf Helm, 1898, S. 19f.): ... primum Iovem ut ignem ... secundum Iunonem quasi aerem ... ideo (sc. Iunonem) Iovis et coniugem, quod maritatus aer igne fervescat. Isidor zitiert Vergils Geor-

143

Wenn die Schnallen an Sattelgürtel und Steigriemen aus Silber sind, *dar umbe daz man wizen schin vor dem golde saehe* (7690ff.), so kann an Psalm 67,14 *(pennae columbae deargentatae et posteriora dorsi eius in pallore auri)* erinnert sein. Auf dem Sattelkissen ist die tragische Geschichte von Tispe und Piramus zu sehen, denen die Macht der Minne die Besinnung nahm (Vorbild in der wechselseitigen Liebe, Warnung in ihrer Besinnungslosigkeit). Dem Vorderzeug kommt anagogische Bedeutung zu: hier befinden sich die zwölf Edelsteine (in denen sich das rechte Verhalten repräsentiert), vor allem der Karfunkel (7739—7749), der beim Ritt durch finstere Nacht durch sein Licht den Weg weist.[600]

So begründet die Schilderung des Pferdes einen höheren Horizont, eine geistige Welt. Der Weg, der zwischen Himmel und Hölle (weiß und schwarz) hindurchführt, ist der Weg der *triuwe* und *staete* (grün). Zur Welt gehört der gesamte Kosmos mit seinen vier Elementen; das Ziel weisen die Edelsteine als Repräsentanten des rechten Verhaltens. Als (typologische) Vorbilder für Rittertum und Minne, die mahnend und warnend reden, werden die Geschichten von Eneas sowie von Tispe und Piramus gegeben. So werden Maßstäbe gesetzt.

Erec geht mit festem Herzen *(vester dan der adamas* 8427) in das große Abenteuer, vor dem er vergeblich gewarnt wird. Die Härte des Diamanten kann nur Bocksblut erweichen (8428—8438).[601] Hartman sagt von Erec, daß ihn wie den Diamanten nur der Tod überwinden kann.

Die in Schwarz gekleideten Frauen (8227—8249) erhalten nach Wiederherstellung der »Freude« ein kostbares Gewand aus Seide und Gold (9953—9962). So bekommen sie (wie früher Enite) die äußere Erscheinung, die nun ihrem Status ziemt.

---

gica (II, 325) für seine Aussage in den Etymologien (wie Anm. 13), VIII 11, 69/70: Poetae autem Iunonem Iovis adserunt sororem et coniugem; ignem enim et aerem Iovem, aquam et terram Iunonem interpretantur; quorum duorum permixtione universa gignuntur.

[600] Isidor (wie Anm. 13) beginnt seinen Abschnitt (XVI, 14) über die »feurigen« Edelsteine so: Omnium ardentium gemmarum principatum carbunculus habet ... Lucet enim in tenebris adeo ut flammas ad oculos vibret. Vgl. auch: Th. Ziolkowsky, Der Karfunkelstein (in: Euphorion 55, 1961, S. 298—326).

[601] Zu »Diamant und Bocksblut«: Friedrich Ohly, Diamant und Bocksblut. Zur Traditions- und Auslegungsgeschichte eines Naturvorgangs von der Antike bis in die Moderne (in: Wolfram-Studien III, Schweinfurter Kolloquium 1972, S. 72—188). Darüber, daß nur Bocksblut den Diamanten erweichen kann, berichten der Physiologus (bei Seel, wie Anm. 340, Nr. 32; unter Bezug auf Amos 7,8), Isidor (wie Anm. 13; Etym. XII 1,14 cuius (sc. hirci) natura calidissima est, ut adamantem lapidem ... solus huius cruor dissolvat; XVI 13,2 Sed dum sit invictus ferri ignisque contemptor, hircino rumpitur sanguine recenti ...) und Marbod im 1. Kapitel seines Lapidarius (Migne 171, 1740, v. 5—7 cuius (sc. adamantis) durities solidissima cedere nescit,/ferrum contemnens nullo-que domabilis igne,/quae tamen hircino calefacto cruore fatiscit).

Mabonagrin erscheint in Pferd, Rüstung, Schild und Körperfarbe rot (9011–9023): *gewafent nach sinem muote./ich waene sin herze bluote/swenne er niht ze vehtenne vant:/so mordic was sin hant.* So ist es besonders die äußere Ausstattung *(ornatus)* des Menschen, die weiterweisenden Zeichenwert hat und einen Verweisungszusammenhang stiften kann.

Zeichenwert der Natur

Zeichenwert kann natürlich auch die Natur erhalten. Dieser Zeichenwert ist von Anfang an im christlichen Hymnus gegeben,[602] bei Ambrosius und bei Prudentius. Gott (Christus) ist das Licht und der Tag; die Nacht ist

---

[602] Zum Folgenden vgl. besonders die (ungedruckte) Münsterer Staatsexamensarbeit (1965) von: Georg Westphalen, Die tageszeitliche und jahreszeitliche Wende in der Lyrik des Mittelalters. Das Thema ist von mir wiederholt in Vorlesungen und Seminaren behandelt worden (1961, 1964, 1968); eine Seminararbeit von Werner Wirtz hat 1968 die Tagzeiten in der religiösen Lyrik verfolgt. In meinem Aufsatz über »Voraussetzungen und Struktur religiöser Lyrik im Mittelalter« (Mittellateinisches Jahrbuch, hg. Karl Langosch, III, 1966, S. 37–54), der zum ersten Mal die religiöse Lyrik in ihrer Eigengesetzlichkeit zu erkennen versuchte, bin ich auch auf die Tagzeiten eingegangen und habe sie an dem Mitternachtshymnus »Mediae noctis tempus est« (Hymni latini antiquissimi, hg. Walther Bulst, Heidelberg 1959, S. 91) erläutert (S. 39–42).
Bei Bulst sind die Regeln des Caesarius und Aurelianus aus der ersten Hälfte des 6. Jahrhunderts abgedruckt, die bestimmte Hymnen nennen (S. 163–166). Die Benediktinerregel nennt zwar keine bestimmten Hymnen, schreibt aber nach Ps. 158, 164 (septies in die laudem dixi tibi) vor (cap. 16, bei Bulst, S. 166): qui septenarius sacratus numerus a nobis sic implebitur, si matutino, primae, tertiae, sextae, nonae, vesperae completoriique tempore nostrae servitutis officia persolvamus. Zum »Brevier«: Joseph Pascher im Lexikon f. Theol. u. Kirche II, Freiburg 1958, 679–684, und vor allem: Aemiliana Löhr, Abend und Morgen – ein Tag, Regensburg o. J. (1957).
Die Tagzeiten wurden auch Thema religiöser Lyrik. Das »Horarium« von Gottschalk (Poetae VI, 97ff.) führt von Abend zu Abend: Rithmus vespertinus – completorius – mediae noctis ad nocturnos videlicet hymnus – rithmus matutinus – hora prima – horae tertiae – sextae – nonae. Entgegen der Regel Benedikts beginnt Gottschalk mit Vesper und Komplet. Zwei Gedichte über die Tagzeiten werden Hildebert zugeschrieben (Hildebertus, Carmina minora, rec. A. Brian Scott, Leipzig 1969, S. 54 Nr. 57 und S. 55–57 = Migne 171, 1458/59); Hildebert gibt in knapper Form (63 Hexameter) den religiösen Sinn der Tagzeiten vom Sonnenaufgang (Prim) – bis zu Vesper, Complet, Matutin und Laudes. Im 14. Jahrhundert gibt Hermann von Salzburg (»Der Mönch von Salzburg«) in seinem Gedicht »Sieben Tagzeiten« eine Deutung, die den liturgischen Tag als Wiederholung der Passion Christi versteht (Gefangennahme-Geißelung-Dornenkrönung-Kreuzigung-Tod – Kreuzabnahme-Grablegung und Höllenfahrt); der Text bei: Philipp Wackernagel, Die deutschen Kirchenlieder von der ältesten Zeit bis zum Anfang des 17. Jahrhunderts. II, 1867 (Nachdruck: Hildesheim 1964), S. 415–417.
Bei Hildebert wiederholt der liturgische Tag in seinen Tagzeiten die Heilsgeschichte: zur Prim wird der Sonne gedacht und Gott gebeten, daß er uns nicht in die Finsternis der

145

identisch mit dem Teufel und der Sünde. So bedeutet das Heraufziehen des Tages, angekündigt durch den Hahnenschrei und den Morgenstern, wie in den Hymnen *Aeterne rerum conditor* (Ambrosius)[603] und *Ales diei nuntius* (Prudentius),[604] daß die Zeit des Heils (der Gnade) gekommen ist und damit für den Christen die Zeit, sich von der Nacht (der Sünde) dem Tage (Christus) zuzuwenden, wie es der Apostel Paulus im Römerbrief (13,11–12) gefordert hatte: *hora est iam nos de somno surgere ... nunc enim proprior est nostra salus ... nox praecessit, dies autem appropinquavit. abiciamus ergo opera tenebrarum et induamus arma lucis*; denn die Christen sind, wie es im 1. Brief an die Thessaloniker heißt (5,5), »Söhne des Lichtes und des Tages« *(vos filii lucis estis et filii diei).*

Sünde fallen läßt. Die Terz erinnert an den Beginn: die Erschaffung des Menschen, die Begründung des Alten Bundes, den Beginn der Passion, die Stiftung der Kirche. Die Sext gemahnt an den Sündenfall und die Kreuzigung und läßt den durch Christi Tod erlösten Menschen um Schutz vor Sünde und Teufel bitten. Mit der Non verbinden sich die Vertreibung aus dem Paradiese und der Tod Christi, der die fideles aus der Nacht holt (so wird das Paradies gleichzeitig geschlossen und wieder geöffnet). Zur Vesper heißt es: Gott hat zum Trost in der Dunkelheit den Mond geschaffen; wie Adam am Abend seines ersten Arbeitstages um Trost bat, so bitten die in der Taufe Neugeborenen um die Sonne der Gerechtigkeit (Mal 4, 2). Mit dem Completorium endet die Zeit noch nicht: Gott wird gebeten, Sünden des Tages zu vergeben und in der Nacht vor dem Teufel zu schützen. Die Matutin (Mitternacht) steht im Zeichen des Gerichts und des Erbarmens (Sündflut, Vernichtung der Ägypter und Rettung Israels beim Durchzug durch das Rote Meer, Jüngstes Gericht). Die Laudes sind die Zeit des Aufstehens, um der Nacht zu entkommen.

Nach den Tagzeiten werden die Hymnen zu Zyklen geordnet, die ihre eigene Geschichte haben. Eine Handschrift beginnt (Bulst, S. 175): incipiunt hymni canendae per circulum anni. Bemerkenswert ist, daß ein älterer Zyklus, der zahlreiche Hymnen des Ambrosius enthielt, zu Anfang des 9. Jahrhunderts durch einen neuen Zyklus verdrängt wurde; dazu: Josef Szövérffy, Die Annalen der lat. Hymnendichtung, 2 Bde., Berlin 1964/65, I, S. 212–215; Helmut Gneuss, Hymnar und Hymnen im englischen Mittelalter, 1965, S. 24f. und 60–68. Die Hymnen zu den Laudes blieben bei der Tradition; ganz ersetzt wurden die Hymnen zur Nokturn. Am größten war die Veränderung bei den Vesperhymnen: erhalten blieb nur »Deus creator omnium«; in den neuen Hymnen ist neu die Verknüpfung mit dem Sechstagewerk und das Zurücktreten der allegorischen (»mystischen«) hinter der tropologischen Bedeutung. Das Gesamtniveau ist gesunken.

Fr. Ohly (Die Kathedrale, S. 146–155 = Schriften, S. 254–267) zeigt am Beispiel von Siena, wie das liturgische Geschehen (als Abbild der Heilsgeschichte) Raum werden kann.

[603] Ambrosius, Aeterne rerum conditor: Analecta Hymnica 50, Nr. 5, S. 11; danach bei Raby, The Oxford Book (wie Anm. 127), Nr. 9. Vgl. Anm. 606.

[604] Aurelius Prudentius, Cathemerinon I (in der Ausgabe von M. Lavarence, 4 Bde., 1943/51; I, 1943); bei Raby (wie Anm. 127 und 603) Nr. 16 (nach der Ausgabe von H. J. Thomson, 2 Bde., London 1949/1953). Die liturgische Fassung, die auf die Verse 1–8, 81–84 und 97–100 reduziert ist, steht in allen Ausgaben der liturgischen Hymnen und ist leicht zugänglich bei Anton Mayer (Cantica Sacra Nr. 5). Zur »Allegorie« bei Prudentius: R. Herzog, Die allegorische Dichtkunst des Prudentius, 1966.

So wird von Anfang an im Morgenhymnus die Wiederkehr des Tages verstanden. Die *Expositio hymnorum*[605] vermerkt zu *Aeterne rerum conditor* (fol. II v–III v): *noctem id est peccatorem vel diabolum... diem id est deum vel iustum*. Ambrosius selber identifiziert Christus mit dem Licht,[606] nach dem Johannesevangelium, das in der *Expositio* zitiert wird (zu *Aeterne rerum conditor* VIII,1): *Erat lux vera, quae illuminat omnem hominem venientem in hunc mundum*.[607] Diese Auffassung des Morgens als der Wende von der Nacht zum Tag wurde durch Jahrhunderte hindurch täglich erneuert und auf diese Weise immer aufs neue eingeschärft.

Die religiöse Bedeutung des Wachens bleibt gewahrt, auch wenn der Ruf dem Schutz einer Stadt gilt, wie in dem Wächterlied von Modena »*O tu qui servas ista moenia*«[608], oder wenn nicht ausdrücklich gesagt wird, wem der Ruf gilt wie in der »Alba« *Phoebi claro nondum orto iubare*.[609] Dagegen scheint dem ritterlichen Tagelied zu präludieren das Fragment von *Cantant omnes volucres*, das Peter Dronke entdeckt hat.[610] Sicher hat das »Morgenlied« im ritterlichen Tagelied eine neue Ausprägung gefunden, aber die Strophe Walthers von der Vogelweide im Wiener Hofton *Nu*

---

[605] Expositio hymnorum cum commento, Köln bei Heinrich Quentell 1496.

[606] Aeterne rerum conditor (bei Bulst, wie Anm. 602, Nr. II, 1, S. 39; Oxford Book, wie Anm. 127, Nr. 9, S. 8/9), Str, 8, 1 tu, lux. refulge sensibus; Splendor paternae gloriae (Bulst, wie Anm. 602, Nr. II, 2, S. 40; Oxford Book, wie Anm. 127, Nr. 10, S. 10/11) II, 1 verusque sol.

[607] Joh. Ev. 1, 9; dazu: 3, 19 ... dilexerunt homines tenebras quam lucem ...; 8, 12 Ego sum lux mundi: qui sequitur me, non ambulat in tenebris, sed habebit lumen vitae.

[608] O tu, qui servas ista moenia: Poetae Carolini aevi III, S. 703; im Oxford Book (wie Anm. 127), Nr. 102, S. 141.

[609] Phoebi claro nondum orto iubare: nach ZfdPh 12, 1881, S. 333; deutsche Übersetzung: Frech und Fromm. Dichtungen des lateinischen Mittelalters, ausgewählt und erläutert von Heinrich Naumann (Goldmanns Gelbe Taschenbücher Bd. 667, 1960), S. 120.

[610] Peter Dronke, Medieval Latin and the rise of European love-Lyric, 2 Bde., Oxford 1965/1966, II, S. 352f. Dieser Eintrag von ungeübter Hand steht auf der letzten Seite einer Handschrift aus dem 11. Jahrhundert, die Schriften von Ambrosius und Boethius enthält (Stiftsbibliothek St. Florian). Nur der Anfang ist einigermaßen herzustellen: Cantant omnes volucres,/iam lucescit dies./Amica (cara), surge, sine me/per portas exire./Sedent in arboribus/innumera canentes ... (anders Dronke, S. 352; als Fortsetzung wäre denkbar: cantant vigilantes). In diesem Zusammenhang sei noch hingewiesen auf das schöne Gedicht »Quis est hic qui pulsat« (Analecta Hymnica 48, S. 66ff., Nr. 66; Oxford Book, wie Anm. 127, Nr. 115), das an das Hohelied (Cant. 5, 2–6) anknüpft, und auf »Foebus abierat« (Dronke II, S. 334–341; dazu: Theodor Frings: Ein mittellateinisches Frauenlied zwischen volkstümlicher Lyrik und Ovid, in: Beiträge zur romanischen Philologie VIII, 1968, S. 311–318; ferner: Winfried Offermanns, Die Wirkung Ovids auf die literarische Sprache der lateinischen Liebesdichtung des 11. und 12. Jahrhunderts, Beihefte zum Mittellateinischen Jahrbuch 4, 1970, S. 82–84). Dies von Ovid inspirierte Gedicht liegt in 2 Fassungen vor (Dronke, S. 334–337); die Fassung des Vaticanus scheint nach dem Schluß die Geschichte als Exempel in einer Epistel zu geben.

wachet! uns get zuo der tac[611] zeigt, daß die eschatologische Auffasung des Prudentius lebendig blieb und in die Volkssprache übernommen werden konnte. Deutsche Übersetzungen von *Aeterne rerum conditor* und *Ales diei nuntius* aus dem späten Mittelalter hat Philipp Wackernagel herausgegeben.[612] Wie Prudentius versteht Reinmar von Zweter den Hahnenschrei (zweifacher Hahnenschrei nach Marc 14,72) als Ankündigung des Gerichts, an dem Christus mit den Marterwerkzeugen erscheint.[613] Das 14. Jahrhundert setzt dann in Deutschland diese Tradition im »geistlichen Wächterlied« fort, das allerdings Züge aus dem ritterlichen Tagelied aufnimmt. Theodor Kochs[614] hat das Verdienst, diese Gattung dargestellt zu haben; er leitet sie aber zu Unrecht aus dem ritterlichen Tageliede ab.[615] Es gelten die durch den Hymnus festgelegten Zeichenwerte.

Tiefer als durch den Übergang von der Nacht zum Tag, vom Schlaf zum Wachen war die religiöse Existenz von dem Ostergeschehen betroffen, das als Erneuerung des Lebens verstanden wurde.[616] So sprach es die *Praefatio* zum Osterfest aus: *qui mortem nostram moriendo destruxit et vitam resurgendo reparavit*; so verkündete die folgenreiche Ostersequenz Wipos[617]: *Mors et vita duello conflixere mirando, dux vitae mortuus regnat vivus*; so nannte es Ambrosius in seinem Osterhymnus *Hic est dies verus dei*[618] ein *mysterium mirabile, ut ... reddat mors vitam novam ... moriatur vita omnium, resurgat ut vita omnium*. Diese Auffassung von Tod und Leben war durch die Heilige Schrift gegeben. Der Tod wurde als die Erbsünde verstanden, als Hölle (Teufel) und ewige Verdammnis. Im

---

[611] Die Lieder Walthers von der Vogelweide, hg. Friedrich Maurer, I² 1960, S. 32.

[612] Wackernagel, Die deutschen Kirchenlieder (wie Anm. 602 zu den Tagzeiten), Nr. 1390, S. 1127 und Nr. 1394 S. 1128.

[613] Bei Roethe (wie Anm. 462), Str. 219; bei de Boor, Mittelalter (wie Anm. 463) I, S. 166.

[614] Theodor Kochs, Das deutsche geistliche Tagelied, Münster 1928. Zum Tagelied: Friedrich Nicklas, Untersuchungen über Stil und Geschichte des deutschen Tageliedes, Diss. Berlin 1929, Nachdruck 1967; Hertha Ohling, Das deutsche Tagelied vom Mittelalter bis zum Ausgang der Renaissance, Diss. Köln 1938; Eos. An inquiry into the theme of lover's meetings and partings at dawn in poetry, hg. A. T. Hatto, London 1965.

[615] Die Arbeit von Kochs ist besprochen von Otto Schumann (ZfdA 49, 1930, S. 116ff.) und von Hennig Brinkmann (Literaturblatt für germanische u. romanische Philologie 1931, S. 336ff.).

[616] Zu Ostern: Thomas Michels, Das Frühjahrssymbol in österlicher Liturgie (in: Jahrbuch für Liturgiewissenschaft VI, 1926, S. 1–15); A. W. Watts, Easter. its story and meaning, London 1959; H. Rennings und R. Trottmann, Die Liturgie der Karwoche und Osternacht, 1970; J. Kothe, Die deutschen Osterlieder des Mittelalters, Diss. Breslau 1930; Werner Fechter, Ostern als Metapher in mittelhochdeutschen Dichtungen (in: Beiträge 85, Tübingen 1963, S. 289–296).

[617] Victimae paschali von Wipo: Analecta Hymnica 54, Nr. 7, S. 184; im Oxford Book (wie Anm. 127), Nr. 133, S. 184/85.

[618] Ambrosius, Hic est dies verus dei: bei Bulst (wie Anm. 602), S. 47.

ersten Brief an die Korinther (1 Cor 15,54) werden Worte des Propheten Osee (Os 13,14) zitiert *(ero mors tua, o mors ... inferne)*, und im Hebräerbrief heißt es (Hebr 2,14): *ut per mortem destrueret eum, qui habebat mortis imperium, id est diabolum.* Im 1. Johannesbrief hieß es (1 Joh 3,14): *nos scimus, quoniam translati sumus de morte ad vitam;* und im Eingang des Johannesevangeliums war zu lesen (Joh 1,4): *in ipso vita erat.*

Bereits der frühe Osterhymnus *Aurora lucis rutilat*,[619] der Höllenfahrt und Auferstehung als die große Wende darstellt, beginnt mit dem Jubel von Himmel und Erde *(caelum laudibus intonat, mundus exultans iubilat)*, der die Osterfreude bezeugt. Sequenzen des 10. Jahrhunderts aus Deutschland[620] und Frankreich[621] rufen Himmel und Erde zum Jubel auf (wohl in Nachfolge von Psalm 150 und Daniel 3,53–90). Der Aufruf, das österliche Alleluja anzustimmen,[622] ergeht an die Bereiche der vier Elemente (Sternenwelt, Luft, Wasser, Erde) und wendet sich dann an die anwesende feiernde liturgische Gemeinde. Die Sequenz *Arva polique*[623] ruft im ersten Teil (1–33) Himmel und Kosmos nicht allein zum Jubel auf, sondern auch zu neuer Fruchtbarkeit (zum Preis des Erlösers): *frondium expandite densaruum floscula pulcherrima ... campi ... germinate germina odorifera magnarum rosarum et lilia* (v. 14–18). Schon Ambrosius hatte in seinen Predigten zum Sechstagewerk Ostern als die große Wende verstanden, die wie die erste Erschaffung der Welt im Frühling geschieht.[624] In seiner Nachfolge steht ein Gedicht des Venantius Fortunatus an Bischof Felix, der zu Ostern die Taufe vollzieht.[625] Es beginnt mit der Erneuerung des Lebens im Frühling (1–30): *tempore sub hiemis foliorum crine revulso/iam reparat viridans frondea tecta nemus* (21/22). Diese Erneuerung aber bezeugt, daß mit dem Auferstandenen alle Gaben Gottes den Menschen wieder geschenkt sind (31/32): *ecce renascentis tes-*

---

[619] Aurora lucis rutilat: bei Bulst (wie Anm. 602), S. 114 f. (VIII, 15); Oxford Book (wie Anm. 127), Nr. 38, S. 49–51 (nach: Analecta Hymnica 51, Nr. 84, S. 89). Hier heißt es von der »Höllenfahrt« (Str. 2): Cum rex ille fortissimus mortis confractis viribus ... solvit catena miseros. Nach der Auferstehung sehen die Apostel Christus (Str. 9): claro paschali gaudio sol mundo nitet radio ...

[620] Oxford Book (wie Anm. 127), Nr. 107, S. 148–150 (nach: Analecta Hymnica 53, Nr. 34, S. 60 f.).

[621] Oxford Book (wie Anm. 127), Nr. 105, S. 144–146 (nach Analecta Hymnica 53, Nr. 65, S. 109 ff.).

[622] Cantemus cuncti: wie Anm. 620.

[623] Arva polique: wie Anm. 621.

[624] Ambrosius, Exameron I 4, 14: Migne 14, 119 ff. Dazu: Westphalen (wie Anm. 602), S. 84–119.

[625] »Tempora florigero« von Venantius Fortunatus: Auctores antiquissimi IV, S. 59–62; Analecta Hymnica 50, Nr. 69, S. 76 ff.; die ersten 40 Verse: Oxford Book (wie Anm. 127), Nr. 57, S. 77/78. Dazu: Westphalen (wie Anm. 602), S. 85–91.

tatur gratia mundi/omnia cum Domino dona redisse suo. Ostern ist der Höhepunkt des Heilsgeschehens. Christus, wesensgleich mit dem Vater, Schöpfer und Erhalter der Welt, Mensch geworden, durch Kreuzestod, Höllenfahrt und Auferstehung Erlöser der Menschheit, wird gebeten, sein Antlitz zu zeigen: (*75 redde tuam faciem, videant ut saecula lumen*), damit seine Präsenz erfahren werden kann (47–88). Dieser Abschnitt mündet in das Osterthema (88): *quos mors petierat, hos nova vita tenet.* Dies Geschenk des neuen Lebens wird den weißgekleideten Täuflingen zuteil, denen vom Bischof die Taufe gespendet wird (89–110).

In der Karolingerzeit hat Sedulius Scottus in gleicher Weise Ostern als Höhe- und Wendepunkt gefeiert[626] und wie Paulinus[627] und die Alleluja-Sequenz[628] auch den Sternenhimmel zur Mitfreude aufgerufen. Notkers Ostersequenz *Laudes salvatori*[628a], vom Verfasser sinngebend in die Mitte seiner Sammlung gestellt, läßt die Mitfreude der Natur auf den Bericht des Heilsgeschehens folgen. So konnte auch noch später im Minnesang das Naturbild auf die Darstellung der Minnesituation folgen, wie bei Veldeken.[629]

Den paulinischen Gedanken der Erneuerung durch die Erlösung hat besonders Adam von St. Victor in seinen Sequenzen gestaltet.[630] Als Erneuerung des Kosmos und des Menschen feiert er das Ostergeschehen in einer Sequenz, die schon im Eingang das Thema nennt:[631] *Mundi renovatio nova parit gaudia.* Mit der Auferstehung des Herrn erfahren die Elemente

---

[626] Haec est alma dies von Sedulius Scottus: Analecta Hymnica 50, Nr. 172 und Poetae III, 218.

[627] Analecta Hymnica 50, Nr. 102.

[628] Die »Alleluja-Sequenz« (wie Anm. 620); Oxford Book (wie Anm. 127), Nr. 107: quin et astrorum/micantia luminaria/iubilant altum/Alleluja.

[628a] »Laudes salvatori« von Notker: Wolfram von den Steinen, Notker der Dichter, I, 1948, S. 28 ff. Zu Notker vgl. den umfangreichen Artikel im Verfasserlexikon (1955) V, 735–775 (Karl Langosch).

[629] Die beiden Lieder Veldekens: Minnesangs Frühling 58, 35 und 58, 11; in meiner »Liebeslyrik der deutschen Frühe« (Düsseldorf 1952): S. 113 (Tristrant muste ane sinen danc) und S. 113/114 (We mich scade ane miner vrouwen).

[630] Vgl. Hegener (wie Anm. 53 Ende), S. 75–79. Bei Isidor (wie Anm. 13) heißt es (Etym. VI 1,2): Testamentum Novum ideo nuncupatur, quia innovat. Non enim illud dicunt nisi homines renovati ex vetustate per gratiam et pertinentes iam ad Testamentum Novum, quod est regnum caelorum. »novus« bekommt den Inhalt: »erlöst«. Die Aussage bei Isidor ist verkürzt übernommen von Hrabanus in De universo (Migne 111, 103; angeführt bei Hegener, wie Anm. 53, S.75, Anm. 304). Über die »typologische« Bedeutung von »alt« und »neu«: Fr. Ohly Synagoge und Ecclesia (in: Miscellanea Mediaevalia IV, 1966, S. 350–369 = Schriften, S. 312–337), S. 364–369 (= Schriften, S. 330–337). Vgl. auch: James Barr, Alt und Neu in der biblischen Überlieferung, München 1970 (englisch 1966).

[631] Oeuvres poétiques d'Adam de St. Victor, hg. Léon Gautier, Paris 1894, S. 43.

150

(Feuer, Luft, Wasser und Erde) eine Wiederauferstehung *(resurgenti Domino conresurgunt omnia)*. Die Herrschaft des »Fürsten der Welt« (des Teufels) wird gebrochen, der Mensch erlangt wieder einen Zugang zum verlorenen Paradies *(homo iam recuperat, quod prius amiserat, paradisi gaudium)*.

Zeichenhaft ist beim Morgen- und Osterlied die Veränderung in der Natur. Stellen aus dem Hohenliede, wie Cant. 2,10–12, konnten dabei mitwirken. Christus ist nach Cant. 2,1 *flos campi*, und der Psalmvers (27,7) *refloruit caro mea* wird von Alanus so erklärt:[632] *id est resurrexit.* Der Vers des Hohenliedes (2,12) *flores apparuerunt in terra nostra* bedeutet nach Alanus: *caro nostra per resurrectionem et immortalitatem refloruit.* In der Anwendung auf den Menschen heißt »blühen« *(florere)*: *virtutem habere.*

Weil die Fruchtbarkeit ein Zeichen der Gnade ist, kann die Linde *(tilia)*, die zwar schöne Blätter, aber keine Frucht bringt, zum Zeichen für die Welt mit ihren trügerischen Freuden werden.[633] Darum treibt nach Alanus in der Ecloga Theodoli (v. 3) Pseustis (als Vertreter der *gentilitas*) seine Ziegen unter die Linde.

Der Winter ist Zeit der Versuchung und des Unglaubens, der Frühling bedeutet den Übergang der Seele von sündhaftem zu sittlichem Leben (vgl. *florere)*. Wald und Garten sind in ihrer Bedeutung entgegengesetzt.[634] Hrabanus bemerkt zum Wald in *De Universo:*[635] *saltus vel silva mystice significat sterilitatem gentium.* Für diese Bedeutung werden als Belege angeführt (hier und sonst): Ps 79,14; 82,15; 131,6; Ezech 34,25. Demgegenüber kann *campus* nach dem Hohenliede[636] die menschliche Natur

---

[632] Alanus, Distinctiones (unter: »florere«), Migne 210, 793; unter »florere« (Migne 210, 793) stehen auch die beiden folgenden Erklärungen bei Alanus.

[633] Alanus, Distinctiones (Migne 210, 973) unter »tilia«: tilia arbor dicitur mundus, propter suam infecunditatem tiliae comparabilis, quia sicut tilia profert foliorum amoenitatem, nullam tamen affert fructus dulcedinem, sic mundus profert delectationem, sed nullam confert utilitatem; unde in Theodolo legitur de Pseusti, quod contulerat capellas sub amoena tiliae. Per Pseustin intelligitur gentilitas et gentilium philosophi, qui mundanis sunt dedicati.

[634] Zum Garten: vgl. Anm. 469; zum Wald: Albert Erich Brinckmann, Baumstilisierungen in der mittelalterlichen Malerei (Studien zur deutschen Kunstgeschichte 69), Straßburg 1906; Wolfgang Baumgart, Der Wald in der deutschen Dichtung, 1935; Marianne Stauffer, Der Wald. Zur Darstellung und Deutung der Natur im Mittelalter, Diss. Zürich 1958. Zur »Landschaft«: Anm. 581 (descriptio).

[635] Hrabanus, De universo XIII, 5 (Migne 111, 367).

[636] Cant 2,1 ego flos campi et lilium convallium. Dazu Alanus in seiner Eludicatio Cant. cant. cap. 2 (Migne 210, 64): campus dicitur humana Christi natura. Sicut enim in campo florum pullulat varietas, sic in humana Christi natura virtutum pluralitas. In ea fuit viola humilitatis, patientiae rosa, lilium castitatis. Die Distinctiones lassen bei cam-

Christi oder der Kirche bedeuten, weil darauf eine Fülle von *virtutes* gedeiht. In der darauf folgenden Stelle[637] (2,3 *sicut malus inter ligna silvarum*) verweist der Wald auf die Häretiker.

Aus diesen Zeichenwerten wird die umstrittene Aussage Walthers von der Vogelweide zu verstehen sein: *la mich bi den liuten,/wünsche min ze velde* (so die Handschriften), *niht ze walde; ichn kan niht riuten.*[638] Der Wald bezeichnet auch hier die Fremdheit, den Zustand der Unerlöstheit.[639] Der Zeichenwert war so bekannt, daß sich Walther darauf beziehen konnte. Hinzuzufügen ist noch, daß der Garten nach dem Hohenliede die Kirche bedeuten kann;[640] die Aufforderung aber, in den Garten zu kommen (Cant 5,1 *veni in hortum meum*), wird als Aufforderung, in das himmlische Paradies zu kommen, verstanden.[641] So wird der Garten zum Zeichen für das Paradies.[642]

Das Paradies aber ist dadurch gekennzeichnet, daß es aus der Veränderung herausgenommen ist; es ist dem Wechsel der Jahreszeiten entrückt. Hier hat Zeichenwert nicht die Veränderung; die Zeit ist aufgehoben. Die Nichtveränderung vielmehr macht im Gegensatz zur erfahrenen Natur das Wesen des Paradieses aus. So erscheint es schon im 5. Jahrhundert bei

---

pus mehrere Möglichkeiten zu (Migne 210, 227): dicitur mundus propter sui amoenitatem ... Dicitur etiam Ecclesia Dei, quia sicut in campo varii sunt flores, sic in Ecclesia Dei; est enim ibi rosa martyrii, viola humilitatis, lilium virginitatis, uva castitatis ...

[637] Nach der Eludicatio in Cant. cant. des Alanus (Migne 210, 65) redet Christus in Cant. 2,2 Maria an (Sicut lilium inter spinas, sic amica mea inter filias), die sich mit 2,3 (sicut malus inter ligna silvarum, sic dilectus meus inter filios) an ihren Sohn wendet. Es heißt: Sicut autem Christus matrem suam lilio comparavit, ita et ipsa convenienter filium arbori comparat. ... Ligna silvarum (Subjekt!) porcos prius quam homines pascunt; quia diabolus cum membris suis, scilicet haereticis, immundas animas per immunda desideria pascit.

[638] Die Lieder Walthers von der Vogelweide, hg. Fr. Maurer, I² Tübingen 1960, S. 52. Die Handschriften AC haben ze velde; ze selde las von Kraus, ze welde vermutete Wallner, dem Klein und Maurer folgen. Mit den Worten: ichn kan niht riuten, folgt Walther den Worten des villicus bei Lucas (Luc 16,3 fodere non valeo), die durch den Archipoeta bekannt geworden sind: Die Gedichte des Archipoeta, hg. Heinrich Watenphul und Heinrich Krefeld, Heidelberg 1958, S. 59 (Nr. IV, Str. 18): Fodere non debeo (Carm. Bur.: valeo), quia sum scolaris/ortus ex militibus preliandi gnaris.

[639] Vgl. auch Pitra: Spicilegium Solesmense III, 1852 (Neudruck: Graz 1963), 351f.

[640] Alanus bemerkt in seinen Distinctiones unter »hortus« (Migne 210, 812 D–813 A): Dicitur etiam Ecclesia; quia sicut in horto variae species florum et herbarum sunt, sic in Ecclesia Dei est diversitas sanctorum et varietas virtutum. Für diese Erklärung bezieht sich Alanus auf Cant. 4, 16 (Surge, aquilo, et veni auster et perfla hortum meum) und 4, 12 (hortus conclusus).

[641] Alanus sagt in seiner Elucidatio in Cant. cant. zu Cant 5, 1 (veni in hortum meum) – Der sponsus spricht –: Veni, inquam, in hortum, id est in coelestem paradisum; quae est hortus deliciarum, quae est vita aeterna.

[642] Zum »Garten«: Anm. 469.

Dracontius in der biblischen Dichtung »*De laudibus Dei*«.[643] Dabei werden Züge aus der antiken Tradition aufgenommen.[644] Die Sinngebung aber ist von der christlichen Auffassung bestimmt. Gerade weil das Paradies im eigentlichen Sinne »utopisch« (d. h. nicht auf dieser Welt zu lokalisieren) ist, kann es Züge der utopischen Landschaft aus der Antike tragen.

Das Paradies kennt nicht den Wechsel der Jahreszeiten[645] und ihre Wirkung, Werden und Vergehen (Dracontius: *cum tempora nesciat anni*), nicht die Wirkung von Hitze und Kälte; es herrscht »ewiger Frühling« (Dracontius: *illic floret humus semper sub vere perenni*). Es gibt dort Bäume und Pflanzen aller Art; Isidor sagt (Etym. XIV, 3,2): *est enim omni genere ligni et pomiferarum arborum consitus, habens etiam et lignum vitae: non ibi frigus, non aestus, sed perpetua aeris temperies.* In der Mitte ist eine Quelle *(fons)*, die vier Flüsse nach den vier Himmelsrichtungen sendet.[646] Davon geht eine milde Luft aus (Dracontius: *mollior aura ... exsurgens nitidis de fontibus horti*) und die immerwährende Fruchtbarkeit, die das erwünschte Heil spendet (Dracontius: *optatae vivax medicina salutis*). Lebensspendende Mitte ist Christus (Alanus, Migne 210, 796 unter *fons*). Das Paradies kann auch als die Heilige Schrift verstanden werden, das Wasser, das das Leben spendet, als der Heilige Geist (Alanus ebd.). Wo diese Zeichenwerte eingesetzt sind, ist das Paradies im christlichen Sinne gemeint oder Irdisches wird auf das Paradies als Hintergrund bezogen. Das gilt freilich nicht für jede utopische Landschaft in mittelalterlicher Dichtung.[647]

[643] De laudibus Dei, hg. Friedrich Vollmer, in: Poetae latini minores, V, Leipzig 1914, S. 1ff.; die Stelle über das Paradies (S. 8ff.) danach im Oxford Book (wie Anm. 127), Nr. 34, S. 47.

[644] Ernst Robert Curtius, Europäische Literatur und lateinisches Mittelalter, 1948, S. 189–207 (Kap. 10 »Die Ideallandschaft«).

[645] Zur »Bedeutung« der Jahreszeiten: Barbara Maurmann-Bronder, Tempora significant. Zur Allegorese der vier Jahreszeiten (in: Verbum et Signum, I 1975, S. 69–102).

[646] Isidor berichtet im Kapitel über Asien vom Paradies (Etym., wie Anm. 13, XIV, 3, 2–4). Es heißt dort XIV 3,3: E cuius medio fons prorumpens totum nemus inrigat dividiturque in quattuor nascentia flumina.

[647] Literatur zum »Garten«: Anm. 469.

Die Erklärung von Texten

Erklärung des geschriebenen Wortes

Alle geistige Bildung des Mittelalters geht von der *lectio* aus, vor allem von der Lektüre der Heiligen Schrift, deren Verständnis für die religiöse Existenz des Menschen entscheidend war. Darum werden an die rechte Lektüre hohe Anforderungen gestellt, die selbstlose, unermüdliche, gesammelte Hingabe verlangen. Bernhard, der Kanzler von Chartres, hat die Forderungen in Versen verdichtet,[648] die Hugo von St. Victor in seinem Didascalicon[649] und Johannes von Salisbury in seinem Polycraticus[650] zitieren:

> Mens humilis, studium quaerendi, vita quieta,
> Scrutinium tacitum, paupertas, terra aliena:
> Haec reserare solent multis obscura legendo.

Wie die Lektüre zur Grundlage der Bildung werden konnte, hat Johannes von Salisbury in seinem berühmten Bericht über die Unterrichtsmethoden des Kanzlers Bernhard dargestellt.[651] Daran ist u. a. bemerkeswert, daß auch in Chartres, wo die Lektüre der antiken Autoren eine solche Rolle spielte, die Lektüre auf das religiöse Leben bezogen war: Bei der Abendübung, die *declinatio* hieß (auch: *philosophica collatio*), wurden Gegen-

---

[648] Vgl. Spicq (wie Anm. 47), S. 82f.

[649] Hugo von St. Victor zitiert die Worte Bernhards im 3. Buch seines Didascalicon (hg. Buttimer, wie Anm. 3, S. 61–69: Migne 176, 773–778). Er führt Bernhards Anweisungen im 12. Kapitel ein und erläutert sie dann in den folgenden Kapiteln des 3. Buches. Mit mens humilis ist eine Haltung gemeint, die zu unbegrenztem Lernen bereit ist (Kap. 13). Das studium quaerendi fordert Ausdauer bis ins hohe Alter (14. Kapitel); das wird zum großen Teil mit Worten des Hieronymus bestritten (Epist. 25). Vitae quies läßt sich nicht ablenken (Kap. 16). Scrutinium wird der meditatio gleichgesetzt (Kap. 17). Wer die paupertas hat, wendet sich nicht Überflüssigem zu (Kap. 18). Für alle denkenden Menschen ist die Welt »Ausland« (exilium). Dabei fällt der bedeutende Satz (Kap. 19): »Verwöhnt ist noch, wem seine Heimat lieb ist« (delicatus ille est adhuc, cui patria dulcis est); »stark aber ist bereits, wer jedes Land als Heimat ansieht« (fortis autem iam, cui omne solum patria est); »vollkommen aber, wem die ganze Welt Ausland (bzw. Fremde) ist« (perfectus vero, cui mundus totus exilium est). Tatsächlich gingen im 12. Jahrhundert die Studierenden dem Studium an oft weit entlegenen Stätten nach, wo sie Privilegien schützten.

[650] Johannes von Salisbury, Polycraticus 7, 13 = Migne 199, 666. Der 3. Vers ist bei Hugo und Johannes von Salisbury in abweichendem Wortlaut überliefert.

[651] Metalogicon I, 12 (Migne 199, 853f.).

stände gewählt, die den Glauben und das sittliche Leben fördern konnten, und die Übung mündete in Gebet.[652]

Von der *lectio* gingen verschiedene Wege aus. Der monastische Weg führte über die Lektüre hinaus zu religiöser Besinnung, die die Nähe Gottes in der *meditatio* und *contemplatio* sucht. An die *lectio* konnte sich die *quaestio* anschließen, die Fragen stellt und sie im Gespräch, in einer *disputatio*, zu klären versucht,[653] wie in den *quaestiones de Epistolis Pauli* von Robert von Melun.[654] Aus diesem Verfahren konnte sich in der Scholastik die Theologie als Wissenschaft entwickeln. Schließlich geht aus der *lectio* über die *disputatio* die *praedicatio* hervor.[655] Petrus Cantor sagt im *Verbum abbreviatum:*[656] *In tribus ... consistit exercitium sacrae Scripturae: circa lectionem, disputationem et praedicationem.* Die *lectio* ist die Grundlage *(quasi fundamentum)*; die Übung der *disputatio* führt zum rechten Verständnis, das der *praedicatio* vorausgehen muß.

Die Erklärung konnte sich damit begnügen, die Bedeutung eines Wortes durch ein einzelnes Wort zu erhellen. Conrad von Hirsau vermerkt in seinem *Dialogus:*[657] *glosa dicitur, cum unius verbi rem uno verbo manifestamus.* Er folgt darin Isidor,[658] der u. a. als Beispiel für eine *glossa* nennt: *conticescere est tacere* (weiter: *terminum dicimus finem*). Die *glossa* erklärt eine schwierige oder dunkle Stelle; sie wird an den Rand oder über die Zeile des Textes geschrieben. Solche Glossen können dann aber gesammelt und ausgebaut werden.[659]

Mit *interpretatio* wird die Übersetzung eines fremdsprachigen (z. B. griech.) Wortes in das Lateinische bezeichnet, nicht wie bei Aristoteles (Boethius) die auf Ja *(affirmatio)* oder Nein *(negatio)* gestellte Aussage.[660]

---

[652] Zur »collatio«: Paré/Brunet/Tremblay, Renaissance (wie Anm. 21), S. 121f.

[653] Vgl. Paré/Brunet/Tremblay (wie Anm. 21), S. 125ff.; Beryll Smalley, The study of the Bible in the middle ages, Oxford ²1952, S. 66ff.; de Lubac (wie Anm. 55) I, 1, S. 88ff.

[654] Oeuvres de Robert de Melun, hg. R. M. Martin, II, Louvain 1938; dazu: Spicq (wie Anm. 47), S. 131f.

[655] Vgl. Beryll Smalley (wie Anm. 653), S. 196ff.

[656] Petrus Cantor, Verbum abbreviatum: Migne 205, 25; angeführt von de Lubac (wie Anm. 55) II, 2, S. 59.

[657] Conrad von Hirsau, Dialogus (wie Anm. 2), Zeile 232 ff.

[658] Isidor, Etym. (wie Anm. 13) I, 30: ... (glossa) vocem illam, de qua (so mit Arev.) requiritur, uno et singulari verbo designat. Quid enim illud sit, in uno verbo positum declarat, ut: conticescere est tacere. Das Kapitel (I, 30) schließt: ... cum unius verbi rem uno verbo manifestamus.

[659] Zur »glossa«: Paré/Brunet/Tremblay (wie Anm. 21), S. 116ff. und 229ff.; Smalley (wie Anm. 653), S. 46ff. und 217ff.; Spicq (wie Anm. 47), S. 68.

[660] Isidor (wie Anm. 13) sagt im Kapitel De Perihermeniis (II, 27): ... Omnis enim elocutio conceptae rei mentis interpres est. Hanc Aristoteles ... Perihermeniam nominat, quam

Abaelard schränkt die *interpretatio* ausdrücklich auf die Erklärung eines Namens ein:[661] *interpretatio vero ea dicitur definitio, per quam ignotum alterius linguae vocabulum exponitur.* Naturgemäß bleibt die *etymologia*[662] auf die Erklärung eines Wortes beschränkt; sie untersucht die Motivation des Wortes.

Alle drei Arten der Worterklärung *(glossa, interpretatio* und *etymologia)* können in der Auslegung eines Textes, einer *expositio* (so Gregor der Große) oder *explanatio* (so Hieronymus), auftreten.[663] Beide Bezeichnungen, *expositio* und *explanatio,* scheinen austauschbar. Eine *interpretatio* kann außer der Wiedergabe eines anderssprachigen Wortes durch ein entsprechendes lateinisches Wort auch die Übersetzung eines Textes ins Lateinische bezeichnen.[664] Dabei bezieht sich dann *interpretatio* wesentlich auf die Wiedergabe des Wortlauts, während *explanatio* auf den *sensus* des Textes geht. Zur Übertragung seiner Verse aus »*De laudibus sanctae crucis*« in Prosa sagt Hrabanus:[665] *Interpres ... quodammodo in hoc opere sum, non alterius linguae, sed alterius locutionis, ut eiusdem sensus veritatem explanem.*

Conrad von Hirsau unterscheidet in seinem *Dialogus:*[666] *expositores qui mistica scripture sacre dicta resolvunt* (114f.) und *commentatores qui solent ex paucis multa cogitare et obscura dicta aliorum dilucidare* (143f.); d. h. die *expositio* wirkt qualitativ, sie verhilft zur Klärung, der *commentarius* (bzw. das *commentum*) wirkt wesentlich quantitativ, er kann einem kurzen Text eine Fülle von Gedanken entnehmen (oder: hinzufügen). Bei Isidor (Etym. VI, 8, 5) war vermerkt:[667] *Commenta dicta, quasi cum mente. Sunt enim interpretationes, ut commenta iuris, commenta Evangelii.*

Den Titel *commentum* tragen im Mittelalter die Kommentare Bernhards von Utrecht zur *Ecloga Theodoli* und der Kommentar des Bernhard Silvestris zu den ersten sechs Büchern der *Aeneis* Vergils. Beide sind dadurch gekennzeichnet, daß sie (Bernhard Silvestris in der Erklärung des

---

interpretationem nos appellamus; scilicet quod res mente conceptas prolatis sermonibus interpretetur per cataphasin et apophasin, id est adfirmationem et negationem. Per adfirmationem, ut homo currit; per negationem, ut homo non currit.
[661] Abaelard, Dialectica (wie Anm. 52), S. 582, 26ff.
[662] Dazu: Klinck (wie Anm. 95).
[663] de Lubac (wie Anm. 55) II, 1, S. 25ff.
[664] de Lubac (wie Anm. 55) II, 1, S. 27ff.
[665] Angeführt bei de Lubac (wie Anm. 55) II, 1, S. 29. Vgl. dazu: Hans-Georg Müller, Hrabanus Maurus »De laudibus sanctae crucis« (Beihefte zum Mittellateinischen Jahrbuch 11), 1973, S. 120f.
[666] Conrad von Hirsau, Dialogus (wie Anm. 2), Zeile 143 ff.
[667] Isidor, Etym. (wie Anm. 13) VI 8, 5.

VI. Buches) über eine einfache Erklärung hinausgehen und die im Text angenommenen Inhalte weitgehend systematisch entfalten. Den Titel *expositio* dagegen trägt die im einzelnen wesentlich knapper gehaltene Erklärung der Hymnen des Kirchenjahres *(Expositio hymnorum)*. Caesarius von Heisterbach nennt seine Erklärung von *Ave praeclara maris stella* bescheiden eine *expositiuncula*.

Für das Verfahren des Erklärens wird im allgemeinen die Bezeichnung *explanare* verwendet. Solche *explanatio* verlangt vom Verfasser, daß er vor dem Eingehen auf den Text die Accessusfragen beantwortet, von denen im Eingang die Rede war. So geschieht es bei Bernhard von Utrecht, der vorher die hermeneutischen Fragen diskutiert. Diese Fragen liegen dem *Dialogus* Conrads von Hirsau zugrunde.

Wie eine *expositio* verfahren soll, hat Hugo von St. Victor knapp bestimmt:[668] *expositio tria continet: litteram, sensum, sententiam. littera est congrua ordinatio dictionum, quod etiam constructionem vocamus. sensus est facilis quaedam et aperta significatio, quam littera prima fronte praefert.*[669] *sententia est profundior intelligentia, quae nisi expositione vel interpretatione non invenitur. in his ordo est, ut prima littera, deinde sensus, deinde sententia inquiratur. quo facto perfecta est expositio.*

Die Erklärung zeigt, daß unter *littera* die sprachliche Form verstanden wird. So gehen Erklärungen des Mittelalters z. B. auf Besonderheiten der Wortstellung ein, auf rhetorische Figuren, auf Varianten des Textes in der Überlieferung, auf die Art der Argumentation[670] und setzen dabei das *Trivium* voraus.

Die *Expositio hymnorum per totum annum*[671] gibt zum Hymnus »*Aeterne rerum conditor*«, dem zweiten Gedicht der Sammlung, für die vierte Strophe[672] (mit der Anweisung: *construe*) folgende Wortfolge an: *nauta colligit vires hoc scilicet deo precone, freta ponti mitescunt, hoc scilicet per Christum ipsa petra ecclesie diluit canendo culpam.* Die anonyme Erklärung von *Ave praeclara maris stella* gibt zu *divinitus orta* an:[673] *ipsa*

---

[668] Hugo von St. Victor, Didascalicon (wie Anm. 3), III, 8.

[669] littera und sensus unterscheidet im 11. Jahrhundert Papias in seinem Elementarium bei der derivatio (vgl. Klinck, wie Anm. 95, S. 25ff.); ihm folgt im 12. Jahrhundert Osbern in seiner »Panormia« (vgl. Klinck, wie Anm. 95, S. 35).

[670] So geschieht es bei Lanfrank in seinen Commentarii in omnes Pauli epistolas (Migne 150, 105–406).

[671] Expositio hymnorum: wie Anm. 605.

[672] Aeterne rerum conditor von Ambrosius bei Bulst (Hymni latini antiquissimi, wie Anm. 602), S. 39; 4. Strophe: Hoc nauta vires colligit/pontique mitescunt freta,/hoc ipse petra ecclesiae/canente culpam diluit.

[673] R. B. C. Huygens, Deux commentaires sur la séquence Ave praeclara maris stella (in: Citeaux, Comm. Cister. fasc. 2–3, 1969, S. 108–169), S. 133, Zeile 126f.

(Maria) *autem recte dicitur divinitus orta, quod anthonomastice* (d. h. als *antonomasia) accipiendum est.*[674] In den Bereich der *littera* fällt es auch, wenn Caesarius von Heisterbach in seiner Erklärung von *Ave praeclara maris stella* den Versikel *quo hausto sapiencie saporem vite valeat mens intelligere* als späteren Einschub auffaßt.[675]

Mit *littera* ist *historia* nicht identisch, weil diese stets die Zeit impliziert. Richard von St. Victor sagt:[676] *Historia est rerum gestarum narratio, quae in prima significatione litterae continetur.*[677] Daraus ergibt sich, daß die *historia* dem Verständnis nach der *littera* zu entnehmen ist.[678]

Die Erklärung des *sensus* bezieht sich auf das Gemeinte. Conrad von Hirsau sagt:[679] *Explanatio est ad litteram, ubi dicitur, quomodo nuda littera intelligenda sit; ad sensum, ubi dicitur, ad quid referatur, quod dicitur.* Mit *sensus* ist also die »Referenz« angesprochen, das, was durch die *littera* nach der Intention des Autors zum Ausdruck kommt, gemäß der Unterscheidung zwischen *verba* und *sensus* bei der Definition der Allegorie. Für die Erklärung können *littera* und *sensus* insofern zusammenfallen, als beide zusammen unmittelbar verständlich aussprechen, was gemeint ist. Bernhard von Utrecht stellt in seinem Kommentar zur *Ecloga Theodoli* fest,[680] daß manche die Erklärung *ad litteram* und *ad sensum* zusammennehmen *(nonnulli ... ad litteram et ad sensum pro uno ... accipientes)*, und er selber gibt für die Verse 1−36 zunächst die *applicacio ad sensum* (fol. 5b−7a, Jacobs S. 15−19), mit der Vorbemerkung (fol. 5b): *ad sensum primum transcurramus (dehinc ad allegoriam et moralitatem);* danach folgt (mit der Vorbemerkung: *his ad litteram dictis)* die *explanatio ad allegoriam et moralitatem* (fol. 7a−9b, Jacobs S. 19 − S. 25).

Was *littera* und *sensus* besagen, enthält eine *intentio*, die bei der *explanatio* stets zu beachten ist. Die Frage nach der *intentio* gehört in jedem Fall zu den hermeneutischen Fragen. Hieronymus hat mit Entschiedenheit die

---

[674] Zur »antonomasia«: Krewitt (wie Anm. 52), S. 68f.
[675] Bei Huygens (wie Anm. 673), S. 126, Zeile 267−276. Weitere Beispiele für »Textkritik« bei: Smalley (wie Anm. 653), S. 220f.
[676] Angeführt von de Lubac (wie Anm. 55) I, 2, S. 484.
[677] Hugo von St. Victor geht genauer auf die historia ein (Didascalicon, wie Anm. 3, VI, 3); er beginnt sein Kapitel De historia (S. 113f.): Sic nimirum in doctrina fieri debet, ut videlicet prius historiam discas et rerum gestarum veritatem, a principio repetens usque ad finem: quid gestum sit, quando gestum sit, ubi gestum sit et a quibus gestum sit, diligenter memoriae commendes. haec enim quattuor praecipue in historia requirende sunt: persona, negotium, tempus et locus (das sind die bekannten Inventio-Fragen: vgl. Anm. 9).
[678] Zum Begriff der »historia«: de Lubac (wie Anm. 55) I, 2, S. 467ff.
[679] Conrad von Hirsau (wie Anm. 2), S. 18f. (Zeile 202−204).
[680] Bernhard von Utrecht (wie Anm. 1), fol. 4a (bei Jacobs S. 10).

158

Forderung gestellt, bei der Erklärung von der *intentio* auszugehen:[681] *commentatoris officium est, non quid ipse velit, sed quid sentiat ille quem interpretatur, exponere.* Matthaeus von Vendôme meint:[682] *Etenim contemplandus est non effectus sermonis, sed affectus sermocinantis.* Conrad von Hirsau geht bei den *Bucolica* Vergils auf die *intentio* des Dichters ein:[683] *intendit autem auctor in hoc opere pastoralis vite mores, qualitatem, negotia, seria vel ludos describere, privati ruris et urbis differentiam ostendere, affectum suum in Cesarem et eius in se protectionem commendare sicque valida ingenia legentium significationibus occultioribus exercere. porro intentioni materia ex omni parte competit, quod per modum, per loca, per tempora personasque gregum alendorum eglogam istam composuit.* Wie an dieser Stelle bei Conrad von Hirsau ist bei seinem Vorgänger Bernhard von Utrecht[684] die *intentio* auf die *materia* bezogen: *intentio est affectus animi circa materiam* (wie bei Matthaeus von Vendôme ist also hier *intentio* mit *affectus* »Einstellung« wiedergegeben). Die *intentio* eines Autors kann an seiner Einstellung zum Gegenstand erkannt werden.

Der Begriff *sensus* wird von Abaelard in seiner *Dialectica* bei der Prüfung der Frage verwendet, wann ein Satz *(oratio)* vollständig ist:[685] *Perfectas autem illas (sc. orationes) dico, quas Priscianus constructiones appellat, quarum videlicet et partium recta est ordinatio et perfecta sensus demonstratio, ut: homo currit.* In dieser Definiion vereinen sich die beiden Begriffe *littera (constructio)* und *sensus*, die Hugo von St. Victor und Conrad von Hirsau bei dem Verfahren der *explanatio* verwenden.

Diese beiden Begriffe verhalten sich zueinander wie außen und innen. Diese Unterscheidung von außen und innen ist der Exegese ebenso geläufig wie der Rhetorik[686] und Poetik; nur wird dabei für die Innenseite der Begriff der *sententia* verwendet, der, wie schon Quintilian bemerkt hat,[687] fast austauschbar neben *sensus* steht. Er nennt *sensus* die Gedanken *(consuetudo tenuit, ut mente concepta sensus vocaremus)* und spart *sententia* für die spezielle Anwendung in der Rhetorik auf.[688] Matthaeus von Vendôme unterscheidet[689] zwischen der *venustas interioris sententiae* und

---

[681] Hieronymus, Epist. 53, 7 (angeführt bei de Lubac, wie Anm. 55, II, 1, S. 103).
[682] Matthaeus von Vendôme (wie Anm. 11) I, 60 (S. 132).
[683] Conrad von Hirsau (wie Anm. 2), Zeile 1531–1537.
[684] Bernhard von Utrecht (wie Anm. 1), fol. 5a (bei Jacobs S. 13).
[685] Abaelard, Dialectica (wie Anm. 52), S. 148, 20.
[686] Quintilian (wie Anm. 104) IX 1, 17ff.
[687] Quintilian (wie Anm. 104), VIII 5, 1/2.
[688] Quintilian (wie Anm. 104), VIII 5 (De generibus sententiarum).
[689] Matthaeus von Vendôme (wie Anm. 11), II, 9–11 (S. 153f.).

dem *superficialis ornatus verborum* (wozu noch der *modus dicendi* kommt) und legt für die Reihenfolge bei der Ausführung eines Werkes fest: *praecedit imaginatio sensus (prior est sententiae conceptio), sequitur sermo interpres intellectus (verborum excogitatio), deinde ordinatio in qualitate tractatus (qualitas scilicet materiae sive tractatus dispositio).* Er vergleicht die drei Momente, die bei der *venustas* zusammenwirken,[690] *venustas interioris sententiae, superficialis verborum ornatus* und *qualitas dicendi*, mit Geist, leiblicher Schönheit und rechter Haltung beim Menschen: *tria possumus contemplari, scilicet vitalem spiritum, corporeae venustatem materiae et legitimam vivendi qualitatem.*

Auch Galfredus unterscheidet zwischen innen und außen, wenn er in der Einleitung zu seiner *Poetria nova*[691] vom Werk *(opus)* fordert (v. 59): *sitque prius in pectore quam sit in ore.* Außen und Innen sollen sich entsprechen.[692]

Der Begriff der *sententia* scheint sich bei allen Schwankungen des Gebrauchs von *sensus* wesentlich dadurch zu unterscheiden, daß er die Frage nach der Wahrheit und Geltung einschließt. Quintilian sagt von *sententia*, die griechischem *gnome* entspricht:[693] *utrumque autem nomen ex eo acceperunt, quod similes sunt consiliis aut decretis.* Die Herennius-Rhetorik hatte definiert:[694] *Sententia est oratio sumpta de vita, quae aut quid sit aut quid esse oporteat in vita, breviter ostendit.* In diesem Sinne verwendet die mittelalterliche Poetik eine *sententia generalis*, die mit *proverbium* gleichgesetzt wird:[695] *generale proverbium, id est communis sententia, cui consuetudo fidem attribuit, opinio communis assensum accomodat, incorruptae veritatis integritas adquiescit.*

In diesem Sinne wird *sententia* auch im Recht verwendet.[696] Es bezeichnet den Urteilsspruch und den Willen des Gesetzgebers, der im Konflikt mit dem geschriebenen Wortlaut *(scriptum)* stehen kann.[697]

---

[690] Matthaeus von Vendôme (wie Anm. 11), III, 50 (S. 179).

[691] Galfredus, Poetria (wie Anm. 11 und 81), V, 43−59 (S. 198/99).

[692] Das steht in der Einleitung zum Abschnitt über den ornatus; v. 741/42 (S. 220): se nisi conformet color intimus exteriori,/sordet ibi ratio.

[693] Quintilian (wie Anm. 104), VIII 5, 3.

[694] Ad C. Herennium de ratione dicendi, hg. u. übers. Harry Caplan, Cambridge/Mass. und London 1954, IV, 17 (S. 288).

[695] So bei Matthaeus von Vendôme (wie Anm. 11) I, 16 (S. 113).

[696] Vgl. Heinrich Lausberg, Handbuch der literarischen Rhetorik, 2 Bde., München 1960, Register (Bd. II) unter sententia (II, S. 804−808).

[697] Dieser Sachverhalt ist beim Auctor ad Herennium (wie Anm. 694) so formuliert: I, 19 (S. 34): ex scripto et sententia controversia nascitur, cum videtur scriptoris voluntas cum scripto ipso dissentire. Diese Formulierung wird später wiederholt, als die rhetori-

In der Theologie des 12. Jahrhunderts wird *sententia* ein Terminus für die von Kirchenvätern formulierten Auffassungen der Heiligen Schrift, die gesammelt wurden, und für ihre Formulierung von Glaubenswahrheiten.[698] Diese *sententiae* galten als Autorität; so will Gerhoh von Reichersberg nur den Spuren der Väter folgen und ihre Auffassungen sammeln.[699] Das große Muster wurde für die Scholastik das Werk des Petrus Lombardus *Quattuor libri sententiarum* (Migne 192, 215–964), das seiner Anlage die Zeichenlehre des Augustinus zugrunde legt: das 1. Buch hat zum Thema die Gottheit als *res qua fruendum est*, das 2. und 3. Buch behandeln Schöpfung und Erlösung als *res qua utendum est*, das 4. Buch Sakramente und die letzten Dinge als *signa*.

In der rhetorischen, juristischen und theologischen Anwendung von *sententia* geht es um gültige Wahrheiten, die Norm für das ethisch-soziale Leben und für die religiöse Existenz sind, und zwar um formulierte Wahrheiten.[700]

So hat Hugo von St. Victor den Begriff verstanden, wenn er *sententia* definiert (s. Anm. 668). Was er als »auszulegenden tieferen Sinn« bestimmt,[701] wird von Conrad von Hirsau als Aufgabe der *explanatio* gefaßt:[702] *(Explanatio est) ad allegoriam, ubi aliud intelligitur et aliud significatur, ad moralitatem, ubi quod dicitur ad mores bonos excitandos colendosque reflectitur.* Damit werden die beiden Seiten angesprochen, die eine *sententia* nach dem *Auctor ad Herennium* (s. Anm. 694) hat *(quid sit aut quid esse oporteat in vita)*. In diese beiden Seiten wird bei Conrad von Hirsau die *sententia* des Hugo von St. Victor zerlegt.

Conrad spricht wie sein Vorgänger Bernhard von Utrecht von einem »vierfachen« Sinn *(quadriformis* nach Bernhard, *quadrifaria* nach Konrad). In Wahrheit aber ist die Erklärung nicht vierfach, sondern zweifach;

---

schen Topoi erläutert werden (II 9, 19, S. 80): cum voluntas scriptoris cum scripto dissidere videtur ... Cicero faßt es genauer (De inventione, hg. und ins Engl. übers. H. M. Hubbell, London und Cambridge/Mass. 1959, II, 42, S. 290): Ex scripto et sententia controversia consistit, cum alter verbis ipsis quae scripta sunt utitur, alter ad id quod scriptorem sensisse dicet omnem adiungit dictionem.

[698] Dazu: Glunz (wie Anm. 54), S. 145 und 156ff.

[699] Gerhoh von Reichersberg: illorum sententias colligendo (Migne 193, 623).

[700] Zu »sententia«: Paré/Brunet/Tremblay (wie Anm. 21), S. 116f. und 267–274. Die Theologie des 13. Jahrhunderts übernimmt danach von Avicenna (Metaphys. II, 4) die Definition: sententia est definitiva et certissima conceptio (so Paré/Brunet/Tremblay, S. 272f.).

[701] Hugo von St. Victor: sententia est profundior intelligentia, quae nisi expositione vel interpretatione non invenitur.

[702] Conrad von Hirsau, Dialogus (wie Anm. 2), S. 18/19, Zeile 204–206.

sie setzt einen *sensus geminus* voraus,[703] der aber nicht auf die Heilige Schrift beschränkt ist. So rechnet Conrad auch bei Vergil mit einem *sensus geminus* (1513ff.); es besteht die Meinung *(sunt qui putant): Bucolica aliter, quam sonat ipsa litera, legenda vel intelligenda, dum, quod verbis apertis auctor ostendit, subtiliori sensu querendum sit.* Dabei verweist Conrad auf das Beispiel volkstümlicher Sprichwörter.[704] So wiederholt sich die Opposition von außen *(littera)* und innen *(sensus)*, die bei der Unterscheidung von Wortlaut und Gemeintem gilt (vgl. Anm. 679), auf höherer Ebene: es gibt Aussagen, die unmittelbar verständlich sind, und solche, die der Erklärung bedürfen. Es gibt einen Erstsinn, der unmittelbar erkennbar ist, und einen Zweitsinn, der aus dem Erstsinn hervorgeht.[705]

Bei einer Tierfabel ist die »Außenseite« die erfundene Geschichte, die als solche dem Leser Freude macht; die »Innenseite« dagegen ist die jeweils gemeinte *sententia*, die sich aus dem Vergleich mit entsprechendem menschlichen Verhalten erschließt. Es heißt beim Abschluß der Besprechung Avians bei Conrad:[706] *est enim fabula res ficta, non facta, animum legentis oblectans* (das gilt für die »Außenseite«) *et sententiam ex ipsa rerum comparatione commendans* (das gilt für die »Innenseite«). Diese *sententia* läßt sich formulieren (das geschieht durch den Lehrer für die ersten Fabeln Avians) oder kann vom Autor selbst angegeben sein.[707] Sie stellt die Wahrheit dar, um derentwillen die Geschichte erzählt wird. Zwischen Außenseite und Innenseite besteht bei der *fabula* eine Analogie, die Analogie zwischen dem Verhalten der Tiere und der Menschen. Daß es sich um diese Analogie handelt, wird vom Empfänger erkannt; der Autor bringt nur für den Bereich der Tiere die erfundene Geschichte und für den Bereich der Menschen die »Moral« *(sententia)*. Die Brücke muß also der Empfänger einer Fabel schlagen.

---

[703] Der »sensus geminus« (»Doppelsinn«) tritt bei Conrad aber in verschiedenen Zusammenhängen auf: einmal (Zeile 393–398) wird sensus geminus auf die beiden Arten der Fabel angewendet (Zeile 393: geminus sensus est in fabulis), die Conrad nach Isidor (Etym., wie Anm. 13, I 40,2) unterscheidet; dann (Zeile 506–511) gilt der Begriff den oracula divina: quibus ut inest sensus geminus, sic duplex fructus lectionis eius est quantum ad litere veritatem et intelligentiam spiritalem; schließlich ist von einem sensus geminus bei der 3. Ecloge Vergils (V. 90/91) die Rede (Zeile 1524/25): in quibus verbis sensum geminum poteris advertere.

[704] Conrad, Dialogus (wie Anm. 2 und 702), Zeile 1516–1519 (S. 56): ... quod quidem in quibusdam locis fieri potest, ut abstrusior litera lectorem ducat ad aliud intelligendum, sicut in proverbiis vulgaribus plerumque fit, ut aliud dicamus, aliud ipsis verbis longe dissimili sensu significemus.

[705] Dante nennt im Convivio (II, 16) den unter der Oberfläche verborgenen Sinn: vera sentenza.

[706] Conrad von Hirsau, Dialogus (wie Anm. 2 und 704), S. 27, Zeile 506–508.

[707] Conrad (wie Anm. 2 und 706), S. 27, Zeile 496–498: quicquid in singulis fabulis intenderat, aut post finitam aut ante inceptam fabulam breviter edocebat.

Dichtung und Wahrheit

Der Begriff der *fabula*, mit dem sich Conrad von Hirsau ausführlich beschäftigt,[708] wird in der Rhetorik durch sein Verhältnis zu *historia* und *argumentum* bestimmt. Was der Auctor ad Herennium[709] und Cicero[710] bei der *narratio* festgelegt hatten, überliefert Isidor am Ende seines 1. Buches:[711] *historiae sunt res verae quae facta sunt; argumenta sunt quae etsi facta non sunt, fieri tamen possunt; fabulae vero sunt quae nec facta sunt nec fieri possunt, quia contra naturam sunt.* Diese Unterscheidung ist Allgemeingut geworden.

Ein erzähltes Geschehen kann wirklich, möglich oder unmöglich sein. Für eine *narratio* in der Rhetorik wird gefordert, daß sie glaubwürdig ist,[712] gleichgültig ob sie berichtet, was tatsächlich geschehen ist, oder nur, was geschehen könnte; bei der Erzählung ist auf die *circumstantiae* zu achten *(persona, locus, tempus* usw.), die auch nach der mittelalterlichen Hermeneutik bei der Erklärung der *historia* zu beachten sind. Diese *circumstantiae* werden dann von Cicero im einzelnen bei der Beweisführung entwickelt.[713] Auch sie muß glaubwürdig sein *(probabilis)*. Als Be-

---

[708] de Bruyne (wie Anm. 21) II, S. 307–310.
[709] Auctor ad Herennium (wie Anm. 694), I 8, 13 (S. 22f.): id (genus narrationis) quod in negotiorum expositione positum est, tres habet partes: fabulam, historiam, argumentum. Fabula est quae neque veras neque veri similes continet res, ut eae sunt quae tragoediis tradita sunt. Historia est res gesta, sed ab aetatis nostrae memoria remota. Argumentum est ficta res quae tamen fieri potuit, velut argumenta comoediarum.
[710] Cicero leitet in De inventione (wie Anm. 697) das Kapitel über die narratio so ein (S. 54): Narratio est rerum gestarum aut ut gestarum expositio. Später heißt es dann (I, 19): ea quae in negotiorum expositione posita est tres habet partes: fabulam, historiam, argumentum. Fabula est, in qua nec verae nec veri similes continentur . . . Historia est gesta res, ab aetatis nostrae memoria remota . . . Argumentum est ficta res quae fieri tamen potuit.
[711] Isidor, Etym. (wie Anm. 13) I, 44,5; es ist der letzte Satz des 1. Buches. Isidor kennt einen engeren Begriff der historia. Zweimal (I, 41 und I, 44) hebt er hervor, daß nur Augenzeugen wahre historia schreiben können; er betont (I, 14): apud veteres . . . nemo conscribebat historiam, nisi is qui interfuisset et ea quae conscribenda essent vidisset (historia wird von videre abgeleitet).
[712] Auctor ad Herennium (wie Anm. 694) I 9,16 (S. 28): Veri similis narratio erit, si ut mos, ut opinio, ut natura postulat dicemus; si spatia temporum, personarum dignitatem, consiliorum rationes, locorum opportunitates constabunt . . . Es sollen also Zeit, Person, Gedanken und Ort beachtet werden. Cicero sagt (De inventione, wie Anm. 697, I, 31): Probabilis erit narratio, si in ea videbuntur inesse ea quae solent apparere in veritate; si personarum dignitates servabuntur; si causae factorum constabunt; si fuisse facultates faciendi videbuntur; si tempus idoneum, si spati satis, si locus opportunus . . . fuisse ostendetur . . .
[713] Cicero, De inventione (wie Anm. 697), I, 24–28.

163

weismittel verwendet sie:[714] *signum* (Zeichen und Spuren), *credibile* (*quod sine ullo teste auditoris opinione firmatur*), *iudicatum* (was durch Religion, Gemeinschaft oder Autorität »approbiert« ist), *comparabile* (»Vergleichsfall«, der eine Analogie zwischen verschiedenen Sachverhalten enthält).

Wie bei einer *narratio* die *fabula* sich von *historia* und *argumentum* abhebt, und zwar unter dem Gesichtspunkt der Faktizität (wirkliches, mögliches, unwirkliches Geschehen), so tritt unter dem Gesichtspunkt der Glaubwürdigkeit, der für die *argumentatio* maßgebend ist, die rhetorische *Homoiosis* (»Analogisierung«) auf. Zu ihr gehören alle Arten des Argumentierens mit Hilfe von Analogie *(comparabile)*: Analogie in leiblicher Erscheinung oder von Menschen im Wesen *(imago)*, Analogie zwischen verschiedenen Sachverhalten *(collatio)*, paralleles Beispiel, das Autorität hat *(exemplum)*. Diese Analogien wurden ursprünglich in der Argumentenlehre verwendet, galten dann als *figurae sententiarum* und wurden schließlich bei den römischen Grammatikern als Tropen gefaßt.[715] Dem Mittelalter wurden sie durch die Exegese (so Cassiodor)[716] sowie durch Isidor[717] und Beda[718] überliefert. Beda führt als Arten der *Homoiosis icon, parabola* und *paradigma* auf und nennt damit Begriffe, die bei der Hermeneutik des Mittelalters wirksam wurden.[719]

Beda definiert nach Donat die *Homoiosis* als ein Verfahren, das einen weniger bekannten Sachverhalt durch die Analogie eines besser bekannten Sachverhaltes erhellt:[720] *Homoeosis est minus notae rei per similitudinem eius, quae magis nota est, demonstratio.* Die Arten der *Homoiosis* unterscheiden sich nach der Art der Analogie. *Icon* (Cicero: *imago*) bringt einen Vergleich zwischen Personen *(personarum inter se vel eorum quae personis accidunt comparatio)*, wofür Beda auf Lucas 20,35/36 verweist;

---

[714] Cicero, De inventione (wie Anm. 697), I 30, 47–49: Omne autem … probabile quod sumitur ad argumentationem aut signum est aut credibile aut iudicatum aut comparabile.

[715] Vgl. Krewitt (wie Anm. 52), S. 96–98.

[716] Vgl. Krewitt (wie Anm. 52), S. 144–145.

[717] Vgl. Krewitt (wie Anm. 52), S. 155–156.

[718] Vgl. Krewitt (wie Anm. 52), S. 167–168. Auch Macrobius vermittelte die Lehre durch seine Saturnalien (Macrobii Saturnalia, hg. Jacob Willis, Leipzig 1963, IV, 5). Er führt sie unter den affektischen Mitteln der Rhetorik vor: Sunt in arte rhetorica ad pathos movendum etiam hi loci qui dicuntur circa rem et movendis affectibus peropportuni sunt. Ex quibus primus est a simili. Huius species sunt tres: exemplum, parabola, imago. Er erläutert sie dann mit Beispielen aus den Werken Vergils.

[719] Vgl. Hennig Brinkmann, Verhüllung (»integumentum«) als literarische Darstellungsform im Mittelalter (in: Miscellanea Mediaevalia, hg. Albert Zimmermann, VIII, 1971, S. 314–339); Homoeosis bei Beda: S. 317.

[720] Rhetores latini minores, hg. Carl Halm, 1863, S. 618.

164

eine *parabola* (bei Cicero: *collatio*) zieht für einen Sachverhalt als Analogie einen Sachverhalt anderer Art heran *(parabola est rerum genere dissimilium comparatio)*, wie es in dem Vergleich des Himmelreichs mit einem Senfkorn durch Jesus geschieht (Matth. 13,13), den der Evangelist ausdrücklich als *parabola* bezeichnet *(aliam parabolam proposuit eis)*; *paradigma* (Cicero: *exemplum*) ist ein mahnendes oder warnendes Beispiel *(praepositio exempli exhortantis aut deterrentis)*, wie sie bei Matthaeus 6,26 und Lucas 17,31/32 gegeben sind. In allen drei Fällen handelt es sich um eine ergänzende Sageweise.

In diesem Sinne hatte Cassiodor in seinem Psalmenkommentar von Homoeosis gesprochen.[721] Die kurz vor 1200 verfaßte Versgrammatik des Alexander de Villa Dei, das *Doctrinale*, gibt die Lehre der antiken Grammatik (Donat) wieder (v. 2560–2572), wählt aber statt *Homoiosis* die Bezeichnung *Homozeuxis*,[722] »analoge Verbindung«. Wie bei Alexander die Bezeichnungen *icon* und *parabola* angenähert erscheinen, so hat Gervasius in seiner *Ars versificatoria* eine neue Ordnung durchgeführt.[723] Er definiert *icon* wie Beda (bei Gräbener, S. 150,10 ff.), setzt aber für *parabola* (wohl nach Cicero) *comparatio* ein (Gräbener 152,10 ff.), unter ausdrücklichem Hinweis darauf, daß Donat von *parabola* spricht *(hec a Donato parabola nuncupatur)*, überliefert die traditionelle Auffassung von *paradigma* (Gräbener 150,14 ff.), gibt aber dann eine neue Bestimmung von *paradigma* (151,14 ff.): *quod Donatus paradigma nuncupat, hoc vocat usus modernus vel apologum vel parabolam.*

Beiden *(apologus* und *parabola)* ist gemeinsam, daß sie wie *assumptio* und *transumptio* Formen analogen Sprechens sind;[724] sie bringen eine Analogie ins Spiel.[725] Sie unterscheiden sich dadurch voneinander, daß der *apologus* eine Analogie aus der Tierwelt anführt,[726] wie es in einer Tierfabel geschieht, während die *parabola* eine Analogie aus dem menschlichen Bereich enthält,[727] wie in dem Gleichnis vom barmherzigen Samariter (Luc 10,30), mit dem Jesus die Frage beantwortet, wer der Nächste

---

[721] Krewitt (wie Anm. 52), S. 144–145.
[722] Alexander de Villa Dei, Doctrinale, hg. Dietrich Reichling (Monumenta Germaniae Paedagogica XII), Berlin 1893, V. 2560–2572; dazu: Krewitt (wie Anm. 52), S. 203.
[723] Gervasius: wie Anm. 66, S. 150–154; dazu: Krewitt (wie Anm. 52), S. 406–408.
[724] Gervasius (wie Anm. 66 und 723), S. 89: similitudinum alia assumptio, alia transumptio, alia omiosis.
[725] Gervasius (wie Anm. 66), S. 151: Apologus vel parabola est, cum adducta rerum similitudine quod de uno dicitur de alio intelligitur.
[726] Gervasius (wie Anm. 66), S. 151: apologus circa irrationabilia consistit.
[727] Gervasius (wie Anm. 66), S. 152: parabola circa animata consistit.

sei (Luc 10,29). Zur Erläuterung zieht Gervasius noch aus dem Johannesevangelium (16,25) die Äußerung Jesu heran: *Iam non in parabolis loquar vobiscum*,[728] wobei er *proverbiis* durch *parabolis* ersetzt. Zwei Handschriften schließen den Abschnitt über die Homoeosis mit einem Zusatz über die *parabola*:[729] *Parabola est species paradigmatis, scilicet quando in diverso rerum genere similitudo de uno dicta de alio intelligitur, ut: exit qui seminat seminare semen suum*[730] (Luc 8,4). *Vel parabola est rerum natura discrepantium sub aliqua similitudine facta comparatio.*

Johannes von Garlandia bringt den *apologus* in seiner »Pariser Poetik« *(poetria Parisiana)* in Verbindung mit *fabula*:[731] *Et notandum quod omnis apologus est fabula, sed non convertitur. Est enim apologus sermo brutorum animalium ad nostram instructionem, ut in Aviano et in Ysopo.*

Offenbar hat der Begriff der *parabola* inzwischen eine neue Wendung erhalten.[732] Schon in der *Vulgata* können *proverbium* und *parabola* gleichwertig stehen; der *Liber Proverbiorum* beginnt: *Parabolae Salomonis*. Im Johannesevangelium steht für die Gleichnisrede Jesu, die beispielhaft gemeint ist: *in proverbiis* (wofür dann Gervasius *parabolis* setzt). Jesus nimmt von seinen Jüngern Abschied und weist auf die Zeit voraus, wo er nicht mehr in Gleichnissen, sondern offen reden wird. Bei Markus (4,2–9) und Matthaeus (13,3–9) erzählt Jesus zuerst die Parabel vom Sämann und erklärt sie dann seinen Jüngern (Marc 4,14–29; Matth 13,18–23). Zum Volke, das nicht eingeweiht ist (Marc 4,11: *illis qui foris sunt*), spricht er vom Himmelreich in Gleichnissen; Matthaeus sieht darin

---

[728] Joh. Evang. (Vulgata) 16, 25: Venit hora, cum iam non in parabolis loquar vobis, sed palam de Patre annuntiabo vobis.

[729] Gervasius (wie Anm. 66), S. 154, Anm. 7.

[730] Offenbar hat Gervasius dabei nicht den Text bei Lukas im Auge (hier heißt es 8,4 dixit per similitudinem), sondern Marcus 4,2 (et docebat eos parabolis multis) oder Matthaeus 13,3 (et locutus est eis multa in parabolis dicens ...).

[731] Poetria magistri Johannis Anglici de arte prosayca metrica et rithmica, hg. Giovanni Mari (in: Romanische Forschungen 13, 1902, S. 883–965; die angeführte Stelle: S. 928). Zum Werk des Johannes von Garlandia: Anm. 115–118.

[732] Zur biblischen Parabel: M. Hermaniuk, La parabole evangélique, 1947. Nach de Bruyne (wie Anm. 21) bin ich diesen Zusammenhängen in meinen Beiträgen über die zweite Sprache und über Verhüllung nachgegangen. Zu dem ganzen Umkreis jetzt: Christel Meier, Überlegungen (wie Anm. 53a). Zur neutestamentlichen Bezeugung von Wort und Begriff »Parabel«: Friedrich Hauck, parabole (im: Theol. Wörterbuch zum Neuen Testament V, 1954, S. 741–759). Zur »Parabel« als Gattung: Helmut de Boor, Über Fabel und Bispel (in: Sitz. Ber. d. Bayer. Akad. d. Wiss., phil.-hist. Kl., 1966, Heft 1); Clemens Heselhaus, Parabel (in Reallexikon d. dt. Literaturgesch. 2. Aufl. Bd. III, 1966, 7–12). Zu den Abgrenzungen: Walter Blank, Die deutsche Minneallegorie (Germ. Abh. 34), Stuttgart 1970, S. 36–44; Grubmüller, Esopus (wie Anm. 405), S. 26ff.

eine Erfüllung des Psalmverses (77,2): *aperiam in parabolis os meum* (der Psalm will den Sinn der Geschichte Israels vom Auszug aus Ägypten bis zu David enthüllen). Beda sagt in seinem Kommentar zum Markusevangelium (Migne 92,168): *non solum ea quae loquebatur, verum etiam quae faciebat, parabolae fuerunt, id est: rerum signa mysticarum.* Hrabanus sagt im Anschluß an Origenes, daß Rätsel und Parabel etwas anderes mit den Worten ausdrücken, als was sie meinen:[733] *Nulli dubium est aenigma et parabolam aliud proferre in verbis, aliud tenere in sensibus.* Offenbar wird damit die *parabola* in die Nähe der *Allegoria* gerückt. Da aber im Evangelium die Parabeln von Jesus erklärt werden, also für den Leser unmittelbar verständlich sind, hat die Scholastik die Parabel als Art des *sensus litteralis* (bzw. *historicus*) aufgefaßt. Darauf haben Spicq[734] und de Bruyne[735] hingewiesen. Alexander von Hales stellt in seiner *Summa* fest: *De parabolico intellectu dicendum quod reducitur ad historicum.*[736]

Der Begriff des *sensus litteralis* ist von der Scholastik neu gefaßt worden. Augustinus hatte in seinem Kampf gegen die Manichäer vier Arten, einen Text aufzufassen, unterschieden:[737] *Omnis igitur Scriptura, quae Testamentum vetus vocatur, ... quadrifaria traditur: secundum historiam, secundum aetiologiam* (die die Gründe für Taten und Worte angibt), *secundum analogiam* (die zeigt, daß zwischen Altem und Neuem Testament keine Widersprüche bestehen), *secundum allegoriam.* Thomas von Aquin faßt die ersten drei Arten als *sensus litteralis* zusammen: *illa tria, historia, aetiologia, analogia ad unum litteralem sensum pertinent.*[738] Und vom *sensus parabolicus* heißt es bei ihm an derselben Stelle:[739] *Sensus parabolicus sub litterali continetur (Summa theologica, Pars prima, quaestio I, art.* 10). Der *sensus parabolicus* wird als »figürliche« Art des *sensus litteralis* verstanden (Thomas: *parabolicus seu metaphoricus*). An der zitierten Stelle (Summa th. I, qu. 1, art. 10) fährt Thomas fort: *nam per voces significatur aliquid proprie vel figurative.* In seinen *Quaestiones quodlibetales* heißt es (VII, art. 16): *homo potest adhibere ad aliquid sig-*

[733] Die Stelle: Migne 110, 694; dazu: de Lubac (wie Anm. 55) II, 2, S. 147.
[734] Spicq (wie Anm. 47), S. 244f. und 267ff.
[735] de Bruyne (wie 21) II, S. 302ff.
[736] Die wichtige Stelle ist angeführt bei de Lubac (wie Anm. 55) II, 2, S. 291. Zum Sachverhalt: Christel Meier (wie Anm. 53a und 732), bes. S. 24ff. Zu dieser kritisch abwägenden Arbeit sei nur angemerkt: Zu keiner Zeit decken sich Praxis und Theorie, die Opposition »geistlich«-»weltlich« gehört einer sehr viel späteren Zeit an (darin sind wir einig).
[737] de Lubac (wie Anm. 55) I, 1, S. 171ff. Die angeführte Stelle: Migne 42, 68.
[738] Die Stelle bei de Bruyne (wie Anm. 21), II, S. 312.
[739] Angeführt bei de Bruyne (wie Anm. 21) II, S. 311, Anm. 2.

nificandum aliquas voces vel aliquas similitudines fictas.[740] Für beide Arten des Sprechens gilt (ebd. art. 15): *totum id ad sensum litteralem pertinet quod ex ipsa verborum significatione accipitur.* Ulrich Engelbert von Straßburg sagt in seiner *Summa de bono:*[741] *sensus litteralis est qui in prima facie litterae continetur, sive in se verus sit, ut in historiis, sive veritatem habeat ex relatione ad ulteriorem sensum, ut in parabolis.* Vorher (ebd. S. 52) heißt es: *Ad veritatem parabolae non requiritur, quod sensus literalis verus sit, sed sufficit, quod secundus sensus sit verus.*

Der *sensus litteralis* kann unmittelbar durch die Worte ausgedrückt werden *(secundum proprietatem locutionis)*; dafür nennt Thomas als Beispiel:[742] *homo ridet.* Oder der *sensus litteralis* wird mittelbar *(secundum similitudinem seu metaphoram)* durch eine Analogie ausgesprochen, wie in dem Satz: *pratum ridet* (ebd.). Bei figürlichem Sprechen, wie in einer *parabola*, ergibt sich das Gemeinte (der *sensus litteralis*) nicht unmittelbar aus dem, was die Worte sagen, sondern aus dem, worauf sie verweisen. Nach Ulrich Engelbert von Straßburg (wie Anm. 741) ergibt sich der Sachverhalt *(res)*, den eine *parabola* meint, nicht aus dem Signifikat der Worte *(significatum verborum)*, sondern aus dem Signifikat, das die Worte nur vermitteln *(significatum illius quod verba, mediante significato suo, significant).* So rücken also *parabola* und *transumptio* (Übertragung) zusammen unter dem Oberbegriff des *sensus litteralis*, wie schon Gervasius beide unter der Kategorie der *similitudo* behandelt hatte, wobei er die Behandlung der *transumptio* mit dem Beispiel beginnt, das Thomas anführt.[743]

Metaphorische, bzw. parabolische Redeweise kommt vor allem der Dichtung zu, die Vergegenwärtigung sucht.[744] Sie ist eine Möglichkeit menschlicher Rede, die immer nur durch Worte (die »erste« Sprache) zu reden vermag. Sie benutzt erfundene Analogien (Metaphern und Parabeln), um die Wahrheit zu bezeichnen; nach Thomas[745]: *poeticae artis est veritatem rerum aliquibus similitudinibus fictis designare.* So tritt der Begriff der Fiktion hinzu, der bereits in Verbindung mit der *Fabula* zu besprechen war.

---

[740] Angeführt bei Krewitt (wie Anm. 52), S. 453 (in dem Abschnitt »Allegorischer und parabolischer Sinn«, S. 452–457).

[741] Das 1. Buch der Summa de bono ist kritisch ediert von J. Dagouillon (Bibliothèque Thomiste XII), Paris 1930. Die angeführte Stelle dort: S. 55.

[742] Thomas in Gal. cap. 4, lect. 7. Angeführt bei Krewitt (wie Anm. 52), S. 453. Zum Sachverhalt vorher: Glunz (wie Anm. 54), S. 186ff. und 390ff.

[743] Gervasius (wie Anm. 66), S. 108: Pratum ridet.

[744] Thomas, Summa theol. I, q. 1, art. 9: poetica utitur metaphoris propter repraesentationem; repraesentatio naturaliter homini delectabilis est.

[745] Quaestiones quodlibetales VII, art. 16.

Analogische Wahrheit

Für eine Geschichte, die die gemeinte Wahrheit in eine Erfindung verhüllt, verwendet Johannes von Garlandia in seiner »Pariser Poetik«[746] die Bezeichnung: *integumentum*. Sie wird angewendet auf eine *narratio obscura*, die als Fiktion *(fabula)* oder als Tierfabel *(apologus)* zu erklären ist: *si narratio fuerit obscura per fabulam appositam vel apologum, clarificetur per integumentum, quod est veritas in specie fabule palliata.* Das *integumentum* ist ein spezifisches Merkmal profaner Literatur; es unterscheidet sich von der (damals neu verstandenen) Allegorie der Heiligen Schrift dadurch, daß diese ihre Wahrheit durch wirklich Geschehenes ausspricht, während das *integumentum* seine Wahrheit durch Erfindung ausdrückt:[747] *dicitur autem allegoria veritas in versibus historie palliata.*

Diese wichtige Unterscheidung zwischen *integumentum* und *allegoria* hatte Bernhard Silvestris in seinem Kommentar zu Martianus Capella gegeben, von dem Edouard Jeauneau Proben mitgeteilt hat.[748] In diesem Kommentar, in dem Bernhard auf seine früheren Kommentare zu Platos *Timaeus* und Vergils *Aeneis* verweist (Jeauneau, a.a.O. S. 25ff.) wird der Begriff der *figura* erklärt:

Figura ... est oratio quam involucrum dicere solent. Hec autem bipartita est: partimur namque eam in allegoriam et integumentum. Est autem allegoria oratio sub historica narratione verum et ab exteriori diversum involvens intellectum, ut de lucta Iacob (Gen 33,24–30). *Integumentum vero est oratio sub fabulosa narratione verum claudens intellectum, ut de Orpheo.*[749] *Nam et ibi historia et hic fabula misterium habent occultum, quod alias discutiendum erit. Allegoria quidem divine pagine, integumentum vero philosophice competit.*

---

[746] Johannes von Garlandia (wie Anm. 731), S. 928; dazu: Krewitt (wie Anm. 52), S. 436f. und 276ff. Wichtige Arbeiten haben sich (nach Abschluß der Arbeit) mit dem Wahrheitsproblem befaßt: Klaus Grubmüller (Überlegungen zum Wahrheitsanspruch des Physiologus im Mittelalter, in: Frühmittelalterliche Studien, hg. Karl Hauck, XII, 1978, S. 160–177) rechnet mit Varianten in der Tradition; Christel Meier (Argumentationsformen kritischer Reflexion zwischen Naturwissenschaft und Allegorese, in: Frühmittelalterliche Studien XII, 1978, S. 116–159) nimmt für die Zeit vom späteren 13. bis zum beginnenden 18. Jahrhundert Varianten in der Geltung des Wahrheitsanspruchs an; Käte Hamburger (Wahrheit und ästhetische Wahrheit, Stuttgart 1979) unterzieht die Anwendung des Wahrheitsbegriffs auf die Kunst einer radikalen Kritik.

[747] Johannes von Garlandia (wie Anm. 731), S. 928.

[748] Edouard Jeauneau, Notice sur l'école de Chartres, in: Studi Medievali, 3ª serie, V, 2, 1964, S. 1–45 (vgl. Anm. 24). Einen Auszug aus dem Kommentar des Bernhard Silvestris gibt jetzt Wetherbee (Platonism and Poetry, wie Anm. 24) als »Appendix« (S. 267–272) nach der Handschrift: Cambridge, Univ. Libr. Mm 1.18ff., 1ʳ–28ʳ. In diesem Buch spricht Wetherbee S. 36–48 über »integumentum«.

[749] Eine anonyme Dichtung des 12. Jahrhunderts stellt den Orpheusmythos im Rahmen der Hochzeitsfeier für Philologia (nach Martianus Capella) dar; sie ist herausgegeben von Boutemy, in: Hommages à Bidez et à Cumont, 1949, Collection Latomus II, S. 47–64.

Diese Aussage ist für die Hermeneutik des Mittelalters von fundamentaler Bedeutung. Der Begriff der *parabola* und des *sensus parabolicus* dienten dazu, analoges, besonders vergleichendes Sprechen als eine Art des *sensus litteralis* zu bestimmen, auf den die profane Literatur beschränkt ist, anders als die Heilige Schrift, die außer dem Zeichenwert der Worte, der »ersten« Sprache, auch den Zeichenwert der *res*, der von Gott geschaffenen Welt kennt, die »zweite« Sprache.[750] Der Begriff des *integumentum* liefert eine Abgrenzung zwischen antiker Mythologie und christlicher Offenbarung. Christlicher und antiker Aussage ist gemeinsam, daß sie ein verborgenes Geheimnis haben *(misterium habent occultum)*, eine verhüllte Wahrheit *(involucrum)*. In der Heiligen Schrift aber wird die gemeinte Wahrheit in wirkliches Geschehen *(sub historica narratione)* gehüllt, in der antiken Mythologie dagegen in eine fiktive oder fiktionshaltige Erzählung *(sub narratione fabulosa)*. Die eigentliche Allegorie bleibt der Heiligen Schrift vorbehalten *(allegoria ... divine pagine ... competit)*, *integumentum* gilt für den Bereich der natürlichen Erkenntnis *(integumentum ... philosophice competit)*. Nach dieser Auffassung wäre der Begriff der Allegorie der profanen Literatur fernzuhalten.

Schon in seiner voraufgegangenen Erklärung Vergils hatte Bernhard Silvestris die Definition des *integumentum* gegeben;[751] und wie in der Vergilerklärung beruft er sich für seine Auffassung auf Macrobius, der im zweiten Kapitel seines Kommentars zu Ciceros *Somnium Scipionis* die Frage diskutiert hatte, wann – entgegen den Behauptungen des Epikureers Colotes – *fabulae* von einem *philosophus* verwendet werden dürfen. Als Beispiele für erlaubte *fabula* führt er an: Vergils *Aeneis* VI, 100 *(obscura vera involvens* von der Sibylle gesagt), Platos *Timaeus*[752] und Martianus *Capella* (von ihm heißt es: *ut prudens theologus fatur*).

Die erlaubte *fabula* nennt Macrobius *fabulosa narratio*;[753] diese Bezeichnung benutzt Bernhard Silvestris bei seiner Definition. Die beiden Seiten, die dabei zu beachten sind, Hülle und Inhalt, bezeichnet Macrobius als poetische Fiktion *(poeticae figmentum)* und als philosophische Wahrheit *(philosophiae veritatem)*. Beides zeigt Vergil, wenn er den

---

[750] Zu diesem Komplex vgl. die in Anm. 53a bis 57 genannten Arbeiten.

[751] Zu Bernhards Vergil-Kommentar: Anm. 162. Commentum Bernardi Silvestris super sex libros Eneidos, hg. Wilh. Riedel, Diss. Greifswald 1924, S. 3: integumentum est genus demonstrationis sub fabulosa narratione veritatis involvens intellectum, unde et involucrum dicitur. Diese Definition ist um 1200 in den »Distinctiones monasticae« übernommen (Pitra, wie Anm. 288, III, 456); darauf hat Roswitha Klinck (wie Anm. 95, S. 156) aufmerksam gemacht; an gleicher Stelle bringt sie weitere Belege.

[752] Nach Calcidius (wie Anm. 157), S. 27f. und S. 35.

[753] Peter Dronke hat bei der erneuten Diskussion der Frage (wie Anm. 408) einen Kommentar Wilhelms von Conches zu Macrobius herangezogen, der in 7 Handschriften überliefert ist (Dronke in: Verbum et Signum II, S. 162, Anm. 3).

Heroen in der Unterwelt einen reicheren Äther gibt.[754] Von Homer heißt es:[755] *divinarum omnium inventionum fons et origo sub poetici nube figmenti verum sapientibus intellegi dedit.*

Die Bezeichnung Allegorie verwendet Macrobius nicht, obwohl er mit der antiken Allegorese bekannt war, die den älteren Begriff der *hyponoia* seit hellenistischer Zeit durch *allegoria* ersetzte;[756] er kennt die beiden wichtigen Repräsentanten allegorischer Erklärung aus dem 1. Jahrhundert: das Werk des Stoikers Cornutus über die Götter, das als ein Muster der »physikalischen« Deutung gilt,[757] und Ps. Heraklits »Homerische Allegorien«.[758] Von Porphyrius (3. Jahrhundert) führt er aus den »Homerischen Fragen« die Erklärung des Traumes an (Kommentar zum *Somnium* I, 3,17 ff.), rühmt seine Erklärung des *Timaeus* (Comm. II, 3,15) und spielt (Comm. I, 12,3) auf seine berühmte Schrift über die Nymphengrotte in der Odyssee (XIII, 102ff.) an, die er auch sonst benutzt. Homer und Vergil sind für ihn »klassische« Vertreter einer *fabulosa narratio*, die unter der Hülle der Fiktion (das ist ihre dichterische Leistung) Wahrheit (das ist die Leistung des *philosophus*) ausspricht.

Diese Auffassung der Dichtung als Fiktion war ein Jahrhundert vor dem Neuplatoniker Macrobius von dem Christen Lactantius ausgesprochen worden (ihm wird das Phönix-Gedicht zugeschrieben); sein Werk »*Divinae Institutiones*«[759] bestimmt als *officium poetae,* als Aufgabe dichterischer Erfindung (I, 11): *ut ea, quae vere gesta sunt, in alias species obliquis figurationibus cum decore aliquo conversa traducat* (»wirklich

---

[754] Macrobius, Comm. (wie Anm. 158) I 9,8: Hoc et Vergilius non ignorat, qui, licet argumento suo serviens heroas in inferos relegaverit, non tamen eos abducit a caelo, sed aethera his deputat largiorem et nosse eos solem ac sua sidera profitetur, ut geminae doctrinae observatione praestiterit et poeticae figmentum et philosophiae veritatem.

[755] Diese Aussage (Macrobius, Comm., wie Anm. 158, II 10,11) bezieht sich darauf, daß Jupiter nach Homer mit den anderen Göttern zum Oceanus aufbricht.

[756] Nicolaus Spengler vermerkt 1676 in seiner »Exercitatio phiolosophica de fabulis poetarum« zu »allegoriis« (angeführt bei: Paul Haberkamm, Sensus astrologicua, 1972, S. 156): ita enim vocant, cum aliud dicitur, intelligitur aliud; antiqui hyponoeam ab occulto qui subesset sensu nominabant.

[757] Macrobius nennt Cornutus in seinen Saturnalien (Macrobii Saturnalia, hg. Jacob Willis, Leipzig 1963) »hochgelehrt« (II 19,2 doctissimus), »auch in der griechischen Literatur sehr bewandert« (Saturnalien II 19,3), und zwar als er ihn wegen seiner Vergilkritik (zu Aeneis IV, 698f.) rügt (er wirft ihm vor, daß er die Alcestis des Euripides nicht gekannt habe).

[758] In seinem Kommentar zum Somnium Scipionis (wie Anm. 158) führt er I 14, 19 seine Definition der Seele an: scintillam stellaris essentiae.

[759] Die »Divinae Institutiones« des Lactantius (Lactantii opera omnia, hg. S. Brandt, 1890) sind Konstantin gewidmet, der Vergils 4. Ecloge christlich verstand. Noch 1683 wird in der Abhandlung »De occultis poeticarum fabularum sensibus« Lactantius als Zeuge für die euhemeristische Deutung des Jupiter-Danae-Mythos herangezogen (vgl. Haberkamm, wie Anm. 756, S. 150).

Geschehenes durch verhüllende Darstellung in andere Erscheinungswei-
sen ästhetisch zu verwandeln«). Der Humanismus setzt die Fiktionstheo-
rie fort. Boccaccio sieht die Aufgabe des Dichters – im Gegensatz zum *philosophus,* der seine Beweise offen ausspricht – darin, seine Gedanken unter der Hülle der Fiktion *(sub velamento fictionis)* zu verbergen.[760] Der Je-
suit Masen definiert in seiner *Palaestra eloquentiae ligatae*[761] die Dichtung *(poesis)* als *significativum figmentum,* also als Fiktion, die Zeichenwert hat.

Mit dem Begriff der Fiktion verbindet sich die Vorstellung, daß religiöse und natürliche Wahrheiten unter einer Verhüllung ausgesprochen
werden, die dem Unberufenen den Zugang erschwert und den Bemühten
ein Verdienst für ihre Mühe verschafft. Die Metapher der Verhüllung begegnet in der Heiligen Schrift, wo vom Geheimnis des Göttlichen die Rede
ist. Gott erscheint verhüllt unter einer Wolke. Die göttliche Natur Christi
ist unter seiner menschlichen Erscheinung verhüllt (Adam von St. Victor:
carne tecta deitas). Die Botschaft vom Gottesreich, die Christus verkündet, ist jetzt noch verborgen, aber sie wird offenbar werden (Marc 4,22;
Matth 10,26; Luc 8,17); nach Matthaeus: *nihil opertum quod non reve-
labitur.* Für die Juden ist der Sinn des Alten Testamentes nach Paulus noch
verhüllt (2 Cor 3,15f.): *sed usque in hodiernum diem, cum legitur Moyses,
velamen positum est super cor eorum; cum autem conversus fuerit ad
Dominum, auferetur velamen.*[762]

Was im Alten Testament noch verhüllt war, wird durch die Erlösung
enthüllt. So sagt Adam von St. Victor unter Hinweis auf das Zerreißen des
Tempelvorhangs bei Christi Tod (Mc 15,38 *velum templi scissum est):
Jam scisso velo patuit, quod vetus lex precinuit.*[763] Die *Allegoriae in Sacram Scripturam* (12. Jahrh.) erklären:[764] *velum* als *obscuritas litterae.* In
der Sequenz *Ave preclara maris stella* von Hermann von der Reichenau
heißt es:[765] *quod typus figurabat, iam nunc abducto velo datur perspici.*
Die Hülle erscheint als Schale *(cortex)* in Adams Sequenz auf die Himmel-

---

[760] Boccaccio, Genealogia deorum gentilium, hg. Vincenzo Romano, Bari 1951, lib. XIV,
  cap. 17.
[761] Jacobus Masenius, Palaestra eloquentiae ligatae, Köln 1654, S. 6: Poesis est significativum figmentum, imitationem complectens divinarum humanarumque rerum. Die Stelle
  ist angeführt in der wichtigen Dissertation von: Rolf Bachem, Dichtung als verborgene
  Theologie, Diss. Bonn 1955, S. 140 (Anm. 286).
[762] Dabei bezieht sich Paulus auf Exod 34,33: Moses verhüllt sein Gesicht (posuit velamen
  super faciem suam).
[763] Dazu: Hegener (wie Anm. 53), S. 90–96 (die Stelle aus Adam von St. Victor: S. 95).
[764] Allegoriae in Sacram scripturam (Migne 112, 849–1088), 1073.
[765] Ave preclara maris stella: Analecta Hymnica 50, Nr. 241, S. 313–315; die Stelle: 5b (S.
  314). Zu dieser Sequenz: Hennig Brinkmann. Voraussetzungen ... (wie Anm. 88), S.
  46–52. Vgl. auch das Kapitel über mittelalterliche Kommentare der Sequenz.

fahrt Mariens:[766] *litterali diu tecta fuisti sub cortice* (von Maria gesagt).

Von Verhüllen (oder Einkleiden) ist die Rede, wenn Menschen von Gott sprechen. Als Gott im Sturme erscheint, macht er Job Vorwürfe, weil er seinen Willen nicht begreift (Job 38,2): *quis est iste involvens sententias sermonibus* (Job spricht in der Hülle unzulänglicher Worte vom Willen Gottes). Gregor der Große sagt von der Allegorie, daß in ihr der Wille Gottes in Sachverhalte gekleidet wird, die dem Menschen bekannt sind:[767] *Rebus enim nobis notis, per quas allegoriae conficiuntur, sententiae divinae vestiuntur, et, dum re cognoscimus exteriora verba, pervenimus ad interiorem intelligentiam.* Nach Johannes Scottus kleidet, wer von Gott sagt: *veritas est*, das Wesen der Gottheit, das sich jeder menschlichen Bezeichnung entzieht, in Worte:[768] *nudam siquidem omnique propria significatione relictam divinam essentiam talibus vocabulis vestit.* Ps. Dionysius hatte in seiner Schrift über die Namen Gottes, die Johannes Scottus übersetzt hat, von den *sacra velamina eloquiorum* gesprochen.[769] Johannes Scottus übersetzt (nach brieflichem Hinweis von Werner Beierwaltes) mit *velamen* das griechische *parapétasma*, das Ps. Dionysius von Proklus übernommen hatte. »Dieser Terminus wird bei Proklus verwendet, wenn die verhüllende Funktion der Bilder in einer mythischen Aussage benannt werden soll« (Beierwaltes).

Bernhard Silvestris setzt in seiner Definition die Begriffe *involucrum* und *integumentum* ein: *involucrum* als Oberbegriff für *integumentum* und *allegoria*.[770] Beide Bezeichnungen gehen auf Cicero zurück.[771] Cras-

---

[766] Dazu: Hegener (wie Anm. 53), S. 94.

[767] Gregor der Große: Migne 79, 471f.; die Stelle ist angeführt bei: de Lubac (wie Anm. 55) II, 2, S. 171.

[768] Johannes Scottus, De divisione naturae (Migne 122, 441–1022) I, 14 (Migne 122, 461); angeführt von Krewitt (wie Anm. 52), S. 477.

[769] Ps. Dionysius, De divinis nominibus (übers. von Johannes Socttus): Migne 122, 115.

[770] Vgl. Anm. 748 und 749 mit der zugehörigen Stelle in der Darstellung. Text jetzt bei Wetherbee (wie Anm. 24), S. 267.

[771] Zur Geschichte von involucrum und integumentum: Rüter (wie Anm. 139), S. 207–234. Die Diskussion wurde in Gang gebracht durch de Bruyne (wie Anm. 21), II, S. 280ff. (1946). 1955 erschien der gewichtige Aufsatz von M.-D. Chenu über »involucrum« (in: Archives d'histoire doctrinale et littéraire du Moyen-Age 22, S. 75–79); kurz darauf kam sein bedeutendes Buch über die Theologie des 12. Jahrhunderts (wie Anm. 151), S. 122ff. Im gleichen Jahr erschienen die Untersuchungen von Ed. Jeauneau über den Begriff des integumentum bei Wilhelm von Conches (wie Anm. 148). Ein Jahr später folgte die Schrift von: Jean Pépin, Mythe et allégorie, Paris 1958. Ich selbst sprach 1961 (mit Bezug auf de Bruyne und Chenu) vom »parabolischen Sinn«, wiederholt 1964 (vgl. die Angaben bei Christel Meier, wie Anm. 53a, S. 26ff.). Das Thema im ganzen habe ich 1969 in einem Kölner Vortrag behandelt (wie Anm. 719). Bereits bei Lubac (wie Anm. 55) war (1964) der Komplex in einem eigenen Kapitel diskutiert (II, 2,

sus hat (Cicero, De oratore I, 137–159) eine Rede gehalten, die als Ganzes einen starken Eindruck gemacht hat, aber im einzelnen nicht verstanden worden ist. Den Eindruck auf die Zuhörer formuliert Cotta (I, 161): *in oratione Crassi divitias atque ornamenta eius ingeni per quaedam involucra atque integumenta perspexi.* Mit *involucra* ist offenbar mehr der Inhalt *(divitias)* gemeint (bei Isidor heißt es in den Etymologien XX, 9,6: *involucrum dictum, quod aliquid in se teneat involutum*), mit *integumenta* mehr die Form *(ornamenta)*, die Mittel der Verhüllung.

Beide Bezeichnungen begegnen bei den Kirchenvätern, denen ja die Verhüllung als Metapher nahe lag.[772] Im 4. Jahrhundert spricht Gregor von Elvira in der 10. und 16. Homilie[773] von der Schwierigkeit, Aussagen des Alten Testamentes zu verstehen, die in die Hülle der Allegorie verborgen sind *(allegoriae integumentis obvoluta).* Augustinus kennt offenbar die Cicero-Stelle[774] und verwendet dabei *involucrum,* um auszudrücken, daß eine Äußerung noch nicht als Ganzes erfaßt ist (es geht um die Bedeutung der Worte für die Erkenntnis einer *res,* wobei Augustinus an Kopfbedeckungen demonstriert!). Im übrigen tritt bei ihm *involucrum* (nur

---

Kap. V III »Symbolisme«, S. 125–262). Später ging Wetherbee (wie Anm. 24) auf den Begriff des integumentum bei Abaelard und Wilhelm von Conches ein (S. 36–48). Ihm folgte zeitlich Peter Dronke in seinem Buch über fabula (wie Anm. 141), S. 25f., 47–55 und 56–67, wo nähere Angaben über den Gebrauch von integumentum (S. 48f., Anm. 2) und involucrum (S. 56, Anm. 2) in der Antike gemacht werden. Im gleichen Jahr 1975 erschien sein Aufsatz über eine Theorie von fabula (wie Anm. 408) im Anschluß an den Kommentar Wilhelms von Conches zu Macrobius. Zuletzt ist Christel Meier (1976) in ihrer kritischen Überprüfung des »allegorisch« Genannten (wie 53a) besonders auf Misch- und Übergangsformen eingegangen. Bei ihr und bei Dronke ist aus der weitverzweigten Literatur noch zahlreiches weiteres Schrifttum angeführt. Ich nenne noch: Otto Seel, Antike und frühchristliche Allegorik (in: Festschrift für Peter Metz, Berlin 1965, S. 11–45); R. Javelet, Image et rassemblance au XIIe siècle, 2 Bde., Straßburg 1967; Hans Robert Jauss, Entstehung und Strukturwandel der allegorischen Dichtung (Grundriß der romanischen Literaturen des Mittelalters VI, 1), Heidelberg 1968, S. 146–244; Krewitt (wie Anm. 52), S. 276ff., 435ff., 517ff.; Brian Stock (wie Anm. 157) geht in seiner Arbeit über Bernhard Silvestris im 1. Kapitel (S. 11–62 »narratio fabulosa«) auf die »Verhüllung« ein. Dronke (Eine Theorie ..., wie Anm. 408, S. 164, Anm. 19) und Stock (wie Anm. 162, S. 41, Anm. 49) zitieren eine wichtige Aussage des Johannes Scottus in seiner »Expositio super Ierarchias S. Dionysii« (I, 2 = Migne 122, 146): Quemadmodum ars poetica per fictas fabulas allegoricasque similitudines moralem doctrinam seu physicam componit ad humanorum animorum exercitationem – hoc enim proprium est heroicorum poetarum, qui virorum fortium facta et mores figurate laudant –, ita theologica veluti quaedam poetria sanctam Scripturam fictis imaginationibus ad consultum nostri animi et ductis (Migne: reductionem) corporalibus sensibus exterioribus veluti ex quadam imperfecta pueritia in rerum intelligibilium perfectam cognitionem tanquam in quandam interioris hominis grandaevitatem conformat.

[772] Vgl. Anm. 762 und 767.
[773] Tractatus Origenis, hg. Batifoll und A. Wilmart, Paris 1900, S. 105 und 169.
[774] Augustinus: De magistro 10,31 (Migne 32, 1213).

174

einmal *integumentum*) wesentlich auf beim typologischen Bezug zwischen Altem und Neuem Testament. Für *parabola* in der Frage der Jünger an Jesus (Marc 4,10–12; Luc 8,9–10), warum er in Gleichnissen rede, setzt er *involucrum eiusdem similitudinis* ein (Migne 43,48). Abaelard sagt später in seiner *Introductio* besser: *Theologia Scholarium* (I, 20): *Veritas ipsa de integumento parabolarum suarum apostolis loquitur.* So können sowohl *integumentum* wie *involucrum* jederzeit, ohne Terminus zu sein, als Repräsentanten der Verhüllungsmethapher begegnen (auch im 12. und 13. Jahrhundert).

Außerhalb religiöser Bedeutung liegt die Verwendung von *integumentum* bei Martianus Capella.[775] Er unterscheidet fünf Arten des *ductus*, die jeweils für eine ganze *causa* in Frage kommen (V, 470), darunter als dritte Art den *ductus figuratus,* der aus *verecundia* die Nennung des Obszönen vermeidet und dafür einen anderen, verhüllenden Ausdruck setzt *(significatione alia atque integumentis vestita).* Johannes Scottus übernimmt in seinem Kommentar[776] diesen Ausdruck, spricht aber in seinen religiösen Schriften nicht von *integumentum* oder *involucrum*; für ihn ist vielmehr *symbolum* charakteristisch, und zwar in einem spezifischen Sinn, den später Alanus (nach Hugo von St. Victor) präzisiert hat.[777]

Die Bezeichnung *symbolum*, die bei Ambrosius neben *figura* verwendet wird (die Schlange verweist auf die *delectatio corporalis*, Eva auf den *sensus*, Adam auf die *mens* des Menschen)[778], benutzt Johannes Scottus in Übersetzung und Erklärung des Ps. Dionysius[779] neben *symbolice, symbolica locutio* für *similitudines* aus der sichtbaren Welt, die den Menschen von der sichtbaren Welt zur geistigen führen *(quatenus nos reduceret per sensibilia in intellectualia)* und so aus dem Vielfachen zum Einfachen *(in simplam et unitam invisibilium contemplationum veritatem)*; so heißt es im Eingang zu *De caelesti hierarchia*[780] und in *De divinis nominibus*.[781]

---

[775] Hinweis von Rüter (wie Anm. 139), S. 214f.
[776] Johannes Scottus, Annotationes in Marcianum, hg. Cora Lutz, Cambridge/Mass. 1939, S. 121; auf die Stelle ist bereits in meinem Vortrag über Verhüllung (wie Anm. 719), S. 327f. hingewiesen.
[777] Vgl. d'Alverny (wie Anm. 132), S. 83f. (Prolog zur Erklärung des Symbolum); S. 200f. (Erklärung zu Versikel 9 der Engelsequenz); vgl. im ganzen Anm. 132 und 133.
[778] Ambrosius, De paradiso 15,73 (Migne 14, 329): serpentis typum accepit delectatio corporalis: mulier symbolum est sensus nostri, vir mentis; Vgl. Krewitt (wie Anm. 52), S. 114/115.
[779] Vgl. bei Krewitt (wie Anm. 52) das 14. Kapitel (»Spekulative Theologie«, S. 457–489), bes. S. 459ff.
[780] De caelesti hierarchia: Migne 122, 1039.
[781] De divinis nominibus: Migne 122, 1115.

Diese Auffassung hat Hugo von St. Victor in seiner Erklärung von *De cae-lesti hierarchia* übernommen.[782] Für die Opposition vielfach-einfach bei Ps. Dionysius (Johannes Scottus) führt Alanus, offenbar im Anschluß an den 1. Brief an die Korinther[783] den Begriff des Ganzen ein:[784] *Unde apud Dionysium in ierarchia locutio dicitur symbolica, que rei occulte est signi-ficativa, et secundum hoc dicitur a »sin«, quod est simul, et »olon«, quod est totum, quia in tali locutione simul totum comprehenditur, et ut aliud in superficie littere intelligatur, et aliud in interiori intelligentia compre-hendatur.*

Der Begriff des *integumentum* wurde seit Anfang des 12. Jahrhunderts zu einem festen Terminus, als es wichtig wurde, den Wahrheitswert der Antike von einem christlichen Standort aus zu begründen.[785] Ausgangs-punkt war dabei Macrobius.[786] Abaelard sagt in der *Theologia schola-rium I, 20:*[787] *Ex hac itaque Macrobii traditione clarum est, quae a philo-sophis de anima mundi dicuntur, per involucrum accipienda esse.* An der-selben Stelle verwendet Abaelard auch die Bezeichnung *integumentum: Quid enim magis ridiculosum quam mundum totum arbitrari animal esse rationale nisi per hoc integumentum sit prolatum*[788]. *Integumentum* ist sonst der Terminus, den Wilhelm von Conches durchgehend verwen-det.[789] Die Stellen zeigen, daß der Begriff der *anima mundi*[790] bei der Er-klärung des Timaeus eine besondere Rolle spielte. Wenn man Plato nicht nach dem Buchstaben, sondern nach dem Sinn auslegt, sagt Wilhelm von

---

[782] Migne 175, 941ff.; vgl. de Bruyne (wie Anm. 21), II, S. 212ff. und Krewitt (wie Anm. 52), S. 486f.

[783] Paulus, 1 Cor 13, 9–10 (nach den berühmten Worten über die Liebe): Ex parte enim cognoscimus et ex parte prophetamus. Cum autem venerit, quod perfectum est, evacu-abitur, quod ex parte est. Dann (1 Cor 13,12) setzt der Apostel einander gleich: videmus nunc per speculum in aenigmate – nunc cognosco ex parte.

[784] Bei d'Alverny (wie Anm. 132 und 777), S. 83f.

[785] Dazu mein Vortrag vom Jahr 1969: Verhüllung als literarische Darstellungsform (wie Anm. 719), bes. S. 319–339.

[786] Zu Macrobius und seinem Einfluß, Anm. 158. Hinzuzufügen ist noch: Pierre Courcelle, Les lettres grecques en occident 1943, Kap. 1.

[787] Die Stelle (Migne 178, 1023) ist schon 1966 angeführt in der Dissertation von Hellmut Rüter (wie Anm. 139), S. 216. Rüters Bemerkungen über Abaelard (S. 213–217) sind noch nicht überholt. Ich selber habe in meinen Vorlesungen den Sachverhalt seit 1959 wiederholt dargestellt. Zu Abaelard: Wetherbee (wie Anm. 24), S. 38–43.

[788] So ist zu lesen nach Jeauneau (wie Anm. 148), S. 78, Anm. 1.

[789] Zu Wilhelm von Conches: Jeauneau (wie Anm. 148); Rüter (wie Anm. 139), S. 217–221; Wetherbee (wie Anm. 24), S. 40–47 (Plato-Erklärung), S. 92–98 (Bo-ethius); Dronke, Fabula (wie Anm. 141), S. 55–67 (Wilhelm von Conches und Abae-lard). Sonst zu Wilhelm von Conches: Anm. 153.

[790] Zur »anima mundi«: Gregory (wie Anm. 151).

Conches,[791] dann wird man bei ihm nicht Häresie finden, sondern: *profundissimam philosophiam integumentis verborum tectam*. Es kommt also darauf an, die antiken Aussagen als *involucrum* oder *integumentum* zu verstehen, wenn man ihren Wahrheitswert erkennen will.

Abaelard verwendet offenbar deswegen *involucrum*, weil es ihm darauf ankam zu zeigen, daß die antiken Philosophen ebenso wie die Propheten des Alten Bundes vor Christus mit den Grundlehren des Christentums bekannt waren: der Trinität, der Unsterblichkeit der Seele, der Verachtung der Welt und der Liebe zu Gott als dem höchsten Gut. So behandelt er zuerst die Propheten (Migne 178, 998ff.), dann die Philosophen (ebd. 1004ff.). Philosophen und Propheten haben verhüllt gesprochen, um Geheimnisse wie Gott und die Unsterblichkeit der Seele nicht zu profanieren (Migne 178, 1152f.): *Hoc ... loquendi genus philosophis quoque sicut et prophetis familiarissimum est, ut videlicet, cum ad arcana prophetiae pervenerint, nihil vulgaribus verbis efferant, sed comparationibus similitudinum lectorem magis alliciant*. Als Zeugen für solche Sprechweise führt er Macrobius (wie Anm. 787) an, Paulus (2 Cor 3,6) und die Parabeln Jesu (nach Marc 4,11/12). Seine Auslegung des *Timaeus*, den er wie seine Zeit in der Übersetzung und Erklärung des Calcidius kannte,[792] rechtfertigt er mit der Rede des Apostels Paulus auf dem Areopag (Act 17,22–32). Die von der Patristik überlieferte Verwendung von *involucrum* für typologische Auffassung legte Abaelard bei seinem besonderen Anliegen die Wahl von *involucrum* für die Verhüllung religiöser Wahrheiten nahe.

Wilhelm von Conches[793] war in einer anderen Lage. Wie der Schule von Chartres kam es ihm auf den Wahrheitswert von Texten an, insbesondere solchen, die den Zusammenhang zwischen Gott (der Trinität) und der Welt betreffen. Außer Priscian und Juvenal hat er Martianus Capella, Macrobius, Boethius und den Timaeus glossiert. Diese Glossen stehen neben seinen naturphilosophischen Werken: der *Philosophia* und dem *Dragmaticon*. Seine Arbeit wird den Arbeiten von Abaelard und Theoderich von Chartres etwa gleichzeitig sein. Von Theoderich,[794] der bereits mit dem Corpus des Aristoteles und arabischen Anschauungen bekannt war, haben wir außer seinem Heptateuch die Erklärung des Sechstagewerks, die nicht eine allegorische Auslegung geben will, sondern die Ab-

---

[791] Zitiert nach: Jeauneau, L'usage de la notion integumentum (wie Anm. 148), S. 65, Anm. 1.
[792] Calcidius: wie Anm. 157.
[793] Zu Wilhelm von Conches: Anm. 135.
[794] Zu Theoderich von Chartres: Anm. 160.

sicht hat, durch Anwendung der Wissenschaft zur Erkenntnis des Schöpfers zu führen; er folgt darin Johannes Scottus (Migne 122, 693). Im 13. Jahrhundert hat er bei Robert Grosseteste Nachfolge gefunden. An Texten hat er Martianus Capella sowie von Boethius *De trinitate* und *De Arithmetica* glossiert. Ihm rühmt ein Epitaph nach:[795] *Quod Plato, quod Socrates clausere sub integumentis,/hic reserans docuit disseruitque palam* (»was Plato und Socrates in Verhüllungen eingeschlossen hatten, erschloß er durch seine Lehre und machte es so offen bekannt«).

Ihm hatte Bernhard Silvestris[796] seine große mythische Dichtung *De mundi universitate* gewidmet. Seine Definition des *integumentum* wurde schon genannt.[797] Sie ist bei Johannes von Salisbury (Polycraticus 8,24) vorausgesetzt und wird in den *Distinctiones monasticae* zitiert:[798] *Est autem integumentum genus locutionis sub fabulosa narratione veritatis intellectum involvens.* Johannes von Garlandia,[799] dessen Unterscheidungen aus seiner Pariser Poetik schon erörtert worden sind,[800] hat seiner knappen Erklärung der Metamorphosen den Titel *Integumenta Ovidii* gegeben (wie Anm. 115). Nacheinander bestimmt er: *fabula – historia – allegoria – integumentum* (v. 55ff.):

> Est sermo fictus tibi fabula, vel quia celat
> Vel quia delectat vel quod utrumque facit.
> Res est historia magnatibus ordine gesta
> Scriptaque venturis commemoranda viris.
> Clauditur historico sermo velamine verus
> Ad populi mores allegoria tibi.
> Fabula voce tenus tibi palliat integumentum,
> Clause doctrine res tibi vera latet.

Französische Dichtung des 13. Jahrhunderts hat die Bezeichnung *integumentum* übernommen. So begegnet sie im Rosenroman[801] für Erfindungen der Dichter, die Geheimnisse der Philosophie enthalten. Sie wird in der ältesten französischen Übersetzung der *Consolatio* des Boethius ver-

---

[795] Das Epitaph auf Theoderich herausgegeben von André Vernet in: Receuil de Travaux offert à M. Clovis, Bd. II, Paris 1955, S. 660ff. Im ganzen sei noch einmal auf die inhaltsreiche Studie von Jeauneau über die Schule von Chartres (wie Anm. 159) verwiesen.
[796] Zu Bernhard Silvestris: Anm. 161 und 162.
[797] Definition des »integumentum«: im Text zu Anm. 748.
[798] Zur Wirkung der Definition: Anm. 751.
[799] Zu Johannes von Garlandia: Anm. 115–118.
[800] Vgl. den Text zu den Anmerkungen 746/747.
[801] Guillaume de Lorris et Jean de Meun, Le Roman de la Rose, hg. Ernest Langlois, 5 Bde., Paris 1914–1924; die Stelle: Bd. III (1921), S. 32f.: v. 7186.

wendet.[801a] Im 14. Jahrhundert verwendet der Ovide moralisé: integument beim Mythos von Phebus.[802]

Der Begriff des integumentum liegt im Deutschen der bekannten Aussage Thomasins von Zerclaere über die aventiure zugrunde[803] (Welscher
Gast 1118ff.): die aventiure sint gekleit/dicke mit lüge harte schone:/ diu
lüge ist ir gezierde krone (»Die Ritterromane sind meist in das schöne Gewand der Erfindung gehüllt, und die Erfindung ist die Krone ihrer schönen Form«). Ich schilt die aventiure niht,/swie uns ze liegen geschiht/von
der aventiure rat (»Ich tadle den Ritterroman nicht, wenn wir auch durch
ihn veranlaßt werden, etwas zu sagen, was so nicht stimmt«); wan sie be-
zeichenunge hat/der zuht und der warheit (»denn er gibt Hinweise für das
rechte Leben und auf die Wahrheit«): daz war man mit lüge kleit (»die
Wahrheit wird in Erfindung gehüllt«). Die Erfindung in den Ritterroma-
nen verhält sich zur Wahrheit wie die Holzplastik eines Menschen zum
wirklichen Menschen (sie ist also eine figura). Den (nach Thomasin nur
relativen) Wert des Ritterromans sieht er vor allem darin, daß er Winke
für das rechte Leben (also: eine moralis instructio) gibt.

[801a] Die Partie aus dieser ältesten Übersetzung ins Französische, die sich auf das Orpheusgedicht des Boethius bezieht, ist jetzt abgedruckt bei: Richard A. Dwyer, The Boethian
Fictions: Narrative in the Medieval French Versions of the Consolatio Philosophiae
(The Mediaeval Academy of America Publication Nr. 83), Cambridge/Mass. 1976, S.
100–103 (nach der Handschrift: Österreichische Nationalbibliothek Wien 2642, fol.
51–54). Der unbekannte Verfasser gibt zunächst eine Übersetzung und beginnt dann
seine Erklärung mit den Worten (fol. 52): La glose de cest metre: Nos devons saveir que
li demonstrementz des auctors e des philosofes est feit par treis manieres: par fables o
par estoires o par integument. Fable si est chose feinte semblant de veir, aussi come fait
Ovides. Hystoire si est chose feite racontee issi comme ele fu feite. Integumentz est
quant om dit une chose e senefie autre, si come est ici de Orpheo. Ce apele hom en divi-
nite allegorie. Darauf erzählt der Autor die »Fabel« von Orpheus, wobei er für Yxion,
Tantalus und Ticius auch die »integumenta« erklärt. Die Entschlüsselung für die Fabel
von Orpheus beginnt (fol. 53): Or diroms l'entegument de Orpheus.
Die Unterscheidung von fable, histoire und integument kann der Übersetzer von Wilhelm von Conches übernommen haben; sie geht aber sicher auf die antike Rhetorik zurück (vgl. Anm. 709 und 710), die (bei der narratio) fabula, historia und argumentum
unterscheidet (Cicero, De inventione I, 19; Auctor ad Herennium I 8,13). Für argumentum ist beim Boethiusübersetzer integumentum eingetreten. Wenn dem integumentum
der Dichter die allegoria der Heiligen Schrift entspricht, dann ist daran zu erinnern, daß
argumentum als ein Fall der Allegorie galt (Her. IV 24,46).

[802] Ovide moralisé, hg. C. de Boer, I Amsterdam 1915 (Nachdruck: Wiesbaden 1966), v.
3126.

[803] Ausgabe des »Welschen Gasts«: Anm. 33. Dazu jetzt: »Zucht und schöne Sitte«, eine
Tugendlehre der Stauferzeit mit 36 Bildern aus der Heidelberger Handschrift Cod. Pal.
Germ. 389, »Der Welsche Gast« des Thomasin von Zerclaere, Wiesbaden (Reichert)
1977 (S. 3–65: Friedrich Neumann, Einführung in Thomasins Verswerk). Fr. Neumann ist sehr zurückhaltend in der Annahme von Quellen!

Ein *integumentum* verlangt vom Leser, daß er hinter der Erfindung die Wahrheit findet, daß er also die Erfindung als Zeichen versteht (als *figmentum significativum*). Er muß mit den Unterscheidungen der Zeichenlehre bekannt sein.[804] Abaelard[805] hatte diese Unterscheidungen im Zusammenhang mit der *divisio vocis* (Dial. 562,7–572,11) und der *definitio* (Dial. 592,25–595,39) behandelt, und Johannes von Garlandia verwendet in seinen *Synonyma*[806] dieselben Beispiele wie Abaelard: *homo* für ein *univocum, canis* für ein dreifaches *aequivocum*, sowie *gladius, ensis* und *mucro* für ein *multivocum* bzw. *synonymum*. Bei den *univoca* sind Name und *ratio substantiae* gemeinsam, bei den *aequivoca*, die stets eine *pluralitas* implizieren, ist nur der Name gemeinsam, aber die *ratio substantiae* verschieden (sie fordern darum eine jeweils verschiedene Definition), bei den *multivoca* ist zwar der Name verschieden, aber sie lassen eine gemeinsame Definition zu, bei den *diversivoca* sind Name und Definition verschieden (wie bei *homo* und *albedo*). Wie in seiner Erklärung der *Aeneis*[807] geht Bernhard Silvestris auch in seiner Erklärung des Martianus Capella auf *aequivocatio* und *multivocatio* ein,[808] weil sie dem rechten Verständnis Schwierigkeiten bereiten *(hec namque maxime huius voluminis lectores turbant)*. Beide Bezeichnungsweisen *(aequivocatio* und *multivocatio)* treten im *integumentum* wie in allen Werken mit verborgenem Sinn *(quemadmodum in aliis misticis voluminibus)*[809] auf. Eine

---

[804] Vgl. Kapitel III »Die Sprachauffassung« mit Anm. 52. Im einzelnen: Hennig Brinkmann, Die Zeichenhaftigkeit der Sprache, des Schrifttums und der Welt (in: Zeitschrift für deutsche Philologie, hg. Hugo Moser und Benno von Wiese, 93. Band, 1974, S. 1–11); Hennig Brinkmann, Die Sprache als Zeichen im Mittelalter (wie Anm. 52); Hennig Brinkmann, Verhüllung ... (wie Anm. 719).

[805] Abaelard: Brinkmann, Sprache als Zeichen (wie Anm. 52), S. 27–37.

[806] Synonyma des Johannes von Garlandia: Anm. 118 (und die zugehörige Partie der Darstellung).

[807] Erklärung der Aeneis von Bernhard Silvestris: Anm. 29 (ferner: 24, 161, 162). Die Stellen bei Riedel (wie Anm. 29), S. 9f. und 108f.

[808] Es heißt in dieser Erklärung (Jeauneau, Note sur l'école de Chartres, wie Anm. 159, S. 37): Notandum est integumentum equivocationes et multivocationes habere. Verbi gratia: apud Virgilium nomen Junonis ad aerem et ad practicam vitam equivocatur. Quod enim ibi legitur Iunonem venire ad Eolum significat: aerem nativitatem hominis iuvare. Quod vero dicitur venisse cum Pallade et Venere ad iudicium Paridis, figurat vitam practicam ... Ibidem etiam multivocatio est, quia Jupiter et Anchises eiusdem sunt nomina. Hic vero, quia communis est philosophorum sententia hominem ab elementis vel stellaribus spiritibus beneficia contrahere, eodem nomine vocantur cause et effectus. Verbi gratia: nomen Mercurii ad stellam et ad eloquentiam equivocatur. ... Ideoque distinguendum erit, ad quot res subiectas integumentorum nomina equivocentur. Hec namque maxime huius voluminis lectores turbant, quia cum aliquid signatum est sub nomine Mercurii de sermone, statim fit transitus ad stellam sub eodem vocabulo.

[809] Erklärung der Aeneis (wie Anm. 29 und 807), S. 9. Auch die folgenden Zitate stehen: S. 9.

180

aequivocatio liegt vor, wenn ein Name mehrere Wesen bezeichnet *(idem nomen diversas designat naturas)*, eine *multivocatio*, wenn verschiedene Namen dasselbe Wesen bezeichnen *(diversa nomina eandem)*.

Der Name Iupiter läßt eine vielfache Auffassung zu.[810] Er steht *pro superiore igne* (für das Feuer als höchstes Element), *unde dicitur »A Jove principium«*; *pro anima mundi, unde dicitur »Jovis omnia plena«*; *pro stella*, wenn der Jupiter nach dem Saturn als Planet gemeint ist; *pro creatore, unde dicitur »Jupiter omnipotens«*; *pro humana anima*, wenn der Mensch als Mikrokosmus gemeint ist, dessen Seele von Iupiter bewegt wird. Eine *multivocatio* ist gegeben, wenn sowohl Iupiter wie Anchises den Schöpfer bezeichnen.[811]

Eine Reihe von Kriterien werden genannt, die zur rechten Auffassung verhelfen. Eins ist die Etymologie. So wird Anchises etymologisch erklärt:[812] *Anchises enim interpretatur celsa inhabitans, quem intelligimus esse patrem omnium omnibus praesidentem*. Ein zweites Kriterium ist die Aussage selbst, wie bei den verschiedenen Bedeutungen von Iupiter *(Iupiter omnipotens* weist auf den Schöpfer). Weiter können die Verbindungen, in denen die Namen stehen, Auskunft über die gemeinte Bedeutung geben.[813] Wenn Venus als Gattin Vulkans erscheint, bezeichnet sie die Sinnenlust *(intellige voluptatem carnis, quia naturali calori iuncta est)*;

---

810 Vergil spricht (VI, 580–584) von den Titanen, die Jupiter stürzen wollten (VI, 584 superisque Iovem detrudere regnis). Dazu vermerkt Bernhard Silvestris (Ausgabe, wie Anm. 29, S. 108f.): Hi a regno suo Iovem pellere volunt, dum a virtutis divinitate et scientiae animam depellere quaerunt. Daran schließen die Bemerkungen über die Bedeutungen des Namens Jupiter. In Bernhards Kommentar zu Martianus Capella heißt es (abgedruckt bei Wetherbee, wie Anm. 24, S. 268): Jovis nomen ad sex integumenta equivocatum invenimus: ad summum deum, ad superius elementum, ad planetam, ad animam mundi, ad animam hominis, ad ipsum mundum. Die Klärung der multivocatio wird dadurch noch schwieriger, daß die philosophische (pagina) »modo aperto, modo mistico utatur sermone« (bei Wetherbee, wie Anm. 24, S. 271). ... Hec ergo nomina trinitatis, pater, nois, anima mundi, ponit in aperto sermone philosophica pagina. In mistico autem Jovis est nomen divine potencie, Pallas divine sapiencie, Iuno divine voluntatis. Das bezieht sich darauf, daß Iupiter die Zustimmung Junos und den Rat der Pallas sucht; nam et voluntas movet et sapientia disponit, quod potentia in actum perducit.
811 Commentum, hg. Riedel (wie Anm. 29), S. 10: diversa nomina idem (sc. designant), quod est multivocatio, veluti Iupiter et Anchises creatorem designant.
812 Commentum, hg. Riedel (wie Anm. 29), S. 9.
813 Bernhard Silvestris sagt zur multivocatio (Commentum, hg. Riedel, S. 10): Ubi ergo invenies Venerem uxorem Vulcani, matrem Ioci et Cupidinis, intellige voluptatem carnis, quia naturali calori iuncta est (sc. Venus) et iocum et cohitum parit. Ubi vero legeris Venerem et Anchisem Eneam filium habere, intellige per Venerem mundanam musicam, per Eneam humanum spiritum. ... Eneas ergo Anchisae et Veneris filius est, quia spiritus humanus (genannt: Eneas) a deo (genannt: Anchises) per concordiam (genannt: Venus) in corpore incipit venire vel vivere. Zur doppelten Bedeutung von Venus: Brinkmann, Verhüllung (wie Anm. 719), S. 328f.

181

wenn aber gesagt wird, daß Venus mit Anchises Aeneas zum Sohn hat, bezeichnet Venus die *musica mundana (aequalem mundanorum proportionem)*, Anchises Gott und Aeneas den Geist des Menschen *(quia spiritus humanus a deo per concordiam in corpore incipit vivere)*.

Bei der Erklärung eines Wortes (eines Eigennamen oder Appellativums) werden metonymische Beziehungen in Rechnung gestellt.[814] So werden die Sterne mit demselben Namen bezeichnet wie ihre Wirkung beim Menschen (wie Anm. 808: *quia communis philosophorum est sententia hominem ab elementis vel stellaribus spiritibus beneficia contrahere, eodem nomine vocantur cause et effectus)*; danach bezeichnet Mercurius sowohl den Planeten wie die *eloquentia*. Der Autor (Martianus Capella) kann von der einen Bedeutung ohne weiteres zur anderen übergehen.

Wenn Plato in seiner Beschreibung der *anima mundi* Zahlen verwendet, folgt er den Pythagoräern:[815] *Pythagoreorum fuit hec consuetudo: quod erat rerum, adtribuere numeris ... ; Plato vero, qui Pythagoricus fuit, in illo capitulo quod est in numeris, mundo attribuit*. Deswegen wird gesagt, daß die *anima* aus Zahlen *(numeri)* besteht, weil sie das Prinzip der Bewegung ist und als solche das bewegt, was nach der Zahl angeordnet ist. Mit den Zahlen werden drei Dimensionen angegeben: die Linie (2,3), die Fläche (die Quadratzahlen 4 und 9) und der Körper (8,27). Bernhard Silvestris sagt in seiner Erklärung des Martianus Capella:[816] *Quod autem mundus ex ea (sc. anima mundi) motum habeat iuxta Pauli predictam sententiam* (aus der Rede auf dem Areopag nach Act 17,28: *in ipso enim vivimus et movemur et sumus), sub figura monstrat Plato attribuens ei materiam. ... Dum numeros eius materie attribuit, perfectionem et concordiam eius substantie ascribit. Lineares, superficiales et solidos numeros in se tenet, quia potenciam movendi res in longum, movendi in latum, movendi in spissum in natura habet*. Was Bernhard Silvestris hier *figura* nennt, heißt in einer Bearbeitung der *Philosophia* des Wilhelm von Conches[817] ausdrücklich: *integumentum*; die ungeraden Zahlen sind *integumenta* der unveränderlichen Dinge *(causa illarum, quarum impares sunt numeri integumenta, ut res invariabiles)*. Diese Verwendung des *numerus* hatte schon Macrobius in einem umfangreichen Kapitel seines Kommentars zu Ciceros *Somnium* (I,6) erwähnt:[818] *Hinc est quod pronuntiare non*

---

[814] Vgl. Anm. 808; dazu: Klinck (wie Anm. 52), S. 30ff.

[815] Jeauneau, L'usage de la notion integumentum (wie Anm. 148), S. 72.

[816] Jeauneau, Notice ... (wie Anm. 159 und 808), S. 43f.

[817] Jeauneau, L'usage de la notion integumentum (wie Anm. 148 und 815), S. 72.

[818] Macrobius (wie Anm. 158), Somnium I, cap. 6, § 4, folgt Plotin, wenn er sagt (hg. Willis, S. 19): ... procedens autem tractatus invenit numeros et ante animam mundi fuisse ... Darauf folgt der im Text zitierte Satz.

dubitavere sapientes animam esse numerum se moventem (1 5). Im voraufgehenden Kapitel (I,5, § 4) war außer diesem so bestimmten Zeichenwert der Zahlen auch der Zeichenrang der Zahlen begründet: auf dem Weg der Erkenntnis vom Sichtbaren zum Unsichtbaren begegnet der Mensch den Zahlen als erster Erscheinung des Unkörperlichen.[819]

Die Erklärung eines *integumentum* wird immer aus zwei Schritten bestehen: zunächst ist der Wortlaut der *fabula* zu verstehen, dann die *veritas*, die mit der *fabula* gemeint ist. So beginnt Wilhelm von Conches seine Deutung des Ixion-Mythos:[820] *Fabula Ixionis talis est* .... Die Erklärung wird mit den Worten eingeleitet: *cuius veritas talis est*. Die Deutung kann auch mit *mystice* bezeichnet werden. So sagt Bernhard Silvestris vom 4. Buch der *Aeneis*:[821] *In hoc quarto volumine natura iuventutis mistice exprimitur*. Bernhard von Utrecht pflegt seine Erklärung der antiken Mythen so anzulegen, daß er die Erklärung des Wortlauts (nach *littera* und *sensus*) mit dem Vermerk abschließt: *hec fabula*; die Deutung beginnt dann mit dem Hinweis: *mystice*.[822] Diese Unterscheidung begegnet (neben anderen) schon in der Mythendeutung des Fulgentius.[823] Beim Dionysos-Mythos heißt es (S. 52): *Quid sibi haec fabula mistice sentiat, inquiramus*. Dafür setzt Balderich in seiner Versfassung der Mythologien des Fulgentius[824] ein: *ergo alium sensum Grecorum fabula quaerit, dicit, non sentit Grecia ridiculum* (er weicht offenbar der Bezeichnung *mystice* aus).

Beide Seiten werden auch als Außenseite *(fabula)* und Innenseite *(veritas)* unterschieden (wie später bei Boccaccio in der *Genealogia deorum gentilium*).[825] Fulgentius eröffnet seine Erklärung der Thebais des Statius

---

[819] Macrobius (wie Anm. 158) I, cap. 5, § 4 (hg. Willis, S. 15): Haec est igitur communis numerorum omnium plenitudo, quod cogitationi a nobis ad superos meanti occurrit prima perfectio incorporalitatis in numeris. Und bei der näheren Erklärung dieses Zeichenrangs im Folgenden heißt es weiter (1 5): omnia corpora superficie finiuntur et in ipsam (sc. superficiem) eorum ultima pars terminatur. Hi autem termini cum sint semper circa corpora, quorum termini sunt, incorporei tamen intelleguntur.

[820] Integumentum de Ixione: bei Jeauneau (L'usage de la notion integumentum, wie Anm. 159 und 817), S. 51f.

[821] Die Stelle in der Ausgabe von Riedel (wie Anm. 29), S. 23. Bernhard begründet das mit dem Verhalten des Aeneas (S. 24): Per hoc enim, quod dato patre sepulturae venatum itur, quid aliud designatur, quam quod obliviscens creatoris sui in venatu et ceteris occupationibus navis (»intensiv«) occupatur, quod in iuventute contingit. Dafür nimmt er die 3. Epistel des Horaz im 2. Buch (v. 161/162) zum Zeugen.

[822] Dazu: Klinck (wie Anm. 95), S. 175. In der Ausgabe von Jacobs (wie Anm. 1) beginnt die »mythische« Erklärung mit: misterium.

[823] Fulgentius: Anm. 106–108.

[824] Les oeuvres poétiques de Baudri de Bourgueil, hg. Abrahams (wie Anm. 50), Nr. 216 S. 274–303), v. 1176/77 (S. 303).

[825] Vgl. Brinkmann, Verhüllung (wie Anm. 719), S. 323f.

183

durch einen Vergleich antiker Gedichte mit einer Nuß:[826] ... *non incommune carmina poetarum nuci comparabilia videntur; in nuce enim duo sunt, testa et nucleus, sic in carminibus poeticis duo, sensus litteralis et misticus; latet nucleus sub testa; latet sub sensu litterali mistica intellegentia.* Ein Kind spielt mit der ganzen Nuß; der Erwachsene aber bricht die Schale auf, um den Kern zu schmecken.[827] Die eigentliche Deutung, die Theben als die menschliche Seele versteht, beginnt (Helm, S. 182): ... *huius testae nucleus eliciendus est.*[828] Da die Unterscheidung von Außenseite und Innenseite[829] auch für die allegorische Erklärung der Heiligen Schrift gilt, ist es nicht verwunderlich, wenn dasselbe Bild (nach Beda und Alkuin) bei Otfrid begegnet (III,7 in der Auslegung der Gerstenbrote):[830] Christus hat die harte Rinde der fünf Brote, die das Alte Gesetz bezeichnen, aufgebrochen (v. 23–32), und vom rechten Leser der Heiligen Schrift heißt es (v. 78f.): *Thar findist thu thuruh not filu geistlichaz brot/untar themo gikruste.* Adam von St. Victor deutet die Nuß auf Christus,[831] Bernhard von Clairvaux wendet es auf die Heilige Schrift an,[832] Alanus auf antike Poesie in seiner »Klage der Natur«.[833] Krewitt hat gezeigt, daß Matthaeus von Vendôme die Nuß-Metapher liebt, um deutlich zu machen, daß das Innere einen höheren Wert als das Äußere hat.[834]

Das Äußere liefert die *fabula*, bzw. die Dichtung, als *figura*; ihren inneren Sinn deckt die *philosophia* auf. So beginnt Macrobius das Unternehmen, die anderen Gottheiten auf die Sonne zurückzuführen, mit der Mah-

---

[826] Fulgentius (wie Anm. 106), S. 180–186 (dazu: Anm. 108).

[827] Zur Terminologie von cortex und nucleus: D. W. Robertson, jr., Some medieval literary terminology (in: Studies in Philology 48, Chapel Hill 1951), S. 669ff. Zur Nußmetapher für den Schriftsinn: Hans-Jörg Spitz, Die Metaphorik des geistigen Schriftsinns (Münstersche Mittelalter-Schriften 12), München 1972, S. 61ff. Kritisch: Christel Meier, Überlegungen ... (wie Anm. 53a), S. 30.

[828] Macrobius bringt in seinen Saturnalien (Ambrosii Theodosii Macrobii Saturnalia hg. Jacob Willis, Leipzig 1963) ein umfangreiches Kapitel über »nuces« (III, 18, S. 209–212); er schließt mit dem Plautus-Vers: qui e nuce nucleos esse vult frangit nucem.

[829] »Außenseite« und »Innenseite«: Brinkmann, Zeichenhaftigkeit (wie Anm. 4), S. 7ff.; Brinkmann, Sprache als Zeichen (wie Anm. 4), S. 38f.; vgl. ferner: Anm. 686–692 (littera-sensus), Anm. 703–706 (fabula).

[830] Dazu außer den in Anm. 312 (Ende) genannten Arbeiten von Reinildis Hartmann: Fr. Ohly, Schriften, S. 104f. Die Sprache der allegorischen Erklärung ist in ihrer Entstehung noch aufzuklären (vgl. Otfrid mit dem ahd. Isidor).

[831] Dazu: Hegener (wie Anm. 53), S. 99f.

[832] Vgl. Glunz (wie Anm. 54), S. 150.

[833] Auf die 3. Frage des Autors antwortet Natura (Migne 210, 451 C): In superficiali litterae cortice falsum resonat lyra poetica, sed interius auditoribus secretum intelligentiae altioris eloquitur, ut exteriore falsitatis abiecto putamine dulciorem nucleum veritatis inveniat.

[834] Krewitt (wie Anm. 52), S. 286f., Anm. 2.

nung (Sat. I, 17), nicht zu vergessen, daß die Dichter bei ihrer Erfindung *(cum de dis fabulantur)* aus der *philosophia* geschöpft haben.[835] Bei Fulgentius[836] und Baldericus[837] werden bei der Besprechung des Parisurteils Minerva, Juno und Venus unter Berufung auf die *philosophi* (Fulgentius), bzw. auf die *philosophia* (Baldericus), als Namen für die drei menschlichen Lebensweisen *(vita contemplativa, activa* und *voluptaria)* vorgestellt. Dabei umfaßt der Begriff der *philosophia* alle Arten der menschlichen Erkenntnis. Vergil war nach Macrobius: *omnium disciplinarum peritus* (Sat. I, 16,12), und in seiner Nachfolge deutet das Fulgentius für die Eclogen und die Georgica an.[838]

Macrobius kennt zwei Methoden, die antiken Götter zu erklären: die »mythische« und die »physische«; die »mythische« erklärt die Götter aus menschlichen Verhältnissen (»Euhemerismus«), die »physische« aus Erscheinungen und Kräften der Natur (besonders aus den vier Elementen und ihrer Wirksamkeit). Er selber zieht die natürliche Erklärung vor.[839] So war Janus nach den »*mythici*« *(mythici referunt)* ein König, unter dessen Herrschaft alles in Frieden lebte, so daß ihm nach dem Tod göttliche Ehren erwiesen und Eingang und Ausgang der Häuser geweiht werden konnten. (Sat. I, 9,2). Nach einer Lehre der »*physici*« (I, 9,5 *sed physici eum magnis consecrant argumentis divinitatis)* bezeichnet Janus die Sonne, die den Tag eröffnet und beschließt (I, 9,9).

Isidor hat seine Darstellung der antik-heidnischen Götter nach dieser Unterscheidung geordnet (Etym. VIII, 11). Er führt zunächst die euheme-

---

[835] Vettius beginnt seine Erklärung (Saturnalia, wie Anm. 828, I, 17, S. 82): cave aestimes ... poetarum gregem, cum de dis fabulantur, non ab adytis plerumque philosophiae semina mutuari. nam quod omnes paene deos, qui sub caelo sunt, ad solem referunt, non vana superstitio, sed ratio divina commendat.

[836] Fulgentius beginnt das 2. Buch seiner »Mythologien« (wie Anm. 106, S. 36): Philosophi tripertitam humanitatis voluerunt vitam, ex quibus primam theoreticam, secundam practicam, tertiam filargicam (nicht »geldgierig«, sondern »genußsüchtig« wäre zu erwarten!) voluerunt, quas nos latine contemplativam, activam, voluptariam nuncupamus. Als Stütze zieht Fulgentius den Eingang des 1. Psalms heran. An eine Erläuterung der drei Lebensweisen fügt er dann an (S. 37): Id itaque considerantes poetae trium dearum ponunt certamina ...

[837] Balderich (wie Anm. 49) gibt Fulgentius so wieder (Nr. 216, v. 343 ff., S. 282 f.): Humanae vitae tres comparat aequiparandas/per totidem motus philosophia deas.

[838] Fulgentius (wie Anm. 106) sagt im Eingang seiner »Virgiliana continentia« (S. 83–107) von den »Georgica« (S. 84): Primus vero georgicorum est omnis astrologus et in parte postrema eufemeticus, secundus phisiognomicus et medicinalis, tertius omnis aruspicinam continet ... quartus vero ad plenissimam rationem est musicus ...

[839] Vgl. die Bemerkung des Macrobius (wie Anm. 828): Saturnum enim in quantum mythici fictionibus distrahunt, in tantum physici ad quandam veri similitudinem revocant. Zur »mythischen« und »physischen« Erklärung: Brinkmann, Verhüllung (wie Anm. 719), S. 324f., 328f. Die zitierte Stelle: Sat. I, cap. 8, § 6, S. 35.

ristische Deutung vor[840] und bringt dann nach ausführlicher Behandlung des »Götzendienstes« (11,5–14) und der »Dämonen« (11,15–28) die natürliche Erklärung, die er ablehnt (11,29): *quaedam autem nomina deorum suorum gentiles per vanas fabulas ad rationes physicas conantur traducere eaque in causis elementorum conposita esse interpretantur.*[841] Bei dieser Erklärung spielen (wie bei Fulgentius) Etymologien eine wichtige Rolle.

In der Karolingerzeit aber wird die Tradition des Macrobius wieder aufgenommen. Wir treffen sie etwa bei Johannes Scottus in seinem Kommentar zu Martianus Capella an.[842] Er unterscheidet zwischen der *fabula* und den Vertretern einer natürlichen Deutung, die er (wie Macrobius) *fisici (physici)* nennt.[843] Die *Fisici* definiert er als *naturalis veritatis inquisitores* (S. 180). Wesentlich ist also eine natürliche Erklärung, die die *fabula* als Zeichen für Erscheinungen der Natur versteht. Bernhard von Utrecht macht sowohl von der »mythischen« wie von der »physischen« Deutung Gebrauch. Er erzählt zuerst mit eigenen Worten die *fabula* (Clm 22293 fol. 10), beginnend mit *fabula Saturni*, abgeschlossen mit *Hoc fabulose.*[844] Darauf (Jacobs S. 27) setzt mit dem Vermerk *Mysterium* die »mythische« Erklärung ein (Saturn wurde von seinem Sohn aus der Heimat vertrieben usw.). Darauf folgt die »physische« Erklärung: *Phisici autem Saturnum Cronon, id est tempus accipiunt …* (fol. 10).

Die »physische« Erklärung schließt den Bezug auf den Makrokosmos wie auf den Mikrokosmos ein, auf den *ordo rerum* wie auf die *moralitas humanae vitae.* Die Mythologien des Fulgentius beginnen das 1. Buch mit den vier Elementen, das 2. Buch mit dem Parisurteil, das die Unterscheidung von *vita contemplativa, activa, voluptaria* einschließt; das 3. Buch beginnt mit der *bona consultatio (Bellerofons)* und schließt mit dem Licht der Wahrheit. Der belesene Sigebert von Gembloux bewundert 1111 den Verfasser der Mythologien in seiner Literaturgeschichte »*De scriptoribus ecclesiasticis*«:[845] *qui totam fabularum seriem secundum philosophiam*

---

[840] Isidor, Etym. (wie Anm. 13) VIII, cap. 11, beginnt: Quos pagani deos asserunt, homines olim fuisse produntur et pro uniuscuiusque vita vel meritis coli apud suos post mortem coeperunt.

[841] Isidor (wie Anm. 13) bemerkt dazu: Sed hoc a poetis totum fictum est, ut deos suos ornarent aliquibus figuris …

[842] Johannes Scottus, Annotationes in Marcianum, hg. Cora E. Lutz, Cambridge/Mass. 1939.

[843] Johannes Scottus (wie Anm. 842): zu I 5,14; I 8,4 und 8; I 18,15; I 19,12; II 55,13.

[844] Bernhard von Utrecht, hg. Jacobs (wie Anm. 1), S. 26f.

[845] In dem aufschlußreichen Kapitel »Virgile philosophe et prophète« (de Lubac, wie Anm. 55, II, 2, S. 233–261) führt de Lubac die rühmende Aussage Sigeberts an (II, 2, S. 234); sie steht (Migne 160, 554) im 28. Kapitel seiner Schrift (Migne 160, 547ff.). Zu Sige-

expositarum transtulerit vel ad rerum ordinem vel ad humanae vitae moralitatem. Petrus Venerabilis sieht in seinem *Tractatus contra Judaeos*[846] die Überlegenheit der Antike über das Judentum darin, daß ihre Autoren ihre Erfindungen nicht wörtlich verstanden wissen wollten, *sed rebus physicis vel moribus humanis ea adaptari voluerunt.* Sie konnten zwar die Welt noch nicht richtig begreifen, waren aber *sapientes.* Die Juden dagegen nehmen die Schrift allein nach dem Buchstaben, der tötet (2 Cor 3,6).

Im Jahre 1551 erschien in Venedig die große Mythologie des Natalis Comes, die den bezeichnenden Titel trägt: *Mythologiae sive explanationum fabularum libri decem, in quibus omnia prope naturalis et moralis philosophiae dogmata contenta fuisse demonstratur.*[847]

Die Begriffe des *integumentum* und des *sensus parabolicus* wurden sowohl in der Erklärung überlieferter Werke wie auch in der literarischen Gestaltung wirksam. Als *integumentum* wurden die Werke Vergils, die Thebais des Statius und die Metamorphosen Ovids erklärt, vor allem aber Boethius' *Consolatio*, Platos Timaeus und Martianus Capella. Arnulf von Orléans, der Antipode des Matthaeus von Vendôme, hat außer einer Glossierung Lucans eine Erklärung Ovids geliefert,[848] die noch den Titel »*Allegoriae*« trägt und ausdrücklich sagt, daß die Metamorphosen historisch, moralisch und allegorisch ausgelegt werden sollen. Bei ihm ist also die Unterscheidung zwischen *integumentum* und *allegoria* terminologisch noch nicht vollzogen. Im 13. Jahrhundert aber gibt dann Johannes von Garlandia, der in seiner Pariser Poetik die Unterscheidung durchführt, seiner knappen Verserklärung der Metamorphosen den Titel: *Integumenta Ovidii.*[849]

Tatsächlich aber hat bereits Arnulf von Orléans eine Grundlage, die eine Auffassung der Metamorphosen als *integumentum* fordert. Arnulf erklärt die *mutatio* aus den beiden Bewegungen, die dem Menschen in Analogie zum Makrokosmos verliehen sind: dem *motus rationalis*, der der Bewegung des Firmaments folgt, und dem *motus irrationalis* (der *sensualitas*), der der Gegenbewegung der Planeten entspricht.

Tatsächlich liegt dem Werk Arnulfs eine Anschauung zugrunde, die

---

bert: Karl Langosch, Die deutsche Literatur des lateinischen Mittelalters, Berlin 1964, S. 109, 110–112, 117.

[846] Petrus Venerabilis: Migne 189, 626 f.; Peter Ven. und der Islam: James Kritzek, Peter the Venerable and Islam (Princeton Oriental Studies 23), Princeton 1964. Die Aussage des Peter Venerabilis führt Lubac (wie Anm. 55, II, 2, S. 187f.) an.

[847] Angeführt bei de Lubac (wie Anm. 55) II, 2, S. 232f.

[848] Arnulf von Orléans: Anm. 147.

[849] Johannes von Garlandia, Poetria (wie Anm. 731); zu den Integumenta Ovidii: Anm. 115.

eine Auffassung der Metamorphosen als *integumentum* verlangt. Wie schon gesagt,[850] geht er bei der Beurteilung der *mutatio* von den beiden Bewegungen aus, die dem Menschen in Analogie zum Makrokosmos verliehen sind.[851] Alanus hat sie in seinen *Distinctiones* unter dem Stichwort »*mundus*« knapp gekennzeichnet[852] (Migne 210, 866): Wie sich das Firmament von Osten nach Westen bewegt und dann zum Osten zurückkehrt, so geht die *ratio* des Menschen vom Blick nach Osten, d. h. vom Blick auf Gott und den Himmel aus, wendet sich dann nach Westen, d. h. zur Erde, um im Sichtbaren das Unsichtbare zu erkennen, und kehrt dann nach Osten, d. h. zum Himmel zurück; und wie die Planeten durch ihre Gegenbewegung die Bewegung des Firmaments verzögern, so wenden sich die Sinne gegen die Bewegung der *ratio* und verzögern sie, um am Ende doch der *ratio* zu dienen. Das Mittelalter kannte die Lehre von den beiden Bewegungen aus Platos *Timaeus* (36 b–d, 47 b), und zwar in Übersetzung und Erklärung des Calcidius, aus Ciceros *Somnium Scipionis* (4,17) und dem Kommentar des Macrobius[853] (I, 17,6–17 und 18,1–19) sowie aus dem großen Zentralgedicht (III, metr. 9, v. 15 ff.) der *Consolatio* des Boethius.

Um 900 war bereits Bovo von Korvei ausführlich auf die Verse 15–18 dieses Gedichts eingegangen[854] und hatte dabei die beiden Bewegungen

---

[850] Es lohnt sich, die Aussage Arnulfs über die Bewegung in der Glosse zu Lucan IX, 4 (Marti, wie Anm. 147, S. 432) vollständig wiederzugeben: Nota etiam duos motus esse, unum rationalem, alium irrationalem. Applanos ab oriente in occidentem, ab occidente iterum in orientem volvitur; qui motus dicitur rationalis, quia ratus et firmus est. Planete volvuntur ab occidente in orientem, per orientem iterum in occidentem; qui motus dicitur irrationalis, quia aliquando volvitur contra firmamentum, aliquando cum firmamento, aliquando sunt stationarii secundum visum nostrum, non tamen sunt. Et hii duo motus dicuntur esse in microcosmo, id est in minori mundo, scilicet in anima humana. Quando intendit in Creatorem suum, tunc – quamvis per occidentem volvatur – non tamen facit ibi moram; cum autem ibi moretur nec, in orientem revertitur, tunc irrationaliter currit et facit hominem in secularibus intentum tantummodo. Aliquando utrumque simul habet ut si forte in orando occurrant male cogitationes dum enim bona agimus, rationalem tenendo motum ad irrationabilem quandoque relabimur. Omnis enim homo rationalem et irrationabilem (ergänze: motum) habet. Der Satz, der mit tantummodo schließt (bei Marti auf S. 432 die Zeile 50), ist in der Überlieferung entstellt; ich habe sinngemäß geändert. Zur Naturanschauung Arnulfs: Marti in der Einleitung S. XLIV–XLIX. Die Ausgabe von Marti ist Anm. 147 genannt.
[851] Zu den beiden Bewegungen: Brinkmann. Verhüllung (wie Anm. 719), S. 326f.
[852] Wortlaut der Stelle: Anm. 147.
[853] Text (wie Anm. 158), S. 67–73.
[854] Die Kommentare zu dem Gedicht des Boethius werden nach der Publikation von R. B. C. Huygens zitiert: Mittelalterliche Kommentare zum O qui perpetua (in: Sacris Erudiri VI, 1954, S. 373–427). Die Verse des Boethius (v. 15–17) lauten: quae (gemeint: die »Weltseele«) cum secta duos motum glomeravit in orbes,/in semet reditura meat mentemque profundam/circuit et simili convertit imagine caelum.

entwickelt und zum Vergleich Eccli 1,5–6 (nach Beda) herangezogen.[855] Der anonyme Kommentar aus Einsiedeln aus dem 10. Jahrhundert, der das Gedicht mit Hilfe des *Timaeus* (Calcidius) erklärt (während Bovo seine Kenntnis des *Timaeus* aus Macrobius schöpfte), faßt die Lehre von den beiden Bewegungen knapp zusammen.[856] Im 11. Jahrhundert wiederholt Bischof Adalbold von Utrecht diese Tradition,[857] stellt dabei aber keine Verbindung her zum Begriff der dreifachen Bewegung *(inmutatio, commutatio* und *transmutatio)*, den er vorher (Zeile 247ff.) entwickelt hatte.[858]

Im 12. Jahrhundert (gegen 1125) formuliert dann Wilhelm von Conches sowohl in seinem Kommentar zur *Consolatio* wie in seinem Kommentar zum *Timaeus* (im Anschluß an *Timaeus* 47 b) die Lehre von den beiden Bewegungen ausdrücklich als *integumentum*.[859] Die Aussage des Alanus in den *Distinctiones*[860] spiegelt die Gedanken Wilhelms von Conches wieder. Wenn der Mensch mit seinen Augen die beiden Bewegungen des Firmaments und der Planeten wahrnimmt, so fällt diese Einsicht in den Bereich der *theorica (que cognitio ad theoricam pertinet)*; wenn der Mensch in sich selbst die beiden Bewegungen des Geistes *(spiritus)* und der Sinne *(carnis)* zu den beiden kosmischen Bewegungen in Beziehung setzt und erkennt, daß die Irrbahn der Sinnlichkeit *(erraticos motus carnis)* der Bahn des Geistes *(rationabili motui spiritus)* zu folgen hat, so betrifft das die *practica (quod est practice philosophie)*. Die beiden Seiten einer »physischen« Erklärung des *integumentum* werden auf diese Weise unterschieden.

In einem Gedicht des 12. Jahrhunderts »*Profuit ignaris*«[861] werden die

---

[855] Die Stelle bei Huygens (wie Anm. 854), S. 393–396.
[856] Die Stelle bei Huygens (wie Anm. 854), S. 403.
[857] Die Stelle bei Huygens (wie Anm. 854), S. 420/421.
[858] Adalbold sagt zu V. 13/14 (Huygens, wie Anm. 854, S. 419): motus species tres sunt principales: inmutatio commutatio transmutatio. inmutatio est aut ex non esse in esse aut ex esse in non esse; commutatio vero ex esse in esse aut per qualitatem aut per quantitatem; transmutatio de loco in locum. Zu v. 3 (stabilisque manens das cuncta moveri) hatte Adalbold vorher gesagt (Huygens, wie Anm. 854, S. 411): creator est enim omnium rerum, quae sunt et quibus dedit esse dedit et moveri: aut per inmutationem ex esse in non esse aut ex non esse in esse aut per commutationem ex esse in esse aut per transmutationem de loco in locum.
[859] Dazu: Jeauneau, La notion d'integumentum (wie Anm. 148), S. 76f.
[860] Die Aussage des Alanus ist zitiert: Anm. 146.
[861] Das Gedicht »Profuit ignaris« war aus der Handschrift der Münchener Staatsbibliothek Clm 19488 (fol. 128–130) 1873 von Wilhelm Wattenbach mitgeteilt worden (Sitz. Ber. der Akad. d. Wiss. München 1873, S. 692–704, in dem Aufsatz: Mitteilungen aus 2 Handschriften der kgl. Hof- und Staatsbibliothek in München, a.a.O., S. 685–747). Im Jahre 1966 hat Peter Dronke das Gedicht erneut publiziert, übersetzt und erklärt: Peter

Metamorphosen dreifach ausgelegt. Sie bieten eine *mystica fabula* (v. 61), die einmal als *cleri typus* (v. 68) zu verstehen ist: die Göttinnen präfigurieren die Abtissinnen und ihr Gefolge (v. 62 *abbatissarum genus et grex omnis earum*), die Götter aber den Klerus; wenn beide in Liebe verbunden sind, repräsentieren sie die *connubia sacra deorum* (v. 89). Wenn sie sich dagegen mit Personen anderen Standes verbinden, so bedeutet das die Verwandlung göttlicher Wesen in Formen und Körper. Der Verfasser versteht die Verwandlung der Gestalt als eine Metapher (v. 102 *cum de mutatis formis metaphora vatis hec commentatur*). Die kosmologische (»physische«) Deutung will nach Plato (v. 140 *iuxta Platonem*) Entstehung und Ordnung der Welt darlegen (wobei Gedanken aus Ciceros *Somnium* und der *Consolatio* des Boethius einfließen und Martianus Capella zitiert wird); der Umgang der Götter miteinander ist dafür ein Zeichen (v. 177). Die Metamorphosen aber – das ist die ethische Deutung – und die Verbrechen, die damit verbunden sind, zeigen, daß die Natur verdorben ist;[862] der Geist, der sich zu den Sternen erheben kann, verwandelt sich zum Bösen und stürzt nach unten. Offensichtlich liegt dieser Interpretation der Metamorphosen ebenfalls die Anschauung von den beiden Bewegungen zugrunde (v. 166 f. *quid agat spera celestis et illa serena / sidera, que rapidi cursum moderantur Olympi*).

Die Vorstellung von den beiden Bewegungen des Geistes und der Sinnlichkeit im Menschen ist in der »Klage der Natur« von Alanus vorausgesetzt, die gegen 1160 entstanden sein wird.[863] Die Natur erscheint dem Dichter, um darüber zu klagen, daß allein der Mensch vom Naturgesetz abgewichen ist, während der Makrokosmos den ihm gegebenen Gesetzen unverändert folgt. Dabei hatte ihm die Natur alle Gaben geschenkt, um sich den Sieg (über die Sinnlichkeit) zu verdienen. Die Bewegung des Geistes (der *ratio*) geht vom Osten aus und kehrt dahin zurück; sie weist den

---

Dronke, Medieval Latin and the rise of European Love-Lyric, 2 Bde., Oxford 1965/1966, S. 452–463 (dazu im 1. Bd. S. 232–238). Auf das Verhältnis zu Ovid hin prüft das Gedicht: Winfried Offermanns, Die Wirkung Ovids auf die literarische Sprache der lateinischen Liebesdichtung des 11. und 12. Jahrhunderts (Beihefte zum Mittellateinischen Jahrbuch 4), 1970, S. 47–51. Hinweis in: Brinkmann, Verhüllung (wie Anm. 719), S. 335. Wetherbee (wie Anm. 24) nimmt das Gedicht nicht ganz ernst (S. 137–141).

[862] Ovids Absicht in den Metamorphosen (v. 143–145; Dronke S. 456): vult nobis significare, / quantum natura, quondam sine crimine pura, / nunc depravata, corrupta sit et vitiata.

[863] De planctu Naturae von Alanus: Anm. 149; aus der Literatur besonders: Brinkmann, Verhüllung (wie Anm. 149); jetzt noch: Wetherbee (wie Anm. 24), 5. Kapitel (Nature and Grace: The Allegories of Alain de Lille), S. 188–219. Vorher kam es auf den Zusammenhang zwischen Makrokosmos und Mikrokosmos an, hier dagegen wird die »Metamorphose« als »integumentum« behandelt.

Weg zur *virtus*.[864] Die Bewegung der Sinnlichkeit dagegen ist nicht nach Sonnenaufgang, sondern nach Sonnenuntergang gewendet, sie verwandelt den Menschen in ein Tier. Später heißt es:[865] *humanos hominis exuit usus/non humanus homo. Degener ergo/bruti degeneres induit actus,/et sic exhominans exhominandus.* Das erinnert an die Aussage des Bernhard Silvestris über die Verwandlung der Gefährten des Odysseus in Tiere:[866] *Belua fit ex homine, dum homo, qui naturaliter rationalis et immortalis secundum animan, nimia delectatione temporalium fit irrationalis et mortalis.*[867]

---

[864] Die »Natura« konfrontiert (Migne 210, 443 C) die Wirkungen von »Sensualitas« und »Ratio«: Haec (sensualitas) mentem humanam in vitiorum occasum deducit, ut occidat; illa (Ratio) in orientem virtutum, ut oriatur, invitat. Haec hominem in bestiam degenerando transmutat; ista hominem in deum potentialiter transfigurat ... Haec a patria cogit hominem exsulare; ista in exsilio hominem invenire patriam.

[865] Mit den zitierten Versen endet die allgemeine Klage der Natur über die Entartung (Migne 210, 460 D–461 C). Sie beruht auf Boethius (IV, pr. 3), und zwar auf dem Schluß der 3. Prosa, der das Circe-Gedicht »Vela Neritii ducis« folgt. In der 3. Prosa des IV. Buches weist Philosophia nach, daß die Guten in Wahrheit mächtig sind, während die Schlechten ohnmächtig sind, weil sie nicht mehr Menschen sind: quare versi in malitiam humanam quoque amisere naturam. Sed cum ultra homines quemque provehere sola probitas possit, necesse est ut, quos ab humana condicione deiecit, infra hominis meritum detrudat improbitas. evenit igitur, ut quem transformatum vitiis videas hominem aestimare non possis. Menschen, die der avaritia verfallen, gleichen Wölfen; Zänkische kann man mit Hunden vergleichen; ein hinterlistiger Räuber steht Füchsen gleich; Wütenden spricht man Löwenart zu; Ängstliche sind Rehen ähnlich; die Dummen und Trägen leben wie ein Esel; Wechselhafte unterscheiden sich nicht von Vögeln. Hier setzt das Zitat des Bernhard Silvestris ein (bei Riedel, wie Anm. 162, S. 22, Zeile 14–19), eingeleitet (S. 22, Zeile 14f.): Hoc manifeste Boetius exponit dicens. Das Zitat selbst ist umgeformt. Bernhard fand vor: foedis inmundisque libidinibus inmergitur? sordidae suis voluptate detinetur. Ita fit, ut qui probitate deserta homo esse desierit, cum in divinam condicionem transire non possit, vertatur in beluam. Bernhard Silv. bringt zuerst (als Zusammenfassung) den Schlußsatz: Qui foedis inmundisque libidinibus inmergitur, sus habeatur; dann wird die Verwandlung in Löwe, Hund und Fuchs kurz genannt.

[866] Bernhard Silvestris bringt die Erklärung zu Circe im 3. Buch, wo bei Vergil nur kurz der Name fällt (III, 386), während die Verwandlung der Gefährten des Odysseus erst im VII. Buch (VII, 10–20) erzählt wird. Offenbar hat Bernhard eine für das VII. Buch bestimmte Notiz später beim III. Buch eingegliedert, als er sich auf I–VI beschränkte.

[867] Bernhard gibt seine Erklärung (Riedel, wie Anm. 162, S. 21, 20–S. 22, 20) unter dem Gesichtspunkt, daß Ulixes auf den Rat Merkurs hin die Versuchungen meidet, durch die seine Gefährten verwandelt werden, und so unverändert Vernunftgeschöpf bleibt (... quae Ulixes Mercurii consilio refutavit ideoque immutatus mansit ... Ulixes vero voluptates refutat, ubi mens rationabilis manet). Circe (i. d. opilentia terrenorum) reicht den Gefährten des Odysseus Kräutergetränke (propinat pocula ex herbis i. e. voluptates ex temporalibus bonis, quibus socii Ulixis i. e. insipientes in beluas mutantur). Das entspricht der Aussage des Boethius (IV, m. 3, v. 6/7: miscet hospitibus novis/tacta carmine pocula), steht aber doch den Worten Vergils näher (Aen. VII, v. 19/20): ... quos hominum ex facie dea saeva potentibus herbis/induerat Circe in voltus ac terga ferarum.

191

Als Verfallen an die *sensualitas* versteht Alanus auch in seiner Summa
»*Quoniam homines*« die »*metamorfosis*« bzw. »*transmutatio*«.[868] Wie
sich der Mensch in einer *extasis superior* zu den *spiritualia* erheben kann,
so kann er auch in einer *extasis inferior* in Sinnlichkeit versinken und so
im Zustand der »*philogea*« zum Tier werden. Die »Entartung« des Menschen, die aus seinem Fehlverhalten hervorgeht, wird unter dem *integumentum* einer »Metamorphose« dargestellt und ist insofern im Zusammenhang mit der Lehre von den zwei Bewegungen und der Interpretation
der Metamorphosen Ovids zu sehen, die in der »Klage der Natur« ausdrücklich zur Sprache kommen,[869] wobei die Darstellung Cupidos als *integumentum* bezeichnet wird.[870]

Mit dem *integumentum* der Metamorphose verbindet sich das *integumentum* der Liebe. Venus (die Liebe) ist eine *aequivocatio* für zwei Arten
der Liebe.[871] Diese Auffassung trägt Bernhard Silvestris nach Johannes
Scottus[872] in dem Kommentar zur Aeneis vor:[873] *Veneres vero legimus
duas esse, legitimam et petulantiae deam. Legitimam Venerem dicimus
esse mundanam musicam i. e. aequalem mundanorum proportionem,
quam alii Astream* (vgl. Ovid. Met. I, 150), *alii naturalem iustitiam vo-*

---

[868] Summa »Quoniam homines«: wie Anm. 90.
[869] De planctu Naturae: Migne 210, 451 A–452 A (3. Frage des Autors und 3. Antwort der
   Natura), 454 C–461 C (6. Frage des Autors und 6. Antwort der Natura). In der 6. Frage
   spricht Alanus den Wunsch aus, die »Natur« Cupidos kennen zu lernen (Migne 210,
   454 C): ... vellem Cupidinis naturam ... pictura tuae descriptionis agnoscere. Quamvis
   enim plerique auctores sub integumentali involucro aenigmatum eius naturam depinxe-
   rint, tamen nulla certitudinis nobis reliquerunt vestigia.
[870] Hinzuweisen ist noch auf die »mutatio«, die Alanus in dem Gedicht »Vix nodosum valeo« darstellt: Dies Gedicht hat vor langer Zeit Polycarp Leyser herausgegeben in seiner:
   Historia poetarum et poematum medii aevi, 1721 (wie Anm. 68), S. 1092–1097. Die
   Überlieferung des Gedichts verzeichnet: Hans Walther, Initia carminum ac versuum
   medii aevi posterioris latinorum, Göttingen 1959, Nr. 20763; ergänzende Hinweise
   bei: M. Th. d'Alverny (wie Anm. 132), S. 43f., wo die Autorschaft des Alanus gestützt
   wird; in Wolfenbüttel hat das Gedicht den Titel: Carmen Alani probans virgines et non
   mulieres ad matrimonium esse ducendas. Von der Liebe zu einer verheirateten Frau
   heißt es: iam naturam Veneris nimis denaturat. Vgl. auch: Brinkmann, Verhüllung (wie
   Anm. 719), S. 331.
[871] Zur Bedeutung von Venus: Anm. 813.
[872] Johannes Scottus (wie Anm. 842): zu Mart. Cap. I 8,8 (S. 13) und zu II 62, 12 (S. 67).
[873] Commentum Bernardi, hg. Riedel (wie Anm. 162), S. 9. Auf diese Aussage habe ich bereits früher wiederholt hingewiesen: Hennig Brinkmann, Der deutsche Minnesang (in:
   Der deutsche Minnesang, hg. Hans Fromm, Wege der Forschung XV, 1961), S. 101,
   Anm. 29b; Wege der epischen Dichtung im Mittelalter (in: Archiv für das Studium der
   neueren Sprache und Literaturen, 200. Bd., 118. Jahrgang, 1964, Heft 6, S. 420f. und
   430f.; jetzt in: H. Brinkmann, Studien zur Geschichte der deutschen Sprache und Literatur, Bd. II, Düsseldorf 1966, S. 123 und 132); bes.: Brinkmann, Verhüllung (wie Anm.
   719), S. 328–330 (hier ist die Stelle auch übersetzt).

cant. Haec enim est in elementis, in sideribus, in temporibus, in animantibus. Impudicam autem Venerem, petulantiae deam, dicimus esse carnis concupiscentiam, quia omnium fornicationum mater est. Venus ist also zunächst die kosmische Ordnung, die Sphärenharmonie, wie sie von Plato im *Timaeus* beim Aufbau der *anima mundi* entwickelt wurde (Tim 34ff.) und wie sie Macrobius in seinem Kommentar zu Ciceros *Somnium*[874] darstellt. Boethius hatte eine dreifache Musik unterschieden:[875] die *musica mundana*, die sich im Aufbau des Makrokosmos zeigt, die *musica humana*, die sich im organischen Aufbau des Menschen kundtut, und die *musica instrumentalis*, die in Nachahmung der *musica mundana* vom Menschen ausgeführt wird. Im 9. Jahrhundert nimmt Aurelianus in seiner *Musica Enchiriadis* (cap. 3) diese Lehre auf, wobei er für die *musica mundana* auf Job 38,37 verweist und diese Lehre den *gentiles* wie den *catholici* zuschreibt.[876] Ende des 9. Jahrhunderts wird diese Anschauung von Regino von Prüm in seiner Schrift »*De harmonica institutione*«[877] verfeinert: Es gibt eine *musica naturalis*, die sich im Kosmos, in der Organisation des Menschen wie in seiner Stimme (dem Gesang) und bei den Vögeln manifestiert, und eine *musica artificialis*, die vom Menschen erfunden ist und ausgeübt wird.[878] Im 11. Jahrhundert gibt Otloh von St. Emmeram[879] dem Begriff der *consonantia* eine weitere Ausdeh-

---

[874] Macrobius (wie Anm. 158) verbindet Cicero mit Platos Timaeus, dem er pythagoreische Nachfolge nachsagt (die Kapitel 2–4 im II. Buch). Er sagt u. a. (II 2, 19, bei Willis S. 102/103): ergo mundi anima, quae ad motum hoc quod videmus universitatis corpus impellit, contexta numeris musicam de se creantibus concinentiam necesse est ...

[875] Boethius: im Eingang seiner Schrift »De musica« (Migne 63, 1167–1300); dazu: de Bruyne (wie Anm. 21) I, S. 11ff. und S. 26ff.

[876] de Bruyne (wie Anm. 21) I, S. 310ff. im 4. Kapitel des 2. Buches; er stützt sich wesentlich auf: Gerhard Pietzsch, Die Klassifikation der Musik von Boetius bis Ugolino von Orvieto, Halle 1929.

[877] De harmonica institutione: bei Gerbert, Scriptores de musica sacra, I, S. 230–247 (ohne den Tonarius), und bei Coussemaker, Scriptores de musica medii aevi, II, S. 1–73 (mit Faksimile des Tonarius). Zu Reginos Musiktheorie: Heinrich Hüschen, Regino von Prüm (in: Festschrift für K. G. Fellerer, 1962, S. 205ff.); de Bruyne (wie Anm. 21) I, S. 310ff.

[878] de Bruyne (wie Anm. 21) zitiert (I, S. 313): Quae distantia sit inter musicam naturalem et artificialem? Ad quod respondendum est, quia quamquam omnis harmonicae institutionis modulatio una eademque sit in consonantiarum sonis, tamen est alia musica naturalis, alia artificialis. Naturalis itaque musica est, quae nullo instrumento musico, nullo tactu digitorum, nullo humano impulsu aut tactu tesonat, sed divinitus inspirata sola natura docente dulces modulatur modos: quae fit aut in coeli motu aut in humana voce ... in irrationabili creatura sono vel voce. ... Artificialis musica dicitur, quae arte et ingenio humano excogitata est et inventa, quae in quibusdam consistit instrumentis. Haec similiter in tria genera dividitur, videlicet in tensibile, inflatile et percussibile (Migne 132, 491).

[879] Otloh, Liber de tentationibus (Migne 146, 119f.); de Bruyne (wie Anm. 21) II, S. 109f.

nung auf alles, was Zusammenstimmen von Verschiedenartigem zeigt. Im 12. Jahrhundert spricht Hugo von St. Victor in seinem *Didascalicon* die Lehre von der *musica triplex* aus[880] und sagt von der *musica mundana*, die sich in den Elementen zeigt, daß sie durch *numerus, pondus* und *mensura* bestimmt ist. Wilhelm von Conches bringt die Lehre in seinen Glossen zum *Timaeus* und zu Boethius.[881] Ein Schüler Abaelards sagt in der »Metamorphosis«[882] von dem Vogelgesang, der in dem heiligen Hain erklingt: *sed illa diversitas consonantiarum/praefigurat ordinem septem planetarum* (Str. 8). So kann Musik, ob sie nun von Vögeln, Menschen oder Instrumenten stammt, im Mittelalter stets ein Zeichen für die Sphärenharmonie sein. Das ist für das Verständnis mittelalterlicher Dichtung und damit für die Hermeneutik höchst bedeutsam.

Boethius hatte im Ausklang des zweiten Buches seiner *Consolatio* die Liebe als das umfassende Prinzip aller Ordnung gefeiert,[883] und Johannes Scottus nahm das in seiner Schrift »*De divisione naturae*« auf:[884] *amor est connexio ac vinculum, quo omnium rerum universitas ineffabili amicitia insolubilique unitate copulatur* (anschließend ist Ps. Dionysius herangezogen). Das ist die Liebe, die Bernhard Silvestris mit der *Venus legitima* meint.[885] So kann Liebe zum *integumentum* für die gottgewollte Ordnung werden. Das deutsche Gedicht »Die Minneburg« aus der Mitte des 14. Jahrhunderts, das (nach v. 3264) besser »Buch der gekrönten Minne«

---

[880] Hugo von St. Victor, Didascalicon (wie Anm. 3) gibt im Kapitel über die Musik (II, 12; S. 32/33) die umfassendste und knappste Bestimmung. Besonders ausführlich ist der mittlere Abschnitt über die »humana musica« (S. 32, 17–S. 33, 12), am kürzesten der Abschnitt über die »musica instrumentalis« (S. 33, 12–16), der feststellt (S. 33, 12/13): musica instrumentalis alia in pulsu, ut fit tympanis et chordis, alia in flatu, ut in tibiis et organis, alia in voce ... Die musica mundana ist verschieden in den Elementen (nach pondus, numerus und mensura), bei den Gestirnen (nach situs, motus und natura) und bei der Zeit (nach Tag und Nacht, nach Zu- und Abnehmen des Mondes und nach den Jahreszeiten). Zu numerus, pondus und mensura: Anm. 135.
[881] Vgl. Jeauneau, La notion d'integumentum (wie Anm. 148), S. 74.
[882] Die »Metamorphosis« (sicher ein späterer Titel) ist herausgegeben von Th. Wright, Latin poems attributed to Walter Mapes, London 1841, S. 21–30; danach die ersten 13 Strophen bei Raby, The Oxford Book (wie Anm. 127), Nr. 156, S. 216–218. Verbesserter Text nach einer neugefundenen Handschrift bei: R. B. C. Huygens, Mitteilungen aus Handschriften (in: Studi medievali 3, 1962, S. 764–772). Nach diesem Text bespricht Wetherbee (Platonism and Poetry, wie Anm. 24) das Gedicht (S. 127–134).
[883] Consolatio II, metr. 8. Die Liebe bewirkt, daß das Verschiedenartige gebunden bleibt (v. 13–15 Hanc rerum seriem ligat/terras ac pelagus regens/et caelo imperitans amor), im Makrokosmos wie in der menschlichen Welt. Das Gedicht schließt mit den hymnischen Versen (v. 18–20): O felix hominum genus,/si vestros animos amor,/quo caelum regitur, regat.
[884] Johannes Scottus, De divisione naturae (Migne 122, 441–1022), im ersten der 5 Bücher (I, 74: Migne 122, 519).
[885] Vgl. Anm. 873.

heißen sollte,[886] schickt einen Prolog voraus, der das ausdrücklich aus-spricht: die Minne, die in der Dichtung gemeint ist, erscheint als religiöse, kosmische und persönliche Erfahrung (als kosmische Erfahrung: v. 75ff.). Venus kann aber auch ein Name für die Verirrungen der *sensualitas* sein (vgl. Anm. 813). Wie Johannes Scottus Liebe als das alles umfassende Band der Ordnung bestimmte, so nahm er *libido* als Namen für alle sittli-chen Abweichungen von der Natur:[887] *omnia vitia, quae virtutibus con-traria sunt naturamque corrumpere appetunt, generali libidinis vocabulo solent appellari.* Es ist die Venus, die Bernhard Silvestris in seinem Kom-mentar zur *Aeneis* als *carnis concupiscentiam* (Riedel, wie Anm. 29, S. 9) und *voluptatem carnis* (Riedel S. 10) bezeichnet.

In der »Klage der Natur« von Alanus[888] nimmt die Abweichung in der Liebe eine besondere Form an: Venus, von Natur beauftragt, durch die Verbindung der beiden Geschlechter (mit Hilfe von Hymenaeus) den Be-stand des Menschen zu sichern, hat sich dem gleichen Genus (und damit Antigamus) zugewendet, so daß die Frau zum Mann geworden ist.[889] Ve-nus war ermahnt,[900] *ut ... naturalem constructionem solummodo mascu-lini feminique generis celebraret.* Von diesem Auftrag ist Venus abgewi-chen und hat damit die gottgewollte Ordnung verkehrt.

Dabei ist zu bedenken, daß die beiden Geschlechter Zeichen für allge-meine Prinzipien sind. Bei Macrobius war im Zusammenhang mit der Würdigung der Siebenzahl *(septenarius)* zu lesen:[901] *nam impar numerus mas et par femina vocatur, item arithmetici imparem patris et parem mat-*

---

[886] Die Minneburg (Deutsche Texte des Mittelalters 43), hg. Hans Pyritz, Berlin 1950. Dazu: Hermann Kreisselmeier, Der Sturm der Minne auf die Burg. Beiträge zur Inter-pretation der mhd. Allegorie »Die Minneburg«, Meisenheim am Glan 1957 (geht we-sentlich nur auf die Allegorien ein). Die drei Prologstrophen sind von Pyritz in seiner Einleitung besprochen (S. LXIX f.). Walter Blank geht der Struktur des Ganzen nach: Die deutsche Minneallegorie, Gestaltung und Funktion einer spätmittelalterlichen Dichtungsform (Germ. Abh. 34), Stuttgart 1970, S. 216–223.

[887] Dazu: Brinkmann, Verhüllung (wie Anm. 719), S. 328; die Stelle: De divisione naturae (wie Anm. 884), V, 56.

[888] De planctu naturae: Migne 210, 431–482.

[889] Das steht in der eröffnenden Elegie v. 17: Femina vir factus sexus denigrat honorem (Migne 210, 431 B). Interpretation: Brinkmann, Verhüllung (wie Anm. 719), S. 332–339.

Anm. 890–899 entfallen.

[900] Die Natura spricht in den Metaphern der artes, und zwar zunächst in Formen der Grammatik (Migne 210, 457 B). Natura hatte Venus gelehrt: quae (Venus) artis gram-maticae regulas in suarum constructionum unionibus artificiosis admitteret. In diesem Zusammenhang steht der zitierte Satz.

[901] Macrobius: vgl. Anm. 158 und 324. Dem zitierten Satz aus dem Kommentar zu Ciceros Somnium Scipionis geht die Aussage voraus (bei Willis, S. 18): hoc enim vere perfectum est quod ex horum numerorum permixtione generatur (Com. I 6,1).

ris appellatione venerantur. Damit wird die »Weltformel« bezeichnet, die Plato im *Timaeus* entworfen hatte (sie wird von Macrobius in I,6 entwikkelt). Alanus wiederholt sie im »*Anticlaudianus*«[902] und geht dabei von Macrobius (nicht von Martianus Capella) aus. Alles Geistige wird auf die ungerade Zahl, alles Körperliche und Vergängliche auf die gerade Zahl zurückgeführt. Beiden geht die *monas* voraus, von der Macrobius sagt (Comm I, 6,7): *unum autem quod monas id est unitas dicitur et mas idem et femina est, par atque idem impar, ipse non numerus, sed fons et origo numerorum.* Das wiederholt Alanus im »*Anticlaudianus*« (III, 311f.): *principium numeri, fons, mater, origo/est monas, et de se numeri parit unica turbam.* Von der ungeraden und der geraden Zahl heißt es dann (III, 319ff.): (Die Arithmetik sagt) *quo iuris merito vel qua racione vocetur/femina par numerus, impar mas, virgo Minerva;/ cur animam, celum, racionem, gaudia, vitam/impare sub numero prudentum dogma figuret;/ cur corpus, terram, sensum, lacrimabile, mortem/par numerus signet peioraque fata loquatur.* Später wirken Arithmetik und Musik bei der Verbindung von Leib und Seele mit (VII, 56 – 73), es heißt (71 – 73): *assistunt operi cepto firmantque duorum/connubium, numerisque ligant et federe certo/nectunt, ut carni nubat substancia celi.* Auf diese »Weltformel« bezieht sich Alanus in der »Klage der Natur«, wenn er die Verirrungen der Liebe als Verkehrung im Verhältnis der Geschlechter darstellt.

---

[902] Ausgabe des Anticlaudianus: wie Anm. 15. Die zitierten Verse stehen in der Partie, die als vierte »Schwester« (soror) die »Arithmetica« einführt (III, 272 – 385). Als Bezeugungen für die Art der Rezeption wichtig sind: das »Summarium« (in der Ausgabe von Bossuat: S. 199 – 201), ein »accessus« zum Werk, und das »Compendium Anticlaudiani«, das Peter Ochsenbein herausgegeben hat (Peter Ochsenbein, Das Compendium Anticlaudiani – eine neu entdeckte Vorlage Heinrichs von Neustadt, in ZfdA 98, 1969, S. 81 – 109; Text des »Compendium«: S. 93 – 109). Eine weitere Wirkung des »Compendium« weist Kurt Ruh nach (ZfdA 98, 1969, S. 109 – 116); zum Text: Harald Fuchs (ZfdA 99, 1970, S. 259 – 264). Interpretation des »Anticlaudianus« im Rahmen der Epik des 12. Jahrhunderts: Hennig Brinkmann, Wege der epischen Dichtung im Mittelalter (wie Anm. 873), S. 419 – 435 (in den Studien II, 122 – 136). Zum Werk: Richard H. Green, Alan of Lille's Anticlaudianus: Ascensus mentis ad Deum (in: Annuale medievale 6, 1967, S. 3 – 16). Marc-René Jung, Etudes sur le poème allégorique en France au moyen âge (Romanica Helvetica 82), Bern 1971 (geht auch auf die Kommentare zum Anticlaudianus ein); Peter Ochsenbein, Studien zum Anticlaudianus des Alanus, Frankfurt/Bern 1975; dazu die kritisch weiterführende Abhandlung von Christel Meier: Zum Problem der allegorischen Interpretation mittelalterlicher Dichtung (in: Beiträge 99, Tübingen 1977, S. 250 – 296). Über Alanus: Guy Raynaud de Lage, Alain de Lille, Paris und Montreal 1951; M.-Th. d'Alverny (wie Anm. 132). Außer den bei M.-Th. d'Alverny neu publizierten Texten und Dokumenten sind für die literarische Würdigung des Alanus wichtig: der Traktat »De Vitiis et Virtutibus«, den Odon Lottin zugänglich gemacht hat (in: Mediaeval Studies XII, 1950, S. 20 – 56); die Summa »Quoniam homines« (wie Anm. 90); das »Epithalamium« (wie Anm. 139); Liber poenitentialis, hg. J. Longère (Analecta mediaevalia Namurcensia 17), Louvain/Lille, 1965.

Es gibt naturgemäß Grenzüberschreitungen. Wie *allegoria* auch für den Tatbestand eines *integumentum* verwendet werden kann (wie bei Arnulf von Orléans), so kann der Begriff des *integumentum* (gemäß dem Gebrauch der Kirchenväter) auch auf den Sachverhalt einer *allegoria* bezogen werden. An sich ist bei einem *integumentum* damit zu rechnen, daß die gemeinte Wahrheit in den Bereich der natürlichen Erkenntnis (der *philosophia*) fällt. Aber schon beim Versuch der Schule von Chartres, den Zusammenhang zwischen Trinität und Schöpfung auf Grund der Aussagen der *Genesis* und des *Timaeus* von Plato zu demonstrieren, mußte die Grenze der sichtbaren Welt überschritten werden. Was dabei zustande kam, war eine im eigentlichen Sinne »mythische« Dichtung,[903] wie das Werk des Bernhard Silvestris über die Entstehung von Makrokosmus und Mikrokosmus (seine *Cosmographia*) und der »*Anticlaudianus*« des Alanus, der dem entarteten Menschen seiner Zeit die Erschaffung und den Sieg eines vollkommenen (und darum: utopischen) entgegenstellt. Alanus bezeichnet die Grenze aber schon dadurch, daß er wie in der Klage der Natur die *Natura* zur führenden Rolle macht und das Werk mit dem Sieg der Natur abschließt (IX, 385 *Natura triumphat*).

Anders ist es in dem »*Epithalamium*« des Alanus,[904] das den Versuch unternimmt, das Geheimnis der Inkarnation in der Form eines *integumentum* zu gestalten, das Unbegreifliches und Unsichtbares durch die Sprache des Menschen vernehmbar zu machen und die Inkarnation selbst (nach dem Hohenliede) als eine Hochzeit darzustellen[905] (Str. 22ff.); dabei heißt es vom »roten Gewand des Königs« (Str. 33): *latet hic mysterium et integumentum.* Rüter (Epithalamium S. 234) weist darauf hin, daß bereits Ambrosius bei der Inkarnation von *integumentum* gesprochen hatte (*in-*

---

[903] Über die Entstehung »mythischer« Dichtung im 12. Jahrhundert: Brian Stock, Myth and Science (wie Anm. 162); Winthrop Wetherbee, Platonism and Poetry (wie Anm. 24); Peter Dronke, Fabula (wie Anm. 141). Bereits 1964 hatte ich von der Begründung »mythischer« Dichtung gesprochen (in dem Aufsatz: »Wege der epischen Dichtung im Mittelalter« (wie Anm. 902, S. 423ff., Studien II, S. 125ff.) und dabei gesagt (S. 423, bzw. 125): »Das Epos (gemeint ist der »Anticlaudianus«) nimmt dabei die Form einer mythischen Dichtung an; denn, wie immer beim Mythos, ist der Mensch als geistig-sittliches Wesen im Zusammenhang mit dem Weltganzen und der Gottheit gesehen.« Es heißt nach dem Sieg der Virtutes im Anticlaudianus (IX, v. 394/395; Bosuat, S. 196): Iam celo contendit humus, iam terra nitorem/induit ethereum, terram iam vestit Olimpus.

[904] Das »Epithalamium« des Alanus ist in der (ungedruckten) Dissertation (Münster 1966) von Helmut Rüter kritisch herausgegeben (Das Epithalamium des Alanus, S. 8–71), kommentiert (S. 158–183) und (nach seiner Struktur und seinen Beziehungen zu anderen Gedichten) interpretiert (S. 185–206).

[905] Gott sagt (Rüter, S. 36): Fiant ergo nuptie deo nato dei ... His assistant nuptiis celi hierarchie.

tegumentum corporis virtus Dei sempiterna suscepit). Offenbar ist die Grenzüberschreitung im »*Epithalamium*« dadurch begründet, daß in Verbindung mit der Inkarnation die Verhüllungsmetapher verwendet werden konnte.[906]

Die Grenzüberschreitung war auch dadurch begünstigt, daß im »Epithalamium« (ebenso wie in der »Klage der Natur« und im »*Anticlaudianus*«) Abstrakta in sprachlichen Rollen eingeführt werden. Das »*Epithalamium*« beginnt mit dem Streit der »Töchter Gottes« *clementia* (= *pietas*) und *iustitia* (nach Ps. 84,11).[907] In der »Klage der Natur« wird die *largitas* von *natura* angesprochen (Migne 210, 478 B–479 A) und erwidert durch eine feierliche Begrüßung (479 A–B). Im »*Anticlaudianus*« eröffnet *natura* ein Gespräch (I, 214–265), in dem als erste Rolle *prudentia* das Wort nimmt (I, 326–425). Daß es sich dabei um sprachliche Rollen handelt, wird ausdrücklich vermerkt.[908]

Die Literaturwissenschaft hat bisher in diesen Fällen von »Allegorie« und von »Personifikation« gesprochen. Statt von Allegorie sollte besser von »Parabeln« (Minneparabeln) gesprochen werden, und Personifikation ist nicht als Vermenschlichung, sondern als Verleihung einer Rolle zu verstehen (wie es ja der Name sagt).[909] Wie diese »Vermeidung des

---

[906] In der Überlieferung wird integumentum als »Gewand« verstanden: Str. 33,3 haben die beiden Erfurter Handschriften: et hoc vestimentum. Zur »Verhüllungsmetapher«: Anm. 762ff.

[907] Epithalamium (wie Anm. 904): Post peccatum hominis ... visa est Clementia sic loqui divina: O Creator optime ... Respondens Iustitia dixit pietati. Zum »Streit der Töchter Gottes«: Rüter (wie Anm. 904), S. 185–187. Aus der vorhergehenden Literatur: R. A. Klinefelter, The virtues reconciled, Toronto 1947.

[908] Nach der ersten Rede der Natura (Anticlaudianus I, 214–265) heißt es (I, 266): »sie machte ihre Gedanken durch ihre Rede deutlich« (Sic Natura suo mentem sermone figurans). Der dann folgenden Rede der Prudentia (I, 326–424) geht voraus (I, 324): »mit den folgenden Worten machte Prudentia ihre Gedanken vernehmbar« (His igitur verbis mentem Prudentia pingit).

[909] Inzwischen ist die Mittelalter-Forschung hellhörig geworden und hat erkannt, daß die Begriffe der Personifikation und der Allegorie anders verstanden und angewendet werden müssen, wenn man sie im Sinne des Mittelalters nehmen will. Daß dann noch immer Schwierigkeiten bleiben, kann Christel Meier (Überlegungen zur Allegorie-Forschung, wie Anm. 53a) zugestanden werden. Ich habe in meinem Kölner Vortrag über »Verhüllung« (wie Anm. 719, S. 314–326) das Verständnis von »Personifikation« (als Rollengebung: Verhüllung, S. 319) und »Allegorie« (Abweichung des Gemeinten vom sprachlich Bezeichneten: Verhüllung, S. 314–317) in der älteren Rhetorik dargelegt. Mit »Personifikation« und »Allegorie« hat sich Walter Blank (Minneallegorie, wie Anm. 886) in Kenntnis der rhetorischen und theologischen Tradition auseinandergesetzt (S. 7–44, 73–78). Anstöße zu besserem Verständnis waren von Werken wie dem Rosenroman und Autoren wie Chaucer und Dante ausgegangen. Dazu seien nur zwei Arbeiten genannt: das wiederholt aufgelegte Buch von Clive S. Lewis, The Allegory of Love, Oxford 1936, und die Arbeit von D. W. R. Robertson, A Preface to Chaucer, Princeton 1962. Rainer Gruenter und Hans Robert Jauss haben für die deutsche und romanische

menschlichen Subjekts« im Mittelalter zu beurteilen ist, hat für Hartmann von Aue das bedeutsame Buch von Shoko Kishitani über »got« und »ge-schehen« gezeigt.[910] Wenn Abstrakta in die Rolle eines Agierenden gebracht werden, so nimmt das die Rhetorik (Poetik) als eine Metonymie, bei der eine *proprie-tas* für das erwartete Subjekt steht (Galfredus, *Documentum*).[911] Mattha-eus von Vendôme nimmt diese Metonymie als »*contentum pro continen-te*«,[912] wobei *virtus pro virtuoso* gesetzt wird, wie in dem Vers Lukans (Phars. VIII, 535): *Nulla fides unquam miseros elegit amicos,* wo *nulla fi-des* statt *nullus fidelis* steht. Bei dieser Metonymie sieht das Mittelalter eine kausale Auffassung. Johannes von Salisbury unterscheidet in seinem Metalogicon III, 2 (Migne 199, 894): *nam fortitudo significat, ex quo quis fortis; fortis autem, qualis quis ex fortitudine.* Er folgt dabei Boethius.[914] In der gleichen Linie liegt die Aussage des Alanus, daß Gott *iustus* genannt wird:[915] *quia horum et consimilium causa est; ... ab effectu iustitie, quia*

Dichtung ein besseres Verständnis gesucht. Ich schlage vor, von »Minneparabeln« statt von »Minneallegorien« zu sprechen. Vor 50 Jahren (Zu Wesen und Form, wie Anm. 28, S. 86–90) habe ich einen neuen Zugang zur »Allegorie« vorgeschlagen.

[910] Shoko Kishitani, »got« und »geschehen«, Düsseldorf 1965, bes. S. 34–58, 192–206. Ein wichtiges Resultat ist die Unterscheidung einer kausalen und einer nicht kausalen Darstellung. Besprechungen des Buches: Ingrid Hahn (AfdA 79, 1968, S. 125–132); Karl Stackmann (Indogermanische Forschungen 73, 1968, S. 242–256). Ingrid Hahn steuert Ergänzungen aus dem Rolandslied und dem Tristan bei.

[911] Galfredus sagt in seinem Documentum (bei Faral, Les arts poétiques, wie Anm. 11, S. 290): Quartus modus constituendae difficultatis est ponere proprietatem pro subiecto, ut quando ponimus »prudentiam« pro »prudente« (er bringt dann auch ein Beispiel, das beim Auctor ad Herennium, IV 32, 43, für die »circumitio« (periphrasis) steht ... Hoc genus difficultatis frequens est in auctoribus tam prosaice quam metrice scriptis et in ex-emplis quotidianis, ubi dicimus: »supplicamus munificentiae ... vestrae«, id est »vobis qui estis munifici« ...

[912] Matthaeus von Vendôme (wie Anm. 11) gibt dafür Beispiele aus der »Thebais« des Sta-tius (VIII, 406), den »Pharsalica« Lucans (VIII, 535) und aus einer »topographia« (Ars versif., wie Anm. 11, III, 32, S. 175). Interessant ist, daß der Rivale von Matthaeus von Vendôme, Arnulf von Orléans, den Vers Lucans in seinen »Glosule super Lucanum« (wie Anm. 147) ebenso erklärte (bei Marti, S. 417): »nulla fides«, id est, nullus unquam adeo fuit fidelis, quod in miseria alicuius eundem miserum sibi eligeret amicum.

[913] Johannes v. S., Metalogicon (Migne 199, 823–946), d. h. in seiner Verteidigung der Logik, III, 2 (Migne 199, 894).

[914] Boethius diskutiert im 4. Kapitel von »De trinitate« (diese Schrift wurde im Kreis von Chartres wiederholt kommentiert) die Anwendung der »praedicamenta« (so der »qua-litas«) auf Gott.

[915] Alanus, Summa »Quoniam homines« (wie Anm. 90), S. 141. Die Stelle ist angeführt bei Shoko Kichitani (wie Anm. 910), S. 118, Anm. 55. In seinen »Regulae« (wie Anm. 91) wiederholt Alanus diese Feststellung (am Ende der Regula XIX »omne simplex alio est et alio dicitur«: Migne 210, 630 C/D): Similiter Deus alio est iustus, alio dicitur esse iu-stus: sua enim propria iustitia iustus est; sed esse iustus dicitur ab effectu iustitiae, quem

199

nos efficit iustos, iustus dicitur. Im *Dialogus* Conrads von Hirsau wundert sich der Schüler darüber, daß in der *Psychomachia* des Prudentius *fides, pudicitia* und die anderen *virtutes* gegen die *vitia* kämpfen,[916] weil das nur von einem *fidelis* und nicht von der *fides* als einer *qualitas* gesagt werden könne. Der Lehrer gibt darauf die Auskunft, daß Qualitäten nicht faßbar sind und daß das Verfahren des Prudentius *tropice, id est per figuram metonomiam* aufzufassen ist, *ubi ponitur continens pro eo quod continetur, id est fides pro fideli.* Galfredus sagt in seiner *Poetria nova*[917] von Wendungen wie *formido pallet*, daß hier die die Wirkung *(pallere)* der Ursache *(formido)* zugesprochen wird (v. 977 *quando quod effectus sibi vindicat applico causae*).

Wenn sprachliche Abstrakta (wie *clementia, iustitia, largitas, prudentia*) eine sprachliche Rolle erhalten, entweder als Redende oder als Angeredete, handelt es ich nicht um Gestaltgebung, sondern um Sprachgebung, um die Verleihung sprachlicher Rollen. Bei der *prosopoiia (conformatio)* erhält das Wort eine Figur, die in der Gesprächssituation nicht präsent ist (eine Person, die abwesend oder bereits tot ist), oder eine *res*, die nicht sprachfähig ist. Als Beispiele für dies Verfahren bietet Galfredus in seiner *Poetria* eine Klage des Kreuzes (v. 461–507) und die Abschiedsrede eines vielgebrauchten Tischtuchs (v. 509–513) an. Bei der *apostrophe (exclamatio)* wendet sich der Sprecher an Zuhörer, die abwesend, tot oder nicht sprachfähig sind. Galfredus gibt dafür als Beispiel eine Klage über den Tod von Richard Löwenherz (v. 308–430), die sich in einer aufsteigenden Folge an Neustrien wendet, an den Tag, an dem der Mord geschah, an den Ritter, der den Mord beging, an den Tod, der Richard hinwegnahm, an

---

habet in nobis; dicitur enim iustus, quia facit iustum, ipse vero est iustus, quia est summa iustitia. Vgl. dazu auch: Krewitt (wie Anm. 52), S. 498–504.

[916] Conrad von Hirsau, Dialogus (wie Anm. 2), S. 37/38, Zeile 848–854: (Discipulus): Non tam miror ipsam significative litere subtilitatem quam fidem vel pudiciciam et ceteras virtutes vitiorum choro rebellantes, cum magis hoc fideli et pudico vel patienti accidat quam eorum qualitatibus, que nec videntur nec pugnare posse probantur; videri possunt loca vel persone vel quarumcumque rerum corporalium vel contractibilium substantie; qualitates eorum, sicut a te didici, videri non possunt. Der Lehrer erwidert, daß eine qualitas als solche nicht wahrnehmbar ist (Zeile 855–860). Der Schüler fragt (Zeile 861/62): qualiter igitur me vis intelligere duellum singulare viciorum vel virtutum sine personali materia? Der Lehrer erwidert (Zeile 863–866): Tropice, id est, per figuram metonomiam hec accipienda sunt, ubi ponitur continens pro eo quod continetur, id est, fides pro fideli, ydolatria pro ydolatra et sic de ceteris, ut virtuosus pro virtute, pro vicio viciosus ostendatur.

[917] Galfredus (wie Anm. 81) bringt nacheinander den Ersatz des Adjektivs durch das Abstraktum, den er forma pro re nennt (v. 966–972 langor eget medico statt 966/67 languens affectat medicum) und dann (973–977) das Zuerkennen der Wirkung an die Ursache (formido ist Ursache, pallet Wirkung).

die Natur und an Gott. Solche *exclamatio* kann durch eine Ausnahmesituation begründet sein, wie in Hartmanns Erec die Klage Enites (v. 5775–6109), die nacheinander Gott, die wilden Tiere, den Tod, die Eltern und Erecs Schwert anruft.

Solches Verfahren erlaubt, die Darstellung des Geschehens auf eine höhere Ebene zu erheben, auf der nicht das Geschehen selbst zur Sprache kommt, sondern die Bedeutung des Geschehens, wie in dem Kampf, in dem sich Gawein und Iwein unerkannt gegenübertreten. In Nachfolge Chretiens wird das als ein Fall dargestellt, in dem sich *haz* und *minne* vereinen (Iwein 7015ff.); das Herz der beiden ist ein Gefäß *(vaz)*, das das eine wie das andere einschließt, in der Weise einer Metonymie, die mit dem Bild von dem Gefäß *(continens)* gegeben ist *(minne* und *haz* als *contentum)*. Als sich die beiden Freunde erkannt haben, heißt es (diesmal ohne Vorgang bei Chretien): *beide truren und haz/rumden gahes daz vaz/und richseten darinne/vreude und minne* (7491–7494). Im »Erec« hatte Hartmann in ähnlicher Weise deutlich gemacht, wie Enite ein ihrer würdiges Gewand erhält (1579–1585): Frau Armut weicht, und Richeit nimmt Platz.[918] Hier handelt es sich im eigentlichen Sinn um den Ersatz der *res* durch die *forma* (vgl. Galfredus, *Poetria* v. 966–972). Galfredus (wie Anm. 917) erläutert das an einer Aussage, wie: *langor eget medico* (Krankheit braucht den Arzt) statt: *languens affectat medicum* (der Kranke verlangt nach dem Arzt). Hier kann weder von Allegorie noch von Personifikation die Rede sein, und doch ist es dasselbe Verfahren wie bei *conformatio* und *exclamatio*. Solches Verfahren kann in profaner wie in religiöser Aussage verwendet werden; es gehört dem *sensus litteralis* an. Es ist eine *translatio*, eine Weise figürlicher Rede, die das Einzelne als Fall eines Allgemeineren darstellt; was vom einzelnen Fall gesagt wird, gilt auch für analoge Fälle; das Abstraktum nennt die Analogie. Man kann hier von »parabolischer« Rede sprechen.

Der Orpheus Mythos hat im Mittelalter Nachbildung und Erklärung gefunden.[919] Als *integumentum* hat Wilhelm von Conches das Orpheus-

---

[918] Ich habe 1954 das sprachliche Verfahren, das in diesen Fällen angewendet wird, auf eine »funktionale« Auffassung zurückgeführt: Geschehen, Person und Gesellschaft in der Sprache des deutschen Rittertums (in: 2. Sonderheft des Wirkenden Worts, Düsseldorf 1954, S. 24–33; wiederholt in: Wirkendes Wort, Sammelband II, 1962, S. 64–73; schließlich im 1. Band meiner »Studien zur Geschichte der deutschen Sprache und Literatur«, Düsseldorf 1965, S. 343–356. Hier kommt daraus der II. Abschnitt (»Der Mensch als Person«) in Betracht (Studien I, S. 346–351).

[919] Zu Orpheus: O. Kern, Orpheus, Berlin 1920; F. M. Schöller, Darstellungen des Orpheus in der Antike, 1969; Paul Knapp, Über Orpheusdarstellungen, Beilage zum Jahresbericht 1894/95 d. königl. Gymnasiums Tübingen, Tübingen 1895; Klaus Heitmann, Orpheus im Mittelalter (in Arch. f. Kulturgesch. 45, 1963, S. 253–294); J. B.

gedicht des Boethius (III, metr. 12) erklärt.[920] Das war durch den Schluß des Gedichts schon nahegelegt; er mahnt den Menschen, dessen Geist zur Höhe strebt, nicht nach unten zu blicken.[921] Wilhelm von Conches illustriert das durch die Worte Jesu:[922] »Wer zurückschaut, taugt nicht für das Himmelreich«.

Boethius hatte in Orpheus zugleich die tragische Macht der Liebe gesehen, die vor allem in der Gestaltung des Orpheusmythos bei Ovid hervortritt (Met. X, 1–85 und XI, 1–66), verbunden mit dem Tod als Schicksal des Menschen, während es Vergil (Georg. IV, 454–527) wesentlich auf die Macht des Gesanges ankam.

Boethius und Ovid haben zwei Gedichte inspiriert, die in einer Florentiner Handschrift der Thebais des Statius überliefert sind.[923] Das eine (»*Parce continuis*«),[924] zitiert von Gervasius in seiner Poetik, bringt den

---

Friedman, Orpheus in the Middles Ages, Cambridge/Mass. 1970; Walther Rehm, Orpheus. Selbstdeutung und Totenkult bei Novalis/Hölderlin/Rilke, Düsseldorf 1950. Von der Renaissance bis in unsere Zeit gehen die großen Gestaltungen des Themas: Monteverdi 1607, Gluck 1762, Rilke 1922, Anouilh 1941, Strawinsky 1948. Über das »typologische« Nachleben des Orpheusmythos vom 14. bis zum 17. Jahrhundert: Friedrich Ohly, Skizzen zur Typologie im späteren Mittelalter (in: Medium Aevum deutsch, Festschrift für Kurt Ruh zum 65. Geburtstag, Tübingen 1979, S. 251–310), S. 274–282. Das Mittelalter kannte drei literarische Fassungen: Vergil (Georgica IV, 454–527), Ovid (Metamorphosen X, 1–85 und XI, 1–66) und Boethius (Consolatio III, metr. 12). Bei Vergil und Boethius bildet Orpheus jeweils ein Finale, während die beiden Orpheus-Teile bei Ovid je ein Buch eröffnen. Bei Vergil schließt die Orpheus-Partie das Bienenbuch ab: Aristaeus, der schuld am Tode Euridikes war, gewinnt durch ein Totenopfer für Orpheus und Euridike ein neues Bienenvolk (die Orpheusgeschichte wird von Proteus erzählt, zu dem des Aristaeus Mutter Cyrene geraten hatte). Nach Servius (in seiner Einleitung zum IV. Buch der Georgica) hat Vergil später durch das Bienenbuch ein früheres Lob auf Gallus ersetzt (Commentarii, hg. G. Thilo 1887, III, 1, S. 320). Was Proteus sagt, ist eine große Klage, bei der Euridike im Mittelpunkt steht (die Szene vor Pluto fehlt!). Die beiden Teile bei Ovid (Tod der Eurydike, Tod des Orpheus) sind ein Bekenntnis zur Liebe (Met. X, 26 vicit amor) und zum Tode als Menschenschicksal (Met. X, 34 tendimus huc omnes). Boethius zeigt die Macht des Gesanges, die sogar die Unterwelt verwandelt, und die Macht der Liebe, die durch kein Gesetz zu binden ist (III, metr. 12, v. 47/48 Quis legem det amantibus?/maior lex est amor sibi). Wer den Weg in die Höhe will, darf nicht nach unten blicken.

[920] Vgl. Jeauneau, La notion d'integumentum (wie Anm. 148), S. 44/45.
[921] Boethius schließt (v. 52–58): Vos haec fabula respicit/quicumque in superum diem/mentem ducere quaeritis./Nam qui tartareum in specus/victus lumina flexerit,/quidquid praecipuum trahit/perdit, dum videt inferos.
[922] Luc 9, 62; Abschluß des Kapitels: Nemo ... respiciens retro, aptus est regno Dei.
[923] Handschrift: Laurenziana Edil. 197, fol. 1–129 Thebais; fol. 130ʳ–131ᵛ von anderer Hand 9 Gedichte. fol. 131ᵛ Parce continuis; fol. 130ᵛ und 131ʳ O Fortuna quantum est mobilis. Zur Handschrift: M. Delbouille, Trois poésies latines inédites (in Mélanges Paul Thomas, Brugge 1930, S. 174–186), S. 175/75.
[924] Parce continuis wurde zuerst von W. Meyer herausgegeben (in: Studi letterari e linguistici dedicati a Pio Rajna, Florenz 1911, S. 151/52) und Abaelard zugeschrieben. Peter

Orpheusmythos neben anderen Exempla (Pyramus und Thisbe, Hero und Leander) als Beispiel für die Macht der Liebe (wobei in Versikel 4b v. 64 noch Boethius anklingt); das andere »*O fortuna quantum est mobilis*«[925] ist eine Klage des Orpheus, der Euridike unwiderruflich verloren hat. An Boethius schließt sich eine freie Fassung des Orpheusmythos an (»*Predantur oculos*«),[926] die dem Thema eine doppelte Wendung gibt: Orpheus ist ein *philosophus*, der die Sternenwelt nach ihren Proportionen erforscht (die Musik als Sphärenharmonie), dann aber von Liebe zu Euridike erfaßt wird[927] und nun im Liebeslied die Sorgen vergißt; Euridike wehrt sich zunächst, gehört ihm aber dann in Liebe. Damit ist allerdings die Konzeption des Boethius auf den Kopf gestellt.

Ein Fragment des Magister Hugo Primas[928] stellt (wesentlich Ovid folgend) die Macht der Liebe und das Wissen um die Schicksalshaftigkeit des Todes dar. Die Wirkung der Musik auf die Natur (nach Vergil) rühmt Gottfried von Reims in einem Gedicht an den Bischof von Langres.[929] Eu-

Dronke hat eine zweite Handschrift entdeckt (Augsburg, Bischöfliches Ordinariat 5, fol. 1ʳ), die eine kürzere Fassung bietet und mit der Rückkehr Euridikes schließt (rettulit Euridicen). Zu diesem Ausgang: Peter Dronke, The Return of Eurydice (in: Classica et Medievalia 23, 1962, S. 198–212). Bei Peter Dronke, Medieval Latin and the Rise of European Love-Lyric, 2 Bde., Oxford 1965/66, sind beide Fassungen nacheinander abgedruckt (II, S. 341–344, 344–352), übersetzt und erklärt. Gleichzeitig wurde das Gedicht (mit dem Text von W. Meyer) auf Liebe und Freundschaft geprüft von: F. J. E. Raby, Amor and Amicitia: a Medieval Poem (in: Speculum 40, 1965, S. 599–610). Winfried Offermanns (wie Anm. 861) hält für möglich, daß bei Aufnahme der Augsburger Fassung (Dronke II, S. 341/42) in die Florentiner Handschrift diese mit dem Blick auf die Thebais und Abaelards Planctus super Saul et Jonathan (die entsprechenden Verse bei Dronke II, S. 351/52) erweitert wurde (Offermanns, S. 41–43). Inzwischen hat Brian Stock eine andere Textgestaltung vorgeschlagen (Brian Stock: Parce continuis: Some Textual and Interpretative Notes, in: Medieval Studies 31, 1969, S. 164–173). Ihm schließt sich an: Wetherbee, Platonism (wie Anm. 24), S. 98–104. Ein Vers aus der Augsburger Fassung (Dronke II, S. 341: vivit adhuc Piramus/Tispe dilectissimus) wird von Gervasius (wie Anm. 66, S. 110) zitiert (so: Offermanns, S. 41, Anm.).

925 »O fortuna quantum est nobilis«, hg. M. Delbouille (wie Anm. 923), S. 179/180.

926 »Predantur oculos« ist mit anderen Gedichten einer Handschrift aus Auxerre (Handschrift: Auxerre 243), die neben De mundi universitate des Bernhard Silvestris und De planctu Naturae von Alanus eine Sammlung lateinischer Verse enthält, herausgegeben von: A. Vernet, Poésies latines des XIIᵉ et XIIIᵉ siècles (in: Mélanges Felix Grat, Paris 1946, II, S. 251–275). Abdruck bei Dronke (wie Anm. 923) II, S. 403–406. Es heißt v. 5–8: qui solis annuos (Hs. animos) luneque menstruos rimari solitus circuitus ...

927 v. 17 in flammam abiit totus philosophus.

928 Text und – leicht parodierende – Übertragung bei: Karl Langosch, Hymnen und Vagantenlieder, Darmstadt 1954, S. 204–206 (S. 292–305 Übersicht über die literarische Hinterlassenschaft des Magisters Hugo).

929 Dieser Versbrief ist herausgegeben von: André Boutemy, Trois Oeuvres inédites de Godefroid de Reims (in: Revue du Moyen Age Latin III, 1947, S. 335–366), S. 352ff., v. 185–205. Zu dem Autor (Gottfried von Reims): André Boutemy, Autour de Godefroi de Reims (in: Latomus VI, 1947, S. 231–255); John R. Williams, Godefroy of Reims, a

sebius hatte in seiner Oratio zum Lobe Konstantins (14,5) die Macht des Gesanges, die Orpheus gegeben ist, mit den Worten Christi verglichen, die im Menschen die tierischen Gelüste überwinden.[930] Dasselbe Motiv kennt Bernhard von Utrecht in seinem Kommentar zur *Ecloga Theodoli*.[931] Er stellt auch die Erklärung des Fulgentius zur Wahl,[932] nach der die Musik nur wenigen zugänglich ist, und die Erklärung des Servius, wonach Orpheus mit magischen Künsten Euridike wieder ins Leben zu rufen versucht. Bernhard selbst sieht in Orpheus die *facundia*, die mit der *discretio* (Euridike) verbunden sein sollte.[933] Wenn Orpheus Bäume durch seinen Gesang bewegt, so bedeutet das, daß er die Menschen aus niederem Zustand zum Höheren bringt.[934] Weil Euridike *(profunda iudicatio)* allein irdischen Vorteilen zugewandt ist *(capta terrenis, que optima videntur, commodis)*, wird sie in die Unterwelt gerissen *(ad inferos rapitur)*; nur vorübergehend vermag sie auf den rechten Weg zurückgerufen zu werden: ein Geist, der allzusehr nach irdischen Gütern verlangt, kann durch

---

Humanist of the eleventh Century (in: Speculum 22, 1947, S. 29–45). Vgl. auch die ältere Publikation von Wilhelm Wattenbach, Lateinische Gedichte aus Frankreich im 11. Jahrhundert (in: Sitz. Ber. d. Berliner Akad. d. Wiss. 1891, S. 97–114). Was Gottfried von Reims über Orpheus sagt, erscheint als Bild auf dem Gewand der Kalliope.

[930] Hinweis von Kenneth R. R. Gros Louis (Speculum 41, 1966, S. 644); vgl. auch John Block Friedman (Speculum 41, 1966, S. 22–29).

[931] Clm 22293, fol. 24 zu v. 189–192 (Certavere sequi dimissis frondibus orni/Orphea per silvas modulantem carmina odas;/Euridicen, motis qui regna tenent Acherontis,/condicione gravi iussit Proserpina reddi). Die Erklärung wird eingeleitet mit der Inhaltsangabe (hg. Jacobs, wie Anm. 1, S. 72): Hic Orphei et David canendi pericia mistice conferuntur. Die Erklärung, die unter der Überschrift »Misterium« steht, sagt u. a. (bei Jacobs, wie Anm. 1, S. 72): Qui (Orpheus) ... quemlibet exprimit facundia pollentem) arbores cantilena movisse dicitur, quia homines brutos ad meliora promovit.

[932] Nach der Überschrift »Phisice« beginnt Bernhard die zweite Erklärung mit den Worten: Potest et ad artem musicam hec fabula applicari. Fulgentius hatte gesagt (wie Anm. 106, III, 10, S. 77): Haec igitur fabula artis musicae designatio. Er schließt seinen dem Fulgentius folgenden Bericht mit den Worten (Jacobs, wie Anm. 1, S. 73): Nulli enim Guidone teste vis musice nisi Deo ad plenum patet. Darauf folgt die Erklärung, die Servius zu Aen. VI, 119 gibt (hg. Georg Thilo, II, Leipzig 1884, S. 26): Orpheus autem voluit quibusdam carminibus reducere animam coniugis. Bei Bernhard heißt es (bei Jacobs, wie Anm. 1, S. 73): Servius autem Orpheum dixit uxorem suam Euridicen mortuam magicis nisum esse resuscitare carminibus ...

[933] Diese Auffassung bringt auch der 3. Mythograph (Scriptores rerum mythicarum latini tres, ed. Bode, Celle 1834, II, S. 202).

[934] Bernhard von Utrecht (hg. Jacobs, wie Anm. 1, S. 72). Auf den Satz, mit dem Anm. 931 schließt, folgt bei Bernhard von Utrecht: Huic (nämlich: Orpheus) uxor ascribitur Euridicen, id est profunda iudicatio, quia facundie comes esse debet discrecio. Hec ... ad inferos rapitur, cum capta terrenis que obtima videntur commodis veneno iniquitatis ad sinistram inflectitur. Sed Orphei carminibus ad superos iterum revocatur, cum luculenta oratione ... ad equitatem reformatur. Sed quia respicit, unde venerat, retrahitur nec oranti Orpheo ultra redonatur, quia cum animus secularia bona nimis concupiverit vix eum ulla oratio ad rectitudinis normam deinceps erigit.

das Wort kaum zur rechten Norm zurückgebracht werden *(cum animus secularia bona nimis concupiverit, vix enim ulla oratio ad rectitudinis normam deinceps erigit)*. Er schließt seine Erklärung mit dem Juvenalvers: *crescit amor nubi, quantum ipsa pecunia crescit*. Es kann daran erinnert werden, daß Radbert in seiner *Vita Adalhards* das Orpheusgedicht des Boethius paraphrasiert hatte.[935]

Theoderich von St. Trond hat in seinem Gedicht *De nummo* Orpheus als Beispiel dafür gesetzt (also als *integumentum*), daß *labor* und *studium* durch ihre Virtus sogar die Hölle bezwingen können.[936] So ist es nicht verwunderlich, daß ein jüngerer Freund Marbods, der Dichter Gualterius, den Orpheusmythos als *integumentum* für Christi Höllenfahrt darstellt;[937] Orpheus gewinnt Euridike zurück, und das Gedicht schließt: *imperioque Dei redditur uxor ei*.

Im Rahmen einer Umdichtung der Hochzeit Merkurs mit der Philologie von Martianus Capella bringt ein anonymes Gedicht des 12. Jahrhunderts[938] nach Ovid und Vergil den Orpheusmythos als Tragödie der Lie-

---

[935] Die Stelle: Migne 120, 1550; vgl. Brinkmann, Zu Wesen und Form (wie Anm. 28), S. 107.

[936] Theoderich von St. Trond, De nummo, in: F. G. Otto, Commentarii critici in codices Bibliothecae Gissensis, Gießen 1842, S. 163ff.; zum Verfasser: M. J. Préaux, in: Latomus X, 1947, S. 353ff.

[937] Zwei Gedichte Marbods an Gauterius: Migne 171, 1724–1726 (Carmina varia Nr. 33 und 34). Nach der Handschrift der Universität Lüttich (aus St. Trond) Ms. 77, deren erster Teil (bis fol. 74) noch aus dem 11. Jahrhundert stammt, hat Maurice Delbouille 6 Gedichte des Gauterius herausgegeben, die als Autograph überliefert sind: M. Delbouille, Le redoutable poète Gautier (in: Le Moyen Age 57 (4. Ser., 6), 1951, S. 205–240. Dort S. 210f. und 212f. die beiden Gedichte Marbods. S. 217 die Widmungsverse, mit denen Gauterius an Marbod die älteste Handschrift einer »Pysiognomonia« übersandte. Das 6. Gedicht (bei Delbouille S. 238) schließt mit Worten aus dem Orpheus-Gedicht des Boethius: v. 15ff. nam veri florem vel flori tollit odorem, ... qui lege coercet amorem,/dum sibi lex maior omnia vincit amor (Boethius, v. 47/48 quis legem dat amantibus?/maior lex amor est sibi.). Das 2. Gedicht (bei Delbouille, S. 228f.) stellt in 60 Versen den descensus des Orpheus dar, der die Höllenfahrt Christi meint, bei der Christus (Orpheus) die Seele (Eurydike) befreit; vgl. auch Friedmann (wie Anm. 930).

[938] Hg. André Boutemy in: Hommages à Josef Bidez et Franz Cumont (Collection Latomus II, 1949, S. 47–64). Das umfangreiche Gedicht fügt die Orpheus-Euridike-Geschichte in den Rahmen der geistigen Tätigkeiten des Menschen, deren System im 2. Kapitel dargestellt ist. Der Glanz der Philologia im Abendland (Hesperien) führt zur Hochzeit mit Merkur, bei der Sophia den Vorsitz führt und die Musen die sieben artes rühmen. Nach dem Mahl preisen alle Sapientia, die als theorica alles erkennend durchdringt und als practica das Leben lenkt. Dann treten Orpheus und Euridike als Sänger auf. Nachdem Orpheus von Göttern und Helden gesungen hat, will Euridike von Göttinnen (Juno, Pallas, Venus) und Frauen (Leda, Danae, Alkmene) sprechen; sie erhält dafür den Schmuck des Lorbeers, des Goldes und der Edelsteine. So werden Orpheus und Euridike in Ehre und Liebe vereint. Auf dem Heimweg aber stirbt sie an Schlangenbiß (Vergil und Ovid sind Vorbild). Orpheus klagt und begräbt sie. Als Pluto seiner doppelten Bitte um Euridike (v. 531–555 und 561–568) sich versagt, stimmt ihn der Totenrichter Minos um

be. Nach der vergeblichen Rückkehr aus der Unterwelt setzt Orpheus der Geliebten ein *epigramma doloris* (v. 656), das ihre Reinheit, Weisheit und Schönheit rühmt; eine Urne soll die Asche der beiden Liebenden schützen.

Bei diesen Orpheusdichtungen zeigt sich die Mehrdeutigkeit eines *integumentum*, die Wilhelm von Conches (bei seiner Abweichung von Fulgentius) sogar als Vorzug hervorhebt. Einmal ist Orpheus in Nachfolge des Boethius eine Mahnung an den Menschen, auf dem Wege zum Höchsten nicht zurückzuschauen. Zugleich aber verkörpert sich in Orpheus, dem Sänger, und in Euridike die Macht der Liebe.

Das große Exemplum aber für die Einheit von Liebe und Tod war die Geschichte von Pyramus und Tisbe, die Ovid in den Metamorphosen (vor der Liebesgeschichte von Venus und Mars) erzählt hatte (Met. IV, 55–160). Schon bei ihm ist alles auf die Einheit angelegt, die die beiden Liebenden im Tode finden : v. 108 *Una duos, inquit, nox perdet amantes*; v. 166 *quodque rogis superest, una requiescit in urna*.

Seit der zweiten Hälfte des 11. Jahrhunderts (gleichzeitig mit der Orpheussage) wird die Geschichte in der beginnenden lateinischen Liebesdichtung wirksam. Marbod empfindet den Schmerz der Geliebten nach, als sie den Leichnam des Geliebten findet.[939] Balderich zeigt in seinem großen Gedicht an Gräfin Adele,[940] wie Piramus und Tisbe durch dasselbe Schwert sterben: *Piramus et Tisbe gladio moriuntur eodem*. Das Gedicht *»Parce continuis«* hat neben dem Orpheusmythos auch Piramus und Tisbe aufgenommen, die durch die Wand zwar körperlich, aber nicht geistig getrennt sind.[941] Der Anfang dieser Strophe wird nach einem Jahrhundert noch in der Poetik des Gervasius zitiert.[942]

(v. 593–616). Euridike aber entschwindet mit »vale«, als er sich umsieht. Das Schicksal ist unwiderruflich (v. 639 irrevocabile fatum). Aus der Pyramus und Thisbe-Sage stammt das Schlußmotiv.

[939] Das Gedicht »Ad sonitum cithare« ist von André Wilmart 1939 in der Revue Bénédictine aus einer Berliner Handschrift des 12. Jahrhunderts (Phillips 1892) herausgegeben worden (Rev. Ben. 51, 1939, S. 169ff.; Text des Gedichts: S. 175). Wilmart nahm (S. 175) irrtümlich Beziehung zur Klage Andromaches an Hektors Leiche an, Dronke (wie Anm. 924, I, 215) vermutet (ebenfalls irrtümlich) »an echo of Tristan's death«. Walther Bulst hat das Gedicht (nach der Editio princeps: Redonis 1524) mit anderen Gedichten Marbods (W. Bulst, Liebesbriefgedichte Marbods, in: Liber Floridus, 1950, S. 287–301) in berichtigter Fassung (S. 296) neu ediert. Daß eine Dichtung von Pyramus und Thisbe gemeint ist, zeigen die wörtlichen Entlehnungen aus der Darstellung Ovids: v. 6/7 (concinit hic odam misero de milite quodam,/cuius amica gemit, quod eum sibi casus ademit) geht zurück auf: Met. IV, 142 (»Pyrame«, clamavit, »quis te mihi casus ademit?«); v. 11 (membra iacentis humo) beruht auf: Met. IV, 121 (ut iacuit resupinus humo).

[940] Balderich (wie Anm. 50), Nr. 196, v. 191, S. 202.

[941] Zu »Parce continuis«: Anm. 924; bei Dronke (wie Anm. 861) II, S. 341 v. 40–42 disparabat corpora/paries, spiritibus/solis quidem pervius.

[942] Gervasius (wie Anm. 66), S. 110 kommt bei der »transumptio« auf Piramus zu spre-

Die Namen sind zu einer Losung für innige Liebe geworden. Der berühmte Liebesbrief einer Dame an einen *clericus* aus Tegernsee,[943] der mit dem deutschen Bekenntnis *du bist min, ich bin din* schließt, beginnt mit einem Gruß, der die Rollen von Piramus und Tispe usurpiert. Hartmann gibt dem Sattelkissen auf Enites neuem Pferd das Bild vom Tode der beiden am Brunnen als Zeichen für die Macht der Liebe.[944] Gottfried von Straßburg läßt Tristan *de la curtoise Tispe* singen.[945] Französische Dar-

---

chen. Er unterscheidet bei dem Satz »Iste est alter Piramus« zwei Intentionen (S. 110, 18–20): Patet ergo, quod secundum diversam transumptionis intentionem hec dupliciter potest intellegi: Iste est alter Piramus. Für die erste Möglichkeit zitiert er aus »Parce continuis« den Anfang der »Pyramus-Strophe«: vivit adhuc Piramus/Tysbe dilectissimus (S. 110, 21–23 Si respiciatur status, exponi potest: id est amicus exclusus a voluntate; unde illud: vivit adhuc ...). Für die zweite Möglichkeit führt er Verse aus »Consulte teneros« (bei Faral, wie Anm. 11, S. 331–335, v. 83/84, S. 333) an (bei Gräbener S. 111, 1–4): Si convertibilitas (sc. respiciatur), exponi potest: Piramus, id est omnia volens que Piramus; unde illud: Nodus amoris eos constrinxit: et altera Tisbe/Piramus et Tisbe Piramus alter erat. In mehr als 20 Fällen (fast ebenso häufig wie auf Ovid) bezieht sich Gervasius auf Pyramus und Thisbe, und zwar vorwiegend stilkritisch. So kritisiert er aus »Consulte teneros« die Verse 3 und 4 (S. 66, 2 Hec descriptio Babilonis superflua est). Eine ganze Partie von »Consulte teneros« (v. 141–147) liefert Beispiele für kunstvolle Antithese, wie sie bei Themen wie Fortuna oder Liebe (plenius invenitur circa fortune materiam et amoris) beliebt ist; die Stellen bei Gräbener S. 174–176.

[943] Im Anhang von »Des Minnesangs Frühling« (neu bearbeitet von Carl von Kraus, Leipzig 1940, S. 318–320) abgedruckt aus der Münchener Handschrift Clm 19411 (aus Tegernsee) fol. 113. In der Salutatio wünscht die Verfasserin dem »Freund«: quod (quot?) Piramo Tisbe. Auf diesen Brief folgen in der Handschrift (Clm 19411) zwei weitere Briefe (Minnesangs Frühling S. 120–122). Über die Handschrift: Helmut Plechl, Die Tegernsee Handschrift Clm 19411 (in: Deutsches Archiv 18, 1962, S. 418–501). Vor mehr als 50 Jahren habe ich darauf aufmerksam gemacht, daß dieselbe Handschrift (Clm 19411) eine Reihe anderer Liebesbriefe enthält, Auszüge daraus mitgeteilt und ihre Gedankenwelt erläutert (Entstehungsgeschichte des Minnesangs, Halle 1926, Nachdruck der Wissenschaftlichen Buchgesellschaft Darmstadt 1971, S. 94–102). Diese Briefe hat jetzt Peter Dronke (wie Anm. 924) in vollem Wortlaut ediert (S. 472–484). Die Gedichte, die in der Handschrift vorausgehen oder folgen, hat Dronke leider in seiner Ausgabe davon getrennt; vorauf geht das Gedicht »Nobilis apta pia« (Dronke II, S. 571f.); es folgen: »instar solis ave« (Dronke II, S. 518f., wo im 14. Jahrhundert in v. 8 eingesetzt wurde: post Christum patris sophiam) und »Ubere multarum« (Dronke II, S. 463f.). Zu den Liebesbriefen: Dieter Schaller, Probleme der Überlieferung und Verfasserschaft lateinischer Liebesbriefe im hohen Mittelalter (in: Mittellateinisches Jahrbuch, hg. Karl Langosch, 3. Jahrgang, 1966, S. 25–36). Zur Gattung: Ernstpeter Ruhe, De amasio ad amasiam – Zur Gattungsgeschichte des mittelalterlichen Liebesbriefes, München 1975 (mit der kritischen Stellungnahme von Schaller: Arcadia XII, 1977, S. 307–313).

[944] Hartmann von Aue, Erec, hg. Albert Leitzmann, 3. Auflage von Ludwig Wolff, 1963, S. 200, v. 7705–7713: szwaz man sin vor dem satel sach,/daz was gesteppet dicke./ze guotem aneblicke/was dar an entworfen sus/wie Tispe und Piramus,/betwungen von der minne,/behert rehter sinne,/ein riuwic ende namen,/do si zem brunnen kamen« Vgl. dazu: P. W. Tax, Studien zum Symbolischen in Hartmanns »Erec«: Enites Pferd (in: ZfdPh 82, 1963, S. 29ff.).

[945] Gottfried von Straßburg, Tirstan und Isolde, hg. Friedrich Ranke, Berlin 1930, S. 46, v.

stellungen nennt Paul Lehmann,[946] der zugleich mehrere mittellateinische Pyramus-Gedichte bekannt macht (S. 31ff.). Im Baseler Münster sind an einem Säulenkapitell des Chores Pyramus und Tisbe im Tode vereint dargestellt.[947] Eine spätere Kleinerzählung berichtet die Geschichte von Pyramus und Thisbe als ein Beispiel für die Macht der Liebe.[948] Der Schluß übernimmt aus der Tristansage das Motiv von den Reben, die aus dem Grab der Liebenden wachsen und sich zu einer Einheit verschlingen. Dahinter steht der Schluß aus der Pyramus-Geschichte Ovids (Met. IV, 158ff.), der auch in ein lateinisches Orpheusgedicht übernommen wurde. Man wird damit rechnen dürfen, daß der Verfasser der Erzählung an den Tristan dachte.

Und darin liegt nun die eigentliche Bedeutung der Liebesgeschichte von Pyramus und Thisbe, daß sie durch ihre Konzeption das Modell (als *integumentum*) für die Gestaltung der Tristansage durch Thomas und Gottfried geliefert hat. Als *integumentum* für die Macht der Liebe haben alle lateinischen Fassungen die Geschichte von Pyramus und Thisbe verstanden. Es geht um die Einheit der beiden Liebenden und den unlösbaren Zusammenhang von Liebe und Tod. Freilich kann in späterer Zeit solche Liebe als verboten angesehen werden, wie in dem langen Gedicht »*Ocia si veniunt*«,[949] das am Schluß von den sieben Gefahren *(stipendia)* der Liebe spricht und den Rat erteilt, der Liebe aus dem Weg zu gehen.[950] Der Dichter Otto stellt in seiner Antwort an eine hochgestellte Frau, die ihm fern ist (Offermanns wie Anm. 861, S. 190ff.), die Frage, wer von den beiden Liebenden die richtigere Liebe gezeigt und den würdigeren Tod gefunden habe[951] (v. 28f.): *quem reputatis/rectius arsisse vel dignius occubuisse?*

3614–17: riliche huober er aber an/ einen senelichen leich als e/de la courtoise Tispe/von der alten Babilone. Dazu: W. T. H. Jackson, Tristan the Artist in Gottfried's Poem (in: Publications of the Modern Language Association 77, 1962, bes. S. 566); Myrrha Lot-Borodine, De l'Amour profane à l'Amour sacré, Paris 1961 (bes. S. 39); Louise Gnädinger, Musik und Minne im »Tristan« Gotfrids von Straßburg (Beihefte zu »Wirkendes Wort« 19), Düsseldorf 1967, S. 83/84, Anm. 188.

[946] Paul Lehmann, Pseudo-antike Literatur im Mittelalter, 1927, Nachdruck: Wissenschaftliche Buchgesellschaft Darmstadt 1960, S. 93.

[947] Bei Lehmann (wie Anm. 945), Tafel II; vgl. auch die Abbildungen bei: Hans Reinhardt, Das Basler Münster, Basel 1926, S. 6 und Abbildung 20.

[948] Die Erzählung ist herausgegeben von Moriz Haupt: ZfdA VI (1848), S. 504–517 (488 Verse). Unter den zahlreichen altfranzösischen Fassungen ist die älteste: Piramus et Thisbé, Poème du XIIe siècle, hg. Carl de Boer, Paris 1921.

[949] »Ocia si veniunt« (in 2 Handschriften aus dem 15. Jahrhundert) bei: Lehmann (wie Anm. 945), S. 52ff.

[950] »Ocia si veniunt« (wie Anm. 949), v. 426/427: Hoc quoque de casu placeat dixisse duorum,/ne quisquam temere rursus amare velit.

[951] Der interessante Austausch von »Non honor acceptus«, »Anni fluxerunt«, »Contuitu mentis« (abgedruckt bei Offermanns, wie Anm. 861, S. 177–195) verdient besondere

Entscheidend für die Prägung der Geschichte ist offenbar die Elegie des Matthaeus von Vendôme geworden,[952] die sich selbst *elegia* nennt (v. 171) und vom Leser Mitklage erwartet (v. 173f.). Er selber zitiert sein Gedicht in seinem Briefsteller als »*Thisbes gemitus*«. Als Klage haben die Liebesgeschichte Pyramusdichtungen wie die des Theoderich »*Carmina fingo*« verstanden,[953] die sich an die Jugend wendet, und vor allem das Gedicht »*Querat nemo decus*«.[954]

Die Gestaltung durch Matthaeus von Vendôme hat zwei Seiten: einmal präludiert sie seiner *Ars versificatoria* (die eine Reihe von Versen aus der Pyramuselegie übernimmt), indem sie die Geschichte nach der Attributenlehre anlegt, die ihm offenbar besonders am Herzen lag;[955] und dann wird die Darstellung von Anfang an epigrammatisch auf die Zwei-Einheit der Liebenden und auf ihre Ebenbürtigkeit zugespitzt (v. 3–12): *Piramus et Tisbe duo sunt nec sunt duo, iungit/ambos unus amor nec sinit esse duos./Sunt duo nec duo sunt, quia mens est una duorum,/una fides, unus*

Würdigung (vgl. Offermanns, S. 70–72). Der Mann nennt am Ende von »Non honor acceptus« seinen Namen (v. 185–188): Scis, non ignoras, quis ego, si scire laboras:/si simul aptata fuerint o t geminata,/nomen mittentis apparet in his elementis. Die hohe Stellung der Frau ergibt sich aus dem Eingang des 1. Gedichts (v. 7): Iura potestatis virtus ornat probitatis. Das 3. Gedicht (»Contuitu mentis«, v. 19–37) argumentiert vergleichend mit Pyramus und Thisbe.

[952] Das Gedicht des Matthaeus von Vendôme »Est amor amoris species« bei Lehmann (wie Anm. 946), S. 31–35. In seiner »ars versificatoria« (bei Faral, wie Anm. 11), II, 8 (S. 153), II, 40 (S. 165), III, 48 (S. 178) erscheint die »Elegia« dem Autor und eröffnet ihm die Dreigliederung, der er folgt (II, 8, S. 153 Elegia audita est mihi propalare tripartitam versificatoriae facultatis elegantiam). Im Schluß der Elegie über Pyramus und Thisbe vertritt die »Elegia« den Autor (v. 171/172): iam dictos elegos dictans Elegia flevit/fletu flebilius compaciente loco; Mitklage erwartet der Autor vom Leser (v. 173/174): flendo legat lector; lacrimas lacrimabile, triste/tristiciam, fletum flebile poscit opus.

[953] »Carmina fingo« von Theoderich bei Lehmann (wie Anm. 946), S. 36ff. Das Gedicht wird später (1280) von Hugo von Trimberg in seinem »Registrum multorum auctorum« (hg. Karl Langosch, 1942, v. 282) erwähnt.

[954] »Querat nemo decus« bei Lehmann (wie Anm. 946), S. 46ff.

[955] Folgende Verse aus der Pyramus-Thisbe-Elegie des Matthaeus kommen in der »ars versificatoria« vor: v. 26 ius habet invitus (ars: in superos) imperialis amor (Ars II, 19, bei Faral, wie Anm. 11, S. 156); v. 77/78 ingenium male sollicitant (ars: ingenii dolor auget opes) rebusque sinistris/plenius anxietas ingeniosa sapit (Ars I, 21), bei Faral, S. 114 als Beispiel für eine Sentenz (qae in afflictione solet ampliari), mit der man ein Werk beginnen kann. Der 2. Vers (78) wird auch II, 20 (Faral S. 157) angeführt (als Beispiel für ein Adjektiv auf -osus). v. 119/120 quaeque metus metuenda canit (ars: I, 24, bei Faral S. 115 conjectat mala quaeque metus), peiora minatur (ars: metuenda prophetat),/et malus in dubiis esse solet propheta (ars: et dubiis rebus deteriora canit); das steht in der Ars (S. 115) als Sentenz (wie v. 77/78), die (mit der Thematik: de efficacia timoris) zur Eröffnung empfohlen wird. v. 125/126 werden in der Ars (I, 105) wörtlich als argumentum »de qualitate facti« angeführt. Die Elegie über Pyramus und Thisbe ist streng nach der Attributenlehre angelegt, die für ein negotium maßgebend ist (ars I, 93–113, Faral S. 143–150). Gottfried von Straßburg stellt Tristans Vater nach den Attributen für eine Person und eine Sache vor (v. 245ff.).

spiritus, unus amor./Esse duos prohibet amor unicus, una voluptas/et probat alteritas corporis esse duos./Sunt duo, sunt unum; sic sunt duo corpore,mente/unum sicque duos unicus unit amor./Mente pares par forma beat, par gracia morum,/par generis titulus, par pietatis honor. Und diese Thematik wird bis zum Schluß durchgehalten. Die körperliche Trennung in der Nacht vermag die geistige Einheit nicht aufzuheben.[956] Die letzten Worte Tisbes sprechen die Einheit noch einmal (unter Zusammenfassung der beteiligten *Attributa negotio*) aus.[957] Sie werden im Tode vereint.[958]

Diese Thematik ist in dem fragmentarischen Gedicht »*Consulte teneros*« erhalten,[959] das die Ebenbürtigkeit der Liebenden hervorhebt und ihre Einheit, die zu einem Personentausch führt (v. 83 f.): *...altera Tysbe/Piramus, et Tysbe Piramus alter erat*; im übrigen treten die beiden Liebenden mehr (als bei Matthaeus) als Personen hervor. In Kenntnis dieses Gedichts hat ein anderes, das in derselben Handschrift (Ms. 511 des Hunterian Museums) folgt, mit dem Anfang »*A cunis mens una duos*«[960] in 70 Versen die Geschichte ganz auf die bei Matthaeus (und Ovid) gegebene Thematik verdichtet. Die beiden Liebenden werden identifiziert. Als Tysbe auf Piramus wartet, heißt es (v. 49ff.): *Alter abest, sed neuter adest, quia cum sit uterque/quod reliquum, neuter solus abesse potest,/ cum sit idem Tysbe quod Piramus, illa quod ille...* Leben und Tod sind eins (v. 66): *mors est vivere, vita mori.* Zu einem Epigramm ist die Thematik verdichtet in Versen, die Dronke (S. 511) unter Gedichten Serlos druckt:[961]

---

[956] v. 49–52 Lux coniungit eos, nox separat, unio mentis/diversi spacio temporis una manet./corpora, non animum nox noxia separat, instat/presentans quod abest inviolatus amor.

[957] v. 159–162 »Quos mortis sociat modus unicus, unica causa,/clades una, locus unicus, una dies,/non disiungat eos tumulus, non audeat ulla,/quos mors consociat, dissociare manus.«

[958] v. 169/170 Sic vita, sic morte pares capiunt rogus, urna:/urna capit cineres reliquiasque rogus.

[959] »Consulte teneros« (wie Anm. 942) bei Faral (wie Anm. 11), S. 331–335. Im Eingang (v. 8 quamvis in sexu dispares, prole pares) und zu Beginn ihrer gemeinsamen Kindheit (v. 65 virgo puerque pares fuerant) wird ihre Ebenbürtigkeit hervorgehoben; von ihrer Lebensweise heißt es (v. 79/80): vivendi modus est una gaudere, dolere/conjunctim, pariter ire, sedere simul; nur die Wand trennt sie (v. 108 ... paries separat una eos).

[960] »A cuna mens una duos« bei: Offermanns (wie Anm. 861), S. 165/166. Tysbe klagt (v. 55–58): »Causa fui leti, letum sequar; altera vita/pars fatum subiit, altera fata sitit,/ne peream par absque pari. par finis utrumque/claudit et unanimes obruit una dies«. Das ist dieselbe Argumentierung wie im Tristan.

[961] »Alteritas sexus« druckt Dronke (wie Anm. 924) II, S. 511 unter »Versen Serlos« (S. 493–512). Nicht erwähnt sind die Verse in: Serlon de Wilton, hg. J. Öberg, Stockholm 1965. Mit den beiden Distichen ist der Eingang der Elegie des Matthaeus von Vendôme

210

Alteritas sexus quos alterat, unio mentis/omniter unificans vix sinit esse duos./Sic duo non duo sunt, sic alter vivit utrumque,/mortuus alteruter cogit utrumque mori.

Auf die Einheit von Liebe, Leben und Tod ist Gottfrieds Tristan angelegt.[962] Darin folgt er Thomas, von dem er nach dem Prolog (131ff.) die »richtige« Auffassung (nach v. 156 *die rihte und die warheit*) der Geschichte übernahm (v. 161f. *daz ich in siner rihte/rihte dise tihte*). Er schreibt für *edele herzen*, die Leben und Tod als eine Einheit zu verstehen wissen (58–66): *ir liebez leben, ir leiden tot,/ir lieben tot, ir leidez leben* (62/63). Nicht in der Episode der Minnegrotte spricht Gottfried den Sinn der Geschichte aus, sondern im Gesamtverlauf und vor allem im Ende, das er selber nicht mehr gestaltet hat, das aber nach dem Prolog die Einheit von Leben, Liebe und Tod bezeugen sollte. Das sagt ausdrücklich der kunstvolle Schluß des Prologs, der diese Verschlingung auch sprachlich im Wechselspiel von *leben* und *tot* zum Ausdruck bringt (238 *sus lebet ir leben, sus lebet ir tot*).

Das Spiel von Leben, Liebe und Tod beginnt mit der Geschichte seiner Eltern und seiner Herkunft. Tristan geht aus dem Tod der Eltern hervor. Der Tod wird ein Name für die Liebe, als Blanscheflur ihre Liebe zum schwerverwundeten Riwalin bekennt; sie sagt (1230): *mich toetet dirre tote man*. Die Vereinigung mit dem »Halbtoten« führt zu einem Personentausch (1358 *sus was er si und si was er*). Er gewinnt das Leben wieder, und sie empfängt von ihm ein Kind. Sein Tod bringt ihr beides: den Tod und Tristans Geburt.

---

zu vergleichen: v. 3–10 Piramus et Tisbe duo sunt nec sunt duo: iungit/ambos unus amor nec sinit esse duos./Sunt duo nec duo sunt, quia mens est una duorum,/una fides, unus spiritus, unus amor./Esse duos prohibet amor unicus, una voluptas/et probat alteritas corporis esse duos./Sunt duo, sunt unum; sic sunt duo corpore, mente/unum sic-que duos unicus unus amor.

[962] Gottfrieds »Tristan« wird nach der Ausgabe von Fr. Ranke (Berlin 1930) zitiert. Die ältere kritische Ausgabe von Karl Marold (als 6. Band der Teutonia, Leipzig 1912) ist von Werner Schröder (mit Nachwort und verbessertem Apparat) neu herausgegeben worden (Berlin 1969). Text und Nacherzählung von Gottfried Weber (in Verbindung mit G. Utzmann und W. Hoffmann) bei der Wissenschaftlichen Buchgesellschaft, Darmstadt 1967. Die weitverzweigte wissenschaftliche Literatur zum »Tristan« kann hier nicht zitiert werden; vgl. Gottfried Weber mit Werner Hoffmann, Gottfried von Straßburg (Sammlung Metzler), 4. Aufl. 1973 (zuerst 1962). Besonders erwähnt sei die eigenwillige Interpretation von: Karl Bertau, Deutsche Literatur im europäischen Mittelalter, München Bd. I 1972, Bd. II 1973 (hier: S. 918–965). Wesentlich ist einzusehen, daß das Gesamtwerk nicht von der Minnegrotte aus zu entschlüsseln ist, die nur eine Episode bedeutet. – Um nahe beim Text zu bleiben, sind die zitierten Stellen im Text und nicht in den Anmerkungen genannt.

Tristan erhält seinen Namen von *triste* (2003); sein Leben sollte ein Ende nehmen, das jeden Tod übertraf (2016 *alles todes übergenoz*). Für Gottfried wird der Tod eine Wirklichkeit, bei der er die Wahrheit beteuert (5833): *ich weiz ez warez alse den tot* (vgl. auch 14413, 17747, 19143). Als Tristan Isolde zum ersten Male sieht, heißt es (7812ff.), daß sie für ihn später *daz ware insigel der minne* wurde, das sein Herz gegen alle anderen verschließen sollte. Damit ist eine Stelle aus dem Hohenliede aufgenommen (Cant 8,6 *pone me ut signaculum super cor tuum, ut signaculum super brachium tuum, quia fortis est ut mors dilectio*), die mit dem Bilde vom Siegel den Vergleich der Liebe mit dem Tod verbindet. Nach Alanus (Migne 210, 105f.) ist damit gemeint, daß die Liebe gleichförmig mit dem Geliebten (bei Alanus: Christus) macht und alles andere auslöscht.[963] Nach Honorius (Migne 172, 481f.) tötet *mors* alles Verlangen nach dieser Welt *(sicut mors omnia vincit, ita dilectio omnia vincit)*. Bernhard von Clairvaux nennt die Extase der Braut (Migne 183, 1031): *bona mors, quae vitam non aufert, sed transfert in melius*. Ein lateinisches Gedicht[964] läßt die Frau mit den Worten des Hohenliedes bekennen: *amoris signaculo/dilectissimus (dilectus!), quem video,/cor meum sic consignat,/ut generosa gignat* (überliefert: *dignat*).

Den Liebestrank nimmt Gottfried als ein Zeichen für die Einheit von Liebe, Leben und Tod. Der Trank, den Brangaene den Tod der Liebenden nennt (11706 *diz tranc ist iuwer beider tot*), gibt ihnen Leben und Tod (11443 *ein tot unde ein leben*); sie werden eins (11716f. *si wurden ein und einvalt,/die zwei und zwivalt waren e*). Als Tristan erfährt, welche Bewandtnis es mit dem Liebestrank hat, daß Isolde für ihn den Tod bedeuten kann, bejaht er ein *eweclichez sterben* (12502), das ihm Isolde als sein Tod bringt.

Als sie sich nicht sehen können, weicht ihre Lebenskraft (14315ff.), so sehr sind sie eins geworden (14331f.): *ir beider tot, ir beider leben/diu waren alse in ein geweben*. In der Minnegrotte leben sie allein von ihrer Ge-

---

[963] Alanus, der das Hohelied auf Maria und Christus bezieht (vgl. Fr. Ohly, Hohelied-Studien, Wiesbaden 1958), sagt in seiner »Elucidatio« (Migne 210, 106): Super cor Virginis et super brachium dilectus ut signaculum ponitur, quia in cogitationibus et in actionibus Virgo Maria filium imitabatur. ... sicut mors separat animam a corpore, ... ita dilectio, qua Virgo Christum dilexit, totam virginem huic mundo mortificavit ... soli Christo viventem. Daran erinnern wörtlich die Worte Gottfrieds (7812–7816): daz ware insigel der minne,/mit dem sin herze sider wart/versigelt unde vor verspart/aller der werlt gemeiner/niuwan ir al einer ...

[964] Aus einer Handschrift des 12./13. Jahrhunderts abgedruckt bei: Dronke (wie Anm. 924), II, S. 364. Ich lese so: Eius sub umbraculo/sedi, quem desidero;/amoris signaculo/dilectissimus, quem video,/cor meum sic consignat,/ut generosa gignat.

genwart (16807ff.). Sie haben eine *gerade schar;* denn sie sind *ein und ein* (16852 f.); ihre Zweisamkeit (16859 *ir zweier geselleschaft*) genügt ihnen und bedeutet ihnen mehr als ein Fest am Artushof. Daß sie Tristan nach Markes Verbot nicht sehen darf, bedeutet für Isolde den Tod (17853 *Tristandes vremede was ir tot*). Die Verabredung zum Stelldichein im Garten, wo sie Marke entdeckt, betrifft das Obst, das er wie Adam von Eva nimmt (18162 ff.): *daz nam er und az mit ir den tot* (damit ist hier die Trennung gemeint).

Zu einer großen Szene ist nach der Entdeckung der Abschied gestaltet. Bedeutsamer als das Abschiedgespräch (18266–18358), in dem sich noch einmal beide versichern, daß sie eine Einheit sind (18353 f. *wir zwei sin iemer beide/ein dinc ane underscheide*), ist der lange Monolog, mit dem Isolde dem Geliebten nachblickt (18491–18600). Er flieht vor dem Tod durch Marke und nimmt mit der Trennung von Isolde den Tod mit sich (18421–18426). Beide sind mit Leib und Leben so eins geworden (vgl. 14331f.), daß er ihr Leben mit sich nimmt und sein Leben bei ihr läßt (18504ff.). Es heißt (18510f.): *wir zwei wir tragen under uns zwein/tot unde leben ein ander an.* Weil sie weiß, daß sie für Tristan das Leben bedeutet, will sie sich und so auch ihn am Leben erhalten. Ihr Leben hängt von ihm ab, sein Tod von ihr (18572f.).

Tristan gerät in Verwirrung, als er die andere Isolde, Isolde Weißhand kennen lernt (18965ff.). Was mit dem Namen Isolde gesiegelt ist, verpflichtet ihn zur Dankbarkeit (19035ff.); aber die Zuneigung, die das Zeichen dieses Namens bei ihm auslöst, empfindet er als Untreue gegenüber seiner Isolde. Seine Lieder schließt er mit dem Kehrreim (19213f., 19409f.): *Isot ma drue, Isot mamie,/en vus ma mort, en vus ma vie.* Die Wahl der fremden Sprache zeigt die Verfremdung, die tatsächlich zu einer Entfremdung führt, weil er nichts von seiner Isolde hört. Isolde war innerlich gespalten zurückgeblieben und hatte bekennen müssen, daß sie mit Tristan auf der See und zugleich auf dem Lande sei und so nicht wisse, wo sie sich suchen und finden sollte (18532 ff. *wa mag ich mich nu vinden?/wa mac ich mich nu suochen, wa?).* Dem korrespondieren die Überlegungen Tristans (Isolde hätte ihm Nachricht zukommen lassen können): *wie vindet man mich oder wa?/wa man mich vinde? da ich bin* (19518f.). Ihrer Umgewißheit setzt er so das nüchterne *da ich bin* entgegen.

Wie Gottfried die Zeit der Verwirrung im Zeichen des Namens Isolde gestalten wollte, wissen wir nicht. Als sicher darf gelten, daß eine falsche Annahme (wie bei Pyramus und Tisbe) Tristan den Tod bringt, der den Tod von Isolde nach sich zieht, und daß dann beide nach dem Tode (wie bei Pyramus und Tisbe) vereint werden. Einen solchen Schluß, wie ihn die Fortsetzung Ulrichs von Türheim bietet, fordert der Prolog.[965]

Die rhetorische Allegorie

Bernhard Silvestris faßt das *integumentum* mit der *allegoria* als verhüllende Darstellung *(involucrum)* zusammen.[966] Das *integumentum* verhüllt eine Wahrheit in eine Fiktion *(sub fabulosa narratione)*, die *allegoria* in eine wirkliche Geschichte *(sub historica narratione)*. Beide haben ein misterium occultum (das darum eine Erklärung fordert). Da Bernhard Silvestris die *allegoria* als Merkmal der Heiligen Schrift ansieht, hat er die allegorische Erklärung der Bibel im Auge.

Tatsächlich aber steht der Begriff der *allegoria* in zwei verschiedenen Überlieferungsreihen.[967] Als Sageweise gehört sie zu den »Tropen«, den Mitteln »verfremdenden« Ausdrucks, die von der Rhetorik bereit gestellt werden.[968] Sie sind dadurch gekennzeichnet, daß sie von der im System

---

[965] Als »integumentum« mit »parabolischem Sinn« habe ich (nach Bezzola) den ritterlichen Roman dargestellt: Wege der epischen Dichtung (wie Anm. 873), S. 419–435 (bzw. Studien II, S. 122–136); dabei werden die Eneide und der Iwein analysiert, den ich (bei Hartmann) als ritterliches integumentum der iustitia verstehe (S. 431–435, bzw. Studien II, S. 132–136). Der Minnesang ist insofern ein integumentum, als mit der Beziehung des Dichters zur Frau zugleich die Stellung des Dichters zur Gesellschaft, zur Welt und zu Gott gemeint ist (vgl. in den Studien II, S. 151–162 die Interpretation aus dem Jahre 1942, das Buch über Hausen aus dem Jahre 1948 und das »Geleit« zur »Liebeslyrik der deutschen Frühe« aus dem Jahre 1952).

[966] Die Definition des Bernhard Silvestris im Kommentar zu Martianus Capella lautet nach dem Wortlaut bei Jeauneau (wie Anm. 748, S. 36), der bereits früher mitgeteilt war: Genus doctrine figura est. Figura autem est oratio, quam involucrum dicere solent. Hec autem bipartita, est: partimur namque eam in allegoriam et integumentum. Est autem allegoria oratio sub historica narratione verum et ab exteriori diversum involvens intellectum, ut de lucta Jacob (Gen 33, 24–30). Integumentum vero est oratio sub fabulosa narratione verum claudens intellectum, ut de Orpheo. Nam et ibi historia et hic fabula misterium (bei Wetherbee, wie Anm. 24, S. 267 irrtümlich: ministerium) habent occultum, quod alias discutiendum erit. Allegoria quidem divine pagine, integumentum vero philosophice competit. Auf diese Aussage geht Christel Meier in ihren »Überlegungen zum gegenwärtigen Stand der Allegorieforschung« (wie Anm. 53a, S. 10ff.) noch einmal ein.

[967] Über die rhetorische Allegorie: Brinkmann, Verhüllung (wie Anm. 719), S. 314–319; die Lehre der antiken Grammatik über die allegoria bei: Krewitt (wie Anm. 52), S. 93–96 (Cicero: S. 42ff.; Quintilian: S. 71ff.); Blank, Minneallegorie (wie Anm. 886), S. 7–14.

[968] Zu den »Tropen«: vgl. Lausberg, Handbuch d. lit. Rhetorik (wie Anm. 9), II, S. 829–831 (Register); insgesamt: Krewitt (wie Anm. 52).

214

der Sprache gegebenen *significatio* abweichen.[969] Bei der rhetorischen *allegoria* ist die Abweichung bis zum Widerspruch verschärft. Bei Quintilian heißt es darum:[970] *aut aliud verbis aliud sensu ostendit aut etiam interim contrarium.* Als Tropus steht also die *allegoria* in Opposition zur *propria significatio.* Das ist anders bei der hermeneutischen *allegoria,* an die Bernhard Silvestris denkt; sie setzt als *sensus spiritualis* einen bestimmten Wortlaut voraus, den sie deutet. Als »tieferer« Sinn steht sie in Opposition zum »nackten« Wortlaut, der *littera,* bzw. *historia,* und rechnet darum stets mit zwei verschiedenen Ebenen, die beide ihre eigenen Gesetze haben. Conrad von Hirsau unterscheidet[971] (Huygens 202–205): *Explanatio est ad literam, ubi dicitur, quomodo nuda litera intelligenda sit; ad sensum, ubi dicitur, ad quid referatur, quod dicitur; ad allegoriam, ubi aliud intelligitur et aliud significatur.*

Die rhetorische Allegorie ist bei Quintilian mit den ihr verwandten Ausdrucksweisen unter den Tropen behandelt (wie Anm. 970); ausführlicher geht er dabei auf die *allegoria* (besonders auf ihre Verbindung mit der Metapher), auf *aenigma* und *ironia* ein. Außer ihnen nennt er noch *sarcasmos, asteismos, antiphrasis* und *paroimia,* die manche als eigene Tropen auffassen.[972] Daraus hat sich dann in der römischen Grammatik eine Siebenerreihe entwickelt,[973] die vor allem durch Donat und Isidor dem Mittelalter vermittelt wurde.[974]

---

[969] Isidor (wie Anm. 13) beginnt sein Kapitel (I, 6) »de tropis«: Tropos Graeco nomine Grammatici vocant, qui latine modi locutionum interpretantur. Fiunt autem a propria significatione ad non propriam similitudinem.

[970] Quintilian (wie Anm. 104), VIII, 6 in dem Kapitel »De tropis« (VIII 6,44), das eingehend die allegoria behandelt (44–69), die nach ihm auch im Alltag ganz üblich ist (51: Ceterum allegoria parvis quoque ingeniis et cotidiano sermoni frequentissime servit ... Est enim grata in eloquendo novitas et emutatio, et magis inopinata delectant) und eine wichtige Analyse der »ironia« (54–56) bringt, bei der die Abweichung zum Gegensatz verschärft ist (54 in eo genere, quo contraria ostenduntur, ironia est).

[971] Conrad von Hirsau, Dialogus (wie Anm. 2), S. 18/19, Zeile 202–206. Der Lehrer hat über den Unterschied zwischen ordo naturalis und ordo artificialis unterrichtet und fährt dann fort (198–200): explanatio in libris quadrifaria accipitur: ad literam, ad sensum, ad allegoriam, ad moralitatem. Die im Text zitierte Definition wird noch ergänzt durch eine Erklärung der moralitas (Zeile 205/206): ad moralitatem, ubi quod dicitur ad mores bonos excitandos colendosque reflectitur.

[972] Quintilian (wie Anm. 104 und 970), VIII 6, 57/58: sunt etiam qui haec non species allegoriae, sed ipsa tropos dicant (Quintilian selber lehnt das ab).

[973] Krewitt (wie Anm. 52 und Anm. 967), S. 93–96. Unter den Grammatikern unterscheidet Pompeius zwischen allegoria und ironia (Grammatici latini, hg. H. Keil, V, S. 310).

[974] Isidor bringt die Reihe in anderer Folge als Quintilian (wie Anm. 104, I 37, 22–30). Die allegoria wird als »Andersrede« (alieniloquium) bestimmt: »Laut und Sinn fallen auseinander« (aliud enim sonat et aliud intelligitur) ... Huius tropi plures sunt species, ex quibus eminent septem: ironia, antiphrasis, aenigma, charientismos, paroemia, sarcasmos, astysmos. Die ironia bekommt durch die Betonung einen Gegensinn (ironia est

Wir treffen die Reihe dann im 8. Jahrhundert, mit der hermeneutischen Allegorie verbunden, bei Beda;[975] im 11. Jahrhundert im *Elementarium doctrinae rudimentum* des Papias;[976] im letzten Jahr des 12. Jahrhunderts im *Doctrinale* des Alexander de Villa Dei, einer Versgrammatik, die den Lateinunterricht der folgenden Jahrhunderte bestimmte (v. 2541–2559).[977] In der Poetik zeigt sich Matthaeus von Vendôme mit der Siebenerreihe bekannt,[978] wobei er sich ausdrücklich auf Isidor beruft *(teste Ysidoro)*; er beschränkt sich allerdings auf *allegoria* (III, 43) und auf *aenigma*, als eine *minus ventilata species* (III, 44).

Die Reihe der unter *allegoria* zusammengefaßten Ausdrucksweisen war ein sehr inhomogenes Gebilde, und so nimmt es nicht wunder, daß Gervasius (in Kenntnis Donats und Isidors) die Reihe aufgegeben hat.[979] Die *paroemia*, das *proverbium*, bekommt einen eigenen Abschnitt,[980] weil sie auf Identität, auf Analogie oder auf Gegensatz beruhen kann. Im übrigen scheidet er die allegorischen Ausdrucksweisen in solche, die auf einer Analogie beruhen[981] wie *asteismos*, bei ihm *antismos* genannt, und *aenig-*

---

sententia per pronuntiationem contrarium habens intellectum). Isidor grenzt auch ab (I 37, 25): inter ironiam et antiphrasim hoc distat, quod ironia pronuntiatione sola indicat quod intellegi vult ...; antiphrasis vero non voce pronuntiantis significat contrarium, sed suis tantum verbis, quorum origo contraria est. Weiter (26): inter allegoriam autem et aenigma hoc interest, quod allegoriae vis gemina est et sub res alias aliud figuraliter indicat, aenigma vero sensus obscurus est.

[975] Vgl. Krewitt (wie Anm. 52), S. 164.

[976] Vgl. Krewitt (wie Anm. 52), S. 196.

[977] Vgl. Krewitt (wie Anm. 52), S. 202f.

[978] Matthaeus von Vendôme (bei Faral, wie Anm. 11) gibt für allegoria die Definition (III, 43, S. 177): allegoria est alienum eloquium, quando a verborum significatione dissidet intellectus ... huius tropi quamvis septem sint species ... Als Beispiel für die allegoria übernimmt Matthaeus von Isidor den Vergilvers (Bucol. III, 71), in dem der Autor (angeblich) unter zehn Äpfeln (aurea mala decem misi) die zehn Eklogen versteht (Isidor: id est ad Augustum decem eclogas pastorum). Servius kennt diese Deutung in seinem Kommentar, lehnt sie aber ab (Servii Grammatici in Vergilii Bucolica et Georgica commentarii, rec. Georg Thilo, Leipzig 1887, S. 38): et volunt quidam hoc loco allegoriam esse ad Augustum de decem eclogis: quod superfluum est: quae enim necessitas hoc loco allegoriae?

[979] Vgl. Krewitt (wie Anm. 52), S. 399ff.

[980] Gervasius (wie Anm. 66), S. 182–184. Der Abschnitt beginnt (S. 182, 1–5): presentem adusque terminum distulimus paroemiam, ut de ea coniunctim ageremus. Nascitur enim tum ex idemptitate, tum ex similitudine, tum ex contrarietate. Paroemia igitur idem est quod proverbium. Die Einfügung einer paroemia in eine »materia« findet er am Ende des Abschnitts: venustissime.

[981] Gervasius (wie Anm. 66 und 980), S. 149, 6/7: allegoria cum similitudine et contrarietate excedens est. Wie die paroemia aus der Reihe der rhetorischen Arten der Allegorie (mit Recht) herausgenommen ist (vgl. Anm. 980), so wird auch der asteismos, der bei Isidor I 37, 30 die allegoria beschließt, unter dem Namen antismos als eine Erscheinung

ma, und solche, denen ein Gegensatz zugrunde liegt,[982] wie *ironia, antiphrasis, charientismos* und *sarcasmos*.

Wie die allegorischen Ausdrucksweisen verstanden wurden, macht am besten Beda deutlich, der sie an Beispielen aus der heiligen Schrift demonstriert.[983]

Gemeinsames Merkmal ist die Opposition zwischen dem Gesagten und dem Gemeinten: *Allegoria est tropus, quo aliud significatur quam dicitur.* Als Beispiel dafür nennt Beda aus dem Johannesevangelium (4,35) die Worte Jesu, in denen er sagt, daß die Felder reif zur Ernte sind *(videte regiones, quia albae sunt iam ad messem)*, und damit meint: »Begreift, daß das Volk bereit ist zu glauben« (nach Beda: *intellegite, quia populi iam parati sunt ad credendum).*[984] Eine *ironia* (»Satzironie«) bringt durch die Betonung (den ironischen Gegenton) zum Ausdruck, daß das Gegenteil des Gesagten gemeint ist. Als Beispiel führt Beda die Verspottung der Baalspriester durch Elias (3 Reg 18,27) an: *clamate voce maiore.* Die *antiphrasis* (Wortironie) bringt nicht durch die Betonung (wie die *ironia*) den Gegensinn zum Ausdruck, sondern durch die Wahl eines gegenteiligen Wortes (nach Beda, der wörtlich Isidor folgt: *antifrasis non voce pro-*

---

für sich vorweggenommen und als Übertragung eines sprachlichen »Komplexes« (translatio vocis complexe) an die Übertragung eines Wortes angeschlossen (S. 141, 9–149, 5), worauf das Rätsel (enigma) folgt (149, 9–150, 6), das auf Analogie beruht (149, 9 una, que ad similitudinem pertinet, est enigma).

[982] Gervasius (wie Anm. 66 und 980), S. 155, 3–6: Allegoria species ad contrarietatem pertinentes sunt quinque: Yronia, antifrasis, carientismos, sarcasmos, paroemia. Nota vero quod iste species contrarietatem in voce non continent, sed tantum in intellectu. Dann werden die verschiedenen Arten kurz vorgeführt und an Beispielen erläutert (S. 155, 7–156, 11).

[983] Beda, De schematibus et tropis, in: Rhetores latini minores, hg. Carl Halm, Leipzig 1863, II, S. 607–618 (S. 615–618 allegoria). Dazu: Brinkmann, Verhüllung (wie Anm. 719), S. 315–318; Krewitt (wie Anm. 52), S. 164–167. Die im folgenden angeführten Beispiele stehen bei Halm S. 615ff.

[984] Quintilian beginnt mit einer »totalen« Allegorie (Inst. orat., wie Anm. 104, VIII 6, 44), für die er als Beispiel die berühmte Ode des Horaz (Carm. I, 14) wählt, in der vom Schiff die Rede ist (O navis, referent in mare te novi fluctus), aber der Staat gemeint ist (totusque ille Horatii locus, quo navem pro re publica, fluctus et tempestates pro bellis civilibus, portum pro pace atque concordia dicit). Diese totale Allegorie entsteht durch eine Kette von Übertragungen (fit genus plerumque continuatis translationibus). Neben der »totalen« gibt es die »gemischte« Allegorie, wie in einem Beispiel aus Ciceros Rede für Milo, aus der Quintilian zitiert (VIII 6, 48): Milo müsse sich die Stürme gefallen lassen (tempestates … esse subeundas), »wenigstens im Wogen der Versammlungen« (in illis dumtaxat fluctibus contionum), wo der Zusatz »contionum« den gemeinten Bezug gibt. Für die Wirkung scheint Quintilian wesentlich, daß so gesprochen wird, wie es nicht erwartet war (VIII 6, 51 Est enim grata in eloquendo novitas et emutatio, et magis inopinata delectant).

nuntiantis significat contrarium, sed suis tantum verbis), wie in den Worten Jesu an Judas (Matth 26,50): *Amice, ad quid venisti?*[985]

Beim *aenigma* wird das Gemeinte dunkel durch einen versteckten Vergleich[986] (Beda: *aenigma est obscura sententia per occultam similitudinem rerum*), wie in dem Psalmvers (67,14): *pennae columbae deargentatae et posteriora dorsi eius in specie auri* (»Taubenfedern nach außen wie Silber, auf der Innenseite wie Gold«); Beda sieht darin einen Vergleich, der die Heilige Schrift oder die Kirche meint. Matthaeus von Vendôme (III, 44) und Gervasius (150,2) bringen nach Donat (402,7) als Beispiel das Rätsel vom Eis: *Mater me genuit, eadem mox gignitur ex me.*

Als allegorische Ausdrucksweisen werden auch Euphemismus *(charientismos)* und Sarkasmus *(sarcasmos)* verstanden, die den sprachlichen

---

[985] Lausberg (wie Anm. 696) trennt allegoria (§§ 895–901) und ironia (§§ 902–904). Wie bei der allegoria erscheint auch bei der ironia das Moment des Unerwarteten relevant, das Cicero in seiner bedeutenden Darlegung über das Lachen (De oratore II, §§ 235–290) hervorhebt (De oratore II 70, 284): ... nihil magis ridetur, quam quod est praeter exspectationem ... An früheren Stellen aus der Erörterung des Lachens heißt es (De oratore II 63, 255): Sed scitis esse notissimum ridiculi genus, cum aliud exspectamus, aliud dicitur; und (II 64, 260): ... cum quasi decepti sumus exspectatione, ridemus. Wiltrud Brinkmann hat zeigen können, daß Ciceros Auffassung von Scaliger übernommen worden ist und daß Martin Opitz sie von Scaliger übernommen hat (Wiltrud Brinkmann, Logaus Epigramme als Gattungserscheinung, in: ZfdPh 93, 1974, Heft 4, S. 507–522; S. 509–512 Cicero-Scaliger-Opitz). Von der dissimulatio, die er offenbar mit der ironia in diesem Zusammenhang gleichsetzt, sagt er (De oratore II 67, 269): urbana etiam dissimulatio est, cum alia dicuntur ac sentias ... cum aliter sentias ac loquare; Sokrates war darin Meister (II 67, 270): ... Socratem opinor in hac ironia dissimulantiaque ... omnibus praestitisse. Über die Ironie in der Bibel: E. Voeltzel, Das Lachen des Herrn, 1961. Das »Centre de Recherches Linguistiques et Sémiologiques« der Universität Lyon hat als 2. Heft der Revue »Linguistique et Sémiologie« 1976 ein Heft über die Ironie veröffentlicht, das dem Problem der Ironie historisch, systematisch und pragmatisch nachgeht. Aus der wissenschaftlichen Literatur seien noch genannt: N. Knox, The word irony and its context 1500–1755, Durham/North Carolina 1961; D. C. Muecke, The compass of irony, London 1969. Für das Mittelalter am wichtigsten ist die Abhandlung von: Denis H. Green, Alieniloquium, Zur Begriffsbestimmung der mittelalterlichen Ironie (in: Verbum et Signum, wie Anm. 57, Bd. II, 1975, S. 121–159). In umfassenden Überlegungen kommt er von Donat am Ende zu der Definition (S. 156): »Die Ironie ist eine Aussage oder Darstellung einer Handlung oder Situation, deren eigentliche, den Eingeweihten sichtbar gemachte Bedeutung absichtlich von der vermeintlichen, den Uneingeweihten vorgespiegelten Bedeutung abweicht und ihr nicht angemessen ist.« Quintilian nennt drei Anhaltspunkte für das Verstehen einer Ironie (Inst. orat., wie Anm. 104, VIII 6, 54): In eo genere, quo contraria ostenduntur (von der allegoria war vorher – VIII 6, 44 – gesagt: aut aliud verbis aliud sensu ostendit aut etiam interim contrarium), ironia est; illusionem vocant. Quae aut pronuntiatione intelligitur aut persona aut rei natura.

[986] Zum Rätsel: A. Taylor, The literary riddle before 1600, Berkeley 1948; für Deutschland: Mathilde Hain, Rätsel (Sammlung Metzler 53), 1966; Volkmar Schupp (Herausgeber), Deutsches Rätselbuch, 1972.

218

Ausdruck mildern oder verschärfen.[987] Charientismos liegt vor in Jakobs Vorwurf an Laban, der ihm Lea statt Rahel gegeben und ihn so betrogen hatte (Gen 29,25): *quare imposuisti mihi?*, wo *impositio* für *fraus* gesetzt und damit der Vorwurf gemildert ist (Beda: *uno enim levissimo impositionis verbo iniuriam, quam patiebatur, gravissimam temperantius loquens signavit*). Ein *sarcasmos* ist es, wenn die Juden Jesus verspotten (Matth 72,42): *alios salvos fecit, se ipsum non potest salvum facere*. Der Asteismos, bei Gervasius nach Donat und Isidor breit ausgefächert (141,9–146,20), wird von Beda als witzige Anspielung verstanden (*asteismos putatur dictum omne, quod simplicitate rustica caret et faceta satis urbanitate expolita est*) und mit den Worten des Apostels Paulus an die Galater (5,12) belegt: *utinam abscindantur, qui vos conturbant* (»sie sollen sich doch beschneiden lassen, die euch in Unruhe bringen«).

Wie locker die Reihe der allegorischen Ausdrucksweisen angelegt ist, zeigt sich schon darin, daß zusammengehörige Verfahrensweisen wie Charientismos und Sarcasmos bei Donat, Isidor und Beda voneinander durch die *paroemia* getrennt werden, die von Gervasius aus der Reihe herausgenommen und in einem eigenen Abschnitt behandelt wird (182–184). Beda bestimmt *paroemia* (in wörtlicher Übereinstimmung mit Isidor) als ein Sprichwort, das der jeweiligen Lage und Zeit angepaßt ist (*adcommodatum rebus temporibusque proverbium*), wie der Satz aus dem 2. Petrusbrief (2,22): *canis reversus ad vomitum suum* (bezogen auf Prov 26,11 *sicut canis, qui revertitur ad vomitum suum, sic imprudens, qui iterat stultitiam suam*), der auf den rückfälligen Sünder angewendet wird (Beda: *quemlibet post actam paenitentiam ad vitia relabi*).

Es handelt sich bei all diesen allegorischen Ausdrucksweisen darum, daß das Gemeinte durch einen anderen Ausdruck ersetzt wird, der nicht zu erwarten war. Die Skala reicht von bloßer Modifizierung (wie beim Euphemismus) bis zu völligem Ersatz (wie beim Rätsel). Die Unterschiede betreffen allein die Ausdrucksseite, nicht die Inhaltsseite der Sprache (wie bei der hermeneutischen Allegorie).

Die hermeneutische Allegorie

Wenn Beda auf die Darstellung der rhetorischen Allegorie die hermeneutische Allegorie folgen läßt, so steht er in einer von Hieronymus begründe-

---

[987] Die Stellenangaben und Zitate sind im Text belassen, um ein fortlaufendes Verstehen zu ermöglichen!

ten Tradition, die an den Apostel Paulus anknüpft. Dieser hatte in seinem Brief an die Galater (4,24) die beiden Söhne Abrahams (Gen 16,15 und 21,2), den von einer Magd, auf natürliche Weise geboren *(qui de ancilla secundum carnem natus est)*, und den von einer Freien, nach der Verheißung geboren *(qui autem de libera, per repromissionem)*, auf die beiden Testamente gedeutet: *Haec enim sunt duo testamenta*, und diese Erklärung mit den Worten eingeführt: *quae sunt per allegoriam dicta*. Damit war für die hermeneutische Allegorie ein Ausgangspunkt gegeben, der in den folgenden Erklärungen des Galaterbriefes immer wieder deutlich wird.[988]

Den Begriff der Allegorie, den vorher schon Tertullian, Origenes, Hilarius und Johannes Chrysostomus verwendet hatten, erläutert Hieronymus in seiner Erklärung des Galaterbriefes.[989] Er führt den Begriff der Allegorie auf die Lehre der Grammatik zurück *(Allegoria proprie de arte grammatica est)* und definiert ihn entsprechend: *aliud praetendit in verbis, aliud significat in sensu*. Die Werke der Redner und Dichter seien voll von Allegorien, und auch der Text der Heiligen Schrift weise sie in beträchtlichem Umfang auf. Weil das Paulus als Kenner der heidnischen Literatur gewußt habe, habe er den Begriff der Allegorie gebraucht. Was Paulus an dieser Stelle des Galaterbriefes als *allegoria* bezeichnet habe, habe er an anderer Stelle *intelligentia spiritalis* genannt *(quam hic allegoriam dixit, alibi vocasse intelligentiam spiritalem)*.[990]

Die Kommentare zu den Paulus-Briefen gehen über die Karolingerzeit (Claudius von Turin, Hrabanus, Florus, Sedulius Scottus), über das 10. Jahrhundert (Atto von Vercelli) und 11. Jahrhundert (Lanfrank und Bru-

---

[988] Die Stelle aus dem Brief an die Galater ist von fundamentaler Bedeutung geworden. Dazu: de Lubac (wie Anm. 55) I, 2, S. 373ff.; jetzt die wichtige und klärende Untersuchung von Hartmut Freytag (die nach Fertigstellung des Manuskripts erschienen ist!): Quae sunt per allegoriam dicta – Das theologische Verständnis der Allegorie in der frühchristlichen und mittelalterlichen Exegese von Galater 4, 21–31 (in: Verbum et Signum, wie Anm. 57, Bd. I, S. 27–43. Die Stelle lautet (Gal 4, 22–27): ... Abraham duos filios habuit, unum de ancilla et unum de libera./Sed qui de ancilla secundum carnem natus est; qui autem de libera, per repromissionem;/quae sunt per allegoriam dicta. Haec enim sunt duo testamenta. Unum quidem in monte Sina in servitutem generans, quae est Agar./.../Illa autem, quae sursum est Jerusalem, libera est, quae est mater nostra.

[989] Die Stelle in der Erklärung des Galaterbriefs durch Hieronymus (Migne 26, 416) wird später wörtlich von Hrabanus aufgenommen (Migne 112, 330f.). Vgl. zur Erklärung des Hieronymus: Krewitt (wie Anm. 52), S. 103–109.

[990] Dabei kann Hieronymus etwa an die Stelle aus dem Brief an die Colosser gedacht haben (Col 1, 9): ... ut impleamini agnitione voluntatis eius in omni sapientia et intellectu spirituali. Im übrigen hatte Hieronymus sicher im Auge, daß spiritualis eine Spezialvokabel der Paulusbriefe ist.

no) weiter und erreichen im 12. Jahrhundert ihren Höhepunkt *(Glossatura media* von Gilbert de la Porrée, *Magna Glossatura* des Petrus Lombardus, *Quaestiones de Epistolis Pauli* von Robert von Melun, Petrus Comestor, Peter von Poitiers).[991]

Beda gibt in seiner Darstellung der hermeneutischen Allegorie das Vermächtnis der Patristik weiter.[992] Bereits Ambrosius hatte in einer Bemerkung zu Gal 4,21ff. gesagt:[993] *in figura facta sunt et secundum allegoriam dicta* (er fährt fort: *Allegoria est, cum aliud geritur et aliud figuratur*). Damit wird nicht allein dem Wort, sondern auch dem Handeln eine allegorische Bedeutung zugesprochen. Augustinus nahm das auf *(De trinitate)*:[994] *sed ubi allegoriam nominavit Apostolus, non in verbis eam reperit, sed in facto;* in seiner Schrift *De vera religione* unterscheidet er: *allegoriam historiae et allegoriam facti et allegoriam sermonis et allegoriam sacramenti.*[995]

Diese Unterscheidung ist in Bedas Darstellung eingegangen (wie Anm. 992). Er stellt fest: *allegoria aliquando factis, aliquando verbis fit;* er rechnet mit einer *allegoria verbi* und einer *allegoria operis.* Bei Paulus (Gal 4,24) handelt es sich um eine *allegoria operis,* bei der Prophezeiung des Jesajas vom Zweig aus der Wurzel Yesse (11,1) um eine *allegoria verbi.*[996] So kommt Beda zu folgender Unterscheidung:[997] *allegoria verbi sive operis aliquando historicam rem, aliquando typicam, aliquando tropologicam, id est moralem rationem, aliquando anagogen, hoc est sensum ad superiora ducentem, figurate denuntiat.*[998] Zum Schluß beruft sich Beda

---

[991] Zu den Pauluskommentaren des 11. und 12. Jahrhunderts: Paré/Brunet/Tremblay, La renaissance du XIIe siècle (wie Anm. 21), S. 237–239; A. Landgraf, Untersuchungen zu den Paulinenkommentaren des 12. Jahrhunderts (in: Recherches de Théologie ancienne et médievale 1936, S. 253–281 und 345–368).

[992] Die hermeneutische Allegorie bei Beda (wie Anm. 983), S. 615–618.

[993] Ambrosius, De Abraham (Migne 14, 454): Tertia quoque est, quam nobis apostoli Pauli tribuit auctoritas, qui ait: illa quae gessit Abraham, ut de ancilla susciperet sobolem, in figura facta sunt et secundum allegoriam dicta. Allegoria est, cum aliud geritur et aliud figuratur; dazu: Krewitt (wie Anm. 52), S. 110–112.

[994] Augustinus, De trinitate, 15 Bücher (Migne 42, 819–1098), im 15. Buch (lib. XV, cap. 9: Migne 42, 1069). Vgl. de Lubac (wie Anm. 55) I, 1 (1959), S. 211; Krewitt (wie Anm. 52), S. 133f.

[995] Augustinus, De vera religione (Migne 34, 121–172); die zitierte Stelle: Migne 34, 165; vgl. Krewitt (wie Anm. 52), S. 130f.

[996] Dazu: Krewitt (wie Anm. 52), S. 164–167.

[997] Beda, De schematibus et tropis (wie Anm. 983), S. 617.

[998] Offenbar hat Beda hier »typicam« gesetzt, um einen Doppelsinn von allegoria (allegoria … aliquando »allegoricam« rem … denuntiat) zu vermeiden. Die Vermutung von Hegener (wie Anm. 53, S. 20, Anm. 87), daß Beda typicus gegen allegoricus beliebig tauschen könne, trifft wohl nicht zu. Zur »typica expositio« de Lubac (wie Anm. 55), I, 2, S. 402.

auf Gregor den Großen[999] und erläutert die verschiedenen Arten des Schriftsinns an den Bedeutungsweisen des Tempels und Jerusalems.[1000] Der Tempel ist im »historischen Sinne« *(iuxta historiam)* das Gebäude, das Salomo nach dem Bericht der Bibel errichtet hat; im allegorischen Sinne *(iuxta allegoriam)* entweder der Leib des Herrn (nach den Worten Jesu bei Joh 2,19: *solvite templum hoc, et in tribus diebus excitabo illud*; dazu die anschließende Bemerkung des Evangelisten: *ille autem dicebat de templo corporis sui*) oder die Kirche (nach den Worten des Apostels Paulus an die Korinther 1 Cor 3,17: *templum enim Dei sanctum est, quod estis vos*); im moralischen Sinn *(per tropologiam)* ein Bild, das die Gläubigen zu sittlichem Lebenswandel aufruft (nach 1 Cor 6,19, wo Paulus die Korinther zu sittlichem Leben ermahnt: *quoniam membra vestra templum sunt spiritus sancti*); im anagogischen Sinn *(per anagogen)* für die Sehnenden ein Hinweis auf die Herrlichkeit in der ewigen Seligkeit (nach Ps 83,5: *beati, qui habitant in domo tuo, Domine*).

Wenn Beda von einer *allegoria operis* spricht, hat er offenbar wesentlich Geschehen im Auge, das in der Heiligen Schrift berichtet wird (also: *historia*). Damit fällt nicht zusammen die Lehre von der *significatio* der *res*, der »zweiten Sprache«, die auf der Zeichenlehre des Augustinus beruht.[1001] Diese Lehre war von Hrabanus aufgenommen worden,[1002] der ausdrücklich zum Verständnis der Heiligen Schrift die Kenntnis der *res* verlangt. Guibert von Nogent sagt:[1003] *per considerationem illius rei, de qua agitur, aliquid allegoriae vel moralitati conveniens invenitur, sicut de lapidibus gemmariis, de avibus, de bestiis, de quibus quidquid figurate dicitur, non nisi propter naturarum significantiam profertur*; und er beruft sich dabei auf Gregor von Nazianz,[1004] der bekannt habe: *se id habuisse*

---

[999] Zur Wirkung Gregors des Großen: de Lubac (wie Anm. 55) I, 1, S. 189; I, 2, S. 537–546.

[1000] Auch hier (vgl. Anm. 987) sind Stellenangaben und Zitate im Text belassen, um ein fortlaufendes Verstehen zu erleichtern.

[1001] Vgl. dazu den Eingang des 3. Kapitels (und den Eingang des 4. Kapitels).

[1002] Hrabanus Maurus, De clericorum institutione ad Heistulphum archiepiscopum libri tres (Migne 107, 293–420). Wie Hrabanus selbst sagt (Migne 107, 392), hat er im 3. Buch Auszüge aus Augustinus (De doctrina christiana) gegeben (sancti Augustini de doctrina christiana, unde haec excerpsimus). Die Zeichenlehre des Augustinus vermittelt er im 3. Buch, und zwar vom 8. Kapitel an. Das 10. Kapitel handelt: de translatis signis. Vgl. Krewitt (wie Anm. 52), S. 172–175.

[1003] Guibert von Nogent, Quo ordine sermo fieri debeat (Migne 156, 21–32); die zitierte Stelle: Migne 156, 29B–30A).

[1004] Migne 156, 29D heißt es: Gregorius Nazianzenus, vir mirabiliter eruditus, in quodam suo libro testatur se id habuisse consuetudinem, ut quidquid videret ad instructionem animi allegorizare studeret.

222

consuetudinem, ut quidquid videret, ad instructionem animi allegorizare studeret. In die allegorischen Wörterbücher war diese Auffassung seit Eucherius eingegangen; Hugo von St. Victor nahm sie in seine Hermeneutik auf und gab ihr damit einen festen Platz bei der Auslegung der Heiligen Schrift.

Im 12. Jahrhundert werden sowohl *littera* (bzw. *historia*) wie *allegoria* nach Inhalt und Umfang neu bestimmt;[1005] gleichzeitig werden sie zum Wissenschaftssystem (vgl. das 2. Kapitel) in Beziehung gesetzt.

Zur *littera* gehören alle Aussagen, die allein aus der Sprache hervorgehen, deren Sinn sich unmittelbar oder mittelbar aus der *significatio vocum* ergibt. »Figürliche« Rede begegnet im profanen wie im religiösen Bereich; so können allegorische Bedeutungen offen oder verdeckt ausgesprochen werden, aber im profanen Bereich bleibt verdeckte Rede immer auf der Ebene der menschlichen Sprache, die der natürlichen Welt zugeordnet ist und durch menschliche *impositio* zustande kommt (vgl. Anm. 54). Das gilt insbesondere für die rhetorische Allegorie, die nur eine Variante des sprachlichen Ausdrucks ist (vgl. Anm. 974). Vor allem trifft das für sprachliche Fiktionen zu, die einen Zweitsinn haben, wie die *fabula* (vgl. Anm. 703); die Heilige Schrift kennt weder *fabula* noch *argumentum*, sondern allein *historia*.

Peter von Poitiers sagt in seinen *Allegoriae super tebernaculum Moysi:*[1006] *Et quando voce significatur res, aut ita quod nec facta est nec facta esse videtur, et tunc est fabula; aut ita quod facta non est, fieri tamen potuisse videtur, et tunc est argumentum; aut ita quod et facta est et fieri potuisse videtur, et tunc dicitur historia. Fabulas non admittit sacra pagina nec argumenta recipit, sed parabolas loco eorum, quales in evangelio sepe invenis.*[1007] *Historiam celebrat, sed hec duobus modis narratur, vel plano sermone vel verbis metaphorice et transsumptive positis.*

[1005] An dieser Stelle ist an frühere Abschnitte zu erinnern: den Eingang des 3. Kapitels (Sprachauffassung: voces und res), den Eingang des 4. Kapitels (Die Auffassung der Welt und des Menschen: Die Sprache der res) sowie die Kapitel über die Methoden der Auslegung: Dichtung und analogische Wahrheit. Die wissenschaftliche Literatur ist an früheren Stellen verzeichnet; besonders genannt seien als zusammenfassende Werke: Glunz, Literarästhetik (wie Anm. 129); Spicq, Esquisse (wie Anm. 47); de Bruyne, Etudes (wie Anm. 21 und 138); Chenu, Théologie (wie Anm. 151); de Lubac, Exégèse (Anm. 55); zur Methode des Unterrichts: Paré/Brunet/Tremblay, Renaissance (wie Anm. 21); Smalley, The study of the Bible (wie Anm. 653); ferner nenne ich noch einmal: Ohly, Schriften zur mittelalterlichen Bedeutungsforschung (wie Anm. 287); Christel Meier, Überlegungen ... (wie Anm. 53a) und Das Problem der Qualitätenallegorese (wie Anm. 286).

[1006] Petri Pictaviensis Allegoriae super tabernaculum Moysi, hg. Philipp S. Moore und James A. Corbett, Notre Dame/Indiana 1938, S. 100.

[1007] Zur »parabola«: Anm. 725–732.

In profaner Literatur gehört danach zum *sensus litteralis*, den menschliche Sprache begründet *(quando voce significatur res)*, auch die Fiktion *(fabula* und *argumentum* der Rhetorik), während die Heilige Schrift auf der Ebene des *sensus litteralis* nur Wirkliches *(historia)* kennt. Für Aussagen profaner Literatur, die einen Zweitsinn haben, verwendet die Scholastik die Bezeichnung *sensus parabolicus*[1008]. Zu ihm gehört vor allem die verhüllende Darstellungsweise eines *integumentum* (vgl. Anm. 771).

Der Bereich der *allegoria* umfaßt nicht allein, was durch Worte gesagt ist, sondern schließt darüber hinaus auch Geschehen *(facta)* ein und Sachverhalte *(res)*, die Zeichenwert haben. Daß *facta* und *res* nicht dasselbe sind, hat sich schon gezeigt. Bei den *facta* handelt es sich darum, daß berichtetes Geschehen zum Zeichen wird, wie die eherne Schlange (Num 21,9) Zeichen für den Erlösungstod Christi (nach den Worten Jesu: Joh 3,14). Stefan Langton sagt dazu in seinem Genesiskommentar:[1009] *Allegoria est expositio, quando per unum factum significatur aliud factum, sicut per serpentem elevatum in deserto intelligitur mors Christi.* Geschehen des Alten Testaments wird zum Zeichen für Geschehen des Neuen Testaments, und zwar gemäß den Worten Jesu.

Bei einem Sachverhalt (einer *res*) handelt es sich nicht um Ereignisse, sondern um Erscheinungen, die wahrnehmbar sind, um Elemente der sichtbaren Welt, die zu Zeichen werden. Dabei können nach Petrus von Poitiers[1010] verschiedene Momente bedeutsam werden: *quandoque persona datur intelligi altera persona, ut cum dicitur, quod David Christum significat; quandoque qualitate qualitas, ut cum per candorem vestium angeli apparentis in die resurrectionis intelligitur splendor glorificandi humani corporis; et loco locus, ut quando per Iherusalem ecclesia intelligitur; et tempore tempus, ut cum per annum iubileum tempus gratie significatur; et per numerum quandoque solet aliquid significari, ut per senarium perfectio* ... Was diese Zeichen bedeuten, ergibt sich im allgemeinen aus der Heiligen Schrift. Aber auch *res*, die nicht in der Heiligen Schrift erwähnt sind, können zu Zeichen werden, weil die ganze Schöpfung Sprache Gottes an den Menschen ist, nach den Worten Hugos von St. Vic-

---

[1008] »sensus parabolicus« bei Thomas von Aquin: Anm. 739; dazu: Christel Meier, Überlegungen (wie Anm. 53a), S. 24ff.

[1009] Die Stelle ist angeführt bei Smalley (wie Anm. 653), S. 168f. und bei Hegener (wie Anm. 53 Schluß), S. 24.

[1010] Peter von Poitiers (wie Anm. 1006), S. 100f.; vgl. auch die von de Lubac (wie Anm. 55) II, 1, S. 381 angeführte Stelle aus der Historia scholastica des Petrus Comestor (Migne 198, 1055).

tor:[1011] *omnis natura Deum loquitur, omnis natura hominem docet, omnis natura rationem parit, et nihil in universitate infecundum est.*
Der Bereich der *littera* wie der Bereich der *allegoria* fordern zu ihrem Verständnis den Einsatz der Wissenschaft; so ist das System der Wissenschaften unmittelbar mit der Unterscheidung von *littera* und *allegoria* verbunden. Sie werden als Einheit verstanden.[1012]

Die bedeutendste Hermeneutik des Mittelalters, das *Didascalicon* des Hugo von St. Victor, beginnt mit einem Satz *(Omnium expetendorum prima est sapientia)*, der an Salomos Bitte um Weisheit erinnert, von der das 3. Buch der Könige berichtet;[1013] der biblische Bericht läßt den Herrn zu Salomo im Traum sagen :... *postulasti tibi sapientiam ... ecce feci tibi secundum sermonem tuum.*

So steht die Hermeneutik im Dienst der *sapientia*; sie schließt die Kenntnis der profanen Wissenschaft, der *artes*, und die Kenntnis der Heiligen Schrift ein. Hugo will in seinem Werk sowohl den Leser des profanen wie des religiösen Schrifttums unterrichten; nach den Worten der Vorrede:[1014] *instruit autem tam saecularium quam divinarum scripturarum lectorem.* Dementsprechend gliedert sich das Werk in zwei Teile: der erste Teil (I–III) stellt das System der artes dar, das profane Wissen; der zweite Teil (IV–VI) behandelt die rechte Lektüre der Heiligen Schrift und schließt mit der Bitte an die göttliche Sapientia um Erleuchtung.[1015] Für den Zusammenhang zwischen der Lektüre profanen und religiösen Schrifttums bezeichnend ist, daß darauf noch einmal eine Darstellung des Wissenschaftssystems folgt (VI,14).[1016]

[1011] Hugo von St. Victor, Didascalicon (wie Anm. 3, S. 123), schließt das knappe Kapitel »De tropologia, id est de moralitate« (VI, cap. 5) mit diesen Worten.

[1012] Zum Folgenden: vgl. das 2. Kapitel. Genannt seien noch: Marie-Thérèse d'Alverny, La sagesse et ses sept filles (in: Mélanges Felix Grat, Bd. I, Paris 1948, S. 245–278) und Roger Baron, Science et Sagesse chez Hugues de St. Victor, Paris 1957.

[1013] 3 Reg 3, 5–14. Die zitierten Worte: 3 Reg 3, 11–12. Der Bericht über die Traumerscheinung des Herrn geht dem Salomonischen Urteil (3 Reg 3, 16–28) voraus. Auf die Aufforderung des Herrn (3 Reg 3, 5): Postula, quod vis, ut dem tibi, antwortet Salomo (nachdem er sich vorher als unerfahren seinem Vater David konfrontiert hat: 3 Reg 3, 6–8): Dabis ergo servo tuo cor docile, ut populum tuum judicare possit et discernere inter bonum et malum ... Zu erinnern ist natürlich auch an die Worte aus dem Buch der Weisheit (Sap 7, 7–8): ... datus est mihi sensus et invocavi et venit in me spiritus sapientiae./Et praeposui illam regnis et sedibus et divitias nihil duxi in comparatione illius.

[1014] Hugo von St. Victor, Didascalicon (wie Anm. 3), S. 2. Es heißt dann u. a. weiter: in prima parte docet lectorem artium, in secunda parte divinum lectorem.

[1015] Hugo von St. Victor, Didascalicon (wie Anm. 3), S. 130 (VI, 13): rogemus igitur nunc Sapientiam, ut radiare dignetur in cordibus nostris et illuminare nobis in semitis suis, ut introducat nos ad puram et sine animalibus ccnam.

[1016] Hugo von St. Victor, Didascalicon (wie Anm. 3), S. 130–132. Das Kapitel (Divisio philosophiae continentium) hat wie der Beginn des Werkes eine anthropologische Grund-

Bereits im 9. Jahrhundert hat Hrabanus in seinem großen Werk *De universo*[1017] die Darstellung so angelegt, daß dem Leser der Zusammenhang zwischen den beiden Bereichen deutlich wird. Er sagt darüber in der Vorrede an König Ludwig (Migne 111,9): *Quod idcirco ita ordinandum aestimavi, ut lector prudens continuatim positam inveniret historicam et mysticam singularum rerum explanationem.*[1018] Den König fordert der Verfasser auf, dem Vorbild König Salomos zu folgen,[1019] und dann führt er im vollen Wortlaut aus dem Buche der Weisheit die Stelle an, die den Wert der *sapientia* rühmt und das Wissen, das sie verleiht.[1020] Den Anfang aus dieser Stelle (Sap 7,7–11) zitiert er auch in der Vorrede an Bischof Haymo.[1021] In der Vorrede an König Ludwig läßt er die Stelle aus dem 3. Buch der Könige (3 Reg 3,9–14)folgen, an die Hugo von St. Victor zu Beginn seines Didascalicon erinnert.[1022] Diese von Gott verliehene *sapientia* schließt also das Wissen aller Seinsbereiche ein.[1023]

Die vier Verstehensweisen

Insbesondere ist sie auch die »Mutter« der vier Verstehensweisen der Heiligen Schrift. So heißt es im Eingang zu den *Allegoriae in universam sacram Scripturam*, die vielleicht Garnier von Rochefort zum Verfasser ha-

---

lage: wegen der sapientia, die gegen ignorantia hilft, ist die theorica erfunden worden; wegen der virtus, die gegen die vitia hilft, die practica; wegen der necessitas, die gegen die infirmitas steht, die mechanica.

[1017] Hrabanus, De universo: Migne 111, 9–614 (wie Anm. 276). Dazu jetzt: Christel Meier, Das Problem der Qualitätenallegorese (wie Anm. 286), S. 417–420 (hier sind auch die Vorreden besprochen).

[1018] Ähnlich heißt es in der Vorrede an Bischof Haimo von Halberstadt, die auf die Vorrede an den König folgt (Migne 111, 12): Haec enim omnia mihi ... venit in mentem, ut juxta morem antiquorum ... ipse tibi aliquod opusculum conderem, in quo haberes scriptum non solum de rerum naturis et verborum proprietatibus, sed etiam de mystica earundem rerum significatione (angeführt bei Christel Meier, wie Anm. 276, S. 418f.).

[1019] Migne 111, 11 A: imitare illius sapientis viri exemplum, qui de sapientiae laude protulit tale praeconium.

[1020] Vgl. Anm. 1013: Sap 7, 7–21, wo es heißt: ... venit in me spiritus sapientiae (7) ... Mihi autem dedit Deus dicere ex sententia, ... quoniam ipse sapientiae dux est (15) ... Ipse enim dedit mihi horum quae sunt scientiam veram, ut sciam dispositionem orbis terrarum et virtutes elementorum (17) ... et quaecumque sunt absconsa et improvisa, didici: omnium enim artifex docuit me sapientia (21).

[1021] Migne 111, 13 AB.

[1022] Vgl. Anm. 1013.

[1023] Vgl. auch den Eingang zu Jesus Sirach (Ecclesiasticus 1, 1): Omnis sapientia a Domino Deo est et cum illo fuit semper et est ante aevum.

ben:[1024] *Has namque quatuor intelligentias, videlicet historiam, allego-*
riam, tropologiam, anagogiam, quatuor matris Sapientiae filias vocamus.
Freilich wird diese *sapientia* nur für die wirksam, die von Gott als Kinder
angenommen sind: *Mater quippe Sapientia per has (sc. quatuor intelligen-*
tias) adoptionis filios pascit.[1025]

Conrad von Hirsau spricht von der »Freiheit« der Kinder Gottes: *Qui*
in Christo philosophatur, liberalibus studiis semper eruditur et victor vi-
tiorum transit in libertatem filiorum.[1026] Die »Freiheit«, von der hier im
ethischen Sinn gesprochen wird, war bei Augustinus (nach dem Apostel
Paulus) als Freiheit zum rechten Verständnis der Zeichen dargestellt; sie
besteht darin, den Sachverhalt (die *res*) zu erkennen, auf den die Zeichen
verweisen *(De doctrina christiana*[1027] III,8); er sagt (III,5): *Ea demum est*
miserabilis animi servitus, signa pro rebus accipere; und weiter (III,9): *sub*
signo enim servit, qui operatur aut veneratur aliquam rem significantem,
nesciens, quid significet. Für ein solches Verhalten, das figürliche Rede
wörtlich nimmt, gilt der Satz des Apostels Paulus (2 Cor 3,6): *Littera oc-*
cidit, spiritus autem vivificat (zitiert: *De doctrina christiana* III,5). Auf
denselben Satz beruft sich Hugo von St. Victor[1028] in dem Kapitel über die
allegoria. Die Juden sind allein dem Buchstaben gefolgt und hatten nicht
den Geist, der lebendig macht. Ein Leser der Heiligen Schrift muß über das
geistige Verstehen verfügen: *oportet divinum lectorem spiritualis intelli-*
gentiae veritate esse solidatum. Die *allegoria* setzt Hugo gleich mit der *spi-*
ritualis intelligentia, die (scheinbare) Widersprüche in der Heiligen Schrift
richtig zu interpretieren weiß.

Aus dieser Auffassung ergibt sich, daß alle *artes* der *divina sapientia*

[1024] Allegoriae in universam sacram Scripturam: Migne 112, 849–1088. Das Werk stammt
nicht von Hrabanus (wie schon Glunz gesehen hatte): vgl. Anm. 294. Die Vorrede
(Migne 112, 849) rührt nicht von dem Verfasser des Werkes her. Wilmart vermutet als
Urheber der Vorrede Adam, den Prämonstratenser (vgl. Anm. 294). Die zitierte Stelle:
Migne 112, 849.

[1025] Diese Aussage setzt die Worte aus dem Römerbrief voraus (Rom 8, 15): non enim accepistis spiritum servitutis ..., sed accepistis spiritum adoptionis filiorum ...; vgl. auch
Rom 8, 23 ... et nos ipsi primitias spiritus habentes ... et adoptionem filiorum Dei ex-
spectantes ...; Ephes 1, 5 (1, 3 benedictus Deus ...) qui praedestinavit nos in adoptionem filiorum per Jesum Christum ...

[1026] Conrad von Hirsau, Dialogus (wie Anm. 2), S. 58, Zeile 1587/88; nach Gal 5, 13 in libertatem vocati estis.

[1027] Augustinus, De doctrina christiana (wie Anm. 4).

[1028] Hugo von St. Victor, Didascalicon (wie Anm. 3), VI, 4 (S. 121): Littera occidit, Spiritus
autem vivificat, quia nimirum oportet divinum lectorem spiritualis intelligentiae veritate esse solidatum ... quare antiquus ille populus, qui legem vitae acceperat, reproba-
tus est, nisi quia sic solam litteram occidentem secutus est, ut Spiritum vivificantem non
haberet?

dienen. Diese Lehre, die auf die Patristik zurückgeht,[1029] trägt Hugo von St. Victor in einem eigenen Kapitel seines Prologs zu *De sacramentis* vor:[1030] *Quomodo omnes artes subserviunt divinae sapientiae.* Diese Auffassung ist weiter im 13. Kapitel seiner Schrift »*De scripturis et scriptoribus sacris*« entwickelt.[1031] Hugos Lehre gibt Richard von St. Victor in seinen *Excerptiones* weiter.[1032] Aufgenommen ist sie von Garnier von Rochefort.[1033]

Im Einzelnen wird der Zusammenhang zwischen der Schrift und den verschiedenen Wissenschaften mit der Zeichenlehre des Augustinus begründet. Conrad von Hirsau bezieht sich auf Hugo von St. Victor, wenn er den Zusammenhang zwischen den Verstehensweisen und den Wissenschaften in folgende Formel faßt:[1034] *sub eo sensu, qui est in significatione vocum ad res, continetur sensus historialis, cui famulantur tres scientie, grammatica dialectica rethorica; porro sub eo sensu, qui est in significatione rerum ad facta mistica, continetur allegoria, ... et sub eo sensu, qui est in significatione rerum ad facienda mistica, continetur tropologia, et his duobus, id est allegorice et tropologice, famulantur arithmetica, musica, geometria et astronomia, et phisica.*

Diese Unterscheidung wird dann von Conrad von Hirsau im einzelnen begründet. Zum Verständnis der Heiligen Schrift ist sowohl die *cognitio vocum* wie die *cognitio rerum* erforderlich (Huygens 1611−1613): *sicut igitur in eo sensu, qui inter voces et res versatur, necessaria est cognitio vocum, sic in illo, qui inter res et facta vel facienda mistica constat, necessaria est cognitio rerum.* Der Wortsinn *(littera,* bzw. *historia)* verlangt Kenntnis der Sprache, wie sie von der *logica* bereit gestellt wird; diese ist im *Trivium* zusammengefaßt,[1035] das (wie man heute sagen würde) Aus-

---

[1029] de Lubac (wie Anm. 55) I, 1, S. 80.

[1030] Hugo von St. Victor, De Sacramentis christianae fidei: Migne 176, 173−618. Die zitierte Stelle gibt die Überschrift des 6. Kapitels: Migne 176, 185.

[1031] Hugo von St. Victor, De scripturis et scriptoribus sacris: Migne 175, 9−28; die Stelle Migne 175, 20.

[1032] Richard von St. Victor, Excerptiones II, 4 (Migne 177, 205): quod scriptura mundana subserviat divinae. Dazu Ohly, Vom geistigen Sinn (in: Schriften zur mittelalterlichen Bedeutungsforschung, wie Anm. 287), S. 7 mit Anm. 12.

[1033] Vgl. de Lubac (wie Anm. 55) I, 1, S. 81f.

[1034] Conrad von Hirsau, Dialogus (wie Anm. 2), S. 59. Der Lehrer beginnt seine Darlegung mit einem Hinweis auf Hugo von St. Victor, den er nicht mit Namen nennt: Dicam sententiam cuiusdam probatissimi grammatici (das Folgende zeigt, daß er Hugo von St. Victor meint). Die zitierte Stelle: S. 59, Zeile 1601−1609.

[1035] Am Ende des Dialogus (S. 65, Zeile 1844−1852) bringt Conrad nach Isidor (Etym. II, 24) noch einmal eine Gliederung der philosophia, die ursprünglich mit einer Zeichnung verbunden war (vgl. 1852 sed ut hec melius pateant, subicio figuram ...). Er unterschei-

drucksseite *(pronuntiatio)* und Inhaltsseite *(significatio)* der Lautsprache *(voces)* untersucht. Die *grammatica* ist allein der Ausdrucksseite, die *dialectica* allein der Inhaltsseite, die *rethorica* sowohl dem Ausdruck wie dem Inhalt zugewandt.

Allegoria und *tropologia* setzen *cognitio rerum*, die Kenntnis der sichtbaren (wahrnehmbaren) Welt voraus.[1036] Dabei ist zwischen *forma* und *natura* zu unterscheiden: *forma est in exteriori dispositione, natura in interiori qualitate* (Huygens 1619f.). Diese Unterscheidung ist erforderlich, weil Sachverhalte *(res)* sowohl durch ihre *forma* wie durch ihre *natura* Zeichenwert *(significatio)* erhalten können. Richard von St. Victor, dessen Aussagen z. T. wörtlich mit denen Conrads von Hirsau übereinstimmen, macht das am Beispiel des Schnees deutlich.[1037] Der Schnee ist von Natur aus *(natura)* kalt und bezeichnet so Auslöschung der Begierden *(exstinctionem designat libidinis)*; nach seiner Erscheinung *(forma)* ist er weiß und bezeichnet so die Reinheit sittlichen Handelns *(munditiam designat boni operis)*.

Mit der äußeren Erscheinung *(forma)* beschäftigen sich die vier *artes* des *Quadriviums*,[1038] und zwar die *arithmetica* mit *numerus*, die *musica* mit *proportio*, mit der *dimensio* die *geometria*, mit der Bewegung *(motus)* die *astronomia*; auf das Wesen *(ad interiorem naturam)* schaut die *phisica*. So ist zwischen den Verstehensweisen und dem System der Wissenschaften[1039] ein Zusammenhang hergestellt.

Einheit und Zusammenhang der verschiedenen Verstehensweisen spricht das Mittelalter gerne »strukturell« aus, d. h. im Bilde eines Ge-

---

det hier logica, phisica und ethica. Es heißt dann: de phisica quadrivium habes, arithmeticam geometriam musicam astronomiam, de logica trivium, rethoricam dialecticam grammaticam. An der im Text zitierten Stelle heißt es (Zeile 1614–1618): denique vocum cognitio in duobus consideratur: in pronuntiatione et significatione. pertinet igitur ad solam pronuntiationem grammatica, ad solam significationem pertinet dialectica, ad utrumque simul, pronuntiationem et significationem, rethorica pertinet.

[1036] Die Stelle im Dialogus (wie Anm. 2) lautet (S. 59, Zeile 1618–1624): porro rerum cognitio circa duo versatur: id est formam et naturam: forma est in exteriori dispositione, natura in interiori qualitate. sed forma rerum aut in numero consideratur, ad quem pertinet arithmetica, aut in proportione, ad quam pertinet musica, aut in dimensione, ad quam pertinet geometria, aut in motu, ad quem pertinet astronomia; ad interiorem vero naturam phisica spectat.

[1037] Richard von St. Victor, Excerptiones (vgl. Anm. 1032), II, 5 (Migne 177, 205). Die Stelle lautet (angeführt bei Ohly, Vom geistigen Sinn, in Schriften zur mittelalterlichen Bedeutungsforschung, wie Anm. 287 und 1032, S. 6, Anm. 10): res duobus modis significat: natura et forma; natura ut nix, quia frigida est, exstinctionem designat libidinis; forma, quia candida est, munditiam designat boni operis.

[1038] Vgl. Anm. 136.

[1039] Dazu: das 2. Kapitel.

bäudes, dessen Bestandteile für sich und im Ganzen Bedeutung haben.[1040] De Lubac hat auf die Rolle hingewiesen, die den Bezeichnungen für einen Bau *(aedificium, domus, fabrica, structura, machina)* im mittelalterlichen Denken zukommt.[1041] Ohly ist in seiner Abhandlung über die Kathedrale als Zeitenraum[1042] insbesondere der Bedeutung nachgegangen, die den verschiedenen räumlichen Dimensionen zukommt. So weist er auf die Deutung der Dimensionen als Repräsentanten der verschiedenen Verstehensweisen bei Hugo von St. Victor hin,[1043] der sagt:[1044] *In his tribus dimensionibus omnis divina scriptura continetur. Historia enim longitudinem arcae metitur, quia in serie rerum gestarum ordo temporis invenitur. Allegoria latitudinem arcae metitur, quia in participatione sacramentorum constat collectio populorum fidelium. Tropologia altitudinem arcae metitur, quia in profectu virtutum crescit dignitas meritorum.*

Durch die Auslegung der Heiligen Schrift wird im Inneren des Menschen ein Gebäude errichtet. Diese Leistung fällt der *allegoria* zu; nach dem Satz Gregors des Großen:[1045] *allegoria fidem aedificat.* Die Entschlüsselung der *allegoria* führt zum Aufbau des Glaubens: *ad aedificationem catholicae fidei*, wie Johannes Scottus später sagt.[1046] Das Fundament des »geistigen Baus« *(spiritale aedificium)* ist die Erkenntnis des Wortsinns.[1047] Davon spricht wiederholt Hieronymus. In seiner Erklärung des Propheten Jesajas sagt er (Migne 24,205): *Pollicitus sum, ut super fundamentum historiae .. spiritale exstruerem aedificium.* Gregor der Große ergänzt das Bild in seinem Brief an Leander (Migne 75,513): *Primum quidem fundamentum historiae ponimus; deinde per significationem typicam in arcem fidei fabricam mentis erigimus;*[1048] *ad extremum*

[1040] Vgl. den Abschnitt über Gebäude als Zeichen, insbesondere die Kirche mit Anm. 489–499.

[1041] Vgl. de Lubac (wie Anm. 55) II, 2, S. 44ff.

[1042] Frühmittelalterliche Studien VI, S. 94–158 = Schriften S. 171–273.

[1043] S. 99 (bzw. 178) und S. 104 (bzw. 186f.). Natürlich hat der Epheserbrief dabei gewirkt, in dem es heißt (3, 17–19): (Er bittet Gott für die Epheser) ... Christum habitare per fidem in cordibus vestris: in caritate radicati et fundati/ut possitis comprehendere cum omnibus sanctis, quae sit latitudo et longitudo et sublimitas et profundum;/scire etiam supereminentem scientiae caritatem Christi, ut impleamini in omnem plenitudinem Dei.

[1044] Hugo von St. Victor, De arca Noe morali (Migne 176, 617–680) IV, 9 (Migne 176, 678).

[1045] Nach de Lubac (wie Anm. 55) I, 2, S. 530.

[1046] Johannes Scottus, De divisione naturae (Migne 122, 441–1022) V, 40 (Mine 122, 1021, also gegen Ende).

[1047] Dazu: de Lubac (wie Anm. 55) II, 2, S. 54–60.

[1048] Diesen Ausdruck nimmt der Abt Johannes von Kelso in seinem Brief an Adam den Schotten auf: Epist. ad Adam, cap. 7/8 (Migne 198, 627f.).

quoque per moralitatis gratiam quasi superducto aedificium colore ve-stimus.[1049] In der Karolingerzeit wird Gregor wegen seiner Auslegung als *apostolicus noster* von Notker dem Dichter (Balbulus) zitiert.[1050]

Besonders beliebt wurde das Bild vom geistigen Gebäude im 12. Jahrhundert. Rupert von Deutz nimmt es in seiner Erklärung des Hohenliedes auf: *historiae sive rei gestae aliquod ponere fundamentum et super illud magnum, quod sub istis vocibus continetur, superaedificare myste-rium.*[1051] Honorius läßt in seiner Schrift *De animae exsilio et patria*[1052] den Menschen auf seiner Wanderschaft durch den Bereich der *artes* zum Haus der Weisheit *(sapientia)* gelangen, das von den sieben Säulen der Gaben des Heiligen Geistes getragen und durch die Wände des vierfachen Schriftsinns zum Ganzen verbunden wird. Dabei hat Honorius an den Satz aus dem Buch der Sprüche gedacht,[1053] den Walter von Châtillon seiner Darstellung der Wissenschaft zugrunde legt,[1054] die nach ihm drei *ordines* umfaßt: die *artes*, die Rechtswissenschaft und die Theologie (diese ist eigentlich die *Sapientia*, die das Wort, die *littera*, geistig auslegt, den *spiritalis sensus* findet). Peter von Poitiers setzt das Bild vom geistigen Gebäude der Auslegung offenbar schon als allgemein bekannt voraus, wenn er im Prolog zu den *Allegoriae super tabernaculum* sich darauf bezieht:[1055] ... *non supposito historie fundamento, super quo parietes allegorie debent erigi et tectum tropologie, id est moralis vel anagogici intellectus, debet collocari, totum spiritualis intelligentie edificium nutat ...*

Bei dem Bild vom geistigen Gebäude der Auslegung sind offenbar die Dimensionen nicht eindeutig festgelegt. Aber im allgemeinen geht die Auffassung durch, daß die *allegoria* die Höhe bestimmt (sie liefert die Wände); offener ist die Bedeutung von *tropologia* und *anagogia*, die bei Peter von Poitiers zusammengefaßt sind und bei Hugo von St. Victor nicht unterschieden werden.

[1049] Die Aussage Gregors des Großen wird aufgenommen von Hugo von St. Victor in seinem Didascalicon (wie Anm. 3) VI, 3 (S. 116, Zeile 22–25).

[1050] Notker Balbulus: Migne 131, 996 D: mit den Worten »Apostolicus noster Gregorius« führt Notker die Aussage Gregors des Großen ein. Die Stelle ist zitiert bei de Lubac (wie Anm. 55) II, 2, S. 55, Anm. 1.

[1051] Rupert von Deutz im Prolog zu seiner Kommentierung des Hohenliedes (Migne 168, 839); angeführt bei Krewitt (wie Anm. 52), S. 445.

[1052] Honorius, De animae exsilio et patria (Migne 172, 1241ff.), cap. 12 (Migne 172, 1245); angeführt bei Krewitt (wie Anm. 52), S. 446.

[1053] Prov. 9, 1 Sapientia aedificavit sibi domum, excidit columnas septem.

[1054] Moralisch-satirische Gedichte Walters von Chatillon, hg. Karl Strecker, Heidelberg 1929, Nr. 3.

[1055] Allegoriae super tabernaculum (wie Anm. 1006), S. 2.

Eine deutliche Abgrenzung liefert der Verfasser der Vorrede zu den *Allegoriae in universam sacram scripturam*.[1056] Bevor er die vier Verstehensweisen zum Bilde eines Gebäudes zusammenfügt, charakterisiert er ihre Bedeutung für den Menschen: die *historia* regt den Leser durch ihre Beispiele zur Nachfolge an *(ad imitationem sanctitatis)*; die *allegoria* führt durch Enthüllung des Glaubens zur Erkenntnis der Wahrheit; die *tropologia* macht mit den sittlichen Forderungen bekannt und bewirkt so Liebe zur *virtus*; die *anagogia* offenbart die Freuden in der Ewigkeit und weckt so das Verlangen nach ewiger Glückseligkeit. Dementsprechend liefert die *historia* das Fundament; die *allegoria* richtet die Wände auf; die *anagogia* gibt dazu das Dach; die *tropologia* schmückt im Inneren durch die Liebe zu Gott, nach außen durch die Liebe zum Nächsten *(tam interius per affectum quam exterius per effectum boni operis)*.

Hugo von St. Victor, der den Satz aus dem Brief Gregors des Großen an Leander zitiert,[1057] differenziert die Auffassung des Fundaments;[1058] er unterscheidet zwischen Fundament und Basis. Das Fundament ist nicht selbst Bestandteil des Gebäudes, sondern nur die Grundlage, auf der der Bau beginnt. Es gehört zu dem Boden, auf dem sich der Bau erhebt, und hat nicht immer glatte Steine *(Fundamentum in terra est nec semper politos habet lapides)*. Die Basis über dem Fundament aber, die vom Fundament getragen wird und selber den Bau trägt, liegt über der Erde und ist

---

[1056] Allegoriae in universam sacram Scripturam: wie Anm. 1024; die Stelle in der Vorrede: Migne 112, 849 C. Der Verfasser bezieht sich offenbar auf Augustinus, De doctrina christiana III, 10.

[1057] Gregors Brief an Leander: Migne 75, 513. Von Hugo von St. Victor zitiert: Anm. 1049. Vgl. de Lubac (wie Anm. 55) II, 2, S. 55.

[1058] Hugo von St. Victor, Didascalicon (wie Anm. 3) VI, 4, und zwar in dem Abschnitt (S. 118, 9ff.), in dem er die Analogie mit einem Gebäude genauer verfolgen will (Non ergo pigeat, si hanc similitudinem paulo diligentius prosequamur): ... fundamentum in terra est nec semper politos habet lapides. fabrica super terram et aequalem quaerit structuram. sic divina pagina multa secundum litteralem sensum continet, quae ... sibi repugnare videntur ... spiritualis autem intelligentia nullam admittit repugnantiam, in qua diversa multa, adversa nulla esse possunt. Quod etiam primam seriem lapidum super fundamentum collocandorum ad protensam lineam disponi vides, quibus scilicet totum opus reliquum innititur et coaptatur, significatione non caret. nam hoc quasi aliud quoddam fundamentum est et totius fabricae basis. hoc fundamentum et portat superposita et a priori funda-/(hier beginnt S. 119) mento portatur. primo fundamento insident omnia, sed non omni modo coaptantur. huic (fundamento, nämlich der basis) et insidunt et coaptantur reliqua. primum (fundamentum) fabricam portat et est sub fabrica. hoc (fundamentum, nämlich die basis) portat fabricam et est non solum sub fabrica, sed in fabrica. quod sub terra est fundamentum figurare diximus historiam, fabricam, quae superaedificatur, allegoriam insinuare. unde et ipsa basis fabricae huius ad allegoriam pertinere debet (S. 118, 20–119, 7). Im Folgenden stehen die Zitate und Stellenangaben aus dem Didascalicon im Text.

Bestandteil des Gebäudes (der *fabrica*) selbst; seine Steine müssen gleichmäßig sein und zueinander passen *(fabrica super terram et aequalem quaerit structuram)*.

Das Fundament ist die *historia*, die Hugo von St. Victor in einem weiteren Sinne versteht (Didascalicon VI,3): ... *nullum est inconveniens, ut scilicet historiam esse dicamus non tantum rerum gestarum narrationem, sed illam primam significationem cuiuslibet narrationis, quae secundum proprietatem verborum exprimitur.* An sich stehen bei ihm *littera* und *historia* in verschiedenen Reihen: *littera* steht in der Reihe der Arten der Auslegung, die nach *littera, sensus* und *sententia* unterschieden werden (Didascalicon III,8 und VI,8–11); *historia* ist eine Stufe im Fortschritt der *lectio*, ein *modus intelligendi* (Didascalicon V,2 und VI,2–5), zu dem noch *allegoria* und *tropologia* gehören. Bei der ersten Reihe geht es um die sprachliche Darbietung, bei der zweiten Reihe um die Auffassung des Inhalts, um die Wahrheit. Nach Hugo von St. Victor liegt *historia* vor, wo sich das Verständnis des Inhalts unmittelbar aus dem Zusammenhang von *littera* und *sensus* ergibt. Der Bereich der *historia* wird überschritten, wenn das nicht gilt. In einem speziellen, gattungsspezifischen Sinn ist *historia* bestimmt durch die Kategorie der Zeit (Didascalicon VI,3). Bei dem Fundament, das Grundlage des Bauens ist, denkt Hugo an *historia* im weiteren Sinne, wo *littera* und *sensus* zusammenstimmen. Es gibt aber in der Heiligen Schrift Stellen, die einander zu widersprechen oder Unsinniges oder Unmögliches auszusprechen scheinen (VI,4 ... *divina pagina multa secundum litteralem sensum continet, quae et sibi repugnare videntur et nonnumquam absurditatis aut impossibilitatis aliquid afferre*). Das sind die Steine, die erst für die Basis passend gemacht werden müssen. Die Interpretation muß dunkle Stellen durch offene erhellen und zweideutige *(ambigua)* so interpretieren, daß es keinen Widerspruch mehr gibt. Der *sensus* kann nach dem Wortsinn unpassend *(incongruus)* sein (Didascalicon VI,10), weil er (so genommen) unglaubwürdig, unmöglich, unsinnig oder falsch ist. Die *sententia*, der Wahrheitsgehalt, kennt in der Heiligen Schrift keinen Widerspruch (Didascalicon VI,11). Im Kapitel über die *allegoria* (Didascalicon VI,4) sagt Hugo: *spiritualis autem intelligentia nullam admittit repugnantiam, in qua diversa multa, adversa nulla esse possunt.*

Die Basis, die Hugo von St. Victor meint, sind Prinzipien des Glaubens: *ipsae spiritualis operis bases quaedam fidei principia sunt* (S. 120,2). Auf dieser Basis ruhen acht *ordines*, aus denen das Gebäude besteht. Sie enthalten die Grundsätze der Gotteserkenntnis. Hugo sagt (S. 119,14–26): *Hic est tota divinitas, haec est illa spiritualis fabrica, quae, quot continet* sacramenta, tot quasi ordinibus constructa in altum extollitur. Die acht Basen des Glaubens geben dem Leser der Heiligen Schrift verläßlichen Anhalt, wenn er ihren spirituellen Sinn verstehen und so das geistige Gebäude in seinem Inneren aufrichten will.

Zugleich liefern die acht *ordines* den Grundriß einer systematischen Theologie, den Hugo von St. Victor nach 1133 in seinem Werk *De sacramentis christianae fidei*[1059] ausgeführt hat, wobei die ersten fünf *ordines* auf das 1. Buch, die letzten drei auf das 2. Buch entfallen. Die *sacramenta* sind: 1) *sacramentum Trinitatis*; 2) die Erschaffung der sichtbaren und unsichtbaren Geschöpfe; 3) *liberum arbitrium* und *peccatum* des Menschen; 4) die *sacramenta*, die Gott unter dem Naturgesetz *(sub naturali lege)* eingesetzt hat, um den Status des Menschen wiederherzustellen *(ad reparationem hominis)*; 5) *quae scripta sub lege*; 6) *sacramentum incarnationis Verbi*; 7) *sacramenta Novi Testamenti*; 8) die *resurrectio*. Insofern diese *ordines* Hilfen für das rechte geistige Verständnis sind, gehören sie zur Hermeneutik; insofern sie Grundlage einer theologischen Systematik sind, gehören sie zur Wissenschaft der Theologie, die im Wissenschaftssystem nach Boethius[1060] in der *theorica* (neben *mathematica* und *physica*) den ersten Platz einnimmt (sie hat zum Gegenstand nach II,2: *ineffabilem naturam Dei aut spirituales creaturas*). In seinem *Didascalicon*, das eine Hermeneutik geben will, wird die *theologia* unter den Wissenschaften genannt, aber nicht selber behandelt.

Die drei Verstehensweisen

Von den drei Verstehensweisen, mit denen Hugo rechnet, heißt es *(Didascalicon* VI,3 unter *historia): Habes in historia quo Dei facta mireris, in allegoria quo eius sacramenta credas, in moralitate quo perfectionem ipsius imiteris. allegoria* und *tropologia (moralitas)* dienen bei der Lektüre den beiden Seiten des Menschen (Erkennen und Handeln): Einsicht durch *scientia*, die *historia* und *allegoria* geben, bildet den Geist; das sittliche

---

[1059] Hugo von St. Victor, De sacramentis christianae fidei (Migne 176, 173–618); dazu: Paré/Brunet/Tremblay, Renaissance (wie Anm. 21), S. 258–266. Vgl. noch: R. Baron, Hugues de St. Victor, Brügge 1963, und das Verzeichnis seiner Schriften bei: D. Lasic, Hugues de St. Victor, Theologia perfectiva, Rom 1956. Vgl. auch: Anm. 176. Das Verhältnis Hugos zur Schule von Chartres: Wetherbee, Platonism and Poetry (wie Anm. 162), S. 49–66.

[1060] Boethius wird zitiert im Didascalicon (wie Anm. 3), und zwar am Ende des Kapitels »De discretione artium« (II, 1, S. 24f.): theorica dividitur in theologiam, mathematicam et physicam. Hanc divisionem Boethius facit aliis verbis ...

Handeln wird gefördert durch *tropologia* *(Didascalicon* V,6), für die die Lektüre keine *occupatio*, sondern eine *exhortatio* ist (V,7). Diese zweite Seite behandelt Hugo von St. Victor dann im 5. Buch, die andere im folgenden (6.) Buch. Während die *allegoria* ausführlich erörtert wird (bes. VI,4), wird (VI,5) die *tropologia* nur eben erwähnt (dabei wird auf V,7ff. zurückverwiesen). Auf die *anagogia* geht Hugo im *Didascalicon* nicht ein; sie war der *meditatio* vorbehalten (VI,13).

In den Kapiteln über *historia* (VI,3) und *allegoria* (VI,4) werden die Bücher der Heiligen Schrift genannt, die sich für die beiden Verstehensweisen besonders eignen.

Es liegt in der Eigenart der Heiligen Schrift, daß sie einmal selber frei mit der Zeit umgeht (VI,7), und zum anderen, daß sie bei der Lektüre eine Reihenfolge fordert, die von der zeitlichen Folge, in der die Bücher entstanden sind (bzw. die in ihrem Inhalt vorausgesetzt ist) abweicht. Es heißt in dem Kapitel »*De ordine librorum*« (VI,6): *Non idem ordo librorum in historica et allegorica lectione servandus est. historia ordinem temporis sequitur. ad allegoriam magis pertinet ordo cognitionis. … Der ordo cognitionis* fordert, vom Bekannten zum weniger Bekannten fortzuschreiten (Didascalicon III,9):[1061] *doctrina autem ab his, quae magis nota sunt, incipit et per eorum scientiam ad scientiam eorum, quae latent, pertingit.* Daraus ergibt sich, daß die Lektüre des Neuen Testaments *(in quo manifesta praedicatur veritas)* der des Alten Testaments *(ubi eadem veritas figuris adumbrata occulte praenuntiatur)* vorausgehen muß.[1062] Was im Alten Testament noch versiegelt war *(signata erat lex)*, ist nach der Apokalypse (5,1−5) durch Christus entsiegelt worden, der die Verheißungen erfüllte: durch seine Incarnation, durch Lehre, Leiden, Auferstehung und Himmelfahrt. Wer damit nicht bekannt ist, kann das Alte Testament nicht verstehen *(veterum figurarum mysteria penetrare non valebis)*. Offenbar denkt Hugo von St. Vicotr dabei wesentlich an die typologischen Beziehungen zwischen Neuem und Altem Testament.

[1061] Dies Prinzip hatte Augustinus ausgesprochen (De doctrina christiana II, 14).

[1062] Der eben angeführte Satz aus VI, 6 (ad allegoriam magis pertinet ordo cognitionis) endet mit der Begründung: quia, … sicut supra dictum est, doctrina semper non ab obscuris, sed apertis et ab his, quae magis nota sunt, exordium sumere debet. unde consequens est, ut Novum Testamentum, in quo manifesta praedicatur veritas, in hac lectione Veteri praeponatur, ubi eadem veritas figuris adumbrata occulte praenuntiatur. hic utrobique veritas, sed ibi occulta, hic manifesta, ibi promissa, hic exhibita. Das Kapitel, das diesen Sachverhalt an mehreren Beispielen verdeutlicht, schließt (S. 125, 4−7): … nisi prius nativitatem Christi, praedicationem, passionem, resurrectionem atque ascensionem et cetera, quae in carne et per carnem gessit, agnoveris, veterum figurarum mysteria penetrare non valebis.

Augustinus hatte in seiner Schrift *De doctrina christiana* mit Hilfe seiner Zeichenlehre Anweisungen gegeben, wie die *voluntas* Gottes in der Heiligen Schrift erkannt werden kann (II,7ff. und III); Hrabanus hatte in *De clericorum institutione* daraus einen Auszug geliefert,[1063] der nacheinander die unbekannten, übertragenen und zweideutigen Zeichen diskutiert.

Das hat Hugo von St. Victor in seinem *Didascalicon* so nicht übernommen. Er geht von der Unterscheidung von *littera-sensus-sententia* aus (VI,8–11).[1064] Der sprachliche Ausdruck *(littera)* ist vollständig, wenn zu seinem Verständnis alles gesagt ist (VI,9). Der Ausdruck kann reduziert *(imminuta, sc. littera)* sein oder redundant *(superflua)*.[1065] Wo *littera* und *sensus* zusammenstimmen, gibt es für die Erklärung keine Probleme.

Probleme entstehen erst dort, wo der *sensus* nicht zum sprachlichen Ausdruck stimmt, also *incongruus* ist. Es gibt (nach VI,10) Stellen in der Heiligen Schrift, besonders im Alten Testament, deren Wortlaut *(littera)* unmittelbar aufgenommen werden, deren *sensus* aber nicht verstanden werden kann.[1066] Er verdeutlicht das an einer Stelle aus Jesajas (4,1), die

---

[1063] Hrabanus, De clericorum institutione (wie Anm. 1002), III, 8–15 (Migne 107, 384–392).

[1064] Vgl. Anm. 668. Didascalicon (wie Anm. 3), S. 125–129. In VI, 8 nimmt Hugo auf, was er in III, 8 (wie Anm. 668) über die expositio gesagt hatte (S. 58), nun aber ausführlicher: Jede narratio muß von den drei Momenten littera, sensus und sententia mindestens zwei Momente haben (omnis autem narratio ad minus duo habere debet: S. 125, 24/25). illa narratio litteram et sensum tantum habet, ubi per ipsam prolationem sic aperte aliquid significatur, ut nihil aliud relinquatur subintelligendum (S. 125, 25–27). illa sensum et sententiam habet, ubi et aperte aliquid significatur et aliquid aliud subintelligendum relinquitur, quod expositione aperitur (S. 125, 29–S. 126, 2). illa (narratio) vero litteram et sententiam tantum habet, ubi ex sola pronuntiatione nihil concipere potest auditor, nisi addatur expositio (S. 125, 27–29).

[1065] Es heißt in VI, 9 (De littera): littera aliquando perfecta est, quando ad significandum id, quod dicitur, nihil praeter ea, quae posita sunt, vel addere vel minuere oportet (S. 126, 5–7) ...; aliquando imminuta, quando subaudiendum aliquid relinquitur (S. 126, 3) ...; aliquando superflua, quando ... idem repetitur vel aliud non necessarium adiungitur ... (S. 126, 9–11). Das Kapitel schließt: ad litteram constructio et continuatio pertinet (S. 126, 22/23).

[1066] Didascalicon (wie Anm. 3) VI, 10 (De sensu): ... sunt loca quaedam in divina scriptura, ubi, licet sit aperta verborum significatio, nullus tamen sensus esse videtur vel propter inusitatum modum loquendi sive propter aliquam circumstantiam, quae legentis intelligentiam impedit (S. 127, 4–7). Als Beispiel wählt Hugo von St. Victor aus Jesajas den Eingang des 4. Kapitels (4, 1), der nur im Zusammenhang mit dem vorhergehenden Kapitel (3; besonders 3, 16–26) verstanden werden kann, in dem der Prophet von dem Gericht kündet, das der Herr an Männern (3, 1ff.) und Frauen (3, 16–4, 1) halten wird: der Verlust an Männern und der »Frauenüberschuß« werden so groß sein, daß gesagt werden kann (4, 1): apprehendent septem mulieres virum unum in die illa, d. h. sieben Frauen werden sich um einen Mann reißen. sed fortasse, quid hoc totum significare ve-

ad litteram genommen durchaus verstanden werden kann, wenn man sie im Zusammenhang versteht (das macht Hugo klar), die aber für den Leser, an den er denkt, nichts bedeutet. »Sieben Frauen werden einen Mann festhalten«: das versteht der Leser des 12. Jahrhunderts so nicht. Auf Augustinus greift Hugo zurück bei der Beurteilung von Stellen der Heiligen Schrift, die gegensätzlich oder abweichend scheinen. Sein Grundsatz ist, daß es in der Heiligen Schrift auf der Ebene der *sententia*, auf der über die Wahrheit einer Aussage entschieden wird, keine Gegensätze geben kann, daß sie immer kohärent ist (VI,4 und 11): *spiritualis autem intelligentia nullam admittit repugnantiam, in qua diversa multa, adversa nulla esse possunt.*[1067] Damit widerspricht er ausdrücklich der Auffassung Abaelards:[1068] *cum nonnulla sanctorum dicta non solum ab invicem diversa, verum etiam adversa videantur.* Augustinus hatte *(De doctrina christiana* III,25) die Fälle besprochen, in denen Aussagen über eine *res* sowohl *in bono* wie *in malo* gesetzt werden können, und dabei gesagt:[1069] *... aut contraria aut tantummodo diversa significent.* Das hatte Hrabanus in seinem Auszug wiederholt,[1070] und im 12. Jahrhundert ist es aufgenommen im Prolog zu den *Allegoriae in universam sacram Scripturam*:[1071] *ipsa nimirum una eademque res non solum diversam, sed adversam aliquando in Scriptura sacra significationem habere potest.* Bei dieser Mehrdeutigkeit handelt es sich um die »zweite Sprache«.

Hugo geht (VI,11) von der Inkongruenz zwischen *enuntiatio* und *sententia* aus: eine *enuntiatio* kann mehrere *sententiae* enthalten und· meh-.

---

lit, intelligere non potes. quid dicere voluerit propheta, ... ignoras. (S. 127, 20–22). potuit tamen propheta per haec/verba etiam ad litteram aliquid significare (S. 127, 30–128, 1). Und dann gibt Hugo eine Erklärung aus dem Zusammenhang, die auf eine spirituelle Deutung verzichtet: quia enim supra (im 3. Kapitel) de internecione populi praevaricatoris locutus fuerat, subiungit nunc: tantam in eodem populo cladem futuram et usque adeo virorum genus delendum, ut vix septem mulieres unum virum invenient (S. 128, 1–4). Das Kapitel (Didasc. VI, 10) schließt: multa huiusmodi invenis in scripturis, et maxime in Veteri Testamento, secundum idioma illius linguae dicta, quae, cum ibi aperta sint, nihil apud nos significare videntur (S. 128, 15–17). Eine Erklärung muß also den sprachlichen und historischen Kontext berücksichtigen.

[1067] Die Stelle: im Kapitel über die allegoria (VI, 4, S. 118, 24–26). Das Kapitel De sententia (VI, 11) beginnt mit den Worten (S. 128, 20–23): Sententia divina numquam absurda, numquam falsa esse potest, sed cum in sensu, ut dictum est, multa inveniantur contraria, sententia nullam admittit repugnantiam, semper congrua est, semper vera.

[1068] Abaelard im Prolog zu »Sic et non« (Migne 178, 1339).

[1069] Augustinus, De doctrina christiana (wie Anm. 4), III, 25.

[1070] Hrabanus, De clericorum institutione (wie Anm. 1002 und 1063) III, 14 (Migne 107, 391).

[1071] Allegoriae in universam sacram Scripturam: wie Anm. 1024 und 1056. Die Stelle: Migne 112, 850.

rere *enuntiationes* können eine *sententia* enthalten.[1072] Um diese Schwierigkeit zu lösen, wendet er die drei Regeln an, die Augustinus in *De Genesi ad litteram* (I,21) angegeben hatte:[1073] Man soll die *voluntas scriptoris* ermitteln; wenn diese verborgen bleibt, die *circumstantia scripturae* beachten; und wenn auch das nicht möglich ist, in der Auffassung der *sententia* dem Glauben folgen. Welche Inhalte *(sacramenta)* der Glaube einschließt, hatte Hugo im Kapitel über die *allegoria* (VI,4) entwickelt. Was der Glaube sagt, kann der Leser von früheren *doctores* erfahren.[1074]

Für Hugo stehen bei der Beurteilung die Inhalte des Glaubens im Vordergrund, die er in seinem Werk *De sacramentis* entwickelt; für Abaelard ging es bei der Beurteilung abweichender oder scheinbar gegensätzlicher Stellen mehr um den sprachlichen Ausdruck.[1075] Im Prolog zu seiner Schrift *Sic et Non*, die abweichende oder gegensätzliche Aussagen der *patres* konfrontiert, geht er auf die Gesichtspunkte ein, die bei der Auflösung von Widersprüchen zu beachten sind (dabei nimmt er Gedanken von Augustinus auf).[1076]

Zunächst sind Verschiedenheiten im Sprachgebrauch in Rechnung zu stellen: Schriftsteller haben ihre eigenen Gewohnheiten und können sich jeweils den Hörern anpassen; wichtig ist vor allem (wie besonders Augustinus betont hatte), zwischen eigentlichem und übertragenem Gebrauch der Sprache zu unterscheiden. Weiter ist (auch darauf war Augustinus

---

[1072] Didascalicon (wie Anm. 3), VI, 11 (de sententia). Auf die in Anm. 1067 zitierte Stelle folgt (S. 128, 23–26): aliquando unius enuntiationis una est sententia, aliquando unius enuntiationis plures sunt sententiae, aliquando plurium enuntiationum una est sententia, aliquando plurium enuntiationum plures sunt sententiae.

[1073] Augustinus, De genesi ad litteram (Corpus Scriptorum ecclesiasticorum latinorum, Bd. 28) I, 21 (S. 31). Hugo übernimmt wörtlich den Text von Augustinus (S. 128, 26–S. 129, 18). Als circumstantiae der historia hatte Hugo (Didascalicon VI, 3; S. 114, 2–4) genannt: haec enim quattuor praecipue in historia requirenda sunt: persona, negotium, tempus et locus. Vgl. auch: de Lubac (wie Anm. 55), I, 2, S. 479ff.; ferner: Augustinus, De doctrina christiana III, 27/28, und Hrabanus, De clericorum institutione (wie Anm. 1002), III, 15. Die Rücksicht auf die Intention des Autors hatte Augustinus so formuliert (bei Hugo von St. Victor in Didasc. VI, 11, S. 129, 3–5): ... id potissimum diligamus, quod certum apparuerit eum sensisse, quem legimus.

[1074] Es heißt (Didasc. VI, 4, S. 120, 29–121, 3): quod si etiam aliquid inveneris contrarium illi, quod tu iam firmissima fide tenendum esse didicisti, non tamen expedit/tibi cotidie mutare sententiam, nisi prius doctiores te consulueris et maxime, quid fides universalis, quae numquam falsa esse potest, inde iubeat sentiri agnoveris. Hugo fordert spirituelles Verständnis, aber auch daß man sich vorher um Unterweisung bemüht (S. 122, 9/10): a doctoribus et sapientibus haec introductio quaerenda est ...

[1075] Darüber: Paré/Brunet/Tremblay, Rennaisance (wie Anm. 21), im 2. Teil des Buches, der die Methoden im Unterricht der Theologie darstellt (S. 213–312). Im Mittelpunkt stehen dabei Hugo von St. Victor (S. 213–239) und Abaelard (S. 275ff.).

[1076] Abaelard, Sic et Non: Migne 178, 1339–1610; der Prolog: Migne 178, 1339–1349; dazu: Paré ..., Renaissance (wie Anm. 21 und 1075), S. 289–S. 295.

238

eingegangen) die Überlieferung zu prüfen: unechte Schriften sind auszuscheiden, Fehler der Handschriften zu verbessern.

Schriften sind im Zusammenhang mit den anderen Werken eines Autors zu sehen: Autoren (wie Augustinus in seinen *Retractationes*) können später frühere Aussagen zurückgenommen oder sich ihrer Zeit angepaßt haben. Ferner muß man Grade der Verbindlichkeit unterscheiden: zwischen allgemeingültigem Gesetz und Vorschrift für bestimmte Fälle, zwischen verbindlicher Vorschrift und Empfehlung.[1077]

Schließlich gibt es eine Hierarchie der Geltung. Nicht alle Texte haben Anspruch auf gleiche Verbindlichkeit, einige haben mehr Wert als andere und haben darum bei der Beurteilung der Wahrheit ein größeres Gewicht. Bei diesen Gesichtspunkten zur Beurteilung eines Textes ist wesentlich, daß verschiedene Autoren dieselben Worte in verschiedener Bedeutung *(eadem verba in diversis significationibus)* verwenden.[1078] Abaelard schließt den Prolog mit einem Bekenntnis zur kritischen Frage, die zur Wahrheit führt,[1079] unter Berufung auf das Wort Jesu (Matth 7,7): *quaerite, et invenietis.*

Während Hugo von St. Victor von Augustinus für die Interpretation nur die drei Regeln aus *De Genesi ad litteram* übernimmt, dagegen nicht aus *De doctrina christiana* die ausführliche Diskussion der unbekannten und zweideutigen Zeichen, entwickelt er ausführlich im *Didascalicon* die

---

[1077] Auf die Bedeutung des kanonischen Rechts für die Theologie hat Joseph de Ghellinck mit Nachdruck hingewiesen: Le mouvement théologique du XIIe siècle, Paris 1944 (darin: Kap. 5 »Théologie et droit canon au XIe et XIIe siècle«). Inzwischen ist das Werk in einer Neubearbeitung erschienen. Seine Ergebnisse sind berücksichtigt bei: Paré/Brunet/Tremblay, Renaissance (wie Anm. 21 und 1075), S. 286ff.; hier werden auch die 5 Regeln besprochen, die Bernold von Konstanz in seiner Schrift »De excommunicatis vitandis« (Migne 148) nennt (nach Hinkmar von Reims?): Berücksichtigung des vollständigen Kontextes (integras descriptiones), Vergleich der verschiedenen Texte (diversorum statutorum collatio), Prüfung der »Umstände« (consideratio locorum, temporum et personarum), Unterscheidung der ursprünglichen Gründe für die Entscheidungen (originales causas), Unterscheidung zwischen generell gültigen und für eine bestimmte Zeit relevanten Entscheidungen (quid ... ad tempus servandum ..., quid generaliter omni tempore). Die Frage nach der Verbindlichkeit bei Abaelard geht sicher auf die Kanonisten zurück. Die Theorie der dispensatio, die Abaelard kennt, war wenige Jahrzehnte zuvor durch Ivo von Chartres weiterentwickelt worden (vgl. Paré ..., Renaissance, S. 288).

[1078] Abaelard sagt im Prolog zu Sic et non (Migne 178, 1344): facilis autem plerumque controversiarum solutio reperietur, si eadem verba in diversis significationibus a diversis auctoribus posita defendentur.

[1079] Am Ende des Prologs heißt es (Migne 178, 1349): Haec quippe prima sapientiae clavis definitur: assidua scilicet seu frequens interrogatio ... Dubitando enim ad inquisitionem venimus, inquirendo veritatem percipimus.

sieben Regeln des Tichonius.[1080] Dabei greift er allerdings nicht auf die kritische Darstellung des Augustinus zurück,[1081] sondern auf die Weitergabe durch Isidor.[1082] Diese Regeln waren im Mittelalter so bekannt, daß sie im 11. Jahrhundert Papias in sein *Elementarium doctrinae rudimentum* aufnahm,[1083] das eine lange Nachwirkung hatte; auch die Zusammenfassung des Augustinus *(De doctrina christiana* III,37) ist im Wortlaut übernommen, die die Regeln des Tichonius als *tropica locutio* erklärt *(Rudimentum* S. 291): *hae omnes regulae aliud ex alio faciunt intelligi, quod est proprium tropicae locutionis* (diese Stelle fehlt bei Hugo von St. Victor). Man brachte (auf Grund der Zahl sieben) die sieben Regeln des Tichonius in Beziehung zu den sieben Siegeln der Apokalypse.[1084]

Früh wird Tichonius unter den Autoritäten genannt, so bei Cassiodor,[1085] später in der Karolingerzeit von Smaragdus im Prolog zu seiner *Expositio comitis,* [1086] im 12. Jahrhundert in der anonymen Schrift *De divisione et scriptoribus sacrorum librorum.*[1087] Johannes von Salisbury geht in dem für die Hermeneutik wichtigen 7. Buch des Polycraticus[1088] auf die Regeln des Tichonius ein (cap. 14), die er nach Augustinus zitiert und in der 2. Forderung des Kanzlers Bernhard von Chartres, dem *studium quaerendi,* enthalten sieht.[1089]

Hugo von St. Victor bringt die sieben Regeln des Tichonius im 5. Buch seines *Didascalicon,* das über das rechte Lesen unterrichtet, nachdem er

---

[1080] Tichonius, Liber de septem regulis: Migne 18, 15–66; F. C. Burkitt, The Book of Rules of Ticonius, Oxford 1894. Hugo von St. Victor stellt die Regeln nach Isidor im Kapitel »De septem regulis« (V, 4, S. 92–102) dar.

[1081] Augustinus, De doctrina christiana III, 30–37.

[1082] Isidor, Liber sententiarum, I, 19. Beda, der in so vielen Dingen für das Mittelalter grundlegend wurde, überlieferte die Regeln im 12. Brief (Migne 94, 695–697).

[1083] Papias, Elementarium (wie Anm. 95); vgl. Krewitt (wie Anm. 52), S. 194f.

[1084] Vgl. de Lubac (wie Anm. 55) I, 1, S. 137.

[1085] Cassiodor, De institutione divinarum et saecularium artium: Migne 70, 1049–1219; die Stelle (10. Kapitel): Migne 70, 1122. Kritische Ausgabe der Institutiones, die mit wechselnden Titeln zitiert werden: Cassiodori Senatoris Institutiones, hg. R. A. B. Mynors, Oxford 1961 (zuerst: 1937). Literatur ist genannt bei: Krewitt (wie Anm. 55), S. 137, Anm. 1.

[1086] Smaragdus, Expositio comitis; Die Stelle: Migne 102, 13.

[1087] Migne 207, 1052; nach Spicq (wie Anm. 47), S. 102.

[1088] Johannes von Salisbury, Polycraticus (Migne 199, 379–822); kritische Ausgabe: Policratici sive de nugis curialium et vestigiis philosophorum, hg. C. C. Webb, Oxford 1929. Die Stelle (14. Kapitel des 7. Buches) in der Ausgabe von Webb S. 153 (Migne 199, 671). Hier heißt es: Septem alias claves, quas ad intelligentiam Scripturarum Ticonius posuit, in lucem profert liber, qui de Doctrina christiana inscribitur (zu Augustinus: Anm. 1081).

[1089] Hugo von St. Victor entwickelt im Didascalicon (wie Anm. 3) die Forderungen des Kanzlers Bernhard ausführlich im 3. Buch (cap. 12–19 = S. 61–69). studium quaerendi nach Hieronymus (Epist. 52, 3).

vorher vom dreifachen Sinn des Wortes (V,3) und von der zweiten Sprache, der Zeichenhaftigkeit der *res*, (V, 3) gesprochen hat. Die Regeln beziehen sich auf die besondere Sprechweise der Heiligen Schrift.[1090] Den
Anspruch des Tichonius, mit seinen Regeln alle Geheimnisse der Heiligen
Schrift zu entschlüsseln, hatte Augustinus zurückgewiesen;[1091] darauf
geht Hugo von St. Victor nicht ein.

Die 1. Regel gilt *de Domino et eius corpore*, d. h. für Christus als *caput*
und die Kirche als sein *corpus*. Unter einer *persona* kann sowohl von
Christus wie von der Kirche gesprochen werden, so bei Jesajas 61,10, der
in einem Satz von dem *sponsus* (Christus) und der *sponsa* (der Kirche)
spricht.[1092] Der Leser muß in solchen Fällen sorgfältig unterscheiden, was
sich auf Christus oder auf die Kirche bezieht.

Die 2. Regel gilt *de Domini corpore vero et permixto*.[1093] Die Heilige
Schrift kann, wie bei Jesajas 44,21/22, so reden, daß sie die Guten mit den
Bösen tadelt und die Bösen mit den Guten lobt. In solchen Fällen muß der
Leser unterscheiden, was für die Guten und was für die Bösen gilt (über-
haupt für die verschiedenen Teile).

Die 3. Regel sagt *de littera et spiritu (de lege et gratia)* aus.[1094] Der
Wortlaut des Gesetzes (der *littera*) sagt, was wir tun sollen, der Geist *(spiritus)*, der den Sinn des Wortlauts ausspricht, hilft durch die Gnade zu
rechtem Tun.

Die 4. Regel gilt *de specie et genere*, nach der ein Teil für das Ganze und
das Ganze für einen Teil steht.[1095] Jesajas droht im 13. Kapitel unter dem
Namen Babylon eimal allen Völkern (Js 13,5), meint also mit der Stadt

---

[1090] Das 4. Kapitel (De regulis: S. 97–102) beginnt (Didascalicon, wie Anm. 3, S. 97): Illud
quoque diligenter attendendum est, quod septem esse inter ceteras regulas locutionum
sanctarum scripturarum quidam sapientes dixerunt.

[1091] Augustinus, De doctrina christiana, III, 30, d. h. im Eingang zur Behandlung der Regeln
des Tychonius.

[1092] Is 61, 10: Gaudens gaudebo in Domino et exultabit anima mea in Deo meo, quia induit
me vestimento salutis, et indumento iustitiae circumdedit me, quasi sponsum decora-
tum corona et quasi sponsam ornatam munilibus suis. Der Abschnitt (S. 98, 1–16)
schließt: ... quid capiti, quid corpori conveniat, prudens lector intelligat.

[1093] Didasc. (wie Anm. 3), S. 98, 17–99, 5. Gott sagt zu den Guten: puer (Vulgata: servus)
meus es tu Israel (Is 44, 21), und zu denen, die sich bekehren sollen (Is 44, 22): conver-
tere (Vulgata: revertere) ad me, et redimam (Vulgata: quoniam redemi) tc. Die Schrift
bezeichnet diese beiden verschiedenen Teile mit einem Wort.

[1094] Didasc. (wie Anm. 3), S. 99, 6–12; ohne Beispiel aus der Schrift. Offenbar denkt Hugo
an die Worte des Römerbriefs (Rom 6, 14 ... non enim sub lege estis, sed sub gratia) und
des 2. Korintherbriefes (2 Cor 3, 6 littera enim occidit, Spiritus autem vivificat; Didasc.
VI, 4, S. 121, 23/24 zitiert). Hugo sagt (S. 99, 11–13): et historice oportet fidem tenere
et spiritualiter legem intelligere.

[1095] Didasc, (wie Anm. 3), S. 99, 14–100, 13. Jesajas spricht im 13. Kapitel von der Vernichtung, die der Herr über Babylon bringen wird.

Babylon die ganze Welt *(omnem terram)*, dann aber wendet er sich allein an die Stadt (Js 13,17). So geht er von der *species* (Babylon) zum *genus (omnes gentes)* über und kehrt dann wieder vom *genus* zur *species* (Babylon) zurück.

Unter der 5. Regel *de temporibus*[1096] bringt Hugo nicht so sehr die Unterscheidung des Tichonius zwischen ungefährer Zeitangabe (vierhundert Jahre statt vierhundertdreißig) und normativen Zahlen *(legitimis numeris)* wie sieben, zehn oder zwölf, die für alle Zeit (nach Augustinus: *pro universo tempore)* stehen können (*Didasc* S. 100,21–101,1). Es kommt nicht auf die Zahl, sondern auf die Zeit an. Er geht auf Fälle ein, in denen als geschehen ausgesagt wird, was erst für die Zukunft gilt *(futura quasi iam gesta narrantur)*, wie Psalm 21,17–19;[1097] solche Aussagen meinen die *aeternitas* Gottes *(secundum Dei aeternitatem accipienda sunt)*.

Die 6. Regel *de recapitulatione* (*Didasc* S. 101,16–28) bezieht sich darauf, daß in der Heiligen Schrift später gesagt werden kann (als *recapitulatio*), was für eine frühere Stelle gilt.[1098] So gibt die Genesis in der Völkertafel, die die Nachkommen Noes verzeichnet, an, daß sie alle ihre eigene Sprache hatten (Gen 10,5 *unusquisque secundum linguam suam*), während dann die Geschichte der Sprachverwirrung mit der Feststellung beginnt (Gen 11,1): *Erat omnis terra labium unum et vox una omnibus erat.*[1099] Damit greift die Genesis (11,1) auf einen Zustand zurück, der vor Gen 10,5 lag. Auf diesen Sachverhalt als Eigentümlichkeit der Heiligen Schrift, die Späteres Früherem voraussetzt *(posteriora prioribus anteponit)*, geht Hugo später (VI,7 *De ordine narrationis*) noch einmal ein.[1100]

[1096] Didasc. (wie Anm. 3), S. 100, 14–101, 15. Dazu: de Lubac (wie Anm. 55), II, 2, S. 16f., der (S. 16, Anm. 4) auf die Auslegung der Zahlausdehnung (temporum quantitas) bei Tichonius (Migne 16, 46/47) verweist; er zitiert: Temporum quantitas in Scripturis mystica est tropo synecdoche aut legitimis numeris, qui multis modis positi sunt et pro loco intellegendi.

[1097] Ps. 21, 17–19: ... Foderunt manus meas et pedes meos;/dinumeraverunt omnia ossa mea ... et diviserunt sibi vestimenta mea. Hugo sagt dazu (S. 101, 9): ... ea quae nobis futura sunt, apud Dei aeternitatem iam facta sunt.

[1098] Hugo sagt (S. 101, 16–18): recapitulatio enim est, dum scriptura redit ad illud, cuius narratio iam transierat.

[1099] Hugo übernimmt S. 101, 22–24 den Wortlaut von Augustinus; in der Vulgata heißt es (Gen 11,1): Erat autem terra labii unius et sermonum eorumdem.

[1100] Hugo sagt im Kapitel »de ordine narrationis« (VI, 7; S. 125, 10–17): De ordine narrationis illud maxime hoc loco considerandum est, quod divinae paginae textus nec naturalem semper nec continuum loquendi ordinem servat, quia et saepe posteriora prioribus anteponit, sicut cum aliqua enumeraverit, subito ad superiora quasi subsequentia narrans sermo recurrit; saepe etiam ea, quae longo distant intervallo, quasi mox sibi succedentia connectit, ut videatur nullum disiunxisse spatium temporis illa, quae non discernit ullum spatium sermonis.

Die 7. Regel *(De diabolo et eius corpore* (S. 101,29–102,24) ist ein Gegenstück zur ersten *(De Domino et eius corpore)*; auf diese Analogie macht Augustinus ausdrücklich aufmerksam *(De doctrina christiana* III,37). Lucifer ist Haupt aller Bösen, und alle Bösen sind sein Leib.[1101] In der Heiligen Schrift kann von einem *inimicus homo* (Matth 13,28) gesprochen werden, wo nicht *corpus (inimicus homo)*, sondern *caput (diabolus)* gemeint ist, und umgekehrt kann *diabolus* (also *caput*) gesagt werden (Joh 6,71), wo in Wirklichkeit ein *iniquus* (Judas) gemeint ist.[1102]

In allen diesen Fällen, die mit Hilfe der Regeln des Tichonius geklärt werden sollen, handelt es sich im weiteren Sinne um Metonymie, bei der durch Vertauschung der beteiligten Glieder eine *ambiguitas* entsteht.

Auffällig ist es, daß Hugo von Augustinus nicht den Maßstab übernimmt, der es erlaubt, zwischen eigentlicher und übertragener Rede zu unterscheiden: Was der Liebe zu Gott und dem Nächsten widerspricht, muß nach Augustinus in der Heiligen Schrift, die den Willen Gottes kund gibt, als übertragene Rede aufgefaßt werden. So heißt es bei ihm, und Hrabanus hatte das übernommen.[1103] Wahrscheinlich ist bei Hugo von St. Victor dieser Maßstab stillschweigend eingeschlossen in die Forderung, bei der Auslegung der Intention des Verfassers und dem Glauben zu folgen *(Didascalicon* VI,11).

Der mehrfache Schriftsinn als System

Die Lehre vom vierfachen Schriftsinn ist knapp in dem bekannten Distichon zusammengefaßt:

Littera gesta docet, quid credas allegoria,
Moralis quid agas, quo tendas anagogia.

In dieser Fassung stammen die Verse aus der Postille des Nicolaus von

---

[1101] Hugo sagt (S. 102, 12–17): apostata ... angelus (d. i. Lucifer) omnium caput est iniquorum et huius capitis corpus sunt omnes iniqui sicque cum membris suis unus est, ut saepe, quod corpori eius dicitur, ad eum potius referatur.

[1102] Jesus hat nach Johannes (6, 65) vorher gesagt (zu den Jüngern): sed sunt quidam ex vobis, qui non credunt; dazu bemerkt Johannes: sciebat enim ab initio Jesus, ... quis traditurus esset eum. Nach dem Bekenntnis des Petrus Simon zu Christus als Sohn Gottes (Joh 6, 70) antwortet Jesus (6, 71): Nonne ego vos duodecim elegi, et ex vobis unus diabolus est? (Hugo verwandelt die Frage in eine Feststellung; S. 102, 10/11: duodecim vos elegi, et unus ex vobis diabolus est).

[1103] Augustinus, De doctrina christiana III, 10; Hrabanus: Migne 107, 389f. (De clericorum institutione III, 13).

Lyra zum Galaterbrief.[1104] Der Verfasser der Verse aber war Augustinus de Dacia, der sie um 1260 in seinem theologischen Kompendium *Rotulus pugillaris*[1105] als Zusammenfassung seines ersten Kapitels brachte, allerdings mit dem Schluß (den Nicolaus von Lyra verändert hat): *quid speres, anagogia*. Diese Verse sprechen mittelalterliches Allgemeingut aus; sie entsprechen etwa der Aussage Hugos von St. Victor, nur daß bei ihm die *anagogia* nicht genannt ist, weil sie unter *allegoria* mitgemeint ist.[1106] Die sprachliche Form *anagogia* statt *anagoge* ist nach der Analogie von *historia, allegoria* und *tropologia* gebildet.[1107]

De Lubac hat gezeigt,[1108] daß der Unterscheidung von drei Verstehensweisen (wie bei Hugo von St. Victor) oder vier Verstehensweisen (wie bei Beda) keine entscheidende Bedeutung zukommt. Für das Nebeneinander zitiert er die Äußerung Alexanders von Hales in seiner Summa:[1109] *Hugo, qui posuit materiam divinarum Scripturarum opera restaurationis, posuit tantum tres intellectus; Beda vero, qui intellexit materiam divinarum Scripturarum non solum opus reparationis, immo causam, addidit anagogicum, qui quidem intellectus respicit causam, sicut alii tres effectum.* Wichtiger als die Unterscheidung zwischen drei oder vier Verstehensweisen ist der Stellenwert der *tropologia (moralis sensus)*: die *tropologia* kann der *allegoria* vorausgehen oder folgen.[1110]

Die Reihe, in der die *tropologia* der *allegoria* vorausgeht, begegnet um 440 bei Eucherius.[1111] Er unterscheidet: *Corpus ergo Scripturae sacrae, sicut traditur, in littera est, anima in morali sensu, qui tropicus dicitur, spiritus in superiore intellectu, qui anagoge appellatur.* Er setzt diese Dreiteilung in Beziehung zur platonischen Unterscheidung von *philosophia naturalis (physica), moralis (ethica)* und *rationalis (logica)*. Dieselbe Folge

---

[1104] Vgl. de Lubac (wie Anm. 55) I, 1, S. 23.

[1105] Augustinus de Dacia, Rotulus pugillaris, hg. P. A. Walz (in: Angelicum VI, 1929). Sein Zweizeiler hat sich schnell verbreitet: vgl. de Lubac (wie Anm. 55) II, 2, S. 371. Über die Änderung durch Nikolaus von Lyra: de Lubac (wie Anm. 55) I, 1, S. 24. Zu Nikolaus von Lyra: Spicq (wie Anm. 47), S. 335–342; de Lubac (wie Anm. 55) II, 2, S. 344–367. Seinen Psalmenkommentar hat Heinrich von Mügeln verdeutscht (vgl. Ratcliffe, wie Anm. 496), der auch eine Verdeutschung der ganzen Bibel unternahm (vgl. Anm. 496).

[1106] Hugo von St. Victor sagt im 3. Kapitel seiner kurzen Schrift »De scripturis et scriptoribus sacris« (Migne 175, 12): allegoria subdividitur in simplicem allegoriam et anagogen.

[1107] de Lubac (wie Anm. 55) I, 2, S. 621f.

[1108] de Lubac (wie Anm. 55) I, 1, S. 139ff.

[1109] Die Stelle ist angeführt bei de Lubac (wie Anm. 55) I, 1, S. 140, Anm. 2.

[1110] So: de Lubac (wie Anm. 55) I, 1, S. 144ff.

[1111] Die Formulae spiritalis intelligentiae des Eucherius (hg. K. Wotke, in: Corpus scriptorum ecclesiasticorum latinorum 13, 1, 1894) geben in der Vorrede (S. 5) darüber Auskunft (zitiert bei: de Lubac, wie Anm. 55, I, 1, S. 193f.).

findet sich schon zwei Jahrhunderte vorher bei Origenes,[1112] und sie geht von der Patristik als eine Möglichkeit durch das Mittelalter hindurch.[1113] Diese Folge setzt in dieser Form die Dreiteilung des Menschen in *corpus, anima* und *spiritus* voraus, die Paulus im 1. Brief an die Thessaloniker formuliert hatte (1 Thess 5, 23 ... *ut integer spiritus vester et anima et corpus ... servetur*),[1114] und die Origenes seiner Auffassung zugrunde legte. Sie setzt einen Fortschritt im Verständnis der Heiligen Schrift voraus, einen Aufstieg, wie ihn das Mittelalter in Nachfolge der Patristik angenommen hat.[1115] Petrus Lombardus hat das in den Satz gefaßt: *Historicus incipientibus, moralis proficientibus, mysticus perficientibus congruit.*[1116] Diesen Satz wendet Alanus im Prolog auf die Leser seines *Anticlaudianus* an:[1117] *In hoc etenim opere literalis sensus suavitas puerilem de-*

[1112] So: de Lubac (wie Anm. 55) I, 1, S. 198ff.

[1113] Vgl. de Lubac (wie Anm. 55) I, 1, S. 144ff. Thomas der Zisterzienser bringt in der Einleitung seines Hoheliedkommentars (Migne 206, 472) die Reihenfolge: historia – moralitas – allegoria – anagoge.

[1114] Paulus spricht im Schluß des 1. Briefes an die Thessaloniker den Wunsch aus (1 Thess 5, 23): Ipse autem Deus pacis sanctificet vos per omnia, ut integer spiritus vester et anima et corpus sine querela in adventu Domini nostri Jesu Christi servetur. Diese Stelle ist bei Gregor von Elvira zitiert (Tractatus Origenis de libris sanctarum Scripturarum, hg. Pierre Batifoll und André Wilmart, Paris 1900, S. 135).

[1115] de Lubac (wie Anm. 55) I, 2, S. 408ff.

[1116] Zitiert bei de Lubac (wie Anm. 55) I, 2, S. 412.

[1117] Der Prolog zum Anticlaudianus steht in der Ausgabe von Bossuat (wie Anm. 15): S. 55–56 (Migne 210, 485–488). Zur Aussage des Prologs: Krewitt (wie Anm. 55), S. 522–525. Der Satz des Petrus Lombardus (wie Anm. 1116) und die im Folgenden angeführte Stelle aus der Osterpredigt des Alanus zeigen, daß für die zweite Stufe, die einen Fortschritt bezeichnet, proficientem stehen muß (wie bei Migne 210, 487 C) und nicht perficientem (wie bei Bossuat S. 56, Zeile 9/10): Petrus Lombardus sagt: proficientibus, in der Osterpredigt heißt es: provehit. Die dritte Stufe ist Stufe der Vollendung und fordert darum: perficientem; bei Petrus Lombardus heißt es: perficientibus, die Osterpredigt des Alanus hat: consummat et perficit. Alanus lädt in der Vorrede Leser ein, die für Neues aufgeschlossen sind (Bossuat S. 55, Zeile 18f., Migne 210, 487 A): ... delectatione novitatis illectus lector accedat ... Das Werk fordert Leser, die sich nicht mit der wahrnehmbaren Welt begnügen, sondern (den Forderungen des Pseudo-Dionysius und Johannes Scotts gemäß): ... ad intuitum supercelestium formarum audent attolere ... Das Werk des Alanus ist keine Enzyklopädie, wie offenbar schon sein ältester Erklärer Radulphus de Longo Campo (wie Anm. 26) gemeint hat (vgl. Bossuat, wie Anm. 26, S. 43), der nur die ersten drei Bücher berücksichtigt. Das Summarium, das Bossuat mitteilt (wie Anm. 26, S. 199–201), sagt nur in zwei Sätzen, daß die septem liberales artes auf Geheiß der Prudentia den Wagen für die Himmelfahrt fertigstellen. Von den 370 Zeilen des »Compendium«, das Ochsenbein herausgegeben hat (wie Anm. 220, S. 93–101), gelten nur 49 Zeilen (148–194) den septem artes.
Ähnlich, wie die Vorrede zu den Regulae (Migne 210, 621–623) die »Regeln« der verschiedenen artes nennt, so schließt nach der Vorrede zum Anticlaudianus das Werk die Methoden aller Wissenschaftsgebiete ein (Bossuat, S. 56, Zeile 15–18; Migne 210, 488 A). Das »Summarium« (bei Bossuat, wie Anm. 26, S. 201) sagt ganz richtig: Liber vero

mulcebit auditum, moralis instructio proficientem imbuet sensum, acutior allegorie subtilitas perficientem acuet intellectum; dabei stuft er die Haltungen deutlich ab: *puerilem auditum – proficientem sensum – perficientem intellectum.* In einer Predigt über die Aufforderung Abrahams an Sara »Beeile dich, menge drei Maß Feinmehl und mache daraus einen Kuchen«[1118] erklärt er die Worte Abrahams als Aufforderung zur dreifachen Schrifterklärung (Migne 210, 209): *prima incipit, secunda provehit, tertia*

---

nulli parti vel speciei philosophie tenetur obnoxius, nunc ethicam tangens, nunc phisicam delibans, nunc in mathematice subtilitatem ascendens, nunc theologie profundum agrediens. Das »Compendium« gibt die »historia« des Anticlaudianus wieder, damit die spirituelle Bedeutung verstanden werden kann. Es heißt im Eingangsabschnitt (ZfdA 98, S. 93, Zeile 7–10): hunc autem tractatum per modum hystorie versifice compilavit. ego autem textualiter ad compendium redegi, ut possint spiritualia a sapientibus tanquam hystoria recitari. Der letzte Satz lautet (ZfdA 98, S. 109, Zeile 369–370): Predicta omnia non verbis prescriptis, sed gestis spiritualibus debemus credere esse facta.

Man wird die Dichtung des Alanus als »mythische« Dichtung zu verstehen haben (vgl. Anm. 903), wie die Cosmographia des Bernhard Silvestris und den »Architrenius« (hg. P. G. Schmidt, München 1974). Außer der vorher (Anm. 902ff.) genannten Literatur jetzt: Peter Ochsenbein, Studien zum Anticlaudianus des Alanus ab Insulis (Europäische Hochschulschriften, Reihe I: Deutsche Literatur und Germanistik 114), Frankfurt und Bern 1975; dazu die ausführliche, umsichtige Besprechung von Christel Meier: Zum Problem der allegorischen Interpretation in mittelalterlicher Dichtung (in: Beiträge 99, Tübingen 1977, S. 250–296).

[1118] Die Stelle lautet nach der Vulgata (Gen 18, 6): (Abraham sagt zu Sara) accelera, tria sata similae commisce et fac subcinericios panes (bei Alanus: panem subcinericium). Über diesen Text hält Alanus zu Ostern eine Predigt, die an die Lehrer gerichtet ist (ad magistros scolarium), die ja für die Auslegung der Schrift zuständig sind. Die Predigt ist bei Migne abgedruckt: 210, 206 D–210 D. Alanus sieht in den Worten Abrahams an Sara ein großes Geheimnis: Fratres mei, profundum credimus sub his velari mysterium. Quod liquido constabit, si … spiritalem intellectum ex sensu eliciamus historico. Quaeramus ergo solem sub nube, medullam sub cortice, spiritum vivificantem sub littera occidente. Dann gibt er den Worten eine dreifache Auslegung; er deutet sie als Worte des Vaters an den Sohn (207 A–208 B), als Worte des Vaters an den christlichen Priester (208 B–209 B) und als Worte an den Lehrer, dem die Geheimnisse des Himmelsreichs erschlossen sind (209 B–209 D). An den Lehrer wendet er sich mit den Worten (209 C): tria sata similae commisce, id est triplicem expositionem in lectione, quarum prima sit historica, secunda tropologica, tertia allegorica: prima fundamentum, secunda paries, tertia culmen his duabus appositum; prima planior, secunda suavior, tertia acutior; prima incipit, secunda provehit, tertia consummat et perficit. inde fit panis subcinericius, id est lectio theologica … hoc pane reficiuntur tres viri, scilicet maiores, mediocres et minores: minoribus proponitur lac historiae, mediocribus mel tropologiae, maioribus solidus panis allegoriae. Bei der ersten Deutung wird panis subcinericius als die Trinität verstanden, bei der zweiten als die poenitentia, bei der dritten als lectio theologica. Zur geistlichen Speise: Klaus Lange (in: ZfdA 95, 1966, S. 61–122) und Hans-Jörg Spitz, Metaphern für die spirituelle Schriftauslegung (in: Miscellanea Mediaevalia VI, 1969, S. 99–112); ders., Die Metaphorik des geistigen Schriftsinns (Münstersche Mittelalter-Schriften 12), München 1972. Zum Schluß legt Alanus Ostern (pascha) als die Zeit des Übergangs vom Tode zum Leben aus (transitum de morte ad vitam …).

consummat et perficit … minoribus proponitur lac historiae, mediocribus
mel tropologiae, maioribus solidus panis allegoriae.

Wenn die *tropologia* der *allegoria*, d. h. der *intelligentia spiritualis*, der
tieferen Einsicht, vorausgeht, meint sie eine *scientia moralis*, die den natürlichen Kräften des Menschen zugänglich ist.[1119] So unterscheidet Richard von St. Victor:[1120] *Tropologia de his agit, quae quisque facile capit*
… Alia est enim conditio tropologiae et longe alia conditio allegoriae.
Quid est enim tropologia, nisi moralis scientia, et quid allegoria, nisi my-
stica mysteriorum doctrina? Morum honesta cordi humano naturaliter
sunt inscripta. Mysteriorum vero profunda pro certo nemo nisi temere
praesumit de sensu proprio.

Bei der *moralis scientia* ist an die Lehre von den vier Kardinaltugenden
zu denken; Conrad von Hirsau stellt im Dialogus fest:[1121] *de ethica (ha-*
bes) iusticiam, prudentiam, fortitudinem, temperantiam; hec (ethica)
enim de moribus tractat. Durch Ambrosius war die Lehre dem Mittelalter
übermittelt worden; er hat den Begriff *virtutes cardinales* geprägt.[1122] In
der Rhetorik hatten die Kardinaltugenden ihren Platz als Maßstab für das
honestum beim *genus deliberativum*[1123] und beim *genus demonstrati-*
vum.[1124] So hat sie bereits Alkuin in seine *Disputatio* aufgenommen und
mit den drei christlichen Grundtugenden Glaube, Hoffnung und Liebe
gekrönt.[1125] Im 12. Jahrhundert hat das *Moralium dogma philosopho-*

[1119] Vgl. de Lubac (wie Anm. 55) zu Origenes: I, 1, S. 203.

[1120] Angeführt bei: de Lubac (wie Anm. 55) I, 2, S. 554.

[1121] Conrad von Hirsau, Dialogus (wie Anm. 2), Zeile 1548/49.

[1122] Vgl. Otto Hiltbrunner, Die Schrift De officiis ministrorum des hl. Ambrosius (in: Gymnasium 71, 1964, S. 174–185). Jetzt (mit weiterer Literatur): Friedrich Ohly, Außerbiblisch Typologisches zwischen Cicero, Ambrosius und Aelred von Rievaux (in: Festschrift f. M.-L. Dittrich, »sagen mit sinne« 1976 = Göppinger Arbeiten zur Germanistik 180, S. 19–37); dieser Beitrag auch in: Fr. Ohly, Schriften zur mittelalterlichen Bedeutungsforschung (wie Anm. 396), S. 338ff.

[1123] Auctor ad Herennium III 2, 3; Cicero, De inventione II, 159–165.

[1124] Auctor ad Herennium III 8, 15; Cicero, De inventione II, 177.

[1125] Alkuin, Dialogus de Rhetorica et Virtutibus: Migne 101, 919–946, bes. 943–946. An-
nette Georgi, Das lateinische und deutsche Preisgedicht des Mittelalters (Philologische
Studien und Quellen 48, Berlin 1969), ist dem Preisgedicht auf Bischöfe nachgegangen
(S. 98–122) und hat dabei auf ein anonymes Preisgedicht auf einen englischen Bischof
hingewiesen (S. 111), das ganz auf den Kardinaltugenden aufgebaut ist. Es ist in der bekannten Handschrift Arundel 384 überliefert und von Wilhelm Meyer herausgegeben:
Die Arundel-Sammlung mittellateinischer Lieder (in: Abhandlungen d. Ges. d. Wiss.
Göttingen, Phil.-hist. Klasse, Neue Folge XI, 2, 1908), Nr. 27, S. 49–52 (Nachdruck
bei der Wissenschaftl. Buchgesellschaft Darmstadt 1970). Hier heißt es (Str. 8, 1–3):
Sic intra quaternarium/virtutum cardinalium/firmiter es statutus …; prudencia steht
zur Rechten, equitas zur Linken, fortitudo geht voraus, temperancia folgt (Str. 9–20).
Aus ihnen gehen Glaube, Hoffnung und Liebe hervor (Str. 21): Hec est virtutum se-

247

rum, das eine außerordentliche Verbreitung auch in den Volkssprachen fand,[1126] die Lehre verbreitet, die kein anderer als Hildebert von Tours schon vorher in seinem Gedicht »*Quatuor eximias*«[1127] formuliert hatte. Daß die *moralis scientia* ihre feste Stelle im Unterricht des *Trivium* hatte, hat Philippe Delhaye gezeigt.[1128]

Wenn die *tropologia* als Vorstufe zur *allegoria* verstanden wird,[1129] ist gemeint, daß der Mensch zunächst in sich selbst die Harmonie von *anima* und *spiritus* herbeiführt, aus der das *bonum opus* hervorgeht.[1130] Absalon[1131] vergleicht die vier Verstehensweisen *littera, tropologia, allegoria, anagoge* mit den vier Flügeln der Cherubim;[1132] die beiden ersten, mit denen sich die Cherubim bedecken, sind *historia* und *tropologia*, die Anweisungen für das gegenwärtige Leben geben *(per historiam et tropologiam praesentem informant conversationem)*; die beiden anderen, mit denen die Cherubim fliegen, erheben durch Glauben und Liebe empor zur Betrachtung *(per fidem et caritatem sursum eriguntur ad contemplationem)*. *Historia* und *tropologia* zeigen das rechte Verhalten dem Nächsten gegenüber *(ostendunt viam iustitiae ad proximum)*, und zwar so, daß die *historia* lehrt, wie man sich gehorsam gegenüber Höherstehenden verhält *(qualiter per obedientiam ad superiorem vivas humiliter)*, während die *tropologia* zeigt, wie man sich »sozial« gegenüber Gleich- oder Tieferstehenden verhält. *Allegoria* und *anagoge* zeigen den Weg zu Gott *(cultum pietatis ad Deum)* und zwar so, daß die *allegoria* den rechten Glauben *(docet te credere fideliter)*, die *anagoge* die Liebe lehrt *(docet te amare perseveranter)*. Diese Interpretation wendet die Idee des Aufstiegs auf die vier

---

ries,/unde surgit spes paries/ex fide fundamento./cui tectum supereminens/esr caritas nec desinens/nec carens incremento.

[1126] Vgl. Eduard Neumann, Zum »mittelalterlichen Tugendsystem« (in: Wirkendes Wort, 1. Sonderheft 1952, S. 49–61). Der Text des »Moralium dogma philosophorum« ist herausgegeben von: John Holmberg, Das Moralium dogma philosophorum des Guillaume de Conches. Lateinisch, altfranzösisch und mittelniederdeutsch, Uppsala 1929. Einfluß Senecas: Klaus-Dieter Nothdurft, Studien zum Einfluß Senecas auf die Philosophie und Theologie des 12. Jahrhunderts, Leiden und Köln 1965.

[1127] Hildeberts Gedicht »Quatuor eximias virtutum proprietates« ist m. W. bisher nur bei Migne gedruckt (Migne 171, 1055–1064). Nach Ordericus Vitalis (Historia ecclesiastica X, 6 = Migne 168, 732) wurde das Gedicht früh in Rom gelesen.

[1128] Philippe Delhaye, L'organisation scolaire au XIIᵉ siècle (in: Traditio V, 1947, S. 211–268); ders., L'enseignement de la philosophie morale au XIIᵉ siècle (in: Medieval Studies XI, 1949, S. 77–99); ders., »Grammatica« et »Ethica« au XIIᵉ siècle (in: Recherches de théologie ancienne et médiévale 25, 1958, S. 59–110).

[1129] Dazu: de Lubac (wie Anm. 55) I, 1, S. 144ff., 194ff.; I, 2, S. 408ff.

[1130] So: Gerhoh von Reichersberg im Kommentar zum Hohenlied (Migne 172, 349).

[1131] Absalons Predigten: Migne 211, 11–294.

[1132] Die angeführte Stelle nach: de Lubac (wie Anm. 55) I, 2, S. 413f.

Verstehensweisen an. Es wird deutlich, daß sich die *tropologia* hier auf die sittliche Gestaltung des Lebens bezieht, also als *moralis scientia* aufzufassen ist. Mit solcher *tropologia* als *moralis scientia* ist im System des 12. Jahrhunderts die *practica* identisch. Die *divina similitudo* wird nach Hugo von St. Victor[1133] durch die *speculatio veritatis (theorica)* und durch *virtutis exercitium (practica)* wiederhergestellt, wobei als andere Namen für die *practica* genannt werden: *activa, ethica, moralis*. Genauer wird in II,19 bestimmt, was Hugo unter *practica* im ganzen und unter *ethica (moralis)* im besonderen versteht. Die *practica* bedeutet: *circumspectio morum* (II,18); sie gliedert sich nach den Pflichten des Einzelnen, nach den Verpflichtungen gegenüber der Familie und der staatlichen Gemeinschaft in die drei Bereiche der Ethik *(ethica)*, der Ökonomik *(oeconomica)* und der Politik *(politica)*. *Practica moralis* im engeren Sinn schließt die Verpflichtungen des Einzelnen ein (auch *solitaria* oder *privata* genannt). Von ihr heißt es *(Didascalicon II,19)*: *quando ethicam partem constituimus practicae, stricte accipienda est ethica in moribus uniusque personae et est eadem quae solitaria*; und weiter: *moralis dicitur, per quam mos vivendi honestus appetitur*. Die Kardinaltugenden sind Verpflichtungen der Politik. Offenbar ist an diese *practica* zu denken, wenn die *tropologia* der *allegoria* vorausgeht. Die *virtus*, auf die es bei der *practica* ankommt, wird von Hugo definiert *(Didascalicon VI,14)* als eine Haltung, bei der *ratio* und *natura* übereinstimmen *(virtus est habitus animi in modum naturae rationi consentaneus)*. In der Reihenfolge der *artes (logica-ethica-theorica-mechanica)* nimmt die *ethica* die zweite Stelle vor der *theorica* ein, weil das innere Auge geläutert werden muß für die Erforschung der Wahrheit *(per studium virtutis oculus cordis mundandus est, ut deinde in theorica ad investigationem veritatis perspicax esse possit)*.

Von der *practica moralis* als einer natürlichen Fähigkeit des Menschen

---

[1133] Hugo von St. Victor, Didascalicon (wie Anm. 3) I, 8, S. 15f.: Duo vero sunt, quae divinam in homine similitudinem reparant, id est, speculatio veritatis et virtutis exercitium. Der »reparatio« des Menschen geht die Selbsterkenntnis voraus (Didascalicon I, 1): reparamur autem per doctrinam, ut nostram agnoscamus naturam. Die Selbsterkenntnis des Menschen und der Glaube an eine »reparatio« (bzw. restauratio) des Menschen sind bestimmende Ideen des 12. Jahrhunderts; zur Selbsterkenntnis: Pierre Courcelle, Connais-toi toi même de Socrate à St. Bernard, Bd. I, Paris 1974; zur »restauratio hominis«: Hennig Brinkmann, Das religiöse Drama im Mittelalter (in: Wirkendes Wort IX, 1959, S. 257–274, bes. S. 266–268); Wiltrud aus der Fünten, Maria Magdalena in der Lyrik des Mittelalters (Wirkendes Wort, Schriftenreihe Bd. 3, Düsseldorf 1966), S. 109–114, S. 216–218; Maximilian Scherner (wie Anm. 52), S. 235–239, 272–278, 314–325; Eckhard Hegener (wie Anm. 53), S. 11f., 26f., 72–79, 147.

unterscheidet Hugo von St. Victor die *tropologia* als *moralitas*[1134], die durch das Studium der Heiligen Schrift gewonnen wird.[1135] Durch eine Lektüre der Heiligen Schrift, die sie als *exhortatio* versteht, wird die *moralitas* als Gnade erworben, und zwar durch *exemplum* und *doctrina (Didascalicon* V,7): *exemplo, quando sanctorum facta legimus; doctrina, quando eorum dicta ad disciplinam nostram pertinentia discimus.*

Die *moralitas (tropologia)* schöpft ihre Einsicht mehr aus der *significatio rerum* (der zweiten Sprache) als aus der *significatio vocum (Didascalicon* VI, 5); aus der zweiten Sprache, die uns sagt, was Gott getan hat, erfahren wir, was wir tun sollen *(contemplando quid fecerit Deus, quid nobis faciendum sit agnoscimus).* Im Abschnitt über die *meditatio*, die sich von der Lektüre zu freierer Betrachtung erhebt, hatte Hugo drei Arten unterschieden (III,10): *circumspectio morum, mandatum divinum* und *opus Dei.* Das *mandatum divinum* geht aus der Heiligen Schrift hervor, das Wirken Gottes vor allem aus der zweiten Sprache. Als Vorbild *tropologischen* Verstehens nennt Hugo von St. Victor die Schriften Gregors des Großen, dessen Auffassungen und Wirkung de Lubac ausführlich dargestellt hat.[1136]

Die Bezeichnung *tropologia* für die *moralitas* hat sich erst allmählich herausgebildet.[1137] Figürliche Rede *(tropica locutio)* konnte noch lange *tropologia* genannt werden. So war es bei Cassiodor;[1138] noch Boncompagno faßt *tropologia* neben der Metapher als einen Fall der *transumptio*[1139] auf. Schon Beda hatte zwischen den *rhetorischen Tropen* und der *tropologia* als Verstehensweise der Heiligen Schrift unterschieden. Ihm folgten Hugo von St. Victor und Conrad von Hirsau.

Die seit dem 12. Jahrhundert gültige Unterscheidung war insofern schon bei Hieronymus (der sonst *tropologia* als allgemeinen Namen für

---

[1134] Die Überschrift zu Didasc. VI, 5 lautet (S. 122): De tropologia, id est, moralitate; und in VI, 3 steht der Kernsatz (S. 116): Habes in historia, quo Dei facta mireris; in allegoria, quo eius sacramenta credas; in moralitate, quo perfectionem ipsius imiteris.

[1135] Hugo beschäftigt sich in einem eigenen Kapitel (Didasc. V, 7) ausführlich mit der Frage (S. 105–108): quomodo sit legenda scriptura ad correctionem morum.

[1136] Hugo sagt im Anschluß an den Satz, der die moralische Bedeutung der Schrift definiert (S. 105): inter quae (sc. sanctorum dicta) beatissimi Gregorii singulariter scripta amplexanda aestimo, quae, quia mihi prae ceteris dulcia et aeternae vitae amore plena visa sunt, silentio nolui praeterire. Über die Wirkung Gregors: de Lubac (wie Anm. 55) I, 1, S. 187ff.; I, 2, S. 537ff.

[1137] Vgl. de Lubac (wie Anm. 55) I, 2, S. 551ff.

[1138] Cassiodor, Expositio psalmorum (Corpus Christianorum 97, S. 54), zu Psalm 3; vgl. Krewitt (wie Anm. 52), S. 140.

[1139] Boncompagno, Rhetorica novissima, Bologna 1892, IX, 2, S. 281–285 (in: Bibliotheca iuridica medii aevi, hg. Aug. Gaudentius. Scripta anecdota antiquissimorum glossatorum. Vol. II, pars 1); vgl. Krewitt (wie Anm. 52), S. 259.

den geistigen Sinn verwendet) angelegt, als er darin die »moralische Anwendung« sehen kann:[1140] *de littera ad maiora consurgimus et, quidquid in priori populo carnaliter factum est, iuxta moralem interpretamur locum et ad animae nostrae emolumenta convertimus.* Im 12. Jahrhundert wird *tropologia* als *sermo conversivus* oder *conversa locutio* definiert.[1141] So heißt es im *Mitrale* von Sicard:[1142] *et dicitur tropologia conversa locutio, cum quod dicitur ad mores significandos convertitur.* Robert von Melun bezieht sich bei seiner Definition mehr auf die Verpflichtung, die sich aus einem *factum* für den Leser ergibt:[1143] *Tropologia idem sonat quam sermo conversivus, eo quod factum tale designat, ad quod nos secundum moralis aedificationis institutionem necessarium est converti.* Vom *factum* geht auch ein Schüler Hugos von St. Victor im *Speculum de mysteriis Ecclesiae* aus (Migne 177,375): *Tropologia est, quando per factum ostenditur aliud faciendum.* Thomas von Aquin unterscheidet in *Quodlibet* VII, gemäß seiner Auffassung, daß der *sensus spiritualis* auf einer Analogie figürlich gemeinter *res* beruht, (*Quaestio* VI, Art. 14) so: *Moralis sensus non dicitur omnis sensus, per quem mores instruuntur, sed per quem instructio morum sumitur ex similitudine aliquarum rerum gestarum; sic enim moralis sensus est pars spiritualis, ita quod numquam est idem sensus moralis et litteralis.*[1144]

Als eigene Verstehensweise (neben *historia, allegoria, tropologia* und *anagogia*) hat das Mittelalter nicht die »Typologie« aufgefaßt. Für Thomas von Aquin fallen allegorischer und typologischer Sinn zusammen (*Quodlibet* VII, art. 15): *Sensus ergo spiritualis ordinatus ad recte credendum potest fundari in illo modo figurationis, quo vetus Testamentum figurat novum, et sic est allegoricus sensus vel typicus, secundum quod ea, quae in veteri Testamento contigerunt, exponuntur de Christo et Ecclesia.*[1145] Dem Inhalt nach wird in dieser Aussage der *sensus allegoricus* auf das typologische Verhältnis zwischen Altem und Neuem Testament bezogen, und terminologisch wird dieser Sachverhalt als allegorisch oder »ty-

---

[1140] Hieronymus, Epist. 120, 12 (Migne 22, 1005).
[1141] Vgl. de Lubac (wie Anm. 55) I, 2, S. 552.
[1142] Sicard von Cremona, Mitrale (Migne 213, 13–436): I, 13 (Migne 213, 47).
[1143] Robert von Melun, Sententiae, hg. R. M. Martin, 4 Bde., Löwen 1932–1952: I, 1 (1932).
[1144] Die Stelle ist angeführt bei: de Lubac (wie Anm. 55) II, 2, S. 274, Anm. 2; de Lubac geht S. 272ff. auf die Auffassung des Schriftsinns bei Thomas ein.
[1145] Auch diese Stelle bei: de Lubac (wie Anm. 55), und zwar: S. 273. Die Stelle sagt über die Wahrheit der Heiligen Schrift aus: veritas autem, quam sacra Scriptura per figuras rerum trahit, ad duo ordinatur, sc. ad recte credendum et ad recte operandum. si ad recte operandum, sic est sensus moralis, qui alio nomine tropologicus dicitur.

251

pisch« bezeichnet. Was also heute als typologisch gekennzeichnet wird, gilt Thomas als allegorisch.

Friedrich Ohly hat in einem Vortrag,[1146] der die Bedeutung der Typo-logie in mittelalterlicher Kunst und Dichtung eindrucksvoll darstellt, sel-ber festgestellt (S. 355, bzw. 320): »Begrifflich wird die Typologie im Mit-telalter von der Allegorie nicht klar geschieden«. Er sieht die spezifisch ty-pologische Sehweise darin, daß sie heilsgeschichtlich orientiert ist (Chri-stus hat die Verheißung des Alten Testaments erfüllt und lebt fort in der Kirche bis zur endgültigen Erfüllung). Diese Sehweise ist aber im eigentli-chen Sinne Bestandteil der Allegorie. Henri de Lubac lehnt den »moder-nen« Begriff der Typologie ab (I, 1, S. 352f.), wenn dieser sich damit be-gnügt, Entsprechungen zwischen Alten und Neuem Testament aufzuzei-gen, ohne dabei zu bedenken, aus welchem religiösen Geist diese Entspre-chungen erst begründet sind.[1147]

Die Patristik spricht von *typus* und *typicus*. Mit Bezug auf den 1. Brief des Apostels Paulus an die Korinther (10,6 und 10,11)[1148] stellt Hierony-mus fest (Epist. 129,6): *Ex quo perspicue demonstratur omnia illius po-puli in imagine et umbra et typo praecessisse.*[1149] Er verwendet die For-mel: *iuxta typicam historiam.*[1150] Junilius Africanus verbindet *typus* mit der Bedeutung der *res*:[1151] *typus prophetia est in rebus; typis res declaran-tur ex rebus.* Gregor der Große spricht in seiner unvollendeten Erklärung Ezechiels von *typica expositio* (Migne 76,921); er unterscheidet sie als al-legorische Erklärung (die er »typisch« nennt) von der moralischen Erklä-rung (Migne 76,1045): *Sed quia haec moraliter diximus, restat adhuc, ut easdem mensas per intelligentiam typicam perscrutemur.* Ebenso hebt er die »typische« Erklärung von der »historischen« ab (Migne 75,513): *Sciendum est, quod quaedam historica expositione transcurrimus et per allegoriam quaedam typica investigatione perscrutamur.* Augustinus

---

[1146] Friedrich Ohly, Ecclesia und Synagoge (in: Miscellanea Mediaevalia IV, 1966, S. 350–369; wieder abgedruckt in: Schriften zur mittelalterlichen Bedeutungsforschung, wie Anm. 53a, S. 312–337).

[1147] de Lubac (wie Anm. 55) I, 1, S. 352f. Jetzt auch: Christel Meier, Überlegungen (wie Anm. 53a), S. 38.

[1148] 1 Cor 10, 6 Haec autem in figura facta sunt nostri (gemeint ist: die Vernichtung der Mehrzahl der Israeliten in der Wüste, an denen Gott kein Wohlgefallen hatte, nach Num 26, 64); 1 Cor 10, 11 Haec autem omnia in figura contingebant illis: scripta sunt autem ad correptionem nostram, in quos fines saeculorum devenerunt (Haec omnia be-zieht sich auf die Ereignisse beim Auszug aus Ägypten, die vorher von Paulus erwähnt worden sind).

[1149] Ähnlich im Prolog zur Erklärung des Galaterbriefes (Migne 26, 309f.).

[1150] So: zu Jesajas (Migne 24, 608).

[1151] Junilius Africanus, Instituta regularia divinae legis (Migne 68, 15–42) II, 16.

scheint nicht von *typus* und *typicus* zu sprechen, wenn das Verhältnis des Alten Testamentes zum Neuen gemeint ist.

Im übrigen hat sich im Mittelalter *typicus* nicht durchgesetzt; typologische Auffassung ist ein Fall (meist der Grundfall) der Allegorie. Dichter des 12. Jahrhunderts freilich, wie Adam von St. Victor und Walter von Châtillon, verwenden *typicus*, wenn von der Präfiguration die Rede ist;[1152] so sagt Adam von St. Victor über Maria als Gottesgebärerin (angeführt bei Hegener, wie Anm. 53, S. 94): *de te Christum genitura/praedixerunt in Scriptura/prophetae, sed typice.*

In dem Abschnitt über den *ordo cognitionis*,[1153] der bei der Lektüre der Heiligen Schrift fordert, vom besser Bekannten, d. h. vom Neuen Testament auszugehen, bestimmt Hugo von St. Victor das Verhältnis zwischen den beiden Testamenten in der Weise, wie es durch den Apostel Paulus festgelegt worden war: Die Wahrheit wird im Neuen Testament offen verkündet *(manifesta praedicatur veritas)*, während sie im Alten Testament nur unter dem Schatten von »Figuren« verborgen vorherverkündigt wird *(veritas figuris adumbrata occulte praenuntiatur)*. Im Alten Testament wurde die Wahrheit verheißen, im Neuen gewährt *(ibi promissa, hic exhibita)*. Christus hat, was versiegelt war, entsiegelt.[1154] Was verheißen

---

1152 Vgl. Hegener, Studien zur zweiten Sprache (wie Anm. 53), S. 94 (zu Adam von St. Victor) und S. 145 (zu Walther von Châtillon: in dumis sumitur typicus aries, per quem diluitur Ade cauteries).

1153 Hugo von St. Victor spricht im III. Buch des Didascalicon (wie Anm. 3) über den ordo legendi (III, 8, S. 58) und den modus legendi (III, 9, S. 58/59). Der ordo legendi ist verschieden in der disciplina (ordo in disciplina attenditur secundum naturam), bei den libri (in libris secundum personam auctoris vel subiectam materiam), bei der narratio (in narratione secundum dispositionem) und bei der expositio (in expositione consideratur ordo secundum inquisitionem); eine expositio untersucht nacheinander: littera, sensus und sententia. Im Kapitel über den modus legendi gibt er als Kernsatz der doctrina (III, 9, S. 59): doctrina autem ab his, quae magis nota sunt, incipit et per eorum notitiam ad scientiam eorum, quae latent, pertingit. Finita sind besser bekannt als infinita, und die Analyse (divisio) schreitet vom Allgemeinen zum Besonderen fort (ab universalibus ad singularia). Das ist der ordo cognitionis, auf den sich Hugo später in VI, 6 bezieht (S. 123, 10–16): historia ordinem temporis sequitur. ad allegoriam magis pertinet ordo cognitionis, quia, sicut supra (nämlich in III, 9) dictum est, doctrina semper non ab obscuris, sed apertis et ab his, quae magis nota sunt, exordium sumere debet. unde consequens est, ut Novum Testamentum, in quo manifesta praedicatur veritas, in hac lectione Veteri praeponatur, ubi eadem veritas figuris adumbrata occulte praenuntiatur.

1154 Hugo bezieht sich auf das 5. Kapitel der Apocalypse (Apoc 5, 2 quis est dignus aperire librum et solvere signacula eius? ... 5, 5 ... ecce vicit leo de tribu Juda, radix David, aperire librum et solvere septem signacula eius), wenn er sagt (S. 123, 17–21): audisti, cum legeretur in Apocalypsi, quia signatus erat liber et nemo inveniri poterat, qui solveret signacula eius, nisi leo de tribu Juda. signata erat lex, signatae erant prophetiae, quia occulte tempora venturae redemptionis praenuntiabantur.

253

war, hat er durch seine Inkarnation erfüllt und so ans Licht gebracht, was vorher verborgen war *(implendo, quae promissa erant, aperuit, quae latebant)*.[1155]

Ohne daß es ausdrücklich gesagt wird, spricht Hugo von St. Victor an dieser Stelle die Voraussetzung für ein geistiges Verständnis der Heiligen Schrift insgesamt und damit auch für allegorische Erklärung aus.

Die Terminologie, die er dabei verwendet, geht auf den Apostel Paulus zurück.[1156] Danach wurde *figura* Bezeichnung für die präfigurative Bedeutung des Alten Testaments.[1157] Von der Bedeutung des Gesetzes, das Moses für den Gottesdienst gab, sagt der Hebräerbrief (10,1): *umbram enim habens lex futurorum bonorum*.[1158] Hieronymus hatte *umbra* in Gegensatz zu *veritas* gebracht, was auf die Apostel[1159] zurückgeht (Epist 22,13): *Praecedit umbra, nunc veritas est*.[1160]

Die Bezeichnungen Altes und Neues Testament erklärt Isidor im Eingang zum 6. Buch seiner Etymologien unter Berufung auf den Apostel Paulus:[1161] *Vetus Testamentum ideo dicitur, quia veniente novo cessavit. De quo Apostolus meminit/dicens (2 Cor 5,17): vetera transierunt, et ecce facta sunt omnia nova*.[1162] *Testamentum autem Novum ideo nuncupatur, quia innovat. Non enim illud discunt nisi homines renovati ex vetustate per gratiam et pertinentes iam ad Testamentum Novum, quod est regnum*

[1155] Hugo sagt (S. 124, 15–17): venit ergo filius Dei et induit nostram naturam, natus est de Virgine, crucifixus, sepultus, resurrexit, ascendit ad coelos et implendo, quae promissa erant, aperuit, quae latebant. Er schließt das Kapitel VI, 6 mit den Worten (S. 125, 4–7): ... nisi prius nativitatem Christi, praedicationem, passionem, resurrectionem atque ascensionem et cetera, quae in carne et per carnem gessit, agnoveris, veterum figurarum mysteria penetrare non valebis.

[1156] 1 Cor 10, 11 (vgl. Anm. 1148).

[1157] Dem ist besonders de Lubac (wie Anm. 55) nachgegangen: II, 2, S. 60–84 (Omnia in figura). Die Diskussion über »figura« wurde 1938 von Erich Auerbach (Archivum Romanicum 22, S. 436–489) eröffnet (jetzt in: Gesammelte Aufsätze zur romanischen Philologie, Bern 1967, S. 55–92). Das Verhältnis zwischen Allegorie und Typologie untersuchte de Lubac 1947 in einer fundamentalen Untersuchung: »Typologie« und »Allégorisme« (in: Recherches de science réligieuse 34, S. 180–226). Die Literatur zur »Typologie« ist zuletzt bei Christel Meier, Überlegungen (wie Anm. 53a), diskutiert (S. 34–41).

[1158] Vom israelitischen Brauch heißt es im Brief an die Colosser (Col 2, 17): quae sunt umbra futurorum.

[1159] Christus ist die »Wahrheit« (1 Joh 5,6): ... et spiritus est, qui testificatur, quoniam Christus est veritas; in der Aufforderung des Epheserbriefes zur Erneuerung in Jesus heißt es (Eph 4,21): sicut veritas est in Jesu.

[1160] Zu umbra-veritas: de Lubac (wie Anm. 55) I, 1, S. 316f.

[1161] Isidor (wie Anm. 13), Etym. VI 1, 1–2; wörtlich wiederholt von Hrabanus im Eingang zum 5. Buch seiner Schrift »De universo« (Migne 111, 103f.).

[1162] Vgl. Is 43, 19 Ecce ego facio nova; Apoc 21,5 Ecce nova facio omnia.

caelorum. Mit dem letzten Satz bezieht sich Isidor auf die Aufforderung des Apostels (Eph 4,24): *induite novum hominem.*

Viel zitiert sind Verse Adams von St. Victor über das Verhältnis zwischen Altem und Neuem Testament, die diese Terminologie verwenden:[1163] *Figuram res exterminat/et umbram lux illuminat* (Hegener, wie Anm. 53, S. 95); *umbram fugat veritas,/vetustatem novitas* (Hegener S. 76); *Lex est umbra futororum,/Christus finis promissorum,/qui consummat omnia* (Hegener S. 114). Damit nimmt er die letzten Worte Jesu auf (Joh 19,30): *consummatum est.*[1164]

Typologische Sehweise ist nicht eine eigene hermeneutische Methode, sondern gehört zur allegorischen Erklärung. Daß ein typologischer Sachverhalt vorliegt, wird nur an der verwendeten Terminologie erkannt.

Für das Verhältnis zwischen Altem und Neuem Testament gilt naturgemäß die Folge früher-später, bzw. früher-jetzt, die durch Verben ausgesprochen wird; wie: *praefigurare, praesignare, praecinere.* Weil aber Altes und Neues Testament, wenn auch auf verschiedene Weise, dieselbe Wahrheit aussprechen, können *figura* und *res* gleichgesetzt werden (so von Maria: *Haec est virga ferens florem*), oder das eine wird durch das andere ersetzt, wenn in den Vorauer Büchern Moses als Inhalt der zehn Gebote das Liebesgebot des Neuen Testaments (Matth. 22,37ff.) angegeben wird.[1165] Die 7. Regel des Tichonius gibt Hugo von St. Victor *(Didascalicon* V,4) Gelegenheit, darauf hinzuweisen, daß in der Heiligen Schrift Künftiges als geschehen dargestellt werden kann, weil vor Gottes Ewigkeit alles Künftige schon geschehen ist (vgl. Anm. 1097). Er verdeutlicht (im Anschluß an Isidor) den Sachverhalt an Psalm 21 (Ps 21,17ff.): *foderunt manus meas et pedes meos.*

Mit der Erfüllung des Alten Testamentes durch die Inkarnation Christi ist die Wahrheit offenbar geworden, die vorher noch verhüllt war; aber das Schauen, das dadurch möglich geworden ist, ist nach den Worten des Apostels Paulus nur vorläufig (1 Cor 13,12): *Videmus nunc per speculum in aenigmate, tunc autem facie ad faciem.*[1166]

Dem *tunc-nunc* im Verhältnis zwischen Altem und Neuem Testament korrespondiert *nunc-tunc* im Verhältnis zwischen dem Evangelium und

---

[1163] Die Stellen nach Hegener (wie Anm. 53).

[1164] Dazu: de Lubac (wie Anm. 55) I, 1, S. 325ff.

[1165] Vgl. Ohly, Ecclesia und Synagoge (wie Anm. 1146), S. 355 (bzw. Schriften, S. 318–319).

[1166] Dazu: N. Hugedé, La métaphore du miroir dans les Epitres du St. Paul aux Corinthiens, Neuchatel-Paris 1957; H. Grabes, Speculum, Mirror and Looking-Glass (Buchreihe der Anglia 16), Tübingen 1973.

der Vollendung am Ende der Zeiten.[1167] Auch für dies Verhältnis kann der Ausdruck *typus* verwendet werden. Honorius sagt über die Feste in seiner *Gemma animae*:[1168] *Sicut Hebraicus populus praefiguravit festivitatem christiani populi, ita Ecclesia per sua festa praesignat solemnitates futuri saeculi.* Die Kirche ist zwar nicht in Wirklichkeit, aber im Status der Erwartung schon das Himmlische Jerusalem der Apokalypse. Rupert von Deutz stellt fest:[1169] *Hierusalem ... hic ... Ecclesiam significat in hoc mundo peregrinantem, quae, quamdiu peregrinatur, etsi nondum re, tamen spe iam est caelestis Hierusalem.* Das zeitliche Verhältnis zwischen früher und später spricht Isaac von Stella so aus:[1170] *Omnia enim priora posteriorum sunt figurae, quae nunc suis incipiunt revelari temporibus; et haec ipsa involucra quaedam sunt et exemplaria futurorum. Et sicut ista prioribus magis vera et manifesta, sic et istis illa futura, ut semper in imagine et quadem vanitate pertranseat universa vanitas, omnis homo vivens, donec ad nudam et manifestam et stabilem veritatis faciem perveniat.* Rubert von Deutz sagt:[1171] *Nondum quidem dum Scripturas legimus, facie ad faciem Dominum videmus; verumtamen ipsa Dei visio, quae quandoque perficienda est, hic iam per Scripturas inchoatur.* Thomas von Aquim nennt in seiner Erklärung des Galaterbriefes das Neue Testament (*nova lex*): *figura futurae gloriae* und die damit gegebene Verständnisweise: *sensus anagogicus (secundum ea quae sunt in nova lege et in Christo significant ea quae sunt in patria, est sensus anagogicus).*[1172] So erscheint die anagogische Verstehensweise als Fortsetzung der (typologisch-) allegorischen.

Hugo von St. Victor faßt in seiner Schrift *De scripturis et scriptoribus sacris*[1173] die *anagoge* als einen Fall der *allegoria* und sagt von der allego-

---

[1167] Vgl. de Lubac (wie Anm. 55) I, 2, S. 627ff.

[1168] Honorius, Gemma animae (Migne 172), III, 33; angeführt bei de Lubac (wie Anm. 55) I, 2, S. 625, Anm. 6.

[1169] Migne 187, 791; angeführt bei de Lubac (wie Anm. 55) I, 2, S. 628, Anm. 1.

[1170] Migne 194, 1873; angeführt bei de Lubac (wie Anm. 55) I, 2, S. 649.

[1171] Migne 169, 826; angeführt bei de Lubac (wie Anm. 55) I, 2, S. 635.

[1172] Thomas von Aquin, in Galat. cap. 5, lectio 7: primo namque, sicut dicit Apostolus, lex vetus est figura novae legis; et ideo, secundum quod ea, quae sunt veteris legis, significant ea, quae sunt novae, est sensus allegoricus. Item ... nova lex est figura futurae gloriae, et ideo, secundum quod ea, quae sunt in nova lege et in Christo, significant quae sunt patris, est sensus anagogicus. Ebenso heißt es in der Erklärung des Satzes »Fiat lux« (Gen 1,3): per hoc enim, quod dico »Fiat lux« ad litteram de luce corporali, pertinet ad sensum litteralem. Si intelligatur »fiat lux«, id est nascatur Christus in Ecclesia, pertinet ad sensum allegoricum. Si vero dicatur »fiat lux«, id est per Christum introducamur in gloriam, pertinet ad sensum anagogicum. Die Stellen sind angeführt und besprochen bei de Lubac (wie Anm. 55) II, 2, S. 274f.

[1173] Hugo von St. Victor, De scripturis et scriptoribus sacris: Migne 175, 9–28.

rischen Erklärung:[1174] *Est autem allegorica, cum per id, quod ex littera significatum proponitur, aliud aliquid sive in praeterito sive in praesenti sive in futuro significatur.* Die allegorische Erklärung schließt den ganzen Zeitraum von der Schöpfung der Welt bis zum Ende der Zeiten ein.[1175] Als *materia* der Heiligen Schrift nennt er:[1176] *Verbum incarnatum cum omnibus sacramentis suis, tam praecedentibus a principio mundi quam futuris usque ad finem saeculi.*

Er unterscheidet zwei Arten der Schöpfung:[1177] *primum est opus conditionis, quo facta sunt quae non erant; secundum est opus restaurationis, quo reparata sunt quae perierant.* Er ergänzt: *Ergo opera conditionis sunt quae in principio mundi sex diebus facta sunt, opera restaurationis quae a principio mundi propter reparationem hominis sex aetatibus fiunt.* Vom *opus restaurationis* heißt es in *De sacramentis:*[1178] *Opus restaurationis est incarnatio verbi cum omnibus sacramentis suis, sive iis quae praecesserunt ab initio saeculi, sive iis quae subsequuntur usque ad finem mundi.* Das Werk beginnt mit der Schöpfung und schließt mit dem Ende des Menschen und der Welt und dem Status der kommenden Welt *(de statu futuri saeculi)*.

Daß die Allegorie (im allgemeinen Sinne) die Zeit nach der Inkarnation einschließt, liegt schon in der Definition, wie sie etwa Honorius in seiner Erklärung des Hohenliedes gibt:[1179] *allegoria, cum de Christo et ecclesia res exponitur.* Origenes hatte *allegoria* aus dem Galaterbrief (4,13) mit *mysterium* aus dem Epheserbrief (5,32) gleichgesetzt,[1180] wo es heißt: *Mysterium* (in der *Vulgata: sacramentum*) *hoc magnum est: ego dico in Christo et ecclesia.* Bei dieser Vorausschau, dem anagogischen Verstehen der Heiligen Schrift, handelt es sich um die »eschatologische« Entsprechung zum »typologischen« Verständnis. Sie beherrscht die großen Konzeptionen der Geschichtstheologie von Rupert von Deutz bis zu Joachim von Fiore.[1181] Ihre Grundlage ist die *historia* des Alten und Neuen Testaments.

[1174] De scripturis et scriptoribus sacris, cap. 3 (Migne 175, 11).
[1175] Hugo schließt in seinem Didascalicon (wie Anm. 3) das Kapitel über historia (VI, 3, S. 117) mit den Worten: vide, quia ex quo mundus coepit, usque in finem saeculorum non deficiunt miserationes Domini.
[1176] Migne 175, 24 (De scripturis et scriptoribus sacris).
[1177] Migne 175, 11 (De scripuirs et scriptoribus sacris).
[1178] Migne 176, 183 (De sacramentis).
[1179] Honorius, Expositio in Cantica canticorum (Migne 172, 359).
[1180] Vgl. de Lubac (wie Anm. 55) I, 2, S. 499.
[1181] Aus der umfangreichen und bedeutenden Literatur seien nur genannt: Alois Dempf, Sacrum Imperium, 2. Aufl. München 1927 (Neudruck: Wissenschaftliche Buchgesellschaft Darmstadt 1954); Wilhelm Kamlah, Christentum und Geschichtlichkeit, Stutt-

Die anagogische Verstehensweise wird als »Emporführung« *(sursum ductio)* erklärt.[1182] Wenn aber Hugo von St. Victor in seinem Kommentar zur *Hierarchia caelestis* des Pseudo-Dionysius die *anagoge* als Erhebung des Geistes zur Betrachtung dessen, was über uns ist, bestimmt,[1183] so hat er eine andere Seite anagogischen Verstehens im Auge. Er meint nicht die *futura*, sondern die *superna*, zu denen sich der Mensch in der *contemplatio* erhebt.[1184] Diese Seite anagogischen Verstehens, eine »subjektive«, kann als »mystische Tropologie« aufgefaßt werden.[1185] Die Seele erhebt sich in der *contemplatio* vom Sichtbaren zum Unsichtbaren.

Diese Sehweise verbindet sich besonders im 12. und 13. Jahrhundert mit dem Einfluß des Areopagiten, der wie der Neuplatonismus die *anagoge* als Kraft der Seele kennt.[1186] Es ist kein Zufall, daß die zitierte Definition Hugos von St. Victor im Kommentar zur *Hierarchia caelestis* steht. An sich war die anagogische *contemplatio* der mystischen Theologie des Pseudo-Dionysius keine hermeneutische Methode; sie konnte aber die anagogischen Erklärung der Heiligen Schrift (besonders des Propheten Ezechiel und der Apokalypse) befruchten und intensivieren. De Lubac führt eine Definition Garniers von Rochefort an,[1187] die den Einfluß des Pseudo-Dionysius zeigt: *(A specula vero) speculatio dicitur, quando mens ita sursum ducitur, ut nullis signis praecedentibus, nullis causis subsistentibus mens ab omni imagine defaecata ad superessentialem et infinitivam originem simpliciter et reciproce refertur ... quae quidem admodum paucorum est et anagogica dicitur.* Diese *contemplatio* verbindet sich mit dem vollen geistigen Verständnis der Heiligen Schrift. Garnier von Rochefort sagt:[1188] *Mens humana, certae contemplationis gradibus ad summa conscendens, sacra divini eloquii inspectione caelestia secreta etiam anagogice contemplatur.* Im wachsenden Verstehen der Heiligen Schrift nähert sich die Seele stufenweise der Vollendung.

---

gart 1951; Marie-Dominique Chenu, La théologie au XIIe siècle, 1957 (Kap. 3: S. 62–89); Amos Funkenstein, Heilsplan und natürliche Entwicklung, Gegenwartsbestimmung im Geschichtsdenken des Mittelalters, München 1965. Zu Joachim von Fiore: de Lubac (wie Anm. 55) II, 1, S. 437–558.

[1182] de Lubac (wie Anm. 55) I, 2, S. 622ff.

[1183] Hugo von St. Victor, In Hierarch. Caelestem (Migne 175, 941): anagoge autem ascensio sive elevatio mentis est ad superna contemplanda.

[1184] Diese Erhebung fordert der Brief an die Colosser (Col 3, 1–2): igitur, si consurrexistis cum Christo, quae sursum sunt, quaerite, ubi Christus est in dextera Dei sedens:/quae sursum sunt capite, non quae super terram.

[1185] So: de Lubac (wie Anm. 55) I, 2, S. 633.

[1186] de Lubac (wie Anm. 55) I, 2, S. 622f. und 642.

[1187] de Lubac (wie Anm. 55) I, 2, S. 633f., Anm. 6; die Aussage Garniers von Rochefort: Migne 205, 765.

[1188] Garnier de Rochefort: Migne 205, 730.

Was hier noch mit der Lektüre der Heiligen Schrift verbunden ist, entwickelt sich dann unter dem Einfluß des Pseudo-Dionysius zu einer »mystischen« Betrachtung, die sich mehr und mehr von der Bindung an die Heilige Schrift löst.[1189] Die verschiedenen Verstehensweisen der Heiligen Schrift werden zu eigenen Disciplinen: zur Exegese, zur Geschichtstheologie, zur Scholastik und zur Mystik.[1190] Für Bonaventura sind Allegorie, Tropologie und Anagogie drei Wege, zu Gott zu gelangen:[1191] Glaube *(quid credendum)*, Liebe *(quomodo vivendum)* und Hoffnung *(quid exspectandum, bzw. qualiter est Deo adhaerendum)*. Diese drei Verstehensweisen sind in der *intelligentia spiritualis* eine Einheit.

Die Einheit des *sensus spiritualis* bedeutet nicht, daß jede Stelle der Heiligen Schrift alle Verstehensweisen fordert.[1192] Hrabanus sagt das für *historia* und *allegoria* (Migne 108,106), Hugo von St. Victor für *historia, allegoria* und *tropologia*, deren Zusammenklang er am traditionellen Bild der Zither verdeutlicht.[1193] Die *Allegoriae in universam sacram Scripturam* stellen für *historia, allegoria, tropologia* und *anagogia* fest (Migne 112,850): *Cum igitur constet has quatuor sacrae Scripturae intelligentias omne, quod ei inest, secretum revelare, nobis considerandum est, quando secundum unam solam, quando secundum duas, quando secundum tres, quando etiam secundum omnes simul quatuor intelligi velit.*

[1189] Vgl. de Lubac (wie Anm. 55) I, 2, S. 641ff; II, 1, S. 429–432.

[1190] Dieser Vorgang ist dargestellt von de Lubac (wie Anm. 55) II, 1, S. 418–435.

[1191] Bonaventura, De reductione artium ad theologiam Nr. 6 (Quaracchi V, S. 321): Lumen sacrae Scripturae … licet unum sit secundum intellectum litteralem, est tamen triplex secundum sensum mysticum et spiritualem. In omnibus enim sacrae scripturae libris, praeter litteralem sensum, quem exterius verba sonant, concipitur triplex sensus spiritualis, sc. allegoricus, quo docemur, quid sit credendum de divinitate et humanitate; moralis, quo docemur, quomodo vivendum sit; et anagogicus, quo docemur, qualiter est Deo adhaerendum. Dazu: de Lubac (wie Anm. 55) II, 2, S. 266ff.

[1192] Dazu: de Lubac (wie Anm. 55) II, 2, S. 95 ff. Die Stelle aus Hrabanus ist dort zitiert (S. 96).

[1193] Hugo von St. Victor, Didascalicon (wie Anm. 3), V, 3 (S. 95f.) sagt: sicut enim in citharis et huiusmodi organis musicis non quidem omnia, quae tanguntur, canorum aliquid resonant, sed tantum chordae, cetera tamen in toto citharae corpore ideo facta sunt, ut esset, ubi connecterentur et quo tenderentur illa, quae ad cantilenae suavitatem modulaturus est artifex, ita in divinis eloquiis quaedam posita sunt, quae tantum spiritualiter intelligi volunt, quaedam vero morum gravitati deserviunt, quaedam etiam secundum simplicem sensum historiae dicta sunt, nonnulla autem, quae et historice et allegorice et tropologice convenienter exponi possunt. unde modo mirabili omnis divina scriptura ita per Dei sapientiam convenienter suis partibus aptata est atque disposita, ut, quidquid in ea continetur, aut per historiae seriem et litterae soliditatem mysteriorum dicta sparsim posita continens et quasi in unum connectens ad modum ligni concavi super extensas chordas simul copulet earumque sonum recipiens in se dulciorem auribus referat, quem non solum chorda edidit, sed et lignum modulo corporis sui formavit. Zu dem Vergleich mit der cithara: de Lubac (wie Anm. 55) II, 2, S. 97–99; vor allem Augustinus hat diesen Vergleich durchgesetzt (De civitate Dei XVI, cap. 2).

Zeichen erster und zweiter Ordnung

Die Bemühungen des Mittelalters um den Schriftsinn gehen von der Zeichenlehre aus, wie sie Augustinus in seinem großen Werk »*De doctrina christiana*« dargelegt hatte.[1194]

Am Anfang jeder hermeneutischen Beschäftigung stehen die hermeneutischen Fragen. Sie geben eine erste Orientierung über »Texte«, die heute noch in der Kommunikationslehre fortwirkt. Sie setzen bereits ein System voraus (»Klassifikationssystem«), in dem jedes literarische Werk einen Ort erhalten kann. Aus den hermeneutischen Fragen ist der »*Dialogus*« Conrads von Hirsau hervorgegangen, und das Klassifikationssystem (das System der *artes*, mit denen der Mensch seine angeborenen Mängel ausgleicht), ist die Grundlage für die Hermeneutik, die Hugo von St. Victor dem Mittelalter mit seinem »*Didascalicon*« geschenkt hat.

Die Lautsprache wird nach Augustinus als eins der Zeichensysteme verstanden, die dem Menschen zur Verfügung stehen; sie kann durch Übersetzung in die optischen Zeichen der Schrift der Vergänglichkeit entzogen und jederzeit verfügbar werden (wo man liest und schreibt); dabei kann kunstvolle Schrift dem überlieferten Wortlaut zusätzlich bildliche Zeichenwerte mitgeben (darauf geht meine Darstellung hier nicht ein).

Das Zeichensystem der Lautsprache *(voces)* wird ergänzt durch das Zeichensystem, das Gott der geschaffenen Welt für den Menschen verliehen hat *(res)*. Wir nennen es »zweite Sprache«. Ihre Zeichenwerte, die mit Hilfe der Lautsprache bekannt gemacht werden, sind in der Regel durch Aussagen der Heiligen Schrift erkennbar.

Die Sprache des Menschen (die Lautsprache der *voces*) nimmt eine besondere Wendung, wenn von Gott die Rede ist, der im Prinzip der Unaus-

---

[1194] Dieses Kapitel nimmt die Überlegungen aller vorausgegangenen Kapitel noch einmal auf, um sie vom Zeichenbegriff aus, der der mittelalterlicher Hermeneutik zugrunde lag, zu überprüfen. Dabei ist wichtig einmal die Unterscheidung zwischen Zeichen erster und zweiter Ordnung, die in einem Beitrag zur Festschrift für Helmut Gipper (1979) unter dem Titel »Zeichen erster und zweiter Ordnung in der Sprache« entwickelt wird, (Integrale Linguistik, Festschrift für Helmut Gipper, hg. Edeltraud Bülow und Peter Schmitter, Amsterdam 1979, S. 3–11), und dann die prinzipielle Mehrdeutigkeit von Zeichen zweiter Ordnung, die erst im jeweiligen Kontext aufgehoben wird. Das wissenschaftliche Schrifttum ist in den früheren Kapiteln genannt, die wissenschaftliche Literatur zum Thema in Anm. 51–53.

sprechliche bleibt. Die Zeichen der Lautsprache verändern ihren Zeichenwert, wenn sie auf Gott angewendet werden. Was sie in der religiösen Rede bedeuten, mit der die Menschen Gott so zu antworten suchen, wie er vorweg zu ihnen gesprochen hat, ist vor allem in der Nachfolge des Dionysius Areopagita wiederholt im Mittelalter untersucht worden.

Den Zeichenwert der *res* kann man nur verstehen, wenn man weiß, wie das Mittelalter die Ordnung der Welt (des Makrokosmus), die Stellung des Menschen (des Mikrokosmus) in der Welt und seine leibseelische Einheit (in ihrem Verhältnis zum Makrokosmus) aufgefaßt hat; denn die Zeichenwerte der *res* beruhen auf ihren *proprietates*.

Das ist ein weites Feld: es geht um ein Inventar der *res*, wie es im Mittelalter Kommentare zur Genesis, Realenzyklopädien, Wörterbücher und die Bibeldichtung bereit gestellt haben. Die Welt ist dem Menschen gegeben zu seinem natürlichen und übernatürlichen Heil.

Dementsprechend gibt es zwei Zeichenreihen, denen die *res* der geschaffenen Welt zugrunde liegen. So beruht der Zeichenwert der Zahlen[1195] entweder auf den mathematischen Verhältnissen und ist dann der natürlichen Erkenntnis des Menschen zugänglich, oder er ist aus der Heiligen Schrift abgeleitet und kann dann durch eine Exegese der Schrift gewonnen werden, die den Willen des Schöpfers sucht. Der natürliche Zeichenwert hängt vom Stand des Wissens ab; das bedeutet: der Zeichenwert wird von Wissenstradition und Erkenntnis einer Zeit bestimmt. Überholtes kann in der Überlieferung weiter dauern, und Neues kann ältere Auffassungen ablösen. Der (durchweg christologisch bestimmte) religiöse Zeichenwert ist vor allem deswegen semiotisch bedeutsam, weil es sich vorwiegend um Zeichen für ganze Komplexe handelt, die so in der (Laut-) Sprache nicht bestehen und deshalb z. T. in längeren Satzfolgen bekannt gemacht werden müssen (so etwa das Zeichen des Phönix). Das macht diese Zeichen für das Mittelalter und die Folgezeit, soweit sie vom Christentum lebt, so unentbehrlich. Ferner lassen sie sich leicht in optische Zeichen, d. h. in Bilder, übersetzen. Dadurch bekommen sie eine außerordentliche Reichweite.

Zu den Bereichen der »zweiten Sprache« gehören: Zahlen, Edelsteine, Tiere, Bäume und Pflanzen, Gebäude, Landschaften, Jahres- und Tageszeiten. Für die Literaturgeschichte des Mittelalters sind sie doppelt wichtig: einmal werden sie selber Gegenstand der Darstellung, und dann treten sie in der Literatur als zusätzliche Zeichen auf, nicht nur im religiösen

---

[1195] Literatur zu den Zahlen: Anm. 312 (zuletzt besonders der Aufsatz von Meyer und Suntrup – wie Anm. 312 – mit dem Probeartikel über die Zahl 7: S. 18–66).

Schrifttum. Dabei können natürliche Zeichenwerte ins Religiöse übertragen werden, so daß es zu Verschiebung und Austausch kommt, wie etwa im »Jüngeren Titurel«. Aber gerade solche Übertragungen können nur verstanden werden, wenn man mit der prinzipiellen Unterscheidung vertraut ist.

Bei der Sprache der *voces* und der *res* geht es darum, den Zeichenbestand zu überblicken und die Zeichenwerte zu erkennen. Ein Text des Mittelalters vermag mit der doppelten Sprache (der Lautsprache und der »zweiten Sprache« der *res*) wesentlich mehr zu »sagen« als ein Text unserer Zeit. Gleichzeitig aber erhöhen sich die Schwierigkeiten für das Verstehen; denn, wie schon gesagt, die *res* der zweiten Sprache haben einen semiotischen Pluralismus. Während in den Zeichen der *voces* wesentlich *ein* Aspekt ausgesprochen ist, der jeweils in einer Sprache gilt (Ausnahmen haben ihre besonderen Gründe), und nach diesem Aspekt begrenzt ist, was zum »Löwen« zählt, hebt die zweite Sprache bestimmte Züge am Löwen heraus und versetzt sie in verschiedene Zusammenhänge, wobei »Löwe« das ausgesprochene Zeichen für Christus (Apoc 5,5 *vicit leo de tribu Juda*), aber auch für den Teufel (1 Petr 5,8 *leo rugiens circuit quaerens, quem devoret*) sein kann. Welcher Zeichenwert gilt, ergibt sich erst aus dem Zusammenhang.

Die Erklärung muß natürlich mit dem Zeichenbestand und den Zeichenwerten bekannt sein, sie hat es aber nicht unmittelbar mit Einzelzeichen, sondern mit Zeichenkomplexen zu tun, die wir »Text« nennen. Bei einer »Glosse« bemüht sich der Erklärer, eine (aus sachlichen oder sprachlichen Gründen) schwer verständliche Stelle dem Leser zu erhellen; solche Glossen können sich zu wirklichen Kommentaren entwickeln, wie die Lucan-Erklärung Arnulfs von Orléans, die auch das Einzelne im Zusammenhang sieht. Sonst aber ist es die »*explanatio*« oder »*expositio*«, die den Gesamttext sich vornimmt, wesentlich um den Wahrheitswert – gemäß der Intention des Autors – zu finden. Dabei muß sie damit rechnen, daß der gegebene Wortlaut nicht unmittelbar die gemeinte Wahrheit freigibt.

Ein einfacher Fall der »Spaltung« von Wortlaut *(littera)* und wirklich Gemeintem *(sensus)* ist die Tierfabel, die vom Verhalten von Tieren spricht, aber menschliches Verhalten im Sinn hat. Bei ihrem Verständnis ist zunächst der Zusammenhang nach dem Wortlaut aufzunehmen und dann analogisch auf das Verhalten von Menschen zu übertragen; der Autor kann das analogische Verstehen dem Aufnehmenden (Hörer oder Leser) überlassen (wie die Auflösung eines Rätsels) oder in Eingang oder Schluß die menschliche Analogie formulieren. Der eigentliche Zeichenwert solcher Texte (Tierfabeln) liegt nicht im Wortlaut, sondern in der analogischen Konsequenz für den Menschen. Man könnte von einem mittelbaren Zeichenwert sprechen. Was der Wortlaut mitteilt, ist eine Erfindung; erst durch den analogischen Bezug auf Verhalten des Menschen bekommt er einen verifizierbaren Zeichenwert. Denn es widerspricht jeder Wahrheit, daß Tiere wie Menschen sprechen und sich wie Menschen verhalten. Aber gerade die gewählte Fiktion gibt der Aufnahme einen weiten Spielraum; sie ist nicht auf eine bestimmte Situation als ihre Referenz beschränkt, sondern erlaubt, die analogische (pragmatische) Konsequenz immer wieder neu zu vollziehen.

Es gibt einen Zeichenwert, der nicht aus dem Wortlaut hervorgeht, dem Zeichenwert erster Ordnung, sondern durch den Bezug der ersten auf eine zweite Ordnung zustande kommt. Ein bekanntes Beispiel dafür ist die »Parabel«. Ihre Bedingungen werden besonders im Bericht des Lukasevangeliums über das »Gleichnis« vom Sämann deutlich (Luc 8,4–15), das zugleich die »synchronische Spaltung« zeigt zwischen den Jüngern, die das »Geheimnis des Himmelreichs« kennen (Luc 8,10 *vobis datum est nosse mysterium regni Dei*), und den anderen (Luc 8,10 *ceteris autem in parabolis*), zu denen Jesus in Parabeln spricht. Wesentlich ist, daß Jesus zum Volke analogisch redet (Luc 8,4 *dixit per similitudinem*). Nachdem er die Geschichte vom Sämann erzählt hat, dessen Samen vierfach verschiedenen Boden und vierfach verschiedenes Schicksal erfährt (Luc 8,5–8), fragen ihn die Jünger nach dem Sinn der Parabel (Luc 8,9 *interrogabant autem eum discipuli eius, quae esset haec parabola*). In seiner Antwort stellt Jesus den analogen Bezug auf die gemeinte Ordnung her (Luc 8,11 *est autem haec parabola: semen est verbum Dei*): Gott ist der Sämann, der Samen sein Wort, und der Boden, auf den der Samen fällt, das sind die verschiedenen Arten von Hörern. Die Übersetzung aus der ersten Ordnung (Aussaat) in die zweite Ordnung (Verkündigung des Gotteswortes) kommt dadurch zustande, daß Jesus auf das Wort Gottes verweist, das richtig aufgenommen werden sollte.

Die erste Ordnung (die Aussaat) hat ihren eigenen Zeichenwert; sie bekommt aber einen zweiten Zeichenwert durch den Bezug auf das Wort Gottes. Die gemeinte Wahrheit, die Christus verkünden will, liegt im Zeichenwert zweiter Ordnung, den er den Jüngern eröffnet.

Die Scholastik hatte solche Fälle im Auge, als sie den Terminus »parabolischer Sinn« *(sensus parabolicus)* prägte. Ulrich Engelbert von Straßburg sagt ausdrücklich (vgl. Anm. 741), daß der Wortsinn *(sensus litteralis)* bei einem Zeichenwert erster Ordnung, wie er bei »Geschichten« vorliegt *(ut in historiis)*, in sich selber wahr sein kann (also keiner Ergänzung bedarf, wie sie die Jünger von Jesus erbitten), oder daß er seine Wahrheit durch den Bezug auf einen anderen Sinn empfängt *(sive veritatem habeat ex relatione ad ulteriorem sensum)*, wie bei »Parabeln« *(ut in parabolis)*. Dabei übernimmt das »Signifikat« der ersten Ordnung die Vermittlung zum Zeichenwert zweiter Ordnung *(quod verba mediante significato suo significant)*. Während Jesus die gemeinte Wahrheit seinen Jüngern erklärt, ist es sonst die Regel, daß der Autor bei parabolischem Sinn die Übersetzung aus der ersten in die zweite Ordnung den Lesern (bzw. den Erklärern) überläßt; natürlich enthält der Zeichenkomplex erster Ordnung in seinem Wortlaut Hinweise auf einen weiteren Zeichenkomplex.

Die Erscheinungsweise des Textes bei parabolischem Sinn ist die »Verhüllung« *(involucrum*, bzw. *integumentum)*. Zu »*involvit*« (Lucan I,542), bzw. »*involvens*« (Lucan I,637) bemerkt Arnulf von Orléans in seinem Lukan-Kommentar (wie Anm. 147, S. 67, bzw. 79): *involvit: que latent, videntur involuta, que apparent, explicita; involvens, id est, non explicans, non manifestans.* Durch »Verhüllen« wird also das eigentlich Gemeinte nicht offen gezeigt, sondern bleibt verdeckt, ein »*mysterium*«. Jesus sagt von dem »Verborgenen«, daß es offenbar werden wird (Luc 8,17 *non est enim occultum, quod non manifestetur, nec absconditum quod non cognoscatur et in palam veniat)*. Nach Hugo von St. Victor (wie Anm. 3) ist es Aufgabe einer Erklärung *(expositio)*, den Wahrheitsgehalt *(sententia)* eines Textes zu eröffnen *(aperire)*, wo er aus dem Wortlaut allein nicht hervorgeht; das wird über die *expositio* gesagt *(Didasc.* III,8) und speziell über die *narratio* (VI,8; S. 125f.): *illa (sc. narratio) sensum et sententiam habet, ubi et aperte aliquid significatur et aliquid aliud subintelligendum relinquitur, quod expositione aperitur* (vgl. Anm. 668).

Mit »Verhüllung« *(involucrum*, bzw. *integumentum)* wird sowohl in profaner wie in religiöser Literatur gerechnet. Von Verhüllung spricht seit früher Zeit das Christentum, wenn zu sagen ist, daß erst durch die Inkarnation und das Neue Testament die Wahrheit offenbar geworden ist, die im Alten Testament nur verhüllt gegeben war. Das Alte Testament liefert vielfach nur Zeichen der ersten Ordnung, deren wahren Sinn erst die Zeichen zweiter Ordnung im Neuen Testament offenbaren. Daraus ergibt sich für Hugo von St. Victor die Folgerung *(Didascalicon,* wie Anm. 3, VI,6), zuerst das Neue Testament und dann erst das Alte Testament zu lesen (S. 123): *unde consequens est, ut Novum Testamentum, in quo manifesta praedicatur veritas, in hac lectione Veteri praeponatur, ubi eadem veritas figuris adumbrata occulte praenuntiatur. eadem utrobique veritas, sed ibi occulta, hic manifesta, ibi promissa, hic exhibita.* Verheißungen können erst nach ihrer Erfüllung verstanden werden. Christus hat das

Verborgene durch Erfüllung der Verheißungen eröffnet. Die Zeichen der ersten Ordnung im Alten Testament weisen auf die Zeichen der zweiten Ordnung im Neuen Testament hin.

Dieser Fall wird besonders in dem Gespräch Jesu mit den Jüngern auf dem Weg nach Emmaus (Luc 24,13–35) deutlich, das Laurentius von Durham künstlerisch gestaltet hat (hg. Udo Kindermann, in: Mittellateinisches Jahrbuch V, 1968, S. 87–100). Bei solcher »typologischen« Betrachtung wird die diachronische Spaltung wirksam (»alt« – »neu«) und überwunden im Glauben.

Insofern haben Zeichen der ersten Ordnung im Alten Testament gegenüber Zeichen in profaner Literatur eine Besonderheit, als sie in dieser nur Elemente der Lautsprache sind, während im Alten Testament durch Worte auch Handlungen, Geschehnisse, Verhaltensweisen ausgedrückt werden können, die als Zeichen erster Ordnung mit ihrem Signifikat auf eine zweite Ordnung verweisen. Ferner behalten hier die Zeichen erster Ordnung ihre Geltung, auch wenn die Erkenntnis des »Zweitwertes« gewonnen ist. Die »eherne Schlange«, die Moses auf Geheiß des Herrn in der Wüste aufrichtete (Num 21, 8/9), bleibt als Zeichen eine Gegebenheit, auch wenn sie Jesus als hinweisendes Zeichen auf seine Erhöhung am Kreuze gegenüber Nikodemus in Anspruch nimmt (Joh 3,14).

»Verhüllung« nimmt das Mittelalter auch für antikes Schrifttum an; sie beruft sich dabei auf Macrobius (so Abaelard: Migne 178,1153). Die Zeichen erster Ordnung, die aus der Welt der Antike stammen, bekommen einen zweiten Zeichenwert: sie vergehen zwar – anders als Gegebenheiten des Alten Testamentes – als Element der antiken Kultur (d. h. als Zeichen erster Ordnung), aber sie erhalten eine neue Dauer, insofern sie auf Wahrheiten des Christentums (als zweite Ordnung) bezogen werden.

Für Abaelard geht es dabei nicht um die Rezeption der Dichter, sondern der »Philosophen« (Migne 178,1207ff.). Sie werden den Propheten des Alten Bundes gleichgestellt (Migne 178,1152ff.): beide haben verhüllt gesprochen, weil sie ihre geheimen Prophezeiungen nicht profanieren wollten. Die damit gegebene synchronische Spaltung sollte zugleich die Anziehungskraft auf den Leser steigern. Juden und antike Philosophen haben die Trinität erkannt (Migne 178,1126 und 1144 = *Theologia christiana* I,2 und I,4) und die Erschaffung der Welt durch Gott und die Unsterblichkeit der Seele als Wahrheit angenommen.

Sowohl Abaelard wie Wilhelm von Conches führen als Beispiel für eine verhüllende Ausdrucksweise die »Weltseele« *(anima mundi)* an, von der in Platos »Timaeus« die Rede ist (Migne 178,1023 = *Theologia scholarium* I,20). Diese meint die *»vita universitatis«* (Migne 178,1145); Plato, sagt Abaelard (Migne 178,1309), habe den Heiligen Geist, der sich wie Gott überhaupt an sich der Sprache entzieht (Migne 178,1309), so nach der Wirkung seiner Tätigkeit *(secundum effectum operum)* genannt. Der Ausdruck »Weltseele« ist also nicht nach der ersten Ordnung zu verstehen, sondern als verhüllendes Zeichen für eine zweite Ordnung, die mit den Lehren des Christentums übereinstimmt. Für die Zeit (12. Jahrhundert) bedeutsam ist, daß die diachronische Spaltung zwischen Antike und Christentum (bzw. Mittelalter) wenigstens teilweise aufgehoben wird. Freilich verlieren Ausdrücke wie »Weltseele« ihre Geltung als Zeichen erster Ordnung (es gibt keine Weltseele als Realität), wenn ihr Zeichenwert erkannt ist.

Die »Einkleidung« *(integumentum)*, die antike Autoren beim Zeichenkomplex erster Ordnung gewählt haben, beruht – anders als beim Alten Testament – ganz oder teilweise auf Erfindung. Sie geben nicht einfach eine *narratio* historischer oder philosophischer Wahrheit, sondern eine »erfindungshaltige Erzählung« *(narratio fabulosa)*. Was Vergil von Aeneas erzählt, hat zwar eine geschichtliche Grundlage, ist aber zum Ruhme des Augustus erhöht und gesteigert. Als Ganzes hat der erzählte Zeichenkomplex erster Ordnung eine künstliche Folge: der Weg des Aeneas vom Untergang Trojas bis zur Landung in Karthago wird von ihm selbst im Rückblick erzählt (Buch II und III), sein Vater aber gibt ihm in Elysium (VI,756–892) Auskunft über die Zukunft. So wird die zeitliche Folge durch Rückblick und Ausblick unterbrochen.

Was diese Einkleidung aber als eigentlich gemeinte Wahrheit, als Zeichenkomplex zweiter Ordnung, enthält, hat eine mit der Natur gegebene zeitliche Folge: Buch I–VI stellen die Entwicklung des Menschen in dieser Zeit bis zur reifen Männlichkeit dar. Wenn Aeneas das Wort nimmt, um seine Flucht aus Troja zu erzählen, so bedeutet das den Eintritt des Menschen in das Lebensalter, in dem er zu sprechen beginnt. Mit der Entwicklung des Menschen aber sind Einsichten verbunden, die im Zeichenkomplex zweiter Ordnung gegeben sind und jeweils an ihrer Stelle systematisch entfaltet werden können. Dahinter steht die Überzeugung, daß ein Dichter wie Vergil zugleich »*philosophus*« war.

Als Zeichen stehen bei antiken Autoren vor allem »mythische« Figuren, wie sie Fulgentius überlieferte. Die zweite Ordnung, auf die sie verweisen, ist im Prinzip der menschlichen Erkenntnis zugänglich. Ihr stehen zwei Erklärungsweisen zur Verfügung: die »mythische« Erklärungsweise führt den Zeichenkomplex erster Ordnung auf geschichtliche Verhältnisse zurück, die »physische« Erklärung auf Verhältnisse und Kräfte der Natur; so wird Janus von den »*mythici*« als Friedenskönig verstanden, nach einer

Lehre der »*physici*« dagegen als die Sonne, die den Tag eröffnet und beschließt.

Zeichenkomplexe, die als »Verhüllung« *(integumenta)* verborgener Wahrheiten angelegt sind, haben wie die Zeichen der »zweiten Sprache« einen semiotischen Pluralismus: bei ihnen (besonders bei Namen) ist mit »*aequivocatio*« und »*multivocatio*« zu rechnen. Wie die Philosophie (Abaelard in seiner »*Dialectica*«) geht Bernhard Silvestris in seinen Kommentaren zu Vergils »*Aeneis*« und zu Martianus Capella darauf ein. Während Zeichen der Lautsprache in der Regel nur *eine* Referenz haben, können durch Laute vermittelte Zeichen innerhalb eines verhüllenden Zeichenkomplexes mehrere verschiedene Bezugsrichtungen erhalten. Das gilt nach Bernhard Silvestris für alle Texte mit verborgenem Sinn (zu Vergil, wie Anm. 807, S. 9: ... *multiplex designatio in omnibus misticis observari debet ...).*

Eine »*aequivocatio*« liegt vor, wenn ein Name verschiedene Wesen bezeichnet (Bernhard Silvestris zu Vergil, wie Anm. 807, S. 9: *idem nomen diversas designat naturas),* eine »*multivocatio*«, wenn mehrere verschiedene Zeichen für dasselbe stehn (Bernh. Silv., a.a.O. S. 10: *diversa nomina idem sc. designant).* Eine »*aequivocatio*« ist gegeben, wenn bei Martianus Capella der Name »*Mercurius*« ohne jeden Übergang sowohl den Planeten wie die »*eloquentia*« bezeichnet (Bernh. Silv. bei Jeauneau, wie Anm. 159, S. 37: *nomen Mercurii ad stellam et ad eloquentiam equivocatur, quia a stella habetur vis interpretandi),* eine »*multivocatio*«, wenn in Vergils *Aeneis* sowohl Jupiter wie Anchises Namen für den Schöpfer sein können (Bernhard Silv. zu Vergil, wie Anm. 807, S. 10: ... *multivocatio, veluti Jupiter et Anchises creatorem designant).*

Eine »*aequivocatio*« kann dadurch zustande kommen, daß in der Weise einer rhetorischen Metonymie Ursache und Wirkung mit demselben Namen bezeichnet werden; »*Mercurius*« kann die Redegabe des Menschen nach dem Planeten heißen, weil sie der Wirkung des Planeten verdankt wird. Bernhard Silvestris, Verfasser des »*Experimentarius*«, erklärt es als allgemeine Überzeugung der »Philosophen«, daß der Mensch von den Elementen und dem Geist der Gestirne Gaben empfängt (vgl. Anm. 808: *communis est philosophorum sententia hominem ab elementis et stellaribus spiritibus beneficia contrahere).*

Die Erscheinungen der »*aequivocatio*« und der »*multivocatio*«[1196] erschweren natürlich die Findung des richtigen »Zweitwertes«. Es werden

---

[1196] Zu »aequivocatio« und »multivocatio«: Anm. 807.

aber Kriterien genannt, die den Übergang von der ersten zur zweiten Ordnung erleichtern.

Ein erstes Kriterium ist die Etymologie, die bei der Entschlüsselung von »*integumenta*« eine bedeutende Rolle spielt. So kann Anchises, der Vater des Aeneas, als Vater aller verstanden werden, weil sein Name »*celsa inhabitans*« bedeutet (wohl nach Fulgentius),[1197] was auf den Vater aller Menschen verweist.[1198]

Ein anderes Kriterium ist der sprachliche Zusammenhang, in dem ein Zeichen begegnet. So steht Jupiter für den Schöpfer in der Verbindung »*Jupiter omnipotens*«;[1199] für das Feuer als höchstes der Elemente, wenn es bei Vergil (Buc. III, 60 nach dem Eingang der Phainomena des Aratos) heißt: »*a Jove principium*«;[1200] für die »*anima mundi*« in der Verbindung »*Iovis omnia plena*« (Vergil, Buc. III, 60), wozu Servius bemerkt:[1201] »*ipse enim est spiritus, sine quo nihil movetur aut regitur*«.

Eine »*aequivocatio*« kann schließlich dadurch geklärt werden, daß die verschiedenen Verbindungen beachtet werden, in denen Figuren begegnen. So ist Venus Zeichen für sinnliche Lust in der Verbindung mit Vulkan;[1202] wenn aber zu lesen ist, daß aus der Verbindung von Venus mit Anchises Aeneas als Sohn hervorgeht, dann bezeichnet Venus in der zweiten Ordnung die »Harmonie der Welt«,[1203] Anchises Gott und Aeneas den Geist des Menschen, der von Gott (Anchises) kommt und durch die Harmonie *(per concordiam)* in den Leib des Menschen eintritt.[1204]

1197 Fulgentius (wie Anm. 106), S. 102, 12: solus habitans in excelsis.
1198 So Bernhard Silvestris in seiner Erklärung der Aeneis (wie Anm. 807), S. 9, 10–12: Anchises enim interpretatur celsa inhabitans, quem intelligimus esse patrem omnium omnibus praesidentem.
1199 Bernhard Silvestris zur Aeneis (wie Anm. 29), S. 109, 6: (accipitur) pro creatore, unde dicitur: Iupiter omnipotens.
1200 Bernhard Silv. (wie Anm. 29), S. 109, 1–3: pro superiori igne, unde dicitur: A Jove principium.
1201 Servius (vgl. Anm. 6), In Vergilii Bucolica et Georgica Commentarii, hg. Georg Thiele, Leipzig 1887 (Vol. III, 1 der Servius-Kommentare), S. 37. Vorher zitiert Servius Lucan IX, 580 (Iuppiter est quodcumque vides, quodcumque videris) und aus der Aeneis (VI, 726f.): spiritus intus alit totamque infusa per artus/mens agitat molem ...
1202 Bernhard Silv (wie Anm. 29), S. 10: ubi ergo invenies Venerem uxorem Vulcani..., intellige voluptatem carnis, quia naturali calori iuncta est.
1203 Bernhard Silv. (wie Anm. 29), S. 10: ubi vero legeris Venerem et Anchisem Eneam filium habere, intellige per Venerem mundanam musicam, per Eneam humanum spiritum; kurz vorher (S. 9) hatte Bernhard von der Venus legitima, die gemeint ist, gesagt: legitimam Venerem dicimus esse mundanam musicam, i.e. aequalem mundanorum proportionem ... Haec enim est in elementis, in sideribus, in temporibus, in animantibus. Zu diesen Stellen: Brinkmann »Verhüllung« ... (wie Anm. 719), S. 326 und 328f.
1204 Bernhard Silv. (wie Anm. 29), S. 10: Eneas ergo Anchisae et Veneris filius est, quia spiritus humanus a deo per concordiam in corpore incipit venire et vivere.

Bernhard Silvestris wendet die Regel, daß die Verbindungen den gemeinten Wahrheitswert der zweiten Ordnung freilegen, auch auf die Trinität an. Dabei unterscheidet er zwischen »offener« Rede *(aperto sermone)* und »mystischer« Rede *(mystico sermone)*, womit er verhüllende Rede meint, und zwischen der Heiligen Schrift *(divina pagina)* und »philosophischer« Schrift *(philosophica pagina)*. In »offener« Sprechweise *(aperto sermone)* nennt »philosophisches Schrifttum« *(philosophica pagina)* die Personen der Trinität: *»pater«* wie die Heilige Schrift, *»nois«* (lat. *mens)* die *»sapientia«*, die *»filius«* heißt, und für *»spiritus«* sagt sie *»anima mundi«*.[1205] In verhüllender Rede *(in mystico)* aber ist *»Jupiter«* der Name für die Macht Gottes *(nomen divine potencie)*, *»Pallas«* der Name für die Weisheit Gottes *(divine sapiencie)* und *»Juno«* der Name für das Wollen Gottes *(divine voluntatis)*.[1206] Das wird aus dem Zusammenwirken dieser Begriffe geschlossen:[1207] *In eo enim, quod facturus est Jupiter, querit assensum Junonis, consilium Palladis; nam et voluntas movet et sapientia disponit, quod potentia in actum perducit.* Gottheiten der Antike (Jupiter, Juno, Pallas) werden in der zweiten Ordnung Zeichen für die drei Personen der Trinität und zwar auf Grund ihres Zusammenwirkens.

Bernhard Silvestris nennt als Beispiel für ein *»integumentum«*: Orpheus,[1208] und als *»integumentum«*, als Zeichenkomplex zweiter Ordnung, wurde die Orpheussage erklärt.[1209] Dabei steht Orpheus wesentlich als Zeichen für die Liebes- und Todverfallenheit des Menschen, wie sie sich in dem Hinabsteigen in die Welt der Toten manifestiert. Auf diese Weise konnte ein *»integumentum«* zum Modell werden, nach dessen Muster neue Werke geschaffen wurden. So wurde für das Mittelalter die Ge-

---

[1205] Bernhard Silv. sagt in seinem Kommentar zu den ersten beiden Büchern von Martianus Capella (abgedruckt bei Wetherbee – wie Anm. 24 – S. 270f.): talia quidem nomina (pater, filius, spiritus) divinitati divina pagina dedit, philosophica vero alia quedam. Quae cum modo aperto, modo mistico utatur sermone, in aperto quidem deum »patrem« ponit, ut divina pagina; ut vero illa dicit sapientiam »filium«, haec »noim«, id est »mentem« ... et ut illa »spiritum«, haec »mundi animam« habet. Spiritu enim Dei vivunt mundana, ut alias monstrabatur ... hec ergo nomina Trinitatis »pater«, »nois«, »anima mundi« ponit in aperto sermone philosophica pagina.

[1206] Bernhard Silv. (wie Anm. 1205), S. 271: in mistico (sc. sermone) autem »Jovis« est nomen divine potencie, »Pallas« divine sapiencie, »Juno« divine voluntatis ...

[1207] Damit wird die in Anm. 1206 angegebene Aussage weitergeführt und begründet.

[1208] Bernhard Silv. im Kommentar zu Martianus Capella (bei Wetherbee, wie Anm. 24 und 1205), S. 267: integumentum vero est oratio sub fabulosa narratione verum claudens intellectum, ut de Orpheo. Den Orpheusmythos hatte Bernhard vorher in seiner Erklärung der Aeneis behandelt (bei Riedel, wie Anm. 29, S. 53, 26–55, 19).

[1209] Literatur zu Orpheus: Anm. 919ff. Dazu noch: Richard A. Dwyer, Boethian Fictions: Narratives in the Medieval French Versions of the Consolatio Philosophiae (The Medieval Academy of America, Publication Nr. 83), Cambridge/Mass. 1976, S. 53–65.

schichte von Pyramus und Tisbe zu einem Modell tragischer Liebesdichtung. Am Beispiel des »Tristan« zeigen sich die Merkmale dieses Modells.

Zeichen und Zeichenkomplexe, die auf eine zweite Ordnung verweisen, nennt Bernhard Silvestris »*figura*«. Verschiedene »Figuren« können dasselbe ausdrücken. Für Bernhard Silvestris meinen der Weg des Aeneas durch die Unterwelt zu Anchises (unter dem Geleit der Sibylle), der Weg Merkurs durch die Räume der Welt zu Jupiter (unter dem Geleit der Virtus) und der Aufstieg des Boethius durch unechte Güter zum höchsten Gut (unter dem Geleit der Philosophia) fast dasselbe:[1210] *Sicut enim apud illum (sc. Vergilium) ducitur Eneas per inferos, comite Sibilla, usque ad Anchisem, ita et hic* (bei Martianus Capella) *Mercurius per mundi regiones, virtute comite, ad Iovem. Ita quoque in libro de Consolatione scandit Boecius per falsa bona ad summum bonum, duce Philosophia. Que quidem tres figure fere idem exprimunt.* Später[1211] bemerkt Bernhard Silvestris noch, daß ein doppelter Aufstieg Merkurs vorgesehen war: unter dem Geleit der Virtus ein Aufstieg durch den unteren Raum zu Apollo, ein zweiter dann von Apollo zu Jupiter durch die Räume des Äthers unter ständiger Begleitung Apollos und der Virtus: *Propositum philosophie fuit geminum Mercurii ascensum tractare, primum ad Apollinem per inferiorem regionem comite Virtute, secundum ab Apolline ad Jovem ipso Apolline comite et virtute numquam eum relinquente et per etheream regionem.*

In einem späteren Werk wie dem »*Anticlaudianus*« des Alanus sind diese drei Figuren vereint; sie ergeben zusammen ein Modell, nach dem neue Werke entstehen konnten. Sie stellen den Weg des Menschen durch Erfahrung und Erkenntnis zu Gott dar und erfüllen so ein Programm, das in der zweiten Ordnung gegeben war.

Die Zeichen und Zeichenkomplexe der Heiligen Schrift, die durch die Lautsprache und die Schrift vermittelt werden, stehen unter anderen Bedingungen, schon deswegen, weil sie auf den Willen Gottes zurückgehen und nicht auf die Intentionen eines irdischen Autors. Die Zeichen gehören der *historia* an und haben einen bestimmten Wortlaut *(littera)*, dessen geistiger Sinn *(intellegentia spiritualis)* aufzuschließen ist. Der Wortlaut ist festgelegt, sein Verständnis aufgegeben. Bei einer rhetorischen Allegorie ist die Meinung festgelegt, dagegen die Ausdrucksweise offen. Das zeigt sich schon darin, daß witzige Anspielung, Euphemismus, Sarkasmus und Ironie als Fälle rhetorischer Allegorie aufgefaßt werden. Ihnen gemeinsam

---

[1210] Bernhard Silv. im Kommentar zu Martianus Capella (bei Wetherbee, wie Anm. 24, S. 267).

[1211] Bei Wetherbee (wie Anm. 24 und 1210), S. 272.

270

ist die Abweichung im Ausdruck, die dem Autor »Spielraum« gibt und dem Hörer (Leser) die Aufgabe stellt, hinter den Abweichungen die wirkliche Meinung zu erkennen. Im Grunde manifestiert sich in der rhetorischen Allegorie die »Offenheit« der Sprache.

Der Wortlaut *(littera)* legt den Zeichenwert erster Ordnung (die *historia*) fest. Es kommt also zunächst darauf an, ihn zu verstehen, d. h. zu erkennen, auf welche *res* ein Zeichen verweist. Um dazu imstande zu sein, muß man die *artes* kennen, die es mit der Lautsprache zu tun haben: Grammatik, Dialektik und Rhetorik; die Grammatik befaßt sich nach Conrad von Hirsau (vgl. Anm. 1035) allein mit der Ausdrucksseite *(pronuntiatio)*, die Dialektik allein mit der Inhaltsseite *(significatio)*, die Rhetorik mit beiden *(pronuntiatio* und *significatio)*.

Im allgemeinen ist damit zu rechnen, daß *littera* und *sensus* zusammenstimmen und der *sensus historialis* (der Zeichenwert erster Ordnung) leicht erreicht werden kann. Die Ausdrucksweise kann dabei reduziert oder redundant sein, wenn etwas nicht Ausgesprochenes mitverstanden werden soll oder mehr gesagt wird, als der Sinn erfordert; auch abweichende Fügungen können vorkommen und müssen dann aufgelöst werden. Für den Weg des Verstehens gilt der *ordo cognitionis*, der vom Bekannten zum Unbekannten fortschreitet.

Die Erklärung hat davon auszugehen, daß die Heilige Schrift den Willen Gottes ausspricht; d. h. sie kann (mindestens auf der Ebene der zweiten Ordnung) nur Wahrheit aussprechen und nichts, was den Forderungen der Gottes- und Nächstenliebe widerspricht. Es kommen aber Verschiedenheiten und Abweichungen vor, die zu erklären sind. Dazu muß man mit dem Gebrauch der Zeichen vertraut sein, wenn sie mehrdeutig oder abweichend und sogar gegensätzlich verwendet scheinen. Augustinus hatte scheinbar mehrdeutigen oder übertragenen Gebrauch der Zeichen zu klären gesucht.

Wie Augustinus stellte man die sieben Regeln des Tichonius in Rechnung, die Besonderheiten der Sprache in der Heiligen Schrift erklären: freie Verfügung über Zahl, Zeit und Reihenfolge, Vertauschung der Glieder (Metonymie) im Verhältnis zwischen Christus und den Gliedern der Kirche (bzw. dem Teufel und den Bösen).

Scheinbare oder wirkliche Unstimmigkeiten gibt es vor allem bei den Kirchenvätern, die doch als maßgebende Instanz für die Erklärung der Heiligen Schrift galten. Im Prolog zu »Sic et Non« hat Abaelard die Gesichtspunkte dargelegt, nach denen solche Unstimmigkeiten, die sich bis zu Widersprüchen steigern können, aufzulösen sind. Es sind im Grunde Prinzipien philologischer Textkritik. Sie hat die Überlieferung auf Echtheit und Richtigkeit zu untersuchen, Unechtes auszuscheiden, Fehler zu berichtigen. Schriften sind im Zusammenhang mit dem ganzen Werk eines Autors zu sehen; er kann sich wechselnder Zeit anpassen, um verstanden zu werden, und frühere Aussagen später korrigieren. Jeder Schriftsteller hat seinen eigenen Sprachgebrauch, den man kennen muß, um ihn richtig zu verstehen. In der Hierarchie der Geltung kommt für die Beurteilung der Wahrheit nicht allen Texten die gleiche Verbindlichkeit zu.

Bemerkenswert ist die Sorgfalt, mit der Autoren des 12. Jahrhunderts gleichzeitig auf genaue Erfassung des Einzelnen wie des ganzen Zusammenhanges sehen. Dabei gehen sie nicht in Sprüngen, sondern schrittweise vor.[1212] Stellen der Heiligen Schrift, die für sich keine Bedeutung haben, sind doch unentbehrlich im Zusammenhang des Ganzen.[1213]

Die Wahrheit, die durch Zeichen der ersten Ordnung vermittelt wird, ist die Wahrheit der Geschichte und zwar der Heilsgeschichte, die nach *persona, negotium, tempus* und *locus* zu untersuchen ist. Sie reicht von der Erschaffung der Welt bis zum letzten Gericht (dabei bezieht sich Hugo auf den großen Psalm 77). Die Heilsgeschichte zeigt, wie Gott sich des Menschen erbarmt.[1214] Die Zeichen der ersten Ordnung sprechen selber die Heilsgeschichte aus; sie vermitteln aber auch die zweite Ordnung und mit ihr die Wahrheit, die im »Spiritualsinn« *(spiritualis intelligentia)* liegt.

Der Übertritt aus der ersten Ordnung in die zweite liegt vor allem dort nahe, wo der Wortlaut, als Zeichen erster Ordnung betrachtet, keinen Sinn ergibt. Dabei ist aber Vorsicht geboten; denn eine Stelle des Alten Testaments kann deswegen sinnlos erscheinen, weil sie einen heute (d. h. im Mittelalter) ungewohnten Brauch oder Sprachgebrauch voraussetzt.[1215]

[1212] Hugo von St. Victor, Didascalicon (wie Anm. 3) VI, 3, (S. 115): haec (sein eigenes Verfahren beim Studium der Schrift) autem tibi non replico, ut meam scientiam, quae vel nulla vel parva est, iactitem, sed ut ostendam tibi illum incedere aptissime, qui incedit ordinate neque, ut quidam, dum magnum facere saltum volunt, praecipitium incedunt.

[1213] Hugo von St. Victor (wie Anm. 1212): multa siquidem sunt in scripturis, quae in se considerata nihil expetendum habere videntur, quae tamen, si aliis, quibus cohaerent, comparaveris et in toto suo trutinare coeperis, necessaria pariter et competentia esse videbis. alia propter se scienda sunt, alia autem, quamvis propter se non videantur nostro labore digna, quia tamen sine ipsis illa enucleate sciri non possunt, nullatenus debent negligenter praeteriri. Und dann folgt als Abschluß der bedeutende Satz: coartata scientia iucunda non est.

[1214] Hugo von St. Victor beschließt das Kapitel über die »historia« (VI,3) mit dem Satz (Didascalicon, wie Anm. 3, S. 117): vide, quia, ex quo mundus coepit usque finem saeculorum, non deficiunt miserationes Domini.

[1215] Das Kapitel über den »sensus« (VI, 10) nimmt als Beispiel eine Stelle aus dem Propheten Jesajas (Is 4, 1), um zu demonstrieren, daß ein Wortlaut nach dem Wortsinn »offen« sein kann, ohne daß man weiß, was gemeint ist. Die »sieben Frauen«, die einen Mann

Ein unstimmiger Wortlaut (*sensus incongruus*) kann unglaubwürdig, unmöglich, widersinnig oder falsch sein.[1216] Das gilt für den Wortlaut als Zeichen erster Ordnung (*sensus*). Er scheint sich oft zu widersprechen und manchmal Widersinniges oder Unmögliches anzubieten. Der Spiritualsinn (*spiritualis intelligentia*), d. h. die zweite Ordnung, läßt keinen Widerspruch zu; wohl aber kennt sie Abweichungen. Es kommt also für die Findung der Wahrheit darauf an, die Zeichen zu erklären, die in der ersten Ordnung ohne erkennbare Referenz bleiben.

Mehrdeutige Stellen (*ambigua*) sollen so erklärt werden, daß sie nicht mehr abweichen (*discordent*); dunkle Stellen, die der Leser aus eigener Kraft nicht aufhellen kann, soll er zunächst zurückstellen; wenn man auf eine Stelle stößt, die im Gegensatz zum Glauben steht, soll man nicht seine Auffassung leichthin ändern, sondern andere befragen, die erfahrener sind; man soll überhaupt, um den Wortlaut richtig beurteilen zu können, sich ausreichende Informationen verschaffen.

In keinem Falle aber darf das Verstehen so dem Wortlaut folgen, daß das geistige Verständnis (*spiritualis intelligentia*) nicht erreicht wird. Augustinus, dem Hugo von St. Victor und Conrad von Hirsau folgten, hatte schon gefordert, daß der Leser nicht die Zeichen (das ist der Wortlaut) als Inhalte (*res*) nimmt, sondern auf den geistigen Sinn zurückführt.

Um die Erscheinungsweise der *res* (*forma rerum*) richtig beurteilen zu können, muß man mit den *artes* vertraut sein, die für die *significatio rerum ad facta* oder *facienda mystica* dienlich sind: Arithmetik, Musik, Geometrie und Astronomie; bei der Erkenntnis der *natura rerum* hilft die *Physica*.[1218] Aber wichtiger als alle Information durch die *artes* ist, daß

---

festhalten, werden (nach der Prophezeiung des Jesajas, daß die stolzen Frauen von Jerusalem durch den Frauenüberschuß gedemütigt werden sollen) von Hugo nicht auf die sieben Gaben des Heiligen Geistes bezogen, sondern auf dem Hintergrund des israelitischen Brauches verstanden, daß eine Frau nur einen Mann hat, der um sie wirbt und für ihre Verpflegung und Bekleidung sorgt. Nur wenn man weiß, daß es damals für Frauen eine große Schande war, ohne Ehe und ohne Nachkommenschaft zu sterben, kann man die Worte des Propheten verstehen.

[1216] Hugo von St. Victor (wie Anm. 3), VI, 4 (S. 118, 22–26 und S. 120, 21–S. 121, 3) und VI, 10 (S. 126, 26–S. 128, 17) sowie VI, 11 (S. 128, 20–S. 129, 24). Im Kapitel über die »allegoria« (VI, 4) rechnet Hugo mit Stellen, die zweideutig (ambigua), dunkel (obscura) oder sogar widersprüchlich (contrarium) erscheinen können.

[1217] Das Verhältnis zwischen Zeichen erster und Zeichen zweiter Ordnung bestimmt Hugo von St. Victor mit den Sätzen (VI, 4, S. 118, 22–26): divina pagina multa secundum litteralem sensum continet, quae et sibi repugnare videntur et nonnumquam absurditatis aut impossibilitatis aliquid afferre. spiritualis autem intelligentia nullam admittit repugnantiam, in qua diversa multa, adversa nulla esse possunt.

[1218] Dazu Conrad von Hirsau (wie Anm. 2), S. 59, Zeile 1618–1624 (Wortlaut in Anm. 1036).

der Leser des göttlichen Wortes in der Wahrheit der *spiritualis intelligentia* gefestigt ist.[1219] Sie allein macht erst zum rechten Verständnis frei.

Die Heilige Schrift, die mit Zeichen erster Ordnung eine zweite Ordnung manifestiert, ist von anderen Schriften schon durch ihren Inhalt geschieden: die Wahrheit des göttlichen Wortes, das als *mysterium* hinter den Zeichen verborgen bleibt. Die *voluntas* Gottes gibt den unverlierbaren Maßstab für die Beurteilung der Zeichen. Sie kann wie beim Geheimnis der Trinität und beim Ostergeschehen in Paradoxien sprechen, die auf der Ebene menschlicher Rede widersprüchlich bleiben.[1220]

Die Zeichen und Zeichenkomplexe erster und zweiter Ordnung sind in der Heiligen Schrift an den Menschen gerichtet, den Gott erschaffen (durch die *opera conditionis*) und erlöst (durch die *opera restaurationis*) hat. Sie sind für ihn verbindlich, und seine religiöse Existenz hängt davon ab, daß er sie richtig versteht.

Die Zeichen (oft dieselben Zeichen) wenden sich dem Menschen in mehreren Richtungen zu, die doch eine Gesamtrichtung ergeben.

Um 1260 hat Augustinus de Dacia die vier Grundrichtungen in einen knappen Zweizeiler gebracht:[1221]

> Littera gesta docet, quid credas allegoria,
> moralis quid agas, quid speres anagogia.

Die Zeichen zweiter Ordnung sind in drei Richtungen aufgefächert, die drei Aufgaben des Menschen entsprechen.

Die Allegorie (im engeren Sinn) bezieht sich auf die *sacramenta fidei*, auf die Erkenntnis des Glaubens; die *moralitas* zieht aus dieser Erkenntnis die Konsequenzen für das christliche Leben;[1222] die *anagogia* lenkt den Blick auf die ewige Seligkeit als Bestimmung des Menschen (Hugo von St. Victor faßt die *anagogia* als Teil der *allegoria*).

Die Verbindlichkeit der Heiligen Schrift meint Hugo von St. Victor, wenn er sagt:[1223] *Christiano philosopho lectio exhortatio debet esse, non*

[1219] Hugo von St. Victor im Kapitel über die »allegoria« (VI, 4, S. 121, 24/25; vorher ist der Satz aus dem 2. Korintherbrief zitiert 2 Cor 3, 6: littera occidit, spiritus autem vivificat): ... oportet divinum lectorem spiritualis intelligentiae veritate esse solidatum ...

[1220] Vgl. Hennig Brinkmann, Voraussetzungen und Struktur religiöser Lyrik (wie Anm. 88), S. 37–43.

[1221] Vgl. Anm. 1105. Allgemein verbreitet wurde der Zweizeiler in der Bearbeitung des Nikolaus von Lyra: quo tendas (statt: quid speres).

[1222] Hugo von St. Victor (wie Anm. 3) sagt im Kapitel über die »historia« (VI, 4, S. 116, 26/27): habes in historia, quo Dei facta mireris, in allegoria, quo eius sacramenta credas, in moralitate, quo perfectionem ipsius imiteris.

[1223] Der Satz steht in dem Kapitel (V, 7), das den Titel trägt (wie Anm. 3, S. 105): quomodo sit legenda scriptura ad correctionem morum.

occupatio ... Leser, die in der Heiligen Schrift nur Kenntnis (*scientia*) suchen, um Reichtum und Ansehen zu gewinnen, oder sich allein an den wunderbaren Worten und Taten erfreuen, ohne entsprechend zu handeln, lehnt Hugo ab.[1224] Er wünscht sich Leser, die mit dem Erkannten im Leben ernst machen:[1224a] *alii vero idcirco sacram scripturam legunt, ut secundum apostoli praeceptum* (1 Petr 3, 15) *parati sint omni poscenti reddere rationem de ea fide, in qua positi sunt, ut videlicet inimicos veritatis fortiter destruant, minus eruditos doceant, ipsi perfectius viam veritatis agnoscant et altius Dei secreta intelligentes artius ament, quorum nimirum devotio laudanda est et imitatione digna.*

Die Heilige Schrift bringt doppelten Geinn: sie bildet nach Hugo von St. Victor Wissen und Handeln.[1225] Mehr auf die *scientia* beziehen sich die Zeichen erster Ordnung (*historia*) und die Zeichen zweiter Ordnung, insofern sie Einblick in den Glauben geben (*allegoria*); als Anweisung zum rechten Handeln (*instructio morum*) beziehen sich Zeichen zweiter Ordnung auf die *tropologia*,[1226] die Sicard »angewandte Rede« (*conversa loctuio*) nennt.[1227]

Schon bei Zeichen erster Ordnung (*historia* als Heilshandeln Gottes) beruht die Geltung auf der Kirche als der Gemeinschaft der Gläubigen, deren Wahrheit Christus verbürgt. In besonderem Maße gilt das für die Zeichen zweiter Ordnung, die mit der Gemeinschaft des Glaubens bekannt machen (*allegoria*), Winke zum rechten Leben (*tropologia*) und Aussichten auf die ewige Seligkeit als Bestimmung des Menschen geben (*anagogia*). Wenn Zeichen nur in einer Gemeinschaft und für eine Gemeinschaft Geltung haben können, dann trifft das für die Zeichen erster und zweiter Ordnung in der Heiligen Schrift in ganz besonderem Maße zu, und zwar nicht nur für die Zeichen, die durch die Lautsprache vermit-

---

[1224] Hugo von St. Victor, Didascalicon (wie Anm. 3) im Schlußkapitel des V. Buches (de tribus generibus lectorum, S. 111, 11–20): sunt nonnulli qui divinae scripturae scientiam appetunt, ut vel divitias congregent vel honores obtineant vel famam acquirant, quorum intentio quantum perversa tantum est miseranda. sunt rursus alii quos audire verba Dei et opera eius discere delectat, non quia salutifera, sed quia mirabilia sunt. scrutari arcana et inaudita cognoscere volunt, multa scire et nil facere ... hos ergo quid aliud agere dicam, quam praeconia divina in fabulas commutare? sic theatralibus ludis, sic scenicis carminibus intendere solemus, ut scilicet auditum pascamus, non animum.

[1224a] Didascalicon (wie Anm. 3), V, 10 (S. 111, 22–28).

[1225] Didascalicon (wie Anm. 3), V, 6 (S. 104): geminus est divinae lectionis fructus, quia mentem vel scientia erudit vel moribus ornat.

[1226] Didascalicon (wie Anm. 3) V, 6, S. 104: ... alterum, id est scientia, magis ad historiam et allegoriam, alterum, id, est, instructio morum, ad tropologiam magis respicit.

[1227] Sicard von Cremona, Mitrale I, 13 (Migne 213, 47): ... et dicitur tropologia conversa locutio, cum quod dicitur ad mores significandos convertitur (vgl. Anm. 1142).

telt sind. Seit Amalar hat das Mittelalter auch die Liturgie in allen ihren Einzelheiten als Zeichen zweiter Ordnung aufgefaßt, in denen sich die Heilsgeschichte wiederholt.

Die Zeichen geben Erinnerung (*historia*), Gegenwart (*allegoria*), Forderung (*tropologia*) und Erwartung (*anagogia*). Ihr kommunikativer Spielraum ist außerordentlich groß.

Verschieden wird die Stellung der *tropologia* beurteilt. Sie kann im Fortschritt des Verstehens die zweite Stelle einnehmen, wenn das Verstehen als ein Wachstum verstanden wird, das den Lebensaltern folgt. Die Kindheit freut sich beim Lesen am schönen Wort; wenn der Mensch als leibseelisches Wesen in sich die Harmonie gefunden hat, die zum rechten Handeln gehört, ist er zur *practica moralis* fortgeschritten, die auch *tropologia* genannt werden kann; wenn er sich vervollkommnet hat, ist er herangereift, den geistigen Sinn (*allegoria*) zu begreifen. Das Handeln aber, das er beim Fortschritt übt, leistet er aus seinen natürlichen Fähigkeiten, die ihn zur Aufnahme des eigentlichen geistigen Sinns (der Zeichen zweiter Ordnung) bereiten. Wenn der Mensch sich aber vervollkommnet hat, wird er den Zeichen zweiter Ordnung entnehmen können, was das geistige Verstehen ihm als Einsicht und sittliche Forderung gibt. Er wird nun in der Lage sein, die Konsequenzen für sein Leben aus der Erkenntnis des geistigen Sinns zu ziehen; damit kann er die Erwartung der kommenden Herrlichkeit verbinden.

Der Prozeß des geistigen Verstehens, der die Zeichen zweiter Ordnung aufschließt, hat mehrere Dimensionen, die doch ein Ganzes bilden, das gerne als Gebäude vorgestellt wird, als eine »Struktur«, bei der jede Dimension ihren Stellenwert hat. Ebenso aber sind die verschiedenen Richtungen der Zeichenerschließung ein Ganzes, das den ganzen Menschen voraussetzt und fordert. Lesen ist mehr als nur »Lesen«.

Hermeneutische Praxis in den Kommentaren

Die Kommentare

Die mittelalterliche Hermeneutik kommt am überzeugendsten in den Kommentaren selber zum Ausdruck.[1228] Im Prinzip stimmen Theorie und Praxis zusammen, aber man kann zu keiner Zeit erwarten, daß die Theorie alle Erscheinungen erschöpft, für die sie entworfen ist. Wenn man Theorie und Praxis der mittelalterlichen Hermeneutik vergleicht, dann findet man auf beiden Seiten Überhänge und Reste. Man darf nicht vergessen, daß sie in verschiedenen Traditionen stehen.

Für die Kommentierung antiker Autoren gibt das noch unvollendete große Werk von Paul Oscar Kristeller eine Grundlage: *Catalogus translationum et commentariorum: Mediaeval and Renaissance Latin Translations and Commentaries.*[1229] Der I. Band behandelt u. a. die lateinischen Autoren Juvenalis (I, S. 175–238 von Eva M. Sanford) und Arator (I, S. 239–247 ebenfalls von Eva M. Sanford); der II. Band, von Paul Oscar Kristeller und F. Edward Cranz herausgegeben, bringt unter den lateinischen Autoren: Martianus Capella (II, S. 367–381 von Cora E. Lutz) und Pseudo-Theodolus (II, S. 383–408 von Betty Nye Quinn); der III. Band enthält Nachträge zu Juvenalis (Bd. I) und Martianus Capella (Bd. II), ferner eine ganze Reihe weiterer lateinischer Autoren (so: Claudianus, Persius, Petronius, Silius Italicus und Vitruvius).

Für das biblische Schrifttum liegt das siebenbändige Werk von Stegmüller vor: Friedrich Stegmüller, *Repertorium Biblicum Medii Aevi*.[1230]

Außer diesen Werken gibt es eine ganze Reihe von Arbeiten (so zu Cicero, Vergil, Ovid, Boethius), in denen das »Nachleben« antiker Autoren verfolgt wird (sie brauchen hier nicht aufgezählt zu werden).

Wichtig aber sind die Monographien, in denen die Auslegung einzelner biblischer Bücher untersucht wird. Schon lange zurück liegt eine Arbeit

---

[1228] Bei der Behandlung der einzelnen Kommentare sind die Stellenangaben nicht in den Fußnoten angegeben, sondern in Klammern dem Text eingefügt, um eine fortlaufende Lektüre zu erleichtern.

[1229] Erschienen in Washington: Bd. I, 1960; Bd. II 1971; Bd. III 1976.

[1230] Das Repertorium von Stegmüller ist in Madrid erschienen: Bd. I (mit den Initia) 1950; die Bände II–V, die die Kommentare namentlich bekannter Autoren in alphabetischer Folge behandeln, in den Jahren 1950/51/54/55; die Bände VI (A–O) und VII (P–Z), die die anonym überlieferten Kommentare hinzufügen, 1958 und 1961.

über die ältesten Kommentare zum Hebräerbrief (E. Riggenbach, *Die ältesten lateinischen Kommentare zum Hebräerbrief*. 1907) und das Buch von W. Neuss über das Buch Ezechiel (*Das Buch Ezechiel in Theologie und Kunst bis zum Ende des 12. Jahrhunderts*, Münster 1912). In die 30er Jahre fällt die wichtige Arbeit von Wilhelm Kamlah über die Apokalypse (*Apokalypse und Geschichtstheologie*. Die mittelalterliche Auslegung der Apokalypse vor Joachim von Fiore, Historische Studien, hg. Ebering, 285, Berlin 1935) und die Untersuchung von Artur Landgraf über Paulinenkommentare (*Untersuchungen zu den Paulinenkommentaren des 12. Jahrhunderts*, in: Recherches de Théologie ancienne et médiévale VIII, 1936, S. 253–281 und 345–368). Kommentare zu den Weisheitsbüchern aus dem 13. Jahrhundert behandelt Beryl Smalley (*Some thirteenth century Commentaries on the Sapiential Books*, in: Dominican Studies II, 1949, S. 318ff.). Zur Auslegungsgeschichte des Hohenliedes sind 1958 zwei wichtige, in vielem komplementäre Darstellungen erschienen: Friedrich Ohly, *Hohelied-Studien*. Grundzüge einer Geschichte der Hohelied-Auslegung des Abendlandes bis um 1200, Wiesbaden 1958; Helmut Riedlinger, *Die Makellosigkeit der Kirche in den lateinischen Hoheliedkommentaren des Mittelalters*, Münster 1958. Ohly interessiert vor allem die monastische Konzeption. Für den Psalter und die Paulus-Briefe, die in der Exegese des 12. und 13. Jahrhunderts dominieren, besteht leider noch keine Auslegungsgeschichte, wenn auch die einzelnen Repräsentanten intensiv untersucht worden sind. Bekannt sind die eingehenden Kommentare des Petrus Lombardus zum Psalter und zu den Paulusbriefen, die als »Große Erklärung« *(Magna glossatura)* umliefen.

Hier sind Kommentare ausgewählt, die möglichst ein Bild von der Vielfalt der Aufgaben und von den Wegen zu ihrer Lösung geben sollen. Antike und christliche Dichtung kommen in den Blick: Aeneis Vergils, Consolatio des Boethius, die Ecloga Theodoli, Hymnen von Ambrosius und Prudentius in liturgischer Gebrauchsform, die Sequenz »*Ave praeclara maris stella*« von Hermann aus der Reichenau.

Am Anfang steht die Erklärung der ersten sechs Bücher der *Aeneis* durch Bernhard Silvestris. Die Sonderstellung der Bücher I bis VI hatte schon Servius betont (den Bernhard Silvestris kannte); er sagt zu Eingang der Erklärung des VII. Buches:[1231] ... *in duas partes hoc opus divisum est: nam primi sex ad imaginem Odyssiae dicti sunt, quos personarum et adlocutionum varietate constat esse graviores, hi autem sex qui sequuntur ad imaginem Iliados dicti sunt, qui in negotiis validiores sunt.* Die Erklä-

---

[1231] Servius, Bd. II des Kommentars zur Aeneis (hg. Georg Thiele, Leipzig 1884, S. 124).

rung des VI. Buches beginnt Servius mit der Feststellung:[1232] *totus quidem Vergilius scientia plenus est, in qua hic liber possidet principalem, cuius ex Homero pars maior est. et dicuntur aliqua simpliciter, multa de historia, multa per altam scientiam philosophorum, theologorum, Aegyptiorum ...*

In der Erklärung[1233] folgt Bernhard Silvestris aber nicht Servius, der das Einzelne glossiert, sondern Fulgentius und vor allem Macrobius: er sucht die Wahrheit, die hinter der Hülle des *integumentum* verborgen ist. Er zeugt ferner für die Art, wie von Kanzler Bernhard in Chartres die antiken Autoren ausgelegt wurden: im Einzelnen manifestiert sich ein System. Die Denkweise, die sich nach seiner Ansicht in den Versen Vergils offenbart, ist Bernhard Silvestris wichtiger, als das Wort.

Anders ist die Lage bei Boethius. Das Zentralgedicht der *Consolatio* »*O qui perpetua*« (III, metr. 9) wurde seit dem frühen Mittelalter kommentiert. Dabei zeigen sich deutlich die verschiedenen Verfahrensweisen. Remigius ist wesentlich darauf bedacht, die Worte zu erklären; der Anonymus aus Einsiedeln geht auf die Sätze; der Anonymus aus Regensburg sucht den Zusammenhang zu erkennen und gibt darum abschnittsweise Zusammenfassungen; Adalbold von Utrecht macht die Schlüssigkeit der Aussagen deutlich, die aus dem Geschaffenen den Schöpfer erkennen lassen: *ex creaturis creatorem*; der zweite Kommentar aus Heiligenkreuz beleuchtet das dialektische Verfahren.

Gleichzeitig manifestieren sich Stufen der geistigen Rezeption. Bereits früh, im 9. Jahrhundert, ist erkannt, daß der Gehalt des Gedichts nur aus der Lehre Platos verstanden werden kann, wie sie im *Timaeus* (in der Übersetzung und Erklärung des Calcidius) ausgesprochen war. Aber die Erklärer verhalten sich der Lehre Platos gegenüber verschieden. Bovo von Korvey geht auf Distanz; er entwickelt zwar die platonischen Gedanken, betont aber ihre Entfernung vom Glauben des Christentums. Dagegen unternimmt der Übersetzer des Pseudo-Dionysius, der Ire Johannes Scottus,

---

[1232] In der Ausgabe von Thiele (wie Anm. 1231), S. 1.

[1233] Die Literatur zu den einzelnen Kommentaren ist in den folgenden Kapiteln genannt. Hier werden nur die allgemeinen Züge hervorgehoben, um zu demonstrieren, was man von den Kommentaren erwarten darf. An dieser Stelle sei nachgetragen: K. Ludwig Pfeiffer, Struktur- und Funktionsprobleme der Allegorie (in: Deutsche Vierteljahrsschrift 51, 1977, S. 575–606), und das Symposion über die Allegorie vom Jahr 1978, das W. Haug herausgegeben hat: Formen und Funktionen der Allegorie (Schriftenreihe der Deutschen Vierteljahrsschrift Bd. 1), Stuttgart 1979 (darin: S. 70–89 Christel Meier über Hildegard von Bingen und Alanus). Pfeiffer versteht (im Prinzip sicher mit Recht) die Allegorie als Antwort auf eine bestimmte geschichtliche Situation. Über »Allegorese außerchristlicher Texte« orientiert: Ulrich Krewitt (in: Theol. Realenzyklopädie II, Berlin/New York 1978, S. 284–290).

den Versuch, das Gedicht des Boethius vom Eingang des Johannes-Evangeliums aus (und in Übereinstimmung mit ihm) zu verstehen. Dadurch leitet er eine christliche Rezeption ein. Im einzelnen kommt es ihm auf die Erklärung der Begriffe an. Die christliche Deutung vertritt dann im 11. Jahrhundert Adalbold von Utrecht. Er zieht aber eine Grenze zwischen Boethius, der das Licht der Wahrheit kannte, und Plato, dem es noch nicht aufgegangen war.

Im 12. Jahrhundert geschieht die entscheidende Wende in der Rezeption. So wird nun der Begriff des »*involucrum*«, bzw. des »*integumentum*«, der Zeichenkomplexe zweiter Ordnung meint, auch auf Boethius angewendet und zwar auf den Begriff der »Weltseele«, der für das Gedicht angenommen wird. Die Anrufung Gottes durch die *Philosophia* wird aus dem Zusammenhang der *Consolatio* begründet, und das Gedicht als ein Ganzes gefaßt, das sich in Begründungen (v. 1–21) gliedert,[1234] denen dann die Bitten an die Gottheit folgen (v. 22–28).

Wilhelm von Conches macht die Konzeption mit Hilfe der Lehre von den vier *causae* deutlich: *causa efficiens* ist der *creator, causa formalis* ist *Dei sapientia (filius), causa finalis* ist *eius bonitas, causa materialis* sind die vier Elemente.

Boethius zeigt zunächst (durch die *Philosophia*), daß Gott als *causa efficiens* die Macht hat, die ausgesprochenen Bitten zu erfüllen (v. 1–3), dann daß Gott als *causa finalis* die »Güte« (*bonitas*) ist, die sich einer Bitte, die Gutes will, nicht versagen kann (v. 4–6), und schließlich daß Gott als *sapientia* die *causa formalis* ist, nach deren Urbild die Welt geschaffen, geordnet und gelenkt wird (so allgemein in v. 6–9, dann im einzelnen die Ausführung v. 10–21), und daß darum die Bitten (v. 22–28) nur aussprechen (die Heimkehr zu Gott), was in Gottes *providentia* liegt.[1235] So verschmelzen antike und christliche Gedanken zu einer Einheit.

Die Kommentare, die auf dem Weg der Rezeption entstehen, zeigen verschiedene technische Verfahrensweisen: sie führen vom einzelnen Wort über den Satz und die gedankliche Bewegung zur Einsicht in den sprachlichen und gedanklichen Zusammenhang. Die Erklärung des Mittelteils (v. 10–21), der von der Ordnung der geschaffenen Welt durch Gott spricht, liefert Informationen über den Aufbau der Welt, die für Zeitgenossen und Nachfahren ein wichtiges Inventar geworden sind. An dieser Stelle verdichtet sich der Einfluß des *Timaeus*. Die christliche Re-

---

[1234] Diese Begründungen, die vom Wirken der Gottheit sprechen, dürften nicht, wie es üblich ist, durch Punkte in Eigensätze gegliedert werden; sie gehören als Reihe zu dem Anruf (o qui ...), mit dem das Gedicht in der ersten Zeile beginnt.
[1235] Es heißt (v. 20/21): ... quas lege benigna/ad te conversas ... facis ... reverti.

282

zeption, die sich schon bei Johannes Scottus ankündigt, scheint im 12. Jahrhundert vollzogen.

Der christlichen Frühzeit wurde im Mittelalter die »*Ecloga Theodoli*« zugeschrieben, die in Wirklichkeit aus dem 10. Jahrhundert stammen wird. Man führte das Streitgespräch zwischen Pseustis und Alithia, das in diesem Gedicht dargestellt wird, auf Streitgespräche zwischen Heiden und Christen zurück, die der Verfasser bei seinem Studium in Athen gehört habe.

Schon durch seine Form als Streitgespräch zwischen Hirten gab die *Ecloga* zu vielen Überlegungen Anlaß, die in die Vorstellungswelt der Antike geleiten; besonderen Anreiz zur Erklärung boten aber die Aussagen über mythologische Rollen des heidnischen und jüdisch-christlichen Altertums, die schon durch ihre knappe sprachliche Fassung eine Kommentierung forderten, zumal die *Ecloga* bald in den Anfangsunterricht aufgenommen wurde.

Am Anfang steht der bedeutende große Kommentar des Bernhard von Utrecht aus dem 11. Jahrhundert, dem eine ganze Reihe anderer gefolgt ist. Bernhard teilt zunächst den Entwurf eines literarhistorischen Systems mit, wie man es in der Schule in Verbindung mit den hermeneutischen Fragen kannte, und bemüht sich dann sowohl der antiken wie der christlichen Überlieferung gerecht zu werden. Er rechnet für beide mit Zeichen zweiter Ordnung; zuerst geht er den Zeichen erster Ordnung nach, dann sucht er daraus den semantischen Zweitwert zu erkennen, wobei er vielfach mit mehreren Möglichkeiten der Deutung rechnet.

Er verfolgt genau den Ablauf des Streitgesprächs, Rede und Gegenrede; die Gesamtkonzeption und die Rollen werden gewürdigt. Der Text ist ernst genommen und nicht nur ein Anlaß zu Bemerkungen des Kommentators.

Bernhards Erklärungsweise steht in der antiken Tradition (Macrobius) und in der von Paulus eingeführten, von Augustinus systematisch entwickelten und von Beda an das Mittelalter weitergegebenen »allegorischen« Erklärung (im weitesten Sinn). Wortlaut (*littera*) und *sensus* erschließen die Verse als Zeichen erster Ordnung, als *fabula* bei den mythologischen Beispielen aus der Antike, als *historia* bei den Beispielen aus dem Alten Testament.

Sowohl die *fabula* aus der Antike wie die *historia* aus dem Alten Testament haben jeweils ein »*mysterium*«, d. h. eine zweite Ordnung, die aus der ersten zu erschließen ist. Bei einer *fabula* kann es eine geschichtliche oder eine natürliche Wahrheit geben; in der Geschichte wird die Wahrheit der Aussage von den »*mythici*« gesucht, die »*physici*« finden sie in Erscheinungen der Natur. Dabei kann dasselbe Zeichen erster Ordnung sowohl für eine Wahrheit in der Geschichte wie für eine Wahrheit in der Natur stehen. Im Grundsatz kann die zweite Ordnung sowohl in der Geschichte wie in der Natur gefunden werden (so ist es bei Saturn und Janus). Die zeitliche Folge der »*physice*«-Erklärungen bei Bernhard zeigt – der Abfolge des Gedichts gemäß – eine sinnvolle Abfolge von Erscheinungen in der Natur.

Der Begriff der »Allegorie« wird nicht auf die Entschlüsselung der »Fabeln« angewendet; wenn aber Pseustis den Abend heranwünscht, können die von ihm verwendeten Zeichen allegorisch gedeutet werden (Ecloga v. 297ff.).

Während sich »mythische« und »physische« Erklärung der Fabeln doch wohl ausschließen, fächert sich die »allegorische« Erklärung der »heiligen Geschichten« in zwei Dimensionen: »*allegoria*« und »*moralitas*« (wobei die *moralitas* stets der *allegoria* folgt).

Bei einer »allegorischen« Erklärung wird so verfahren, daß die gegebenen Beziehungen bleiben, aber die Inhalte ersetzt werden: Holofernes (v. 193–196) wird durch seine eigene Waffe getötet,[1236] entsprechend wird der Teufel, der durch »das Holz« (d. h. durch den Baum im Paradiese) siegte, durch das Holz (das Kreuz) besiegt.[1237] Die anschließende »*moralitas*« versteht als belagerte Stadt den Leib (das Leibliche) des Menschen, den der Teufel bedrängt;[1238] der Geist soll sich in dieser Gefahr wie Judith verhalten (*sit mens nostra Iudith*). Die Allegorie sagt, wie der Glaube die Zeichen erster Ordnung in Zeichen zweiter Ordnung verwandeln soll; die »moralische« Erklärung dagegen zieht Konsequenzen für den Menschen und seine Zeit.

Die Erklärung Bernhards von Utrecht rechnet mit einem heilsgeschichtlichen Horizont, der sich sowohl im Auftreten der Rollen wie im Ablauf des ganzen Gedichts zeigt: Die Menschen lebten zunächst nach bestimm-

---

[1236] In der Ausgabe von Jacobs (wie Anm. 1), S. 103: proprio gladio decollatus dicitur.

[1237] In der Ausgabe von Jacobs (wie Anm. 1), S. 103: qui in ligno vincebat, per lignum quoque victus est (vgl. aus der Praefatio de cruce: ut, unde mors oriebatur, inde vita resurgeret et, qui in ligno vincebat, in ligno quoque vinceretur). Die Analogien zwischen Holofernes/Judith und diabolus/humanitas Christi werden von Bernhard von Utrecht Zug um Zug durchgeführt (Jacobs S. 102/103 = Clm 22293, fol. 33b–34a).

[1238] Die »moralitas« (bei Jacobs, S. 103) wird eingeleitet mit den Sätzen: hac enim historia magnum nobis spondetur miraculum et remedium. si enim et nostram civitatem, id est nostra corpora, Assiriorum princeps, id est Satanas, obsederit, sit mens nostra Iudith, id est confidens in Dei auxilio. Die Rollen werden so bei der »moralitas« neu besetzt; dabei bleibt die Rolle des Holoferne (diabolus): hoc suo ipsius faciet gladio, si ea, que diabolo placuit, per eadem displicere sibi laboret.

ten »Traditionen«, bis mit Moses das Gesetz kam, das ihrem Leben Sinn verlieh;[1239] es heißt bei Bernhard: *Moyses a filia regis in scirpeo vase repertus lex est, in brutis cordibus Iudeorum prius posita et ab Ecclesia suscepta.* Die Juden und – ihnen vergleichbar die Antike – gehorchten dem Gesetz, bis ihnen Christus die Gnade brachte.[1240]

Die Rollen treten entsprechend der heilsgeschichtlichen Folge auf: Die *gentilitas*, die ihren »Traditionen« folgt, beginnt (v. 1–7 Pseustis); dann kommt Alithia, die nach Bernhard gleichbedeutend mit dem Gesetz des Moses ist[1241] und (mit *ad fontem*) die kommende Taufe verheißt;[1242] schließlich erscheint (mit v. 26 *nostra venit Fronesis*) in der Rolle der *Fronesis* Christus,[1243] der durch seine Menschwerdung und sein Leiden dem Menschengeschlecht das Leben schenkt, als Richter die Spreu vom Weizen sondert und als Eckstein die von den Heiden und von den Juden Kommenden in der Einheit des Glaubens vereinigt;[1244] unter der Rolle der *Fronesis* kann auch die Kirche verstanden werden, die durch die Taufe die alte Schuld tilgt und durch die Teilnahme an der Messe die Gläubigen am Leben erhält.[1245]

Der erste Teil, der den antiken Fabeln wesentlich Beispiele aus der Genesis (und den folgenden Büchern) entgegenstellt, mündet in ein Bekennt-

---

[1239] Nach der »moralitas« zu v. 137 (raptus aquis Moyses) bei Jacobs (wie Anm. 1), S. 52 (Clm 22 293, fol. 18a).

[1240] Bernhard schildert im Eingang seiner allegorischen Erklärung des ersten Abschnitts (v. 1–36) die heilsgeschichtlichen Stufen so (Clm 22 293, fol. 7b, Jacobs S. 19): Tunc (nach dem Sündenfall) sibi invenerunt quasdam tradiciones, post hec data est lex, sub qua Iudei fuerunt. Salvatore autem veniente in carne, mutata in melius, non ablata lege, sub qua vivimus, data est gracia.

[1241] Bernhard bemerkt zum Namen »Moses« (Clm 222 293, fol. 7b; bei Jacobs S. 20): Alithie vocabulo Moysi legem designari puto.

[1242] Bernhard erwähnt als Deutung von ad fontem die Gleichsetzung mit ad aquas contradictionis (Num 20, 24) oder super fluvium (flumina) Babilonis (Ps. 136, 1), findet aber besser den Bezug auf Christus und die Taufe (Clm 22 293, fol. 7b/8a, bei Jacobs S. 20): hec pascebat oves, id est simplicem populum, ad fontem (zu Ecloga v. 8 ad fontem iuxta pascebat oves Alithia), ut quidam volunt, ad aquas contradictionis vel super fluvium Babilonis, vel quod melius est ut ad Christum pervenirent, qui est fons vivus (Joh. 4, 14), vel ad baptismum, quod ex legis littera promittitur.

[1243] Clm 22 293, fol. 9a, Jacobs S. 23 (zu v. 26 nostra venit Fronesis; sedeat pro iudice nobs): quis per hanc rectius personam quam filius Dei, per quem omnia facta sunt, accipitur?

[1244] Der Anm. 1243 zitierte Satz wird so weitergeführt: qui factus homo pro hominibus sanguine suo et babtismate ovem perditam, id est genus humanum lavare venit et pascere; qui bene iudex statuitur, quia in ruinam et resurrectionem multorum positus est et tenens ventilabrum paleas a grano separat et omnem, quam non plantavit Pater celestis, plantationem eradicat; vel ipse est lapis angularis, qui in fronte positus e diverso, id est ex Iudais et gentibus, venientes in fidei unitate duos iungit parietes.

[1245] Weiterführung: per Fronesim eciam intelligitur Ecclesia, que babtismate antiquum abluit reatum et sacri participacione altaris fideles pascit.

nis von Pseustis zum Polytheismus (v. 181–184), das Alithia mit ihrem Bekenntnis zu dem einen Gott erwidert (v. 185–188). In diesen Teil (v. 37–188) fällt mit Moses (v. 137–140) der Beginn des Gesetzes; er wird dem heidnischen Erfinder der Schrift, Kadmus (dies v. 133–136) konfrontiert. Die Opfer, die das Gesetz den Juden auferlegte (*legalia sacrificia*), scheinen nach Bernhard[1246] (Clm 22 293 fol. 8 a, Jacobs S. 21), wenn man sie als Vorgang nimmt *(realiter accepta)*, von heidnischen nicht sehr verschieden *(a gentibus non multum distare videntur)*.

Der zweite Teil, der mit der Konfrontierung von Orpheus und David beginnt (v. 189–196) und mit dem Niedergang des Menschen zum Tier endet (Nabuchodonosor v. 214–244), nimmt die alttestamentlichen Beispiele aus den Königsbüchern. Dieser Teil endet mit der ungeduldigen Frage von Pseustis, warum der Tag (mit dem der Wettstreit enden soll) so lange dauert (v. 245–248), worauf Alithia erwidert, daß die Sonne dem Gesetz gehorcht, das ihr der Schöpfer verliehen (v. 249–252).

Im dritten Teil wehrt sich Alithia gegen die Angriffe von Pseustis auf die Frau (v. 253–284). Dann kommt es zur unmittelbaren Konfrontierung der beiden Welten. Pseustis ruft als Repräsentant der *gentilitas* vor allem die Schutzgötter der bukolischen Sphäre an (v. 285–288); Alithia sieht darin einen aus Furcht und Lust entstandenen Aberglauben, der an soviel Götter glaubt, wie es Glieder gibt (v. 289–292).

In den allegorischen Erklärungen Bernhards war schon lange vor dieser Stelle das Christentum gegeben. Wenn Pseustis jetzt vor dem Wolf warnt (v. 293–296), der den Schafen gefährlich werde, falls Alithia nicht alsbald heimkehre, setzt diese die Gewißheit entgegen, daß das Osterlamm *(paschalis agnus)* längst den Wolf (den Teufel) überwunden hat (v. 297–300). Der Wettstreit der Beispiele geht jetzt in einen Wissensstreit (v. 301–332) über. Pseustis zeigt sich in seinem Glauben an die Götter erschüttert und tritt nach dem Eingreifen von Fronesis zur christlichen Lehre über. Damit schließt der heilsgeschichtliche Horizont (333–344).

Allein christlicher Dichtung gilt eine »*Expositio hymnorum*«, die zwar erst seit dem 15. Jahrhundert überliefert ist,[1247] aber einem Hilarius zugeschrieben wird, der mit dem Schüler Abaelards identisch sein könnte. In ihr werden 123 liturgische »Hymnen« erklärt, und zwar offenbar für den liturgischen Gebrauch.

[1246] Zu »iuxta« (v. 8) sagt Bernhard (Clm 22 293, fol. 8a, Jacobs S. 21): quod autem ait »iuxta«, utriusque populi affinitatem vel eorum cultus similitudinem exprimit; legalia enim sacrificia, realiter accepta, a gentibus non multum distare videntur.

[1247] Expositio hymnorum per totum annum. Coloniae: Henricus Quentell. 8. X. 1496 (Hain 6788).

Dem Text geht ein »*accessus*« voran, der u. a. über »*materia*« und »*intentio*« Auskunft gibt. Die Intention des Verfassers war, angesichts der Fülle von Hymnen einige zusammenzustellen und zu erklären.

An zwei Beispielen soll das Verfahren dieser »*Expositio*« verdeutlicht werden: an dem Hymnus »*Aeterne rerum conditor*« des Ambrosius, der vollständig mit seinen 8 Strophen aufgenommen ist, und an dem Hymnus »*Ales diei nuntius*« des Prudentius, der für den liturgischen Gebrauch von 100 Zeilen auf 16 Zeilen (4 Strophen) reduziert ist.

Jeder Hymnus des Tages- und Jahreszyklus hat seine eigene »*materia*«. Aber im ganzen läßt sich zwischen den Tageshymnen (*de die*) und den Nachthymnen (*de nocte*) unterscheiden: Hymnen *de nocte* denken an den Sünder, den Gott zum Lichte führen möge, die Hymnen *de die* bitten das göttliche Licht, wie den Körper so auch den Geist zu erhellen.[1248] So bestätigt sich, was bei der Darstellung der »zweiten Sprache« über die Bedeutung von Tag und Nacht zu sagen war (vgl. Anm. 602). Das Anliegen der Erklärung ist, den Zeichenwert zweiter Ordnung aufzuschließen und den so gewonnenen Zweitwert durch das Zeugnis der Heiligen Schrift zu legitimieren.

Die Übersetzung der sprachlichen Zeichen aus der ersten in die zweite Ordnung geschieht auf drei Wegen: 1. das Zeichen erster Ordnung wird zu einem Zeichen zweiter Ordnung durch identifizierenden Ersatz (*preco diei id est Johannes baptista, vel preco diei id est Christus*); 2. der gemeinte Zweitwert wird syntaktisch entfaltet (*preco diei jam sonat:* als Johannes der Täufer *qui ante lucem surrexit, ut luceret hominibus, qui erant in tenebris huius mundi*); 3. der Text des Hymnus wird durch eine Ganzparaphrase ersetzt; die 5. Strophe bei Ambrosius heißt dann: *Quia Christus nos evigilat ad bene agendum, surgamus a peccatis festinanter; admonet ad penitentiam in peccato permanentes, tardos in bonis operibus redarguit, quia sicut ille qui dormit tardus est ad omne opus, sic anima in peccatis manens inanis efficitur; reprehendit nolentes surgere de peccatis.* In jedem Fall erhält der Leser der »*Expositio*« die Zeichen zweiter Ordnung als

---

[1248] Es heißt (fol. Ir): Feria est solemnis dies. Beatus autem Silvester vel Gregorius ... invenit hoc nomen feria, sed in fine septimane servavit sabbatum; quod fecit ad figuram, quia sabbatum interpretatur requies; et nos per totam hebdomadam, id est per per totum spacium vite nostre (quod currit septem dierum) debemus laborare summo conamine, ut perveniamus ad requiem et ad eternam beatitudinem. Unusquisque enim hymnus habet suam materiam. In illis qui sunt de nocte accipit medium ipsum tempus, id est peccatorem ipsius temporis, scilicet ut expellat a nobis tenebras ignorantie et viciorum et informet nos virtutibus et sancti spiritus charitate. In illis vero, qui sunt de die, accipit medium ipsum lumen, et vult deprecari deum, ut quemadmodum illuminat sua claritate et splendore solis in corpore, sic illuminet nos sancti spiritus gratia in mente.

Ganztext. Ähnlich wird in der Erklärung von »*Ales diei nuntius*« die Rolle von »*ales*« durch einen Entsprechungssatz (Vergleich) verdeutlicht: *Et premittit exemplum aletis id est galli. Sicut enim galli cantus nos excitat vel vocat lucente die, sic Christus excitat mentes nostras et vocat nos per scripturas sacras prenuncians, quia est venturus iudicare super iustos et iniustos.*

Die beiden Fälle aus der »*Expositio*« sind nur als Beispiele gewählt, um die Kommentierung der Hymnen im Mittelalter ins Licht zu setzen, die im ganzen und im einzelnen noch zu untersuchen ist. Huygens führt in seiner Ausgabe der Kommentare zu »*Ave praeclara maris stella*« (S. 110, Anm. 7) eine Sammlung von Sequenzen mit Kommentar an, die u. a. in einer Münchener Handschrift aus dem 15. Jahrhundert (Clm 4242) überliefert ist. Ferner nennt er Handschriften des Britischen Museums (von 1300 an), in denen ein bisher unveröffentlichter Kommentar von Stefan Langton zu »*Ave maris stella*« enthalten ist.

Im einzelnen wählen die Kommentare verschiedene Wege. So geht die Erklärung des Alanus zur »*Prosa de angelis*« [1249] einen ganz anderen Weg als die beiden Kommentare zur Sequenz »*Ave praeclara maris stella*«, [1250] die Huygens bekannt gemacht hat. [1251] Diese stammen aus dem Anfang und aus dem Ende des 13. Jahrhunderts.

Um 1210 schreibt Caesarius an seine Mitbrüder Godescalcus und Gerardus, [1252] daß er sich nicht ihrer Bitte versagen kann, auf einfache Weise (*simplici ac plano stilo*) die Sequenz »*Ave praeclara maris stella*« zu erklären, weil sie durch die heiligen Zeichen (*propter varia que in se continet sacramenta*) schwer verständlich scheint (*videtur obscurior*). Schon der einfache Wortlaut ist schön (*dulcis quidem in litera*), aber viel schöner ist der »Zweitsinn« (*multo suavior in allegoria*). Unter »*sacramentum*« wird ein heiliges Zeichen verstanden, [1253] das dem unmittelbaren Verständnis entrückt ist (es gehört einer zweiten Ordnung an).

[1249] Herausgegeben von Marie-Thérèse d'Alverny (wie Anm. 132), S. 194–217.

[1250] Dazu: Hennig Brinkmann, Ave praeclara maris stella in deutscher Wiedergabe (in: Studien zur deutschen Literatur und Sprache des Mittelalters, Festschrift für Hugo Moser zum 65. Geburtstag, Berlin 1974, S. 8–30), S. 9–11.

[1251] R. B. C. Huygens, Deux commentaires sur la séquence Ave praeclara maris stella (in: Citeaux Com Cist. fasc. 2–3, 1969, S. 108–169).

[1252] Text bei Huygens (wie Anm. 1251), S. 119–129: ... rogatus a caritate vestra, cui negare non potui, solempnem illam sequenciam, que propter varia que in se continet sacramenta videtur obscurior, ad honorem dei genitricis simplici ac plano stilo exponere studui ... Die »exposicio« beginnt: precipua dominice incarnacionis sacramenta continentur in hac sequencia et est ex diversis prophetis collecta, dulcis quidem in litera, sed multo suavior in allegoria satisque delectabilis in melodia.

[1253] Alanus definiert in seinen »Distinctiones« (Migne 210, 929 D): sacramentum dicitur

Der Anonymus aus dem Ende des 13. Jahrhunderts sieht in der Fülle von geheimnisvollen Stellen aus der Heiligen Schrift, die knapp und versteckt eingestreut sind, das Hemmnis für ein geistiges Verstehen, das die Zeichen erkennt;[1254] er will den Zweitsinn erschließen.[1255]

Beide Erklärungen nehmen den Wortlaut (*littera*) ernst, also die sprachliche Fassung (als Zeichenkomplex erster Ordnung), aber das eigentliche Anliegen ist, die gemeinte zweite Ordnung aufzudecken.[1256]

Bemerkenswert ist, daß schon Caesarius und nach ihm der Anonymus erkennen, daß der Schlußversikel mit seinen vier Bitten den Schluß aus dem berühmten Gedicht des Boethius nachbildet, in dem die tröstende *Philosophia* die Gottheit anruft (*Consolatio* III, m. 9). Demnach lehnen beide eine Erweiterung ab (zu v. 82–84), die einen neuen Doppelversikel schafft und den Schlußversikel, der wie der Anfangsversikel keine Entsprechung haben soll, verkürzt (von v. 82–89 auf 85–89).

Dem Zeichenkomplex erster Ordnung gelten Erklärungen *ad litteram* und *ad historiam*; Erklärungen *ad litteram* betreffen den sprachlichen Ausdruck, Erklärungen *ad historiam* beziehen sich auf den Inhalt der alttestamentlichen Geschichten. Wörter werden erklärt; so sagt der Anonymus zu »*euge*« (Z. 209ff.)[1257]: *Hec enim vox euge est interiectio affectus congratulacionis denotans respectum eius, cui dicitur ...* Der Anonymus sucht den »Klammerstil« des Autors verständlich zu machen; so bemerkt er zu dem (2.) Versikel »*Te plenam fide*«: *huius versus constructio a fine inchoanda est sic: priores patres, id est patriarche et prophete, desideraverunt te nascituram.* Der Terminus »*historia*« dagegen gilt dem Inhalt. So führt Caesarius seinen Bericht der Wasserwunder des Moses (nach Num 20, 2–11) mit den Worten ein: *sicut narrat historia.*

Zur Erklärung des Zeichenkomplexes erster Ordnung (*ad litteram* und *ad historiam*) kann auch der Nachweis von Quellen aus der Heiligen Schrift gehören. So macht Caesarius zum Versikel »*Tuque furentem*« (3b) die Stelle aus Jesajas namhaft, die den Wortlaut bei Hermann von der Rei-

---

sacrae rei signum; Augustinus legt fest (Migne 33, 527): signa quae ad res divinas pertinent, sacramenta appellantur; vgl. Brinkmann, Zeichenhaftigkeit (wie Anm. 4), S. 9, und: Sprache als Zeichen (wie Anm. 4), S. 38.

[1254] Es heißt (bei Huygens, wie Anm. 1252, S. 128): ... tota sacre scripture redundat misteriis, adeo quidem breviter et latenter insertis, ut plerosque eorum lateat intellectus.

[1255] Der Anonynus verheißt (bei Huygens, wie Anm. 1252, S. 128, Zeile 27/28): ... verborum vero mistica intelligencia in huiusmodi declaracione patere poterit intelligenti ...

[1256] Zu den Zeichen und zum Bezug auf die Eucharistie: Wilhelm Breuer, Die lateinische Eucharistiedichtung des Mittelalters von ihren Anfängen bis zum Ausgang des 13. Jahrhunderts (Beihefte zum Mittellateinischen Jahrbuch, hg. Karl Langosch, Bd. 2, 1970), S. 205ff.

[1257] Die Zeilen werden nach der Ausgabe von Huygens (wie Anm. 1251) gezählt.

chenau erklärt: *clausula hec sumpta est ex verbis Ysaie* (Is 27, 1). Dann wird gesagt, wer der Leviathan ist (*Leviathan iste significat dyabolum*), wobei die Erklärung auch den Wortlaut einbezieht. Die Aufdeckung der Schriftquellen ist bei Caesarius ein wesentliches Anliegen. Im allgemeinen wird wörtlich nach der *Vulgata* zitiert; an einigen Stellen dienen kleine Änderungen oder Zusätze der Verdeutlichung. Die aus dem Alten Testament zitierten Partien liefern im allgemeinen die *historia*, deren geistiger Sinn zu finden ist.

Voraussetzungen für das geistige Verständnis gibt die Auffassung der Sequenz als Gedicht. Caesarius versteht es als Stimme der Kirche: *Vox Ecclesie est matrem Salvatoris salutantis et beneficia per eam collata commemorantis*. Der Anonymus entwickelt das Gedicht als eine geistige Konzeption, deren Gliederung er am Anfang vorbringt, um so für die Erklärung einen geordneten Weg zu haben (Z. 30–32): *sequenciam in partes suas distinguamus, ut per divisionis summariam cognicionem ad eius declaracionem viam ordinacius habeamus*. Er nimmt für die Sequenz drei Hauptteile an (*salutacio – multiplex commendacio – supplex oracio*), die drei natürlichen Stufen entsprechen, wenn man von einer bedeutenden Persönlichkeit etwas zu erlangen wünscht (Z. 35–38): *qui enim a magna persona impetrare desiderat, in primis humiliter salutat, deinde magnifice commendat, ut ipsum benevolum reddat, et demum quod intendit suppliciter postulat*. Diese Gesamtkonzeption wird dann vom Anonymus im einzelnen systematisch und differenziert entwickelt.

Ein wichtiger Bestandteil des Kommentars sind bei beiden Verfassern die Wunder, die beim Vortrag der Sequenz geschehen; sie zeigen die Wirkung des Gedichts, indem Unsichtbares auf wunderbare Weise sichtbar wird und die Bitten so gnadenhafte Erhörung finden. Als ein junger Magister Daniel die Worte singt »*Ora, virgo, nos illo pane celi dignos effici*«, sieht er, wie Maria vom Altare herab auf ihn zukommt und ihm schneeweißes Brot[1258] reicht.

Auf den Zeichenwert zweiter Ordnung verweist *significare* (*sol Christum significat*); es gibt einem Element der zweiten Sprache den gemeinten Bezug. Für typologische Sachverhalte, die in der Sequenz zugleich bedeutsam und verhüllt sind, verwenden die Kommentare: *typus*, *figura* und die Verben *figurare* (*Christum per amigdalum figuratum*), *prefigurare* (*manna verum per illud manna materiale prefiguratum*).

[1258] Caesarius (bei Huygens, wie Anm. 1251, Zeile 178–186): ... vidit eandem gloriosam de altari procedentem et panem nive candidiorem sibi porrigentem, de qua visione magnifice consolatus est, de cetero devocior in eius existens obsequio.

Die verwendeten Zeichen enthalten oft einen Komplex von *proprietates* und unterscheiden sich dadurch (ähnlich wie die Tierzeichen des »*Physiologus*«) von Zeichen erster Ordnung. So wird »*virga*« (*virgam alme stirpis Yesse*) mit den *proprietates* eines Zweiges auf Maria bezogen:[1259] *que (Maria) pulchre figurata est per virgam, que gracilis flexibilis recta et sublimis esse solet; iste sunt proprietates virge. Virgo Maria gracilis fuit in corporis sui maceracione, flexibilis in morum conformacione, recta in fide, sublimis in contemplacione.*

Während Caesarius sich damit begnügt, die Sequenz durch Aufdeckung ihrer Schriftquellen für den frommen Gläubigen zum Sprechen zu bringen, sodaß er die Sequenz verstehend singen kann, sucht der Anonymus als Theologe den gedanklichen Aufbau und Zusammenhang zu erkennen, der auch unabhängig von der Sprachgestalt der Sequenz für den Denkenden formuliert werden kann. So knüpft er an die Bitte »*christianismi fidem operibus redimire*« in 50 Zeilen (Z. 952–1002) eine systematische Abhandlung über die je sieben leiblichen und geistigen Werke der Barmherzigkeit. Sein Wille zur gedanklichen Durchdringung, der den systematischen Theologen bezeugt, hebt aber nicht das intensive Bemühen um die Sequenz als religiöse Dichtung auf. Er leistet wirklich die »*subtilia*«, die Caesarius einem überragenden Kopf überläßt (Z. 5–6): *viri literati et excellentis ingenii, a quibus magna atque subtilia requirenda sunt.*

[1259] Caesarius (bei Huygens, wie Anm. 1251), Zeile 71–75.

Die Erklärung der Aeneis

Der Kommentar des Bernhard Silvestris ist uns bisher aus drei Handschriften des 13., 14. und 15. Jahrhunderts bekannt. Eine Disseration von Wilhelm Riedel aus dem Jahre 1924[1260] gab zum ersten Male den vollen Wortlaut (mit dem Nachweis der Quellen) nach einer Humanistenhandschrift des 15. Jahrhunderts, die unter anderem Schriften des Enea Silvio Piccolomini enthält und von einer französischen Hand um 1480 geschrieben scheint. In einem anderen Zusammenhang ist das Werk des Bernhard Silvestris in einer Krakauer Handschrift des 13./14. Jahrhunderts überliefert; hier steht es zwischen einem Kommentar zu Lucan und zu Ciceros Schrift *De amicitia,* und eröffnet wird der Kodex durch den Kommentar des Radulf von Longchamp zum *Anticlaudianus.*[1261] Schließlich machte Maria de Marco auf eine Pariser Handschrift des 13. Jahrhunderts aufmerksam.[1262] Das Verhältnis der drei Handschriften zueinander und die Verbreitung des Kommentars hat dann Giorgio Padoan zu klären versucht.[1263] Eine vorzügliche Charakteristik des Kommentars hat 1962 J. Reginald O'Donnell. O. S. B. gegeben.[1264]

Inzwischen hat sich unsere Kenntnis der Werke Bernhards erweitert,[1265] vor allem dank den Forschungen von Edouard Jeauneau.[1266] Er hat spätere Kommentare Bernhards nachgewiesen: u. a. einen Kommentar zu Martianus Capella, der im 37. Kapitel des I. Buches abbricht (vgl. Note, S. 24); Teile daraus haben Jeauneau (Note, wie Anm. 1266, S.

[1260] Ausgabe von Riedel: Anm. 29. Über den Inhalt der Handschrift: Riedel, S. XIII—XV.
[1261] Stanislaus Skimina, De Bernardo Silvestre Vergilii interprete, in: Commentationes Vergilianae, Cracov 1930, S. 206—243.
[1262] Maria de Marco, Un nuovo codice del commento di Bernardo Silvestre all'Eneide, in: Aevum XXVIII (1954), S. 178—183.
[1263] Giorgo Padoan, Tradizione e fortune del Commento all' Eneide di Bernardo Silvestre, in: Italia medioevale e umanistica III (1960), S. 227—240.
[1264] J. Reginald O'Donnell, O. S. B., The Sources and Meaning of Bernard Silvester's Commentary on the Aeneid, in: Mediaeval Studies XXIV (1962), S. 233—249.
[1265] Literatur zu Bernhard Silvestris: Anm. 162. Jetzt über Bernardus Silvestris (unter: Bernardus Silv.): Goswin Spreckelmeyer im Theologischen Reallexikon.
[1266] Edourd Jeauneau, L'usage de la notion d'Integumentum à travers les gloses de Guillaume de Conches, in: Archives d'histoire doctrinale et littéraire du Moyen Age XXIV (1958), S. 25—100; ders., Note sur l'Ecole de Chartres, in: Studi Medievali 3. Ser. V, 2 (1964), S. 821—865 (von mir nach dem Sonderdruck zitiert: S. 1—45); vgl. Anm. 159.

35–44) und Winthrop Wetherbee publiziert.[1267] In diesem Kommentar, der die christliche Note deutlicher zeigt[1268] als der Kommentar zur *Aeneis*, verweist Bernhard auf seinen Vergilkommentar,[1269] aber auch auf einen Kommentar zu Platos *Timaeus*, der noch nicht wiedergefunden ist.[1270] Wetherbee geht auf die Kommentare Bernhards in einem eigenen Kapitel ein (S. 104–125). Die Kommentare Wilhelms von Conches, die sicher den Kommentaren Bernhards vorausgingen, darunter auch ein Kommentar zu Martianus Capella und ein anderer zu Macrobius, sind nach Jeauneau jüngst von Peter Dronke diskutiert worden.[1271] Der Mythenerklärung Bernhards ist auch Brian Stock in seiner Monographie über Bernhard Silvestris nachgegangen.[1272]

Das Vergilverständnis im ganzen ist von Macrobius bestimmt; Bernhard beginnt seine Erklärung[1273] mit Worten des Macrobius, der dem Mittelalter neuplatonisches Gedankengut vermittelte;[1274] auch im Schluß der Vorrede beruft er sich auf Macrobius,[1275] und der Eingang zur Erklä-

---

[1267] Wetherbee, Platonism and Poetry (wie Anm. 162), S. 267–272.

[1268] So zieht Bernhard das Verhalten beim Gebet, das Sammlung fordert, heran, um die Gefahr der Zerstreuung zu illustrieren (Wetherbee, wie Anm. 162 und 1267, S. 269): Sic ingenium nostrum, dum repentina meditatione discurrit, si forte honestum aliquod ei occurrit, vix ibi stare poterit. dum enim verbi gratia in ecclesia orando meditationem meam celestibus affigere studeo, illam statim elapsam repente alicui immundicie inherentem invenio. Die »fünf Verlockungen« (illecebrae) des Geschmacks (gustus) erläutert Bernhard mit fünf Stellen aus dem Alten Testament (zu Martianus Capella I, 7; Wetherbee, wie Anm. 1267, S. 270). Wichtig ist die Partie über die Namen der Trinität (Wetherbee, S. 270f.) in offener (pater, nois, mundi anima) und »mystischer« Rede (Iupiter, Pallas, Juno).

[1269] Jeauneau (Note, wie Anm. 1266, S. 25) führt aus der Cambridger Handschrift des Kommentars zu Martianus Capella (Cambridge University Library, Ms. Mm. I. 18) mehrere Stellen an, in denen auf den vorausgegangenen Vergilkommentar zurückverwiesen wird (so zur »aequivocatio« des Namens Juno bei Vergil: sed hec melius super Virgilium enodata repperies).

[1270] Zu der Feststellung, daß durch die Wirkung der Sterne Körper beseelt werden (dazu wäre noch der »Experimentarius« Bernhards heranzuziehen), vermerkt Bernhard (Jeauneau, Note, wie Anm. 1266, S. 26): sed hec latius super Platonem scribentes exposuimus (fol. 13vb).

[1271] Peter Dronke, Fabula (wie Anm. 158), S. 68ff., 114ff., 167ff.

[1272] Brian Stock, Myth and Science (wie Anm. 157).

[1273] Seiten- und Zeilenzahl nach der Ausgabe von Riedel (wie Anm. 29).

[1274] Bernhard beginnt (S. 1, 3–6): Geminae doctrinae observationem perpendimus in sola Eneide Maronem habuisse, teste namque Macrobio, qui et veritatem philosophiae docuit et figmentum poeticum non praetermisit. Macrobius meint, Vergil habe die Seelen der Heroen nach Elysium versetzt: ... ut geminae doctrinae observatione praestiterit et poeticae figmentum et philosophiae veritatem (Macrobius, Com. in Somnium Scipionis, wie Anm. 158, lib. I 9, 8, S. 41).

[1275] Die Stelle (S. 3, 21–25): homini vero magna utilitas est, ut ait Macrobius, si se ipsum cognoverit. unde »de celo descendit gnoti seauton« (Juvenal XI, 27), i. e. cognosce te ip-

rung des VI. Buches übernimmt Worte und Gedanken aus Macrobius.[1276] Bernhard legt die Anschauung des Macrobius zugrunde (vgl. Anm. 1274), daß Vergil in der *Aeneis* zwei Prinzipien beobachtet habe (*geminae doctrinae observationem*): wissenschaftliche Wahrheit (*veritatem philosophiae*) und dichterische Erfindung (*figmentum poeticum*). Der »technische« Ausdruck für ein solches Verfahren ist: *integumentum*.[1277]

Im einzelnen hat Bernhard Silvestris die Vergilerklärung des Fulgentius und dessen Mythologie[1278] benutzt. Schon vor Bernhard hatte der Theodolerklärer Bernhard von Utrecht die Mythologie des Fulgentius herangezogen,[1279] und Balderich hatte sie zu gleicher Zeit in Distichen gebracht.[1280] Fulgentius und Bernhard Silvestris bezeichnen das Bedeutungsverhältnis zwischen dichterischer Erfindung (*fabula*) an der Oberfläche und gemeinter Wahrheit (*veritas*) im Inneren als »*mysticus*«; Balderich dagegen vermeidet in seiner Versfassung das Wort. Wo Fulgentius (Helm, S. 52, 22f.) von der Dionysos-Fabel sagt: *quid sibi haec fabula mistice sentiat, exquiramus,* heißt es bei Balderich (Nr. 216, v. 1176): *ergo alium sensum Grecorum fabula quaerit ...* Bei Bernhard Silvestris dagegen ist »*mysticus*« eine technische Bezeichnung. Er spricht von den »*mystica volumina*« als einer Gattung mit eigenen Bedeutungsverhältnissen (*Commentum*, S. 9, 21–23): *notandum est hoc in loco, quemadmodum in aliis misticis voluminibus, ita et in hoc aequivocationes et multivocationes et integumenta ad diversa respicere.* Der Sinn eines ganzen Buches

---

sum. Macrobius zitiert den Vers Juvenals im Zusammenhang mit der Aussage Scipios bei Cicero, daß verdiente Staatsmänner dorthin zurückkehren, von wo sie gekommen sind (Com. in S. Sc., wie Anm. 158, I 9, 1/2), und fügt hinzu: nam et Delphici vox haec fertur oraculi, consulenti ad beatitatem quo itinere perveniret: si te, inquit, agnoveris.

[1276] Bernhard spricht S. 28, 15–S. 29 über die Bedeutung von »inferi« im Zusammenhang mit der Hierarchie des Seins. Dabei zieht er (außer anderen Quellen) von Macrobius das 10. und 11. Kapitel aus dem 1. Buch des Kommentars zum Somnium Scipionis heran (Macrobius, wie Anm. 158, S. 42–47), z. T. wörtlich (so entspricht S. 28, 15–17 bei Bernhard genau S. 43, 13–16 bei Macrobius, nur ist der Satz des Macrobius bei Bernhard verkürzt).

[1277] Zu »integumentum«: Anm. 771, bes. Wetherbee (wie Anm. 24), S. 36–48.

[1278] Ausgabe von Helm (wie Anm. 106): Erklärung Vergils S. 83–107; Mythologie S. 3–80. Über Fulgentius: P. Langlois im Reallexikon für Antike und Christentum Bd. VIII (1972), 632–661. Nicht ganz überzeugend scheint mir der Versuch von Gabriele Rauner-Hafner, die Vergilerklärung des Fulgentius als einen »erzieherischen Leitfaden zu ethischer Lebensführung« zu erweisen: Die Vergilinterpretation des Fulgentius (Mittellat. Jb. XIII, 1978, S. 7–48).

[1279] Bernhard von Utrecht: wie Anm. 1.

[1280] Balderich: wie Anm. 49 (Ausgabe von Phyllis Abrahams). Das umfangreiche Gedicht Nr. 216 (S. 274–303) ist ein Fragment; offenbar gehört Nr. 255 (S. 363–365) dazu. S. 304–316 führt die Herausgeberin die Stellen aus Fulgentius, die Balderich benutzt hat, im Wortlaut an.

der *Aeneis* wird als »*misticus*« charakterisiert (*Commentum,* S. 14, 20–15, 1): *ideo nichil aliud in hoc volumine mistice figuratur nisi initium/et possibilitas loquendi.* Ebenso wird die Bedeutung einer Figur »*mysticus*« genannt (*Commentum,* S. 35, 12f.): *mistice autem per Apollinem sapientia figuratur.*

Aus der Auffassung des Macrobius ergab sich für Fulgentius ein doppeltes Programm, das er in seiner knappen Erklärung der Thebais des Statius[1281] wortreich bekannt gibt. Im Anschluß an die Verse des Horaz[1282] (*ars poetica,* v. 333ff.), die auch Bernhard Silvestris in seiner Einleitung zitiert,[1283] meint Fulgentius[1284] (Helm, S. 180, 9–11): *...non magis litterali sensu aut historiali facilitate hilares reperiuntur et iocundi quam mistica expositione figurarum moribus humanae vitae aedificandis utiles et idonei.* Der *sensus litteralis* ist die Schale der Nuß, mit der sich die Jugend vergnügt; unter dieser Schale ist, wie bei der Nuß der Kern, der *sensus misticus* verborgen, und man muß die Schale zerbrechen, wenn man ihn finden will (Helm, S. 180, 16f.): *latet sub sensu litterali mistica intelligentia; ut habeas nucleum, frangenda est testa.* Um das *tegumentum* zu erschließen, schickt er seiner Erklärung eine kurze Inhaltsangabe (im Praesens) voran (Helm, S. 181, 11f.): *ut tegumentum pateat, historialis ordo seriei praemittendus est.* Die »historische« Folge ist die Schale, aus der dann der Kern herauszuholen ist (Helm, S. 182, 1f.): *historicae seriei ordine transcurso huius testae nucleus eliciendus est.* Mit offensichtlichem Anklang an die *Psychomachia* des Prudentius heißt es von Theben (Helm, S. 186, 9–11) im letzten Satz: *tanto autem vitiorum conflictu* (das ist der Kampf der Sieben gegen Theben) *Thebe, id est humana anima, quassata est quidem, sed divinae benignitatis clementia subveniente liberatur.* Zu Anfang der Erklärung (die die Nuß herausbringen soll) heißt die Seele des Menschen eine Stadt, weil die *virtutes* in ihr wie *cives* nach Erbrecht wohnen

---

1281 Diese Erklärung der Thebais in der Ausgabe von Helm (wie Anm. 106): S. 180–186.

1282 Horaz (hg. Friedrich Klingner, Leipzig 1959), De arte poetica (Klingner S. 294–311), v. 333/34 aut prodesse volunt aut delectare poetae/aut simul et iucunda et idonea dicere vitae.

1283 Bernhard Silvestris sagt zur Frage nach der »causa« (Riedel, wie Anm. 29, S. 2, 14–18): poetarum quidam scribunt causa utilitatis ut satirici, quidam causa delectationis ut comedi, quidam causa utriusque ut historici; unde Horatius: aut prodesse volunt aut delectare poetae/aut simul atque iocunda et idonea dicere vitae.

1284 Der im Text zitierte Satz folgt auf den pathetischen Eingang (Helm, S. 180, 3–8): Poetarum investigabilem prudentiam ingeniique eorum venam immarcescibilem non sine grandi ammiratione retracto, qui sub blanditorio poeticae fictionis tegumento moralium seriem institutionum utiliter inseruerunt. Cum enim teste Horatio »aut prodesse volunt aut delectare poetae aut simul et iocunda et idonea dicere vitae«, non magis ... (wie im Text).

(Helm, S. 182, 6/7): *quae bene civitas appellatur, quia ... in ea ... virtutes tamquam huius civitatis cives iure heriditario habitantur ...*

Seine Erklärung des Inhalts der *Aeneis* (*expositio Virgilianae continentiae*) hat Fulgentius einer offenbar hochgestellten kirchlichen Persönlichkeit gewidmet, die eben ihr Amt angetreten hatte (Helm, S. 83, 4/5 *quia novo caritatis dominatui fulcitur*); auf die *Bucolica* und *Georgica* will er nicht eingehen, weil sie ein Eingehen auf alle *artes* erfordern würden (nach Helm, S. 84, 7–16 enthält das 1. Buch der *Georgica* Astrologie, das 2. Physiognomik und Medizin, das 3. Wahrsagekunst, das 4. Musik). Er hat sich vielmehr nur an die naturkundlichen Geheimnisse im Inhalt Vergils gewagt (Helm, S. 83, 6/7): *... ob hanc rem Virgilianae continentiae secreta phisica tetigi.* Vergil, den der Erklärer erscheinen läßt, nennt ihm die Thematik seines Werkes: er habe Inhalte aus der Ordnung der Natur in seine Werke eingeführt, um in 12 Büchern den *status* des menschlichen Lebens vollkommener darzustellen (Helm, S. 86, 21–87, 3): *In omnibus nostris opusculis fisici ordinis argumenta induximus, quo per duodena librorum volumina pleniorem humanae vitae monstrassem statum.*

Wichtig ist, daß Fulgentius im Gespräch mit Vergil die Grenze betonen läßt, die zwischen dem römischen Dichter und dem Christentum besteht. Als Vergil seinen Anfang (*arma virumque cano*) als Hinweis darauf hinstellt, daß die Vollkommenheit des Menschen in *virtus* (*arma*) und *sapientia* (*virum*) besteht, und Fulgentius zur Bestätigunq die Heilige Schrift heranzieht,[1285] läßt er den Dichter bemerken (Helm, S. 87, 11): *videris ipse quid te vera maiestas docuerit.* Zum Abschluß dieser Partie nennt Fulgentius als Bestätigung für die Auffassung des Dichters den ersten Psalmvers (Helm, S. 89, 4–7): *nec in hoc iusta te fefellit oratio: divina enim sapientia vestris supereminentior sensibus tale sumpsit principium dicens: beatus, inquit, vir qui non abiit in consilio impiorum.* Er läßt Vergil sich über diese Bestätigung freuen, aber sagen, daß die Wahrheit ihn nicht erreicht hat, daß sie aber ihre Funken auch auf törichte (d. h. heidnische) Geister verstreut hat.[1286] Als Fulgentius Vergils Auffassung kriti-

---

[1285] Fulgentius knüpft an die Aussage Vergils (Helm S. 87, 5–6 ... omnis enim perfectio in virtute constat corporis et sapientia ingenii) die Bemerkung (Helm S. 87, 7–10): Si me tuae orationis adserta non fallunt, vates clarissime, ideo etiam divina lex mundi redemptorem Christum virtutem et sapientiam cecinit, quod perfectum hominis divinitas adsumpsisse videretur statum. Damit bezieht er sich auf die Stelle im Eingang des 1. Briefes an die Korinther (1 Cor 1, 23/24): nos autem praedicamus Christum crucifixum ... vocatis Judaeis atque Graecis Christum Dei virtutem et Dei sapientiam.

[1286] Vergil sagt (Helm S. 89, 10–13): gaudeo ... his subrogatis sententiis, quia etsi non nobis de consultatione bonae vitae veritas obtigit, tamen ceca quadam felicitate etiam stultis mentibus suas scintillas sparsit.

siert, daß zum Elysium erhöhte Seelen wieder zur Erde in die körperliche Schwere zurückkehren, läßt er den Dichter bekennen, daß er Heide sei (S. 103, 9 ... *paganus non essem*); nur den Christen sei alle Wahrheit bekannt, weil ihnen allein die Sonne der Wahrheit geleuchtet habe (Helm, S. 103, 9/10): *nulli enim omnia vera nosse contingit nisi vobis, quibus sol veritatis inluxit.*

Die Erklärung verteilt die Rollen zwischen Erklärer und Autor: der Erklärer gibt eine Inhaltsangabe, der Dichter den Aufschluß.[1287] Als »Programm« für die Stufen, in denen das menschliche Leben verläuft, läßt Fulgentius den Dichter angeben (Helm, S. 89, 16–90, 17): ... *sub figuralitate historiae plenum hominis monstravimus statum, ut sit prius natura, secunda doctrina, tertia felicitas* (S. 90, 1–3). Die drei Stufen (Natur – Ausbildung – Geltung) hat er vorher verbal formuliert (Helm, S. 89, 17–19): ... *trifarius in vita humana gradus est, primum habere, deinde regere quod habeas, tertium vero ornare quod regis.*

Die erste Stufe, Geburt und *infantia*, stellt das erste Buch dar. An einzelnen Zügen werden Merkmale der *infantia* vorgeführt. So gibt Vergil der Inhaltsangabe des Erklärers (Helm, 91, 2): *matrem videt nec agnoscit*), die Deutung (Helm, S. 92, 7–10): ... *mox ut terram tangit* (*sc. Aeneas* als *infans*), *matrem videt nec agnoscit, plenam designans infantiam, quia a partu recentibus matrem videre datur, non tamen statim cognoscere meritum contribuitur.*

Das zweite und dritte Buch werden zusammengenommen als Erfahrungen der *pueritia* (Helm, S. 93, 20–94, 16). Zwischen *aetas puerilis* (Helm, S. 94, 4) und *iuventus* (ebd. 93, 15) wird aber dabei nicht geschieden; Merkmal ist die Überheblichkeit (*superbia*, bzw. *elatio*). Wenn Aeneas den Vater begräbt, so bedeutet das, daß er die väterliche Zucht ablehnt (Helm, S. 94, 16): *puerilis acerbitas paternam respuat disciplinam.*

Im vierten Buch kommt der untätige Geist (*feriatus animus*) in geistiger Verwirrung (Helm, S. 94, 18f.: ... *in tempestate ac nubilo velut in mentis conturbatione ...*) zum Ehebruch. Erst durch Antrieb des Geistes (*Mercurio = ingenio instigante*) gibt er die *libido* auf.

Im fünften Buch zeigt sich das klügere Alter (*prudentior aetas*) darin, daß er dem Vorbild des Vaters folgend sich in der *virtus* übt. Beroe (*quasi veritatis ordo*) gibt den Anstoß dazu, daß durch das Feuer des Geistes (*igne ingenii*) alle Versuchungen (das sind die Schiffe) beseitigt werden (Helm, S. 95, 11f.): *igne ingenii superexcellente haec omnia consumuntur.*

[1287] Fulgentius läßt Vergil sagen (Helm S. 90, 20/21): ... primi nostri libri continentiam narra; tunc demum haec tibi, si visum fuerit, reserabimus.

Im sechsten Buch, das ausführlicher erklärt wird (Helm, S. 95, 14–103, 14), gelangt Aeneas zum Tempel Apollos: *id est ad doctrinam studii* (Helm, S. 95, 22). Niemand erkennt die Geheimnisse, wenn er nicht vorher den goldenen Zweig gepflückt hat, d. h. Kenntnis (*scientia*) erworben hat. Beim Eintritt in die Unterwelt sieht er die Bestrafung der Bösen und die Belohnung der Guten. Der goldene Zweig öffnet den Zugang zum Elysium. Dort belehrt der Vater,[1288] den er durch das Geschenk der *scientia* erkennt, den Sohn über die Geheimnisse der Natur.

Mit dem Begräbnis der Amme Caieta gibt er im siebenten Buch die Furcht vor der Autorität des Lehrers auf (Helm, S. 103, 14f.: *Caieta nutrice sepulta, id est magistriani timoris proiecta gravidine*), und wenn er Lavinia sucht, dann bedeutet das, daß er nun einen eigenen Weg durch Mühen wählt (Helm, S. 104, 8: ... *uxorem petit Laviniam, id est laborum viam*).

Für das achte Buch sind zwei Züge wesentlich: Wenn Aeneas Euander um Hilfe bittet, so besagt das, daß die Vollkommenheit des Mannes (*perfectio virilis*) den Bund mit menschlicher Güte (*humanae bonitatis societatem*) sucht (*Euandros enim Grece bonus vir dicitur*); mit den Waffen Vulkans empfängt Aeneas Schutz gegen alle Versuchungen des Bösen.

Im neunten Buch kämpft er dann gegen Turnus, das heißt: er widersetzt sich mit den Waffen der *sapientia* und des *ingenium* jeder Raserei (*contra enim omnem furiam sapientiae atque ingenii arma reluctant*).

Die Bücher 10, 11 und 12 werden bei Fulgentius nicht eigens genannt, nur Ereignisse, die in ihre zeitliche Folge fallen. Immerhin kann gesagt werden, daß der Tod des Mezentius und seines Sohnes Lausus das zehnte Buch bestimmt. Wenn die *sapientia* (Aeneas) Mezentius überwindet, dann bedeutet das, daß in Mezentius, dem Verächter der Götter, der *animus* getroffen wird, der sich den *bona* widersetzt (Mezentius = *animus qui est in corpore medius*). Auffällig ist, daß das elfte Buch, dem Kampf und Tod der Camilla das Gepräge geben, nicht charakterisiert wird. Wohl aber erhält das ebenfalls ungenannte zwölfte Buch sein Gepräge durch Ju-

---

[1288] Vater Anchises ist nach den Worten, die Fulgentius dem Dichter in den Mund legt (S. 102, 11–17), der Vater im Himmel: unus Deus enim pater, rex omnium, solus habitans in excelsis, qui quidem scientiae dono conspicitur. Nam et vide quid filium docet: Principio caelum ac terram camposque liquentes/lucentemque globum lunae Titaniaque astra (die folgenden Verse, die den Satz erst sinnvoll machen, setzt der Autor offenbar als bekannt voraus: spiritus intus alit totamque infusa per artus/mens agitat molem et magno se corpore miscet). Der Dichter fährt (nach Fulgentius) fort (Helm S. 102, 16–18): Vides ergo, quia, sicut Deum creatorem oportuit, et de secretis naturae mysteriis docet et reduces iterum animas iterum (licitum?) de vita demonstrans et futura ostendit.

turna, die Schwester des Turnus. Sie bedeutet das Verderben (Helm, S. 106, 16f.: *furibundae mentis pernicies soror est*). Turnus ist sterblich, weil der *furor* ein schnelles Ende findet, Juturna ist unsterblich (Aeneis XII, 882), weil das Verderben lange dauert.

Wichtig ist, was Fulgentius den Dichter über den Anfang der Aeneis sagen läßt.[1289] Die Dialektik fordert zuerst die Rolle zu nennen und dann zu erzählen, was zur Rolle paßt (Helm, S. 87, 13f.: ... *secundum dialecticam disciplinam primum personam edicere sicque congruentia enarrare*); erst die Substanz zu setzen und dann das *accidens* (*quo prima poneretur substantia, deinde accidens substantiae*). Er ist umgekehrt verfahren, indem er, wie in der epideiktischen Beredsamkeit (Helm, S. 87, 17: *quia laudis est adsumpta materia*), zunächst das Verdienst des Mannes nannte und dann den Mann (*ante meritum viri quam ipsum virum ediximus*); so sollte man zur Rolle von der Einsicht in die Qualität des Verdienstes kommen (*quo sic ad personam veniretur iam recognita meriti qualitate*). Wenn er erst die *virtus* genannt hat, dann sei er verfahren wie Homer im Eingang der *Ilias* (Helm, S. 88, 19–89, 2).

Fulgentius erschließt zunächst die Bedeutung des Namens; aus ihr entnimmt er den Inhalt, der von der Rolle verkörpert wird. Ein einfaches Beispiel für dieses Verfahren ist die Erklärung von Euander (Helm, S. 104, 18–105, 3). Der griechische Name bedeutet im Lateinischen: *bonus vir* (*Euandros enim Grece bonus vir dicitur*). Damit ist er für die Verkörperung der *bonitas* geeignet, mit der die Aeneas eine Gemeinschaft sucht, wobei Aeneas selbst die männliche Vollkommenheit repräsentiert. Der erklärende Satz setzt metonymisch den Inhalt, den die Rolle verkörpert, für die Rolle selbst (Helm, S. 104, 19–105, 1): ... *perfectio virilis humanae bonitatis societatem inquirit*.

[1289] Die umfangreiche Partie über den Eingang der Aeneis (arma virumque cano, Troiae qui primus ab oris/Italiam fato profugus Laviniaque venit/litora ...) beginnt: et quamvis oportuerit secundum dialecticam disciplinam primum personam edicere sicque personae congruentia enarrare, quo prima poneretur substantia, deinde accidens substantiae, ut primum virum sic etiam arma edicere, virtus enim in subiecto est corpore; sed quia laudis est adsumpta materia, ante meritum viri quam ipsum virum ediximus, quo sic ad personam veniretur iam recognita meriti qualitate. Er (Vergil) habe auch deswegen nicht mit »vir«, sondern mit der »virtus« (arma) begonnen, um dann im Folgenden zu zeigen, daß er nicht durch Versagen der virtus, sondern durch Schicksal (fato) und Götterwillen (Aen. I, 4 vi superum) zur Flucht veranlaßt worden sei. Er meint weiter (Helm S. 88, 8–10): nam identidem ideo virtutem primum dici voluimus et sic (und dann) sapientiam, quod, quamvis sapientia virtutem regat, tamen in virtute animae sapientia floret. »vir« für sich sei außerdem nur Geschlechtsbezeichnung, der Beginn mit der »virtus« (arma) aber zeige, daß er (Aeneas) ein rühmenswerter Mann war (S. 88, 17/18): multi viri sunt, non tamen omnes laudandi; ergo virtutem primum posui, pro qua virum laudandum adsumpsi.

Bernhard Silvestris hat Fulgentius und sein Verfahren gekannt: dieses hat sein Programm wesentlich beeinflußt. Wichtiger für ihn war aber Macrobius, dessen Einwirkung weit über die Stellen hinausreicht, die Riedel nachgewiesen hat. Selbstverständlich war ihm der Kommentar des Servius bekannt. Wie er für das 1. Buch die Inhaltsangabe des Fulgentius benutzt hat, so war ihm für das dritte Buch die Inhaltsangabe des Servius für dieses Buch von Nutzen; sie beginnt[1290]: *fuga autem haec est.*

Die einleitende Charakteristik des vierten Buches, für das Servius als Quelle das dritte Buch der Argonautica des Apollonius (mit der Darstellung der liebenden Medea) nennt,[1291] hat Bernhard Silvestris nicht verwertet. Wohl aber können für ihn von Bedeutung gewesen sein die Schlußbemerkungen des Servius zum dritten Buch, die den ersten sechs Büchern eine Sonderstellung geben[1292] (Thilo – Hagen I, 458): *notandum sane quia controversiarum more epilogos dedit sex istis prioribus libris, quos et esse bioticos voluit. nam singulis res singulas dedit, ut primo omina, secundo pathos, tertio errores, quarto ethos, quinto festivitatem, sexto scientiam. epilogos autem sic variavit, ut in primo miseratio esset Didonis, in secundo mors Creusae, in tertio Anchisae, in quarto Didonis, in quinto Palinuri: in sexto Marcelli citum deflet interitum.* Die Vermutung liegt nahe, daß diese Bemerkung für Bernhard Silvestris zum Anstoß wurde, nur die ersten sechs Bücher zu kommentieren.

Allerdings muß er ursprünglich die Absicht gehabt haben, alle zwölf Bücher zu kommentieren. Er schließt seine Einleitung (Riedel, S. 1–3) mit der Ankündigung: *ordo est deinceps ut singulorum XII voluminum integumentum secundum ordinem aperiamus.*[1293]

Beide Pariser Handschriften brechen die Erklärung an der Stelle ab, wo Aeneas in Elysium eintritt, d. h. mit Vers VI, 636;[1294] in der Handschrift aus Cracov wird zwar die Worterklärung fortgesetzt, aber nicht die Erklä-

---

[1290] Servius (wie Anm. 6) nennt kurz die Stationen der Flucht (I, S. 332); Bernh. Silv. verkürzt den Text und fügt Polyphem hinzu (Aen. III, 641ff.).

[1291] Servius (wie Anm. 6) I, S. 459: Apollonius Argonautica scripsit et in tertio inducit amantem Medeam: inde totus hic liber (das 4. Buch der Aeneis) translatus est.

[1292] Servius (wie Anm. 6) I, S. 458. Wichtig ist die Bemerkung zu den ersten sechs Büchern, daß ihnen der Dichter einen Bezug auf das Leben geben wollte (quos et esse bioticos voluit). Aus einem solchen Ansatz kann die Deutung des Fulgentius entfalten.

[1293] Zu der Prophezeiung der Seherin im Eingang des VI. Buches, daß sie schreckliche Kämpfe (Aen. VI, 86 horrida bella) vorhersehe, bemerkt Bernhard Silvestris (Riedel, S. 50, 17–19): »bella«: quoniam haec, quae ventura praecinit, in reliquis voluminibus enarrantur, ideo eorum expositionem ad praesens distulimus. Da die hier vorhergesagten Kämpfe in die späteren Bücher fallen, muß Bernhard an dieser Stelle noch die Erklärung der späteren Bücher im Auge gehabt haben.

[1294] Vgl. Padoan (wie Anm. 1263), S. 233; Wetherbee (wie Anm. 24), S. 109f.

300

rung des »*integumentum*«, [1295] wenn auch nach Padoan (S. 233) eine Auslegung allgemeinen Charakters (*una esposizione di carattero generale*) den Worterklärungen für den Rest des sechsten Buches (v. 637–901) vorausgeht. Es ist nicht wahrscheinlich, daß dieser Zustand die ursprüngliche Überlieferung repräsentiert.

Es bleibt denkbar, daß Bernhard wirklich die Absicht hatte, die ganze *Aeneis* zu erklären, diesen Plan aber aufgab. Für diese Möglichkeit spricht, daß Bernhard Silvestris bei der Erklärung des dritten Buches (diese: Riedel, S. 15–23) von der Circe spricht (Riedel, S. 21, 20–22, 21), die Vergil erst im siebenten Buch erwähnt (VII, 10–24). Bernhard bezieht sich auf diesen Text (so Riedel, S. 22, 3 *filia Solis* nach Aen. VII, 11 *Solis filia*). Er kann die Figur der Circe, die erst beim siebenten Buch zu erklären war, in die Erklärung des dritten Buches aufgenommen haben, als er den Gesamtplan reduzierte. Er nahm von Boethius, den er hier ausdrücklich zitiert, aus dem 4. Buch den Gedanken auf, daß der Mensch zum Tier wird[1296] (*qui ... homo esse desierit, ... vertatur in beluam = belua fit ex homine*), wenn er dem Zeitlichen verfällt. Anlaß, Circe an dieser Stelle (zu III, 569) einzufügen, gab die Erinnerung an die Odyssee, so die Begegnung mit Polyphem.

Trotzdem ist es auffällig, daß Bernhard mit der Erklärung dort abbricht, wo der Eintritt in Elysium liegt. In seiner Erklärung der vier *affectus* (Riedel, S. 91, 25–92, 6) zitiert Bernhard Boethius[1297] und Horaz,[1298] aber nicht den bekannten Vers aus der Anchisesrede des sechsten Buches (VI, 733): *hinc metuunt cupiuntque, dolent gaudentque*. Es hätte nahe ge-

---

[1295] Skimina (wie Anm. 1261), S. 209; Wetherbee (wie Anm. 24), S. 110, Anm. 97.

[1296] Im vierten Buch der Consolatio stellt Boethius im 3. Gedicht die Verwandlung der Gefährten des Odysseus durch Circe dar, die auch hier »Tochter der Sonne« (dea solis edita semine) heißt. Die vorausgehende Prosa macht deutlich, daß ein Abfall vom Guten zu einem Verlust des menschlichen Wesens führt (Prosa 45–66, bei Peiper S. 97f.): quare versi in malitiam: humanam quoque amisere naturam. ... evenit igitur, ut quem transformatum vitiis videas: hominem aestimare non possis. Solche rauben wie Wölfe, kläffen wie Hunde, betrügen wie Füchse, zürnen wie Löwen, sind ängstlich wie Hirsche, dösen wie Esel, sind unbeständig wie Vögel, unsauber wie Schweine (Zeile 54–64). Die Prosa schließt: ita fit, ut qui probitate deserta homo esse desierit, ... vertatur in beluam. Bernhard Silvestris beginnt seine Erklärung (Riedel S. 22, 7): belua fit ex homine ... Wörtlich übernimmt er, was über die »Verschweinung« bei Boethius steht (Cons. IV, pr. 3, Zeile 62f. qui foedis immundisque libidinibus inmergitur? sordidai suis voluptate detinetur): hoc manifeste Boetius exponit dicens: qui foedis immundisque libidinibus immergitur, sus habeatur (Riedel S. 22, 15/16, bei Riedel nicht nachgewiesen).

[1297] Boethius, Cons. I, metr. 7, v. 25–27: gaudia pelle,/pelle timorem,/spemque fugato/nec dolor adsit.

[1298] Horaz (hg. Klingner, wie Anm. 1282), Epist. I, 1, v. 12 gaudeat an doleat, cupiat metuatne, quid ad rem ...

legen, auf ihn einzugehen.[1299] Hat der Kontext davon abgehalten? Die Anchisesrede war von Fulgentius besprochen worden (Helm, S. 102, 13ff.), mit Kritik an der Lehre der Wiederkehr (Aen. VI, 720f.). Vorher war Fulgentius auf Museus (Aen. VI, 667ff.) und Letheus (Aen. VI, 714) kurz eingegangen (Helm, S. 102, 4–9). Auffällig ist auch, daß Bernhard Silvestris auf den Traumbaum mit den leeren Träumen (Aen. VI, 282–284) eingeht (Riedel, S. 69, 26ff.), ohne dabei auf die Tore des Schlafs (Aen. VI, 893 *geminae Somni portae*) zu verweisen, die am Ende des sechsten Buches stehen und bei Macrobius, den Bernhard so genau kennt, erwähnt waren[1300] (Com. Somn. Sc. I 3, 17). Bei den Harpyien (Riedel, S. 21, 13f. zu Aen. III, 212) verweist Bernhard auf das VI. Buch (Aen. VI, 289): *de Harpiis enim, quas ibi invenit, dicemus in sexto.*

Wie sich Bernhard Elysium vorstellt, sagt er zu den Worten der Sibylle über die beiden Wege (VI, 540–543). Was bei Vergil äußerer Weg ist, wird in das Innere des Menschen verlegt (Riedel, S. 106, 4–7): *sciendum est infernum dividi duas in regiones, in Tartarum et Elisium, quod significat in hac nostra habitatione esse vitam bonam bonorum et malam malorum ... dextra via ad Elisium, sinistra vero ad Tartarum ducit, quia virtus in bona vita, vitium vero in mala sectatores suos sistit.*

Der Weg, den Aeneas zurücklegt, ist der innere Weg der Betrachtung. Von seinem *descensus* sagt Bernhard, daß seine Leiden und seine toten Gefährten wie Schatten vor seine Augen treten (Riedel, S. 83, 12–20): ... *nota quod Eneae descensu facto ad inferos omnia, quae passus est, et socii defuncti ante oculos reducuntur, quia dum rationabilis spiritus ad caduca contemplando inclinatur, mortificata primarum aetatum vitia imaginaria repraesentatione tractantur quodam modo ...; sic et umbra Didonis et Deiphobi occurrit, dum retractatio transactae libidinis et terroris redit.* Zur Aufforderung der Sibylle (VI, 629) »*perfice munus*« bemerkt Bernhard (Riedel, S. 114, 2–5): *quia enim agnovisti quae sint in Tartaro, restat inquirere quae sint in Elisiis.* Er fährt fort (Riedel, S. 114, 4): *visibilibus peragratis restat invisibilia perquirere.* Das bedeutet also, daß Elisium als Welt der reinen Geister verstanden wird. Wenn die Sibylle sagt: »*Cyclo-*

[1299] Servius, den Bernhard für seine Erklärung der vier Affekte (Riedel, S. 91, Zeile 25–29) benutzt, geht im Anschluß an Varro auf die vier passiones ein (Servius, wie Anm. 6, II, 1884, S. 103)!

[1300] Macrobius erwähnt im Schluß seines wichtigen Kapitels über die Träume (Comm. in Somn. Sc., wie Anm. 158, I 3, 17–20, S. 12) die beiden Tore des Schlafs unter Berufung auf Porphyrius (I 3, 17): si quis forte quaerere velit, cur porta ex ebore falsis et e cornu veris sit deputata, instruetur auctore Porphyrio ... Servius (wie Anm. 6, II, S. 122f.) gibt eine Erklärung, die Bernhard so nicht verwertet (obwohl es nahelag); wie Macrobius weist er darauf hin, daß Vergil dem Vorbild der Odyssee (XIX, 560–567) folgt.

pum ... moenia conspicio,[1301] so heißt das, daß der *intelligentia* (das ist die Sibylle) das Himmlische (*invisibilia*, bzw. *celestia*) offen steht (Riedel, S. 114, 13: *patent enim celestia intelligentiae*). In diese Welt tritt der Geist des Menschen ein, wenn er *ingenium, ratio* und *memoria* übt (Riedel, S. 114, 20–22): *per has enim (sc. portas) ... exercendo ingenium, rationem, memoriam celestia contemplatione ingredimur.* Vorher (Riedel, S. 109, 10) hieß es: *in hoc mundo coelum est divina natura spiritus.* Das bezog sich auf den Mikrokosmos (Riedel, S. 109, 7–10). Genaueres wird sich ergeben, wenn die Erklärung des sechsten Buches, soweit sie vorliegt, zu besprechen ist.

Die Vergilerklärung von Bernhard Silvestris setzt zwei Ebenen voraus: Dichtung (*figmentum poeticum*) und Wahrheit (*philosophica veritas*).

Als Dichtung unterscheidet sich die *Aeneis* von der historischen Wahrheit; diese findet sich bei Dares Frigius. Vergil aber will die Gunst des Augustus gewinnen und steigert deshalb die Taten und Eigenschaften des Aeneas (Riedel, S. 1, 17f.: *ut Augusti gratiam lucretur, Eneae facta figmentis extollit*). Als Dichter erzählt Vergil nicht in der natürlichen Folge (*ordo naturalis*), sondern in künstlicher Folge (*ordo artificialis*). Er beginnt nicht mit der Zerstörung Trojas, sondern führt den Helden zuerst zu Dido und läßt ihn dann erst erzählen, was er mit seinen Gefährten erduldet hat (Riedel 2, 9–11: *primo eos ad Didonem deducit atque Eneam subversionem Troianam et cetera quae passus est enarrantem introducit*). Auf dieser Ebene (der dichterischen) hat das Werk einen doppelten Nutzen (Riedel, S. 2 24/25): *est ... lectoris gemina utilitas.* Es ist Vorbild für literarische Gestaltung (Riedel, 2, 25: *scribendi peritia quae habetur ex imitatione*) und für menschliches Verhalten (Riedel, S. 2, 26/27: *recte agendi prudentia, quae capitur exemplorum exhortatione*).

Anders sind *intentio, modus* und *utilitas* auf der »philosophischen« Ebene (Riedel, S. 3, 10f.: *nunc vero haec eadem circa philosophicam veritatem videamus*). Die Intention wird in den knappen Satz gefaßt (Riedel, S. 3, 11f.): *scribit enim, in quantum est philosophus, humanae vitae naturam.* Das ist die Intention, mit der Fulgentius rechnete. Der *modus* wird so bestimmt (Riedel, S. 3, 12–15): *modus vero agendi talis est: sub integu-*

[1301] Bei Vergil sagt die Priesterin (Aen. VI, 630/31): Cyclopum ducta caminis/moenia conspicio. Während Servius in der Wendung nur einen Hinweis auf die Größe sieht (Servius, wie Anm. 6, II, S. 88) und dabei auf Statius (Theb. I, 630) verweist, und während Fulgentius zwar über den Eintritt in Elysium spricht, aber den zitierten Satz nicht erklärt, gibt Bernhard Silvestris eine ausführliche Erklärung (Riedel S. 114, 4–18): Ciclops ergo, multitudo circulorum, est ordo spirituum. ... moenia ergo Ciclopum sunt celi, qui sunt naturales regiones spirituum. Der »Himmel« ist in zwölf Räume gegliedert (caminis: igneis tabernaculis, quae sunt XII partes celi).

mento describit, quid agat vel quid patiatur humanus spiritus in humano corpore temporaliter positus. Bei diesem Modus (auf der zweiten Ebene) wahrt er als *philosophus* die natürliche Folge (Riedel, S. 3, 15f.: *atque in hoc scribendo naturali utitur ordine*). Es folgt die berühmt gewordene Definition von *integumentum* (vgl. Anm. 751). Die *utilitas* auf dieser Ebene liegt im Selbstverständnis, das der Mensch gewinnt (Riedel, S. 3, 20f.: *utilitatem vero capit homo ex hoc opere secundum sui agnitionem*), wenn er nicht außerhalb sucht, sondern in sich selbst. Dazu zitiert er Macrobius (dieser das delphische Orakel: *Comm. in Somn. Sc.* I, 9, 2).

Bei der Erklärung der ersten sechs Bücher der *Aeneis* spart Bernhard weite Partien aus. Das geschieht bereits auf der Ebene der *narratio*. Zum dritten Buch heißt es (Riedel, S. 9, 12–15): *In hoc tertio natura adolescentiae exprimitur. Ut autem integumentum huius voluminis deinceps exponamus, primo summatim narrationem ponamus*. Dann folgt eine knappe Inhaltsangabe, die aus der Inhaltsangabe des Servius (wie Anm. 6, I, S. 332, 5–16) gekürzt ist.

Ein erster Sprung wird getan nach dem Orakel Apollos (III, 94–98). Dies wird zunächst von Aeneas mißverstanden und »die alte Mutter« in Creta gesucht, von wo sie eine Seuche vertreibt (dies nicht erwähnt). Seinen Aufbruch veranlaßt die Erscheinung der Penaten (Riedel, S. 20, 23/24): ... *monetur a diis, quos secum portat, ut discedat*). Von der Fahrt in dieser Zeit wird nur gesagt, daß er zu den Strophaden kommt (Riedel, S. 20, 28 *venit ad Strophadas*), was Vergil III, 209f. berichtet. Mehr als 100 Verse bleiben ohne Kommentar. Über die Harpyien (Aen. III, 211–267) will Bernhard im sechsten Buche sprechen (Riedel, S. 21, 13/14: *de Harpiis enim, quas ibi invenit, dicemus in sexto*). Ein gewaltiger Sprung von über 300 Versen führt zu den Cyclopen (Aen. III, 569). Dazwischen liegt vor allem die Begegnung mit Andromache und Helenus, der Aeneas den Weg weist (Aen. III, 294–505). Auffällig ist es, daß Bernhard nicht auf die Zeichen eingeht, die Helenus nennt (III, 388ff.), und auf die hier (III, 441ff.) vorgestellte Priesterin und Seherin Apollos. Gerade Zeichen *(signa)* hätten einen Erklärer des 12. Jahrhunderts zur Deutung verlocken können. Die Aussparung der Helenusepisode zeigt auch, daß die Art der dichterischen Vergegenwärtigung Bernhard nicht interessiert hat. Nicht erwähnt ist dann die erste Berührung mit Italien (III, 523ff.); auch hier wird das Zeichen (*omen:* III, 537) nicht ausgewertet. Die Erscheinung des Achaemenides (590–654) wird übergangen, nur der wichtigste Tatbestand, daß Odysseus ihn beim Polyphem zurückgelassen hatte, wird erwähnt (Riedel, S. 21, 18f. 24–26; S. 23, 10–13). Wieder interessiert die dichterische Darstellung nicht. Eingefügt ist, wie schon gesagt (Anm.

1296) das Circe-Abenteuer des Odysseus (Riedel, S. 21, 20–22, 21) nach dem siebenten Buch der Aeneis (VII, 10–20) und nach der Deutung durch Boethius (*Consolatio* IV, pr. 3 und metrum 3). Die Partie, die von der Begegnung mit den Zyklopen, dem Aetna und Polyphem spricht, sowie die Aufnahme des Achaemenides berichtet (Aen. III, 568–691), wird in den wichtigsten Momenten (*Ciclopas – Ethna – Poliphemus – Achemaenides*) erklärt (Riedel, S. 21, 15–19; S. 22, 22–S. 23, 15). Letzte Station im dritten Buch der Aeneis ist der Tod des Vaters (Riedel, S. 16–21), der das Buch abschließt (Aen. III, 707–715).

Das Beispiel des dritten Buches macht deutlich, daß Bernhard auf die dichterische Gestaltung nicht eingeht, sondern auf der ersten Ebene nur die *materia* der *narratio* beachtet, aber nicht, was er nach Macrobius *figmentum* nennt. Die *narratio* hat nur die Anhaltspunkte zu liefern, die von der Erklärung des *integumentum* genutzt werden.

Bei der Kommentierung des zweiten Buches (Riedel, S. 14, 19–15, 10) verzichtet Bernhard ganz auf die erste Ebene. Er setzt sogleich mit der Bedeutung des *integumentum* ein: *in hoc secundo volumine secundae aetatis i. e. pueritiae natura describitur* (Riedel, S. 14, 21/22). Dann grenzt er die ersten beiden Lebensstufen ab (Riedel, S. 14, 22–27): *infantia est illa pars vitae humanae, quae est a nativitate usque dum homo naturaliter loquatur. Pueritia vero est illa pars vitae humanae, quae incipit, ex quo homo incipit esse sub disciplina custodiae, et protenditur, quousque a custodia exeat.* Er wiederholt dann noch einmal den wichtigsten Unterschied (Riedel, S. 14, 28–30): *in hoc maximum est distantia infantiae et pueritiae, quod infantes non loquuntur, pueri vero naturaliter loqui possunt.* Daraus schließt Bernhard, was das zweite Buch als *integumentum* bedeutet (Riedel, S. 14, 30–15, 1): *ideo nichil aliud in hoc volumine mystice figuratur nisi initium et possibilitas loquendi.*

Die Bedeutung des zweiten Buches wird dadurch nicht verändert, daß der Dichter Wahrheit mit Erfindung mischt (Riedel, S. 15, 5–7). Historisch ist die Zerstörung Trojas durch die Griechen (Riedel, S. 15, 7/8: *est enim historia, quod Graeci Troiam deleverunt*), aber erfunden ist, was von der *probitas* des Aeneas berichtet wird (Riedel, S. 15, 8/9: *quod vero Eneae probitas enarratur, fabula est*); denn Dares Phrygius erzählt, daß Aeneas Troja verraten habe (Riedel, S. 15, 9/10: *narrat enim Dares frigius Eneam prodidisse civitatem*).

Was Aeneas auf Veranlassung Didos erzählt, ist für die Deutung unwichtig, wichtig ist allein, daß sein Wille sich in Worten offenbaren will (Riedel, S. 15, 1–5). Der Wille (*voluntas*) als treibende Kraft wird von Dido repräsentiert, die hier offensichtlich als *voluntas* verstanden wird, während sie im ersten Buch als *libido* aufgefaßt ist (Riedel, S. 12, 14/15). Hier ist die *aequivocatio* (Dido als *libido* und als *voluntas*) in Rechnung zu stellen (Riedel, S. 9, 21 ff.), ohne die nach Bernhard »mystische« Bücher nicht auskommen (Riedel, S. 15, 29/30: ... *multiplex designatio in omnibus misticis observari debet, sin vero stare veritas non poterit*).

Auffällig bleibt es doch, daß Bernhard nicht kommentiert, was im zweiten Buch erzählt wird. Vieles hätte dazu Anlaß geben können. So der Eingang (Aen. II, 6–8): *quis talia fando/.../temperet a lacrimis?* Das hätte sich als Übergang aus der *infantia* in die *pueritia* verstehen lassen. Weiter hätte das hölzerne Pferd (Aen. II, 13–267) den Stoff für ein »*integumentum*« liefern können. Die Zeichen aus dem zweiten Buch (Aen. II, 680ff. und 692ff.) hätten verwertet werden können. Aber Bernhard Silvestris scheint sich für das zweite Buch, das schon bei Fulgentius nicht beachtet war, nicht interessiert zu haben.

Während in den Büchern I, III–V beide Ebenen, die *narratio* und das *integumentum,* dargestellt werden, kommen im sechsten Buch noch Worterklärungen hinzu, die fortlaufend gegeben werden, sodaß die Übersicht erschwert wird. Bernhard selber sagt (Riedel, S. 28, 11–14): ... *quia profundius philosophicam veritatem in hoc volumine declarat Virgilius, ideo non tantummodo summam, verum etiam verba exponendo in eo diutius immoremur.*

In der Schule von Chartres war man gewohnt, die gelesenen Texte im Zusammenhang mit allen *artes* zu behandeln. Aus solcher Betrachtung der Lektüre wird der Versuch Bernhards stammen (sicher auch von Macrobius beeinflußt), an Hand des als *integumentum* verstandenen Textes systematisch ein Bild der Welt und des Menschen aufzubauen. Ein anschauliches Beispiel dafür liefert bereits die Erklärung des ersten Buches (Riedel, S. 4, 1–14, 19).

Die Inhaltsangabe, z. T. wörtlich von Fulgentius (Helm, wie Anm. 106, S. 90, 21–91, 5) übernommen (Riedel, S. 4, 2–9), liefert als Erzählung der Vorgänge, die Aeneas erfährt, die Anhaltspunkte für die *expositio*. Zum Schluß werden sie als Züge des ersten Lebensalters bezeichnet (Riedel, S. 4, 8–10): *haec omnia, quae in prima etate contingunt, in primo volumine narrantur.*

Während Fulgentius Vergil aus dem ersten Buche nur Züge hervorheben läßt, die den Menschen im Zustand der *infantia* charakterisieren, holt Bernhard zu einem umfangreichen Exkurs über Naturerscheinungen aus (Riedel, S. 4, 11–8, 27), den er mit einer Zusammenfassung (Riedel, S. 8, 28–9,9) abschließt. Das alles gilt nur dem Stichwort: *Juno venit ad Eo-*

lum (Riedel, S. 4, 2). Bernhard sagt (Riedel, S. 8, 30/31): *ex illis facile intelligitur, quid sit Iunonem venire ad Eolum et dare Deiopeam.*

Bernhard beginnt mit der Erklärung: alles Materielle werde von der Zeit (Saturn) verzehrt, außer den vier Elementen (Riedel, S. 4, 11–28, bes. S. 4, 15ff.). Für die *nativitas* (als solche wird Eolus verstanden) ist die »*constellatio*« von Bedeutung; es heißt (Riedel, S. 5, 8/9): *constellationes autem dicit* (nämlich die Wissenschaft) *effectus stellarum, quos habent, dum accedunt.*

Im Anschluß an die Nennung von Deiopea als schönster Dienerin Junos (der Luft) geht Bernhard auf Erscheinungen der Luft ein, wobei Iris erwähnt wird, die bei Vergil erst im vierten Buche auftritt (Aen. IV, 693ff.). Er unterscheidet sieben Eigenschaften (*naturae*) der Luft (Riedel, S. 5, 18–6, 3) und sieben Arten von Erscheinungen (*tempestates*) in der Luft (Riedel, S. 6, 4–8, 27). Dabei nimmt er an, daß die Erde wie der menschliche Körper organisiert ist (Riedel, 8, 1/2): *terrae corpus ad modum humani corporis dispositum est.*

Es schließt sich ein wichtiger Abschnitt über die Herkunft des Aeneas (d. h. des Menschen) an (Riedel, S. 9, 21–10, 19), der auch methodische Überlegungen über *aequivocatio* und *multivocatio* enthält. Der entscheidende Satz, der die Herkunft des Menschen formuliert, lautet (Riedel, S. 10, 15–17): der Geist des Menschen (vom Körper unterschieden) kommt von Gott; im *integumentum* heißt er Anchises, und von ihm wird (Riedel, S. 9, 10–12) gesagt: *Anchises enim interpretatur celsa inhabitans, quem intelligimus esse patrem omnium omnibus praesidentem.* Der Geist tritt in Gemeinschaft (*per concordiam*) mit dem Körper, und in dieser Verbindung beginnt er zu leben. Auffällig ist, daß die Erklärung vom Seesturm, den Juno veranlaßt (Aen. I, 170), zur Ankunft in Karthago (Aen. I, 412) springt, der Venus den Weg ebnet. In die ausgesparte Partie fällt das Eingreifen der Venus! Das hätte sich mit dem *integumentum* vereinbaren lassen.

Im Körper erleidet der Geist starken Druck (Riedel, S. 11, 1–15). Der Geist und seine Fähigkeiten (*spiritus et eius potentiae*) werden arg mitgenommen (*vexantur*). Sieben Bestrebungen (*voluntates*) hat der Mensch von Anfang (Riedel, S. 11, 16–24): Sehen, Hören, Schmecken, Riechen, Berühren, Bewegen, Ausruhen. Trägheit (*pigritia*) hemmt, Beschwerden (*molestia*) treiben an (Riedel, S. 12, 3–9).

In Unwissenheit (in eine Wolke gehüllt, d. h. *sub ignorantia*) kommt das neue Wesen zur Welt (Riedel, S. 12, 10–16): *sub ignorantia venit ad Cartaginem, i. e. ad novam civitatem mundi.* Hier herrscht Dido, *i. e. libido.* Er weidet seinen Sinn am Schein (S. 12, 17–26). Auf dieser Welt herrscht eine Frau; das bedeutet (S. 12, 27–32) eine Verwirrung (*confusio*); ... *imperat libido et opprimuntur virtutes*. Der Geist (Aeneas) nimmt Körper (die Gefährten des Aeneas) wahr, aber nicht umgekehrt (Riedel, S. 13, 1–8). Kein Geist ist ohne ein ihm eigenes Verlangen (Riedel, S. 13, 16–14, 18), und er findet es legitim. Die menschlichen Züge, die Bernhard der *infantia* zuschreibt, hat er durchweg von Fulgentius (Helm, S. 91, 6–93, 19).

Die Unterscheidung von *spiritus* und *corpus* wird auf Paulus zurückgehen, den schon Fulgentius zitierte. Macrobius, dessen Anschauungen für Bernhard so wesentlich sind, sagt: *anima* und *corpus*.

Das zweite Buch, über dessen Erklärung schon gesprochen ist (Riedel, S. 14, 20–15, 10), enthält das zweite Lebensalter, die *pueritia*, in dem die Sprachfähigkeit des Menschen realisiert wird.

Das dritte Buch stellt die Beschaffenheit der Jugend dar (Riedel, S. 15, 11/12): *in hoc tertio natura adolescentiae exprimitur*. Zwei wichtige Feststellungen werden getroffen. Die erste (Riedel, S. 15, 22–16, 9) vergleicht die hierarchische Struktur einer *civitas* mit der Struktur des Menschen. Dabei übernimmt er aus der Astrologie für die verschiedenen Bereiche den Begriff der *mansio* (Riedel, S. 15, 24–28): *iterum quemadmodum in civitate quattuor sunt mansionum diversitates et quattuor hominum ordines mansiones illas incolentes, ita quoque in humano corpore quattuor sunt mansiones et potentiae in illis sedem habentes*. Der oberste Raum ist im Staat die Burg mit den *sapientes*, im menschlichen Körper das Haupt mit der *sapientia* und den ihr zugeordneten Organen. Der Raum darunter gehört im Staat den Rittern, beim Menschen entspricht das Herz als Sitz der Tapferkeit. Der dritte Raum gehört im Staat den Kaufleuten, beim Menschen entsprechen die Nieren als Sitz des sinnlichen Verlangens. Der unterste Bereich ist im Staat die Vorstadt (*suburbium*) mit den Bauern; beim Menschen entsprechen als Organe zum Handeln Arme und Füße. So kann *civitas* für den Körper des Menschen stehen: *civitas ergo Eneae est corpus humanum, quod humanus spiritus incolit et regit* (Riedel, S. 15, 22–24).

Wenn die Stadt verbrennt, so bedeutet das, daß der Mensch die Hitze des ersten Lebensalters aufgibt (Riedel, S. 16, 9f.).

Bis Aeneas nach Delos kommt und damit zu einem Leben in Ehren, ist er von der Unbeständigkeit (*inconstantia*) beherrscht, die Bernhard mit vielen Horazzitaten kritisiert (diese Zitate aus Horaz sind für Bernhards Erklärung der *adolescentia* charakteristisch). Von der *inconstantia* (Riedel, S. 16, 11–17, 24), die Antandros bedeutet, geht er zur *avaritia* über, die in Thrakien verkörpert ist (S. 17, 25–19, 15).

Eine zweite wichtige Feststellung von genereller Bedeutung knüpft Bernhard an das Orakel Apollos, das Aeneas auffordert, »die alte Mutter« zu suchen (S. 20, 3−27). Creta und Italien stehen für die beiden Anfänge (Riedel, S. 20, 5f.): *Creta et Italia sunt duo Eneae initia, sc. natura corporis et natura animae.* Unter Creta versteht er die körperliche Natur, die ein Anfang des zeitlichen Lebens ist. Unter Italien, das »Wachstum« heißt (*incrementum interpretatur*), versteht er die geistige Natur: *rationalitas et immortalitas, virtus, scientia.* Bernhard interpretiert das Orakel nach Boethius (Cons. II, pr. 4), der die Philosophie den Autor fragen läßt, ob er etwas Kostbareres kenne als sich selbst[1302] (Riedel, S. 20, 17ff.). Aeneas (also der *adolescens*) verstehe »in sich« als »in der körperlichen Natur« statt: »in der geistigen Natur« und gerate so ganz in sinnliche Freuden (Riedel, S. 20, 19−21: *qui intelligens in se, i. e. in natura corporis, i. e. in natura spiritus descendit totus in voluptates carnis*).

Dann schiebt Bernhard nach Boethius (Cons. IV, metr. 3) einen Abschnitt über die Circe ein,[1303] die (das ist nicht ausdrücklich gesagt) Aeneas wie vor ihm Ulixes meidet (Riedel, S. 21, 20−22, 20). Sie bezeichnet irdischen Reichtum und gewährt zeitliche Freuden. Wer sich ihr ergibt, wird zum Tier (Riedel, S. 22, 7−9): *belua fit ex homine, dum homo, qui naturaliter rationalis et immortalis secundum animam, nimia delectatione temporalium fit irrationalis et mortalis* (Riedel, S. 22, 14−19 zitiert Bernhard in freier Folge den Schluß aus der dritten Prosa des vierten Buches).

Der Etna bedeutet: *elatio*, und Achimenides: *tristitia*. So kann Bernhard sagen (Riedel, S. 23, 13/14): *spiritus enim adolescentis ad elationem veniens tristitiam recipit.* Wenn Aeneas den Vater begräbt, so bedeutet das, daß der *adolescens* Gott vergißt (Riedel, S. 23, 16−21).

Das vierte Buch bringt die Eigenschaften der Jugend zum Ausdruck (Riedel, S. 23, 23/24): *in hoc quarto volumine natura iuventutis mistice exprimitur.* Servius hatte festgestellt,[1304] daß das vierte Buch der Aeneis auf der Medeatragödie beruht, die Apollonius im dritten Buch seiner »Argonautica« dargestellt hatte (Thilo-Hagen, I, S. 459): *Apollonius Argo-*

[1302] Die Philosophia läßt Boethius nach dem Inbegriff des Glücks fragen (Consolatio II, pr. 4, bei Peiper S. 34): Ostendam breviter tibi summae cardinem felicitatis. Estne aliquid tibi te ipso pretiosius? Nihil, inquies. Vorher hatte sie gefragt: Quid igitur, o mortales, extra petitis intra vos positam felicitatem? Darauf bezieht sich Bernhard ausdrücklich (Riedel S. 20, 17−19): Quaerit sapientia (Apollo) ab homine, ut in Boetio legis, an aliquid se pretiosius habeat. Qui cum respondet »minime«, iubetur, ut in se ipso beatitudinem quaerat.

[1303] Dazu: Anm. 1296.

[1304] Vgl. Anm. 1291.

nautica scripsit et in tertio inducit amantem: inde totus hic liber translatus est.

Bernhard hebt aus dem vierten Buch nur wenige Momente heraus und interessiert sich dabei nicht für die Liebestragödie, weil er nur das *integumentum iuventutis* im Auge hat. Seine Zusammenfassung der wichtigsten Momente (Riedel, S. 23, 24/25 *prius summatim narrationem, deinde expositionem ponamus*) folgt Fulgentius (Helm, S. 94, 15–95, 1). Daß Aeneas seinen Schöpfer vergißt (er begräbt seinen Vater) und sich mit der Jagd beschäftigt, ist ein Zeichen der *iuventus* (Riedel, S. 24, 2–7). Durch übermäßiges Essen und Trinken (*tempestatibus et pluviis*), die Bernhard als innere Vorgänge physiologisch beschreibt (Riedel, S. 24, 12–26), wird er zu unreiner Lust (*ad caveam*) getrieben und beachtet nicht (Riedel, S. 24, 29f.) die entehrende Fama und ihre Folgen (Aen. IV, 173–258). Ein Kritiker bringt ihn davon ab (Riedel, S. 25, 18): *Increpat Mercurius Eneam oratione alicuius censoris.*

Bei der Erklärung des fünften Buches baut Bernhard die von Fulgentius gelieferten Angaben (Helm, S. 95, 1–14) systematisch aus. Stichwort für das *integumentum* ist (Riedel, S. 25, 29/30): *in hoc quinto incipitur de natura virilis aetatis.* Servius hatte hervorgehoben (Thilo-Hagen I, 587), daß die Wettspiele zu Ehren des Vaters Anchises zum größten Teil Homer entnommen sind und zwar der Darstellung der Wettkämpfe um das Grab des Patroklus. Wie sonst geht der Erklärer auch hier nicht auf die Darstellung ein. Die umfangreiche Darstellung der Wettkämpfe bei Vergil (Aen. V, 114–303) wird reduziert auf die Erklärung, daß die vier Kämpfe zeigen, wie der junge Mann sich in den vier Kardinaltugenden übt (Riedel, S. 26, 3–24): ... *dimissa iuvenili luxuria quattuor virtutum exercitia in virili aetate deo immolat* (Riedel, S. 26, 4/5). Die Definitionen für die Kardinaltugenden entnimmt Bernhard Cicero (*De inventione*, II, Kap. 53–54, 159–165), allerdings in veränderter Folge: die *temperantia*, die bei Cicero am Ende steht (II, 54, 164/165), eröffnet bei ihm die Folge (Riedel, S. 26, 5–11), aber mit gleichem Wortlaut.

Systematisch ausgestaltet in der Erklärung wird auch der Versuch, die Schiffe zu verbrennen (Aen. V, 604–718), der von Juno ausgeht, die Iris in der Gestalt der Beroe (Aen. V, 620) zu den trojanischen Frauen schickt. Gebrechlichkeit des Fleisches (*carneae fragilitates*: das sind die trojanischen Frauen) will den guten Willen (*voluntates honestas*: nach Italien zu fahren) stören. Iris bezeichnet die sinnliche Wahrnehmung (Riedel, S. 27, 1/2 *per Irim diversicolorem et soli oppositam figuratur sensus ...*), die neun Qualitäten aufnehmen kann (Gestalt, Temperatur, bitter, süß, rauh und glatt, dicht und dünn, Zusammenklang und Mißklang der Töne). Unter Berufung auf Boethius[1305] (V, pr. 4), stellt er fest, daß Sinne nur Einzelnes aufnehmen können, während die *ratio* das Ganze erfaßt. Beroe heißt: *ordo veritatis*. Die *ratio* erkennt die hierarchische Ordnung (Riedel, S. 27, 18–24): Gott-Engel-Mensch-Tier-Belebtes (*animatum*)-Unbelebtes (*inanimatum*). Zu Eingang der Erklärung des sechsten Buches geht Bernhard noch einmal ausführlicher auf das Thema ein (Riedel, S. 28, 18–29, 15).

In innerer Betrachtung (das meint die Erscheinung des Vaters) empfängt er die Aufforderung, durch Erkenntnis der Geschöpfe den Schöpfer zu erkennen, der selbst unerkennbar ist; *integumentum* dafür ist die Aufforderung: *ad inferos descendere visurus patrem ibi* (Riedel, S. 27, 25–28, 2).[1306]

Mit dem Tode des Palinurus (= *errabundus visus*), der bisher seine Schiffe (= *voluntates*) gelenkt hatte, endet der »irrende Blick« (Riedel, S. 28, 3–7).

Die Erklärung des sechsten Buches mit ihren vielen, oft wiederholten Einzelheiten und Einzelerklärungen kann nur insofern berücksichtigt werden, als sie systematische Züge trägt. Diese Züge fehlen bei Fulgentius. Zwei wesentliche Deutungen aber übernimmt Bernhard von ihm: 1. der *descensus ad inferos* bedeutet, daß die Geheimnisse der *sapientia* (Fulgentius bei Helm, S. 96, 2: ... *sapientiae obscura secretaque misteria*) erkannt werden sollen; 2. diese Geheimnisse kann nur erkennen, wer vorher den goldenen Zweig gepflückt hat, d. h. das Studium der Wissenschaft und Literatur erworben hat (Helm, S. 96, 22–97, 1): *sed tamen non antea discitur cognitio secretorum, nisi quis ramum decerpserit aureum, id est doctrinae atque litterarum studium discatur*. Fulgentius läßt Vergil sagen (Helm, S. 97, 1/2): *ramum enim aureum pro scientia posuimus*. Wenn Aeneas den goldenen Zweig an der Pforte befestigt und Elysium betritt, so bedeutet das, daß er nun die Mühe des Lernens hinter sich gebracht hat und das Gelernte dem Gedächtnis einprägt (Helm, S. 101, 15–19). Die besondere Hochschätzung der Rhetorik bei Fulgentius macht Bernhard (unter deutlicher Kritik) nicht mit. Aber in dem entscheidenden Punkt geht er mit Fulgentius (Riedel, S. 58, 17–19): *hunc ramum intelligentia*

[1305] Die Fähigkeit, die Bernhard der ratio zuspricht, wird bei Boethius (bei Peiper, S. 134) der intellegentia zuerkannt, die über sensus, imaginatio und ratio steht: ... intellegentia quasi desuper spectans concepta forma quae subsunt etiam cuncta diiudicat. Bernhard Silvestris sagt (Riedel, S. 27, 10/11): ... ratio universalitatem, sensus vero solam singularitatem capit.

[1306] Bernhard erläutert die Aufforderung, den Vater zu suchen, so (Riedel, S. 27, 29–31): ... monetur, ut ad mundana per cognitionem descendat, ibique videbit patrem, quia quamvis in creaturis non sit, cognitione tamen creaturarum cognoscitur.

(die Sibylle) *monet quaerere, ut possit meatus ad inferos patere, quia qui philosophia caret, ei agnitio rerum non patet.* Ein Zweig ist für ihn ein *integumentum*, weil er ein Ganzes ist, das sich gliedert, wie *virtutes, vitia, scientiae* (Riedel, S. 58, 7–9): *ramus integumenter vocatur quodlibet totum, quod in diversa scinditur, ut virtutes, vitia, scientiae.* Der Zweig ist also für ihn ein »Denkmodell« systematischer Betrachtung.

Der Einzelerklärung, die den Versen folgt, schickt Bernhard eine allgemeine Orientierung voraus, die sein systematisches Interesse bezeugt. Er sagt (Riedel, S. 28, 10/11): *…in primis de locis inferorum et de descensu intueamur …*

Z. T. in engem Anschluß an Macrobius (Com. in S. Sc. I, 10 und 11) entwickelt er, was unter den *inferi* zu verstehen ist (Riedel, S. 28, 15–29, 29). In der Hierarchie des Seins (*spiritus-corpus-accidentia*) nimmt der Körper des Menschen den untersten Rang ein; bei diesen Überlegungen folgt er Boethius (Contra Eutychen et Nestorium), aus dessen *Consolatio* (III, pr. 8) er (wie überhaupt fortlaufend bei der Erklärung des sechsten Buches) ausdrücklich zitiert (Riedel, S. 29, 4). Die »Unterweltflüsse« (Riedel, S. 29, 16–19) bestimmt er nach Macrobius (Com. somn. Sc. I 10, 10/11) als: *ira, oblivio, odium* und *tristitia*. Diese Aussagen der *theologi* sind nur eine Teilwahrheit; sie wird ergänzt durch die Scheidung einer »oberen Welt« (Paradies, bzw. Eden) und einer »unteren Welt« (Riedel, S. 29, 20–27).

Er kennt vier Arten des *descensus* (Riedel, S. 30, 1–21) und vier Pforten »zur Unterwelt« (Riedel, S. 57, 17–58, 3). Der *descensus* der »Natur« ist die Geburt des Menschen als Abstieg von seiner Göttlichkeit in die Vergänglichkeit (dieser *descensus* ist allen Menschen gemeinsam). Der *descensus* der *virtus* führt den *sapiens* zur Einsicht in die Gebrechlichkeit der Welt und so zur Erkenntnis des Schöpfers (Riedel, S. 30, 8–12): *…sapiens … ad mundana per considerationem descendit, … ut eorum cognita fragilitate eis abiectis ad invisibilia penitus se convertat et creaturarum cognitione creatorem evidentius agnoscat.* Der dritte *descensus*, der »*vulgaris*« ist, liegt im Verfallen an die Zeitlichkeit (der *descensus vitii*). Der vierte *descensus* sucht durch schwarze Kunst (*artificio nigromantico*) ein Gespräch mit den Dämonen. Jeder dieser *descensus* muß durch die Trauer hindurch (über den Cocytos, der »Trauer« bedeutet: nach Riedel, S. 57, 17).

Bei Vergil scheiden sich die beiden Ebenen (Riedel, S. 30, 22–28): *quantum ad historiam* geht Aeneas den vierten Weg (er opfert den Dämonen), *secundum integumenti figuram* geht er den Weg des *sapiens*, der dann im einzelnen vorgeführt wird.

Die »Wende« liegt darin, daß der »vernünftige Geist« (*spiritus rationalis*) von nun an seinen Willen mit der *ratio* lenkt. Der Vers (VI, 13) *iam subeunt Triviae lucos atque aurea tecta* (in Prosa: Riedel, S. 30, 30/31 … *appulit naves nemori Triviae et aureis tectis*) bedeutet als *integumentum* (Riedel, S. 30, 30–32, 2), daß er seinen Willen nacheinander dem Trivium und dem Quadrivium zuwendet. Im einzelnen geht Bernhard an dieser Stelle nur auf das Trivium ein (Riedel, S. 31, 5–18): durch die Grammatik lernt man fehlerfrei sprechen, durch die Dialektik etwas zu beweisen oder zu widerlegen, durch die Rhetorik zu einer Entscheidung zu führen (*persuadere vel dissuadere*). Schritt für Schritt wird dann das ganze System entwickelt.

Der Poesie kommt die Aufgabe der Einführung zu (Riedel, S. 36, 28/29): *sunt namque poetae ad philosophiam introductorii* … Die Fabeln, die Daedalus außen am Apollotempel angebracht hat (Aen. VI, 14–33), bezeichnen die Erfindungen der Dichter, die (weil sie außerhalb angebracht sind), nicht »mystisch« zu verstehen sind (Riedel, S. 37, 23–25): *hae fabulae, quae sunt in foribus extra templum, figurant omnes poetarum fabulas et ideo non sunt mistice intelligendae*. Dichtung besteht in *imitatio* (Riedel, S. 74, 29–75, 3), und die Dichter suchen den Ruhm (Riedel, S. 75, 14f.). An anderer Stelle (Riedel, S. 38, 8–29) entwickelt er noch einmal die richtige Reihenfolge (*ordo doctrinae*) im Studium der Poesie und der *artes eloquentiae*.

Wissenschaft (*scientia*) ist die Erfassung des Wißbaren (Riedel, S. 32, 18): *est autem scientia scibilium comprehensio*. Zu ihr gehört (neben *poesis, eloquentia, sapientia*) auch die *mechania* als *scientia humanorum operum* (Riedel, S. 32, 21/22), die sieben »Künste« umfaßt (Riedel, S. 32, 22–24): Textilkunst, Baukunst, Schiffskunst, Jagdkunst, Ackerbaukunst, Theaterkunst, Heilkunst. Gegenüber den *artes honestae* (den »echten« Künsten) sind sie »unecht« (*adulterinae*: so Riedel, S. 32, 30–32): es ist deutlich, daß Bernhard mit der Theorie der *artes* bei Hugo von St. Victor vertraut ist.

Die Sibylle versteht Bernhard als *intelligentia*, als die Fähigkeit, das Göttliche zu begreifen (Riedel, S. 31, 29–31: *Sibilla vero quasi scibile divinum consilium, quod accipimus esse intelligentiam, quae consilium dicitur*). Zu den Worten Vergils (Aen. VI, 9f.): *arces quibus altus Apollo praesidet* bemerkt Bernhard, daß die *sapientia* (das bezeichnet Apollo) die *theorica* »kommandiert« (*praesidet*), die er zu VI, 42 vorstellt (Riedel, S. 40, 30–41, 25); sie gliedert sich nach dem Gegenstand in drei Wissenschaften: *contemplatur namque theologia invisibiles substantias, mathematica visibiles visibilium quantitates, philosophica invisibiles visibilium*

313

causas. Die *theorica* unterscheidet sich dadurch von der *practica*, daß diese nur in der Körperwelt tätig werden kann, während sie selbst der Welt des Unkörperlichen zugewandt ist (Riedel, S. 41 1/2).

Den vier Schwächen des Menschen (*ignorantia, vitium, imperitia loquendi, indigentia*) wirken vier »*bona*« entgegen: *sapientia* (= *theorica*), *practica, eloquentia* und *mechanica* (Riedel, S. 36, 5–12).

Das Opfer, das die Sibylle von Aeneas fordert (Aen. VI, 38/39), versteht Bernhard als sieben *virtutes*, die das Fleisch abtöten (Riedel, S. 39, 17–29), und sieben *virtutes* der »Humanität« (Riedel, S. 39, 29–40, 12).

Fatum (zu Aen. VI, 45) ist nach Bernhard, der darin Boethius folgt (Cons. IV, pr. 6): *temporalis eventus provisorum,* der dreierlei (*Cloto, Lachesis, Atropos*) einschließt: *generatio, alteratio, corruptio* (Riedel, S. 42, 5–30). Die Göttinnen (*deae*) aus dem Gebet des Aeneas (Aen. VI, 64) erklärt Bernhard als die drei Lebensweisen, die *theorica* (von Pallas verkörpert), die *activa* (Juno) und *voluptas* (Venus), den goldenen Apfel aber als das *summum bonum* (Riedel, S. 46, 10–27).

Vom Text her nicht begründet ist ein Exkurs über die Organe der *sapientia* (Riedel, S. 47, 1–9): das *ingenium* als *instrumentum inveniendi,* die *ratio* als *instrumentum discernendi inventa,* die *memoria* als *instrumentum conservandi.* Sie haben ihren Sitz im Gehirn als Zellen, die von vorn nach hinten aufeinander folgen.

Der Vers »*obscuris vera involvens*« (Aen. VI, 100) gibt Anlaß, den Begriff des *integumentum* zu erklären (*veritatem per integumenta occultat*), das zu theologischen Aussagen paßt (Riedel, S. 50, 32–51, 6).

Die Bitte des Aeneas an die Sibylle, ihn zum Vater zu führen (Aen. VI, 106–109), gibt noch einmal Anlaß, den Sinn des *descensus* auszusprechen (Riedel, S. 51, 15/16): *nihil enim aliud quaerit rationalis spiritus, nisi ut per creaturarum agnitionem creatorem agnoscat.* Fünf Stufen (*gradus*) führen durch die Hierarchie des Seins zu diesem Ziel (Riedel, S. 52, 1–22): 1. *ab inanimatis ad animata insensibilia* (z. B. Steine, Pflanzen, Bäume); 2. *ab his ad animata sensibilia sed tamen irrationabilia* (d. h. *ad animata bruta*); 3. *ab animalibus irrationabilibus ad animalia rationabilia* (*homines*); 4. *ab hominibus ad celestia* (d. h. zu den Engeln); 5. *ab angelo ad creatorem.* Er ist das Höchste, zu dem sich die *intelligentia* erheben kann.

Zu VI, 119/120 wird die Orpheusfabel mitgeteilt und gedeutet (Riedel, S. 53, 26–55, 19). Vom goldenen Zweig als Zeichen für die *philosophia* (Aen. VI, 136ff.) war schon die Rede (zu Riedel, S. 58, 3ff.).

Bezeichnend ist, daß das von der Sibylle geforderte Opfer für den Styx (Aen. VI, 236–267) nicht als *integumentum* erklärt wird (es wird ausgespart); Bernhard bemerkt (Riedel, S. 68, 22–24): *hoc loco notandum est: iuxta historiam, ut praedictum est, Eneas nigromantiam exercuit hoc loco*. Mit VI, 269 wird der *philosophicus descensus* fortgesetzt. Die Figur des Charon (Aen. VI, 298ff.) gibt Gelegenheit, einen Exkurs über die Jahreszeiten einzulegen (Riedel, S. 77, 15–78, 3).

Bei der Erklärung integumentaler Figurationen werden immer wieder methodische Bemerkungen gemacht, die für die Bedeutungsforschung wichtig sind. So wird zu Aen. VI, 306 (*matres*) gesagt (Riedel, S. 78, 31–79, 1): *in omnibus integumentis per patres et matres accipimus preceptores, per filios et filias eos qui doctrina illorum informantur, i. e. discipulos*; die Schule wird als eine Familie gesehen. Dagegen heißt es vom Pferd (zu Aen. VI, 515: gemeint ist das »trojanische Pferd«): *equus in integumentis duas habet figuras* (102, 7–103, 26): es kann den Willen bezeichnen (*significat enim voluntatem*), aber auch die *luxuria* (*significat etiam equus luxuriam*). Der zweite Zeichenwert, der für das trojanische Pferd angenommen wird, führt zu einem Exkurs über die *luxuria* und ihre Auswirkungen.

Im Anschluß an Aen. VI, 306 (*defunctaque corpora vita*) bringt er nach Macrobius (Com. in s. Sc. I, 13) den platonischen Gedanken, daß es zweierlei Leben und zweierlei Tod gibt (Riedel, S. 79, 1ff.): *duas vitas et duas mortes in integumentis philosophia intelligit*. Es gibt ein geistiges und ein leibliches Leben, einen leiblichen Tod, das Ende des irdischen Lebens, und die Abtötung der *vitia*, die ein Philosoph erstrebt. Und das Erkannte kann ins Gedächtnis aufgenommen (das ist die eine *sepultura*) oder vergessen werden (das ist die andere *sepultura*).

Zu Aen. VI, 325 (*haec omnis, quam cernis, inops inhumataque turbast*) bemerkt Bernhard, daß unbestattet bedeutet: die Fehler sind noch nicht vergessen (Riedel, S. 80, 28/29): *non sepulti sunt, quia vitia sua in oblivionem non involvunt*). Den Bestatteten, die Charon übersetzt (Aen. VI, 326 *hi, quos vehit unda, sepulti*), sind ihre Fehler vergessen, ihre *virtutes* im Gedächtnis bewahrt (Riedel, S. 80, 29–32); sie gelangen in das selige Leben der Entsühnten (*veniunt ad amoenitatem quietae vitae purgatorum*).

Den Begegnungen mit Palinurus, Dido und Deiphobus (Aen. VI, 337–383; 450–476; 494–534) schickt Bernhard die Bemerkung voraus, daß Aeneas nach dem *descensus* seine Leiden und seine toten Gefährten wieder vor Augen treten, weil dem betrachtenden Geist die überwundenen Fehler der früheren Lebensalter in der Einbildung wiederkehren (Riedel, S. 83, 12–20).

Hercules, den Charon erwähnt (Aen. VI, 392), ist *figura* für den Sieg über die *vitia* (Riedel, S. 87, 10–20): er gelangt durch die Betrachtung zur Zeitlichkeit (*per contemplationem ad temporalia venit*), aber weil er vernünftig und unsterblich in der Seele ist, kehrt er aus der Zeitlichkeit ins Himmlische (*ad celestia*) zurück.

Die Stimmen, die Aeneas hört (Aen. VI, 426 *auditae voces*), sind die vier Affekte (Riedel, S. 91, 25–92, 7). Die *voces* sind die positiven Affekte (Freude und Hoffnung), *vagitus* dagegen die negativen (Trauer und Furcht).

Caeneus (Aen. VI, 448; vgl. Ovid, Met. XII, 146–209), der das Geschlecht gewechselt hatte, wird zur *figura* für den Übergang aus der *fragilitas vitii* (*a femina*) in den männlichen *vigor virtutis* (Riedel, S. 95, 1–13).

Der Anblick der Helden (Aen. VI, 477ff.) gibt Anlaß zur Wiederholung von Gedanken Platos (*Timaeus*) über die Verteidigung anderer (Riedel, S. 97, 6–98, 1). Drei Arten (*genera tria belli*) werden unterschieden (Riedel, S. 97, 24–27): *patrium, quando homines eiusdem vel diversae patriae pugnant; civile, quando eiusdem civitatis; plus quam civile, quando eiusdem familiae.* Diese Unterscheidung setzt er in Beziehung zur Aussage Platos (Riedel, S. 97, 27–30): *haec tria hostilitatis genera notat Plato in Thimeo, ubi dicit* (Calcidius, p. 17 D): *officium militum esse protegere civitatem adversus externos, intestinos et domesticos.* Die Danaer, die Troja bekämpfen, sind sittliche Vergehen (*vitia*) und leibliche Not (*necessitates*); es heißt zu VI, 489 (*Danaum proceres*): *Danaos Troiam infestantes diximus esse vitia vel corporeas necessitates corpus vexantes* (Riedel, S. 98, 11–13).

Die Begegnung des Aeneas mit dem verstümmelten Deiphobus (Aen. VI, 494–547) führt Bernhard zu einem längeren mythologischen Exkurs über Helena (Riedel, S. 98, 32–100, 8) und Deiphobus. Helena, der irdische Reichtum (*terrena opulentia*), wird zunächst Menelaus, der *virtus*, gegeben, dann aber von der *sensibilitas* (Paris = *sensus*) geraubt (S. 99, 12–15): *Helena ergo primo Menelao datur, quia opulentia terrena, ut virtuti subderetur, primo facta est, sed per Paridem rapitur, dum a virtute ad sensibilitatem transfertur.* Dann verbindet sie sich mit Deiphobus, der Angst (Riedel, S. 99, 26/27): *… mortificato sensu opulentia pavido se praebet.* Zum Anblick des Deiphobus sagt Bernhard (Riedel, S. 100, 11–14): *Eneas Deiphobum sine manibus et pedibus et oculis et auribus in inferis tuetur, quoniam rationabilis spiritus pavorem quid agat, quo eat, quid audiat vel videat, nescientem contemplatur.*

Zur Mahnung der Sibylle (Aen. VI, 538) heißt es (Riedel, S. 105, 28–30): *quid sit Sibillam loqui ad Eneam supradictum est. haec et similia totiens non repetimus, ne tardius ad indiscussa veniamus.*

Über die beiden Wege, zu Elysium und zum Tartarus (Riedel, S. 106, 4–12), ist schon gesprochen. Die Erwähnung Jupiters (Aen. VI, 584) bei den Aloiden, die ihn vom Himmel stürzen wollten, führt zu einer wichtigen methodischen Aussage (Riedel, S. 108, 30–109, 11): *Jupiter enim, ut praediximus, multipliciter accipitur. pro superiori igne, unde dicitur* (Vergil, Buc. 3, 60): *a Jove principium Musae; pro anima mundi, unde dicitur* (ebd.): *Jovis omnia plena; pro stella, unde primum Saturnum in ordine planetarum dicitur esse; pro creatore, unde dicitur: Jupiter omnipotens; pro humana anima in hoc integumento* (die Aloiden wollen in Jupiter die Seele von ihrer Göttlichkeit in *virtus* und *scientia* vertreiben). *et secundum hoc dicimus mundum, qui a Jove regitur, hominem, qui ab anima movetur. unde microcosmus, i. e. minor mundus dicitur; in hoc mundo coelum est divina natura spiritus ...*

Die Nennung der Cyclopen (Aen. VI, 630) führt zu der Erklärung (Riedel, S. 114, 4–11), daß Ciclops eine Menge von Kreisen ist (*pluralitas circulorum*), die die reinen Geister bezeichnen (Riedel, S. 114, 6–9): *per circulos autem fine carentes et punctui indivisibili et immutabili adhaerentes vel accedentes figurantur spiritus immortales creatori indivisibili et immutabili adhaerentes.* Dabei kann Bernhard an Platos *Timaeus* und an Macrobius denken. Der Blick öffnet sich auf Elysium, dessen Darstellung in Bernhards Kommentar nicht mehr erklärt ist.

Die Kommentare zum Gedicht »O qui perpetua« von Boethius (Consolatio philosophiae lib. III, metr. 9)[1307]

Vom 9. bis zum 12. Jahrhundert ist das bedeutende Gedicht des Boethius von zahlreichen Autoren, bekannten und unbekannten, erklärt worden.[1308] Schon in der ersten Hälfte des 11. Jahrhunderts hat Hermann von der Reichenau das Schlußgebet des Gedichts (v. 22–28) in seiner Marien-

---

[1307] Die maßgebende Ausgabe der Consolatio ist heute: De consolatione philosophiae, hg. Ludwig Bieler (Corpus Christianorum 94), Turnhout 1957. Ich selber habe bei der Ausarbeitung mein Handexemplar der Ausgabe von Rudolf Peiper benutzt, die auch die Opuscula sacra enthält (Leipzig 1871) und durch Anlage und Dokumentation immer noch wertvoll ist. Weitere Ausgaben: Consolatio Philosophiae und Opuscula sacra, hg. und (ins Englische) übersetzt von H. F. Stewart und E. K. Rand, London und New York 1918 (wiederholt neugedruckt: zuerst 1926); lateinisch und deutsch von Eberhard Gothein (Berlin 1932). Neue englische Übersetzung der Consolatio von Richard Green (New York 1962); deutsche Übersetzung von Karl Büchner: Boethius' Trost der Philosophie, mit Einführung von Friedrich Klingner (Sammlung Dieterich Bd. 33), Leipzig 1943 (²1960). Die beiden Kommentare zur Isagoge des Porphyrius (In Isagogen Porphyrii commenta) hg. S. Brandt im Corpus scriptorum ecclesiasticorum latinorum (Vol. 48) 1906; der Kommentare zu Peri hermeneias (de interpretatione) des Aristoteles in der Ausgabe von C. Meiser (Bibliotheca Teubneriana, Leipzig 1877 und 1880); die Abhandlungen über die Musik (De musica libri quinque) und die Arithmetik (De institutione arithmetica) in der Ausgabe von G. Friedlein (Bibliotheca Teubneriana), Leipzig 1867. Alle überlieferten Werke des Boethius bei Migne (Bd. 63 und 64). Orientierung über Boethius in dem klassischen Werk von E. K. Rand: Founders of the Middle Ages (New York 1928), Kap. 5 (Boethius, the first of the Scholastics), S. 135–180; Friedrich Stegmüller, Boethius (im Lexikon für Theologie und Kirche II, 1958, 554–556). Die Nachwirkung des Boethius: H. R. Patch, The Tradition of Boethius, Oxford 1935; Pierre Courcelle, La consolation de Philosophie dans la tradition littéraire (Etudes Augustiniennes), Paris 1967.

[1308] Nur die lateinischen Kommentare werden hier berücksichtigt. Auf die Übersetzungen in die Volkssprachen wird verzichtet; natürlich sind auch sie wichtige Schritte in der Rezeption des Boethius. Die älteste Übersetzung wird Alfred dem Großen (871–899) verdankt. Dazu wichtige Bemerkungen von Wolfram von den Steinen (Der Kosmos des Mittelalters, 1959, S. 133–135) und dann die Monographie von T. Anne Payne: King Alfred and Boethius, Madison (Univ. of Wisconsin Press), 1969. Ein Jahrhundert später ist die Übersetzung Notkers des Deutschen entstanden, 1933/34 von E. H. Sehrt und Tylor Starck herausgegeben (Altdeutsche Textbibliothek 32–34, neugedruckt 1966). Dazu: Ingeborg Schröbler: Notker III. von St. Gallen als Übersetzer und Kommentator von Boethius' »De consolatione Philosophiae« (Hermaea N. F. II), Tübingen 1953; zu dem Gedicht III, metr. 9 der Consolatio: Ingeborg Schröbler: Interpretatio christiana in Notkers Bearbeitung von Boethius' Trost der Philosophie (in: ZfdA 83, 1951/52, S. 40–57). Wichtig: A. R. Dolch: Notker-Studien III (Stil- und Quellenprobleme zu Notkers Boethius und Marcianus Capella), Leipzig und New York 1952. Eingehende Orientierung über Notker: Elisabeth Karg-Gasterstedt, Notker Labeo (Verfasserlexi-

sequenz »*Ave praeclara maris stella*« nachgebildet, und zu Anfang des 13. Jahrhunderts hat Caesarius von Heisterbach das erkannt und für seine Erklärung der Sequenz benutzt.[1309] Dichterisch nachgebildet hat das Gedicht des Boethius Alanus in seinem »*Anticlaudianus*«, und zwar in der Mitte seines Werks (V, 278–305), das die »*Cosmographia*« (*De universitate mundi*) des Bernhard Silvestris voraussetzt.[1310] Die Bedeutung des Gedichts liegt vor allem darin, daß es die Gedanken Platos über die Entstehung der Welt, wie sie im *Timaeus* ausgesprochen waren, dem Mittelalter überlieferte.

Es gibt eine Reihe von Erklärungen, die sich auf das Zentralgedicht des Boethius beschränken, so von Johannes Scottus,[1311] von Bovo von Kor-

---

kon V, 1955, 775–790). Vgl. auch: F. P. Pickering: Augustinus oder Boethius? (Philologische Quellen und Studien 39), Berlin 1967. Über die Übersetzungen ins Französische: Antoine Thomas und Mario Roques: Traductions françaises de la Consolatio Philosophiae de Boèce (in: Histoire littéraire de la France, Vol. 37, Paris 1938, S. 419–488); V. L. Dedock-Hery: Boethius' De Consolatione by Jean de Meun (in: Mediaeval Studies 14, 1952, S. 165–275); R. H. Lucas: Medieval French Translations of the Latin Classics to 1500 (in: Speculum 45, 1970, S. 225–253); jetzt vor allem: Richard A. Dwyer: Boethian Fictions: Narratives in the Medieval French Versions of the Consolatio Philosophiae (The Mediaeval Academy of America, Publication Nr. 83), Cambridge/Mass. 1976. Dwyer gibt in der Einleitung eine Übersicht und als Apppendix II (S. 129–131) ein Verzeichnis aller mittelalterlichen Übersetzungen ins Französische und der Handschriften, die sie überliefern. Die Übersetzung von Chaucer ist 1868 von Richard Morris herausgegeben worden.

[1309] Dazu: Hennig Brinkmann, Ave praeclare maris stella in deutscher Wiedergabe, zur Geschichte einer Rezeption (in: Studien zur deutschen Literatur und Sprache des Mittelalters, Festschr. für Hugo Moser, 1974, S. 8–30), S. 10f.

[1310] Anticlaudianus (Ausgabe wie Anm. 15) V, v. 278–305, (bei Bossuat) S. 131f. Vorher (v. 265–277) hat Alanus die Rolle eines poeta mit der eines propheta vertauscht; dabei übernimmt er die Bezeichnung der neuen Rolle (v. 273 carminis huius ero calamus) aus dem Eingang des 44. Psalms (lingua mea calamus ...). Übersetzungen des Anticlaudianus (ins Englische): W. H. Cornog, The Anticlaudian of Alain de Lille, Diss. Philadelphia 1935; J. J. Sheridan, Alain of Lille, Anticlaudianus or The good and perfect Man, Toronto 1973. Früher unbekannte Texte des Alanus hat Marie-Thérèse d'Alverny herausgegeben (wie Anm. 132). Monographie über das Gesamtwerk des Alanus: G. Raynaud de Lage, Alain de Lille (Univ. de Montreal: Publications de l'Institut d'études médiévales 12), Montreal/Paris 1951. Zum Verständnis des Anticlaudianus: Anm. 902; jetzt noch: Peter Ochsenbein, Studien zum Anticlaudianus des Alanus ab Insulis, Frankfurt/Bern 1975; dazu die perspektivenreiche Besprechung von Christel Meier: Zum Problem der allegorischen Interpretation mittelalterlicher Dichtung (in: Beitr. 99, Tübingen 1977, S. 250–296). Nachzutragen ist, daß der Kommentar des Radulf von Longchamps vor Jahren in Polen ediert worden ist: Radulphus de Longo Campo, In Anticlaudianum Alani Commentum, hg. J. Sulowski, Wroclaw 1972 (Hinweis von Christel Meier!).

[1311] Dieser Kommentar, konfrontiert mit dem Kommentar des Remigius, bei: Bernhard Silvestre, Le commentaire inédit de Jean Scot Érigène au mètre IX du livre III du »De consolatione philosophiae« de Boèce (in: Revue d'histoire ecclésiastique Bd. 47, 1952, S. 44–121; Text: S. 51–65).

319

vey,[1312] von Bischof Adalbold von Utrecht. [1313] Kommentare von unbekannten Verfassern nennt P. Courcelle in seiner Studie: *Etude critique sur les commentaires de la Consolation de Boèce*[1314]. Darunter ist vor allem der Kommentar aus Einsiedeln wichtig, der aus dem 10. Jahrhundert stammt.[1315] Viel Staub hat die Veröffentlichung eines Kommentars aufgewirbelt, den der Herausgeber Edmund T. Silk dem Johannes Scottus zuschreiben wollte[1316] und den er auch später noch als ein Werk des 9. Jahrhunderts ansah.[1317] Zwei Jahre später (1956) unternahm es G. Mathon[1318] zu zeigen, daß der Kommentar des Pseudo-Johannes Scottus den Kommentar Wilhelms von Conches voraussetzt und als ein Werk der Schule von Chartres aus der Mitte des 12. Jahrhunderts gelten könne. Der aus Erfurt überlieferte Text (Stadtbibliothek Erfurt, Ampl. Q. 5, fol. 1ᵛ–82ᵛ), in der Forschung »Anonymus aus Erfurt« genannt, stellt nach Mathon (S. 255–257) keinen eigenen Kommentar dar, sondern eine andere Fassung des von Silk unter dem Namen »Pseudo-Johann-Scottus« herausgegebenen Werkes; Proben aus dem Erfurter Text teilte Silk in seinem Aufsatz von 1954 (wie Anm. 1317) mit (S. 32–37). Im Jahre 1959 veröffentlichte Edouard Jeauneau einen weiteren anonymen Kommentar, den André Vernet in einer Münchener Handschrift (Clm 14689, fol. 88–94) gefunden hatte.[1319] Die Erklärung trägt den Titel »*Explanatiuncula*«, den Jeauneau übernimmt. Die Handschrift stammt aus Regensburg (St. Emmeram) und ist im 12. Jahrhundert geschrieben. Die Erklärung ist an ungenannte Adressaten gerichtet; sie kennt Bovo von Korvey und, wie der anonyme Kommentar aus Einsiedeln, Platos *Timaeus* in Übersetzung und Erklärung des Calcidius.[1320]

Die Kommentare sind in verschiedenen Zusammenhängen überliefert.

[1312] Text bei: R. B. C. Huygens, Mittelalterliche Kommentare zum »O qui perpetua« (in: Sacris Erudiri Bd. VI, 1954, S. 373–427; der Kommentar von Bovo: S. 383–398).

[1313] Text bei Huygens (wie Anm. 1312), S. 409–426.

[1314] In: Archives d'histoire doctrinale et littéraire du Moyen Age Bd. 12 (1939), S. 5–140.

[1315] Text bei Huygens (wie Anm. 1312), S. 400–404.

[1316] Edmund T. Silk, Saeculi noni auctoris in Boetii Consolationem Commentarius (Papers and Monographs of the American Academy to Rome Bd. IX), 1935.

[1317] Edmund T. Silk, Pseudo-Johannes Scottus, Adalbold of Utrecht and the early Commentaries on Boethius (in: Medieval and Renaissance Studies Bd. III, 1954, S. 1–40); hier als »Appendix« auch der Text von Adalbolds Kommentar (S. 14–24).

[1318] G. Mathon, Le commentaire du Pseudo-Erigène sur la Consolatio Philosophiae de Boèce (in: Recherches de théologie ancienne et médiévale, Bd. XXII, 1956, S. 213–257).

[1319] Edourd Jeauneau, Un commentaire inédit sur le chant »O qui perpetua« de Boèce (in: Rivista critica di storia della filosofia, Bd. XIV, 1959, S. 60–80, unter Testi e Documenti).

[1320] Calcidius: wie Anm. 157.

Die Münchener Handschrift aus Regensburg enthält außer dem Kommentar astronomische Werke.[1321] Man hat aber auch mehrere verschiedene Erklärungen des Boethius gesammelt. So folgt in einer Handschrift des Britischn Museums (Harleianus 3095) auf den Kommentar Bovos der anonyme Kommentar aus Einsiedeln mit den Worten[1322]: *item alia expositiuncula super eosdem versus.* Es ist aber doch etwas Besonderes, wenn in der Stiftsbibliothek von Heiligenkreuz bei Wien eine Handschrift aus dem 12. Jahrhundert aufbewahrt wird, die nicht weniger als vier Kommentare enthält.[1323] Noch vor dem Ende des 12. Jahrhunderts muß eine Abschrift nach Zwettl gegangen sein,[1324] wo in einer Handschrift (Zwettl Stiftsbibliothek 363) auf das Bruchstück eines Kommentars zu Macrobius (fol. 132^v–135) – diese Handschrift hat später Peter Dronke benutzt (Fabula, 1974, S. 68–76) – Teile aus dem Material von Heiligenkreuz folgen (fol. 136–166). Die Handschrift aus Heiligenkreuz ist durch zwei Illustrationen ausgezeichnet: die erste Seite zeigt Boethius mit dem Rad der Fortuna, auf dem er steigt und fällt; auf der 5. Seite ist Boethius im Gespräch mit der Philosophia dargestellt; über der Philosophia ist Christus als Lehrer zu sehen, am Fußende des Bettes, auf dem Boethius liegt, stehen die neun Musen.[1325] Haring teilt aus dem 1. Kommentar Glossen mit (S. 296–303) und druckt den Text des Kommentars zu »O *qui perpetua*« ab (S. 303–316), der zum »Anonymus aus Erfurt«[1326] stimmt.

Der erste Kommentar zu Boethius in der Handschrift aus Heiligenkreuz (fol. 5^v–76), Interlinear- und Marginalglossen, zeigt gute Vertrautheit mit dem Griechischen; deswegen erwägt Haring als Verfasser Johannes Scottus. Der zweite Kommentar (fol. 77–85^v), der mit III 2, 60 (Peiper S. 53) abbricht, repräsentiert nicht einen glossierten Text der *Consolatio*, sondern einen Kommentar aus der Fassung des »Anonymus aus Erfurt« (bzw. des Pseudo-Johannes Scottus), d. h. aus dem frühen 12. Jahrhundert. Der dritte Kommentar (fol. 85^v–92) überliefert eine Redaktion der Glossen des Remigius; er bricht mit II 7, 31 (Peiper S. 45) ab. Der vierte Kommentar schließlich (fol. 93–121) geht auf Wilhelm von Conches zurück.

[1321] Vgl. Jeauneau (wie Anm. 1319), S. 61.

[1322] Huygens (wie Anm. 1312 und 1315), S. 309f.

[1323] Vgl. Nicholas M. Haring, S. A. C., Four Commentaries on the De consolatione Philosophiae in MS. Heiligenkreuz 130 (in: Mediaeval Studies Bd. 31, 1969, S. 287–316).

[1324] Haring (wie Anm. 1323), S. 288, Anm. 2.

[1325] Haring (wie Anm. 1323), S. 283 und 284.

[1326] Proben aus diesem Kommentar bei Silk (wie Anm. 1317), S. 32–37; vgl. auch den Text der Darstellung zu Anm. 1318.

Die Kommentare unterscheiden sich schon nach der Form und Art der Erklärung.

Am anspruchslosesten erscheinen die Einzelglossen, die dem Text über der Linie (»interlinear«) oder am Rande (»marginal«) mitgegeben werden; sie sollen die laufende Lektüre des Textes erleichtern. Solcher Art sind die Glossen des Remigius. Aus seiner Erklärung des Gedichtes »O qui perpetua«, die sonst auf der Erklärung des Johannes Scottus beruht, lassen sich aus dem Zusammenhang solche Glossen ablösen[1327]:

- v. 1 gubernas. regis (nicht bei Joh. Sc.);
- v. 2 sator. metaphora ab animali ad creatorem;
- v. 3 ire, id est, currere uniformiter; das. facis;
- v. 5/6 summi forma boni: scilicet coegit te;
- v. 7 ducis. producis (auch bei Joh. Sc.);
- v. 8 mente, id est, dispositione tua;
- v. 9 perfectum scilicet mundum; absolvere. explicare, perficere;
- v. 10 ligas, id est, coniungis; numeris, id est quattuor monadibus;
- v. 12 mersas pessumdatas; pondera scilicet terrae vel aquarum;
- v. 14 resolvis. inmittis, infundis;
- v. 17 convertit, id est, converti facit;
- v. 18–20 provehit ergo Deus animas et vitas paribus causis, id est, aequali potentia; has ergo animas sublimes rationabilitate aptat levibus curribus, id est, subtili contemplationi et intelligentiae, easque serit in caelum, id est, ad caelestem instruit conservationem;
- v. 26 tu namque serenum, id est serenitas;
- v. 28 terminus, id est per quem terminum perveniamus ad te.

Dabei kann die Wortwahl erklärt oder begründet werden. So erklärt Remigius zu v. 2:

> ab aevo, id est, ex quo dixisti: fiat lux, quoniam ex tunc coepit revolutio esse temporis, nam antea non erat tempus, sed aevum. id est, perpetuitas quaedam.

Zu v. 4 heißt es: *quem non externae etc. quem, id est, te creatorem non coegerunt causae extrinsecus tibi accidentes ut fingeres mundum, sed ipsa tua benivolentia naturaliter tibi insita;* das ist eine Paraphrase von v. 4–6. Die Beispiele zeigen, daß die Wortglossen das einzelne Wort des Textes erklären wollen.

Das vom Autor gewählte Wort kann ein »*multivocum*« (»Synonym«) sein. So erklärt Johannes Scottus (und ihm folgend Remigius) zum 1. Vers des Gedichts[1328]: *O qui perpetua mundum ratione gubernas:*

> Rationem dicit sapientiam Dei, id est, Filium Dei, per quem omnia sunt creata et creata gubernantur.

[1327] Die Beispiele sind dem bei Silvestre (wie Anm. 1311), S. 51–65 mitgeteilten Text entnommen.

[1328] Bei Silvestre (wie Anm. 1311), S. 51f.

ratio wird also mit Christus als der *sapientia Dei* gleichgesetzt: *ratio: sapientia*. Für das Bezeichnete (Sohn Gottes) stehen mehrere Bezeichnungen (»*multivoca*«) zur Verfügung, die verschiedenen Aspekten zugeordnet sind. Es heißt von dem Gemeinten (*ipse*): *ipse enim est Verbum Dei, Filius Dei, sermo Dei, manus Dei*. Von den Bezeichnungen heißt es, daß sie dasselbe meinen: *Ratio autem et sapientia et verbum idem est*. Das ist möglich, weil diese drei Substantive éinem griechischen Wort *(logos)* entsprechen: *Greci enim habent logos, quod et rationem et verbum et sapientiam sonat*. Freilich sind das mehr als Erklärungen der Wortwahl bei Boethius. Sie gehen von einem Vorgriff aus, nämlich von der Voraussetzung, daß die Aussagen des Boethius christlich zu verstehen sind. Daher sagt er: *unde ubi nos habemus:* »*in principio erat Verbum*« (Joh. 1, 1), *Greci habent* »*logos*«.

Zu »*summi forma boni*« erklärt Remigius: *Formam vocat filium Dei. qui est sapientia Dei, per quem omnia facta sunt*. Damit greift Remigius auf die Erklärung von »*ratio*« im ersten Vers zurück und stellt damit einen Zusammenhang her. Als christliche Begründung führt er aus dem Hebräerbrief die Stelle an (1, 3): *Unde scriptum est: qui cum sit splendor gloriae et figura eius, id est, Dei patris* (an dieser Stelle weicht Remigius von Johannes Scottus ab).

Der Anonymus aus Einsiedeln, der als erster den *Timaeus* Platos in Übersetzung und Erklärung des Calcidius heranzieht, bemüht sich, den Text des Boethius vom *Timaeus* her zu verstehen.[1329] Er eröffnet seine Erklärung mit den Worten (Z. 1–2 bei Huygens): *invocatio haec philosophiae ad integrum ex Platonis dogmate sumpta est*.

Dann berichtet er in indirekter Rede, was im *Timaeus* 28c ff. gesagt wird (Z. 2–12), und schließt den Bericht ab mit den Worten (Z. 12/13): *hanc Platonis assertionem in sua invocatione philosophia perorat ita incipiens: O qui perpetua*. Die Erklärung des Anonymus geht nicht auf Erklärung der Worte und Begriffe, sondern auf das Verständnis der Sätze. Er gibt Paraphrasen.

So setzt er den Relativsatz »*qui tempus ab aevo/ire iubes*« um in die Paraphrase: *aevi stabilitatem simplicem iussisti variari per tempora*.

Ähnlich paraphrasiert er die Aussage über die *forma* (v. 5/6 *verum insita summi/forma boni livore carens*): *id est: non alia extrinsecus extitit causa, ut faceret mundum, sed in se ipso ea summi boni forma inerat, ex qua bona omnia formarentur, secundum illud* (Joh. 1, 3/4): *quod factum est, in ipso vita erat* (gekürzt aus: *omnia per ipsum facta sunt, et sine ipso factum est nihil, quod factum est. in ipso vita erat et vita erat lux hominum*).

[1329] Text bei Huygens (wie Anm. 1312), S. 400–404.

V. 9 (*perfectasque iubens perfectum absolvere partes*) erklärt er (Z. 34–36): *ut quatuor illa corpora et elementa quae partes sunt mundi, integra et sine ulla delibatione integrum et inlibatum perfectumque faceret mundum*.

Den Sinn der beiden Verse über die *anima mundi* (v. 13/14 *Tu triplicis mediam naturae cuncta moventem/conectens animam per consona membra resolvis* (Z. 50–55) versteht er so: *hoc est, quod significare videtur: animantem rationabilem opinatur esse hunc mundum deumque dicit magnae huic et pulcherrimae caeli vel mundi machinae mediam locasse animam, quae circumfusa per omnes artus vel membra corporis sui, id est visibilis mundi, motum praestet omnibus quae in mundo moventur*.

Die Berufung auf das Johannesevangelium ist eine Ausnahme. Der Anonymus bemüht sich sonst, nach der Lehre Platos zu erklären (vgl. zu v. 4/5 des Boethius: Z. 20 *id est, quod Plato ait*; Z. 23f. *unde Plato*; zu v. 9 vgl. Z. 37 *ait Plato*). Was er zu v. 15–17 des Gedichts *secundum platonicum dogma* (Z. 74) sagt (Z. 73–85), schließt er mit der Feststellung ab (Z. 85f.): *haec omnia Philosophia coepta oratione prosequitur*.

Der Anonymus aus Regensburg unterscheidet sich dadurch, daß er die Zusammenhänge zu erkennen bestrebt ist, und zwar (wie der Anonymus von Einsiedeln) unter ständiger Heranziehung des *Timaeus*. Er war gezwungen, den Inhalt des *Timaeus* nach Calcidius aus dem Gedächtnis wiederzugeben, weil er bei Abfassung seiner Erklärung ihn nicht zur Hand hatte.[1330] Der ganze umfangreiche erste Teil (Jeauneau, S. 64–74) entwickelt Platos Gedanken *de genitura rerum* (so S. 64, Z. 2) aus dem Gedächtnis (S. 72, Z. 271 ... *sententias memoriter repetitas*). Calcidius nennt er (S. 72, Z. 269f.) *vir multe et magne eruditionis*.

Wie beim Anonymus von Einsiedeln, bekommt die Erklärung dadurch ihren besonderen Charakter, daß der Inhalt des Gedichts »O qui perpetua« aus dem *Timaeus* abgeleitet wird. Er geht von der (richtigen) Voraussetzung aus, daß sich für das Verständnis der Boethius-Verse keine Schwierigkeiten ergeben, wenn man den *Timaeus* kennt. Er sagt bei der Nennung des Calcidius (Jeauneau, S. 72, Z. 271–273): »Wenn ich die bei Calcidius dargelegten Ansichten ..., so gut ich vermag, entwickle, wird in diesen Versen ... nichts dunkel bleiben« (*quarum disputationum sententias ... si pro ingenii mei captu explicuero, nihil ... in his versibus ... remanebit obscurum*). Den allgemeinen Teil (Z. 1–332) schließt er mit den Worten ab (Z. 326–332): *Hanc ... continentiam de Timeo ... ideo pre-*

[1330] Er sagt (bei Jeauneau, wie Anm. 1319, S. 74, Zeile 326f.): ... continentiam de Timeo, cum librum non haberem, prout potui, memoria repetitam ...

ponere curavi, ut, quoniam totus horum versuum sensus ab ea videtur origine demanare, percepta illa et cognita, ex facili nobis huius carminis constaret intellectus, simul etiam ut totus nostre explanatiuncule cursus non exorbitans, ... cum infra scriptam platonice auctoritatis metam se ageret ...

Außer dem *Timaeus* zieht er an zwei Stellen Vergil heran, nicht als Quelle, sondern zur Bestätigung; darin folgt er Bovo von Korvey, den er genau gekannt hat. Zur »Weltseele«, die als »Geist« von innen bewegt (Jeauneau, S. 71, Z. 250–255), zitiert er als Parallele aus dem VI. Buch der *Aeneis* die Verse 724–727 *(principio celum ac terras ... spiritus intus alit totosque infusa per artus/mens agitat molem)* und findet in den Versen 13/14 des Boethius *(Tu triplicis mediam nature cuncta moventem/conectens animam per consona membra resolvis)* dieselbe Meinung ausgesprochen (Jeauneau, S. 72, Z. 262): *in hanc eandem et Boetius noster concordat sententiam.* Die Bezeichnungen *anima, spiritus* und *mens* sind identisch (Z. 265f.: *ecce quam Boetius animam vocat, Virgilius spiritum et paulo post mentem appellat*), und was die Partizipialattribute bei Boethius (Z. 266f. *et quid hic ait: cuncta moventem conectens animam*) besagen, spricht Vergil mit den Worten aus (Z. 267: *ille loquitur*): *totosque infusa per artus mens agitat molem.*

Den metaphorischen Gebrauch von *sator* (Boethius v. 2 *terrarum celique sator*) stützt er durch ein Zitat aus Vergils VI. Ecloge, die Verse Silens über die Weltschöpfung (v. 31ff.), die ausführlich von Probus kommentiert worden waren (Appendix Serviana, S. 331–344). Wenn der Ursprung der Elemente sinnvoll »Samen« heißt, weil es Keime für die Geburt des Weltalls gab, wie Vergil in den Bucolica bezeugt (Z. 347ff. *satorem autem metaphorice appellat, convenienter tamen. Si enim elementorum exordia semina non absurde dicuntur, quod nasciture universitati seminaria quedam extiterunt, ut Virgilius in Bucolicis: ... semina terrarum ...),* dann wird ihr Schöpfer mit Recht »Sämann« genannt (Z. 353 *recte eorum conditor sator appellatur*).

Die Erklärung von *tempus* und *evum* in v. 2 schließt er mit der Zusammenfassung (Z. 366f.): *aperte demonstrat et eternitatem creatoris et temporalitatem creature.* Darin sieht er eine Übereinstimmung mit der Heiligen Schrift (Z. 367–369): *consentit et huic sensui illud divine scripture testimonium:* »*Apud quem non est transmutatio nec vicissitudinis obumbratio*«.[1331]

[1331] Gemeint ist der Jacobus-Brief (1, 17): omne datum optimum et omne donum perfectum desursum est, descendens a Patre luminum, apud quem non est transmutatio nec vicissitudinis obumbratio.

Wie bei »*sator*« sucht der Anonymus auch sonst die Wortwahl des Boethius zu erklären: so Z. 391–396 *materiae fluitantis*; Z. 479–481 *triplicis nature*; Z. 534–536 *mentem profundam*; Z. 550f. *levibus curribus*. Sein besonderes Anliegen ist es aber, den Zusammenhang deutlich zu machen. Er will die einzelnen Perioden des Gedichts untersuchen (Z. 333 *nunc a principio singulas versuum periodos perscrutemur*) und den einzelnen Gedanken ihre Erklärung unterordnen (Z. 333f. *singulisque sensibus sua explanatiuncula … subiciatur*). Als »Perioden« nimmt er die drei Relativsätze des Eingangs (v. 1/2 *o qui perpetua*; v. 2/3 *qui tempus ab evo*; v. 4–6 *quem non externe*), dann die Partien, die durch Anrede Gottes gekennzeichnet sind (v. 6–8 *tu cuncta*; v. 10–12 *tu numeris*; v. 13/14 *tu triplicis*; dazwischen für sich v. 9 *perfectasque iubens*). Es schließen die beiden Perioden an, die als Relativsätze zu *animam* gehören (v. 15/16 *que cum secta*; v. 16/17 *mentemque profundam*). Als syntaktische Einheit (*periodus*) ist die vierversige Anrede genommen, die folgt (v. 18–21 *tu paribus causis*; statt: *tu causis animas paribus*). Die wenigen Verse, die folgen, sind so klar und einfach, daß sie keiner Erklärung bedürfen (Z. 559f. *sequentes pauci versus puram et simplicem ad deum continent orationem*).

Bemerkenswert ist, daß der Anonymus im allgemeinen seine Interpretation abschnittsweise zusammenfaßt. So erklärt er zunächst nach Plato den Ausdruck »*qui tempus ab evo/ire iubes*« und faßt dann zusammen (Z. 364/65): *evi enim stare est propter uniformem immutabilitatis identitatem, temporis transire propter variam vicissitudinis mobilitatem.* Schon hier zeigt sich, daß die Zusammenfassungen wortreich sein können (vgl. Jeauneau, Z. 61).

Zu v. 4–6 führt er zunächst eine Stelle aus Platos *Timaeus* an (29 e). Dann fährt er fort (Z. 386–390): *Ergo hic sensus est: non extranee cause id est nulla violentia extrinsecus illata, non urgens inopia coegerunt te facere res istas corporeas et transitorias, sed summa bonitas naturaliter tibi ingenita, nemini invides ac per hoc omnes mortales eiusdem summe bonitatis volens esse participes.* Die beiden Verse des Boethius »*de anime genitura*« (v. 13/14) kommentiert er ausführlich nach den darin enthaltenen Gedanken (Z. 479–481 zu *triplicis nature*; Z. 481–485 zu *mediam*; Z. 486–495 *cuncta moventem*; Z. 496–512 zu *conectens per consona membra*) und schließt seine Erklärungen mit der Zusammenfassung ab (Jeauneau, S. 79, Z. 512–517): *Sensus autem totus huiusmodi est: Quoniam anima hec innumera corpora penetratura et vivificatura erat, ne violentis corporum motibus dissiparetur et discerperetur, conexuit eam deus et consolidavit absolvens et explicans ex predicto fermento et massa*

membra eius talia, que et proportionibus illis inconsolubiter cohererent et
consone sibi concinerent.

Wie der Kommentar Bovos hat auch der Kommentar des Anonymus
aus Regensburg Adressaten, allerdings unbekannte. Zu Anfang des zweiten Teils (Jeauneau, S. 74, Z. 337f.) wendet er sich an einen Freund mit der
Bitte, wenn die Länge der Erklärung ihm lästig werden sollte, sie aus dem
Bedürfnis nach klarem Verstehen zu begreifen: *petitum tamen, amice, te*
principio velim, si longitudo tibi fortassis importaverit fastidium, ne tam
studio me velut ingenii ostentandi gratia quam apertioris intelligentie
causa tantum existimes protraxisse sermonem. Am Ende wendet sich der
Anonymus an zwei Adressaten: »Bis hierher, meine geliebten Freunde,
um Euch beide in gleicher Weise anzureden, schienen mir die Ansichten
der Erklärung zu bedürfen, da die Philosophia persönlich sie aus dem in-
nersten heiligen Bezirk der Philosophie hervorgeholt hat« (Z. 557–559
hactenus, dilectissimi, ut iam utrumque vestrum pariter appellem, quon-
iam de intimis philosophie penetralibus sententias philosophia ipsa erue-
bat, explanatione vise sunt indigere). Offenbar begünstigt die Zuwendung an einen Adressaten eine systematische Darlegung der Anschauungen Platos, wie sie hier und bei Bovo von Korvey gegeben werden.

Aus dem Anfang des 11. Jahrhunderts stammt der Kommentar des Bi-
schofs Adalbold von Utrecht (1010–1026), der eine eigene Intention
hat[1332]: ihm kommt es auf die Schlüssigkeit und Evidenz der Aussagen an.
Für ihn ist es bezeichnend, daß er den Kommentar des Boethius zur Ysa-
goge des Porphyrius zitiert (Z. 234/35): *animam naturae triplicis esse*
sciunt, qui super Ysagogas Porphirii Boetii commenta legerunt. Er ist einer der wenigen, die auch das Schlußgebet des Boethius (v. 22–28) interpretieren; der Kommentar dazu umfaßt (Z. 363–420) 57 Zeilen.

Im Eingang begründet er das Verfahren des Boethius, der – anders als
Hermes und Plato – sehen konnte, weil inzwischen das Licht aufgegangen
war (Z. 15–17): ... *uterque eorum caecus sub tenebris palpavit,*[1333] *quod*
Boetius exorto veritatis lumine vidit: vidit, inquam, non oculis corporis,
sed oculis cordis.[1334] Damit wird Boethius – gegenüber Plato – die Erkenntnis der Wahrheit zugesprochen.

Wenn er Gott anruft, so kann er statt einer Nennung des Namens weder
eine Definition noch eine Beschreibung verwenden (Z. 2/3 ... *loco nomi-*

[1332] Text des Kommentars von Adalbold bei Huygens (wie Anm. 1312), S. 409–426.
[1333] Vgl. Is 59, 10 palpavimus sicut caeci parietem ... (Bild für den Zustand des Volkes, das
im Dunkel lebt).
[1334] Vgl. Ephes 1, 17/18 ... ut Deus ... det vobis spiritum sapientiae ... illuminatos oculos
cordis vestri ... (Bild für die Erleuchtung).

nis nec diffinitionibus nec descriptionibus uti potest), weil Gott weder *a maioribus* (bei einer Definition) noch *ab aequalibus* (bei einer Beschreibung) erkennbar gemacht werden kann – denn es gibt weder Höheres noch Gleiches neben ihm (Z. 5f.... *et maioribus caret et aequalia non habet*). Er bemüht sich vielmehr, von den Geschöpfen auf den Schöpfer zu schließen (Z. 8 ... *ex creaturis creatorem aperire laborat*). Das bedeutet aber, daß er vom Kleineren zum Größeren aufsteigt, und eine *demonstratio* dieser Art kann nicht vollkommen sein (Z. 9/10... *haec ex minoribus demonstratio perfecta esse non possit, quia defecit in comprehensione perfectionis*). Was menschliches Denken nicht erreichen kann, dazu springt er über in bewunderndem Staunen (Z. 10–13 *in initio sui sermonis per vocem supersilit admirationis, ut quod attingere humana non valet cogitatio, ad hoc venerando trepida supersiliat admiratio*). Das Schließen *a creaturis ad creatorem* beruht auf Analogie.

Hier lassen sich am besten die Erklärungen zu *summi forma boni* (v. 5/6) anfügen. Adalbold sieht hier eine Frage (Z. 72/73 *quaestio hic oritur*), nämlich wie das *summum bonum* eine *forma* haben kann, da, was *forma* hat, als Geschaffenes nicht das *summum bonum* sein kann und das *summum bonum* ohne *forma* ist. Zu diesem Resultat führt die Anwendung des Syllogismus (Z. 73–88). Angesichts dieses Widerspruchs unterwirft er sich der Philosophie (Z. 88–90): *quid ad haec? sicne verbis philosophiae repugnabimus? Illa hic introducitur ad loquendum, quae cum creatore aderat, quando formata sunt omnia ... melius est, ut non repugnantes vincamur et potentiori ultro subiciamur; fortassis sic victis monstrabit, quod contendentibus aperire noluit. eia, manus reddidimus, victi ducamur; ducat ipsa, quo velit, sed viam praemonstret!*

Ecce, inquit, formam summi boni dixi; ne mireris! multae res id esse dicuntur, quod non sunt, ut tabula tabula esse dicitur, sed lignum est. So heißt ein Töpfer »Töpfer«, obwohl er Mensch ist und obwohl ein Töpfer vor dem Topf da ist. Adalbold will auf diese Weise deutlich machen, was es heißt, *ex creaturis quasi creatorem aperire* (so: Z. 8). Das höchste Gut hat insofern eine *forma*, als alles von ihm ausgeht. Das Bewirken alles Guten bedeutet Erscheinen des höchsten Guten (Z. 109 *bonorum ergo operatio summi boni est apparitio*). Mit einem Syllogismus zu *livore carens* (Z. 129–131) schließt Adalbold die dialektische Erklärung von v. 1–6 ab, die mit einer *quaestio* (Z. 72) begann.

Vergleiche unterstützen die Beweisführung (wie bei dem Beispiel mit dem *figulus* Z. 97ff.). *tempus ab aevo* (v. 2) erläutert er durch den Vergleich mit dem Kreis und seinem Zentrum (Z. 23ff.): *nam ut a centro circulus, sic ab aevo deducitur tempus, et idem est in tempore aevum, quod est in circulo centrum* (der Vergleich geht weiter bis Z. 44). Der Analogie im Denken Adalbolds entspricht in der sprachlichen Form die Reimprosa (wie eben in dem Vergleich mit Kreis und Mittelpunkt).

Mit einer dialektischen Frage wird die Erklärung von v. 3 (*stabilisque manens das cuncta moveri*) eingeleitet. Weil Gott zugleich überall ist, kann er sich nicht bewegen (Z. 46–48). Man könnte einwenden, das Rad könne an der Stelle, die es einnimmt, bewegt werden (Z. 48/49 *sed est qui mihi obiciat rotam in eodem loco, quem occupat, posse moveri*). Soweit das für das Rad gilt, stimmt Adalbold dem Einwand zu, aber in Bezug auf Gott widerspricht er entschieden (Z. 50/51 *de rota aliquatenus consentio, de deo penitus contradico*). Denn das Rad nimmt den Platz nur durch seine Teile ein, die beim Drehen aufeinander folgen, Gott aber ist überall ganz.

Die Anwendung des dialektischen Verfahrens war dadurch nahegelegt, daß das Gespräch zwischen Boethius und der Philosophie dialektisch angelegt ist. Darauf wird in dem 2. Kommentar aus Heiligenkreuz[1335] wiederholt aufmerksam gemacht. So zweimal zur 9. Prosa des III. Buches der *Consolatio*, die dem Gedicht »O qui perpetua« voraufgeht, und zwar bei der Umwertung, die Boethius hier vornimmt. Zu der Folgerung: *igitur sufficientiae potentiaeque una est eademque natura* (Peiper, S. 67, Z. 15f.): *a pari est illatio. quando quidem omnis sufficiens est potens* (wenn jeder, der sich selbst genügt, mächtig ist), *ergo una natura est sufficientie et potentie* (Haring, Z. 300). Zu einer Stelle in der 4. Prosa des V. Buches (Peiper, S. 135, Z. 110f.) heißt es (Haring, Z. 303): *quam sententiam* (die Lehre der Stoiker, daß sinnliche Eindrücke von außen kommen) *ideo inducit, ut illam falsificando conprobet, quod videbatur per hanc destrui sententiam, scilicet quod quisque iudicans non ex aliena vi iudicet, sed ex propria potestate*.

Haring hat darauf hingewiesen, daß solche dialektische Bemerkungen für den 2. Kommentar aus Heiligenkreuz charakteristisch sind (Z. 291ff.) und daß sie ebenso beim Anonymus aus Erfurt (Z. 293) wie bei dem ihm nahestehenden Pseudo-Johannes Scottus (S. 293, Anm. 21) begegnen: *probatio a simili – probat per partes – illatio a partibus – a toto – a parte. a contrario – a minori* usw.

Adalbold steht in der dialektischen Bewegung, die im 11. Jahrhundert beginnt und auch die Rezeption der *Consolatio* durch Notker bestimmt. Soweit sie das Gedicht »O qui perpetua« betrifft, muß daran erinnert werden, daß auch Erklärer, die sich auf die Kommentierung des Gedichts

---

[1335] Dazu: Haring (wie Anm. 1323), S. 300ff.

beschränkt haben, den ganzen Text der *Consolatio* kannten, deren Prosa ja durch die dialektische Beweisführung der Philosophia gekennzeichnet ist. Es zeigt sich aber bei Adalbold, daß die geistige Auseinandersetzung mit den Aussagen des Gedichts durch die Erläuterung des formalen Verfahrens nicht zurückgedrängt zu werden brauchte.

In der ältesten geistigen Auseinandersetzung mit den platonischen Aussagen des Gedichts stehen Johannes Scottus[1336] und Bodo von Korvey[1337] auf entgegengesetzten Fronten, obwohl beide um Verständnis des platonischen Gedankenguts bemüht sind. Bovo, der Verfasser des Kommentars, gibt in seinem Widmungsschreiben an einen Bischof Bovo, der jünger als er war (*aetate filio*), an, er sei von ihm aufgefordert worden, eine schwerverständliche Stelle aus dem Buch des Boethius (Z. 6/7 *obscurum quendam locum ex libro Boetii*), die er ihm mündlich (*viva voce*) erläutert hatte, auch schriftlich zu erklären. Damit schiebt er die Verantwortung für die Abfassung dem Adressaten zu und tritt sogleich in Distanz. Er sei dem wiederholten Drängen gefolgt, obwohl der Gegenstand ihm widerstrebte (Z. 12/13 *terrebat insuper ipsa materia officio propositoque contraria*), denn er habe mehr von der Lügenhaftigkeit platonischer Lehren als von der Wahrheit der Lehre des Evangeliums zu sprechen (Z. 13–15): *... quia de platonicorum magis dogmatum vanitate quam de doctrinae evangelicae veritate necessario erant aliquanta dicenda.* Ärzte geben nicht nur heilsame Mittel, sondern machen auch mit den giftigen bekannt. Augustinus habe in *De civitate dei* gegen die Heiden nur deswegen erfolgreich schreiben können, weil er mit ihren Bräuchen bekannt war. Er selbst habe wesentlich knapper, als es die Aufgabe eigentlich verlangte, einiges von den philosophischen Lehren gesagt. Der Leser sei daran zu erinnern, daß nicht nur in den Versen des Gedichts (*O qui perpetua*), sondern auch an vielen anderen Stellen der *Consolatio* Widersprühe gegen den katholischen Glauben zu finden seien. Wie andere dogmatische Schriften von ihm zeigten, habe er in der *Consolatio* nicht die Lehre der Kirche diskutieren, sondern allein die Lehren der Philosophen, besonders der platonischen, aufschließen wollen. Darum führe Boethius sich selbst überall als Fragenden, die Philosophia dagegen antwortend und lehrend ein.[1338]

Zu v. 2 (*sator*) zieht er zur Erklärung des metaphorischen Gebrauchs von *sator* für *conditor* Vergils 3. Ecloge (v. 31–33) an. Zeit (*tempus*) und

---

[1336] Bei Silvestre (wie Anm. 1311), S. 51–65.
[1337] Bei Huygens (wie Anm. 1312), S. 382–398.
[1338] Huygens (S. 384), Zeile 53–56: unde se ubique interrogantem, ipsam vero philosophiam respondentem docentemque introducit ipsamque in libro tertio pro reperienda sede summi boni rerum omnium patrem his verbis invocasse describit (es folgt dann die Erklärung des Textes).

Ewigkeit (*aevum*) unterscheiden sich nach ihm wie Veränderlichkeit (*mutabilitas*) und Unveränderlichkeit (*immutabilitas*). Für die Bewegungen der Geschöpfe verweist er auf Augustinus (Z. 85–86 ... *legat libros sancti Augustini de Genesi ad litteram, ubi de his motibus creaturarum enucleatissime disputat*). Lange haben Philosophen nach den Gründen für die Erschaffung der Welt gefragt, bis sie schließlich zu der Erkenntnis kamen, die auch die christlichen Schriftsteller teilen, daß allein die Güte Gottes (Z. 90/91 *bonitatem creatoris*) dafür Ursache war (dabei Verweis auf Gen. 1, 31).

Während sich Bovo über *perpetua ratione* im 1. Vers ausschweigt, geht er bei v. 6–9 (*tu cuncta superno/ducis ab exemplo...*) auf die platonische Lehre (*de platonis dogmate*) ein, daß es im Anfang eine gewisse Trinität gegeben habe (Z. 102–104 ... *deum omnium creatorem; exemplar, ad cuius speciem cuncta formaret; materiam, ex qua cuncta crearet*). Hieronymus habe in seinem Prolog zur Genesis erklärt, daß die Übersetzer der Septuaginta die Nennung der Trinität gemieden hätten, um einer Verwechslung mit der Lehre Platos zu entgehen (Z. 106–12). Die Verse über die Verbindung der Elemente (v. 10–12) zerlegt Bovo in vier Momente: die Zahlen (Z. 124–146), die Qualitäten und ihre Verbindung (Z. 147–165), die Gewichtsverteilung (Z. 166–196), die Stellung der Erde (Z. 197–222). Über die Zahlen berichtet er wörtlich nach dem Kommentar des Macrobius zu Ciceros *Somnium Scipionis* (Z. 131–146); er beginnt das Zitat (Macrobius, I 6, 23/24) mit den Worten: *Ambrosius Macrobius, qui Somnium Scipionis a Cicerone descriptum in duobus libris insigniter exposuit*, und er schließt (Z. 144–146): *in his Macrobii verbis patet, nisi fallor, quid sit »numeris elementa ligas«.*

Über die vier Qualitäten und ihre Verbindung berichtet er dann weiter nach Macrobius (ohne ihn jetzt zu zitieren), und zwar nach I 6, 25–28. Er hält das für eine allgemein angenommene Auffassung (Z. 164 *pene omnibus patet*). Die Gewichtsverteilung bespricht er weiter nach Macrobius (I 6, 29–33), wobei er ihn wieder (Z. 184ff.) wörtlich anführt (ohne ihn zu nennen). Für die Lage der Erde in der Mitte beruft er sich auf die Astronomen (Z. 199f. *omnes astrologiae testantur auctores*). Die Lehre von den Antipoden allerdings hält er für »Fabeln«, die dem christlichen Glauben völlig widersprechen (Z. 209 ... *quae sunt fidei christianae omnino contrariae*).

Nur mit großen Bedenken, und so kurz wie möglich, will Bovo die folgenden Verse verständlich machen (v. 13ff.), mit denen die Philosophia gleichsam die Gottheit persönlich anspricht (Z. 209-212 ... *etiam sequentia istorum versuum, quibus philosophia velut ipsam divinitatem invo-*

cando alloquitur, cum ingenti scrupulo tractare aggredimur ...). Und
dann spricht er nach Macrobius (Z. 246–249 *de huius animae genera-*
tione in praefato Macrobii libro nostris auribus inusitata figmenta de Ti-
meo Platonis excerpta leguntur, ex quibus hic non verba per ordinem, sed
verborum **sensum** **paucis** **absolvam**) kurz von der Weltseele (Z.
223–260). Er schließt diesen Abschnitt, der den Versen 13ff. des Boethius
zugeordnet ist, mit den Worten ab (Z. 261): *haec de platonicis sint dicta*
figmentis.

Dann versucht er zu erklären, was Boethius mit der »dreifachen Natur«
der Weltseele meint (Z. 261f.): *restat, ut cur eandem animam triplicis na-*
turae Boethius dixerit explicare conemur. Dabei verwendet er ohne Nennung Aussagen des Macrobius (I 14, 6/7), die auf Plotin und Porphyrius
zurückgehen: die *anima* habe von *mens* die *ratio* empfangen und aus ihrer
eigenen Natur die Fähigkeit, Wahrnehmung und Wachstum zu gewähren
(Z. 263f. *habeat ex mente, de qua nata est, rationem et ex sua natura vim*
praebendi sensus praebendique incrementi seminarium). Auf dreifache
Weise bewegt die *anima* die *corpora*: die Himmelskörper bewegt sie
durch reine *ratio* allein; die Körper auf Erden durch Wachstum (Pflanzen), durch *incrementum* und *sensus* (Tiere) und durch *ratio*, *sensus* und
incrementum (Menschen).

In v. 14 (*per consona membra*) kann nach Bovo die Sphärenharmonie
gemeint sein (Z. 289–302), deren Kenntnis aber nur für das Studium der
Musik von Nutzen sei. Die folgenden Verse des Boethius (v. 15–17) beziehen sich auf die Bewegung des Himmels mit den Gestirnen von Osten
nach Westen und die Gegenbewegung der Planeten von Westen nach
Osten (Z. 303–358). Dabei müsse man streng zwischen der Wahrheit
und den Erfindungen der Philosophen unterscheiden (Z. 348–350):
oportet igitur in hoc loco rei veritatem acriter intendere et hanc a philoso-
phicis longe separare figmentis. Die wunderbare Kreisbewegung des
Himmels und der Sterne in verschiedene Richtungen dürfe man nicht einer Weltseele zuschreiben, die die Christen nicht kennen, sondern der un-
sagbaren Macht des Allmächtigen (Z. 350–352): ... *ut istam caeli ac si-*
derum mirabilem in diversa circumvolutionem non ignotae nobis mundi
animae, sed omnipotentis dei ineffabili fieri virtute credamus. Dafür daß
die Kreisbewegung in sich zurückkehrt (Boethius, v. 16 *in semet reditura*
meat), beruft er sich auf die Worte Salomos (Eccli 1, 5/6), die er bei Beda
fand.[1339]

[1339] Huygens (wie Anm. 1312), S. 395: sane quod de illa anima dicitur »in semet reditura
meat«, hoc significat, quod omnis ille motus per eosdem circuitus semper repetitur (Z.
352–354) ... omnis enim circulus, quotiens in orbem rotatur, in se ipse revolvitur. a

Den »tiefen Geist« (v. 16/17 ... *mentemque profundam circuit*) versteht er als den Geist des Menschen (Z. 359–388); »tief« (*profundam*) sei er, weil er durch die Bewohnung der Erde tief unten lebt. Bei den Versen über den *status* der niederen Seelen (Z. 394) bei Boethius (v. 18–21) zieht Bovo erneut eine Grenze. Das Verständnis der Worte sei eher zu meiden als durch Erklärung zu erschließen (Z. 392/93): *horum intellectus verborum magis est fugiendus quam expositione pandendus*. Der christliche Glaube kann ganz und gar nicht aufnehmen, was Boethius sagt (Z. 395f. *sed hoc de ipsis intellegi vult, quod minime recipit fides christiana)*; nämlich daß die Seelen zunächst glücklich im Anschauen des göttlichen Geistes gelebt haben, und daß einige von ihnen, die in menschliche Körper gefallen seien, von Fehlern gereinigt nach der Lösung vom irdischen Körper wieder zu ihrem Ursprung im Himmel zurückkehrten (Z. 396–400): *eas ... in prima sui conditione in caelo positas ex contemplatione mentis divinae beate vixisse; deinde quasdam ex his in corpora humana delapsas, iterum post resolutionem eorundem corporum terrenis purgata vitiis originem suam repetere et in caelum redire*. Dazu zitiert er Vergil.[1340]

Über den *descensus ad terras* (Z. 410), den er nach Macrobius (I 12, 12–14) darstellt, machten die Philosophen ein Gewebe von wertlosen Fabeln (Z. 411 *inanissimas texunt fabulas*), die er ungeheuerliche Aussagen (Z. 420/421 *haec monstruosa commenta*) nennt, die jeder seinem Glauben fernhalten sollte (Z. 421 *procul a sua fide removeat*). Man müsse diese Lehre kennen, um sie bei Boethius (Consolatio, lib. V, pr. 2, Peiper, S. 124) in Worten über die Freiheit der Seele wiederzufinden (*animas liberiores esse necesse est, cum se in mentis divinae speculatione, minus vero cum dilabuntur ad corpora minusque etiam cum terrenis actubus colligantur*). Die Stelle (wie andere dieses Kommentars) zeigt, daß Bovo zwar nur das eine Gedicht kommentiert, daß er aber die ganze *Consolatio* kennt.

Nicht übergehen will Bovo, daß auch einige christliche Autoren über die Sonne und den Mond gedacht haben, diese würden bei Vollendung der Welt Lohn für ihre Tätigkeit empfangen (Z. 432–435): ... *non est*

---

quo non dissonat, quod in Salomone (Eccl 1, 5–6) legitur: girans girando vadit spiritus et in circulum suum revertitur. Die Stelle lautet nach der Vulgata: oritur sol et occidit et ad locum suum revertitur; ibique renascens/girat per meridiem et flectitur ad aquilonem; lustrans universa in circuitu pergit spiritus et in circulos suos revertitur (Z. 356–358). Huygens meint (S. 395 zu Z. 357), daß das Zitat aus Beda (De temporum ratione) übernommen sei.

[1340] Z. 400–401 atque, ut Virgilius ait, rursus in corpora velle reverti. Anchises beschließt seine berühmte Rede (Aen. VI, 724–751) mit den Worten (VI, 748–751): has omnis... deus evocat agmine magno..., supera ut revisant/rursus et incipiant in corpora velle reverti.

praetereundum quod de praecipuis mundi luminaribus sole et luna etiam nostri quidam auctores hoc senserunt, quod in consummatione mundi receptura sint praemium laboris sui. Als Zeugen führt er eine Stelle aus der Erklärung des Hieronymus zu Isaias (30, 26) an (Z. 435–449), in der Hieronymus sich auf die berühmte Aussage des Apostels Paulus (Rom 8, 19–21) über die Erwartung und Befreiung der Kreatur bezieht. Eine vergleichbare Aussage habe er bei keinem anderen christlichen Schriftsteller gefunden, und auch Hieronymus habe an anderen Stellen Entgegengesetztes geäußert. Ihm genüge die Aussage der Schrift (Gen 1, 16), daß von Gott zwei große Leuchten (Z. 458) geschaffen worden seien; es sei verwegen, ihr Wesen tiefer erforschen zu wollen (Z. 458/59): *naturam vero illorum altius velle scrutari temerarium est.*

Das Schlußgebet des Gedichts »*Da pater*« (v. 22–28) ist nach Bovos Meinung so klar, daß es keiner Erklärung bedarf (Z. 459–461): *pauci vero versus, qui restant, expositione non indigent, quoniam in eis pura et aperta ad deun oratio funditur.* Zwar wittert er auch in diesen Versen »philosophisches Gift« (Z. 461/62 *fateor ... videri mihi quaedam in his verbis philosophicum redolere venenum*); er will sie aber gelten lassen, weil »katholische Ohren« gewohnt seien, sie richtiger aufzunehmen und in besserem Sinne zu verstehen (Z. 462–464): *sed quoniam ea catholicae aures rectius accipere et in meliorem partem interpretari solent, ... id gratanter accipio ...*

So bemüht sich Bovo entschieden um richtiges Verständnis der platonischen Gedanken des Gedichts, zieht aber eine scharfe Grenze zwischen ihnen und dem christlichen Glauben.

Das ist anders in einem Kommentar zu dem Gedicht des Boethius, der in einer Brüsseler Handschrift aus der ersten Hälfte des 11. Jahrhunderts überliefert ist (Bibl. Royale de Bruxelles 10066–77, fol. 157^v–158^v) und von Bernhard Silvestre Johannes Scottus zugeschrieben wird;[1341] bei Silvestre ist der Brüsseler Kommentar zum Vergleich in Paralleldruck mit dem Kommentar des Remigius abgedruckt (S. 51–65). So lassen sich die Aussagen der beiden Kommentare leicht überblicken.

Silvestre glaubt, daß sich die kritische Haltung Bovos von Korvey gegen den Brüsseler Kommentar richtet (Z. 106ff.), der nach Silvestre Quelle für den Kommentar des Remigius war, in dem nur bei der Erklärung des Boethius-Gedichts die Wortglossierung durch einen wirklichen Kommentar ersetzt ist (in dem aber auch noch Wortglossen enthalten sind). Vieles scheint dafür zu sprechen, daß in der Brüsseler Handschrift ein Kommen-

---

[1341] Silvestre: wie Anm. 1311.

334

tar vorliegt, der von Johannes Scottus stammt. Analogien zu dem Hauptwerk des Johannes Scottus »De divisione naturae« hat Silvestre nachweisen können (wie Anm. 1311, S. 101ff.), aber der Schluß des Kommentars (S. 64, zu v. 18–21 des Boethius) scheint verkürzt, vor allem zu Vers 20/21 (*... quas lege benigna/ad te conversas reduci facis igne reverti*) geht er nicht auf die Lehre von der Rückkehr zu Gott ein, die Johannes Scottus so sehr am Herzen lag.[1342]

Jedenfalls hat der Brüsseler Kommentar einen entscheidenden Schritt getan: er versteht das Gedicht des Boethius vom Eingang des Johannes-Evangeliums aus, das der Ire ja kommentiert hat.[1343] Das zeigt schon die Erklärung des ersten Verses (*O qui perpetua mundum ratione gubernas*).

Die »*expositio*« beginnt mit der Bestimmung von *ratio* als *sapientia dei*, d. h. als Sohn Gottes, durch den alles geschaffen ist und das Geschaffene gelenkt wird; das bedeutet: der Kommentar versteht Boethius vom Johannesevangelium aus.[1344] Dann werden verschiedene Namen für den Gottessohn genannt (*Verbum dei, filius Dei, Sermo Dei, Manus Dei*); *ratio, sapientia* und *verbum* sind identisch (»Äquivokationen«). Wo in der lateinischen Bibel (Joh. 1, 1) steht: *in principio erat verbum*, haben die Griechen *logos*, das auch *ratio, verbum* und *sapientia* bedeutet.[1345]

Ähnlich verfährt der Brüsseler Kommentar bei der Erklärung von *exemplum* in v. 6/7 (*tu cuncta superno/ducis ab.exemplo*). Der Kommentar sagt dazu (Silvestre, S. 54): *ab exemplo, ab illo exemplari, quod fuit in mente divina, ad cuius similitudinem mundus factus est. quod vocant Greci philosophi ydeas, id est, formas, nostri autem latini vitam vocant.* Wie in v. 1 griech. *logos* zu lateinischen Entsprechungen in Beziehung gebracht wird, so hier griech. *ydea = forma* zu *vita* im Johannes-Evangelium. Es heißt: *tale in evangelio* (Joh. 1, 3/4) *legimus*: (...) *quod factum est,/in ipso vita erat.* Ohne Verbindung folgt ein Satz, der offenbar nach

---

[1342] Dazu: Böhner-Gilson, Christliche Philosophie (wie Anm. 59), S. 278–283.

[1343] Ein Vergleich des Kommentars in der Brüsseler Handschrift mit den Fragmenten des Kommentars von Johannes Scottus zum Johannes-Evangelium (Migne 122, 283–343) steht m. W. noch aus.

[1344] Joh. 1, 3 omnia per ipsum facta sunt, et sine ipso factum est nihil, quod factum est. Diese Worte sind im Brief des Apostels Paulus an die Kolosser aufgenommen (Col 1, 16): ... omnia per ipsum et in ipso creata sunt.

[1345] Die Stelle lautet im Brüsseler Kommentar (bei Silvestre, wie Anm. 1311, S. 51/52): Rationem dicit (sc. Boethius) sapientiam Dei, id est Filium Dei, per quem omnia sunt creata et creata gubernantur. Ipse enim est Verbum Dei, Filius Dei, Sermo Dei, Manus Dei. Ratio: sapientia. Ratio autem et sapientia et verbum idem est. Unde ubi nos habemus »in principio erat Verbum«, Greci enim habent »logos«, quod et rationem et verbum et sapientiam sonat.

dem Johannes-Evangelium (17, 21) gebildet ist: *omnis creatura enim in Deo unum*. Der platonische Begriff der »Idee« wird vom Johannesevangelium her durch *vita* erhellt. Wie ein Künstler, bevor er ein Werk schafft, vorher sich in seinem Geiste die Form vorstellt, so hatte Gott die *forma* (*idea*) dieser Welt schon immer in seinem Geist. Den Vergleich Gottes mit einem *artifex* fand der Kommentar bei Boethius[1346] (Consolatio IV, prosa 6). Er bezieht sich natürlich auf v. 8 (*mundum mente gerens similique in imagine formans*). Der Begriff *vita* (*idea*) wird so erläutert (Silvestre, S. 55): *in ipso enim omnia vivebant, antequam fierent, et simul fuerunt*. Um das simultane Dasein im Geiste Gottes zu verdeutlichen, zieht der Kommentar einen Satz aus dem Buche Ecclesiasticus (18, 1) an: *unde et scriptum est: qui vivit in eternum, creavit omnia simul*.

Remigius, der diese Erklärungen im wesentlichen übernimmt, zieht Stellen aus den Briefen des Apostels Paulus heran, um das Verhältnis zwischen Gott Vater und dem Sohne (darüber: Isidor, Etym. VII, 2) näher zu bestimmen. Zu *forma* (v. 6) zitiert er aus dem Eingang des Hebräerbriefes (Silvestre, S. 53): *unde scriptum est* (Hebr 1, 3): *qui cum sit splendor gloriae et figura eius, id est, Dei patris* (die *Vulgata* hat: *figura substantiae eius*, und schließt den vorausgehenden Vers Hebr 1, 2 mit dem auf *filius* bezogenen Relativsatz: *per quem fecit et saecula*).

Zu v. 8 (*similique in imagine formans*) heißt es (Silvestre, S. 55): *id est per filium, qui est imago et similitudo patris* (nach 2 Cor 4, 4 ... *non fulgeat illis illuminatio evangelii gloriae Christi, qui est imago Dei*).[1347]

Zu v. 13/14 (*tu triplicis mediam naturae cuncta moventem, conectens animam ...*) heißt es im Kommentar von Brüssel (Silvestre, S. 61): *anima media est, quia habet super se spiritum, habet sub se corpus. que si obtemperaverit spiritui, efficitur homo spiritualis; si corpori, corporalis et carnalis*. Damit wird eine Paulinische Anschauung aufgenommen, wie sie ausgesprochen ist im Römerbrief (8, 4 ... *qui non secundum carnem ambulamus, sed secundum spiritum*) und im Galaterbrief (5, 17 *caro concupiscit adversus spiritum*). Dabei ist die zweite Auffassung der *anima* vorausgesetzt, die der Kommentator vorträgt: es handelt sich in v. 17 des Boethius um die Seele des Menschen (*de anima hominis melius accipitur*). Als Auffassung der Philosophen ist vorher die Auffassung entwickelt

---

[1346] Boethius läßt die Philosophia sagen (Consol. IV, pr. 6, bei Peiper, wie Anm. 1307, S. 109): sicut enim artifex faciendae rei formam mente praecipiens movet operis effectum et, quod simpliciter praesentarieque prospexerat, per temporales ordines ducit, ita deus providentia quidem singulariter stabiliterque facienda disponit, fato vero haec ipsa, quae disposuit, multipliciter ac temporaliter amministrat.

[1347] Die Namen für Christus erläutert Isidor in seinen Etymologien (wie Anm. 13, VII, 2): imago dicitur propter parem similitudinem Patris.

worden, daß mit der *anima* die Sonne gemeint ist (Silvestre, S. 58ff. *dicamus primum secundum philosophos de sole*). Als christliche Entsprechung zu v. 16 (*in semet reditura meat*) führt er eine Stelle aus *Ecclesiastes* (1, 5–6) an, die auch Bovo zitiert (vgl. Anm. 1339): *remeat, quia ad locum illum, unde oritur, revertitur. Tale illud Salomonis: oritur sol et occidit et ad locum suum revertitur;*[1348] *ibique renascens gyrat per meridiem et flectitur ad aquilonem.*

So wird sowohl die erste wie die zweite Auffassung der *anima* durch Bibelstellen gestützt. Was im Kommentar aus Brüssel zu v. 18–21 des Boethius gesagt ist (Silvestre, S. 64), scheint im Wortlaut reduziert; offenbar entspricht der Text bei Remigius (Silvestre, S. 64f.) annähernd dem ursprünglichen Wortlaut in der Vorlage der Brüsseler Handschrift.

Silvestre hat die Glossen zu v. 18–21 des Boethius geprüft (S. 93–97). Es geht um die Frage, was Boethius im Auge hat, wenn er von *animae* und *vitae minores* spricht.[1349] Mehrere Auffassungen werden erwogen. Remigius folgt den »Klügeren« (Silvestre, S. 64 *prudentioribus aliter videtur*), die unter *animae* die Seele des Menschen verstehen, die *rationalis* ist, unter *vitae minores* die Seele der Tiere, die nur *vitalis* ist. Auch der Brüsseler Kommentar kennt diese Auffassung (*animas scilicet hominum et minores vitas, id est, pecudum*), folgt aber lieber (*vel pocius*) der Auffassung, daß Boethius mit *animas* die Engel (*angelorum spiritus*), mit *vitas minores* dagegen die Menschen meint (*hominum animas*). Er begründet das so (Silvestre, S. 64): *utrosque enim Deus condidit, et angelos et homines, ambos etiam rationabiles, licet angeli maioris sint dignitatis quam homines mole corporis pergravati.*

Zu v. 13 (*cuncta moventem*) entwickelt der Kommentator von Brüssel die Auffassung des Menschen als Mikrokosmos. Es heißt (Silvestre, S. 62): *quicquid Deus operat in maiori mundo, hoc anima in corpore hominis; hinc microcosmos vocatur homo grece, id est, minor mundus.*

Der Kommentar aus Brüssel erklärt Begriffe, nicht Worte (wie Remigius) oder Zusammenhänge im Gedicht (wie der Anonymus von Einsiedeln). So wird zu v. 3 (das *cuncta moveri*) der Begriff der Bewegung ge-

---

[1348] Die Vulgata fährt fort (wie Anm. 1339): lustrans universa in circuitu pergit spiritus et in circulos suos revertitur; sicher schloß der Kommentar diese Fortsetzung ein, die unmittelbar an v. 17/18 im Gedicht des Boethius anklingt (in semet reditura meat mentemque profundam/circuit et simili convertit imagine caelum).

[1349] Die Verse 18–19 (tu causis animas paribus vitasque minores/provehis et levibus sublimes curribus aptans) gibt Remigius in der Prosafolge (bei Silvestre, wie Anm. 1311, S. 64): Ordo verborum est: Tu provehis animas vitasque minores paribus causis, et seris in caelum et terram aptans sublimes animas levibus curribus (dabei ist der Anfang von v. 20 einbezogen: in caelum terramque seris).

klärt (Silvestre, S. 52): Was Körper hat (*corporalia*), bewegt sich in Raum und Zeit (*loco simul ac tempore moventur*); was geitig ist (*spiritualia*) wie die Seele bewegt sich nur in der Zeit, nicht im Raum (*tantum tempore moventur, non autem loco*). Gott aber bewegt sich weder im Raum noch in der Zeit (*Deus vero nec loco movetur, nec tempore*). Remigius übernimmt das wörtlich und ergänzt es nach einer Psalmenstelle: *omnem locum maiestate implet et omnia in eo simul sunt tempora* (Ps. 71, 19 *replebitur maiestate eius omnis terra*). Wie auch sonst wird so bei Remigius das Christliche verstärkt.

Im Kommentar aus Brüssel wird die Aussage, daß alles gleichzeitig in Gott war, bevor es geschah (*in ipso enim omnia vivebant, antequam fierent, et in eo simul fuerunt*), durch die Stelle aus Ecclesiasticus gestützt (18, 1): *unde et scriptum est: qui vivit in eternum, creavit omnia simul.* Daran schließt die Erklärung von vier Arten des *precedere* (Silvestre, S. 55): *eternitate, tempore, electione, origine.*

Am ausführlichsten ist die begrifflich-systematische Erklärung der »*synzygiae*«, die im Brüsseler Kommentar zu *perfectas partes* (v. 9) gegeben wird, während Remigius sie an *ligas* (v. 10) anknüpft (Silvestre, S. 55–57, bzw. Z. 57/58). Die hier vorgetragene Lehre von den »Verbindungen« (*coniunctiones*) geht auf Platos *Timaeus* (32aff.) zurück und wurde dem Mittelalter u. a. durch Macrobius (Com. S. Sc. I 6, 23ff.) überliefert. Wieder interessiert sich der Kommentar aus Brüssel für eine Systematik, die weit über den Text hinausgeht (sechs Verbindungen werden unterschieden) und noch ergänzt wird durch eine Übersicht über die »*concordantia*« der vier Elemente mit den vier Jahreszeiten, den vier Lebensaltern und den vier »*humores*«; nach Silvestre (S. 80) war der Stoff dazu bei Beda gegeben (*De temporum ratione*, cap. 35). Bedas Lehre wurde versifiziert[1350].

Der Kommentar aus Brüssel schließt an v. 11/12 (*ne purior ignis/evolet aut mersas deducant pondera terras*) eine Erklärung für das Gleichgewicht an (Silvestre, S. 57), die selbständig entwickelt ist (Vorläufer: Macrobius, Com. S. Sc. I 22, 4/5). Drei Merkmale kennzeichnen den Kommentar aus Brüssel, den Silvestre Johannes Scottus zuschreibt: 1. er gibt die Grundlage für eine christliche Rezeption des Gedichts; 2. er bemüht sich, die Begriffe systematisch zu erklären; 3. er liefert Material für Entwicklung der kosmologischen Anschauungen im Mittelalter.[1351]

[1350] Vgl. Poetae VI, fasc. 1, S. 137 Versus de quattuor elementis; S. 198 De ratione temporum.

[1351] Zur Kosmologie im Mittelalter: Nitschke, Naturerkenntnis (wie Anm. 135), S. 62–136.

Adalbold von Utrecht[1352] schließt sich sowohl der Kritik wie der christlichen Deutung des Boethius an. Im Eingang zieht er eine Grenze zwischen Plato und Hermes, die im Dunkeln tappten, weil sie den Glauben nicht kannten, und Boethius, der mit den Augen des Herzens wahrhaftig sah (was das Gedicht sagt), weil inzwischen das Licht der Wahrheit aufgegangen war (Huygens, S. 409f., Z. 13–18). Boethius bemüht sich, den Schöpfer aus der Schöpfung zu erkennen, durch die er erkannt werden kann. Mittler dabei ist der Sohn Gottes, der bei Adalbold (in Nachfolge der Auffassung von Johannes Scottus und Remigius) eine besondere Rolle bekommt. Es heißt zu Anfang (Huygens, S. 410, Z. 18–20), Boethius begriff, daß die Welt durch die Weisheit Gottes, d. h. durch den Sohn Gottes nicht nur geschaffen ist, sondern auch gelenkt wird: *vidit mundum perpetua ratione regi, quia intellexit illum per sapientiam dei, id est, per filium dei, non tantum factum esse, sed etiam gubernari.* Der Sohn hat alles nach dem Willen des Vaters erfüllt (zu v. 6/7 bei Huygens, S. 414, Z. 132/33): *sicut pater voluit, sic verbum cuncta creavit* (nach Joh. 1, 3). Zu v. 8 (*mundum mente gerens*) sagt Adalbold (Huygens, S. 414f., Z. 141–145): *et quid est mens dei nisi filius, per quem et a quo facta sunt omnia et in quo omnia, quae facta sunt, sunt et vivunt, sicut scriptum est* (Joh. 1, 3–4): *quod factum est, in ipso vita erat; nam omne, quod factum est, in ipso geritur, in quo est et vivit.*

Der nächste Abschnitt (Huygens, S. 415, Z. 146–162), der *imago* erklärt (v. 8 *similique in imagine formans*), schließt mit Motiven aus dem 15. Kapitel des 1. Korintherbriefes (*mori-vivificari, granum*).

Zu v. 16/17 (*mentemque profundam/circuit et simili convertit imagine caelum*) nimmt Adalbold seine Auffassung von *mens* (v. 8) wieder auf (Huygens, S. 421, Z. 303–307): *quam mentem, nisi in qua geritur* (sc. *mundus*) *et ex qua regitur?* (nämlich *mens dei* = filius dei). *haec est mens, in qua esse suum et ex qua posse suum habet.* Nach seinem Willen bewegt sich die Welt; der Himmel, dessen wahres Wesen uns nicht zugänglich ist, wird uns im Abbild gezeigt[1353] (Huygens, S. 421, Z. 307/08): *in imagine caelum nobis monstratur ..., quia vera eius essentia ... in ipso tenetur.*

Zu v. 26 des Boethius (*tuo splendore mica*) heißt es (Huygens, S. 425, Z. 401–406): wer das Licht sucht, soll Nebel meiden; wer nach dem höchsten Gut verlangt, soll Erdenschwere abwerfen; dann wird er Gott in seinem Glanze sehen, das heißt: *patrem per filii opera clarificatum* (vgl. Joh.

[1352] Der Kommentar Adalbolds: wie Anm. 136 und 1312.
[1353] Für die Erklärung von imago greift Adalbold auf seine Erklärung von v. 8 (in imagine formans) zurück (Huygens, S. 421, Z. 307/08): sicut enim superius (Huygens, S. 415, Z. 146–152) dictum est, in imagine caelum nobis monstratur ...

17, 1) *cognoscet, nam ut per splendorem vigor solis aperitur, sic per filium maiestas patris intellegitur*.

Von seinem Standort aus wird Adalbold auch mit der Lehre von der Weltseele (Boethius, V. 13–17) fertig. Zunächst versteht er die dreifache Natur der *anima* (er versteht darunter das Prinzip der Belebung) nach dem Kommentar des Boethius zur Isagoge des Porphyrius[1354]: Die Fortpflanzung (*propagatio*) geht verschieden vor sich bei den Pflanzen, die nur Leben haben, bei den Tieren, die außerdem über Sinne verfügen, und bei den Menschen, die außer Leben und Sinnen die Vernunft besitzen (Huygens, S. 418–420, Z. 233–263). Adalbold setzt sich (in Kenntnis von Macrobius) von den *physici* ab, die der Welt eine Seele zuschreiben (Huygens, S. 420, Z. 265–275), d. h. die Kraft zur Belebung, die in Wahrheit von Gott kommt und von der *anima mundi* nur ausgeführt wird. In diesem Glauben an eine Weltseele hatten sie nicht die Wahrheit, sondern nur Wahrscheinliches in der Hand.[1355] So blieben sie mit ihren Erfindungen ohne Erfolg. Offensichtlich kennt Adalbold das bedeutende Kapitel bei Macrobius über die *narratio fabulosa* (Som. Sc. I, 2) und spielt darauf an.

Die Verse 18ff. (*Tu causis animas …*) bezieht er auf den Menschen und nicht wie andere auf Engel und Menschen (Huygens, S. 422/23, Z. 323–362); denn v. 21 spricht von einer Rückkehr, die für Engel nicht in Betracht kommt, weil sie sich nie abgewendet haben (Z. 329/30 *hoc enim de angelis intellegi non potest, qui numquam aversi recesserunt ac ideo nunquam conversi reversi sunt*). Der mit *ratio* und *intellegentia* ausgerüstete Mensch (*ratio* und *intellegentia* sind die *currus*) hat die Freiheit, sich der Erde zuzuwenden oder sich zum Himmel zu erheben (damit wird gedeutet: v. 20 *in caelum terramque seris*). Viele, die die Freiheit nicht *ad gloriam*, sondern *ad ignominiam* gebrauchen,[1356] werden durch die Gnade des Evangeliums, das nicht hartes, sondern freundliches Gesetz heißt, vom heimbringenden Feuer des Heiligen Geistes entzündet, zum Himmel zurückgerufen, wo sie der Herr aufnimmt. So versteht Adalbold v. 20/21 des Boethius (… *quas lege benigna/ad te conversas reduci facis igne reverti*).

[1354] Adalbold sagt (Huygens, S. 418f., Zeile 234–236): animam naturae triplicis esse sciunt, qui super Ysagogas Porphirii Boetii commenta legerunt: alia enim tantum vitam, alia vitam et sensum, alia vitam sensum et rationem ministrat.

[1355] Im Anschluß an v. 15/16 des Boethius bemerkt er (Huygens, S. 420, Zeile 265–271): mundum animam habere physici dicunt, ipsi non creatori vim vivificationis omnium animantium imputantes et cuncta ab eo animari credentes ipsum (sc. mundum) pro deo coluerunt ac ideo non veritatem, sed aliqua veri similia tenentes ipsis suis figmentis perierunt. in hoc enim, quod ei vim vivificationis imputabant, non veritatem, sed veri similia tenebant; minister est (sc. mundus) quippe vivificationis, non magister.

[1356] Vgl. Hab. 2, 16 repletus es ignominia pro gloria …

So führt Adalbold in der zweiten Hälfte des Gedichts eine tropologische Auffassung durch, die in dem Schlußgebet mündet.

Inzwischen bahnt sich eine Wende an, von der schon zu reden war: der Anonymus von Einsiedeln[1357] erklärt das Gedicht des Boethius aus seiner Quelle, Platos *Timaeus*. Nach Calcidius werden die Aussagen Platos dargestellt, ohne jeden Versuch einer Kritik oder einer Verchristlichung. Es geht allein um die Philosophie.

In der ersten Hälfte des 12. Jahrhunderts ist die Wende vollzogen. Das zeigt der anonyme Kommentar aus Regensburg,[1358] der das Gedicht des Boethius nicht (wie der Anonymus von Einsiedeln) mit Hilfe des Calcidius paraphrasiert, sondern durch die Darlegung der wirklichen Ansichten und Aussagen Platos das Gedicht erklärt. Für ihn ist Plato (Jeauneau, S. 64) *princeps omnium tam inventione subtilitate quam eloquendi ornatibus*; die Philosophen des Altertums haben sich zu ihm als *princeps* bekannt (Jeauneau, S. 71), Calcidius, sein Erklärer (Jeauneau, S. 72 *eius expositor, vir multe et magne eruditionis Calcidius, parcus licet loquendi*), gilt ihm als wortkarger Gelehrter von großer Bildung.

In mehreren Kommentaren aus der ersten Hälfte des 12. Jahrhunderts wird im Eingang übereinstimmend festgestellt, daß Rechtgläubige wie Heiden mit zwei Welten rechnen, einer »archetypischen« und einer »sinnlich wahrnehmbaren«. So heißt es beim Anonymus aus Erfurt und bei Pseudo-Johannes Scottus[1359] sowie im Kommentar aus Heiligenkreuz[1360]: *sciendum est quod quicumque de constitutione mundi digne* (!) *tractant, tam catholici quam ethnici, duos mundos esse asserunt: unum archetipum i. e. intelligibilem mundum, alterum sensibilem vel imaginarium. Archetipum vero mundum vocat principalem mundum, scilicet conceptionem huius visibilis mundi eternaliter existentem in mente divina. Imaginarium autem dicunt hunc mundum sensibus subiacentem, qui videri et aliis sensibus percipi potest ...*

In der überarbeiteten (also zweiten) Fassung der Glossen von Wilhelm von Conches ist dieser Passus nicht im Eingang, sondern (sinngemäß) zu v. 6/7 (*tu cuncta superno/ducis ab exemplo*) gegeben[1361]: *Tu cuncta superno. in isto fine versus et in duobus sequentibus ostendit, quid sit causa formalis mundi. Ad cuius evidentiam notabis, quod quicumque de mundi constitutione locuti sunt ... sive catholici essent sive alii, duos mundos as-*

[1357] Text bei Huygens (wie Anm. 1312), S. 400–404.
[1358] Text bei Jeauneau (wie Anm. 1319), S. 64–80.
[1359] Beide im Wortlaut bei Silk (wie Anm. 1317), S. 33f.
[1360] Bei Haring (wie Anm. 1323), S. 303f.
[1361] Bei Parent, La doctrine de la création (wie Anm. 14), Anm. zu S. 129, Z. 22.

seruerunt, unum quidem dictum archetipum, alium quidem vocatum sensibilem et exemplarem mundum. Archetipum vero mundum vocaverunt conceptionem et imaginationem huius sensibilis, que fuit in mente divina, antequam iste mundus sensibilis fieret. So wird die platonische Auffassung der Welt als gemeinsame Auffassung christlicher und heidnischer Autoren hingestellt. Das läßt eine Interpretation des Boethius-Gedichtes erwarten, die von Übereinstimmung zwischen platonischer und christlicher Anschauung ausgeht. Dabei kann ein Kommentar, wie der aus Heiligenkreuz, so angelegt sein, daß er mehrere Möglichkeiten der Deutung anbietet, ohne sich für eine bestimmte zu entscheiden.[1362]

Der Widerspruch zwischen antiker und christlicher Auffasung kann unaufgelöst bestehen bleiben. Der Kommentator kennt den Ausspruch des Calcidius (zitiert bei Haring, S. 306, Anm. 11): *philosophorum omnium commune dogma est neque quid fieri ex nihilo nec in nihilum interire.* Zweimal bezieht sich der Erklärer von Heiligenkreuz darauf. Im zweiten Fall (Haring, S. 306, Nr. 11) heißt es zu *moveri* (v. 3): *et bene dixit moveri et non destrui, quia ut dicunt philosophi, nichil destruetur in mundo penitus, sed per contextionem et recontextionem fit variatio rerum ...* Die Wahl von *sator* (v. 2) statt *creator* wird aus der Anschauung Platos, die dem christlichen Glauben widerspricht, abgeleitet, daß Gott nicht aus dem Nichts geschaffen habe (Haring, S. 305, Nr. 7): *satorem autem potius quam creatorem deum iuxta platonicam sententiam vocavit, eo quod Plato et plures alii philosophi dixerunt non ex nichilo, ut fides nostra habet, deum summum i. e. tagaton fecisse elementa, sed fuisse eternaliter duo principia, ex quibus creata sint omnia: ylen scilicet et ideas.*

Während an dieser Stelle der Widerspruch konstatiert wird, unternehmen andere Stellen, ihn aufzuheben. In v. 1 wird *ratio perpetua* einmal daraus erklärt, daß *perpetuus* (statt *eternus*) gewählt ist wegen des Bezugs auf die zeitliche Welt (Haring, S. 305, Nr. 8 *secundum hunc temporalem mundum*). *ratio* kann hier aber auch die Weisheit Gottes (*sapientia dei*) sein, durch den alles geschaffen ist und gelenkt wird; diese Weisheit ist das Wort Gottes, sein Sohn.

Zu v. 5/6 (*summi/forma boni*) werden mehrere Erklärungen angeboten (Haring, S. 307, Nr. 14). Die Philosophie bei Boethius nennt so den Sohn Gottes (*... vocat filium dei, qui est sapientia patris, per quem omnia facta sunt*). Mit *forma* kann aber auch die platonische Idee gemeint sein, die bei Johannes *vita* heißt. Schließlich kann *forma summi boni* auch die *proprietas* des Guten sein, das in Gott ist und uns gut machen kann (Haring, S.

[1362] Die Zitate aus diesem Kommentar nach Haring (wie Anm. 1323), S. 303–316.

342

307, Nr. 15): *vel formam summi boni vocat proprietatem ipsius boni, quod est in deo quodque valet nos facere bonos.*

Von besonderer Bedeutung ist, daß der Kommentar die Begriffe *involucrum* und *integumentum* kennt, die bei Abaelard, Wilhelm von Conches und Bernhard Silvestris verwendet werden (Haring, S. 311, Nr. 31) und bei ihnen wie hier auf die Weltseele bezogen sind. Diese hat der Noys aus drei Wesenheiten geschaffen (Haring, S. 311, Nr. 29): *Noys vero fecit animam mundi ex tribus essentiis* usw. Dies Ganze aber ist durch Einhüllung und Verhüllung, d. h. allegorisch gesagt (Nr. 31 *Quod totum per quedam involucra et integumenta, i. e. allegorice dictum est*). Mit den drei Wesenheiten sind die drei Fähigkeiten der Seele gemeint: der *intellectus*, durch den sie das Bleibende betrachtet (*celestia que non mutantur, sed semper sunt eadem*); die Wahrnehmung (*sensus*), mit der sie die veränderlichen Körper erfaßt (*ea que tantum diverse sunt essentie i. e. individua corpora, que semper in mutatione sunt*); und der Verstand (*ratio*), der *universalia specialia et generalia* erkennt, indem er über die Individuen zu ihnen aufsteigt.

Die Verwendung der Begriffe *involucrum* und *integumentum* als Arten allegorischen Sprechens weist insbesondere auf den Kommentar von Bernhard Silvestris zu Martianus Capella, in jedem Falle auf die Schule von Chartres. Bei Bovo von Korvey ist noch von wertlosen Erfindungen die Rede, wenn platonische Gedanken entwickelt werden. Von Erfindungen sprach auch noch Adalbold. Im Kommentar aus Heiligenkreuz ist die Wende vollzogen, für die sicher Wilhelm von Conches mit verantwortlich war.

Von den Glossen zur *Consolatio* des Boethius hat Parent den Anfang der Erklärung zu dem 9. Gedicht des dritten Buches abgedruckt.[1363]

Bevor Wilhelm von Conches auf das Gedicht selber eingeht, gibt er den Zusammenhang (Parent, S. 124): *Philosophia ostensura Boetio, in quo summum bonum sit situm et qualiter ad ipsum perveniatur, divinum invocat auxilium, sine quo nec docere nec doceri potest.* Die Bitte geht auf etwas Bedeutendes und Wertvolles (*magnum et honestum esse, quod petit*); in solcher Lage soll ein Philosoph die Gottheit um Hilfe anrufen (*in magnis enim et honestis rebus est invocandum a sapiente divinum auxilium*; nach Boethius, Cons. III, pr. 9 und dieser unter Berufung auf Platos *Timaeus*). Dabei gilt der Glaube an das Gute und seine Macht. Die Gottheit, die alles schafft und lenkt, kann die Bitte erfüllen, und sie will es auch, weil sie allein aus Güte alles geschaffen hat. Das bedeutet, daß nach Wilhelm von Conches das Gedicht die Anrufung der Gottheit begründet.

[1363] Parent (wie Anm. 14 und 1361), S. 124–130.

Der Einzelerklärung geht ein Versuch vorauf, die Konzeption des Gedichts zu erkennen: *Notandum autem in principio quatuor principales cause; efficiens scilicet creator, formalis ipsius sapientia, finalis eius bonitas, materialis quatuor elementa* (Parent, S. 124, Z. 14–16).

Schon im Kommentar aus Heiligenkreuz hieß es zum Vers 22, mit dem die Bitten beginnen, die Hermann von der Reichenau im Schluß von *Ave praeclara* nachbildete: *huc tota series predicta intendit* (Haring, S. 315). Wilhelm von Conches macht deutlich, daß das Gedicht des Boethius eine einzige Periode ist: *littera sic legatur, ut suspendatur usque ibi: Da pater; et hoc est hirmos, id est longa suspensio orationis ad unum exitum tendentis.* Den Terminus *hirmos* übernahm Wilhelm von Conches aus Isidors Etymologien (Etym. I 36, 18): *Hirmos est sententia continuatae orationis tenoren suum usque ad ultimum servans.* Als Beispiel wird Vergil (Aen. I, 159ff.) genannt, der eine Schilderung der Zuflucht des Aeneas gibt (Beginn: *est in secessu longo locus, insula portum/efficit ...*), die von Isidor offenbar anders als von modernen Herausgebern gelesen wurde. Isidor sagt zu I, 165 (*horrentique atrum nemus imminet umbris*): *hinc enim in longum vadit sensus usque ad illud* (es folgt I, 165).

Soweit sich nach dem bei Parent abgedruckten Anfangsteil urteilen läßt, hat Wilhelm das Gedicht nach den vier *causae* gegliedert, die er der Erklärung voranstellt. Die ersten drei Verse des Boethius sollen zeigen, daß Gott als *causa efficiens* aller Dinge und Wesen die Macht hat, die Bitte der Philosophie erfüllen. In der Einleitung war gesagt, daß man jemand nicht um etwas bitten soll, was außerhalb seiner Macht liegt (Parent, S. 124, Z. 7/8 ... *non decet peti ab aliquo, quod sit extra eius potestatem*). Zu v. 4 wird vermerkt (Parent, S. 127, Z. 18–20): *huc usque ostendit Deum esse efficientem causam omnium et ita potentem, facere quod petit.*

Boethius sagt *perpetua ratione*, um denen zu widersprechen, die alles auf den Zufall zurückführen (Parent, S. 125, Z. 1/2 *hoc est contra sententiam eorum, qui dicebant omnia casu contingere*), und er setzt *perpetua* für *eterna*, den Teil für das Ganze, weil die *ratio* zu dem in Beziehung gesetzt wird, das gelenkt wird (Parent, S. 125, zu 2–9 nach der späteren Fassung): *ponitur pars pro toto, scilicet perpetuum pro eterno; ... per comparationem ad ea, que reguntur, est perpetua et habens initium.*[1364]

[1364] In der ersten Fassung werden perpetuum und aeternum unterschieden (Parent, S. 125): notandum est in hoc loco: cum perpetuum sit quod habet principium, sed caret fine, discurrens de preterito in presens, de presenti in futurum, ut est anima, eternum vero est quod utroque caret, scilicet principio et fine, cui nichil preteritum, nichil futurum, immo omnia presentia. In der Überarbeitung (bei Parent in der Fußnote zu S. 125, Zeile 2–9) heißt es: Et nota, quod hoc, quod dicit »perpetua«, potest legi multipliciter: uno modo, ut dicamus, quod ponitur pars pro toto, scilicet perpetuum pro eterno; nam ratio, per

Wilhelm von Conches sucht auch an anderen Stellen den bei Boethius gewählten Ausdruck vom Standpunkt eines menschlichen Betrachters aus zu verstehen. So nimmt er *gubernari* als »*ysteron proteron*« (Parent, S. 125, Z. 1–21) für *fieri* mit umgekehrter Folge: der Erkennende (*sapiens*) nimmt erst die weise Ordnung der Dinge wahr und erkennt so, daß sie nach einem Plan geschaffen sein müssen (*... ante vidit sapiens rationabilem dispositionem rerum et per hoc cognovit et per alicuius rationem eas esse factas*). Dasselbe gilt auch für die Wahl von *sator* statt *creator*; Gott hat die Welt geschaffen (*creator elementorum et incorporalium*), bevor es die Materie gab (*ea sine preiacenti materia creavit*); *sator* aber setzt voraus, daß er aus den Elementen wie aus einem Samen alles geschaffen hat (*sator, quia ex eis quasi ex semine cuncta creavit* Parent, S. 125).

Den Anfang von v. 2 (*terrarum caelique sator*) sieht Wilhelm in Übereinstimmung mit der Aussage des Moses in der Genesis (1, 1): *in principio creavit Deus caelum et terram* (Parent, S. 125, Z. 12–14 *quemadmodum Moyses ait in Genesi*). Offenbar will er die christliche Auffassung des Boethius erhärten. Bei Gott fallen *iubere, velle* und *agere* (veranlassen, wollen, handeln) zusammen.[1365]

Zum Begriff der Bewegung (v. 3 *stabilisque manens das cuncta moveri*) zieht er die Lehre des Aristoteles (Categ. 14) von sechs Arten der Bewegung und die des Boethius (In Categorias Aristotelis IV) heran; zur Unveränderlichkeit (*stabilis manens*) Gottes zitiert er einen Vers von Prosper; so hält er Verbindung nach beiden Seiten. Aber am interessantesten ist doch, daß er das »*cuncta moveri*« als eine Redeweise (*genus locutionis*) betrachtet, die auch im Johannesevangelium vorkommt (Joh. 1, 9 *illuminat omnem hominem venientem in hunc mundum*). Sie setzt Gott als Ursache (Parent, S. 127, Z. 13–17): *vel aliter das cuncta moveri, non quod omnia moveantur, sed quia, quicquid movetur, eo dante movetur, et hoc genus locutionis in multis locis invenitur, ut ibi: illuminat omnem hominem venientem in hunc mundum, non quod omnes sint illuminati, sed quia omnes, qui illuminantur, a Deo illuminantur.*

Zu v. 4 (*quem non externe pepulerunt fingere cause*) heißt es, Boethius wolle nun die *finalis causa rerum* zeigen, nachdem er (vorher) Gott als *efficiens causa* nachgewiesen habe (Parent, S. 127, Z. 20): *modo vult osten-*

---

quam Deus regit mundum, cum sit eadem in essentia cum ipso, eterna est, sicut ipse est eternus, et ita ponitur ibi perpetuum pro eterno. Aliter potes dicere, quod ratio ista, qua mundus regitur, in comparatione ad regentem est eterna, per comparationem ad ea, que reguntur, est perpetua et habens initium.

[1365] Es heißt bei Wilhelm von Conches zu v. 2/3 qui tempus ab evo/ire iubes (Parent, S. 126, Z. 5/6): et notandum est, quod dicit iubes, quia iubere Dei est velle, velle etiam illius est agere.

dere finalem causam rerum, id est divinam bonitatem… Kein Mangel wie beim Menschen, der aus Furcht, Liebe, Lust oder Gewinnsucht handelt, hat Gott veranlaßt, zu schaffen (Parent, S. 127, Z. 23/24): *externe cause scilicet alique indigentie externorum.*

Gott allein schafft aus Nichts oder gegen die Natur, wie Sedulius erzählt; die Natur bringt Ähnliches nach Ähnlichem hervor (Parent, S. 128, Z. 3–5 *quod similia nascantur ex similibus*) und ist ein Werkzeug göttlichen Handelns (Z. 8 *instrumentum divine operationis*); der Mensch schafft nach dem Vorbild der Natur, um einen Mangel auszugleichen (Z. 15–17 *hoc opus extranea causa, id est indigentia eorum, que extra sese sunt, fit ab homine, ut vestimentum contra extraneum frigus vel contra pudorem nature*). Werke Gottes oder der Natur gehen nicht aus Mangel hervor, sondern aus Gottes selbstloser Güte (S. 128, Z. 18/19 *opus vero creatoris vel nature fit a Deo nulla indigentia, sed naturali benevolentia*).

Gott schafft, weil er Teilnahme sucht (Z. 22–25): *rationabilem creaturam iussit existere, scilicet hominem, qui ratione et intelligentia divinam bonitatem comprehenderet et comprehensam diligeret et dilectam imitaretur, in quantum posset.* Weil der Mensch nicht (wie allein Gott) sich selbst genug (*suficiens*) ist, hat Gott vor dem Menschen und für ihn die Welt geschaffen. Darum kann in der Heiligen Schrift (*divina pagina*) der Mensch »alle Kreatur« heißen (Marc. 16, 15 *praedicate evangelium omni creaturae*): *unde est, quod homo in divina pagina vocatur omnis creatura, quia videlicet res omnis vel est homo vel propter hominem creata, et ita omnia sola voluntate vel bonitate divina et non indigentia propter hominem sunt facta* (Parent, S. 128, Z. 29–S. 129, Z. 1).

Die von vielen vertretene Ansicht, daß mit der »flutenden Materie« (v. 5 *materiae fluitantis opus*) die vier Elemente im Zustand des Chaos gemeint seien, hält Wilhelm für einen Irrtum (gegen Plato) und eine Irrlehre (*contra divinam bonitatem heresim affirmare*; so Parent, S. 129, Z. 19–21).

Zu v. 6 (*tu cuncta superno/ducis ab exemplo*) wird der bisherige Gedankengang der Philosophie (die Boethius sprechen läßt) noch einmal zusammengefaßt und anschließend der nun beginnende Gedanke formuliert (Parent, S. 129, Z. 22–S. 130, Z. 3): *ostendit Philosophia efficientem causam rerum, id est Deum, finalem, id est bonitatem, nunc ostendit formalem causam rerum, id est, divinam sapientiam, que dicitur forma vel exemplar, quia iuxta divinam sapientiam omnia formata sunt. archetypus (mundus)* wird aus dem Griechischen übernommen (Parent, S. 130, Z. 5–8) und dann im Lateinischen als *principalis figura mundi* übersetzt (*archos = princeps, typos = figura*). Im Rückblick wird gesagt (Parent, S.

130, Z. 11–14): ... *divina bonitas volens creare mundum, ab eterno providit, qualiter et quo tempore et quo loco omnia crearet; deinde iuxta suam providentiam creata materia, id est quatuor elementis, omnia suo modo tempore et loco disponit.*

Soweit der bei Parent abgedruckte Anfang erkennen läßt, geht Wilhelms Erklärung von einer Gesamtkonzeption aus, in der sich Platonisches und Christliches zu einer übereinstimmenden Vorstellung vom Verhältnis Gottes zur Welt und zum Menschen verbinden. Die vorgetragene Kosmologie ist besonders in der Schule von Chartres wirksam geworden; sie leuchtet in den Dichtungen des Bernhard Silvestris und des Alanus auf.

Die Ecloga Theodoli in der Erklärung Bernhards von Utrecht

Der Kommentar Bernhards von Utrecht zur »*Ecloga Theodoli*« (so wird mit der überwiegenden Überlieferung zu lesen sein) stammt aus der Zeit, in der mit dem Loirekreis und seinen Gesinnungsverwandten der Aufschwung zum 12. Jahrhundert begann.[1366] Ich benutze für diesen Kommentar die Münchener Handschrift Clm. 22 293.[1367]

Der Text der »*Ecloga*« wurde von Johannes Osternacher im Programm des Petrinum (Urfahr bei Linz/Österreich) 1902 nach 24 Handschriften kritisch herausgegeben.[1368] Später (1916) gab Osternacher einen Überblick über: »Die Überlieferung der Ecloga Theoduli«.[1369]

Über Verbreitung und Wirkung der »*Ecloga*« berichtete 1910 George L. Hamilton in einer inhaltsreichen Abhandlung.[1370] Gedicht und Kommentar besprach 1904 (geschrieben 1901) Josef Frey in einer wertvollen Abhandlung, die immer noch ihren Wert hat.[1371] Auf die Beeinflussung Conrads von Hirsau (in seinem: »*Dialogus super auctores*«) durch Bernhards Kommentar ging 1954 R. B. C. Huygens ein.[1372] Als Anhang zu sei-

---

[1366] Über den Aufschwung im 11./12. Jahrhundert: Hennig Brinkmann, Der deutsche Minnesang (in: Wege der Forschung Bd. XV, Der deutsche Minnesang, hg. Hans Fromm, Darmstadt 1961, S. 85–166), S. 87–102. Inzwischen wären noch viele Arbeiten hinzuzufügen, obwohl die Geschichte der »ersten Generation« noch nicht zusammenfassend dargestellt ist: R. W. Southern, The Making of the Middle Ages, New Haven 1953 (deutsch, übers. von Fr. Schöne, u. d. T. Gestaltende Kräfte des Mittelalters, Stuttgart 1960); Wolfram von den Steinen, Der Kosmos des Mittelalters, Bern und München 1959 (2. Aufl. 1967), II. Teil, S. 187–357 (bes. S. 231ff.); ders., Humanismus um 1100 (in: Menschen im Mittelalter, hg. Peter von Moos, Bern 1967, S. 196–214); ferner: Wetherbee (wie Anm. 24).

[1367] Näheres zur Ausgabe: Anm. 1.

[1368] Johannes Osternacher: Theoduli eclogam recensuit et prolegomenis instruxit Joh. Osternacher. 5. Jahresbericht des ... Petrinum in Urfahr (bei Linz) für 1901/1902, Urfahr (Österreich) 1902. Die für die Poetae der Monumenta Germaniae vorbereitete Ausgabe kam zu Lebzeiten Osternachers nicht mehr zustande.

[1369] Neues Archiv 40 (1915), S. 331–376.

[1370] George L. Hamilton, Theodulus a medieval textbook (in: Modern Philology VII, 1910, S. 169–185).

[1371] Joseph Frey, Über das mittelalterliche Gedicht »Theoduli ecloga« und den Kommentar des Bernardus Ultraiactensis, als Beilage zum 84. Jahresbericht über das kgl. Paulinische Gymnasium zu Münster i. W. für 1903/04, Münster 1904, S. 3–19.

[1372] R. B. C. Huygens, Notes sur le Dialogus super auctores de Conrad de Hirsau et le Commentaire sur Théodule de Bernard d'Utrecht (in: Latomos XIII, 1954, S. 420–428).

ner Ausgabe des *Dialogus* teilte er den Widmungsbrief Bernhards an seinen Bischof Conrad von Utrecht (1075–1099) mit.[1373] Durch diesen Brief wird der Kommentar auf das letzte Viertel des 11. Jahrhunderts datiert.

Bernhards Zeitgenosse Sigebert von Gembloux hat aus dem Kommentar die (angebliche) *vita* Theoduls und einen Hinweis auf die *Ecloga* in seine Literaturübersicht »*De illustribus ecclesiasticis scriptoribus*« aufgenommen;[1374] dieses inhaltsreiche Werk setzte die von Hieronymus begründete Tradition fort, die dann Honorius und Wolfger von Prüfening (»*Anonymus Mellicensis*«) weiterführten.

Die Ecloga wurde von Eberhard dem Deutschen in den Schriftstellerkatalog seines »*Laborintus*« unter die Schriftsteller für den Elementarunterricht eingefügt (nach den *Disticha Catonis* und vor Avian und Aesop: v. 605f.),[1375] während später Hugo von Trimberg seine Nachricht über die *Ecloga Theodoli* unter die theologischen Autoren setzte.[1376] Damit folgte er Conrad von Hirsau, der seine aus Bernhards Kommentar geschöpfte Auskunft über Theodolus[1377] nach Juvencus und Prosper[1377] brachte und vor Arator und Prudentius.

In welchem Maße Bernhard (unmittelbar, und mittelbar durch Sigebert und Conrad von Hirsau) die Ansichten über die *accessus*-Fragen und das System der Literaturwissenschaft bestimmt hat, war bereits im 1. Kapitel zu besprechen.

Man ist sich heute wohl im wesentlichen darin einig, daß die Ecloga aus dem 10. Jahrhundert stammt. Sie ist aus der Nachfolge antiker und karlingischer Hirtendichtung hervorgegangen. Vergils 3. Ecloge, die Theokrits Hirtendichtung besonders nahe steht und dann im Kreise Karls besonders beliebt war, gab für die *Ecloga Theodoli* eines uns unbekannten

---

[1373] Ausgabe des Dialogus (wie Anm. 2), S. 67–69. Der Brief steht in der Ausgabe von Jacobs (wie Anm. 1), S. 1–3 (nach den Handschriften M K B V); in M eröffnet der Brief (fol. 1) die Handschrift.

[1374] Sigebert von Gembloux, De scriptoribus ecclesiasticis (Migne 160, 545–592), gibt in cap. 134 (Migne 160, 576/77) Auskunft über die Ecloga nach Bernhard von Utrecht; sie ist dann bei Honorius (De luminaribus ecclesiae (Migne 172, 197–234) übernommen (cap. 13: Migne 172, 222) und steht auch beim »Anonymus Mellicensis« (De scriptoribus ecclesiasticis: Migne 213, 959–988; cap. 36 bei Migne 213, 973). Zur Gattung der Schriftstellerkataloge vgl. den Schluß des 1. Kapitels und Anm. 17a. Über Bernhard von Utrecht sagt Sigebert (Migne 160, 586; cap. 169): Bernardus Ultrajactensis clericus super Eclogas Theodoli commentatus divinas historias et saeculares fabulas allegorica expositione dilucidavit.

[1375] Eberhard der Deutsche, Laborintus (bei Faral, wie Anm. 11, S. 358), v. 605/06 Veri cum falso litem Theodolus arcet; in metro ludit theologia sibi.

[1376] Hugo von Trimberg, Registrum multorum auctorum (wie Anm. 17a), v. 521ff.

[1377] In der Ausgabe von Huygens (wie Anm. 2), S. 32–34, Z. 669–734.

Verfassers das Vorbild ab; es bezeugt so eine Kontinuität über ein Jahrtausend.

Bruno Snell hat gezeigt,[1378] daß Vergil (nach dem Vorgang Theokrits) Arkadien als »geistige Landschaft« entdeckt und damit für die Folgezeit einem Menschheitsgedanken die literarische Form gegeben hat. Es ist eine »erste Welt«: nach den Worten Fausts zu Helena (v. 9565 »Der ersten Welt gehörst du einzig an«). So hat es schon Bernhard in seinem Kommentar gesehen[1379]: »*Hic pastor eos exprimit qui vivendi normam vel deorum culturam primum tradiderunt*« (zu v. 4 der *Ecloga*).

Bereits Vergil hatte das Hirtendasein als eine Welt des Spiels dargestellt, eines Spiels mit verteilten Rollen. In der 7. Ecloga berichtet der Erzähler Meliboeus von einem großen Streit (v. 16 *et certamen erat Corydon cum Thyrside magnum*), an dem er wie an einem Spiele teilnahm (v. 17 *posthabui tamen illorum mea seria ludo*). Alkuin wünscht sich die Nähe Karls, um mit ihm in Versen zu »spielen« (Nr. 37, v. 11): »*Pierio ut tecum liceat mihi ludere versu*«. In der *Ecloga Theoduli* bittet der Hirt Pseustis die eben kommende Fronesis in Wiederaufnahme der Worte Vergils (v. 29): »*ut tua iam nostro postponas seria ludo*«. Die erheiternde Freude des zu erwartenden Agons will Fronesis gerne auf sich nehmen *(Ecloga v. 33 laeta feram talis praesumens gauda litis).*

Rollen (Hirten), die sich im Wettgesang messen, prägen das Agonale aus: Bei Theokrit sind es im 5. Gedicht ein Ziegenhirt und ein Schafhirt, die sich messen (der Ziegenhirt gewinnt das als Preis ausgesetzte Schaf). Bei Vergil ist in der 3. Ecloge (v. 59 *alternis dicetis; amant alterna Camenae*) und besonders in der 7. Ecloga das Agonale ausgeprägt (v. 18f. *alternis igitur contendere versibus ambo/coepere; alternos Musae meminisse volebant*). In der *Ecloga Theoduli* bietet Pseustis den Wettstreit an (v. 17 *... mecum certare potestas*), und Fronesis fordert beide auf, in Vierergruppen zu sprechen (v. 35 *sit tetras in ordine vestro*), wie es bei Vergil in der 7. Ecloge geschieht. Wie im 5. Gedicht Theokrits, wo der Ziegenhirt gegen den Schafhirt gewinnt, und in Vergils 1. Ecloge, wo der Ziegenhirt auswandern muß, während der Schafhirt seine Heimat behält (in der 2. Ecloge des Calpurnius werden Schafhirt und Gärtner konfrontiert), treten in der Ecloga der Ziegenhirt Pseustis und die Schafhirtin Alithia gegenüber.

Die Rolle des Richters, über die sich Bernhard von Utrecht eigene Gedanken macht, fällt in Vergils 3. Ecloge Palaemon zu, dessen Rolle in kar-

---

[1378] Bruno Snell, Die Entdeckung des Geistes, 1949, S. 268ff.
[1379] Clm 22 293 fol. 7b (bei Jacobs, wie Anm. 1, S. 19).

lingischer Bukolik Karl der Große erhält.[1380] Wie in Vergils 3. Ecloge Palaemon hinzukommt und dann zum Schiedsrichter erwählt wird (v. 50 *vel qui venit, ecce Palaemon*), so kommt in der *Ecloga Theodoli* Mutter Fronesis hinzu (v. 28 *huc ades, o Fronesi*) und übernimmt das Amt des Richters.

Pseustis, der Ziegenhirt, ist als Repräsentant einer antiken (vorchristlichen) Wunschwelt mit der Flöte ausgestattet, die Pan erfunden haben soll[1381]: *Pan primum calamos cera coniungere pluris/instituit; Pan curat ovis oviumque magistros.* Corydon selber besitzt eine Flöte mit sieben Röhren (ebd. v. 36 *est mihi disparibus septem compacta cicutis/fistula*), die ihm Damoetas auf dem Sterbebett übergeben habe (ebd. v. 37f.). Bei Pseustis ist die Zahl gesteigert (Ecl. Theod. v. 6f.): *... et rigidas perflavit fistula buccas/emittens sonitum per mille foramina vocum.*[1382] Bernhard von Utrecht hat diesen Zusammenhang in seinem Kommentar erkannt. Er bemerkt (fol. 6a, Jacobs S. 16) zu v. 6f. (*... et rigidas perflavit buccas/emittens sonitum per mille foramina vocum*): *Pan deus pastorum ex siringa nympha in arundinem conversa* (vgl. Ovid, Metamorphosen I, 689–712) *fistulam composuisse fingitur, quare pastores hanc portant. Siringa autem interpretatur attrahens ocium, quia ociosi pastores e vocum dulcedine se vel alios musicis instrumentis delectant. ... Mille (mille foramina) yperbole dixit. Vocis enim sunt septem discrimina tantum* (vgl. Vergil, 2. Ecloge, v. 36 und – von Orpheus – Aen. VI, 645ff.) *que duplicari aut triplicari possunt, et primus ordo gravis, secundus acute, tercius superacute appellatur. Et tot esse possunt foramina fistule.*

Wichtig sind auch die Bemerkungen Bernhards zum Auftreten von Alithia v. 8–10 (*Ad fontem iuxta pascebat oves Alithia,/virgo decora nimis David de semine regis,/cuius habens citharam fluvii percussit ad undam*). Daß Alithia als *virgo decora nimis* Schafe hütet, entspricht dem Brauch der Vorzeit (Bernhard, fol. 6a, Jacobs S. 16): *virgines siquidem peccora antiquitus pascere solebant, ut historia refert de filiabus Laban.*[1383] Zum

---

[1380] So in Modwins Ecloge: Poetae I, 384ff.
[1381] Es heißt bei Isidor (wie Anm. 13, VIII 11, 82): fistulam septem calamorum gestat, propter harmoniam caeli, in qua septem sunt soni et septem discrimina vocum. Die zitierten Verse stehen in der Klage Corydons, der sich wehmütig an das arkadische Dasein erinnert, das er früher mit dem schönen Alexis geteilt hat (2. Ecl. v. 32/33). Die fistula auch: Vergil, 3. Ecloge (v. 22 und 25), 7. Ecloge (v. 24) und 10. Ecloge (v. 34).
[1382] mille gibt eine unendliche Menge an (Isidor, wie Anm. 13, III 3, 5): mille autem a multitudine. Ähnlich ist die Zahl der Götter gesteigert im Anruf an die Götter, den Pseustis wiederholt (Ecl. Theod. v. 181 und 184): nomina mille deum (nach Vergil, Aen. II, 623 numina magna deum) vatem defendite vestrum.
[1383] Gen 29, 9 von Labans Tochter Rachel: veniebat cum ovibus patris sui; nam gregem ipsa pascebat.

Attribut der Alithia: *David de semine regis*, heißt es, daß David Hirt war.[1384] Aus Herden bestand in alter Zeit der Reichtum. So hüteten auch Angehörige königlicher Häuser Schafe. Die Nennung von Apollo in diesem Zusammenhang wird auf die *Ecloga* selbst zurückgehen (v. 96 *Admeti curam pecoris suscepit agendam*), die ihrerseits nach den Fabeln des Hyginus (Nr. 49–51) erzählt. Dabei wird auch der Wettstreit zwischen Pan und Apollo im Spiele sein, der in den *Metamorphosen* Ovids als Ursache für die langen Ohren des Midas berichtet wird (Met. XI, 153–174).

David de semine regis weist auf Karl den Großen zurück, der in seinem Kreise David hieß, vielleicht von Alchuine so genannt. Er ist ein »neuer David« als der von Gott Gesalbte und den Franken Verheißene, der die Erfüllung bringt.[1385] Die Erfüllung kommt in der Rolle des guten Hirten zum Ausdruck, die Karl zugefallen ist[1386] (Alkuin, Nr. 45, v. 57): *grex est quippe tuus populus, tu pastor ovilis.* Man wird sagen dürfen, daß die Figur der Alithia[1387] ohne den Vorhergang Karls und der karlingischen Dichtung nicht denkbar gewesen wäre; hier hatte man sich um den neuen David versammelt und sich selbst bukolisch verstanden.

Das bukolische Selbstverständnis war durch die bukolische Tradition ermöglicht; sie legte die Hirtenwelt als Wunschwelt nahe, die den Gefahren der geschichtlichen Welt in eine zeitlose Welt entrückt. Modwin widmete Karl eine umfangreiche Ecloge,[1388] in der dem Kaiser selbst die Freude am bukolischen Spiel zugeschrieben wird (I, 46 *ille solet calamo*

[1384] Bernhard v. Utr. fol. 6a (Jacobs S. 16): quia ipse pastor fuit; nec mirum regalem pavisse oves stirpem, cum apud gentiles Apollo et apud Hebreos multi fecerunt valentes; in pecudibus enim maxime eorum erat habundancia. Im 1. Buch der Könige (1 Reg 16, 11) heißt es von David, als er herbeigeholt wird: adhuc est parvulus et pascit oves. Die Ecloga Theodoli sagt von David (v. 195): cuius erat studium pelles tondere bidentum.

[1385] Karl als David: Paul Lehmann, Das literarische Bild Karls des Großen (in: Paul Lehmann, Erforschung des Mittelalters I, 1959, S. 154ff.). Hugo Steger, David rex et propheta, Nürnberg 1961; Wolfram von den Steinen, Karl und die Dichter (zuerst in: Lebenswerk und Nachleben Karls des Großen, Bd. II Das geistige Leben, hg. Bernhard Bischoff, Düsseldorf 1965, S. 236–267; dann in der von Peter von Moos herausgegebenen Sammlung von Aufsätzen von den Steinens »Menschen im Mittelalter«, wie Anm. 1366, S. 37–77). Zur Dichtung um Karl: Dieter Schaller, Vortrags- und Zirkulardichtung am Hof Karls des Großen (in: Mittellateinisches Jahrbuch, hg. Karl Langosch, VI, 1970, S. 14–36). In der »Ekloge« Angilberts heißt es (Poetae I, S. 360): David amat vates, vatorum est gloria David.

[1386] Alkuins Gedichte: Poetae I, S. 160ff. Dazu: Luitpold Wallach, Alcuin and Charlemagne (Cornell-Studies in classical philology 32), 1959.

[1387] David de semine (Ecl. Theod. v. 8) nach dem Apostel Paulus: 2 Tim 2, 8 memor esto Dominum Jesum Christum resurrexisse a mortuis ex semine David; Rom 1, 3 (von Jesus) qui factus est ei (sc. Deo) ex semine David secundum carnem.

[1388] Nasonis Eclogae, hg. Ernst Dümmler (in: Neues Archiv f. ält. deutsche Geschichtskunde XI, 1885, S. 86–91): Poetae I, S. 385–391.

silvestri ludere saepe). Der zweite Teil bringt einen älteren und einen jüngeren Dichter (beide tragen Namen aus der 3. Ecloge Nemesians) in Wechselgesang. Darin wird *carmine velato* (so im Prolog, v. 6) von der *renovatio* gesprochen, die durch Karl vollzogen worden ist. Im ersten Teil heißt es (I, 27): *Aurea Roma iterum renovata renascitur orbi*; im zweiten Teil (II, 92): *Aurea securis nascuntur regna Latinis*. Dahinter steht noch mehr als Vergils 4. Ecloge die 1. Ecloge des Calpurnius (hier v. 42 *aurea secura cum pace renascitur aetas*), die im Kometenjahr 60 n. Chr. entstanden ist;[1389] die Apotheose Neros wurde von Modwin auf Karl übertragen.

Zur Erklärung der Rolle der Alithia zieht Bernhard von Utrecht v. 193/94 aus der *Ecloga Theodoli* heran (*ne regis corpus vexaret praedo malignus,/cordarum musa puer adiuvit citharista*):[1390] *Davit citarista fuit tam bonus, ut Saulis demonium citarizando mitigaret.*[1391]

Wenn Pseustis die Flöte bläst und zum Pfand setzt (*Ecloga Theodoli* v. 18 *fistula nostra tuum cedet, si vincis, in usum*) und dafür im Falle des eigenen Sieges von Alithia die Zither erwartet (v. 19 *victa dabis citharam*), die sie so eindrucksvoll spielt, so erinnert das an den Wettstreit, den Pan mit seiner Flöte gegen die Zither Apollos einzugehen wagt (Ovid, Met. XI, 153–173). Richter ist dabei der Tmolus (Met. XI, 156 *judice sub Tmolo certamen venit ad impar*). Es ist ein ungleicher Wettstreit: Pan spielt mit seiner Hirtenflöte,[1392] Apollo schlägt die *cithara*, und von der Schönheit seines Spiels ergriffen,[1393] erklärt Tmolus als *iudex* den Apollo zum Sieger.

Schon vor der *Ecloga Theodoli* war der bukolische Agon auf überpersönliche Themen übertragen worden, so auf den Wettstreit zwischen Frühling und Winter in einem Streitgedicht, das (Alchuine zugeschrieben) wohl von einem Schüler Alchuines stammt,[1394] jedenfalls von einem Kenner des Horaz; denn der Verfasser übernimmt eine kennzeichnende Stelle

---

[1389] Die Eklogen des Calpurnius Siculus: J. W. und A. M. Duff, Minor Latin Poets, 1934 (Neudruck 1961, S. 207–285); die Gedichte des Nemesianus aus dem 3. Jahrhundert, die gemeinsam mit den Eklogen des Calpurnius überliefert sind, bei Duff S. 451–515.

[1390] Clm 22 293 fol. 6a (Jacobs S. 16).

[1391] Nach 1 Reg 16, 23 igitur quandocumque spiritus Domini malus arripiebat Saul, David tollebat citharam et percutiebat manu sua, et refocillabatur Saul et levius habebat; recedebat enim ab eo spiritus malus.

[1392] Was bei Ovid von Pan gesagt ist (Met. XI, 154 modulatur harundine carmen) ist in der Ecloga Theodoli auf Alithia übertragen (v. 12 modulantis carmina plectri).

[1393] In der Ecloga Theodoli wird von der Wirkung auf den fluvius gesagt (v. 11 substiterat fluvius tanta dulcedine captus), was bei 0vid Wirkung auf den iudex (Tmolus) ist (Met. XI, 170f. ... quorum dulcedine captus/Pana iubet Tmolus citharae summittere cannas).

[1394] Text: Poetae I, S. 270ff.

aus dem Aufruf des Horaz,[1395] dem selbstzerstörerischen Bürgerkrieg auf die Inseln der Seligen zu entfliehen (16. Epode, v. 41f. ... *arva beata petamus*). Nimmt man den Zusamenhang zwischen dem bukolischen Streitgedicht und Horaz ernst, dann könnte das Gedicht in die Zeit der inneren Wirren nach Karls des Kahlen Tode gehören. Die Hirten kommen von der Höhe herab, unter ihnen Dafnis, der jüngere, und Palaemon, der ältere (Palaemon war ein bukolischer Name für Karl, Dafnis der Name für einen Schüler Alchuines); sie rüsten sich, den Kuckuck als Frühlingsboten zu rühmen. Da kommt der Winter herbei, und zwischen ihm und dem Frühling beginnt ein Wettstreit. Palaemon, Dafnis und die anderen Hirten sprechen ihr Urteil: *Desine plura, Hiems ... et veniat cuculus*. Wie in der bukolischen Tradition, besonders bei Calpurnius und im Kreise um Karl, ist der Frühling mehr als eine Jahreszeit, vielmehr die Zeit der Erneuerung, eine Wunschzeit.

Der Kuckuck *(cuculus)* ist bei Alchuine der Name für einen Schüler, so in der bekannten Wechselklage um den Kuckuck *(Plangamus cuculum)*, der Walther Bulst die rechte Gestalt gegeben hat.[1396] Menalca beginnt: *Plangamus cuculum ...*; Dafnin fährt fort: *Plangamus pariter ...*; später sagt Menalca: *non pereat cuculus, veniet sub tempore veris ...*

Wie in dem Streit zwischen Frühling und Winter sich ergänzende Partner streiten, so auch in dem Streit zwischen Rose und Lilie, den Sedulius Scottus eine *poeta* erzählen läßt.[1397] Das Ergänzende der metonymisch gemeinten Dichtung spricht schon der Eingang mit dem Hinweis auf den Zyklus der Jahreszeiten aus,[1398] in dem nun die Zeit des Frühlings gekommen ist. Dreimal wechseln Rose und Lilie in Vierergruppen (wie in der 3. Ecloge Vergils und in der Ecloga Theodoli), bis der Frühling als »Vater« (in zehn Versen) seine Kinder versöhnt (v. 43/44): *Et tunc Ver genitor geminis dans oscula pacis/concordat dulces patrio de more puel-*

[1395] In dem Streitgedicht zwischen Winter und Frühling wird als Zeichen für die Fruchtbarkeit, die der Frühling bringt, genannt (v. 47): uberibus plenis veniantque ad mulctra capellae (die Ziegen kommen mit vollem Euter zum Melken); bei Horaz steht das Motiv als Zeichen dafür, daß im Lande der Seligen (arva beata) die Natur ohne Zutun des Menschen von sich aus spendet (v. 49): illic iniussae veniunt ad mulctra capellae.

[1396] Walther Bulst, Alcuines Ecloga de cuculo (in: ZfdA 86, 1955/56, S. 193–196); vgl. ferner: Peter Dale Scott, Alcuin's versus de cuculo, The vision of Pastoral Friendship (in: Studies in Philology 62, 1965, S. 510–530); Josef Szövérffy, Weltliche Dichtungen des lateinischen Mittelalters, I Berlin 1970, S. 457–459.

[1397] Ausgabe von Ernst Dümmler: Poetae III, S. 230f.; lateinisch und deutsch in: Lyrische Anthologie des lateinischen Mittelalters mit deutschen Versen, hg. Karl Langosch, Darmstadt 1968, S. 178–181.

[1398] Das Gedicht beginnt: Cyclica quadrifidis currebant tempora metis.

las. Die Lösung aber ist auf religiöse Ebene gehoben (Martyrerfarbe – Farbe der Jungfrauen).[1399]

Durch diese bukolischen Gedichte mit überpersönlichen Themen war die Ecloga Theodoli vorbereitet.

Schon Vergil gibt in seiner 6. Ecloge Silen eine mythologische Reihe ein (v. 31ff.), die mit der Entstehung des Kosmos beginnt und dann im weiteren Verlauf Pyrrhas Steine, das Reich Saturns und andere mythologische Themen behandelt, die auch in der Ecloga Theodoli begegnen.[1400] Pomponius wird ein bukolischer Cento zugeschrieben,[1401] der mit dem 1. Vers der 1. Ecloge Vergils beginnt: *Tityre, tu patulae recubans sub tegmine fagi.* Bei Papst Damasus ist dieser Vers christlich gewendet (Anth. lat. I, 2 Nr. 720b bei Riese S. 205f.): *Tityre, tu fido recubans sub tegmine Christi.* Bei Pomponius kommt ein jüngerer Hirt (wie bei Vergil Meliboeus) mit einem älteren Hirten (wie bei Vergil Tityrus) ins Gespräch. Der jüngere bewundert den Alten, der in sicherer Heiterkeit lebt, und läßt sich von ihm in die christliche Auffassung der Welt und des Menschen einweisen. Sinngebend ist der aus Vergils 1. Ecloge übernommene Vers (v. 6): *O Meliboe, deus haec nobis otia fecit* (bei Pomponius v. 9).

Sicher hat der Verfasser der *Ecloga Theodoli* das Dittochaeon des Prudentius gekannt,[1402] das vielfach zusammen mit der *Ecloga* überliefert ist.[1403] In dieser Dichtung werden je 24 Szenen aus dem Alten und dem Neuen Testament in jeweils vierzeiligen Hexametergruppen dargestellt; hinzu kommt ein Bild aus der Apokalypse (Apoc 5, 8/9), das die Öffnung des Buches mit den sieben Siegeln durch das »Lamm« rühmt. Dies Bild begründet die zahlbestimmte Ordnung des Dittochaeon: Die vier Tiere der Apokalypse (Apoc 4, 6) legitimieren die Vierzahl der Verse eines Bildes, die vierundzwanzig Throne mit den vierundzwanzig Ältesten (Apoc

---

[1399] Der Frühling beschließt seine Entscheidung des Streits mit den Worten (v. 41/42): Tu, Rosa, martyribus rutilans das stemmate palmam,/Lilia, virgineas turbas decorate stolatas.

[1400] Entstehung des Kosmos (v. 31–34 … canebat, … ut his ex omnia primis, omnis et ipse tener mundi concreverit orbis); Pyrrha (v. 41 hinc lapides Pyrrhae iactos); Saturn (v. 41 Saturnia regna). Die Ecloge schließt mit dem Motiv ab, daß der Abend seinen Gesang beendet (v. 85f.): … cogere donec ovis stabulis numerumque referre/iussit et invito processit Vesper Olympo; dazu vgl. Ecloga Theodoli v. 245 Quadrupedes Phoebi quae cogit causa morari?; v. 247 quid, vesper, cessas?; ferner v. 283ff.

[1401] Anthologia latina, rec. Alexander Riese, I, 2, Leipzig 1906, Nr. 719a, S. 189–193; dazu Isidor (Etym., wie Anm. 13, I 19, 26): Sic (wie Proba, von der vorher die Rede ist) quoque et quidam Pomponius ex eodem poeta (Vergil) inter cetera stili sui otia Tityrum in Chrisiti honorem conposuit.

[1402] Die Dichtungen des Prudentius: Aurelius Prudentius Clemens, Carmina, rec. Joh. Bergmann (Corpus scriptorum ecclesiasticorum latinorum 61), Leipzig/Wien 1926.

[1403] Dazu: Hamilton (wie Anm. 1370), Mod. Philol. VII, S. 178.

4, 4 und 10) die Auswahl von je vierundzwanzig Szenen aus dem Alten und dem Neuen Testament.

Wie das Dittochaeon des Prudentius ist in der *Ecloga Theodoli* das Streitgespräch zwischen Pseustis und Alithia (nach dem Rollenwechsel zwischen beiden: v. 37–336 = 300 Verse) in vierzeiligen Hexametergruppen abgefaßt. Die erste Beispielreihe (insgesamt v. 37–180) entnimmt die alttestamentlichen Szenen zunächst aus der Genesis (v. 37–132); diese Partie umfaßt (wie das Dittochaeon) 24 Vierergruppen (zweimal zwölf). Wie das neue Jerusalem nach der Apokalypse zwölf Tore haben wird (Apoc 21, 12f. ... *habentem portas duodecim* ...), so wird die erste Beispielreihe der *Ecloga* mit 12 Vierergruppen abgeschlossen (*Ecloga* v. 133–180), deren alttestamentliche Szenen aus den späteren Büchern (Exodus bis Judices) des Moses stammen. Zahlbestimmt und durch die Zahl legitimiert sind auch die anderen Beispielreihen. Die zweite Reihe (Ecloga Theod. v. 189–244) bringt sieben Beispiele aus den Königsbüchern; die Zahl sieben geht durch die ganze Apokalypse hindurch (sieben Gemeinden, sieben Geister vor Gottes Thron, das Buch mit den sieben Siegeln). Die dritte Beispielreihe (v. 253–284) verteidigt die Frau gegen die Angriffe von Pseustis mit vier Beispielen aus den Büchern Daniel, Judith und Esther; die vier war durch die vier Tiere der Apokalypse (Apoc 4, 6ff.) motiviert. Die Beispielreihen sind damit abgeschlossen. Es folgt auf ein Zwischenspiel (v. 285–300), das sich an die beiden früheren Zwischenspiele anschließt (v. 181–188 und v. 245–252), eine unmittelbare Auseinandersetzung der beiden Partner, die auf Beispielszenen verzichtet und in einen Wissensstreit mündet (v. 301–332), der dann durch das Eingreifen von Fronesis beendet wird (v. 333–344). Wie bei der 3. Beispielreihe (v. 253–284) umfaßt diese unmittelbare Auseinandersetzung von Pseustis und Alithia vierfachen Wechsel der Rollen.

Zur *Ecloga Theodoli* sind bis zum 16. Jahrhundert zahlreiche Kommentare überliefert. Daß wir sie überblicken können, verdanken wir dem großen Unternehmen von Paul Oskar Kristeller: *Catalogus translationum et commentariorum*. Mediaeval and Renaissance Latin translations and commentaries, Hg. P. O. Kristeller, vol. 2 Washington 1971.[1404] Betty Nye Quinn hat in diesem Band (S. 383–409) die Kommentare zur *Ecloga* vorgeführt.

Bernhards Kommentar ist nach Quinn in 10 Handschriften vom 12. bis zum 14. Jahrhundert überliefert (Quinn, S. 386–389). Seit dem 13. Jahr-

---

[1404] Kristellers Catalogus: vgl. Anm. 1229. Ausgabe der Ecloga Theodoli von Jacobs: Anm. 1.

hundert wurde der Kommentar Bernhards von einer neuen Erklärung abgelöst, die Alexander von Neckam (1157–1217) zugeschrieben wird.
Quinn nennt dazu 47 Handschriften vom 13. bis zum 15. Jahrhundert (S.
389–398). Dieser Kommentar verdrängte nach Quinn die Erklärung
Bernhards von Utrecht und wurde in späterer Zeit »*glose communes*« genannt. So zitiert ihn 1406/7 Odo Picardus als seine Quelle (Quinn, S.
390): »*Ita* (mit dem Anfang: *Eglogarum sunt tres partes*) *dicunt glose
communes, per quas ego semper intellego glosam, qui incipit: Eglogarum
tres sunt partes* (während die Einleitung Bernhards von Utrecht beginnt:
Liber equivoce dicitur). Dieser Kommentar des Alexander Neckam ist bereits in mehreren Handschriften des 13. Jahrhunderts und in mehreren
Fassungen überliefert; es wäre wichtig, über eine Ausgabe zu verfügen.
Nach den Bemerkungen von Quinn (S. 389) setzt dieser Kommentar offenbar die von Bernhard eingeschlagene Richtung fort. In einer Darm-
städter Handschrift (Landesbibliothek 2640) aus dem 14. Jahrhundert
(Quinn, S. 395) folgt auf den lateinischen Kommentar ein französischer
(Quinn: »*Immediatly following the Latin commentary is a French commentary on part of the poem*«).

Aus den Angaben von Quinn ist zu entnehmen, daß der Kommentator
die *Ecloga* in drei Teile gliederte, wie auch der Verfasser des unabhängigen Kommentars in der Handschrift aus München (Clm 19876 v. J.
1474): *liber iste ... dividitur principaliter in tres partes, sc. prohemium,
tractatum et epilogum*. Von Anfang an geht die allegorische Deutung
durch; so wird zu v. 1 (*Ethiopum terras iam fervida torruit aestas*) bemerkt: *fervida estas, i. ebullicio viciorum que fuit ante tempus gracie* (in
mehreren Handschriften des 14. Jahrhunderts).

In 12 Handschriften (davon gehört die älteste aus Toulouse noch ins
14. Jahrhundert) ist der Kommentar eines unbekannten Deutschen überliefert (Quinn, S. 398–400), den Arpad Orban in der Zeitschrift Vivarium seit 1973 ediert.[1405] Schon der Kommentar zu den ersten 100 Versen
(Vivarium XI, 1973, S. 1–42) zeigt, daß es sich um eine Erläuterung für
Anfänger handelt, die nur den Inhalt beachtet. Sie setzt die Begründung
des Predigerordens voraus; es heißt zu V. 65–68 (Vivarium XI, S. 29): *Sed
per Enoch et Elyam, qui fratres sunt ... allegorice intelligimus fraternam*

[1405] Arpad P. Orban, Anonymi Teutonici commentum in Theodoli eclogam e codice
Utrecht, U. B. 292 editum (in: Vivarium XI, 1973, S. 1–42; XII, 1974, S. 133–145;
XIII, 1975, S. 77–88; XIV, 1976, S. 50–61). Die bisher erschienenen 4 Abschnitte gel-
ten den Versen 1–100 (Bd. XI), 101–120 (Bd. XII), 121–132 (Bd. XIII), 133–148
(Bd. XIV). Die Zeitschrift »Vivarium« (Zeitschrift für Philosophie und Geistesleben im
Mittelalter – so der deutsche Titel) erscheint bei van Gorcum in Assen (Niederlande).

societatem religiosorum verbum Dei predicancium contra hereticos . . .
Ein Merkmal ist auch, daß die antiken Mythen christlich gedeutet werden
(so zu v. 71/72 *Deucalion* und *Pirra* als *Christus* und *Maria*), daß bei der
Erzählung, die den Ton bestimmt, Beratungen eine Rolle spielen (zu v.
45ff., 53ff., 61ff., 69ff.) und die »moralische« Erklärung *scolares* im Auge
hat. Dieser Kommentar gliedert die *Ecloga* in zwei Teile (Vivarium XI, S.
6): . . . *dividitur iste liber in partem prohemialem* (v. 1–36) *et executivam*
(v. 37 bis Schluß).

In einer Münchener Handschrift dieses Kommentars aus dem 15. Jahrhundert (Clm 5594) steht eine deutsche Versübersetzung der *Ecloga*
(Quinn, S. 399), in der die Vierergruppen der *Ecloga* in sechszeilige Strophen übersetzt sind. Eine zweite Übersetzung der *Ecloga* ins Deutsche
überliefert eine Handschrift aus Halle (15. Jahrhundert), die Quinn (S.
403) unter dem Kommentar Stephens von Patrington aufführt; hier entsprechen den vierzeiligen Hexametergruppen des Lateinischen ebenfalls
deutsche Vierzeiler. Als vierte Gruppe bringt Quinn (S. 400) vier unab-
hängige Kommentare, die in je zwei Handschriften aus dem 14. und dem
15. Jahrhundert überliefert sind. Einer, 1346 von Maenhardus geschrieben (Quinn: Wien Nat. Bibl. 15071), gliedert wie der Kommentar des unbekannten Deutschen (s. o.) in zwei Teile: *Iste liber principali sua divisione dividitur in duas: prohemium et executivam.* Eine Handschrift des
15. Jahrhundert aus München (Clm 19876) gliedert wie der Kommentar
des Alexander von Neckam in drei Teile.

Nach den vier »unabhängigen Kommentaren« (*independent commentaries*) bringt Quinn (S. 401–403) eine Übersicht über sechzehn kürzere
Kommentare (*minor commentaries*), die wohl Einzelerklärungen verschiedener Art, aber keine Interpretation der Mythen enthalten. Einige
bringen die *accessus*-Fragen (Nr. 10, 11, 14). Eine Prager Handschrift aus
dem 14. Jahrhundert (Quinn, S. 402) berücksichtigt nur die *historia*, die
biblischen Geschichten, d. h. die Verse Alithias, die eine Bibelstelle deuten; nicht erklärt ist deswegen der Eingang (v. 1–40), ferner das Bekenntnis Alithias zu Gott (v. 185–188 und 249–252) und schließlich der Abschnitt, der keine Stellen aus der Bibel zitiert (v. 285–344). Dadurch
kommt eine wirkliche »*historia*« zustande (der Schluß lautet: *Explicuit
historia Theodoli*). Eine Handschrift des 15. Jahrhunderts aus Gotha
(Quinn, S. 401) nennt als »Gegenstand« der Ecloga (*subiectum*): *propor-
tionalis connexio fabularum et historiarum* (ebenso in der Münchener
Handschrift Clm 19876).

Den Kommentar, der Alexander Neckam zugeschrieben wird, die
glosse communes, faßte um 1400 der Karmeliterprovinzial (seit 1399; Dr.

358

theol. in Oxford 1389) Stephen Patrington neu (Quinn, S. 403/04). In dieser »Neufassung« der »*glosse communes*« ist der Anteil der Zitate aus antiker Literatur vermehrt (besonders Aristoteles und Seneca, aus dem Mittelalter vor allem Thomas von Aquin). Die Rolle des Pseustis wurde (wie anderes aus der *Ecloga*) in den Kommentaren auf die Häretiker bezogen, und so ist es nicht erstaunlich, daß Stephen Patrington noch vor dem Tode von Wicliff, den er heftig bekämpfte, den Kommentar verfaßte. Wicliff hatte in seinem »*Trialogus*« die Namen für die Rolle der Disputanten aus der *Ecloga* übernommen.[1406] Erhalten ist sein Kommentar nach Quinn in einer Handschrift und in 6 Frühdrucken (vor 1500).

Aus doppeltem Grunde aktuell war die Neufassung des Odo Picardus (Eudes de Fouilloy) aus den Jahren 1406/1407, die Quinn zuletzt behandelt (Quinn, S. 404–408). Wie Alexander Neckam Pflegebruder von Richard Löwenherz war, so war Odo dem französischen Königshause eng verbunden; er schrieb seinen Kommentar (wie der Widmungsbrief zeigt) auf Veranlassung des Herzogs Ludwig von Orléans, des Bruders König Karls VI., für den Sohn des Königs. Dabei hat er die älteren Kommentare, vor allem die Fassung in den »*glosse communes*«, nach eigener Aussage frei benutzt; er selbst sagt (Quinn, S. 405): *Nec intendo quovis modo ab his, que ab aliis bene conscripta fuerunt, ex arrogantia recedere.* Wesentlich aber ist, daß er die *Ecloga* aus seiner Zeit heraus neu interpretierte: er bezog sich auf Literatur und Persönlichkeiten seiner Zeit und verstand antike Mythen und biblische Geschichte, indem er sie auf das Schisma seiner Zeit bezog.[1407]

In einer Fassung, die den Widmungsbrief wegließ und die persönlichen Zeitbezüqe löschte, wurde Odos Kommentar im Druck von Petrus Levet (Paris 1495) die Grundlage für alle späteren Drucke (Quinn, S. 405). Groß ist die Anzahl der Drucke bis zur Mitte des 16. Jahrhunderts, in denen die *Ecloga Theodoli* unter den *octo auctores* (vgl. Quinn, S. 385) überliefert ist (Quinn, S. 406f.); es sind die Schriften, die seit dem 12. Jahrhundert dem Elementarunterricht zugrunde gelegt wurden: *Disticha Catonis, Theodolus, Facetus, Carmen de contemptu mundi, Tobias* (Matthaeus von Vendôme), *Parabole* (Alanus), *Esopus, Floretus*. Von der Ausgabe der *octo auctores* zählt Quinn (S. 406f.) nicht weniger als 40

[1406] Vgl. Hamilton, Theodulus ... (wie Anm. 1370), S. 183f.
[1407] Quinn stellt fest (S. 404): »Odo enlivens his material with advice to the prince on the duties and respondabilities of kingship references to contemporary literary and educational personalities and interpretations of myth and biblical story as symbolic of the schism then plaguing the Church«.

Drucke von 1488 bis 1538 auf. So hatte der durch Levet standardisierte Text des Kommentars noch ein langes Nachleben.

Bernhards Kommentar hat Geschichte gemacht. Conrad von Hirsau hat sowohl seine allgemeinen Aussagen wie auch seine Angaben über die *Ecloga Theodoli* übernommen,[1408] und diese Angaben sind bei Sigebert von Gembloux, dem Zeitgenossen Bernhards, in die Literaturgeschichte eingegangen.[1409] Aus dem Widmungsschreiben an Bischof Konrad von Utrecht ist zu entnehmen, daß sein Kommentar aus dem Unterricht kommt.[1410] Er mag daher kurz nach 1080 entstanden sein.

Zwei Aufgaben habe er sich gestellt (so sagt er dem Bischof, der ihn als Leiter der Schule eingesetzt hatte): ... *primum quidem in his que extra queri solent, dehinc in historiarum fabularumque misteriis eos cepi rudis rudes erudire.* Sein Unterricht schloß also die beiden Traditionen ein, die Bernhard Silvestris unter dem Namen »*involucrum*« zusammenfaßte: die antike Dichtung (*fabula* im Sinne von Macrobius) und die Bibel (*historia*). Beide haben für ihn eine »tiefere Bedeutung« (sie haben ihr »*misterium*«), die er den Schülern zu eröffnen suchte. Seinem Verfahren im Unterricht entsprechend formuliert er die Aufgaben, die er sich in seinem Kommentar gestellt hat: *primum itaque que et quot in librorum principiis antiqui et moderni requirenda censent proposui et exposui, deinde Theodoli eclogam ad litteram et allegorice et plerisque in locis moraliter explanavi, novissime vero dictionum quoque naturas pueris pueriliter aperui.* Bernhard legt also seinen Kommentar zweiteilig an; der erste Teil behandelt im wesentlichen nach Servius die allgemeinen Fragen (*que extra queri solent*), zu denen die hermeneutischen *accessus*-Fragen gehören (Clm. 22 293f., 1b–5b, Jacobs S. 3–12); der zweite Teil bringt den eigentlichen Kommentar zur *Ecloga* (Clm. 22 293f., 5b–41a, Jacobs S. 15–123).

Es scheint, als ob die ursprüngliche Anlage nicht mehr überliefert ist. In seinem Widmungsbrief sagt Bernhard ausdrücklich, daß er zuletzt Worterklärungen gegeben habe (*novissime vero dictionum quoque naturas pueris pueriliter aperui*). Beim Übergang vom ersten zum zweiten Teil (Clm. 22 293,f. 5b, Jacobs S. 15) heißt es: *quoniam autem quadriformem promisimus explanationem, ad sensum primum transcurramus, dehinc ad allegoriam et ad moralitatem. Post hec etiam dictionum enucleabimus naturam.*

[1408] Conrad von Hirsau: wie Anm. 2, Zeile 100–234 und 669–734.

[1409] Sigebert von Gembloux: wie Anm. 1374.

[1410] Der Widmungsbrief Bernhards von Utrecht: im Anhang zu der Ausgabe des Dialogus von Conrad von Hirsau (wie Anm. 2), S. 67–69; in der Ausgabe von Berhards Kommentar durch Jacobs S. 1–3.

Danach ist sicher, daß im Original, das Bernhard seinem Bischof übersandte, Worterklärungen gegeben wurden, und zwar nach der allegorischen Erklärung. Es scheint, daß in einer späteren Fassung dann die Worterklärungen zum jeweiligen Vers der *Ecloga* gegeben wurden, wie es in der Münchener Handschrift (Clm 22 293) geschieht.

Zu v. 4 (*pastor cognomine Pseustis*) wird vermerkt (f. 6a, Jacobs S. 16): *cognomen pro agnomine posuit; ab actu enim, non a cognatione sic vocatur*.

Zu v. 6 (*perflavit fistula buccas*) heißt es (Jacobs S. 16): *figurate autem dixit: perflavit fistula buccas. non enim fistula per buccas, sed bucca per fistulam flat*.

Zu v. 8 (*ad fontem iuxta*) wird erklärt (Jacobs S. 16): *per iuxta fontis et tiliae vicinitatem exprimit*.

Zu v. 15 (*litoris alterius*) wird festgestellt (fol. 6b, Jacobs S. 17): *notandum autem de flumine improprie litus dici*.

Zu v. 34 (*perge prior*) heißt es (fol. 7a, Jacobs S. 19): *id est para te prius ad dicendum; antiqui enim perge pro para ponebant*. Dies Verfahren ist auch verständlich; denn es geht darum, *ad litteram* zu erklären.

Im Anschluß an den Abschnitt über den *modus dicendi* (f. 4a) und zwar nach *prefatio* und *invocatio* heißt es in der Münchener Handschrift (f. 4b, Jacobs S. 12; bei Frey, S. 17): *notant etiam figuras quasdam et locutionum modos, de quibus quia alibi satis tractatum est, hic supersedimus*. Frey[1411] hält das für einen späteren Einschub. Wenn die Aussage von Bernhard stammt, kann das bedeuten, daß er auf eine Schrift wie die von Marbod[1412] verweist; jedenfalls geht daraus nicht mit Sicherheit hervor, daß Bernhard selber einen rhetorischen Traktat verfaßt hat, wie angenommen wurde.

Im ersten Teil seines Kommentars übernimmt Bernhard die Unterscheidungen, die *antiqui* und *moderni* zu Anfang (*extra*, bzw. *in librorum principiis*) zu treffen pflegten (zur ersten Orientierung) und wendet sie auf die *Ecloga Theodoli* an.

Seine Quelle war dabei neben Servius vor allem Isidor, und er selbst war Quelle für Conrad von Hirsau,[1413] der Bernhards ersten Teil für seinen ersten Teil benutzte, während er für die *auctores* auf Sammlungen der *Accessus* zurückgriff (Zeile 235–1571) und für seinen letzten, den systematischen Teil bereits das *Didascalicon* des Hugo von St. Victor benutzen

---

[1411] Frey: wie Anm. 1371, S. 17.
[1412] Marbod, De ornamentis verborum (Migne 171, 1687–1692).
[1413] Conrad von Hirsau, Dialogus (wie Anm. 2), Zeile 100–234.

konnte (zu Zeile: 1572–1854). Hier interessiert Bernhards erster Teil (die Einführung) nur insofern, als er sich erklärend auf die *Ecloga Theodoli* bezieht.

Bernhards Kommentar beginnt (f. 1b und 2a, Jacobs S. 3/4) seine Erklärungen mit den Begriffen für ein literarisches Werk (*liber in prosa* oder *metrum*) und den Autor (*auctor, poeta, vates, commentator*).

Daran schließen sich die hermeneutischen Fragen an: *In libris quidem explanandis antiqui* (Servius und seine Nachfolger) *non minus quam septem, moderni quatuor requirere solent.*[1414] Die alte Reihe war wesentlich auf die Hinführung zu Dichtungen angelegt, die jüngere philosophische war umfassender auf den systematischen Ort gerichtet.

Die sieben Fragen der literarischen Reihe werden durch Nachträge ergänzt (Clm 22 293, f. 4, Jacobs S. 11/12); sie betreffen *modus dicendi* (*stilus humilis, mediocris, grandiloquus*), *imitatio, locus, tempus* (beide für die historische Festlegung des Werks), *caracteres* (Autoren- oder Figurenrede), den Anfang (*prefatio* und *invocatio*) und die *locutionis modi*, die Sprechweisen (*causative, amatorie* usw.).

Danach, also beim Übergang von den »alten« zu den »neuen« Fragen, heißt es (Clm 22 293, f. 4b, Jacobs S. 12): *quid moderni querant, audiamus, qui quanto tempore posteriores, tanto in indagatione sunt discretiores*. Die »Moderne« gewinnt einen Vorrang vor den »Alten«, weil sie später ist. Im Gegensatz aber zu anderen Zeitgenossen, die die Fragen der literarischen Reihe für überflüssig halten (*haec querere quidam superfluum putant*), will er sie im einzelnen behandeln (*nos vero singula in suscepto negocio explicabimus*), um sich nicht dem Vorwurf der Unwissenheit auszusetzen.

Die erste Frage gilt der *vita*, damit das Werk so eine Empfehlung gewinnt (*ut ex ea opus commendetur*). Bernhard erschließt aus dem Werk für den Autor: Abstammung von angesehenen christlichen Eltern in Italien, Studium in Griechenland, Bildung in lateinischer und griechischer Sprache, einen Aufenthalt in Athen, bei dem er Zeuge von Streitgesprächen der Heiden mit den Christen (*gentiles cum fidelibus altercantes*) wurde. Nach der Rückkehr habe Theodolus die vernommene Argumentation in eine »allegorische Ecloge« gebracht (*in allegoricam contulit eclogam*). Ein frühzeitiger Tod habe ihn aber verhindert, letzte Hand ans Werk zu legen (*quam morte preventus non emendavit*). Gestorben sei er im geistlichen Stand (*tam morum quam scientiae honestate preditus sub clericali norma obiit*). Diese von Bernhard erschlossene Vita ist über

---

[1414] Clm 22 293 fol. 2a–5b, Jacobs S. 4–15. Vgl. Anm. 5 und 10.

Bernhards Zeitgenossen Sigebert von Gembloux in die Literaturgeschichte übergegangen und wird bei Wolfhard von Prüfening (Anonymus
Mellicensis) und Conrad von Hirsau wiederholt.[1415]

Die zweite Frage des Servius betrifft den Titel des Werks: *ecloga Theodoli*. Ecloga wird auf zweifache Weise ausgelegt, einmal als »Ziegenrede«
(*caprinus sermo*, nach griech. *aigon logos*, was in der Handschrift als *egle
logos* erscheint) und als eine »Auswahl« (griech. *ekloge*, in der Handschrift *eglogon*). »Ziegenhirten« stehen für Hirten überhaupt; vielleicht
habe der Verfasser mit dieser Bezeichnung (»Ziegenrede«) auch das ab-
scheuliche Fehlverhalten treffen wollen. Das Verständnis von *ecloga* als
Auswahl ist durch die Sammlung von Historien und Fabeln begründet, die
die Dichtung enthält (*collectis historiis et fabulis multis*). Titel und Prolog
haben verschiedene Aufgaben.

Der Gattung nach (d. h. nach der *carminis qualitas*) ist die *Ecloga* ein
»*bucolicon*«, *id est pastorale a digniore parte tractum*, denn *bucolicon*
meint Rinderhirten, schließt aber auch Schaf-, Ziegen- und Schweinehir-
ten ein. Nach Servius (Einleitung zum Kommentar der *Bucolica* Vergils)[1416] findet sich in dieser Gattung der »bukolische Schnitt« (*bucolice
tome*), nach dem jeweils vier Füße einen in sich geschlossenen Sinn haben
(*ubi post quatuor pedes nihil de sententia remanet*, so: Clm 22 293 fol. 2b;
Jacobs S. 6), wie es tatsächlich in der *Ecloga Theodoli* geschieht. Dann
führt Bernhard die verschiedenen *species* der Dichtung vor (die für die
Ecloga nicht in Betracht kommen); er beginnt mit der »komischen« und
endet mit der »heroischen« Dichtung, die den Ruhm von Helden in Fabeln und Geschichten darstellt (*quorum laudes hic describuntur in fabula
et historia*).

Damit sind zwei Begriffe genannt (*historia* und *fabula*), die Bernhard
für die *Ecloga* relevant erscheinen, weil der »*Theodolus*« aus *historia, fabula* und *argumentum* besteht.

Diese rhetorischen Begriffe sind (unabhängig von der *Ecloga*) bereits
besprochen worden.[1417] Bei Conrad von Hirsau sind sie an verschiedenen
Stellen erörtert.[1418]

Die Aussagen Bernhards (fol. 3b, Jacobs S. 9) sind offenbar durch die
Herennius-Rhetorik (I 8, 13; wie Anm. 709) angeregt. *fabula* ist Erfin-

---

[1415] Vgl. Huygens in der Vorrede zu seiner Ausgabe des Dialogus (wie Anm. 2), S. 11f.
[1416] Servius (wie Anm. 6) III, 1 (rec. Georg Thiele 1877), S. 2: adhibetur autem ad carmen
bucolicum, quod debet quarto pede terminare partem orationis.
[1417] Zu historia, fabula und argumentum: Anm. 709–713.
[1418] Conrad von Hirsau, Dialogus (wie Anm. 2), Zeile 170–191 und 389ff. (unter: Heso-
pus).

dung von Geschehnissen, die nicht geschehen sind und nicht geschehen können; *historia* ist, was wirklich geschehen ist, aber der eigenen Zeit entrückt; *argumentum* ist für Bernhard nicht im Sinne Ciceros gemeint (*dubie rei fidem faciens*; vgl. Auctor ad Herennium II 5, 8; Cicero, Topica 2, 8), sondern nach der Definition beim Auctor ad Herennium (I 8, 13): etwas Erfundenes, was geschehen konnte (*res ficta que tamen fieri potuit*). Alle drei Begriffe sind in der *Ecloga* zu finden (*hec tria in Theodolo possunt inveniri*). Der Eingang (v. 1–36) ist als *argumentum* zu verstehen (*argumentum est a principio usque* »*primus Creteis*«); dann folgen *fabula* und *historia* bis gegen Schluß (*donec prope finem*), wo wieder *argumentum* gilt (*ubi et argumentum esse videtur*). Es wird nicht deutlich gesagt, wo nach Bernhard der Schluß beginnt (mit v. 333?).

Die vierte hermeneutische Frage geht auf die *intentio*: *Intentio Theodoli esse videtur quasdam de ecclesiasticis et paganis scriptis conferre sententias, ut tantum catholicam traditionem excellere ostendat, quantum excellit veritas falsitatem* (fol. 3b, Jacobs S. 9f.).

Die fünfte Frage (*numerus librorum*) erübrigt sich bei der *Ecloga* (*unus enim tantum est*).

Auf die sechste Frage, die nach der Anordnung, antwortet Bernhard (fol. 3b/4a, Jacobs S. 10): *ordo autem que et disposicio a plerisque vocatur, artificialis est in Theodolo*. »Künstlich« (*artificialis*) ist eine Anlage, bei der der Gegenstand (*materia*), abweichend von der natürlichen Zeitfolge, durch kunstvolle Aussparung angeordnet wird (*cum materia arte et compendio disponitur*). Für eine »gemischte« Ordnung zitiert Bernhard Horaz.[1419]

Die siebente Frage betrifft die Erklärung (fol. 4a, Jacobs S. 10 *explanatio etiam in libris necessaria creditur*); ihre vier Möglichkeiten (*ad literam, ad sensum, allegorice, moraliter*) werden von vielen dadurch auf drei reduziert, daß sie *ad literam* und *ad sensum* als éine Möglichkeit auffassen. Sie finden sich nicht immer alle in demselben Werk, wohl aber im »*Theodolus*«, wenn auch nicht immer (*he omnes non semper in eodem simul inveniuntur, in Theodolo tamen, licet non ubique, inveniri possunt*). Nach dem Zeugnis des Servius (Einleitung zum Kommentar der *Bucolica*) hat ein Hirtengedicht nicht überall eine Allegorie.

Weitere Fragen folgen: So wird festgestellt, daß die *Ecloga* im *stilus* (*stilus humilis*) und in der *imitatio* sich nach den *Bucolica* Vergils richtet.

[1419] Horaz, Ars poetica v. 42–44 (v. 44 wird von Bernhard nicht zitiert): ordinis haec virtus erit et venus, aut ego fallor,/ut iam nunc dicat iam nunc debentia dici,/pleraque differat et praesens in tempus omittat.

Wichtig ist die Aussage über die *characteres*, die Unterscheidung der Dichtungen nach der redenden Person, wie sie Fortunatian[1420] und Diomedes[1421] dem Mittelalter überlieferten. Es heißt bei Bernhard (Clm 22 293, f. 4 *Tres enim sunt scripture caracteres: Dieticon (l. diegematicon?) vel exematicon (l. diegematicon? exegeticon?), id est enarrativum, in quo auctor solus; dramaticon, id est activum* (ergänze: *vel mimeticon*) *id est imitativum vel fabulosum* (ergänze: *genus*), *in quo sole persone; micticon, id est mixtum vel coenon, id est commune, in quo poeta et persone locuntur. primo Terentius et Salomon in Canticis, secundo Lucretius et Salomon in Parabolis* (offenbar müssen die Beispiele für die erste und zweite Gattung in der Münchener Handschrift umgestellt werden), *tertio Virgilius in Eneidis utitur et Theodolus hic.*

Die Unterscheidung geht im wesentlichen auf das 3. Kapitel der Poetik des Aristoteles zurück, das nach der Art der Mimesis unterscheidet.

Die erste Art kennt nur Autorenrede, die zweite nur Figurenrede, die dritte beides.[1422] Über die Rollen spricht Bernhard zu Anfang seines Kommentars.[1423] Der Dichter führt zwei Personen ein, die abwechselnd sprechen (*introduxit igitur Theodolus duas personas altercantes*), und eine dritte, die über die Äußerungen der beiden urteilt (*tertiamque de duarum dictis iudicantem*). Die Namen sind, wie üblich, von der Handlungsweise hergenommen (*quibus, ut in huiusmodi solet fieri negocio, nomina imposuit ab actione*). Die erste Rolle nannte er Pseustis nach der falschen Lehre, die dieser rühmt (*a falsitate quam extollit*), die zweite Alithia, weil sie die Wahrheit verteidigt (*quia veritatem defendit*), die dritte Fronesis nach der Klugheit, mit der zweifelhafte Sachverhalte geprüft werden (*a pruden-*

[1420] Fortunatian, Artis rhetoricae libri tres III, 9 (die Rhetorik bei Halm, Rhetores latini minores, Leipzig 1863, S. 79–134). Im Anschluß an die Stelle bei Fortunatian ist Lausberg (Handbuch I § 1 291 und 1082) auf die Unterscheidung eingegangen. Fortunatian, der dabei auf das 3. Kapitel der Poetik des Aristoteles zurückgeht, sagt: quot sunt genera? tria: dramatikon, diegematikon, mikton.

[1421] Diomedes geht in seiner Grammatik (Grammatici latini, hg. H. Keil, Vol. I, Leipzig 1857, S. 297–592) im dritten Buch darauf ein (S. 482). An seine Unterscheidung knüpft Ernst Robert Curtius (wie Anm. 17a) an. Bei Bernhard von Utrecht ist die Stelle (fol. 4a, Jacobs S. 12) in der Überlieferung entstellt (vgl. die Angaben bei Jacobs S. 129). Die Unterscheidung der drei Arten ist im Mittelalter auch sonst bekannt, so Gerhoch von Reichersberg in seinem Psalmenkommentar (Migne 193, 632: drei modi tractandi).

[1422] »Autorensprache« und »Figurensprache«: Hennig Brinkmann, Die Einbettung von Figurensprache in Autorensprache (in: Mélanges pour Jean Fourquet, Paris 1969, S. 21–41).

[1423] Clm 22 293 fol. 5b, Jacobs S. 15; diese Stelle ist von Sigebert von Gembloux übernommen (wie Anm. 1374).

tia, qua dubie res examinantur).[1424] Sinnvoll werden Hirtenrollen eingeführt (*quod autem pastorales inducuntur, ratione non caret*); denn diese
Art von Menschen sucht Streit (*hoc enim genus hominum litigiosum esse*),
wie religiöses und weltliches Schrifttum bezeugen (*divine et humane tra-
dunt litterae*). Daher sprechen sie Schlag auf Schlag (*unde et amebeo locuntur more*), weil sie mit der gleichen Anzahl von Versen Widerspruch
gegen Widerspruch mit List oder Schelte setzen (*quia aut contraria con-
trariis aut dolose aut increpative pari versuum numero respondent*).

Zu Vers 29 (*ludo*) wird gesagt (Clm 22 293, f. 7a, Jacobs S. 18): Da zu
jeder *causa* vier Rollen gehören, Ankläger und Verteidiger, Richter und
Zeuge (*accusator et defensor, iudex et testis*), kann man fragen, warum
Theodolus nur drei Rollen eingeführt hat (*cur tantum tres Theodolus in-
duxit?*). Als Antwort gibt Bernhard nicht den Hinweis darauf, daß Fronesis zugleich als *testis* (v. 22) und *iudex* (v. 26 *sedeat pro iudice nobis*) von
Alithia bezeichnet wird, vielmehr meint er, daß bei dem Menschenmangel
auf dem Lande die Not dazu gezwungen habe (*ad quod dicendum, quod
in campis, ubi hominum est inopia, sic fieri necessitas coegerit*), oder Personen, die den Männern unbekannt waren, hätten das nicht (als Zeuge)
beobachten können (*quia viris ignare hoc observare non potuerunt persone*).

Bei seiner Interpretation behält Bernhard den Streit im Auge. Zu v.
269ff. (*mens robusta viri levitate cadit muliebri*) vermerkt er (fol. 33b, Jacobs S. 101), daß die Vorwürfe (v. 273 *convicia*), die Pseustis Alithia (die
ja eine Frau ist) macht, dem rhetorischen Brauch folgen, den Gegner herabzusetzen (*rethoricum enim est contrariam, si possibile sit, personam infamare*), wenn man ihm sachlich nicht in geeigneter Weise erwidern kann.

Bei der allegorischen Erklärung von v. 26 (*nostra venit Fronesis, sedeat
pro iudice nobis*) versteht Bernhard (Clm 22 293, f. 9a, Jacobs S. 23) unter
der Rolle der Fronesis (als *iudex*) Christus (*quis per hanc rectius personam
quam filius Dei ... accipitur ...?*), der vom Dichter mit Recht als Richter
eingesetzt wird (*qui bene iudex statuitur*), denn so hat Simeon (Luc 2, 24)
verheißen: *quia in ruinam et resurrectionem multorum positus est*.

Zum Schluß, in dem Fronesis die Alithia bittet, vom Streit abzulassen
und dem Gegner (Pseustis) zu verzeihen, damit dieser nicht in Verzweiflung fällt und so die Frucht des Streites verloren geht (*peribit fructus vestri*

[1424] Für die Rolle der Fronesis beruft sich der Kommentator auf den Apostel Paulus; er sagt:
cuiuscumque enim Dei servi est veritatem a falsitate iudice prudencia discernere, ut secundum Apostolum omnia probet et quod bonum est teneat. Gemeint ist die Stelle aus
dem 1. Brief an die Thessaloniker (1 Thes 5, 21): omnia autem probate; quod bonum
est, tenete.

certaminis, scilicet eius salvacio), bemerkt Bernhard (Clm 22 293 fol. 40b/41, Jacobs S. 122): *In his verbis Fronesis* (Genitiv!), *quid facere debeant, iudices ammoneri videntur.* Was Fronesis sagt und tut, ist also beispielhaft für das Verhalten der Richter. Richter sollen die Wahrheit suchen (*in causa veritatem inquirere*); wenn sie gefunden ist, mit der Waagschale der Gerechtigkeit abwägen (*equitatis lance inventam ... pensare ...*). Danach soll der Richter vermitteln, eingedenk des Spruches (Jac 2, 13): »Das Strafgericht trifft ohne Erbarmen den, der keine Barmherzigkeit geübt hat« (*iudicium sine miseriicordia illi, qui non fecit misericordiam*).

Daß Alithia den Worten der Fronesis folgte, brauchte der Dichter nicht mehr zu sagen, weil aus den Worten des Richters hinreichend deutlich wird, was sie (Alithia) tun würde (*... ex iudicis verbis, quid faceret, satis ostenditur*). Ein Richter wird dazu eingesetzt, daß nach seinem Urteilsspruch sich beide Parteien, der Ankläger und auch der Verteidiger, einigen, wenn die Sache durchgesprochen ist (Clm 22 293, fol. 41a, Jacobs S. 122/123: *... iudex statuitur, ut eius sententia utraque pars, id est/accusator, etiam defensor, perorata causa conveniant.*). Der Verfasser brauchte also nicht mehr ausdrücklich zu sagen, daß Alithia ihrem Gegner Pseustis verziehen hat (*patet ergo Alithiam Pseusti ignovisse, cum – de quo cuncta pendent – iudex legatur hoc voluisse et hoc Theodolum prudenter tacuisse*).

Die vier Fragen der *moderni* nach der *materia,* der *intentio,* der *pars philosophiae* und der *utilitas*[1425] werden dann auf die *Ecloga Theodoli* angewendet (Clm 22 293, fol. 4b–5b, Jacobs S. 12–15). Als *materia* werden in der *Ecloga* aufgefaßt (Clm 22 293, f. 5a, Jacobs S. 13) die von »*Theodolus*« gesammelten Aussprüche (*sententie a Theodolo collate*) oder die streitenden Personen (*ipse certantes persone huius libri*); denn sowohl die Personen (*persone agentes*) wie auch ihre Handlungen (*personarum actiones*) können als *materia* aufgefaßt werden.

Während *materia* ist, woraus etwas besteht (*unde constat quidlibet*), ist *intentio* die Haltung des Autors gegenüber der *materia* (*intentio est affectus animi circa materiam*). Die *intentio* des Verfassers der *Ecloga* ist: die Wahrheit der Heiligen Schrift zu empfehlen, die Spielereien der Heiden zu verurteilen (*sacre scripture veritatem commendare, gentilium vero nenias damnare*); aber nicht damit man sie nicht liest, sondern damit man ihnen nicht nach der Lektüre glaubt oder sie in die Tat umsetzt (*non quidem ne legantur, sed ne lecte credantur vel in actum transferantur*).

[1425] Zu den accessus-Fragen und der Stellungnahme Bernhards von Utrecht: vgl. das 1. Kapitel.

Ihren systematischen Ort hat die *Ecloga* in der *ethica* (Clm 22 293, f. 5a, Jacobs S. 13/14: *ethice autem hoc opus subponitur*) als dem Teil der *philosophia*,[1426] auch *moralis* genannt, der Fehler austreibt oder Tugend einbringt oder bewahrt (*que aut repellit vicia aut inducit aut retinet virtutes*). Nach Bernhard von Utrecht hat sie Sokrates in die vier »Kardinaltugenden« (*prudenciam, temperanciam, fortitudinem, iusticiam*) gegliedert. Das dreigestufte System der *philosophia* (*physica, logica, ethica*), das Conrad von Hirsau am Ende seines *Dialogs* bringt,[1427] behandelt Bernhard, weil man ohne Kenntnis aller Teile auch das Ganze nicht kennt (dafür beruft er sich auf Boethius).

Die Frage nach der *utilitas* (fol. 5a/5b, Jacobs S. 14), die er nach Ciceros Schrift De *inventione* (II, cap. 56) beurteilt, beantwortet er für die *Ecloga*, nachdem er festgestellt hat, daß die *utilitas* beim Menschen, bei seinem Besitz oder in gemeinsamen Sachverhalten liegen kann (Clm 22 293, f. 5b, Jacobs S. 14: *et utilitas aut in homine aut in propriis aut in communibus posita est rebus*): *huius autem operis utilitas, que est veritatis cognicio et recte fidei confirmacio, in homine maxime versatur.* Utilitas ist nach Bernhard die Erreichung eines erstrebten Vorteils (*utilitas est quod quis ex eo, cui intendit, negotio cum commodo consequitur*).

Nach Diskussion und Anwendung der »alten« und »neuen« hermeneutischen Fragen, wendet sich Bernhard dem Gedicht selbst zu (Clm 22 293, f. 5b, Jacobs S. 14/15): *Nunc solutis que ab utrisque/extra queruntur ad librum iam accedamus.* Unmittelbar vorher hatte er noch einmal unterstrichen, daß die *Moderni* den Alten durch ihre genauere Untersuchung überlegen sind (... *moderni ... vigilantius antiquis rimantur*).

Bernhard spricht zunächst über die drei Rollen der *Ecloga*; das ist bereits dargestellt, ebenso wie seine Art der Erklärung (Clm 22 293 fol. 5b, Jacobs S. 15): »Da wir eine viergestaltige Erklärung versprochen haben, wollen wir zuerst zum Sinn übergehen, dann zur allegorischen und moralischen Erklärung (*quoniam autem quadriformem promisimus explana-*

[1426] Bernhards wichtige Aussage lautet (Jacobs S. 13f.): que (sc. ethica) quia pars philosophie est, ad plenum non videbitur, nisi de eius (sc. philosophie) genere aliquid edocuerimus; sicut teste Boetio ignoratis partibus ignoratur totum, ita hoc ignorato ignorantur ille (sc. partes). philosophia ergo est divinarum et humanarum rerum cognitio ... cuius tres sunt species: phisica, id est naturalis, quod de rerum agat naturis; hanc Pithagoras in arithmeticam geometriam astronomiam musicam distribuit. loica (= logica), id est sermonicalis, qua verum a falso discernitur, in dialecticam rethoricam grammaticam divisa est ab Aristotele. ethica, id est moralis, que aut repellit vicia aut inducit aut retinet virtutes, a Socrate in prudenciam temperanciam fortitudinem iusticiam distributa est ...
[1427] Conrad von Hirsau (wie Anm. 2), S. 65 (Zeile 1844 ff.), nach Isidor (wie Anm. 13) II, 24, 3–7.

tionem, ad sensum primum transcurramus, dehinc ad allegoriam et mora-litatem). Danach wollen wir die Eigenschaften der Wörter entwickeln« (*post hec etiam dictionum enucleabimus naturam*). Die Münchener Handschrift hat diesen vierten Teil offenbar auf die entsprechenden Verse verteilt.

Über die Gliederung der *Ecloga* hat sich Bernhard von Utrecht insofern ausgesprochen, als er den Eingang (v. 1–36) als *argumentum* auffaßt (Clm 22 293, f. 3b, Jacobs S. 9), dem dann *fabule* und *historie* folgen;[1428] mit welchem Verse dann wieder *argumentum* beginnt, wird nicht gesagt (man darf vermuten: mit v. 333).

Um Bernhards Erklärung besser zu verstehen, wird es notwendig sein, den Aufbau der *Ecloga* kurz zu entwickeln. Wie der Eingang das Heran-ziehen von Fronesis als Richter darstellt, so wird das Eingreifen von Fro-nesis am Schluß (v. 333–344) das Ende markieren.

Der Eingang (v. 1–36) ist in der Erklärung abgehoben. Der Abschnitt wird zunächst *ad sensum* (Clm 22 293, f. 5b–7a, Jacobs S. 15–19), und danach in einem neuen Durchgang Vers für Vers *ad allegoriam et morali-tatem* kommentiert (Clm 22 293, f. 7a–10a, Jacobs S. 19–25).

Die allegorische Erklärung sieht in dem Eingang die drei heilsgeschicht-lichen Epochen präfiguriert (Clm 22 293, f. 7, Jacobs S. 19). Es heißt: … *quarum* (das sind die 3 Personen) *in tractatu secundum tempus actionum ordo distinguitur*.[1429] Die Menschen lebten nach dem Sündenfall in ent-stellter Ordnung (*vitiata composicione*); dann erfanden sie für sich ge-wisse Überlieferungen (*tunc sibi invenerunt quasdam tradiciones*). Dann wurde das Gesetz gegeben, unter dem die Juden lebten (*post haec data est lex, sub qua iudei fuerunt*). Durch den Heiland, der in menschlicher Ge-stalt kam, wurde die Gnade geschenkt, unter der wir leben, wobei das Ge-

---

[1428] Die Partie über fabula, historia und argumentum (fol. 3b, Jacobs S. 9) schließt mit der Feststellung: argumentum est a principio usque »Primus Creteis«; fabula autem et hi-storia donec prope finem, ubi et argumentum esse videtur.

[1429] Die Stelle steht im Beginn der allegorischen Erklärung des Eingangs (fol. 7a/7b, Jacobs S. 19): Personarum igitur prima hereticorum, secunda Catholicorum, tercia Christi vel Ecclesiae … videtur typum obtinere. Quarum in tractatu secundum tempus actionum ordo distinguitur, id est, quid ante legem, quid sub lege, quid sub gracia factum sit. Vi-ciata enim in primo parente humana natura diu sine ulla morum composicione homines vixerunt. Tunc sibi invenerunt quasdam tradiciones, post hec data est lex, sub qua Iudei fuerunt. Salvatore autem veniente in carne, mutata in melius, non ablata lege, sub qua vivimus, data est gracia. Die Unterscheidung der Zeiten ante legem – sub lege – sub gra-tia nach Augustinus (Enchiridion): Migne 40, 287. non sublata lege: Jesus sagt in der Bergpredigt nach Matthaeus (Matth 5, 17): nolite putare, quoniam veni solvere legem aut prophetas; non veni solvere, sed adimplere. Paulus sagt im Römerbrief (Rom 6, 14): non enim sub lege estis, sed sub gratia.

setz nicht aufgehoben, sondern verbessert worden ist (*salvatore autem veniente in carne, mutata in melius non ablata lege, sub qua vivimus, data est gratia*). »Wie diese Epochen aus diesem Werk (der *ecloga*) hervorgehen, wollen wir genauer uns ansehen« (*que quomodo hoc ex opere innuatur* – oder: *insinuatur? – attentius intueamur*).

In der Rolle des Ziegenhirten Pseustis stellt sich die *gentilitas* dar (zu v. 3–6). Bernhard sagt (Clm 22 293, f. 7b, Jacobs S. 20): *in his enim omnibus ante legem gentilitas occupabatur*. Sie brachten die Ziegen unter einen Baum (v. 3), d. h. die Menschen lebten vor dem Gesetz wie eine Herde und opferten den Dämonen (*hi capellas sub arbore duxerunt, cum homines pecudum more viventes in unum habitare vel demonibus sacrificare in lucis docuerunt*). Pseustis hütet Ziegen, weil die heidnischen Bräuche mehr aus Furcht als aus Liebe beobachtet wurden (fol. 8a, Jacobs S. 20/21: *quia gentilium tradiciones plus pene timore quam amore a suis cultoribus sordidissimis observabantur*). Offenbar denkt Bernhard dabei an v. 289: *erroris causas finxit timor atque voluptas*. Der Kommentar sagt dazu (Clm 22 293, f. 35b, Jacobs S. 108): *id est metu ceperunt coli dii*. Dazu zitiert er den Vers aus der Thebais des Statius: *Primus in orbe deos fecit timor*.[1430]

Mit Alithia wird das Gesetz des Moses bezeichnet (Clm 22 293, f. 7b, Jacobs S. 20: *Alithie vocabulo Moysi legem designari puto*). Dies Gesetz hat zuerst die Juden gespeist, dann aber alle Gläubigen (Clm 22 293, f. 8a, Jacobs S. 21: *Lex autem iudeos primum, nunc autem cunctos fideles, qui ea die et nocte meditantur, reficit*). Teils aus Liebe, teils aus Furcht vor dem Gesetz vergißt das jüdische Volk (*Ecloga* v. 13) zu essen, d. h. die verbotenen Wünsche (fol. 8a, Jacobs S. 21: *oblitus est esum, id est illicita desideria, partim amore, partim timore legis …*). Der Unterschied zwischen der Flöte (*fistula*), die Pseustis bläst, und der Zither, die Alithia schlägt, bezeichnet den Unterschied zwischen heidnischer und christlicher Literatur (*gentilis et sacre scripture signari diversitatem*). Die heidnische Literatur taugt nicht viel, wenn man nicht die Spitzfindigkeiten der Autoren wegnimmt (*remotis auctorum cavillationibus*). Bernhard hält sich gegenüber der heidnischen Literatur an den Satz des Römerbriefes (15, 4): *quecumque scripta sunt, ad nostram doctrinam scripta sunt*. Die heidnischen Schriften sind nicht einfach zu verwerfen (*non ergo usque quaque gentilia sunt abicienda*), sondern wie Diener den Herren zu unterstellen (*sed ut servi domnis postponenda*).

[1430] Diesen Vers führt Fulgentius in seinen »Mythologien« (wie Anm. 106) als einen Vers bei Petron (hg. Bücheler-Heraeus, 1922, fragm. XXVII, 1) an (hg. Helm, wie Anm. 106, S. 16f.).

Juden haben unter Heiden gelebt und viel erduldet; von (heidnischen) Philosophen wurden sie zum Wettstreit herausgefordert (Clm 22 293, f. 8b, Jacobs S. 22). Wenn dabei das Gesetz besser erscheint als der heidnische Ritus, dann soll die Kenntnis der Literatur in ihm (dem Gesetz) entwickelt werden (*si lex gentili ritu melior videbitur, scientia litterarum in ea explicanda vertatur*). Das hat sich an Dionysiue Areopagita und Augustinus erfüllt, die von Paulus, bzw. Ambrosius überzeugt wurden.

Fronesis (v. 26) wird auf den Sohn Gottes bezogen,[1431] der als Mensch gekommen ist, um das Menschengeschlecht zu erlösen und dereinst als Richter zu erscheinen. Als Fronesis kann auch die Kirche verstanden werden (*per Fronesin etiam intelligitur ecclesia, que baptismate antiquum abluit reatum ...*). Vor sie als Instanz wird mit Recht die Auseinandersetzung gebracht, weil vor ihr Bekenntnis und Vergebung der Sünden stattfinden (*ad quam bene causa discucienda refertur, quia in ea fit peccatorum confessio et remissio*). In der Äußerung von Pseustis (v. 27 *eam sors obtulit ultro*) wird *sors* auf die göttliche Vorsehung bezogen (Jacobs S. 24 *sortem autem dicit divinam dispositionem, qua humano generi in radice viciato mederi cupiens filium Dominus ad terram mittendum praeviderat*). Das geschah »*ultro*«, weil die Menschen sich kein Verdienst (keinen Anspruch darauf) erworben hatten, sondern allein die Barmherzigkeit Gottes uns gerettet hat, weil sie wollte (Matth. 18, 11; Luc 9, 56; Joh 12, 47), daß alle gerettet werden (*sola nos servavit misericordia Dei, quia omnes vult servari et neminem perire*). V. 27 (*huc ades, o Fronesi*) spricht die Bitte der Heiden aus, sich ihrer anzunehmen (*respice gentes*). Daß Heiden solche Gedanken in den Mund gelegt werden, ist nicht verwunderlich, da man lesen kann, daß viele von ihnen die Ankunft Christi erwartet hatten und ersehnten (*nec cuiquam mirum videatur hoc sub persona dici gentilium, cum multi ipsorum legantur exspectasse vel desiderare adventum Christi*). Übrigens wurden nach Bernhards Angabe die Verse an die Fronesis (v.

[1431] Bernhard von Utrecht sagt zur Rolle von Fronesis (v. 26 nostra venit Fronesis, sedeat pro iudice nobis) in seinem Kommentar (Clm 22 293, fol. 9a, Jacobs S. 23): qui (filius Dei) bene iudex statuitur, quia in ruinam et resurrectionem multorum positus est (nach der Weissagung Simeons an Maria, nach Luc 2, 34; Ecce positus est hic in ruinam et resurrectionem multorum in Israel) et tenens ventilabrum paleas a grano separat (nach den Worten des Täufers Johannes bei Luc 3, 17 cuius ventilabrum in manu eius ... et congregabit triticum in horreum suum, paleas autem comburet ... ebenso bei Matth 3, 12) et omnem, quam non plantavit Pater Celestis, plantationem eradicat (nach den Worten Jesu bei Matth 15, 13 omnis plantatio, quam non plantavit Pater meus caelestis, eradicabitur); vel ipse est lapis angularis (nach Paulus im Epheserbrief 2, 20 ipso summo angulari lapide Christo Jesu), qui in fronte positus e diverso, id est ex Iudacis et gentibus venientes in fidei unitate duos iungit parietes.

371

27–29) von vielen Alithia in den Mund gelegt (*multi etiam sub Alithie persona hoc dictum accipiunt*).

Die Verse 30–33 können *sub persona Christi* oder *sub persona ecclesiae* aufgenommen werden. Christus, Mensch geworden, wird zurückkehren, nachdem er viel gelitten hat. Die Eltern (v. 31 *uterque parentum*) sind Gott und die Kirche im Himmel (Clm 22 293, f. 9b, Jacobs S. 24f.: *uterque parentum, id est Deus et caelestis ecclesia*).

Pseustis soll beginnen (v. 34), weil die Heiden zuerst die Überlieferungen (*tradiciones*) empfangen haben; er soll berichten, welche Überlieferungen und aus welchem Grunde sie zu halten sind (*qui primi tradiciones accepistis, que et quales et cur tenende sind, referte*). Alithia wird demgegenüber berichten, welches, wie und warum ihr Gesetz zu halten ist (*referet e contra, que et qualis et cur tenenda sit lex sua*). Das soll in der pythagoräischen Vierzahl geschehen, die die vier Kardinaltugenden meint. Ihretwegen ist das Gedicht (die *Ecloga*) geschaffen, in dem Äußerungen der Heiden und der Rechtgläubigen dichterisch verglichen werden und der Glaube erschlossen wird (*in quo gentilium et catholicorum dicta poetice conferuntur*), damit anerkannt wird, daß man die Schriften prüfen und daß wir den so gefundenen Glauben wahren sollen (*ut et discuciendas scripturas et ex discussis repertam nobis tenendam esse fidem innuatur*).

Das Gedicht endet mit der Versöhnung zwischen Pseustis und Alithia, die Fronesis herbeiführt (Clm 22 293, f. 40a, Jacobs S. 121: *hic introducitur Fronesis reconcilians Alithie Pseustim*). Der heilsgeschichtliche Prozeß erfüllt sich: auch die Heiden nehmen an der Gnade teil.

Bevor Bernhard dann an die Erklärung des Streitgesprächs geht, schickt er wichtige Bemerkungen zur Methode voraus (Clm 22 293, f. 10a, Jacobs S. 26). »Da es feststeht, daß in diesem Werke dichterische Fabeln und heilige Geschichten zur sittlichen Förderung verglichen werden (*quoniam ad morum profectum poeticas fabulas sacrasque historias hoc in opere conferri constat*), glaube ich, daß beide in ihrer Art mit gleichem wissenschaftlichen Ernst zu erklären sind, wenn sie auch nicht den gleichen Rang haben« (*quasque in suo genere pari indagatione, licet impares dignitate, explicandas arbitror*). Zur Unterrichtung (der Leser) will er die Erfindungen untersuchen (*instructionis causa perscrutamur figmenta*). Je mehr man sie durchschaut, desto leichter wird man sie meiden, wenn schädlich, oder befolgen, wenn nützlich (*quo enim plus patebunt, eo si obsint, ad devitandum, vel si prosint, ad sequendum proniora erunt*). Ebenso wie christliche Schriftsteller (*veritatis relatores*) haben sie ihre Aussagen in Dunkel gehüllt (*obumbraverunt*), um nach Einsicht in ihre Mühe höher geschätzt zu werden (*ut labore cognito pluris haberentur*). Damit spricht

Bernhard für heidnische und christliche Literatur den Sachverhalt aus, den Bernhard Silvestris später *involucrum* nannte.

Die *Ecloga* gliedert sich nach dem Inhalt und der Art der Auseinandersetzung.

Im ersten Teil sprechen Pseustis und Alithia von ihrer Herkunft (*de parentibus*). Pseustis beginnt mit Saturn, dem niemand voraufging (v. 39 *nullus ei genitor*), aber eine große Nachkommenschaft folgte; Alithia beginnt mit dem ersten Menschen im Paradies (v. 41 *incola primus homo fuit in viridi paradiso*). So kommt es zu einem Vergleich zwischen beiden, bei dem die Reihenfolge durch die Quelle, das Alte Testament, bestimmt ist.

Die erste Reihe Alithias umfaßt 12 Beispiele aus der Genesis, und zwar in der Reihenfolge, in der sie die Genesis erzählt (v. 41ff. Gen. 2/3; v. 49ff. Gen. 3; v. 57ff. Gen. 4; v. 65ff. Gen. 5; v. 73ff. Gen. 7; v. 81ff. Gen. 8; v. 89ff. Gen. 11; v. 97ff. Gen. 17/18/22; v. 105ff. Gen. 22; v. 113ff. Gen. 19; v. 121ff. Gen. 32; v. 129ff. Gen. 39/41). Eine Ausnahme sind v. 113ff. (Sodoms Zerstörung und die Verwandlung von Loths Frau in eine Salzsäule), die die Reihenfolge zu stören scheinen (Gen. 19). An seinem Platz in der Genesis steht das Ereignis zwischen Erzählungen, die Abraham gelten; diese sollten offenbar zusammen bleiben.

Die Reihenfolge der Beispiele, die Pseustis aus der antiken Mythologie vorbringt, ist durch die Reihenfolge der Gegenbeispiele im Alten Testament bestimmt. Zu den »Historien« werden analoge »Fabeln« gesucht: zu dem ersten Menschen im Paradies (v. 41–44) das goldene Zeitalter Saturns (v. 37–40), zur Vertreibung aus dem Paradies (v. 49–52) die Vertreibung Saturns durch Jupiter und damit das Ende des goldenen Zeitalters (v. 45–48), zum Opfer Abels (v. 57–60) das Opfer des Kekrops (v. 53–56), zur Sündflut (v. 73–76) die Überschwemmung der Erde nach Ovid (v. 69–72), zum Turmbau von Babel (v. 89–92) der Aufstand der Giganten (v. 85–88), zum Gehorsam Abrahams (v. 105–108) die Überheblichkeit des Dädalus (v. 101–104) – der eine behält, der andere verliert seinen Sohn –, zum Kampf Jakobs mit dem Herrn (v. 121–124) der Kampf des Diomedes mit Venus (v. 117–120), zur Reinheit Josephs, der zum Herrscher aufsteigt (v. 129–132), das Schicksal Hippolyts (v. 125–128).

Eine ergänzende Reihe von 6 Beispielen ist späteren Büchern des Alten Testaments entnommen: 2 aus Exodus, 2 aus Numeri, 1 aus Josue und 1 aus Judices. Wie in den ersten 12 Beispielen die Kapitelfolge der Genesis, so ist in dieser ergänzenden Reihe die Folge der alttestamentlichen Bücher eingehalten. Die Analogie zwischen *historia* und *fabula* ist deutlich ausgeprägt. Wie Chore (v. 153–156 nach Num. 16) wird Amphiaraus (nach

Hyginus) vom Erdboden verschlungen (v. 149–152), die Fabel von Europa und dem Stier (v. 141–144) nach Ovid (Met. II, 833ff.) wird der *historia* vom goldenen Kalb (v. 145–148 nach Exod. 32) vorausgeschickt, der sprechenden Eselin Balaams (v. 161–164 nach Num. 22) geht die Verwandlung von Io in eine Kuh voraus (v. 157–160 nach Ovid, Met. I, 601ff.), die Verdoppelung der Nacht beim Zusammensein Jupiters mit Alkmene (v. 165–168 nach Hygin) ist als Entsprechung zur Verlängerung des Tages unter Josua ausgesucht (v. 169–172 nach Jos 10), und schließlich geht der Samsonepisode (v. 177–180 nach Jud. 16) die Fabel von Herkules voraus (v. 173–176 nach Aen. VIII, 185ff. mit der Erklärung des Servius). Die Macht der Natur oder die Macht über die Natur treten in diesen Historien und Fabeln sinnfällig hervor. Am Ende der »Ahnenreihe« macht Bernhard eine wichtige Bemerkung zur allegorischen Erklärung (Clm 22 293, f. 23b, Jacobs S. 68): Wie Samson Christus präfiguriert, so kann er auch Zeichen für den Teufel sein (*sed sciendum est diaboli etiam typum Samsonem tenere*). Dieselbe Person kann »Figur« für das Gute und das Böse sein (*Sancti enim affirmant eandem personam boni et mali figuram habere*).

Unmittelbar vorher (Clm 22 293 fol. 23, Jacobs S. 68) hatte er an das »*problema*« Samsons erinnert (Jud 14, 12ff.): *De forti exivit* (Jud 14, 14: *egressa est*) *dulcedo*, und dazu gesagt: »Damals ging Süßes vom Starken aus, als das strenge Gesetz, das zunächst nur dem Buchstaben nach angenommen war, dadurch daß Christus den Schleier hinwegnahm, den Gläubigen in seiner geistigen Bedeutung offenbar wurde« (*Tunc autem de forte exivit dulcedo, cum lex aspera accepta tantum ad litteram remoto per Christum velamine fidelibus spirituali sensu intelligenciae cepit patere*). Damit wird ausqesprochen, daß durch Christus die Zeit des nur dem Buchstaben nach befolgten Gesetzes abgelöst wurde durch eine Zeit, in der den Christen der geistige Sinn des Gesetzes sich offenbarte.

Der Abschluß des ersten Disputationsteils[1432] (v. 37–180, insgesamt 144 Verse und 18 Wechsel) wird dadurch markiert, daß sich die beiden Partner an die Gottheit wenden (v. 181–188). Das geschieht nach Bernhard, weil ein solcher Streit ohne die Hilfe der Gottheit nicht durchzuführen ist (Clm 22 293, f. 24a, Jacobs S. 70: *tantum certamen sine numinis auxilio expediri non possit*) oder um Namen und Macht der Götter darzulegen und zu vergleichen, über deren Verehrung der Streit geht (*ut deorum vocabula et potestates exponerent et conferrent, de quorum cultura contendebant*).

[1432] In den Handschriften K und B ist an dieser Stelle ein »Prolog« eingeschaltet (bei Jacobs S. 69f.), der die Wahl einer metrischen Form für eine »katholische« Schrift begründet.

Pseustis ruft nach Bernhard die Götter gemäß der Auffassung von Varro an, daß jeder Sachverhalt in jedem der Bereiche seinen Gott hat (Clm 22 293, f. 24a, Jacobs S. 71): *alii – sc. dicunt – rei cuique deum preesse suum et partem horum esse in caelo, partem in aere, partem in terra, partem in aquis et partem in inferno, secundum quem – sc. Varronem – haec est invocatio.* Der Anruf an die Götter wird nach Bernhard wörtlich wiederholt (v. 184 = 181), um Bekräftigung und Ergebenheit auszudrükken (*haec repeticio confirmacionem vel devocionem exprimit*); er meint, was wir wünschen, wiederholen wir öfters (*que enim optamus, sepius nominando revolvimus*).

Pseustis ruft die »tausend Götter« an (v. 181, 184): *... vatem defendite vestrum.* Alithia dagegen wendet sich in Ehrfurcht an die Trinität (v. 188): *nos vincere falsa iubeto.* Mit Anklang an die große Rede des Stephanus (Act VII, 51) nennt Bernhard sich unwürdig, das Geheimnis der Trinität, das Alithia ausspricht, zu behandeln; ihm genügt ein Hinweis auf die *Praefatio de Sancta Trinitate* (fol. 24a, Jacobs S. 71: *illud sufficit solum, quod omni pene Dominica die audimus: »et in personis proprietas, et in essentia unitas, et in maiestate adoretur equalitas«*).

Der zweite Dialogteil (v. 193–244) enthält sieben Beispiele aus den Königsbüchern, und zwar in der biblischen Reihenfolqe; Quelle für das letzte Beispiel dieses zweiten Teils (Nabuchodonosor) ist das Buch Daniel (4, 22 und 5, 21), das auch Quelle für die beiden ersten Beispiele des dritten Teils (v. 257–260 und 265–268) ist und damit den zweiten mit dem dritten Teil verbindet. Der zweite Teil schließt mit der Warnung (v. 243/244): *... cunctis suadetur in illo – sc. Nabuchodonosor –, discant naturae contenti viribus esse.* Diese Warnung gilt zwar zunächst nur für das letzte Beispielpaar (Salmoneus-Nabuchodonosor), kann aber auch dem ganzen zweiten Teile gelten.

Im zweiten Teil ist das genealogische Prinzip *(parentes)* aufgegeben und durch den Versuch (nach Fulgentius?) ersetzt, Grenzerscheinungen des menschlich-irdischen Daseins vorzuführen: *canendi pericia* (Orpheus-David), *sapiencia (Mercurii astucia et Salomonis opponitur sapiencia)*, *terre fertilitas (per Cererem) et sterilitas (per Heliam)*, Befreiung vom Schrecken (Gorgo) durch Bellerefon und sein Aufstieg, verglichen mit dem Aufstieg des Elias, das Hinschwinden des Tithonus *(Titonis defectio)*, des Gemahls der Aurora, und die Wiedergesundung des Ezechias nach 4 Reg 20, 1–11 *(Ezechiae refectio)*, die Ausgelassenheit der antiken Spiele *(ludorum lascivia)* und die Trauer über Josias nach 4 Reg 23, 29 und Jer 22, 10 *(Josiae mortis mesticia)*, *temeritas Salmonei in Jovem* (nach Vergils Aen. VI, 585–594), *etiam Nabuchodonosor in Deum.*

Wie der zweite Dialogteil durch ein »Zwischenspiel« (das Bekenntnis zum Monotheismus gegen das Bekenntnis zum Polytheismus) vom ersten Dialogteil getrennt ist, so folgt dem zweiten Dialogteil ein Zwischenspiel (v. 245–252), mit dem sich Bernhard ausführlich beschäftigt. Pseustis ruft den Abend herbei (v. 247 *quid vesper cessas*), damit das Streitgespräch zu Ende komme; Alithia fragt (an versgleicher Stelle: v. 251): *cur noctem revocas?* Sie spürt, daß dem Partner die Kräfte ausgehen (v. 252 *quod te destituunt vires, suspiria produnt*).

Bernhard erwägt für den Wechsel v. 245–248 und v. 249–252 zwei Auffassungen (Clm 22 293, f. 30b, Jacobs S. 92): *hic ostenditur Pseustis deficere aut Alithiam temptare.* Im ersten Fall spricht Pseustis aus Furcht: vor Verlängerung des vierteiligen Tages (v. 245), vor einer Wiederholung der Phaeton-Katastrophe (v. 246 *tunc duos aiunt sine nocte dies fuisse*), vor dem Ausbleiben des Abends (v. 247/248), wozu Bernhard bemerkt (fol. 30b, Jacobs S. 93): *optabat enim noctem, ut dirimeretur certamen.* Darauf antwortet Alithia (auf die Frage, warum der Tag nicht zu Ende geht), daß die Sonne, die den Menschen das Sehen ermöglicht, in dem *status* bleibt, in den sie Gott am Anfang versetzt hat (fol. 31a, Jacobs S. 95: *in eo statu, in quo Deus illa – sc. lumina solis – constituit*); Pseustis suche die Nacht als Anlaß, das Streitgespräch aufzugeben (*noctis occasione certamen dimittere*).

Die andere Auffassung wäre, daß Pseustis nach Art eines bukolischen Gedichts Alithia fragt, um sie auf die Probe zu stellen (Clm 22 293, f. 30b, Jacobs S. 93: *potest et ita intelligi, ut Pseustis Alithiam interrogaret … temptandi gratia*). Die erste Frage (v. 245) will dann wissen, warum der Tag länger dauert; die zweite (v. 246), ob sich eine Brandkatastrophe, wie damals bei Phaeton, noch einmal ereignen wird (*utrum tale incendium futurum, quale tunc fuit, cum Phaeton currus rexit*); die dritte Frage (v. 247), warum der Abendstern nicht in der ganzen Nacht scheint (*quare non videtur tota nocte stella illa*); die vierte (v. 247/48), warum sich die Ziegen an Gras (statt an Laub) sättigen und wiederkäuen; die letzte, wie sich die Sonne bewegt (*an cum firmamento an contra nitatur*).

Hinter diesen Fragen stehen Probleme, über die nach Bernhard die Philosophen des Altertums diskutiert haben (Clm 22 293, f. 31a, Jacobs S. 93f.: *has etiam questiones faciebant philosophi*). Was sie sagen, ist »Meinung« (*opinio*), keine Wahrheit, und entsprechend antwortet Alithia darauf (*ad harum – sc. questionum – quasdam respondere videtur Alithia secundum veritatem*): die Sonne dient dem Sehen des Menschen, folgt aber ihrem eigenen Gesetz, das ihr Gott gab (fol. 31a, Jacobs S. 95: … *sol creatus propter homines ad nutum Dei tantum, non aliis cogentibus causis semper incedit).* »Warum bringst du Irrlehren antiker Autoren wieder in Erinnerung *(cur noctem revocas? id est cur ad memoriam reducis antiquos auctorum errores, qui rerum ordinem quibusdam causis, non creatori asserere conati sunt?).* Du stellst mich auf jede Weise auf die Probe«[1433] *(in huiusmodi questionibus solvendis).*

Es ist fraglich, ob Bernhard mit dieser Auffassung die Intention des Autors trifft. Er ist dabei offenbar von Partien des vierten Dialogteils ausgegangen (v. 317–320 und 321–324), in denen tatsächlich Fragen gestellt werden (so Alithia v. 323: *Dic, ubi terra levem caeli supereminet axem?*). Jedenfalls verschärft diese Deutung den Charakter des *certamen* als einer Auseinandersetzung zwischen »Weltanschauungen«.

Der dritte Dialogteil (v. 253–284) bringt einen vierfachen Wechsel, dessen Abfolge nicht mehr durch die Reihenfolge der biblischen Bücher bestimmt ist. Die alttestamentlichen »Historien« stammen aus den Büchern Daniel (Daniel: Daniel 14; Susanna: Daniel 13), Judith (Judith: Judith 10–14) und Esther (Esther: Esther 1, 2, 3–7). Ihnen entgegengesetzt sind die »Fabeln« von Danae (Hyginus,[1434] Fab. 63), von Niobe (Ovid, Met. VI, 148ff.), von Frauen, denen starke Männer zum Opfer gefallen sind (v. 269–272 mit Beispielen aus den *Metamorphosen*), und von Scylla (Ovid, Met. VIII, 6ff. und Hyginus, Fab. 198).

Schon die Wahl der beiden alttestamentlichen Frauenbücher zeigt, daß es im dritten Dialogteil um die Frau geht. Das Stichwort gibt v. 269: *mens robusta viri levitate cadit muliebri.* Pseustis will durch ihre Beispiele für weibliches Versagen die Partnerin Alithia treffen.

Im ersten Beispielpaar (Daniel gegen Danae) scheint die gemeinsame Situation *(reclusio)* maßgebend und die verschiedene Öffnung: *corruptio* Danaes durch Gold (v. 256 *Danaen corruperat aurum*) und *visitatio* Daniels durch Abacuc (v. 253–256 und 257–260). Zum zweiten Beispiel (Niobe v. 261–264) bemerkt Bernhard (Clm 22 293, f. 32a, Jacobs S. 98): *hoc aut inducit Pseustis ad deterrendam Alithiam, ne Deos contempnat vel ad exprobrandum muliebrem sexum.* Diesem Angriff auf ihr (weibliches) Geschlecht antwortet Alithia mit dem Hinweis auf Susanna, die das Gesetz ihrer Natur überwand (Clm 22 293, f. 32b, Jacobs S. 98): *hoc Alithia ad pseustis dedecus inducit.* Darauf wird Pseustis massiv: er will de-

---

[1433] Bernhard liest (fol. 31a, Jacobs S. 95): quam vis me fallere temptas; in K steht nach Jacobs (S. 190): quid vis me fallere temptas; in B: quid tu me fallere temptas. Wie sehr die Handschriften an dieser Stelle abweichen, zeigt der kritische Apparat bei Osternacher (S. 47 zu v. 251).

[1434] Hyginus wird zitiert nach der Ausgabe: Hygini fabulae, rec. H. I. Rose. Lugduni Batavorum 1933 (engl. von M. Grant, 1960).

monstrieren, welcher Schandtaten das weibliche Geschlecht fähig ist (v. 271 *femina quid possit*), und führt dafür Beispiele (*feminarum scelera*) an. Bernhard erklärt dazu: »Nicht unpassend macht Pseustis Alithia diese schändlichen Vorwürfe (die Alithia v. 273 *convicia* nennt), denn es ist rhetorischer Brauch, die Gegenperson zu diffamieren, wenn man keine passenden Gründe mehr vorbringen kann« (Clm 22 293, f. 33b, Jacobs S. 101: *nec absurde hec obprobria Alithie Pseustis obicit; rethoricum enim est contrariam, si possibile sit, personam infamare* ...). Alithia setzt Judith entgegen (v. 273–276), Pseustis sucht durch das Verbrechen der Scilla (nach Vergils 6. Ecloge, v. 71–77 und Ovid, Met. VIII, 1ff.) ihre *convicia* noch zu überbieten. Aber Scilla, die nach Bernhards Worten (Clm 22 293, f. 34b, Jacobs S. 104) »mehr der Lust als der Ehre und mehr dem Feind als dem Vater folgte« (*que magis libidini quam honestati, hosti quam patri favit*), indem sie Vater und Vaterland verriet, stellt Alithia das Bild von Esther entgegen (in der Handschrift heißt es f. 34a, Jacobs S. 103: *hic Scille prodicio patrie et hester liberatio conferuntur*).

Auf den dritten Dialogteil mit seinem vierfachen Wechsel folgt ein Zwischenspiel, das in die bukolische Sphäre zurückführt, aus der die gewählten Rollen kommen. Es geht nun um sie selbst, ihre Existenz und »Weltanschauung«. Beispiele, Fabeln oder Historien, werden nicht mehr ins Spiel gebracht.

Pseustis beginnt das dritte Zwischenspiel (v. 285) mit einem Blick auf die grünende Natur, nach Vergils 3. Ecloge (v. 56/57), die dann wiederholt im vierten Dialogteil zum Vorbild wird.[1435]

Auf den Eingang[1436] folgt ein Anruf an die Musen und an Protheus, den Bernhard mit den Worten einführt (Clm 22 293, f. 35a, Jacobs S. 106): »Das soll die Götter anziehen, die Pseustis im Versagen anruft« (*hoc ad deorum attractionem, quos deficiens invocat, Pseustis inducit*). Protheus wird angerufen, weil er Hirt aller Lebewesen im Wasser ist (*pastor omnium aquaticorum animalium*) und alle Formen annehmen kann (*omnes potest sumere formas*).[1437] Während Pseustis v. 181 und 184 noch »no-

---

[1435] Ecloga Theodoli v. 301ff. nach Vergils 3. Ecloge v. 80f.; v. 305ff. nach Vergils 3. Ecloge v. 82f.; v. 317ff. und 321ff. nach Vergils 3. Ecloge v. 104f. und 106f.

[1436] Bernhard liest v. 285 silvae prata virent, nunc frondibus omnia rident (satt: prata virent, silvae frondent, nunc omnia rident), offenbar unter Einfluß der 7. Ecloge Vergils v. 55 omnia nunc rident. Die Überlieferung zeigt nach Osternacher (S. 50 zu v. 285 der Ecloga Theodoli) an dieser Stelle drei verschiedene Wortfolgen.

[1437] Clm 22 293, fol. 35a/35b, Jacobs S. 107: Protheus est pastor omnium aquaticorum animalium, unde et hic Napeas rogatur mittere, id est/fontanas (nimphas), et omnes potest sumere formas. Damit bezieht sich Bernhard auf die bekannte Proteus-Partie in Vergils Georgica (IV, 387ff., bes. 411 ille magis formas se vertet in omnis). Weiter er-

mina mille deum« angerufen hatte, beschränkt er sich jetzt auf die (12)
Namen, die Ennius nennt (nach Bernhard, Clm 22 293, f. 35b, Jacobs S.
108: *Juno, Vesta, Minerva Ceresque, Diana, Venus, Mars,/Mercurius,
Iupiter, Neptunus, Vulcanus, Apollo*).
    Alithia antwortet mit einem Rückgriff auf v. 182/183 (für v. 290/291)
und deutlicher Benutzung von Fulgentius. Fulgentius (wie Anm. 1430) zitiert zu Ende von I, 1 (Helm, S. 17) den Vers »*Primus in orbe deos fecit timor*«, den er Petronius zuschreibt (fr. XXVII, 1), während Bernhard von
Utrecht als Quelle die Thebais des Statius nennt (III, 661), obwohl er nach
Fulgentius die Entstehung der »*idolatria*« erzählt (Clm 22 293, f. 35b, Jacobs S. 108). Wenn Pseustis für alle vier Bereiche je einzelne göttliche Wesen annimmt, müsse er auch für seine eigenen Glieder je einen Schutzgott
annehmen. Das hatte Fulgentius gesagt (III, 7, Helm, S. 70, 24 ... *quod
putarent pagani singulas partes in homine deos singulos obtinere...*), und
Bernhard wiederholt es *(pagani namque singula singulis sacrata aiunt
membra numinibus)*. Mit dieser Erwiderung geht Alithia von der Verteidigung zum Angriff über.
    Pseustis nimmt den früher (v. 247ff.) ausgesprochenen Wunsch auf, der
Abend möge kommen (v. 293–296). Das bedeutet einen Rückgriff auf
das zweite Zwischenspiel (245–252). Die Frage (*quid, vesper, cessas?*)
wird zur dringenden Aufforderung (v. 296 *cede, dies* ...) gesteigert, und
die Gegnerin vor dem Wolf gewarnt (v. 295 *lupus insidiabitur agnis*).[1438]
Bernhard bemerkt dazu (Clm 22 293, f. 36a, Jacobs S. 109): *hec omnia introducit Pseustis ad divisionem certaminis. illi enim translatione volunt
uti, quorum causa est debilis.* Offenbar ist Bernhard genau mit der *translatio* bekannt, die von der Verteidigung geübt werden kann. Man kann an
den Fall denken, daß der Termin verschoben werden soll.[1439]

---

klärt Bernhard dann: Hunc Protheum humanum volunt accipere animum, qui marino-
rum pecorum, id est instabilium mundi rerum, pastor et moderator est. Omnes autem
formas accipit, quia diversos animus motus habet et qualitates. Dazu zitiert er aus der 1.
Epode des Horaz (Epod. I, 1, v. 90) ex quo teneam mutantem Prothea vultus (Prothea
fehlt in M; der Wortlaut bei Klingner ist: quo teneam voltus mutantem Prothea nodo).
Als andere Auffassung führt Bernhard dann die Erklärung des Servius (III, 1 rec. Thilo,
S. 351 zu v. IV, 399) an, der zu der varietas formarum bemerkt: cuius figmenti physici
volunt esse rationem, quia habet homo in se libidinem stultitiam ferocitatem dolum
(Bernhard sagt: Servius vero varietatem formarum Prothei libidinem et ferocitatem, dolum et similia, que in animis sunt, vult intelligi).

[1438] Dazu Vergils 5. Ecloge, v. 60: nec lupus insidias pecori ...
[1439] Auctor ad Herennium I 12, 22: ex translatione controversia nascitur, cum aut tempus
differendum aut accusatorem mutandum aut iudices mutandos reus dicit; vgl. ferner:
Cicero, De inventione I 8, 10; Lausberg, Handbuch (wie Anm. 9) I, §§ 90, 131–133,
197.

Wie Pseustis hier, sprechen und verfahren nach Bernhard die Häretiker (fol. 36a, Jacobs S. 109 *sic heretici dicere volunt*), die unter Rückkehr die Rückkehr zu ihren Irrlehren verstehen.

Mit ihrer Erwiderung (v. 297–300) überschreitet Alithia die Grenzen eines wörtlichen Verstehens. Bernhard bemerkt zu V. 297–299 (Clm 22293, f. 36b, Jacobs S. 110): *hoc ad litteram satis legi non potest; nam contra naturam est, ut agnus lupum impugnet, et lupus, quem paschalis agnus impugnat, nullus alius est quam diabolus.* Mit v. 299 (*quem sine fraude pius paschalis vicerat agnus*) spricht Alithia als Repräsentantin der *veritas* den Übertritt auf eine andere (allegorische) Ebene aus.[1440] Die Aufforderung an den Tag, den Lauf anzuhalten (v. 300 *fige, dies, cursum, ne perdat virgo triumphum*), wird auf die Heiligen bezogen, die »Söhne des Lichtes« sind (fol. 36b, Jacobs S. 110f., vgl. Matth 5, 16 und 1 Thess 5, 5).

Alithias Antwort (v. 297–300) erwidert mit einem Kehrreim (v. 300 und 316 *Fige, dies, cursum, ne perdat virgo triumphum*) auf den Kehrreim von Pseustis (v. 296 und 312): *cede, dies, caelo, quia nescit cedere virgo.* Beide Partner gehen jetzt aufs Ganze. Nach dem Vorbild von Damoetas bei Vergil[1441] zählt Pseustis Schädlichkeiten auf (*triste …*), um sie Alithia wie ein Rätsel vorzulegen (fol. 37a, Jacobs S. 111: *hoc quasi enigma Pseustis Alithie proponit, querens, cur ita se habeant*). Die Frage »Wer von den Göttern hat gewollt, daß alles so einander widerspricht« (v. 304 *omnia quis divom voluit confligere tantum?*), bezieht nach Bernhard auch den Streit zwischen Pseustis und Alithia ein.[1442]

Den Widersprüchen, die Pseustis aufzählt (*contraria* nach Bernhard), setzt Alithia (nach Bernhard) die Harmonie (*concordia*) entgegen (v. 305–308 *dulce*). Aber wichtiger als die Frage, ob Disharmonie oder Harmonie, ist es, nach dem Tode Gott gnädig zu finden (nach Bernhard, Clm 22 293, f. 37a, Jacobs S. 112/113): *melius est unum quemque facere dominum anime sue post mortem propicium, quam scire, cur ea, que proponis, sunt contraria et, que respondebo, concordia.* Auf den Konflikt bezogen will Alithia sagen: »Der Streit (den Pseustis leid ist), ist mir ebenso

---

[1440] Der Text der Ecloge und der Erklärung Bernhards setzen offenbar die liturgische Praefatio paschalis voraus: … cum pascha nostrum immolatus est Christus; ipse enim verus est agnus, qui abstulit peccata mundi.

[1441] Vergil, 3. Ecloge v. 80f.: triste lupus stabulis, maturis frugibus imbres,/arboribus venti, nobis Amaryllidis irae.

[1442] Bernhard von Utrecht schließt seine lange Erklärung von v. 304 (omnia quis divum voluit confligere tantum) mit den Worten (fol. 37a, Jacobs S. 112): quis ergo divum: id est, quis deus voluit hec omnia tantum confligere mecum, id est, nocere michi; vel quis deus voluit me tantum contra te confligere, id est, pugnare per omnia …

lieb wie einem Mann die Frau« (Bernhard, Clm 22 293, f. 37b, Jacobs S. 113): *tam dulce est mihi certamen quam dulce mulier viro et cetera*). Offenbar ist an v. 289 *(erroris causas finxit timor atque voluptas)* zu denken (Bernhard tut es nicht!), wenn Pseustis sagt (v. 310 *quaenam caelicolas avertit dira voluptas?*), daß die Götter (zum Vergnügen!) ihren Platz verlassen haben oder in Schlaf oder Vergessenheit gefallen sind. Der Kehrreim (v. 312 wie v. 296) spricht den Zorn der Häretiker darüber aus, daß ihre Sache nicht vorwärts kommt (Bernhard: Clm 22 293, f. 37b, Jacobs S. 114: *sic solent irasci heretici, cum eorum causa non procedit*). Bernhard bereitet den Ausgang vor, wenn er hinzufügt: *at qui veritatem defendunt nec malum pro malo reddunt, immo ignorantes instruunt nec dilationem querunt.*

Wie schon die Verse v. 305–308 als Belehrung aufgefaßt werden können (*dulce* statt *triste*) und im ersten Zwischenspiel (v. 182/183) und im dritten Zwischenspiel (V. 290f.), so erscheint als Belehrung jetzt (v. 313/314) das Eingehen auf die vier Bereiche: Himmel, Erde, Wasser und Abgrund (Bernhard erklärt zu v. 314 *quicquid producit abyssus: id est que gignit aquarum vel terre profunditas* (fol. 38a, Jacobs S. 104). Alle diese Bereiche hat der Vater durch seinen Sohn geschaffen (Bernhard kommentiert den Vers 315 *qui verbo cuncta creavit* mit den Worten, Clm 22 293, f. 38a, Jacobs S. 114: *id est pater, qui per filium fecit omnia*) und kümmert sich ständig um sie (*providentia vigilandi*). Den Kehrreim (v. 316 = 300 *fige, dies, cursum, ne perdat virgo triumphum*) versteht der Kommentator so: »es soll vor Augen bleiben, was beständig gilt« (*maneat in propatulo, quod constans est*), »damit die Freude über die Bekehrung den Gläubigen nicht verloren geht« (*ne perdant fideles gaudium, quod de malorum conversione habituri sunt*). Solche Freude hatte Ambrosius über die Bekehrung des Augustinus, mit dem er gemeinsam das *Te Deum* sang.

Nach dem Vorbild von Vergils 3. Ecloge (v. 104f. und 106f.) geben sich im nächsten Wechsel Pseustis und Alithia Rätsel auf. Die Lösung kann nur kennen, wer Wissender ist. Bernhard sagt (fol. 38a, Jacobs S. 115) zu dem Rätsel, das Pseustis Alithia aufgibt (v. 317–320): *hoc enigma Pseustis proponit Alithie, quod – quantum ad fabulam –, si auctoribus credere velis (vel Hss.), facile solvitur.* Bernhard zitiert Vergil (Georg. I, 39) dafür, daß Proserpina nicht zu ihrer Mutter zurückkehren wollte *(noluit enim Virgilio teste reverti)* und Lucan (Phars. VI, 739–741); Ovid (Met. V, 538ff.) nennt den Namen des Zeugen (Ascalaphus), der als einziger sah, wie Proserpina entgegen dem Verbot Früchte aß. Wer die Dichter kennt, die Bernhard zitiert, kann das Rätsel leicht lösen.

Der Schlußvers (v. 320 *Dic, et Trojanum lauderis scire secretum*) ist schon in der Einleitung von Bernhard als Beweis dafür genannt worden, daß der Verfasser sein Werk vor dem Tode nicht mehr emendieren konnte (Clm 22 293, f. 2b, Jacobs S. 5); dort führte er einen Vers Ovids an (Met. II, 556 *et legem dederat, sua ne secreta viderent*), in dem die erste Silbe von *secretum* lang genommen und nicht wie in der *Ecloga* gekürzt ist. Das »trojanische Geheimnis« (*Trojanum secretum*) ist das Bild der Pallas (*palladium*), das von Troja nach Rom gebracht wurde. Aus Lucan zitiert Bernhard den Vers (Phars. I, 598) »*Trojanum cui fas soli vidisse Minervam*«; offenbar nach diesem Vers hat er in der *Ecloga* emendiert gefunden (Clm 22 293, f. 38b, Jacobs S. 115): *repertum tamen in quodam libro emendatum sic: Dic et Trojanum lauderis scire Minervam.*

Bernhard diskutiert verschiedene Auffassunqen, meint aber, daß ernst Denkende nicht abwägen, welche Wirklichkeit dahinter steht, sondern die Bedeutung (Clm 22 293, f. 38b, Jacobs S. 116): *qui vero sobrie sapiunt, non tam huius rei veritatem perpendunt quam significationem: palladium enim castitatis et prudentiae retinet figuram ...*

Wie in Vergils 3. Ecloge (v. 104f. und 106f.) die Streitenden sich Rätsel aufgeben, jedesmal eingeleitet mit »*dic*«, so setzt Alithia dem mythologischen Rätsel von Pseustis ein Rätsel entgegen, das nicht (wie bei Pseustis) in die Unterwelt führt (Proserpina), sondern über die Erde hinausgeht (v. 323 *dic: ubi terra levem caeli supereminet axem*) und dabei offensichtlich übersteigernd an das erste Rätsel bei Vergil anknüpft (v. 104/105 *Dic: quibus in terris, et eris mihi magnus Apollo,/tris pateat caeli spatium non amplius ulnas*; Lösung nach Servius: ein Brunnen). Bernhard kennt mehrere Lösungen (fol. 38b, Jacobs S. 117: *hoc enigma diversis solvitur modis*): einige fassen *Celi* als Genitiv zu *Celius* auf, den Königspriester in Eleusis; andere denken an den *polus inferior*; wieder andere an den Berg, von dem aus Menroth die Sterne beobachtete. Es wird auch die Frage gestellt, warum Alithia Pseustis ein Rätsel aufgibt, wo die Wahrheit doch offenbar sein muß (*queritur, cur enigma proposuerit Pseusti, cum veritas patens esse debeat*); das ist geschehen, damit Alithia auch in dieser Art von *ars* und Schrift nicht schwächer erscheint (fol. 39a, Jacobs S. 117: *quod ideo factum putamus, ne in hoc artis vel scripture genere debilior videretur*). Kenner sollen den Häretikern in beiden Arten der Schrift entgegentreten und den Schwierigkeiten größere Schwierigkeiten entgegensetzen: *huiusmodi a peritis in utraque scriptura est (sc. hereticis) resistendum et difficilibus difficiliora opponenda.*

Das Rätsel kann aber Alithia auch (nicht den *artes*, sondern) der Heiligen Schrift entnommen haben (*sed et hoc enigma de divina potest esse scriptura*). Dann ist es Christus, der von den Toten auferstanden und über die Engel erhöht ist (*terra enim que super axem caeli caro Christi intelligi potest, que suscitata a mortuis super caelos, id est creaturas celestes exaltata est*).

Wenn Pseustis diese Lösung kennt, dann kennt er auch die Aufschrift auf der Priesterbinde mit dem *Tetragrammaton*, den vier Buchstaben für Gott.[1443]

Für die Aufgabe von Rätseln fand der Kommentator (wie vorher der Verfasser der *Ecloga*) sein Vorbild im Kommentar des Servius zu den *Bucolica*, den er natürlich auch sonst benutzt hat. Servius sagt:[1444] *relicto certamine sibi proponunt aenigmata*. Für Rätsel aber gilt nach Servius (S. 43, zu Buc. III, 106): *tamen sciendum aenigmata haec, sicut fere omnia, carere aperta solutione*. Darin folgt Vergil dem »Gesetz des Wechselgedichts« (*lege amoebaei carminis*), das Servius in der Erklärung der 3. und 7. Ecloge erwähnt (zu III, 59 und 66; zu VII, 20). Es heißt (bei Servius) zu Buc. III, 28/29 *vicissim experiamur* (S. 34): *amoebaeum est, quotiens qui canunt, et aequali numero versuum utuntur, et ita se habet ipsa responsio, ut aut maius aut contrarium aliquid dicant, sicut sequentia indicabunt*. Die Bemerkung Bernhards von Utrecht, die sich auf diese Charakteristik des *amoebeum genus* bezieht, ist schon bei der Besprechung der Rollen erwähnt worden. Die Aufgabe der *responsio* ist schwerer (Servius zu Buc. III, 59, S. 27): *in amoebaeo enim carmine difficilior pars respondentis est, qui non pro suo arbitrio aliquid dicit, set aut maiorem aut contrariam format responsionem*. Der Respondent hat den Partner zu überbieten; das macht den Streitcharakter der Ecloge aus.

Die III. Ecloge Vergils beginnt mit dem Zusammenstoß; dann wird ein *iudex* gesucht, in dessen Gegenwart das Streitgespräch ausgetragen wird, und schließlich spricht der *iudex* seine *sententia*, die alles beschließt. Es heißt bei Servius (wie Anm. 1444, S. 29f.) zu Anfang seiner Erklärung der III. Ecloge, in der er auch die drei verschiedenen *characteres* (Weisen, die Rollen einzuführen) bespricht (S. 30): *habet enim in ipso quasi primo occursu lites et iurgia; inde quaeritur iudex, quo praesente habent conflictum et disceptationem; sequitur sententia, quae universa concludit*. Die

---

[1443] Bernhard sagt zum tetragrammaton (fol. 39a, Jacobs S. 118): Nomen Domini quattuor litterarum »Deus« quidam hic accipi volunt, sed de eo videtur magis michi dictum, quod in lamina aurea fronti scriptum pontificis iacinctina vitta Dominus iussit alligari. Damit bezieht sich der Erklärer auf das Diadem des Hohenpriesters (nach Exod 28, 36–38): facies et laminam de auro purissimo, in qua sculpes opere caelatoris »Sanctum Domino«./ligabisque eam vitta hyacinthina, et erit super tiaram/imminens fronti pontificis.

[1444] Servius, In Vergilii Bucolica et Georgica commentarii, rec. Georg Thilo, Bd. III, 1 der Gesamtausgabe von Hagen und Thilo, Leipzig 1887, S. 42 (zu v. 104 der 3. Ecloge).

sententia wird in Vergils III. Ecloge nach Servius in den Versen 109/110 ausgesprochen. Bernhard von Utrecht hat (wie vielleicht schon der Verfasser der *Ecloga*) die Erklärungen des Servius (den er ausdrücklich zitiert) vor Augen gehabt. Bei der Erklärung des »*tetragrammaton*« kennt Bernhard zwar Isidor (Etym. VII 1, 16), der darunter den Namen Gottes bei den Hebräern *(Jahve)* versteht, der »unaussprechlich« *(ineffabilis)* bedeutet, gibt aber eine andere Erklärung[1445]: die hebräischen Lettern bedeuten: *principium, iste, passio, vita*, und vier Buchstaben werden dabei verwendet wegen der vier Himmelsrichtungen der Welt oder des Kreuzes *(propter mundi vel crucis quattuor partes)*.

Mit ihrem Rätsel hat Alithia den Kampf entschieden. Pseustis aber will nicht einer Frau unterliegen (er hatte vorher die Frau durch Beispiele diffamiert), sondern lieber sterben, wie einst Calchas, als er Mopsus unterlag. Servius (zu Buc. VI, 72, S. 78) hatte dies Beispiel (nach der Dichtung Euphorions) in seinem Kommentar gebracht (es steht auch beim 1. Mythographen).[1446] Tausendmal will Pseustis wiederholen, daß er sich nicht von einer Frau überwinden lassen will, wenn der Abend den Streit nicht beendet.

Bernhard kennt aber auch (zu *Ecl.* v. 328; fol. 39b, S. 119) die Lesart »*Millesiam repetam*« *(nonnulli etiam millesiam legunt)*, die besagen würde, daß Pseustis sich aus Milet die Schriften des Thales holen wolle *(ut illius scripta accipiat que Marcianus … in secundo libro vocat Millesias)*. Tatsächlich ist *millesiam* in frühen Handschriften (neben *millesias*) überliefert, und Osternacher hat in v. 329 *Tales* eingesetzt, während Bernhard (mit einer Wiener Handschrift des 13. Jahrhunderts) *Ulixes* liest. Er

---

[1445] Clm 22 293, fol. 39a, Jacobs S. 118: Ioth, id est principium; He, id est iste; Vav, id est passio; Eth, id est vita; quod est dicere: iste est principium passionis vite, qui aliis per mortem suam vitam prestitit; vel principium, quia cuncta creavit, isteque super omnia demonstrabilis est, passio, quia pro cunctis passus est, vita, quia in creatione vel redemptione vivificata sunt cuncta per eum. quattuor litteris scribitur propter mundi vel crucis quatuor partes.

[1446] Servius (III, 1, wie Anm. 1444) sagt: in quo luco (sc. Gryneo) Calchas et Mopsus dicuntur de peritia divinandi inter se habuisse certamen: et cum de pomorum arboris cuiusdam contenderent numero, stetit gloria Mopso, cuius rei dolore Calchas interiit. hoc autem Euphorionis comtinent carmina, quae Gallus transtulit in sermonem latinum: unde est illud in fine, ubi Gallus loquitur (Vergils 10. Ecloge v. 50f.): ibo et Chalcidico quae sunt mihi condita versu/carmina; nam Chalcis civitas est Euboeae, de qua fuerat Euphorion. Auf diese Information bezieht sich Bernhard von Utrecht in seiner Erklärung (Clm 22 293, fol. 39b, Jacobs S. 118f.): Mopsus et Calchas, ut Euphorion refert, divinatores in Ioniis partibus, inter se divinando certaverunt. Tandem conspecta arbore quot ibi poma essent, Calcas dicere/nescivit. quod cum Mopsus dixisset, victus Calcas dolore mortuus est.

384

knüpft daran als Erklärung von *falsorum fictor* nach Ovid (Met. XIII, 56ff.) und Hygin (Fab. 105) die Geschichte vom Betrug an Palamedes. Bernhard versteht den Vers 329 (er liest: *nunc utinam Ulixes falsorum fictor adesses*) so: auch wenn Ulixes für Pseustis spräche, würde Alithia ihm widerstehen (*qui pro te contra me loqueretur, ... ei etiam resistere possem*).

Jedenfalls will Alithia mit Hilfe der vier Evangelien beweisen, daß Gott Mensch geworden ist. Bernhard sagt (fol. 40a, Jacobs S. 120): *ut Deus accepit: id est quod Deus accepit carnem. Nam qui »ut« pro »qualiter« legunt, errant. Quomodo enim Deus humanatus sit, lingua non valet effari, constat tamen humanum esse.* Wohlüberlegt (*caute*) droht Alithia mit dem Evangelium, durch das jeder Häretiker überführt wird (*nam hoc omnis convincitur hereticus*).

Dann wendet sich Pseustis an Fronesis; sie möge ihre Schwester (die Alithia) zum Schweigen bringen; was Bernhard passend (*nec incongrue*) findet, weil eine Rede, die wissentlich begonnen wurde, auch entsprechend zu beenden ist[1447] (*quia prudenter inceptus prudenter sermo finiendus*).

Der Verfasser der *Ecloga* spielt an dieser Stelle auf Martianus Capella an (v. 334 *teste Capella*), und Bernhard von Utrecht geht auf das »*misterium*« ein.[1448] Pseustis beschwört Fronesis bei der Liebe zu Merkur (*Mercurius est sermo*), dem sie ihre Tochter, die Philologie, vermählt hat (*philologia amor rationis*). Alithia und Fronesis heißen Schwestern, weil sie sich nahe stehen (*veritas et prudencia contigue sunt virtutes*), die Philologia heißt Tochter der Fronesis, weil Einsicht die Liebe zur Erforschung der Sprache erzeugt (*prudencia gignit amorem investigande orationis*).

In v. 336, in dem Pseustis ihre Niederlage bekennt, liest Bernhard (wie viele Handschriften): *quo tendis?* (»worauf zielst du?«).

Nach Bernhard will dann (v. 337–340) Fronesis Alithia mit Pseustis versöhnen (*hic introducitur Fronesis reconcilians Alithie Pseustim*). Da-

---

[1447] Clm 22 293 fol. 40a, Jacobs S. 121: nec incongrue per Fronesim Pseustis Alithiam tacere iubet, quia prudenter inceptus prudenter finiendus sermo; unde et scriptum (Ecclesiastes 3, 7): tempus loquendi, tempus tacendi (in der Vulgata umgekehrt: tempus tacendi, et tempus loquendi).

[1448] Clm 22 293 fol. 40a, Jacobs S. 120f.: Nam Mercurius est sermo, Philologia amor rationis. Petit ergo Mercurius Philologiam et sibi iungit, quia perquirit sermo rationem et inventam comprehendit. Et hoc fit consilio solis, id est fame claritatis, et Iovis voluntate, id est ingenii subtilitate. Ad hoc prebet litteraturam grammatica, disputandi scienciam dialetica, apposite dicere ad persuadendum rethorica, similitudinis et formarum disciplinam geometria, numerorum naturam arithmetica, habitudines stellarum et cursus rationem astronomia, modulandi periciam musica. Philologia Fronesis filia ideo dicitur, quia prudencia gignit amorem investigande rationis.

bei bietet Bernhard für das Verständnis der schließenden Verse von Fronesis (337ff.) zwei Interpretationen an.

Einmal kann gemeint sein (f. 40b, Jacobs S. 121f.): »die Menschen achten nicht darauf, wie gefährlich sie leben, wenn sie nur erreichen, was sie wünschen (*non adtendunt homines, quam periculose vivant, dum adipiscuntur, quod optant*); jetzt aber ist Pseustis zur Einsicht gekommen (*nunc autem cognoscit se male egisse*) und bittet dich, aufzuhören, ihn zu bekämpfen (*supplicando poscit, ut cessare velis, amodo eum impugnare*); das solltest du tun und damit dem deine Zustimmung geben, was der Herr dir ohne dein Verdienst zugewendet hat« (*quod et tu debes ei annuere, quod contulit, id est dedit ultro, id est non impulsus ullis tuis meritis, ut eum vinceres*).

Es gibt auch eine andere Auffassung (fol. 40b, Jacobs S. 122: *legitur hoc alio modo*), wonach Fronesis sagt (*ut Fronesis dicat*): »die sterblichen Menschen kümmern sich nicht um die Gefahren für das Leben anderer, wenn sie nur erreichen, was sie haben möchten (*cuncti mortales non curant discrimina, id est periculum vite aliorum, si perficiant quod ipsi contendunt sibi adipisci*). Du aber, Alithia, bist nicht sterblich und darfst nicht wie Sterbliche handeln (*at tu, Alithia, que nec mortalis es nec mortaliter debes agere*), verzeih ihm« (*ignosce ei*).

Es ist nicht ganz klar, wie Bernhard von Utrecht v. 341ff. lesen wollte. Er beginnt (f. 40b): *moveant te lacrime*; dann folgt die Orpheuszeile (v. 341): *Treicius vates commovit pectine Manes*, die erklärt wird. Wenn v. 341 mit *te moveant lacrime* an v. 340 anschließt, dann müßte folgen: *jam tollit cornua Phoebe* (es wird Abend: *luna oritur*); darauf käme die Erinnerung an Orpheus, der durch seinen Gesang die Götter der Unterwelt umstimmte, abgeschlossen mit dem Hinweis auf den Sonnenuntergang (v. 343: *sol petit oceanum, frigus succedit opacum*). Für die Schlußzeile (v. 344) kennt Bernhard die von Osternacher eingesetzte Fassung (*habent etiam libri: desine quod restat, ne desperatio laedat*).

Er selbst scheint die (im Sinn nicht abweichende) Lesung zu bevorzugen: *desine, ne tollat desperatio, quod modo restat*; d. h. »Laß ab ihn zu bekämpfen (*desine eum impugnare*), damit nicht Verzweiflung, in die er dann fallen könnte, die noch ausstehende Bekehrung aufhebt« (*quodsi te semper sibi adversum viderit, desperabit se posse salvari, et sic peribit fructus vestri certaminis, scilicet eius salvacio*).

Der Schluß des Kommentars behandelt die Rolle des Richters.

Bernhard von Utrecht verbindet in seinem Kommentar zwei verschiedene hermeneutische Traditionen: die von Macrobius und Fulgentius kommende Erklärungsweise, die hinter der dichterischen Hülle die

Wahrheit sucht, und zwar eine natürliche Wahrheit, und die christliche Erklärungsweise, die von Paulus, Gregor dem Großen und Augustinus bestimmt war und vor allem durch Beda dem Mittelalter überliefert wurde. In der einen Tradition (der antiken) geht es darum, die Wahrheit zu finden, die sich in einer *fabula* verbirgt; in der anderen dagegen ist zu untersuchen, welchen Sinn eine *historia* hat, die als solche wahr ist. Über Bernhards Methode im allgemeinen ist schon gesprochen worden. Es ist wichtig, daß auch die *fabulae* der Antike genau auf ihren Wahrheitsgehalt geprüft werden sollen. Um deutlich zu machen, daß das dem Seelenheil nicht zu schaden braucht, vergleicht er die Untersuchung der *figmenta* zur Belehrung (der Leser) mit der Untersuchung von Leichen, die der Herstellung der Gesundheit dienen soll[1449] (*nam sicut gratia reparande salutis mortuorum corpora rimati* ⟨Hs. *rigmati*⟩ *non sunt improbandi, sicut nec nos qui instructionis causa perscrutamur figmenta*).

Wichtig scheint mir, daß Bernhard mit dem Gebrauch von *allegoria* bei Servius bekannt ist. Auf das Zitat aus Servius wurde schon hingewiesen.[1450] Unter *intentio* sagt Servius (wie Anm. 1416, S. 2): *intentio poetae haec est, ut imitetur Theocritum ... et aliquibus locis per allegoriam agat gratias Augusto vel aliis nobilibus, quorum favore amissum agrum recepit.* Auf diese Beziehung schränkt Servius ausdrücklich *allegoria* ein, die er als rhetorische Figur kennt. Er bemerkt zu Buc. III, 20 (S. 33): *refutandae enim sunt allegoriae in bucolico carmine, nisi cum, ut supra diximus, ex aliqua agrorum perditorum necessitate descendunt.*

Statt *allegorice* sagt Servius wiederholt *allegoricos* (wie *hyperbolikos* zu *hyperbole*): so zu III, 111 (S. 44): *aut certe allegoricos hoc dicit*; zu III, 74 (S. 38): *et multi hunc locum allegoricos accipiunt*; zu IX, 23 (S. 112): *allegoricos imperat suis, ut rem tueantur*. In der Münchener Handschrift steht wiederholt: *allegoricos* (wie bei Servius). So unter dem Stichwort »*explanatio*« (fol. 4a, Jacobs S. 10): *explannatio etiam in libris necessaria creditur, quam quadrifariam accipiunt: ad literam, ad sensum, allegoricos*

[1449] Die wichtige Stelle lautet (Clm 22 293, fol. 10a, Jacobs S. 26): Nam sicut gracia reparande salutis mortuorum corpora rimati non sunt improbandi, sic nec nos (sc. improbandi sumus), qui instructionis causa perscrutamur figmenta. Quo enim plus patebunt, eo, si obsint, ad devitandum, vel, si prosint, ad sequendum proniora erunt. Partim siquidem obsunt, partim prosunt. Unde et ea eorum auctores obumbraverunt nocencia, ne deprehenderentur, utilia, ut labore cognito pluris haberentur. Quod et veritatis relatores fecisse manifestum est.

[1450] Unter »explanatio« bemerkt Bernhard von Utrecht in seiner systematischen Einleitung (Clm 22 293, fol. 4a, Jacobs S. 10): bucolici carminis non est ubique allegoriam habere. Offenbar bezieht sich diese Bemerkung auf die Feststellung des Servius zu Vergils Buc. III, 20.

(so nach Jacobs S. 129 auch in K und V) *et moraliter. Nonnulli etiam haec quattuor pro tribus subputant: ad literam et ad sensum pro uno, allegoricos et moraliter pro duobus accipientes.* Dieser Auffassung folgt Bernhard. Es heißt beim Übergang zur Texterklärung (fol. 5b, Jacobs S. 15):... *ad sensum primum transcurramus, dehinc ad allegoriam et ad moralitatem.* Die Erklärung von v. 49–52 bringt zunächst die *historia* und fährt dann fort (fol. 11a, Jacobs S. 30): *allegoricos siquidem* ... (so nach Jacobs S. 143 nur im M). Bei den Versen über den Turmbau von Babel (*Ecloga* v. 89–92) schließt Bernhard die Erklärung *ad sensum* mit den Worten: *hoc hystorialiter.* Dann beginnt er die allegorische Erklärung (sie fehlt in K und V nach Jacobs S. 149) mit den Worten (fol. 15a, Jacobs S. 41): *allegoricos enim Nebroch diabolus est et tyrannus interpretatur, qui turrim ad celum edificare voluit* (dazu wird dann Is 14, 13/14 herangezogen). So übernimmt Bernhard zwar von Servius die Wortform *allegoricos* (griech. Adverb), aber nicht die Verwendung von *allegoria* bei der Erklärung dichterischer Fabeln aus der Antike. Der Terminus *allegoria* bleibt der *historia sacra* vorbehalten.

Bei der Fabelerklärung folgt Bernhard der Tradition von Macrobius. Das zeigt sich schon bei der Erklärung der ersten *fabula* (v. 37–40), der Sage von Saturn. Macrobius (wie Anm. 158) schließt seine Besprechung Saturns mit dem Satz ab (Sat. I 9, 1): *de Saturno autem quid mythici, quid physici aestiment, iam relatum est.* Die *mythici* sehen hinter der fabulosen Erzählung geschichtliche Wahrheit, die *physici* dagegen natürliche Wahrheit, bzw. historische Personen und natürliche Kräfte. Macrobius hält es mit den *physici*, wenn er sagt (Sat. I 8, 6): *Saturnum enim quantum mythici fictionibus distrahunt, tantum physici ad quandam veri similitudinem revocant.* Diese Auffassung gab Isidor an das Mittelalter weiter. Er sagt (Etym., wie Anm. 13, VIII 11, 29): *quaedam autem nomina deorum suorum gentiles per vanas fabulas ad rationes physicas conantur traducere eaque in causis elementorum conposita esse interpretantur.*

Bernhard verdeutlicht zunächst den Text der *Ecloga* und schließt diesen Teil ab mit der Bemerkung (fol. 10a, Jacobs S. 27): *hoc fabulose* (anders gesagt: so lautet die *fabula*). Dann folgt der Versuch, hinter der Fabel eine geschichtliche Wahrheit zu finden. Dieser Versuch wird eingeleitet mit: *mysterium.* Was als Geschichte Saturns erzählt wird, ist (wie in Vergils *Aeneis* VIII, 319ff.) die Geschichte eines Königs, der, von seinem Sohn aus der Heimat vertrieben, nach Latium kam und dort – durch Einführung von Ackerbau und Erwerb – das goldene Zeitalter begründet haben soll; keiner war mächtiger als er, und seine Herkunft blieb unbekannt; die in Italien Mächtigen rühmten sich der Herkunft von ihm.

Ein neuer Abschnitt wird eingeleitet mit dem Satz (fol. 10b, Jacobs S. 27): *Physici autem Saturnum Cronon, id est tempus, accipiunt; quare saecula disposuisse dicitur.* Und dann wird (wie bei Macrobius, Sat., wie Anm. 518, I 8, 6ff.) Saturn als die »Zeit« erklärt: ihr Anfang und Ende ist nicht bekannt (*patre vero et maiore caret, quia temporis principium et finis latet*). Er soll seine Söhne verzehrt haben, weil was zu einer Zeit erzeugt wird, zu einer andernen Zeit verzehrt wird (*filios comedisse dicitur, quia quod uno tempore gignitur, alio consumitur*). Diese Aussage ist fast wörtlich aus den Mythologien des Fulgentius übernommen (I, 2, Helm, wie Anm. 106, S. 18: *filios vero suos comedisse fertur, quod omne tempus quodcumque gignit consumit*).

Beim Kommentar zur Bedeutung Adams (v. 41–44) verdeutlicht Bernhard zunächst den Wortlaut der Ecloge, wobei ihm wesentlich ist, daß Adam auf Veranlassung seiner Frau das Gift der Schlange mit der verbotenen Frucht aß (Clm 22 293 fol. 10b, Jacobs S. 27f.: ... *pomum vetite arboris comedit suasu Eve a serpente decepte*). Mit den Worten des Römerbriefes (5, 12) stellt er fest, daß so zuerst der Tod in die Welt kam (*inde siquidem mors in mundum introiit*; Rom 5, 12 *sicut per unum hominem peccatum in hunc mundum intravit et per peccatum mors, et ita in omnes homines mors pertransiit* ...). Dadurch wurde das Menschengeschlecht in die Arbeit gestoßen und ist jetzt noch bis zur Taufe unter der Schuld (*per hoc enim genus humanum ad laborem detrusum est, vel usque baptismum sub reatu est*). Das ist die (wahre) Geschichte: *hoc historialiter*.

Mit »*allegorice*« beginnt eine »allegorische« Erklärung (Jacobs S. 28), die unter der Schlange die Häretiker, unter dem Apfel die schlimme Lehre versteht, die sie weniger Wissenden einträufeln (*primum enim heretici pravum dogma minus scientibus instillant*); dadurch verlieren diese die Kirche (*quo veneno imbuti paradiso, id est ecclesia, privantur*).

Eine zweite Erklärung geht nicht von der Schlange, sondern von Adam und Eva aus. Ihr müßte ein »*moraliter*« (bzw. *moralitas*) vorausgehen. Es wird die Auffassung des Apostels Paulus vorgetragen (2 Cor 11, 3; Gal 5, 17), die auf den Menschen zielt: Adam ist der Geist, Eva das Sinnliche, die Schlange der Teufel, der Apfel die Verführung oder die Lust (*Adam enim animus, Eva caro, serpens diabolus, pomum suggestio vel delectatio potest accipi*). Die sinnliche Lust flüstert dem Geist ein, Verbotenes zu tun, wobei der Teufel ihn täuscht (... *caro suggerit animo illicita perpetrare fallente diabolo*). Das ist für uns eine Mahnung, unseren Geist der leichtfertigen Sinnlichkeit nach Möglichkeit nicht zustimmen zu lassen (*qua in re ammonemur, ne carnis petulantiae, quoat possumus, animum adquiescere sinamus*).

Die Zwiespältigkeit der Verbindung von seriösem Ernst und reiner Erfindung hatte Servius in seiner Erklärung der 6. Ecloge hervorgehoben (wie Anm. 1444, S. 71ff.). Zunächst hatte der Silen in seinem Gesang ernsthaft über den Ursprung der Welt berichtet (Buc. VI, 31ff.), dann aber (v. 41ff.) ging er zu Erfindungen über. Servius vermerkt zu Buc. VI, 41 (S. 71): *quaestio est hoc loco: nam relictis prudentibus rebus de mundi origine subito ad fabulas transitum fecit.* Erklärend meint Servius, entweder habe Vergil damit die Epikuräer treffen wollen, die in Ernsthaftes immer Vergnügliches einstreuen (*aut exprimere eum voluisse sectam Epicuream, quae rebus seriis semper inserit voluptates*) oder er habe durch erstaunliche Erfindunqen das Herz der Jugend gewinnen wollen (*aut fabulis plenis admirationis puerorum corda mulceri*); denn Erfindungen seien zum Vergnügen erfunden worden (*nam fabulae causa delectationis inventae sunt*).

Das weiß auch Bernhard von Utrecht, aber er folgt Macrobius, wenn er in seiner Einleitung feststellt, daß *fabulae* entweder zum Vergnügen (Clm 22 293, fol. 3b, Jacobs S. 9: *aut delectationis fingitur causa*) erfunden werden oder zur sittlichen Belehrung (*causa instruendi mores*), wie bei den *auctores*, bei denen sich meist Wahrheit unter der Erfindung verbirgt (*sub quibus plerumque veritas occultatur*). In der *Ecloga Theodoli* – so heißt es später beim Übergang zur Erklärung des Streitgesprächs (Clm 22 293, fol. 10a, Jacobs S. 26) – werden dichterische Erfindungen (*poeticas fabulas*) und heilige Geschichten (*sacras historias*) zur Förderung des sittlichen Verhaltens (*ad morum profectum*) verglichen (... *ad morum profectum poeticas fabulas sacrasque historias hoc in opere conferri constat*).

Bernhard (vgl. Anm. 1449) will die Erfindungen (*figmenta*) zur Belehrung untersuchen (*instructionis causa perscrutamur figmenta*). Was schaden könnte, haben die Autoren verhüllt, um nicht getadelt zu werden; was nützen kann, um nach Einsicht in ihre Arbeit höher geschätzt zu werden (... *auctores obumbraverunt nocencia, ne deprehenderentur, utilia, ut labore cognito pluris haberentur*). Auch Verfasser, die die (christliche) Wahrheit berichtet haben, sind so verfahren (*quod et veritatis relatores fecisse manifestum est*). Bernhard will darum bei den Äußerungen beider Kontrahenten deutlich machen, was unter dem Wortlaut des Textes versteckt ist (*utrorumque igitur dicta enodantes, quid sub littera lateat, enucleamus*).

Der Grundriß der Erklärung ist für jeden Fall derselbe. Bei einer *fabula* folgt auf die Erklärung des Wortsinns (*ad sensum*) die Aufdeckung der (angeblichen) historischen Wahrheit, eingeleitet mit: *mysterium* oder *my-*

stice, und dann in vielen Fällen die Erklärung der Fabel als Einkleidung einer natürlichen Wahrheit, die mit *physice* eingeführt wird.

So verfährt Bernhard etwa (Clm 22 293, fol. 27a/27b, Jacobs S. 82/83) bei der Erklärung der Gorgo (v. 213), die er von Fulgentius übernimmt (Myth. I, 12; Helm, wie Anm. 106, S. 32f.). Die Erklärung des Wortsinns schließt (Clm 22 293, fol. 27a): *hoc fabulose*. Fulgentius berichtet die *fabula* nicht, weil sie durch die Literatur genügend bekannt sei (... *hanc fabulam referre superfluum duximus*). Die Erklärung der *fabula* aus der Geschichte, die sich auf einen Geschichtsschreiber (Theodonius) beruft, leitet Bernhard (nicht Fulgentius) mit »*misterium*« ein. Das Wort *misterium* erscheint nicht in den Mythologien des Fulgentius und auch nicht in der großen Versfassung der Mythologien bei Balderich, dem Zeitgenossen Bernhards.[1451] Fulgentius gebraucht für den Sachverhalt wohl *mysticus*, das Balderich offenbar meidet. Wo die »Wahrheit« der Fabel ermittelt werden soll, ist von der *philosophia* die Rede (abgesetzt gegen: *poetae* und *fabulae*). Fulgentius bringt dann die Erklärung der drei Gorgonen als drei Arten des Schreckens (*tria terroris genera*), der Bernhard ein »*physice*« vorausschickt (Balderich sagt Nr. 216, v. 275: *triplex in nostris pectoribus timor est*), das bei Fulgentius nicht steht.

Physice-Erklärungen bringt Bernhard zu Saturn (v. 37ff.), Jupiter (v. 45ff.) und Kekrops (v. 53ff.), zu Deucalion (v. 69ff.), Ganimed (v. 77ff.) und zu den Giganten (v. 85ff.), zu Jupiter und Europa (v. 141ff.), zu Hercules (v. 165ff.), Orpheus (v. 189ff.) und Merkur (v. 197ff.), zu Ceres (v. 205ff.) und zur Gorgo (v. 213ff.). Nimmt man den ersten Teil der Ecloge (v. 37–180), dann zeigt sich, daß die Reihenfolge dieser Erklärungen einem planvollen Aufbau entspricht.

Für den Abschluß der jeweiligen *fabula* werden unpersönliche Wendungen verwendet: *fabula* und *fabulose*. Die *physice*-Erklärungen dagegen sind (in Nachfolge des Macrobius) überwiegend persönlich gefaßt: »die Naturkundigen« (*physici*) »nehmen an« (*accipiunt*), »sagen« (*dicunt*), »wollen verstanden wissen« (*intelligi volunt*). Diese Verben entstammen der Sprache des Fulgentius. Natürlich kommt wiederholt auch »*physice*« vor.

Die *physice*-Erklärungen des ersten Teils entsprechen dem genealogischen Thema. Am Anfang steht die Zeit (Saturn: v. 37ff.); es folgt mit Jupiter das Feuer als *principium rerum* (v. 45ff.); aus seiner Verbindung mit der Luft (Juno) geht die Lebenswärme hervor, aus der alles entsteht (Clm

---

[1451] Das Gedicht Balderichs in der Ausgabe von Abrahams (wie Anm. 49), Nr. 216, S. 273–316.

22 293, fol. 11a, Jacobs S. 29: *per aerem calor in terram et aquam transit,*
unde generantur cuncta). Bei Kekrops (v. 53ff.) wird die *copia rerum* als
Voraussetzung für menschliche Siedlung und Gemeinschaft erklärt. Auf
das *diluvium* folgt mit Deucalion und Pyrrha (v. 69ff.) neues Leben (Clm
22 293, fol. 13a, Jacobs S. 36: *Phisici autem per Deucalionem humorem,*
per Pyrram calorem accipiunt, unde post diluvium omnia facta sunt). Die
Giganten (v. 85ff.) sind Berge, die sich in die Luft (Jupiter) erheben. Europa hat sich mit Jupiter verbunden (v. 141ff.), denn Europa hat als Erd-
teil das beste Klima (Clm 22 293, fol. 18b, Jacobs S. 53: *Phisici autem Eu-*
ropam Jovi nupsisse ideo aiunt, quod ea pars terrae aeris optimam habeat
temperiem). Hercules (v. 165ff.) bedeutet Heldenruhm (Clm 22 293, fol.
21b, Jacobs S. 62: *forcium fama virorum accipitur*), der durch *sapiencia*
und *labor* erworben wird (*bona fama sapiencia et labore acquiritur*). Der
Abschnitt schließt mit einem kurzen Überblick über die verschiedenen
Auffassungen der Götter in der Antike (v. 181ff.).[1452]

Der Begriff der *allegoria* ist auf den christlichen Teil beschränkt; er
kommt nicht bei den Fabeln vor, die Pseustis im Streitgespräch mit Alithia
vorbringt. Das wird anders, als es zwischen beiden zu unmittelbarer Auseinandersetzung kommt. Alithia hat den Angriff des Pseustis auf die Frau
zurückgewiesen, indem sie den Verbrechen der Scylla an Vater und Vaterland, die Pseustis ihr vorhält, Esther konfrontierte, die ihr Volk rettete (V.

[1452] An v. 184 der Ecloga Theodoli (nomina mille deum, vatem defendite vestrum), der V.
181 wiederholt, knüpft der Erklärer (Bernhard) die Bemerkung (Clm 22 293, fol.
23b/24a, Jacobs S. 70/71): Queritur, cur invocentur hic persone: ad quod respondendum, quod tantum certamen sine numinis auxilio expediri non posset (nach Platos Timaeus 27c und nach der Consolatio Philosophiae des Boethius III, pr. 9 sed cum, uti
Timaeo Platoni, inquit, nostro placet, in minimis quoque rebus divinum praesidium debeat implorari ...) vel, quod melius est, ut deorum vocabula et potestates exponerent
(dazu Isidors Etym., wie Anm. 13, VIII, 11 »De diis gentium«) et conferrent, de quorum
cultura contendebant. De diis enim inter philosophos, immo philosopholos litigium
fuit, »et adhuc sub iudice lis est« (Horatius, De arte poetica, v. 78). Alii namque, ut Plato, volebant unum deum et, secundum quod diversis preerat, diversa sortiri vocabula.
Scilicet dum celum regeret, Iupiter, id est iuvans pater (nach Isidor, Etym., wie Anm. 13,
VIII 11, 34 Iuppiter quasi iuvans pater), dum plueret tempestatesque faceret, Neptunus,
id est nube tonans (Isidor, Et. VIII 11, 38 Neptunus quasi nube tonans), Pluto vel Fe-
bruus, dum in inferno animas puniret, vocaretur. Alii tres, ut Apuleius et Porphirius,
deorum ordines dixerunt: deos in celo, quod in terris agatur, ignorantes; demones in
aere, qui aliquibus sacrificiis placati preces hominum diis offerrent; manes ubique va-
gantes. Alii, ut Esiodus in Teugonia, primo deos genitos, inde semideos, post heroas,
inde innocentes homines, ultimos sceleratos. Alii nullum, ut Epicurei, dicentes cuncta
casu (Isidor. Etym. VIII 6, 15 Epicurei dicti ab Epicuro ... qui etiam dixit nulla divina
providentia instructum esse aut regi mundum). Alii unum, ut Stoici, cuius providentia
regantur cuncta. Alii, ut Varro, rei cuiquam deum preesse suum et partem horum esse in
celo, partem in aere, partem in terra, partem in aquis et partem in inferno, secundum
quem hec est invocatio.

281–284). Sie hat gezeigt (v. 289ff.), daß das Bekenntnis zu den Göttern absurd ist (Pseustis hatte vorher die Musen um Beistand gebeten: v. 285–288). Wenn Pseustis dann bukolisch auf die Sättigung der Tiere und den nahenden Abend hinweist (v. 293–296), so bekommen die von ihm verwendeten Zeichen durch Alithias Erwiderung einen allegorischen Sinn (v. 297–300).

Zu den Versen 297ff. bemerkt Bernhard (Clm 22 293, fol. 36b, Jacobs S. 110): *Hoc ad litteram satis legi non potest; nam contra naturam est, ut agnus lupum impugnet, et lupus, quem paschalis agnus impugnat, nullus alius est quam diabolus.* Die Opposition *agnus : lupus* bestimmt die Zweitwerte, die Inhaltswerte der zweiten Ordnung, die Bernhard annimmt, und sie gelten naturgemäß rückwirkend auch für die Pseustisrede. Wenn der Teufel (*lupus*) die einfachen Gläubigen (*oves*) auf ihrer Rückkehr in das Paradies (*ad caulas ... redeuntes*), aus dem sie der Genuß der verbotenen Frucht (v. 41ff. und 49ff.) vertrieben hatte, abschrecken will, dann sollen sie mit der Waffe des Kreuzes (*cornibus elatis*) ihn angreifen, und er wird verjagt werden. Die Finsternis meidet das Kreuz, und weil die Heiligen beständig im Licht leben (dabei Verweise auf: 1 Thess 5, 5 und Matth 5, 16), bittet Alithia: »Tag, halte deinen Lauf an« (*fige, dies, cursum*).

Wenn danach Pseustis (v. 301ff.) aufzählt, was schädlich (*triste*) ist, dann kann das allegorisch verstanden werden (Clm 22 293, fol. 37a, Jacobs S. 112: *allegorice accipienda*): Pseustis sieht ein, daß schlecht ist, was er für gut hielt (*que affirmo mala esse et que dicis bona*), und daß alles ihm entgegen ist (v. 304 *omnia quis divom voluit confligere tantum?*). Entsprechend kann die Antwort Alithias (v. 305–308) *ad allegoriam* verstanden werden: Pseustis bedauere den Irrtum (Clm 22 293, fol. 37b, Jacobs S. 113: *doles que dicis falsa esse*);[1453] er solle sich nicht scheuen zu erfahren, wie gut für den, der zu Christus zurückkehrt, die Verbindung mit

---

[1453] Die allegorische Erklärung gibt den Zeichen erster Ordnung, die in der Ecloga Theodoli (nach dem Vorbild der 3. Ecloge Vergils v. 82/83) aufgeführt werden, den Zeichenwert zweiter Ordnung, angeschlossen durch »et« (weil es sich um eine Reihe handelt.). Es heißt (Clm 22 293, fol. 37b, Jacobs S. 113): ... dulcis res est viro mulier et tibi veritas, si sibi socieris; et imber pratis arentibus et predicatio indigentibus ea; mandragore (Nom. Plur.) sterili, id est fides vel sacramentum (Zweitwert für Mandragorae) convertenti se ad Christum; et fons agricole sicienti, id est donum Dei in bonum se exercenti ... Zur mandragora als heilender Pflanze: Isidor, Etym. (wie Anm. 13) XVII 9, 30. Für die Beurteilung der Mandragora war die Stelle aus dem Hohenliede maßgebend (Cant 7, 13): mandragorae dederunt odorem (dazu ferner: Gen 30, 14ff.). Bekannt ist die umfassende Abhandlung von Hugo Rahner: »Mandragore, die ewige Menschenwurzel« (in: Hugo Rahner, Griechische Mythen in christlicher Deutung, Zürich 1957, S. 197–238, bes. S. 218ff.).

der Wahrheit (*viro mulier*), die Predigt (*imber*), der Glaube oder das Sakrament (*mandragora*) sei und die Gabe Gottes (*fons*) für den, der sich im Guten übt.

Hier wie sonst (bes. v. 297–300) kommt die allegorische Deutung so zustande, daß in der Weise einer »Homologie« die Beziehungen bleiben, aber die Inhalte ersetzt werden. So ist Holofernes *figura* des Teufels, der durch die menschliche Natur Christi (Judith) getäuscht worden ist (Clm 22 293, fol. 33b, Jacobs S. 102: *mulier, qua deceptus est, humanitas Christi est*) und durch seine eigene Waffe getötet wurde (Clm 22 293, fol. 34a, Jacobs S. 103): *bene vero proprio gladio Holofernes decollatus dicitur, quod qui in ligno vincebat per lignum quoque victus est* (nach der *Praefatio de cruce: qui in ligno vincebat, in ligno quoque vinceretur*). Holofernes wird durch sein eigenes Schwert (d. h. seine eigene Waffe) getötet; der Teufel wird durch seine eigene Waffe besiegt: der Mensch war durch den Baum (*lignum*) im Paradiese vom Teufel getäuscht worden, durch den Baum (*lignum*) des Kreuzes wurde der Teufel selbst getäuscht (weil er die *humanitas* Christi nicht erkannte). In diesem Fall, der durch die *Praefatio de cruce* geheiligt war, besteht die Analogie nur in der Beziehung, alles Materielle ist vertauscht.

Eine allegorische Erklärung läßt unter Umständen mehrere Lösungen zu. So ist es bei der Deutung der Elias-Verse (v. 209ff.). Bernhard bietet als Gleichungen für Elias, auf dessen Bitte der Regen aussetzt, Christus an, der zur Zeit der Ankunft des Antichristen die Predigt verstummen läßt, und die Prediger, die zu geeigneter Zeit das Wort dem Volke entziehen (Clm 22 293, fol. 26b, Jacobs S. 80); eine dritte Erklärung, die von Augustinus stammt, fügt er hinzu (fol. 27a, Jacobs S. 81).

Wichtig ist, daß dieselbe Person Zeichen für Gutes und Böses sein kann (Clm 22 293, fol. 23b, Jacobs S. 68): *sancti enim affirmant eandem personam boni et mali figuram habere*. Das wird zu Samson gesagt (v. 177ff.), der für die Gesamtaussage (v. 177–180) Christus ist, aber den Teufel bezeichnet (*sed sciendum est diaboli etiam typum Samsonem habere*), wenn er die Wölfe auf die Weingärten der Philister losläßt (v. 178 … *devastat vulpibus agros*, nach Jud 15, 4/5), was (unter Bezug auf Cant 2, 15) bedeutet, daß der Teufel die Häretiker aufreizt, die Verehrung Gottes auszurotten (*qui ad exstirpandam divinam culturam hereticos excitat*).

Samson überkommt der Geist Gottes (Jud 14, 6: *irruit autem Spiritus Domini in Samson*): er zerreißt einen jungen Löwen mit bloßen Händen und ißt vom Honig, den er im Kadaver des Löwen findet, als er nach einiger Zeit dort vorbeikommt (so Jud 14, 6–9). Wenn es dann in dem *problema* Samsons für die Philister heißt: »Vom Starken ging Süßes aus« (Jud

14, 4), so bedeutet das, [1454] daß das strenge Gesetz der Juden, das nur nach dem Buchstaben verstanden war, sich durch Christus dem geistigen Sinn zu öffnen begann, als er den Schleier hinweggenommen hatte.

In der allegorischen Erklärung der Arche, die den Bezug zum Verhalten des Menschen herstellt (*moralitas* zu v. 74; im Clm 22 293, fol. 13b, Jacobs S. 37f.), heißt es von einem Menschen, der sich von der flüchtigen Welt losreißt und dem Himmlischen zuwendet (*a rebus fluxis mundi abstrahens animum ad celestia applicat*): *hic in corde suo archam salutis edificat:* [1455] *longam in fide, latam in caritate, altam in spe*. Diese (Arche) soll eine, zwei, drei Wohnungen (bzw. Stockwerke) haben (*camerata, bicamerata et tricamerata fit in nobis*), wenn wir die Heilige Schrift nach dem Buchstaben, allegorisch und moralisch verstehen (*si sacras scripturas ad litteram, allegorice et moraliter intelligimus*), wir sollen sie aber aus viereckigen und geraden Balken machen (*sed nos hoc ex quadratis et rectis lignis facere iubemur*), weil wir uns nicht durch wertlose Gedichte der *auctores* (der antiken Schriftsteller), sondern durch die Anweisungen »der geistlichen Väter« unterrichten lassen sollen (*quia non ex auctorum neniis, sed spiritualium patrum preceptis debemus instrui*). So versteht also Bernhard die Exegese als eine dreifache Aufgabe: Erhellung des Wortlauts, allegorische Erklärung (Christus und die Kirche) und moralische Anwendung (auf das Verhalten der Menschen) folgen aufeinander. Die moralische Erklärung setzt also stets das allegorische Verständnis voraus.

Daraus ergibt sich, daß die »moralische« Erklärung stets der *allegoria* folgt; sie wird angekündigt durch *moralitas* (zu v. 65ff., 121ff., 161ff., 265ff., 273ff.) oder *moraliter* (zu 105ff., 201ff., 241ff., 257ff.), nur vereinzelt bleibt sie ohne Kennzeichnung (zu 97ff., 113ff.).

Die »moralische« Erklärung hebt vor allem die Gefahren hervor, die in den beiden Seiten des Menschen, Leib (*corpua* oder *caro*) und Seele (*animus*), liegen: zu v. 1/2 *terra = corpus, sol = animus*; zu v. 105ff. *Abraham = animus, Sara = caro*; zu 49ff. (Adam): *animus ante carnem conditus mortali versatur in miseria*; zu 113ff. *uxor = fragilitas carnis*.

Die »*moralitas*« scheint mehr als die Allegorie in der Freiheit des Verstehenden zu liegen. So heißt es zur Erklärung der Salomo-Verse (201ff.):

[1454] Es heißt (Clm 22 293, fol. 23a/23b, Jacobs S. 68): Tunc autem de forte exivit dulcedo, cum lex aspera, accepta tantum ad litteram, remoto per Christum velamine fidelibus spirituali sensu/intelligencie cepit patere.

[1455] Zur Errichtung eines Gebäudes im Inneren durch rechtes Schriftverständnis: vgl. die Aussagen über das Gebäude als Element der »zweiten Sprache« (Anm. 544ff.) und über die »Struktur« des Schriftsinns (Anm. 1040ff.). Außer Ohly vor allem Henri de Lubac (wie Anm. 55) in dem Kapitel »Symboles architecturaux« (II, 2, S. 41–60). Bernhards Erklärung ist Zeuge einer alten, langen Tradition.

potest et hoc moraliter accipi (Clm 22 293, fol. 26a, Jacobs S. 78); oder (105ff.) zu Abraham und Sara (fol. 16a, Jacobs S. 44): *possumus et per Abraham et Saram ... animum et carnem accipere ...* Die voraufgegangene allegorische Erklärung (fol. 16a, Jacobs S. 44) beginnt: *allegorice autem per Abraham omnipotentem patrem intellige.*

Der allegorische oder moralische Zweitsinn ist zwar im Text als Möglichkeit angelegt, er wird aber erst vom Verstehenden aktualisiert. Weil die moralische Erklärung auf den Menschen bezogen ist, kann sich ihre Aktualisierung mit Zeit und Geschichte verändern.

Der moralische Bezug kann den Gläubigen bezeichnen: So kann Abraham (v. 97ff.) jeder Gläubige sein; aber auch der Sünder, dem man wie Saul die Heilige Schrift vorlesen muß (v. 193ff.), oder wie Ezechias (v. 225ff.) ein Sünder, der bereut. Vor allem aber gelten moralische Bezüge den Häretikern, gemäß der Gesamtauffassung der Ecloge, daß in Pseustis der Häretiker sich darstellt, der überwunden und bekehrt wird (zu 89ff. und 153ff.).

Sehr ausführlich spricht Bernhard von den Häretikern bei der Exegese der Chore-Verse (v. 153ff.; im Clm 22 293, fol. 19b–20b, Jacobs S. 57f.).

Am Anfang der Erklärung steht (irrtümlich?): *allegoria.* Tatsächlich kann die erste Erklärung noch allegorisch verstanden werden: Chore und seine Anhänger deuten auf die Irrlehrer (wie Arius) voraus, die die Vereinigung der göttlichen mit der menschlichen Natur in Christus leugnen und das Geheimnis der Inkarnation zu diskutieren versuchen, das nach Gottes Willen ihnen verborgen bleiben soll (wie die Stelle, an der Moses begraben wurde). Typologisch kann Chore mit den Seinen, die der Erdboden verschlang, auch auf die Verbreiter neuer Lehren (*eorum figuram tenent, qui ecclesie novas doctrinas ingerunt*) weisen, denen der geistige Sinn der Heiligen Schrift verschlossen bleibt. Sicher als »moralische« Erklärung ist die Anwendung auf die eigene Zeit zu verstehen (*possumus etiam hoc nostro tempori applicare et ordini*): auf die Simonie[1456] (*mille hodie Simones*) bei den Bischöfen und im Heiligtum (*vivunt non Petri, sed Antichristi in palatio et in sacrario*).

Daß diese Anwendung auf die eigene Zeit als »moralitas« zu verstehen ist, zeigt die Erklärung der Balaam-Verse (v. 161ff.; Clm 22 293, fol.

[1456] Clm 22 293, fol. 20a/20b, Jacobs S. 58/59. Die Verse über Chore (Ecloga Theodoli v. 183ff.) werden besonders asuführlich erklärt. Der Bezug auf die eigene Zeit wird eingeleitet mit den im Text zitierten Worten: Possumus etiam hoc nostro tempori applicare et ordini. Nam quis episcopatus multos non habet Chore? Quis vel unum Aaron hodie? Mille hodie Simones magica arte, id est pecunia donum Dei emunt sibi, immo adimunt. Mortuus est ille Petrus, qui dixit (Act 8, 20): »pecunia tua tecum sit in perdicionem«. Vivunt non Petri, sed Antichristi in palatio et sacrario ...

20b–21a, Jacobs S. 60f.). Allegorisch (*allegorice*) werden durch Baalam auf dem Esel, der das Volk Gottes verwünscht, die Dämonen bezeichnet, die auf Veranlassung von Satanas das Menschengeschlecht anstacheln, seinem Schöpfer nicht zu dienen (*per Baalam sedentem super asinam populoque Dei maledicere ... signantur demones, qui ... instinctu capitis sui Satane humanum genus creatori suo non servire stimulabant*); im Engel schreckt Christus der Gekreuzigte die Menschen von der Sünde ab, und ihre Stimme wurde zum Lob des Schöpfers gelöst.

Eine andere allegorische Erklärung (eingeleitet mit: *aliter*) ergibt sich (Jacobs S. 61), wenn Baalam, der den Geist der Prophezeiung hat (dabei ist natürlich an die berühmte Prophezeiung Num 24, 17 *orietur stella ex Jacob* gedacht), das Volk der Juden bezeichnet (*per Baalam spiritum prophetiae habentem populus Judeorum signatur, apud quem erat lex et prophetae*; so Matth 7, 12), die Eselin, auf der er reitet, aber die von den Juden verachteten Heiden, die vor den Juden das Geheimnis der Erlösung erkannten (*gentes priores Judeis salvationis mysteria agnoverunt*). Die Stimme des Tieres löste sich aber zu Worten (*laxata ergo est vox animalis in verba*), weil die Gläubigen die Schrift, die von den Juden nur dem Wortlaut nach (*verbotenus, id est ad litteram*) bekannt gemacht wurde, geistig zu erklären begannen (*spiritualiter ceperunt tractare scripturas*). Die zweite Erklärung bezieht sich auf einen späteren, die erste auf einen früheren Abschnitt von Numeri, und die Beziehungen sind in beiden Fällen verschieden.

Dann folgt die moralische Erklärung (Jacobs S. 61), eingeleitet mit *moralitas*.[1457] Die Prälaten der Kirche, die aus Gewinnsucht Schuldige freisprechen und nicht die Gerechten und so ihre kirchliche Autorität mißbrauchen, sind Baalam auf dem Esel, der bereit ist, gegen Lohn zu verfluchen. Die Eselin aber sieht den Engel früher als der Reiter, weil sehr oft die Untergebenen die Irrwege der Prälaten erkennen. So dient die moralische Erklärung der Kritik an Zuständen in der Kirche der eigenen Zeit, die ihren Ort in der Heilsgeschichte hat.

Die Einleitung eröffnet einen geschichtlichen Horizont. Wie Servius in seiner Erklärung der *Bucolica* Vergils,[1458] so geht Bernhard zunächst auf

---

[1457] Hoc etiam prelatis Ecclesie, vel ad litteram acceptum, timor potest esse: Ipsi sunt enim Balaam sedentes supra asinam et precio maledicere pergentes, cum secularis gracia lucri ecclesiastica auctoritate in solvendo reos, ligando iustos abutuntur ... Sed asina videt angelum prius sessore et loquitur, quia plerumque fideles subiecti prelatorum errorem (*cognoscunt*).

[1458] Servius (wie Anm. 1201) geht zu Ende seiner Einleitung (S. 4) darauf ein, daß die Rollen (personae) ihre Namen, wie in der Komödie, größtenteils von ihrer ländlichen Tätigkeit haben: etiam hoc sciendum et personas huius operis ex maiore parte nomina de rebus rusticis habere conficta.

die Rollen ein (fol. 5b, Jacobs S. 15), die ihren Namen von ihrer Tätigkeit her erhalten: Pseustis (*a falsitate*), Alithia (*quia veritatem defendit*), Fronesis (*a prudencia*). Aufgabe eines Gottesdieners ist es, nach dem Urteil der *prudencia* die Wahrheit vom Irrtum zu unterscheiden (Clm 22 293, fol. 5b: *cuiusque enim Dei servi est veritatem a falsitate iudice prudencia discernere*).

Pseustis, Alithia und Fronesis sind Rollen in einem Prozeß, der Pseustis und Alithia nach heftigem Streit zusammenführt, und zwar dadurch, daß Pseustis durch die Überlegenheit der Wahrheit, die Alithia vertritt, zur Bekehrung geführt wird.

Nach der Vorbemerkung zur allegorischen Erklärung des Eingangs, der die Szene entwirft (v. 1–13; Clm 22 293, fol. 6b und 7a, Jacobs S. 15–17), vertritt Pseustis auf der Ebene des Wortsinns die heidnische Antike, auf der allegorischen Ebene die falschen Lehren der Häretiker; Alithia die Rechtgläubigen; Fronesis Christus, einen Schriftsteller der Kirche oder einen Gläubigen, der uns ins Gedächtnis ruft, was wir waren und was wir durch Gottes Gnade jetzt sind (fol. 7a, Jacobs S. 19: *personarum ... tercia Christi vel ecclesiae, auctoris vel alicuius fidelis anime, quid fuerimus et quod Dei sumus gratia, ad memoriam revocantis videtur typum obtinere*).

Es ist freilich zweifelhaft, ob diese Vorbemerkung von Bernhard stammt, denn in der Erklärung zu v. 8 (Clm 22 293, fol. 7b, Jacobs S. 20) der *Ecloga* wird unter Alithia das Gesetz des Moses verstanden (*Alithie vocabulo Moysi legem designari puto*).

Der heilsgeschichtliche Horizont wird (nach Augustinus) durch die Abfolge bestimmt: Zeit vor dem Gesetz (eine Zeit der »Traditionen«), Zeit unter dem Gesetz, Zeit unter der Gnade. Wie diese Abfolge aus der *Ecloga Theodoli* nahegelegt wird, will Bernhard untersuchen (fol. 7b, Jacobs S. 19 *que quomodo hoc ex opere innuatur, attentius intueamur*).

Sie zeigt sich zunächst als eine Folge im Auftreten der Rollen: v. 1–7 gehören der *gentilitas* (Bernhard sagt, fol. 7b, Jacobs S. 20: *in his enim omnibus ante legem gentilitas occupatur*). Mit v. 8 tritt das Gesetz auf, das zunächst bei den Juden galt. Das Gesetz aber wörtlich verstanden (*realiter accepta*) ist dem Kultus der heidnischen Antike nicht unverwandt (Clm 22293, fol. 8a, Jacobs S. 21: *iuxta utriusque populi affinitatem vel eorum cultus similitudinem exprimit*). Mit v. 26 erscheint dann Christus, der für die Menschen Mensch geworden und gekommen ist, das Menschengeschlecht durch sein Blut zu reinigen und zu erhalten (fol. 9a, Jacobs S. 23 *qui factus homo pro hominibus sanguine suo ... ovem perditam, id est genus humanum lavare venit et pascere*). Er hat als Eckstein (vgl. Eph 2, 20)

Heiden und Juden in der Kirche zusammengeführt (*lapis angularis qui in fronte positus ... ex Iudeis et gentibus venientes in fidei unitate ... iungit*). V. 28 (*huc ades, o Fronesi*) versteht Bernhard so, als ob Pseustis sagen wollte: »Du warst bisher uns verborgen oder nur bei den Juden bekannt; blicke nun wenigstens, am Ende der Zeiten, auf die Heiden« (fol. 9a, Jacobs S. 24 *ac si dicat: qui huc usque latuisti vel in Judea tantum notus eras, respice gentes in extrema saltim seculi etate*). Bernhard bezieht sich dabei auf das Gleichnis von den Arbeitern im Weinberg (Matth 20, 1–16). »Wenn das von dem Repräsentanten der Heiden (*sub persona gentilium*) gesagt wird, so ist das nicht erstaunlich, da man lesen kann, daß viele von ihnen die Ankunft Christi erwartet oder herbeigewünscht haben« (*nec cuiquam mirum videatur hoc sub persona dici gentilium, cum multi ipsorum legantur expectasse vel desiderasse adventum Christi*).

Auch im Ablauf der Auseinandersetzung zeigt sich die heilsgeschichtliche Folge. Die 12 Beispiele, die Alithia im 1. Teil aus der Genesis anführt, gehören in die Zeit vor dem Gesetz; mit Moses beginnt dann die Zeit des Gesetzes (v. 137ff.). Zu v. 65ff. bemerkt Bernhard,[1459] daß Enoch und Elias Leiden und Auferstehung Christi bezeugen (*Enoch et Elias Christi passionem et resurrectionem testari videntur*), und zwar Enoch vor der Zeit des Gesetzes (*ante legem*), Elias (ihm gelten im zweiten Teil der Ecloge die Verse 209ff. und 217ff.) dagegen in der Zeit des Gesetzes (*sub lege*). Pseustis als Repräsentant der Heiden bekennt sich zum Polytheismus (v. 181ff.), Alithia als Repräsentantin des Gesetzes (bzw. der gläubigen Christen) zu dem einen, dreifaltigen Gott (v. 185ff.).

Die Beispiele des zweiten Teils (v. 189–244) nimmt Alithia aus den Königsbüchern. Wie die zweite Reihe des ersten Teils mit Moses, so beginnt der zweite Teil mit David (v. 193ff.) und knüpft damit an den Eingang an, in dem Alithia (v. 9/10) von David abgeleitet wird. Erscheinungen der Kultur werden verglichen, abgeschlossen mit dem Rückfall ins Animalische (Nabuchodonosor). Dann ruft Pseustis die Nacht herbei (v. 245–248); Alithia hält entgegen (249–252), daß die Sonne, die dem Menschen leuchtet, dem Gesetz folgt, das ihr Gott gegeben hat,[1460] und

---

[1459] Clm 22 293, fol. 12b, Jacobs S. 34: Enoch et Elias Christi passionem et resurrectionem testari videntur. Providens enim Deus filium suum ad terram mittendum omni sibi ex etate testimonium adhiberi voluit. Enoch ergo, generatum et generantem ante legem, Heliam vero sub lege generatum sed non generantem transtulit, ne videretur incredibile Christum nec generatum nec generantem mitti de celis aut post resurrectionem ibidem assumi.

[1460] Alithia antwortet (Clm 22 293, fol. 31a, Jacobs S. 95): ... sol creatus propter homines ad nutum Dei tantum, non aliis cogentibus causis semper incedit. Cur noctem revocas? id est: cur ad memoriam reducis antiquos auctorum errores, qui rerum ordinem quibusdam causis, non creatori asserere conati sunt!

fragt, warum ihr Gegner mit der Nacht die alten Irrlehren zurückruft, nach denen die Ordnung der Natur gewissen Ursachen und nicht dem Willen des Schöpfers folgt.

Mit dem dritten Teil nimmt die Auseinandersetzung einen persönlichen Charakter an: Pseustis greift in Alithia das weibliche Geschlecht an. Nach Bernhard (Clm 22 293, fol. 32a, Jacobs S. 98) führt Pseustis Niobe (v. 261ff.) als Beispiel an, um das weibliche Geschlecht herabzusetzen (*ad exprobrandum muliebrem sexum*), und zu v. 269ff. nennt er es einen »rhetorischen Brauch« (*rhetoricum*), den Gegner herabzusetzen, wenn man keine passenden Gegengründe findet (Clm 22 293, fol. 33b, Jacobs S. 101).

Der vierte Teil bringt keine Beispiele mehr, sondern die unmittelbare Konfrontation von Heidentum und Gesetz, bzw. Christentum, die ins bukolische Milieu des Eingangs zurückführt. Pseustis nimmt (nun eingeschränkt), der bukolischen Szene gemäß, den Anruf der Götter (vgl. 181ff.), darunter der Musen und des Protheus auf; dieser ist nach Bernhard (fol. 35b, Jacobs S. 10) Repräsentant des veränderlichen menschlichen Geistes, der das Vergängliche lenkt. Alithia greift den Partner an, der eigentlich für jedes Glied eine Gottheit annehmen müsse (Clm 22 293, fol. 35b, Jacobs S. 108: *te habere tot deos quot membra*). Den Hinweis von Pseustis auf den nahenden bukolischen Abend (293ff.) nimmt Alithia auf, indem sie (fol. 36b, Jacobs S. 110) den bukolischen Zeichen allegorische Bedeutung gibt (v. 299 *paschalis agnus* im Text). Den Widersprüchen (*contraria* nach Bernhard), denen Pseustis ausgesetzt ist (v. 301ff.), stellt Alithia das Zusammenstimmende (*concordia*) entgegen (v. 305ff.). Pseustis sieht sich von den Göttern verlassen und sucht durch Anruf (*cede, dies*) den Tag zu beenden (v. 309ff.), den Alithia zum Bleiben aufruft (314ff.), wobei sie dem Versagen der heidnischen Götter gegenüber ihren Glauben an die Vorsehung Gottes ausspricht, der alles durch seinen Sohn geschaffen hat (v. 315 *qui verbo cuncta creavit*). Dem heidnischen Rätsel (v. 317ff.), in das Pseustis ausweicht, begegnet Alithia mit einer christlichen Rätselfrage (v. 321ff.), die nach dem Auferstandenen fragt[1461] (Bernhard: *a mortuis super caelos exaltata est*). Dann setzt Alithia dem versagenden Gegner (v. 315ff.) die Bereitschaft entgegen, mit den vier Evangelien zu beweisen, daß Gott von der Jungfrau menschliche Natur erhalten hat (v. 329ff.). Damit endet der Streit. Pseustis bittet Fronesis zu

---

[1461] Zu der Frage (v. 323): dic, ubi terra levem caeli supereminet axem, sagt Bernhard (Clm 22 293, fol. 39a, Jacobs S. 117): Sed et hoc enigma de divina potest esse scriptura: terra enim, que super axem celi supereminet, caro Christi intelligi potest, que suscitata a mortuis super celos, id est creaturas celestes, exaltata est.

vermitteln (v. 333ff.), und diese veranlaßt Alithia, dem Gegner zu verzeihen, der damit zum Glauben übertritt.

Damit finden sich Tradition (Heiden) und Gesetz (Juden) im Bekenntnis zum Christentum zusammen. Die heilsgeschichtliche Folge erreicht im Werk ihren Abschluß. Insofern geht das Heilsgeschehen weiter, als Pseustis ein Repräsentant der Häretiker sein kann, die am Ende zur rechten Lehre zurückkehren. Immer wieder im Laufe des Werkes öffnet sich der Ausblick auf das Ende der Welt und auf das Gericht. In der *Ecloga Theodoli* heißt es,[1462] daß dem Blick der Menschen ein Regenbogen durch Wolken erscheint. Bernhard von Utrecht versteht »*in nubibus*« (so statt: *per nubila*) nach der Verheißung des 1. Korintherbriefes (Clm 22 293, fol. 13b, Jacobs S. 37): *in nubibus autem dicit secundum illud Apostoli (1 Cor 13,12):* »*Videmus nunc per speculum in enigmate, tunc autem a facie ad faciem*«. In seiner zweiten allegorischen Erklärung des Verses (76) deutet er das Zeichen des Regenbogens als Zeichen für das Ende der Welt gemäß den Worten Jesu (Matth 24, 30 *et tunc apparebit signum Filii hominis in coelo; et tunc plangent omnes tribus terrae et videbunt Filium hominis venientem in nubibus caeli ...): Arcus vero, qui cum pluit apparet, signum Filii hominis figurat, id est crucem, que in iudicio patescet.*

So wie das Ende der Welt, ist im Kommentar auch die Kirche ständig gegenwärtig (in der »*allegoria*«) und der Gläubige wie der Sünder (in der »*moralitas*«). Auch die eigene Zeit wird einbezogen. Der heilsgeschichtliche Horizont der Erklärung schließt das alles ein.

Eine Geschichte der Auslegung der *Ecloga Theodoli* nach Bernhard von Utrecht, die seine Konzeption im Auge behält, wird zugleich eine Geschichte der Auslegung im Mittelalter sein. Dabei werden natürlich auch die Versuche in der Volkssprache eine Rolle spielen müssen.

[1462] V. 76 der Ecloga Theodoli (visibus humanis per nubila panditur Iris) gibt Anlaß zum Ausblick (nach Gen 9, 13–17) auf die letzten Dinge (Clm 22 293, fol. 13b, Jacobs S. 37f.).

Die expositio hymnorum

Wir haben aus dem Mittelalter Auslegungen zu religiöser Dichtung, die aus dem Mittelalter oder doch aus der christlichen Spätantike stammt. Bei ihnen ist im Grundsatz keine Fremdheit zwischen Text und Auslegung zu erwarten; Verfasser und Erklärer gehören demselben Zeitraum an. Sie verfügen über denselben oder doch einen verwandten Horizont. Vor allem sollte ihnen das Verständnis der Heiligen Schrift, dem wir vorher nachgegangen sind, gemeinsam sein.

Auf einfache Weise werden die liturgischen »Hymnen« in einer »*Expositio hymnorum*«[1463] erklärt, die – wie viele Texte des 12. und 13. Jahrhunderts – erst aus dem 15. Jahrhundert überliefert ist. In der Einleitung zur »*Expositio*« wird diese einem Hilarius (*quidam vir prudens nomine Hilarius*) zugeschrieben.[1464] Das könnte der Abaelardschüler Hilarius sein, den wir als Verfasser bemerkenswerter rhythmischer Gedichte und formreicher Spiele kennen.[1465].

Der vorausgeschickte »*Accessus*« spricht nacheinander vom »Titel«, vom Verfasser und seiner Intention, von der *utilitas* des Werkes, von dem Bereich, zu dem es gehört, und zum Schluß von der »*materia*« der Hymnen. Etwas ausführlicher ist von Verfasser und *materia* die Rede.

»*Hymnus*« wird, wie üblich, als »Lob Gottes mit Gesang« (*laus Dei cum cantico*) bestimmt. Als wichtigste Verfasser von Hymnen (*principales auctores qui hymnos composuerunt*) werden genannt: Gregorius, Prudentius, Ambrosius und Sedulius. Angesichts der Fülle von Hymnen wollte (so sagt der *accessus*) Hilarius eine Anzahl von ihnen (*quosdam*) in einem knappen Band vereinen (es sind 123) und mit einer kurzen förderlichen Abhandlung versehen, die alle diese Hymnen enthielt.

[1463] Expositio hymnorum cum commento, Heinrich Quentell Köln 1496 (im Repertorium von Hayn: Nr. 6788); vgl. Anm. 605. Im Text zu den Anmerkungen 602–607 ist die Bedeutung von Tag und Nacht besprochen, in der Anm. 602 ist das Schrifttum zu den »Tagzeiten« ausführlich behandelt.

[1464] Sed quidam vir prudens nomine Hilarius videns illos (sc. Gregorius, Prudentius, Ambrosius, Sedulius) sic multos hymnos composuisse dignum duxit placuitque quosdam in unum colligere compendiose, et unum brevem et utilem tractatum componere, in quo omnes himni continerentur (fol. I).

[1465] Hilarii Versus et Ludi, hg. J. B. Fuller, New York 1929.

Ursprüngliche Intention (*prima intentio*) des Hilarius war, die Hymnen nach der liturgischen Ordnung darzustellen (*describere qui cantantur in prima feria et sic deinceps consequenter secundum ordinem*). Als *utilitas* der Lektüre des Werkes wird die Erkenntnis der Einheit und Dreifaltigkeit angesehen,[1466] als Bereich, zu dem das Werk gehört, die *theorica*, die Betrachtung Gottes (*divine contemplationi*).

Es folgt ein kurzer Exkurs über Herkunft und Bedeutung von *feria*. Das Durchlaufen der Wochentage bis zum *sabbatum* ist *figura* für das menschliche Leben, das am Ende zur Ruhe kommt; denn *sabbatum* heißt Ruhetag (*sabbatum interpretatur requies*). Kein Wort wird an dieser Stelle über die »Horen«[1467] gesagt, die seit dem 6. Jahrhundert (Caesarius) geregelt sind und immer wieder in Dichtung des Mittelalters gedeutet wurden; so von Gottschalk dem Sachsen (Poetae VI, 97ff.), von Hildebert (Carmina minora, ed. A. B. Scott, Leipzig 1969, S. 55–57 = Misc. 130, in Migne 171, 1438) und vom Mönch von Salzburg (Ph. Wackernagel, Das deutsche Kirchenlied ... II, 1867, S. 415–417).

Zur *materia* wird festgestellt, daß jeder Hymnus seine *materia* hat. Welche das jeweils ist, wird zu Anfang der Erklärung gesagt. So heißt es zu der liturgischen Kurzform des Hymnus »*Ales diei nuntius*«, fol. Xa, die von den 25 Strophen bei Prudentius nur die beiden ersten Strophen sowie die Strophen 21 und 25 umfaßt:[1468] *materia huius hymni est exhortatio Christi ad nos, ut surgamus a viciis et adhereamus virtutibus*. In der *materia* besteht zwischen den Hymnen *de nocte* und den Hymnen *de die* dieser Unterschied (fol. II): Hymnen *de nocte* haben den Sünder im Auge, die Hymnen *de die* das göttliche Licht. Was über die *materia* des Hymnus »*Ales diei nuntius*« gesagt wird (fol. Xa), deckt sich dem Sinne nach mit der Nennung der *materia* zu den Hymnen *de nocte*: sie wollen den Sünder von der Finsternis der Unwissenheit und Sünde befreien und zur Tugend und zur Liebe des Heiligen Geistes führen; es geht also um die »Wende«.

[1466] Utilitas autem maxima est in hoc libello, quia eo perlecto et intellecto cognitionem habere possumus unitatis et trinitatis.

[1467] Zu den »Horen« (Tagzeiten): Anm. 602 (Texte und Literatur). Besonders hervorzuheben sind: Ämiliana Löhr (1957) und Helmut Gneuss (1965). Zum geistlichen Lied in deutscher Sprache: Johannes Janota, Studien zu Funktion und Typus des deutschen geistlichen Liedes im Mittelalter, München 1968; Franz Viktor Spechtler, Beiträge zum deutschen geistlichen Lied des Mittelalters (in: Zeitschrift für deutsche Philologie, 90. Bd. 1971, Sonderheft, S. 169–190).

[1468] »Ales diei nuntius«, vollständig in den Ausgaben des Prudentius, so bei Lavarenne (wie Anm. 604), Cathemerinon I (in Bd. I, 1943), und bei Raby, The Oxford Book (wie Anm. 127), Nr. 16; die vierstrophige Fassung in allen Ausgaben liturgischer Hymnen, so als Laudeshymnus am Dienstag in: Cantica Sacra, ausgewählt und erklärt von Anton Mayer, Bamberg und Wiesbaden 1959, Nr. V, S. 25f.

Die Hymnen *de die* setzen das Licht voraus: wie Gott durch das Licht der Sonne den Menschen materiell erhellt, so möge er ihn durch die Gnade des Heiligen Geistes innerlich erleuchten.

Das Verfahren der »*Expositio*« läßt sich an der Erklärung zum Hymnus des Ambrosius »*Aeterne rerum conditor*« studieren.[1469] Anders als bei dem Prudentiushymnus »*Ales diei nuntius*« sind bei »*Aeterne rerum conditor*« alle acht Strophen in die liturgische Gebrauchsform übernommen (*Liber hymnorum*, fol. IIIf.).

Als »*materia*« des Hymnus wird verstanden der Preis der Ewigkeit Gottes (*commendatio et laudatio dominici diei eterne, id est sine initio et fine*). Daran schließt sich die Unterscheidung von *eternum* (*quod caret principio et fine, ut Deus*), *perpetuum* (*quod habet principium cum tempore et habebit finem, ut mundus*), *sempiternum* (*quod habet principium sub tempore et non habebit finem, ut anima*) und *temporale* (*quod incipit cum tempore et etiam habet finem, ut corpus nostrum*). Gott wird angerufen (im Vocativ), als Schöpfer des Seins und Herr über Nacht und Tag, der den Menschen die Verschiedenheiten der Tages- und Jahreszeiten geschenkt hat (wenn es allein die Nacht oder den Tag gäbe, würde der Mensch zugrunde gehen, der so, wie das Jahr aus den vier Jahreszeiten, aus den vier Elementen besteht).

Mit der zweiten Strophe beginnen Erklärungen, die mit der »zweiten Sprache« rechnen. Der »Zweitwert« wird entweder durch einen Vergleich (»Entsprechungssatz«) eingeführt oder durch die Gleichheitsformel »*id est*«, die Worten der ersten Sprache den »Zweitwert« gibt. Dabei können mehrere Möglichkeiten in Rechnung gestellt werden. Während die Gleichheitsformel nur die lexikalische Ebene betrifft, werden Entsprechungen naturgemäß mit syntaktischen Mitteln realisiert.

So wird das Jahr mit seinen verschiedenen vier Jahreszeiten durch Vergleich zum Menschen mit seinen vier Elementen metonymisch in Beziehung gesetzt[1470] (1. Strophe). Durch Vergleich wird der *nauta*, von dem der Hymnus in der 4. Strophe spricht, als die Seele des Menschen gedeutet, die durch Bekenntnis zum Hafen , d. h. zu Christus, strebt.[1471] In der 5.

[1469] Vgl. Anm. 606.

[1470] ... quemadmodum annus constituitur ex quatuor partibus seu quatuor temporibus, id est ex vere estate autumno et hieme, ita homo constat ex quatuor elementis, scilicet ex aqua terra aere et igne.

[1471] Sicut nauta pre nimio dolore ex maris tempestate fatigatus tendit ad portum, ut ibi recolligat vires aliquantulum requiescens, sic anima fatigata ex nimio labore viciorum et peccatorum tendit ad portum, id est ad Christum, per confessionem, ut ibi requiescat et vires bone operationis recolligat.

Strophe wird ein Schläfer (*qui dormit*), der träge ist bei allem Tun, der menschlichen Seele gleichgesetzt, die in Sünde verharrt und dadurch ihren Wert verliert.

Die Motive, die mit dem Hahnenschrei im Hymnus »*Aeterne rerum conditor*« sich verbinden, hat Ambrosius in seiner Erklärung des Hexaemeron entwickelt (Lib. V, cap. 24, bei Migne 14, 255f.), aber nicht als Zeichen der zweiten Sprache genommen. Das geschieht in der »*Expositio*«.

»*Preco diei*« wird erst als Rolle Johannes des Täufers und dann als Rolle Christi verstanden: *Preco diei id est Iohannes baptista, vel preco diei id est Christus.* Johannes der Täufer verkündet Christus (*diem*) und zwar noch in der Nacht (*noctis profunde pervigil*). Oder Christus, der seinen Vater verkündet (*preco diei iam sonat*), läßt das Evangelium durch seine Prediger offenbar werden. *nocturna lux* bezeichnet dann die Kirche, die in der Finsternis dieser Welt leuchtet.

Zuerst wird für das Wort der ersten Sprache als Ersatz der Zweitwert gesetzt, und zwar durch lexikalischen Ersatz; dieser Zweitwert kann dann syntaktisch entfaltet werden, wobei das auf der zweiten Ebene Implizierte manifest wird. *Preco* (Christus) *sonat* bedeutet dann: *manifestat evangelicam predicationem per predicatores suos.* Was dabei entfaltet wird, hängt naturgemäß von der Auffassung der Rolle ab: »Licht in der Nacht« (*nocturna lux*) wird geschichtlich verstanden, wenn mit dem »*preco diei*« Johannes gemeint ist (*qui ante lucem surrexit, ut luceret hominibus qui erant in tenebris huius mundi*); es wird gegenwärtig genommen, wenn *preco diei* die Kirche ist (*presens ecclesia, que lucet in huius mundi tenebris*).

Der lexikalische und syntaktische Ersatz, der die zweite Ebene einführt, kann ergänzt werden durch eine Paraphrase, die den ganzen Inhalt einer Strophe auf die zweite Ebene übersetzt. Dann steht dem Ganzen in erster Sprache das Ganze in zweiter Sprache gegenüber. In der 3. Strophe folgt die Ganzparaphrase dem Text des Hymnus und seiner Einzelerklärung, in der 4. Strophe geht die Paraphrase voran.

So lautet das Ganze der 3. Strophe im Hymnus:

Hoc excitatus lucifer/solvit polum caligine;/hoc omnis errorum chorus/viam nocendi deserit.

In der Ganzparaphrase (also in der zweiten Sprache) heißt das:

Super Jesu excitante peccator currit ad portum, id est ad dominum Deum nostrum, ut ibi requiescat et vires bone operationis resumat et precone canente omnis deceptio dyaboli vel exercitus eius vel chorus, id est conventiculus errorum, id est hereticorum deserit viam suam, dimittit ma-

405

*ledictam sententiam nocendi, id est faciendi aliis nocumentum seu impe-
dimentum.*

Diese Paraphrase nimmt Aussagen aus der folgenden Strophe voraus
(so: *Hoc nauta vires colligit*):

*Hoc nauta vires colligit/pontique mitescunt freta;/hoc ipsa petra eccle-
sie canendo culpam diluit.*

Die Paraphrase erläutert die mit *nauta* gemeinte Rolle durch einen Vergleich (»Entsprechungssatz«):

*Sicut nauta pre nimio dolore ex maris tempestate fatigatus tendit ad
portum, ut ibi recolligat vires aliquantulum requiescens, sic anima fatigata ex nimio labore viciorum et peccatorum tendit ad portum, id est ad
Christum per confessionem, ut ibi requiescat et vires bone operationis recolligat.*

Darauf folgt die Einzelerklärung mit dem Ersatz der einzelnen semantischen Einheiten, eingeleitet mit: *construe.*[1472]

Ambrosius berichtet in den ersten vier Strophen, was bei der Wende
von der Nacht zum Tag geschieht.[1473] Das verwandelt sich in ein geistig-re-
ligiöses Geschehen durch den Einsatz der Zweitwerte. Die 5. Strophe lautet dann:

*Quia Christus nos evigilat ad bene agendum, surgamus a peccatis festi-
nanter; admonet ad penitentiam in peccato permanentes, tardos in bonis
operibus redarguit, quia sicut ille qui dormit tardus est ad omne opus, sic
anima in peccatis manens inanis efficitur (Gal 5, 26); reprehendit nolentes surgere de peccatis.*

Die Zweitwerte werden durch die Heilige Schrift gestützt: so begründet
die *Expositio*, daß Gott eine sündige Seele, die bereut, durch seine Gnade
von den begangenen Sünden löst (*a nocte noctem segregans*), mit dem 1.
Brief des Paulus an Timotheus (2,4): *qui omnes homines vult salvos fieri*
(*Expositio: et vult Deus omnes homines salvos fieri*). Auf Johannes den
Täufer werden Worte aus dem Eingang des Johannesevangeliums angewendet (Joh. 1). Stellen aus dem Johannesevangelium (1,9 u. 8,12), dem
1. Johannesbrief (1,5 u. 2,8) und Paulusbriefen (Rom 13,11/12; 1 Thess
5, 5–8) bestimmen die Zweitwerte von *dies*, *lux*, *nox*, *tenebrae*. Diese
Zweitwerte geben einen neuen (zweiten) Kontext, den die *Expositio* entfaltet.

Daß der Hymnus des Prudentius »*Ales diei nuntius*«, der in *Cathemerinon* (I) 100 Zeilen im jambischen Dimeter (bzw. 25 Strophen) umfaßt, für

---

[1472] Construe: (nauta) id est navis ductor (colligit vires) id est virtutes …
[1473] Dazu vgl. den Text zu Anm. 602–607.

den liturgischen Gebrauch auf vier Strophen (16 Zeilen) reduziert war, ist schon gesagt. Die argumentierende Darstellung des Prudentius, die ganz eschatologisch geprägt ist (anders als der Hymnus des Ambrosius »*Aeterne rerum conditor*«), ist aufgegeben. Aufgegeben ist die vierte Strophe (v. 13–16), die ausdrücklich den Vogelruf am Morgen (in der Sprache Vergils)[1474] als *figura* (Präfiguration) des kommenden Richters versteht (*vox ista ... nostri figura est iudicis*). Aufgegeben ist auch die siebente Strophe (v. 25–28), die den Schlaf auf Erden als Vorausdeutung auf den ewigen Tod erklärt (*Hic somnus ad tempus datus est forma mortis perpetis*). Mit der siebenten Strophe ist der ganze Teil des Hymnus aufgegeben, der über die Bedeutung des Schlafes[1475] spricht (Str. V–XII = v. 17–48); ebenso die Partie über die Verleugnung Christi durch Petrus (Str. XIII–XVI = v. 49–64), die eingeleitet wird mit den Worten (Str. XIII, 1/2 bzw. v. 49f.): *Quae vis sit huius alitis/Salvator ostendit Petro*, und in den Glauben mündet, daß Christus beim Hahnenschrei aus dem Reich der Toten zurückgekehrt ist, und daß damit die Macht des Todes gebrochen und die Nacht gewichen sei (Str. XVII/XVIII, bzw. v. 65–72).[1476]

Der vierstrophige liturgische Text beschränkt sich auf vier Kernstellen. Die 1. Strophe (Prudentius, v. 1–4) bringt den Weckruf, die zweite Strophe (v. 5–8) seinen Inhalt, die dritte Strophe (v. 81–84) die Antwort des Menschen: die Bereitschaft zum Gebet, die vierte Strophe (v. 97–100) den Inhalt des Gebets an Christus, den Schlaf zu verscheuchen, die Fesseln der Nacht zu überwinden, von der Erbsünde zu befreien und ein neues Licht mitzuteilen. So nimmt die Schlußstrophe die ganze Thematik des Hymnus (*somnum, noctis vincula, peccatum vetus, novum lumen*) noch einmal auf.[1477]

Die »*Expositio*« sagt (fol. X): *Materia huius hymni est exhortatio Christi ad nos, ut surgamus a viciis et adhereamus virtutibus.* »*Ales*« wird als »*exemplum*« aufgefaßt und in einem Entsprechungssatz (gemäß dem Text des Prudentius) als zweite Sprache kommentiert: *Et premittit exemplum aletis, id est galli. Sicut enim galli cantus nos excitat vel vocat lucente*

[1474] Vierte Strophe (v. 13–16): Vox ista, qua strepunt aves/stantes sub ipso culmine/paulo ante quam lux emicet,/nostri figura est iudicis. Dazu Vergil, Aen. VIII, 455/56: Evandrum ex humili tecto lux suscitat alma/et matutini volucrum sub culmine cantus.

[1475] Die »Dämonen« wissen, daß die Nähe des Lichtes ein »Zeichen« der Hoffnung für die Menschen ist (Str. XII, V. 45–48): Hoc esse signum praescii/norunt repromissae spei,/qua nos sopore liberi/speramus adventum Dei.

[1476] Str. XVII/XVIII, V. 65–72: Inde est quod omnes credimus/illo quietis tempore,/quo gallus exultans canit,/Christum redisse ex inferis./Tunc mortis oppressus vigor,/tunc lex subacta est tartari,/tunc vis diei fortior/noctem coegit cedere.

[1477] Str. XXV (v. 97–100): Tu, Christe, somnum discute (statt: dissice),/tu rumpe noctis vincula,/tu solve peccatum vetus/nonnumquam (statt: novumque) lumen ingere.

die, sic Christus excitat mentes nostras et vocat nos per scripturas sacras prenuncians, quia est venturus iudicare super iustos et iniustos. Genauer als im Kommentar zu »*Aeterne rerum conditor*« wird hier die Heilige Schrift als Verkünderin genannt, und zwar für die Botschaft, daß Christus Gericht halten wird über »Gerechte« und »Ungerechte« (vgl. Eccles 3,17 *Justum et impium judicabit Deus*; Matt 5,45 *filii Patris, qui ... pluit super iustos et iniustos*). Daran schließt sich der Hinweis auf die Worte, die Christus nach Matthaeus (25,13) zum Abschluß der Parabel von den klugen und törichten Jungfrauen spricht. Es heißt in der »*Expositio*«: *unde bene dicitur* (damit wird das Zitat eingeführt): *surgite et vigilate, quia nescitis diem neque horam* etc. (Matth 25,13 *Vigilate itaque, quia nescitis diem neque horam*; vgl. auch Matth 24,42 und 44 und dazu Rom 13,11 *hora est iam nos de somno surgere*). Durch die Deutung: *per scripturas sacras prenuncians* wird der tagverkündende Hahn als Element der zweiten Sprache durch die Bibel legitimiert.

Die Erklärung der zweiten Strophe nimmt Christus (nicht den Hahn) als Sprecher (*Christus ... vocat et precipit nobis*). Für das sprachliche (grammatische) Verständnis werden zwei Möglichkeiten angenommen: Entweder wird die dritte Zeile (*castique recti ac sobrii*) als innere Verfassung beim Wachen gefaßt (*vigilate casti* etc.) oder als Verfassung der Menschen, denen Christus sein Kommen ankündigt: *o (casti) anima et corpore, o (recti) verbo et opere, o (sobrii), id est temperati cibo et potu.* Die zweite Möglichkeit wird eingeführt: *vel secundum aliam literam.* Sie nimmt die Christus in den Mund gelegten Worte als Verheißung, wie bei den Seligpreisungen (vgl. Luc 12,37). Die erste Möglichkeit beruht auf dem Apostel Paulus (1 Thess 5,6 *itaque non dormiamus sicut et ceteri, sed vigilemus et sobrii simus*). Zu bemerken ist noch, daß in mehreren Handschriften in v. 2 *aegro sopore* überliefert ist (z. B. in C und S).

In der dritten Strophe setzt die »*Expositio*« statt: *ciamus*, die Lesung: *sciamus* voraus: *Et quia Christus est primus, o fratres, sciamus id est cognoscamus Ihesum.* Die Erklärung der dritten Strophe schließt: *intenta supplicatio, id est assidua deprecatio vetat cor mundum dormire, id est permanere in peccato* (vgl. 1 Thess 5,7).

Bei der vierten Strophe beschränkt sich die »*Expositio*« im wesentlichen darauf, für die thematischen Worte die gemeinten Werte (z. T. der zweiten Sprache) einzusetzen. *somnus* wird gleichgesetzt der Sünde oder dem Teufel: *somnum, id est peccatum seu diabolum; vincula noctis, id est laquei dyaboli vel penas inferni;* zu *penas inferni* heißt es: *que dicuntur nox; peccatum vetus, id est (peccatum) originale; novum lumen, id est spi-*

408

ritum sanctum.[1478] Mit der geltenden Opposition von *tenebrae* (*nox*) und *lumen* (*lux*) verbindet sich der Gegensatz von Alt und Neu.[1479]

[1478] 1 Joh 2, 8 ... mandatum novum scribo vobis, quod verum est et in ipso et in vobis, quia tenebrae transierunt et verum lumen iam lucet; 2 Cor 5, 17 si qua ergo in Christo nova creatura, vetera transierunt: ecce facta sunt omnia nova. Vgl. auch Anm. 606/607.
[1479] Alt-Neu: Ohly, Synagoge und Ecclesia (wie Anm. 1146), S. 352ff. (bzw. S. 315ff.); Hegener, Studien zur zweiten Sprache (wie Anm. 53), S. 75–79.

Kommentare zu »Ave praeclara maris stella«

In ihrem Anspruch gehen zwei Kommentare zu der Mariensequenz »*Ave praeclara maris stella*« (ihr liturgischer Ort ist Mariä Himmelfahrt) über die »*Expositio*« weit hinaus. Beide sind bequem zugänglich in der Ausgabe von R. B. C. Huygens: *Deux commentaires sur la séquence Ave praeclara maris stella*.[1480] Die jüngere Erklärung (Huygens 128–168) aus dem letzten Drittel des 13. Jahrhunderts (sie stammt von einem Anonymus) kennt und benutzt die ältere Erklärung des Caesarius von Heisterbach (Huygens 119–127), die vor 1219 verfaßt ist (nach Huygens um 1210), und zwar eine Reihe von Jahren vor dem *Dialogus miraculorum*.

Bemerkenswert ist, daß beide eine Fassung zugrunde legen, die mit »*Da fontem* ...« den Schlußversikel beginnt; sie scheiden beide die drei Zeilen »*Quo haustu ... intelligere*« als einen späteren Zusatz aus. Darin gehen sie mit mehreren Handschriften des 12. Jahrhunderts zusammen:[1481] einem Graduale aus St. Peter in Salzburg, einem Graduale aus Seckau, einem Sequentiar aus St. Emmeram in Regensburg, einem Graduale aus Bamberg und einem weiteren Graduale aus Salzburg; in einem Missale aus Ottobeuren sind die Zeilen nachgetragen. Mit dieser Handschriftengruppe gehen die beiden Kommentare auch in v. 83 (*puros mentis oculos* gegen *purae mentis oculos* bei Dreves).

Caesarius erklärt den Zusatz daraus, daß die Zeilen 82–84 in der Melodie ohne Entsprechung waren (267/68): *quia versiculus iste in nota parem non habet, versiculus quidam de novo appositus est*; und er erklärt auch den Zusatz. Dann aber betont er, daß die Sequenz ohne den Zusatz nach v. 84 eine Einheit sei, und zwar ohne Entsprechung, weil es sich um den Schlußversikel handelt (273–276): *Videtur tamen verius supradictum versum (da fontem ... defigere) cum isto (Christianismi ... venire) unum esse versum et ideo similem in nota non habere, eo quod tocius prose conclusio sit.*

[1480] Deux commentaires ... hg. Huygens, in: Cîteaux, Commentarii Cistercienses, fasc. 2–3, 1969, S. 108–169; ich zähle die Zeilen der beiden Kommentare nach dieser Ausgabe, und zwar nach dem Sonderdruck, den ich R. B. C. Huygens verdanke.

[1481] Kritische Ausgabe der Sequenz: Analecta Hymnica 50, S. 313–315 (S. 315 kritischer Apparat).

Eine wichtige andere Erkenntnis kommt hinzu, die schon Caesarius hatte und der Anonymus dann genauer entwickelt hat: der Schlußversikel (ohne den Zusatz nach v. 82–84) beruht auf dem berühmten »Gebet« des Boethius (Consolatio III, metr. 9) und gliedert sich in vier Bitten, die jedesmal mit einem an Jesus gerichteten »da« beginnen, das bei der 1. und 2. Bitte ausgesprochen ist (v. 82 und 83), bei der 3. und 4. Bitte von Caesarius ergänzt wird (Z. 278 und 279).

Es läge nahe anzunehmen, daß die Erkenntnis des Caesarius auf der Kenntnis von Kommentaren zu dem Gedicht des Boethius beruht. Aber die überlieferten Kommentare geben dazu keinen Anhaltspunkt. So spricht zwar Adalbold von Utrecht ausführlich über die Verse »Da pater« usw., geht aber nicht eigentlich auf den Inhalt und die Gliederung ein.[1482] Seine wesentliche Aussage lautet (Z. 387–389): *dum fontem boni sitiens perlustrat, invenit lucem, quae omnem hominem venientem in hunc mundum illuminat* (nach Joh. 1, 9). *huic luci visum defigere: videre est et vivere.*

Bei Boethius sind die Verse »Da fontem boni visere ...« an Gott Vater gerichtet (Caesarius Z. 247: *secundum Boecium oracio hec dirigitur ad patrem*); die Sequenz aber wendet sich an den Sohn (Caesarius Z. 248: *secundum precedencia tota hec oracio dirigitur ad filium*). Diese Wendung ist möglich, weil jede Person der Dreifaltigkeit »Quelle des Guten« genannt werden kann (Caesarius, Z. 251ff.: *Ab hac bonitate non excluditur filius neque spiritus sanctus, quia pater et filius et spiritus sanctus unus est deus. Unde quelibet persona fons boni recte dicitur*).

Der Anonymus, der die Aussagen des Caesarius kennt, widmet dem Schlußversikel über 230 Zeilen (Z. 829–1066). Er betont die Sonderstellung des Schlußversikels (Z. 831ff.: *Iste est ultimus huius sequencie versus et singularis in dictamine et modulamine, parem non habet ...*). Der (Schluß-)Versikel sei zum großen Teil Boethius entnommen, und zwar den Versen, die schon Caesarius genannt hatte; er baue sich aus vier »clausulae« auf, die jedesmal mit »da« beginnen, im ersten und zweiten Fall ausdrücklich, im dritten und vierten implizit (vgl. Z. 843–848). Der Anonymus sagt (Z. 955f.): *In cuius principio hoc verbum da, quod precesserat expresse in duabus clausulis precedentibus, est subaudiendum.* Der Zusatz stört diese Struktur (Z. 848): *Unde paret, quod ille versiculus, quem quidam addunt, ex erroneo intellectu additur. Cum enim interponitur Quo hausto ... intelligere, constructio predictarum clausularum ... cum hoc verbo da interrumpitur et intencio auctoris variatur. Melius ergo*

[1482] Text bei Huygens (wie Anm. 1312), S. 423f. (Zeile 363ff.).

faciunt, qui illum versiculum nec scribunt nec canunt, quia non est de corpore sequencie secundum primariam eius edicionem et auctoris veram intencionem; unde et in veteribus libris non habetur.

Auch an anderer Stelle setzen sich die beiden Kommentare mit abweichenden Fassungen auseinander, so bei der Partie von Versikel 5b, in der die vom Menschen, der Gott nahen will, geforderte Verfassung ausgesprochen wird:

> pecuali pelle discinctos pede mundis labiis cordeque propinquare (Anonymus: discincto pede, wie im Graduale aus Ottobeuren).

Caesarius versteht *discinctos* als Synecdoche (Z. 228f.: *per synodochen, id est discinctos habentes pedes*) und ergänzt zu *corde: mundato* (Z. 233 *cordeque eciam mundato eius*), nach *mundis labiis*. Der Anonymus bemerkt zu *cordeque* (Z. 734): *subaudi mundo*, geht also darin mit Caesarius zusammen. Als Text setzt er aber bei seiner Erklärung voraus (Z. 733): *discincto pede* (*discincto pede a pecuali pelle* zeigt durch die Hinzufügung von *a* zu *pelle*, daß er mit einem Abl. abs. rechnet). Er bemerkt, daß andere *discinctos* lesen (Z. 741f.: *aliqui vero dicunt discinctos pedes, et tunc est per synodochen constructio facienda*); er selbst zieht *discincto* vor. Neben *mundis labiis*, wie er mit Caesarius liest, gibt es auch die Lesung *mundos labios* (wie im Sequentiar aus St. Emmeram). Der Anonymus meint aber abschließend, daß diese Varianten die »Sache« nicht berühren (Z. 742–744): *quidam eciam dicunt mundis labiis, alii mundos labios, sed sive isto sive illo modo dicatur, idem est sensus, et quia frustra de verbis contenditur, ubi de rebus constat, relinquentes hec lectoris arbitrio ad sequencia transeamus.*[1483]

Beide Kommentare begründen ihre Erklärung mit dem hohen Rang und den großen Schwierigkeiten der Sequenz. Caesarius rühmt (Z. 9–12):

Precipua dominice incarnationis sacramenta continentur in hac sequencia et est ex diversis prophetis collecta, dulcis quidem in litera, sed multo suavior in allegoria satisque delectabilis in melodia.

Der Anonymus rühmt der Sequenz vier »Privilegien« nach (Z. 8–12):

... sequencia pre reliquis ex quatuor privilegiis commendabilis reperitur, videlicet ex auctoris inspirata divinitus sciencia, ex verborum mistica intelligencia, ex modulaminis suavissima melodia, ex miraculorum occasione ipsius factorum insigni gracia.

Auf die Melodie geht der Anonymus nicht ein; er meint (Z. 26): *melodie iocundissima suavitas patet audienti.*

[1483] Dazu meine Abhandlung über: »Ave praeclara maris stella« in deutscher Wiedergabe (wie Anm. 1309), bes. S. 8–11.

Erklärungsbedürftig scheint den Kommentaren vor allem das richtige Verständnis des Textes, weil er nur auf dem Hintergrund der Heiligen Schrift verständlich wird. Caesarius sagt (Z. 10): *et est ex diversis prophetis collecta*.

Der Anonymus spricht von »*mistica intelligencia*«; damit meint er den »Spiritualsinn«, den die Sequenz mit der Heiligen Schrift teilt. Im Eingang heißt es (Z. 2): *tota sacre scripture redundat misteriis, adeo quidem breviter et latenter insertis, ut plerosque ... lateat intellectus*.

Dies ist also die eine Aufgabe, die sich beide Kommentare stellen: den Text der Sequenz dadurch aufzuhellen, daß sie die Schriftstellen namhaft machen, auf die sie sich bezieht. Das bedeutet zugleich, die religiöse Rede der Sequenz als Antwort auf die Rede Gottes aufzufassen und so mit der Überzeugung ernst zu machen, daß religiöse Rede in der Weise antwortet, wie Gott zum Menschen gesprochen hat.[1484] Hugo von St. Victor hatte formuliert (Migne 176, 293): *primum fit sermo Dei ad nos, postea sermo noster ad Deum*.

Aufgabe eines Kommentars muß es dann sein, religiöse Lyrik als Antwort auf Worte und Taten Gottes vernehmbar zu machen. Das heißt im besonderen, die »*mistica intelligentia*« (Anonymus), die »*allegoria*« (Caesarius) aufzudecken. Freilich muß dem Finden der *allegoria* die Erkenntnis des »Wortsinns« (*ad litteram*, bzw. *secundum historiam*) vorausgehen. In seiner Erklärung des Versikels 5b (*Fac igni sancto ...*) sagt der Anonymus (Z. 689f.): *Quod (sc. misterium) ut melius intelligamus, ipsam hystoriam prius videamus. Nam ut Gregorius ai (Migne 75, 513 C), prius servanda est veritas hystorie et postmodum requirenda est spiritualis intelligencia allegorice; tunc enim allegorie fructus suaviter carpitur, cum per hystoriam in veritatis radice solidatur*.

Dann zitiert er aus dem Buch Exodus (Exod 3, 1–5) die Erzählung, wie Gott auf dem Berg Oreb Moses in einem brennenden Dornbusch erschien und ihn aufforderte, die Schuhe von den Füßen zu lösen (*solve calciamenta de pedibus tuis*).[1485] Die Sequenz antwortet dem Herrn, indem sie das Gebot aufnimmt (*pecuali pelle discincto pede*). Die allegorische Erklärung (*mistica intelligencia* nach dem Anonymus) ergibt als Zweitsinn der Schuhe: sündiges Handeln der Sterblichen (Anonymus, Z. 712–714): *per calciamenta quippe, que de pellibus mortuorum animalium fiunt,*

[1484] Dazu an dieser Stelle und im ganzen mein Aufsatz über »Voraussetzungen und Struktur religiöser Lyrik« (wie 602), bes. S. 37–43.
[1485] Anonymus (Huygens S. 152), Zeile 693–701.

peccatorum mortalium opera et exempla designantur.[1486] Zu Anfang des Versikels hieß es (Anonymus, Z. 688f.): *In hoc iterum versu aliud misterium tangitur, quo spiritualiter intellecto eadem vite spiritualis puritas postulatur;* nach der Lehre vom mehrfachen Schriftsinn wäre hier von tropologischer Bedeutung zu sprechen, die an das Leben des Menschen Forderungen stellt.

Auch bei der Erklärung des vorhergehenden Versikels 5a gibt der Anonymus zunächst die Zitate aus dem Alten Testament, um die »*historia*« zu sichern. Er sagt (Z. 525f.): *De utriusque hystoria aliquit videamus, ut eius allegoriam ex hoc melius intelligamus.*

Aber das Verstehen, die »*mystica intelligencia*«, steht im Dienst des religiösen Lebens. Bevor der Anonymus auf den Schlußversikel zu sprechen kommt (829ff.), sagt er (Z. 827f.): *Hec igitur de predictis duobus versibus dicta sunt, ut cui ista legere contigerit vel audire, ipsos versus cum maiore studeat devocione cantare.* Entscheidend ist eben doch die »*devotio*«. Schon in der Einleitung hatte der Anonymus seine »*declaracio*« mit der Absicht begründet, durch besseres Verstehen die Liebe zur seligen Jungfrau zu intensivieren; denn je besser ein Gut erkannt werde, umso mehr müsse es auch geliebt werden; mit den Worten des Erklärers (Z. 4–8):... *si ... declaracio adhibeatur, ut illorum qui ipsam sequenciam frequentare consueverant ... intellectus aliqualiter illustretur et affectus ad beatam Virginem eo fervencius excitetur; omne quidem bonum quo limpidius cognoscitur, eo necesse est ut validius diligatur.*

Als viertes Privileg hatte der Anonymus die Wunder gerühmt, die in Verbindung mit der Sequenz geschehen seien (Z. 11f.:... *ex miraculorum occasione ipsius factorum insigni gracia*). Der Bericht von diesen Wundern ist bei Caesarius ein unlösbarer Bestandteil der Erklärung des Textes und als Teil der Interpretation zu verstehen. Er macht die Wirkung der Sequenz erkennbar. Sie besteht bei den »*exempla*« darin, daß Übersinnliches sinnlich wahrnehmbar wird.

Bezeichnend ist, daß alle *exempla* sich auf den Manna-Versikel beziehen (4a), die Eucharistie. Der Leib des Herrn (Caesarius, Z. 133: *manna verum, id est corpus dominicum*), dessen Präfiguration das Manna war, das der Herr den Juden schenkte, *ipsa veritas*, wie es heißt, ist für die Chri-

---

[1486] Im Anschluß an diese Erklärung weist der Erklärer noch auf die Worte Christi an die zwölf Apostel (Matth. 10,9–10): Nolite possidere aurum neque argentum neque pecuniam in zonis vestris,/non peram in via neque duas tunicas neque calciamenta neque virgam): unde et dominus in evangelio inter cetera predicatoribus suis prohibita eciam calciamenta prohibuit dicens: ne calciamenta in pedibus (in pedibus fügt der Anonymus hinzu) habeatis.

sten unter der Gestalt des Brotes, oft aber auch in menschlicher Gestalt zu sehen (Z. 137: *sub specie panis et multociens in forma assumpte humanitatis*). Die *exempla*, wie sie Caesarius nennt, machen die religiöse Haltung deutlich, die Voraussetzung für die Gnade der sichtbaren Erscheinung ist. Das erste Wunder (Caesarius Z. 138–162, Anonymus 1069–1094), das schon Ratpertus Paschasius nach den »*Gesta Anglorum*« in seiner Schrift »*De corpore et sanguine Domini*« erzählt,[1487] geschah einem frommen Priester, der den Allmächtigen inständig bat (Caesarius Z. 148, Anonymus Z. 1077f.): *ostende michi in hoc misterio naturam corporis tui.* . . . Ein Engel kündigt dem Priester die sichtbare Erscheinung des Jesuskindes an (Anonymus, Z. 1085f.): *Ecce concessum est tibi visibiliter aspicere et manibus tangere, quem sepissime in altari per mistica verba solebas immolare*; und dann ist es dem Priester vergönnt, nach diesen Worten das Jesuskind auf seine Arme zu nehmen. Bei Caesarius steht diese Bezeugung der Präsenz Christi vor der Erklärung der Präfiguration (Z. 162: *hec olim prefigurabat tunc typus* . . .). Der Anonymus stellt ausdrücklich den Bezug zu den Worten der Sequenz her (Z. 1072f.): . . . *provocatus forte huius sequencie occasione, in qua canitur Quondam quod Moysi* . . . *datur perspici* (nach dem Bericht heißt es Z. 1092f.: *et hoc miraculum occasione predicti verbi* . . . *creditur esse factum*).

Die Stelle »*velo abducto*« nimmt Caesarius als Anspielung auf ein Wunder in Konstantinopel (Z. 169–177): zur Vesper am Karsamstag wurde das *velum* vom Bild Marias hinweggenommen. Dadurch erhielt die Sequenz ihren »Sitz im Leben«[1488] oder den »Ort im Leben«:[1489] Sie wird zum marianischen Karsamstag gesungen, was der Anonymus auch theologisch begründet; er sagt (Z. 1144f.): *in quo die ad eius* (Mariens) *laudem eciam plerumque hec sequencia canitur.*

Das dritte Exemplum bei Caesarius (Z. 179–186), das zweite bei dem Anonymus (Z. 1094–1104), läßt den Schluß des Manna-Versikels (*Ora, virgo, nos illo pane celi dignos effici*) zu einer sichtbaren Erscheinung werden. Ein junger *Magister scolarium* in der Eifel, Daniel, der die Se-

---

[1487] Huygens führt die Stelle aus Paschasius Ratbertus an (S. 123, zu Zeile 138ff. des Caesarius): . . . *sicut illud in* »Gestis Anglorum«, *quod quidam presbyter fuerit religiosus valde, Plecgils nomine, frequenter missarum solemnia celebrans ad corpus sancti Nini episcopi et confessoris* . . . (Migne 120, 1319D–1320D). Über die Stellung der Schrift des Paschasius im Abendmahlstreit der Zeit und seine Bedeutung für die religiöse Rede: Wilhelm Breuer, Die lateinische Eucharistiedichtung (wie Anm. 437), S. 85–105. Zu der Sequenz: Breuer, S. 205ff.

[1488] »Sitz im Leben«: Breuer, Eucharistiedichtung (wie Anm. 437), S. 10–12.

[1489] »Ort im Leben«: Brinkmann, Voraussetzungen . . . religiöser Lyrik (wie Anm. 602 und 1484), S. 40ff.

quenz in der Krypta vor dem Altar der seligen Jungfrau zu singen pflegte, erlebt, wie die Jungfrau vom Altar auf ihn zukommt (ihn damit als würdig anerkennt) und ihm schneeweißes Brot reicht (Caesarius, Z. 184f.): ...*vidit eandem gloriosam de altari procedentem et panem nive candidiorem sibi porrigentem*.

Dem »*Dialogus miraculorum*« des Caesarius (nicht seinem Kommentar) entnahm der Anonymus den Bericht über eine Vision der Äbtissin Elisabet von Schönau (Z. 1104–1117), die an Visionen gewöhnt war (Z. 1108f.: *divinis revelacionibus assuefacta*). Als die Nonnen eines Tages an die Stelle kamen (6a): *Audi nos, nam te filius nichil negans honorat*, sah sie die ruhmreiche Gottesgebärerin auf Knien für die ganze Kongregation beten. Elisabet von Schönau bestimmte daraufhin, daß die Kongregation jedesmal bei dem Versikel (6a) die Knie beugen sollte.

Im ganzen bezeugen die Wunder, daß frommer Vortrag der Sequenz Christus und Maria wohlgefällig sei (Z. 1115f.: *Constat igitur domino Jesu Christo et beatissime genitrici eius huius sequencie devotam modulacionem gratam valde et acceptabilem fore*). In den *Exempla* findet die an Gott, Maria und die Heiligen gerichtete religiöse Dichtung eine Antwort.

Beide Kommentare zeigen die übliche Terminologie. Auf der ersten Ebene (bei den Zeichen erster Ordnung) ist zwischen *littera* und *historia* zu unterscheiden. Mit *historia* wird auf den Bericht der Heiligen Schrift verwiesen (Caesarius: Z. 188; Anonymus: Z. 525), mit *littera* (*ad litteram*) ist der Inhalt eines Wortes gemeint, wie er in der lateinischen Sprache festgelegt ist.

Bei Wörtern aus fremder Sprache steht »*interpretatur*« für die Entsprechung zwischen einem Wort des Hebräischen oder Griechischen und dem Lateinischen. Bei Caesarius heißt es (Z. 164): *manhu?:quod interpretatur* (»heißt«) »*Quod est hoc?*«; beim Anonymus werden für das hebräische Maria sechs »*interpretationes*« (Wiedergaben) genannt (Z. 109ff.): *Maria enim hebraice interpretatur stella maris, illuminatrix, illuminata, amarum mare, smirna maris et syriace domina*. Es ist klar, daß »*interpretatur*« auf der sprachlichen Ebene bleibt; um das fremde Wort zu verstehen, muß man die *res* kennen. So notiert der Anonymus zum Namen »Maria« (Z. 46–48): *Notandum autem ad literam, quod stella maris appellatur illa, que iuxta polum articum sita nunquam occidit, secundum quam navigantes in mari se regunt et ideo stella maris vocatur*.

Wie *interpretatur*, so gelten grammatische und rhetorische Bemerkungen auf sprachlicher Ebene (»*ad literam*«). Der Anonymus vermerkt zu »*indigne*« (Z. 517–520): *unde hoc adverbium indigne non sumitur ibi* (1 Cor 11, 29) *privative, sed contrarie, inportans disposicionem contrariam*

416

dignitati sacramenti: si enim privative poneretur, vix aliquis dignus inveniretur.[1489] Zu »*euge*« sagt der Anonymus (Z. 209ff.): *Hec enim vox euge est interiectio affectus congratulacionis denotans respectum eius, cui dicitur* ... Zum Verbum *viso*, das von *video* abgeleitet ist, erklärt der Anonymus, daß es nach Priscian zu den *Verba desiderativa* gehört.[1490]

In Versikel 5b wird von beiden Kommentaren *discinctos pede* als »Synekdoche« (*synodoche*) erklärt (Caesarius, Z. 228; Anonymus, Z. 741f.). Im Eingangsversikel versteht der Anonymus *divinitus orta* als rhetorische Antonomasie (Lausberg, Handbuch, §§ 580/81), d. h. als Ersatz des Eigennamens (Maria) durch Rühmung der Herkunft (Anonymus, Z. 126ff. u. 156ff.).[1491.]

Ad literam gelten auch die Erklärungen der Konstruktion. Der Anonymus bemüht sich wiederholt, den »Klammerstil« der Sequenz[1492] aufzuhellen. Zu den Versikeln 2a (*te plenam fide*) und 2b (*te lignum vite*) sagt der Anonymus (so Z. 284f., vgl. auch 313ff.): *Huius versus constructio a fine inchoanda est sic: priores patres id est patriarche et prophete desideraverunt te nascituram.* Der Versikel 5b (*fac igni sancto*) wird ganz umgestellt, um grammatisch durchschaubar zu werden (Z. 723–27). Es heißt: *Est enim ordo constructionis iste: O beata Virgo, fac nos discincto pede a pecuali pelle, id est a calciamentis mortalium operum, et mundis labiis cordeque propinquare sancto igni, id est spiritui sancto, patrisque verbo, id est filio, quod verbum tu Virgo mater facta portasti ut rubus flammam.* Ähnlich wird im Schlußversikel vom Anonymus umgestellt (Z. 1010): *... est constructio sic ordinanda: O auctor Jesu, da nobis de incolatu huius seculi ad te transire beato fine.* Dabei ist »*da*« ergänzt (*subaudiendum est hoc verbum da*). Das alles gehört *ad litteram*, zum sprachlichen Verständnis.

Demgegenüber meint *historia*, was in der Heiligen Schrift, besonders im Alten Testament berichtet wird. So führt Caesarius mit den Worten »*sicut narrat historia*« den Bericht des Buches »Zählung« (Numeri 20,

---

[1489] Zu Versikel 4b (ora, virgo, nos illo pane celi dignos effici) zitiert der Anonymus Paulus (1 Cor 11, 29): qui enim, ut apostolus ait, manducat hunc panem indigne, iudicium sibi manducat (Vulgata: qui enim manducat et bibit indigne, iudicium sibi manducat et bibit, non diiudicans corpus Domini). Die Art des Zitierens (qui manducat hunc panem) zeigt, daß der Erklärer die ganze Aussage des Apostels über das Abendmahl (1 Cor 11, 20–34) im Auge hat (z. B. 11, 27 quicumque manducaverit panem hunc).

[1490] Der Anonymus sagt dazu (Z. 866–868): si libeat et liceat hic secundum Priscianum loqui, hoc verbum viso a verbo video derivatum videndi desiderium importat.

[1491] Anonymus (Z. 126/127): ipsa autem recte dicitur divinitus orta, quod anthonomastice accipiendum est.

[1492] »Klammerstil«: Brinkmann, Voraussetzungen ... religiöser Lyrik (wie Anm. 602 und 1484), S. 51.

2–11) über die Wasserwunder des Moses ein (Z. 188). Auch der Anonymus spricht bei den Wasserwundern von »*historia*«, wenn er die Berichte aus Exodus (17, 1–7) und Numeri (20, 2–13), die örtlich und zeitlich auseinanderliegen, im Wortlaut zitiert (Z. 525ff.). Er schließt die »*digressio*« darüber mit den Worten ab (Z. 563–565): *Hoc autem quasi per digressionem de ordine hystorie posuimus, ut ignorantibus appareat non unam, sed duo aquarum de petra fuisse productiones … .*So wird *historia* verwendet, um eine glaubwürdige Quelle anzuführen: *Nam, ut Gregorius ait, prius servanda est veritas hystorie et postmodum requirenda spiritualis intelligencia allegorice* (Z. 690–92).

Caesarius (Z. 93–107) und der Anonymus (Z. 341–389) nennen für Versikel 3a (*Tu agnum regem*) zwei Möglichkeiten der Auffassung. Beide erkennen, daß der Wortlaut mit geringer Änderung (*Emitte*, das bei Jesajas die Bitte einleitet, wird in der Sequenz durch schließendes *transduxisti* ersetzt) dem Propheten Jesajas entnommen ist (Is 16, 1). *Ad literam* stellt der Anonymus fest, daß das Adjektiv *Moabitici* zwar nicht in der Quelle (Jesajas) steht, daß sich aber aus dem Kontext ergibt, daß nur das *desertum* von *Moab* gemeint sein kann (Z. 361ff.): *Si autem ad literam queratur, unde auctor sequencie illud adiectivum Moabitici habuerit, quod propheta non expressit, dici potest, quod licet propheta hoc non expresserit, tamen satis ex precedentibus et consequentibus intelligi dedit non de alio deserto quam de Moabitico dictum suum accipiendum fore.* Da der Prophet im 15. und 16. Kapitel von Schuld und Bestrafung des Volkes von Moab spricht, seine *materia* daher Moab war und Reden nach ihrer *materia* aufzufassen sind, hat der Verfasser der Sequenz mit Recht – der *materia* entsprechend – das Adjektiv gesetzt, das die Intention des Propheten ausdrückt.[1493] Es wird deutlich, daß der Anonymus das Verständnis des Wortlautes aus dem Kontext als ein Verstehen *ad literam* auffaßt.

Beim Verständnis *ad literam* können andere Quellen hinzugezogen werden. So wird *transduxisti* auf die Herkunft bezogen, auf die Abstammung Davids von der Moabiterin Rut, die von Moab nach Bethlehem kam (Rut 1, 6ff. und 4, 17) und auch im Abstammungsregister des Matthaeusevangeliums genannt ist (1, 5); der Versikel meint dann die Abstammung Christi (Caesarius Z. 98–102, Anonymus Z. 346–348). Das ist nach beiden Kommentaren die Auffassung *ad litteram*: es geht um die Menschwerdung Christi, die Jesajas herbeigesehnt habe. Caesarius sagt

---

[1493] Anonymus (Z. 358–360): Et quia sermones secundum materiam accipiendi sunt, auctor adiectivum apposuit quod ex materia, de qua propheta loquebatur, ipsum intendere cognovit.

(Z. 102/3): *Verba ista in Ysaia reperiuntur et oravit pro Christi adventu in carnem.*

Beide Kommentare ziehen aber eine Auffassung vor, die den Versikel auf Maria und die Geburt Christi bezieht (Anonymus, Z. 348/49: *melius videtur, ut spiritualiter de beata Virgine et Christi nativitate accipiantur*). Caesarius faßt das so (Z. 103–107): *Secundum misticum intellectum petra deserti regio illa celestis est in montibus supernis posita, de qua agnus Dei per misterium incarnacionis descendens, ut ovem erroneam reduceret, venit ad montem filie Sion, id est ecclesiam militantem, superne speculacionis filiam* (die Kirche ist die Tochter Sions).

In beiden Kommentaren setzt die spirituelle (»mystische«) Deutung bei *petra deserti* ein; keiner von beiden erwägt in diesem Zusammenhang Versikel 5a (*Fac fontem dulcem*), mit der Wendung in *deserto petra*. Der Anonymus wiederholt nach Caesarius (103ff.): *Spiritualiter autem accipiendo ... patria celestis dicitur petra deserti.* Mit *petra deserti Moabitici* ist also die Heimat im Himmel gemeint, die der Mensch durch seinen Ungehorsam verlor (*quia homo hoc deseruit per inobedienciam*), der abtrünnige Engel durch seine *superbia* (*angelus apostata per superbiam*); dabei wird zur Stütze die Interpretation von Moab bei Hieronymus (*Moab de patre*) herangezogen.

Die Adjektive *spiritualis* und *mysticus* (beim Anonymus heißt es Z. 10 und 27: *verborum mistica intelligencia*) weisen über das sprachliche Verständnis hinaus auf eine zweite Ebene (auf die zweite Ordnung). Diese Verweisung wird durch *significare* ausgedrückt. Es charakterisiert Elemente der zweiten Sprache, die durch Stellen aus der Heiligen Schrift ihre zweite Bedeutung erhalten. So heißt es (Caesarius, Z. 53; Anonymus, Z. 254): *sol Christum significat*; und beide Kommentare berufen sich dafür auf den Propheten Malachias 4, 2 (Caesarius, Z. 230f.; Anonymus, Z. 249f.: *ipsum solem iusticie sumptum est ex Malachia*). Statt *significare* begegnen: *designare* (Caesarius, Z. 87; Anonymus, Z. 334, 409) und *signare* (Anonymus, Z. 319, 607), die sonst für den Namen stehen, den eine *res* hat.

Als Sprache der *res*, die durch die Heilige Schrift, das Wort Gottes, ihre Aussagekraft empfängt, erscheinen in den Kommentaren zur Sequenz: die Sonne (Christus), der Dornbusch und der blühende Aaronzweig (Maria), das Siebengestirn für die Kirche, die von der siebenfältigen Gnade des Heiligen Geistes erleuchtet wird (Caesarius, Z. 22f.) usw.

Die Verweisung einer *res* kann auch durch expliziten Vergleich zustande kommen. Um in Versikel 5a (*fac igni sancto*) *rubus ut flammam tu portasti* zu erklären, teilt Caesarius die bekannte Stelle aus Exodus (3,

1–5) mit und leitet das Zitat mit der Bemerkung ein (212ff.): *Versiculus iste sumptus est de Exodo, in quo precipuum dominice incarnacionis latet misterium.* Hier, wo schon in der Sequenz ein Vergleich zwischen Maria und dem Dornbusch gegeben ist, fährt Caesarius nach dem Zitat fort (Z. 218ff.): *Rubus virens significat Virginem Mariam, ignis ardens Christi deitatem. Nam sicut rubus ignem sensit, cuius tamen virorem ignis non minuit, sed miraculose conservavit, ita Maria Christum Dei Verbum de spiritu sancto ... concepit, in se portavit et genuit virginitatis honore permanente.*

Wie bei den Hymnen kann der »Zweitwert« (wie hier) durch einen Entsprechungssatz (Vergleich) oder durch die Gleichheitsformel *»id est«* eingeführt werden (Caesarius, Z. 202: *lotos in mari id est in baptismo*). Die Gleichung kann aber auch durch ein ontologisches Verbum ausgesprochen werden (Caesarius Z. 207): *serpens in stipite Christus est in cruce*; ob diese Gleichung für den Menschen gilt, hängt freilich von seinem eigenen Verhalten ab (vgl. Caesarius, Z. 208–210). Zu den Worten von Versikel 1a *»Dei porta que non aperta«* zitiert Caesarius als Quelle aus der berühmten Vision Ezechiels von dem kommenden Gottesreich und seinem neuen Heiligtum (44, 2/3): *Hec porta clausa erit ...*; dann fügt er erklärend hinzu (Z. 36ff.): *Porta hec uterus exstitit virginalis ...; porta hec non est aperta, cum Christus ingrederetur ... (Z. 38f.)!*

Die Termini: *typus, figura, figurare, prefigurare, presignare* gehören zum typologischen Sachverhalt; er weist auf die heilsgeschichtliche Dimension hin, die die Sequenz in Versikel 4a mit den Eingangszeilen angibt: *Hinc manna verum quondam Moysi quod typus figurabat iam nunc abducto velo datur perspici.* Als Zeichen einer *res (signare)*, das dem gläubigen Christen Bezüge auf Christus, Maria und die Kirche eröffnet, ist ein Zeichen »Geheimnisträger« (*mysterium, sacramentum*); dies Zeichen und das damit Gemeinte mitteilen heißt: *significare.* Wenn dies Zeichen eine *figura* aus dem Alten Testament ist, die im Neuen Testament erfüllt und überwunden wurde, sprechen die Kommentare von *prefigurare (presignare)* oder einfach von *figurare.*

Die Erklärung des Versikels 4b (*Hinc manna verum*) beginnt bei dem Anonymus (Z. 471f.): *Sequitur versus, in quo predictum eucharistie sacramentum per figuram approbatur ...*; und nach Anführung der Stellen aus dem Alten Testament heißt es (Z. 477ff.): *ex hoc ergo ille cibus vocatus est manna, prefigurans illum ...; ... manna verum per illud manna materiale prefiguratum ...*

Die *figura* kann eine *res*, aber auch ein Verhalten sein. Eine *res* ist sie bei der Deutung von *divini floris amygdalum* (Versikel 2b, der schließt: *si-*

gnavit Gabriel), aber eine komplexe *res*, die wie in der Sequenz *Splendor patris et figura* von Adam von St. Victor[1494] nach ihren Teilen und *proprietates* dargestellt und gedeutet wird (Caesarius, Z. 79–92, Anonymus, Z. 311–340). Die Präfiguration der Inkarnation (Caesarius, Z. 83f.: *tangitur hic magnum Christi incarnacionis sacramentum*) durch den Zweig Aarons (Num 17, 1–8) enthält zwei Komplexe: 1. der trockene Zweig, der Leben bekam, wurde grün: er bekam Blätter und Blüten, die zu einer Mandelfrucht wurden. Dieser Komplex weist auf Maria. Der Anonymus sagt (Z. 330–334): *Virga enim hec beatam Virginem designat, que arida per continenciam virginalem a fluxu concupiscencie carnalis viruit in materno utero sanctificata et mundata ab originali peccato, fronduit in mundo per sancte vite conversacionem, floruit per filii concepcionem, amigdalum protulit per Christi nativitatem.* 2. *divini floris amigdalum* ist der andere Komplex, der auf Christus sowie seinen Kreuzestod verweist; die Haut weist auf das Fleisch Christi oder die Bitterkeit der Passion, die Schale auf sein Gebein oder das Kreuzesholz, der Kern auf sein göttliches Wesen. Das heißt nach Caesarius, der dabei die Auslegung der Nuß durch Adam von St. Victor (*Splendor patris et figura*, Str. X) heranzieht (Z. 90–92): *per corium amigdali figuratur caro Christi sive amaritudo passionis, per testam ossa seu lignum crucis, per nucleum dulcedo divinitatis.*

Diese Aussage deckt sich inhaltlich mit der Aussage des Alanus über *nux* in seinen *Distinctiones* (Migne 210, 878) und in seinem Kommentar zum Hohenliede (Cant 6, 10), wo er die Lesart »*Descendi in hortum nucum*« der Lesart »*Descendi in hortum meum*« vorzieht (Migne 210, 95: *… ubi habemus in littera nostra meum, quidam codices habent nucum, quod eleganter convenit Virgini gloriosae*). *Nux quippe habet amarum corticem, testam duram, nucleum dulcissimum.* Diese drei *proprietates* bezieht Alanus an dieser Stelle auf Maria; in seinen *Distinctiones* dagegen bezieht er sie auf einen Märterer oder auch auf Christus (Migne 210, 878 C): *Nux etiam solet dici Christus, quia in Christo fuit corpus quasi putamen exterius, anima quasi testa, divinitas quasi nucleus. Quamdiu Christus mansit in mundo, divinitas non apparuit in eo, sed corpore separato ab anima post mortem quasi testa homo sensit dulcedinem nuclei, quia liberatus per divinitatis potestatem.*

In dem voraufgegangenen Versikel 2a (*Te plenam fide*) hatte Caesarius den Zweig aus der Wurzel Yesse (*virgam alme stirpis Yesse*) auf Maria bezogen (nach Is 11, 1) und war dabei von den *proprietates* eines Zweiges ausgegangen (Caesarius, Z. 71–75): *Que* (sc. *Maria*) *pulchre figurata est*

[1494] Dazu: Eckhard Hegener, Studien zur »zweiten Sprache« (wie Anm. 53), S. 98–101.

per virgam, que gracilis, flexibilis, recta et sublimis esse solet; iste sunt proprietates virge. Virgo Maria *gracilis fuit in corporis sui maceracione, flexibilis in morum conformacione, recta in fide, sublimis in contemplacione.*

Wie bei der *nux (amygdalum)* wird auch hier bei der *virga* ein Komplex von *proprietates* in einem Zeichen zusammengefaßt,[1495] und zwar in einem Zeichen aus der »zweiten Sprache«. Das einfache Zeichen (*nux,* bzw. *virga*) steht als religiöse Aussage über einen ganzen Komplex, ähnlich wie im Physiologus, der Verhaltensweisen von Tieren in einem Zeichen vereint, um so eine geraffte Aussage über religiöse Sachverhalte der menschlichen Existenz zu schaffen.

Das allgemeine Verbum *significare* kann für »mystische« Verweisungen stehen (Caesarius, Z. 199f.): *rubus virens significat Virginem Mariam, ignis ardens Christi deitatem;* auf ein Zeichensein verweist auch *designare* (Caesarius, Z. 220f.): *De pellibus animalium mortuorum calciamenta pedibus fiunt, per que opera peccatorum designantur.* In beiden Fällen wird der Zeichenwert anschließend begründet (im ersten Fall durch einen »Entsprechungssatz«). Wo nicht allgemein ein Zeichenwert, der mitgeteilt wird (d. i. *significare*) oder das Vorhandensein eines Zeichenwertes (d. i. *designare*) gemeint ist, sondern die heilsgeschichtliche Dimension eröffnet wird, die Neutestamentliches im Alten Testament präfiguriert sieht, steht *figura, figurare, prefigurare, presignare.* So heißt es von Maria (Caesarius, Z. 87): *que pulchre figurata est per virgam,* und von Christus (Caesarius, Z. 81): *Christum per amigdalum figuratum.*

Den Sachverhalt der Präfiguration als einer heilsgeschichtlichen Dimension spricht der Anonymus bei der Erklärung des *manna verum* in Versikel 4b aus (Z. 491–493): *ipsa corporis Christi veritas in sacramento eucharistie presencialiter oculo fidei perspicitur, cuius umbra et figura fuit illud manna, quod illi carnali Israheli materialiter exhibebatur: veritas siquidem tempore evangelice gracie revelata, tempore legis Mosaice fuit velata.* Anschließend betont er, daß Christus in der Eucharistie nicht leibhaft, sondern nur durch den Glauben mit geistigem Auge gesehen werden kann (Z. 497–500): *Quod ergo hic dicitur abducto velo datur perspici, non ita intelligendum est, quod Christi corpus gloriosum, prout est in se, possit in altari corporali oculo perspici, sed, ut dictum est, per fidem mentis oculo contemplari.*

Caesarius bringt nur im 3. Versikelpaar erst den lateinischen Wortlaut und dann den Kommentar dazu, während der Anonymus durchgehend so

---

[1495] Zur Allegorie der proprietates: Christel Meier, Das Problem der Qualitätenallegorese (wie Anm. 286), bes. S. 392ff.

verfährt, dabei allerdings den jeweiligen Versikel in den Zusammenhang einführt, auf den es ihm besonders ankommt. Im allgemeinen kommentiert Caesarius den Text der Versikel in Schritten. Dem 2. Versikelpaar (*Te plenam fide* und *Te lignum vite*) schickt er den lateinischen Wortlaut des Textes in einem Satz voraus, der ergänzende Erklärungen in sich aufgenommen hat. Bei Versikel 2a werden die Erklärungen durch Relativsätze eingefügt (Caesarius, Z. 67–69): *Te plenam fide, que eciam contra naturam angelo credidisti, te virgam alme stirpis Yesse, de qua Ysaias dicit egredietur virga de radice Yesse, nascituram priores desideraverunt patres et prophete.* Im Eingang von 2b wird im Eingangssatz der Text des Versikels auf erste Ebene zurückversetzt, so daß der Leser den Wortlaut versteht (79–83): *Te lignum vite, quod est in medio paradisi, sancto rorante pneumate, id est spiritu sancto operante, pneuma enim graece, spiritus sonat latine, parituram divini floris amigdalum, scilicet Christum per amigdalum figuratum, signavit Gabriel.*

Sonst erklärt Caesarius in Schritten, die durch die Struktur des Textes bedingt sind. Im Eingang werden Begrüßung (*ave ...*) und Aussage (*in lucem gencium ... orta*) nacheinander kommentiert. In Versikel 1a sind die Schritte nach den Bezügen zwischen Maria und Christus angelegt. Es kommt ihm wesentlich darauf an, die Schriftstellen anzuführen und zu erklären, die dabei vorausgesetzt sind. Den Satz Ezechiels über die *porta clausa* (Ez 44, 2–3) bringt er vollständig. Im Gegenversikel 1b wird zunächst der Text der Rühmung Marias vorgeführt und erklärt und erst am Schluß die Bitte (*agnosce ...*). Der an sich schwierige Versikel 4a wird in einem Satz fortlaufend kommentiert. Kunstvoll wird der inhaltsreiche Gegenversikel 4b in drei Schritten erklärt, die jedesmal in ein Wunder (»Exempel«) münden. Der erste Schritt kommentiert die Aussage über das *manna verum*, der zweite die Aussage über die Israeliten, die im Abl. abs. dem Versikel eingefügt ist, der dritte das abschließende Gebet. Versikel 5a (*Fac fonten*) wird in zwei Schritten kommentiert: zunächst wird auf Grund der Schrift die Quelle erläutert, die von Moses präfiguriert (*figuram crucis ibi exprimens*), Blut und Wasser aus der Seite Christi (*sanguis nostre redemcionis et aqua ablucionis*) meint, dann die Haltung der Reinheit, die dem Betrachter des Gekreuzigten Vergebung erwirkt. Ähnlich ist der Kommentar des Gegenversikels (und sein Wortlaut) in zwei Schritte (jungfräuliche Empfängnis Mariens und Reinheit des Menschen) zerlegt. Die Versikel 6a und 6b werden zunächst zusammen im Wortlaut zitiert und nicht erklärt, weil sie unmittelbar verstanden werden können (Z. 238 *Duo isti versiculi plani sunt nec indigent exposicione*). Den Schlußversikel teilt er in zwei Schritten mit (zusammengefaßt: Z. 273–275).

Die Aufdeckung der Schriftquellen, die für das Verständnis von Wortlaut und Sinn von Bedeutung sind, ist das eigentliche Anliegen des Caesarius. Dabei zitiert er die Schriftquellen nach der *Vulgata*, oft unverändert, manchmal mit kleinen Änderungen. So steht bei ihm die Erfüllung für die Präfiguration (Z. 30f.: *et homo consurget* statt: *et consurget virga*); er verdeutlicht, wenn er im Zitat aus Prov 31, 29 (Z. 57) *sola* hinzufügt (*tu sola supergressa es*), ähnlich Z. 126, wenn er *propiatus est Dominus terrae* umformt zu: *Deus mundo* (Quelle: 2 Reg 24, 25). Das Zitat aus Ezechiel 40, 2/3 über das verschlossene Tor ist gerafft, es heißt: *non aperietur principi* (dies von Caesarius vorweggenommen); erspart ist: *et vir non transibit per eam* und *eritque clausa principi*. Ähnlich gerafft ist Z. 42/43 eine Stelle aus Joh 4, 34; Z. 66 eine Stelle aus Prov 24, 24 usw. Am dritten Versikelpaar wird besonders deutlich, daß ohne Heranziehen der Schriftquellen (Jesajas) der Wortlaut der Sequenz unverständlich bliebe.

Zu Versikel 3a heißt es (Caesarius, Z. 102): *Verba ista in Ysaia reperiuntur et oravit pro Christi adventu in carnem, quem de utroque populo nasciturum previdit.* Zum Gegenversikel 3b sagt er (Z. 109f.): *Clausula hec sumpta est ex verbis Ysaie, ubi dicit: In die illa suscitabit* (Vulgata: *visitabit*) *dominus in gladio duro et grandi et forti super Leviathan serpentem vectem et super Leviathan tortuosum et occidet cetum qui in mari est.* Diese Ankündigung des Gerichts über Assur (Is 27, 1) wird vom Dichter der Sequenz rühmend auf das Handeln Marias angewendet: *Tuque furentem Leviathan serpentem tortuosumque et vectem collidens/dampnoso crimine mundum exemisti.*

In seinem vorausgehenden Schreiben an die Brüder Godescalc und Gerard teilt Caesarius mit, daß er zu Ehren der Gottesmutter in einfacher Darstellung die Dunkelheiten aufhellen will, die sich aus den zeichenhaften Bezügen ergeben (Z. 2–5): ... *sequenciam, que propter varia que in se continet sacramenta videtur obscurior, ad honorem dei genitricis simplici et plano stilo exponere studui.*

In der Sequenz spricht (durch den Autor) die Kirche (Z. 12/13): *Vox ecclesie est matrem Salvatoris salutantis et beneficia per eam collata commemorantis.*

Caesarius macht nicht nur die Schriftquellen namhaft, die der Sequenz die Zeichen geliefert haben, sondern geht auch auf die *proprietates* der Zeichen ein: Z. 19–28 *stella maris*; Z. 36–42 *porta clausa*; 58–61 Maria als *luna*; 71–75 *virga*; 86–92 Maria als Aaronzweig und Christus als *amygdalum*; 112–117 Leviathan; 192–195 *virga passionis*; 231–236 Reinigung des Menschen; 263–267 *beneficia divine bonitatis*. Die Erklärung besteht dann darin, daß er den Wortlaut der Sequenz und den Zweitsinn der Zeichen durch analogische Entsprechungen aufhellt. Er zitiert nur Stellen aus der Heiligen Schrift, nicht aus Theologen. Einmal führt er Papst Gregor den Großen an (Z. 131f.). Anders als der Anonymus geht Caesarius auf die Gliederung der Sequenz nicht ein (Ausnahme: 276–284 die vier Schlußbitten).

Die Sequenz erscheint bei ihm als »Bilderfolge«, ohne daß er das ausdrücklich sagt. Dabei stehen die »Bilder« als Zeichen (der zweiten Sprache) für Bezüge zwischen Maria und den Menschen, Maria und Christus. Im Anschluß an die Herleitung und Erklärung der Bilder spricht Caesarius den religiösen Sinn aus; so heißt es bei der Erklärung des Zeichens *maris stella* für Maria (Z. 25f.): *movetur circa Christum compaciendo humane miserie.* Ähnlich wird aus der Analogie zum Monde (Z. 59f.: *plus omnibus sideribus ad terram descendit*) für Maria geschlossen (Z. 63f.): ... *magis tamen sanctis ceteris per compassionem peccatoribus condescendere consuevit.*

So werden *maris stella* und *luna* zu Zeichen für die Teilnahme (*compassio*) Mariens an den sündigen Menschen. Als Morgenröte geht sie Christus, der Sonne, voraus und als Mond empfängt sie von der Sonne ihr Licht (Z. 58ff. und 71 nach Cant 6, 9). Christus, der von ihr die menschliche Natur empfing, ist in besonderem Sinn die Sonne (Z. 43, 52, 71). Als Sonne erscheint Christus auch den Menschen, weil er sie erleuchtet (Z. 43–45, 53f., 226f.). Die Zeichen des Leuchtens stehen vor allem im rühmenden Eingang (Eingang und 1. Versikelpaar). Für die Inkarnation werden sie ergänzt durch das Zeichen der verschlossenen Pforte (Z. 33–42, nach Ezech 44, 2/3).

Im 2. Versikelpaar treten Zeichen aus der Welt des Lebens hinzu: der Zweig aus dem Stamme Yesse (Z. 67–78, nach Is 11, 1), der Christus als Blüte hervorbrachte (nach Cant 2, 1); der Baum des Lebens (*lignum vite*, Z. 79, 83), der trockene, weil jungfräuliche Stab Aarons (Z. 83–90), dessen Frucht die Mandel ist (Z. 83 *ecce amigdalum ligni vite fructus*, vgl. 83–90), nach Num 17, 1–8; es heißt von Maria (Z. 89f.): *per fidem florens in Salvatoris concepcione, fructum amigdalinum proferens in eiusdem nativitate.* Zugleich faßt das Zeichen der Nuß (mit Hülle, Schale und Kern) die Bedeutung Christi zusammen (Z. 91f.): *amaritudo passionis, lignum crucis, dulcedo divinitatis.* Wie der trockene Zweig ist auch der brennende Dornbusch (der nicht verbrennt) ein Zeichen für die jungfräuliche Empfängnis (Z. 211–224): *rubus virens significat Virginem Mariam, ignis ardens Christi deitatem* (Z. 218/19). In der Beziehung zu den Menschen ist Christus das Feuer, das erhellt und reinigt (Z. 226ff.): ... *ig-*

425

nis est omnem hominem illuminans et peccatorum rubiginem in eo consumens ...

Im 3. Versikelpaar werden mit Lamm und Schlange zwei gegensätzliche Zeichen aus der Welt der Tiere konfrontiert. Sie stehen für Christus und den Teufel. Christus ist Lamm (*agnus*: Z. 94, 105, 125) und zwar *agnus Dei*, gemäß seinen *proprietates* (Z. 94f. *propter innocenciam, mansuetudinem et immolacionem*) und gemäß dem Willen Gottes (Z. 126 *per quem propiciatus est Deus mundo*). Von den *proprietates* der »alten Schlange« (= Leviathan) aber heißt es (Z. 113f.): *qui ad similitudinem draconis volat in aere superbie, graditur in terra avaricie, natat in aquis luxurie*.

Das 4. Versikelpaar setzt Zeichen für das eucharistische Opfer: das Lamm der Versöhnung (*propiciacionis agnum*), das der Priester vom Himmel herabruft und auf geheimnisvolle Weise opfert (Z. 128–130 *sacerdotum ore ipsiusque sacramenti virtute mactandum pro nobis mysterialiter*), und das wunderbare Manna, das den Israeliten präfigurativ als »*typus*« gegeben wurde und nun den Christen als Himmelsbrot gereicht wird, in der Gestalt des Brotes und öfter auch in menschlicher Gestalt zu schauen (Z. 136f. *sub specie ... panis et multociens in forma assumpte humanitatis*, was »Wunder« bezeugen).

Im 5. Versikelpaar treten als Zeichen Elemente auf, die ihrer Natur entgegen wirksam werden: Wasser und Feuer. Wasser wird nach Gottes Geheiß durch den Stab des Moses aus hartem Felsgestein geschlagen (Z. 187–192), und das Feuer verbrennt den brennenden Dornbusch nicht (Z. 219–222). Zweimal wird im Alten Testament (Exod 17, 3–7 und Num 20, 2–11) berichtet, daß Moses den dürstenden Israeliten aus dem Fels eine Quelle eröffnet. Der Fels ist Christus (Paulus, 1 Cor 10, 4 *petra autem erat Christus*), der Stab Zeichen für das Kreuz (Z. 189 *figuram crucis ibi exprimens*), das zweifache Schlagen Zeichen für Kreuzigung und Lanzenstich (Z. 193). Von dem Gekreuzigten heißt es (193–195): *de cuius latere quasi de uno fonte duo emanabant fluenta, sanguis nostre redempcionis et aqua ablucionis*. Als Zeichen für den Gekreuzigten tritt ergänzend die eherne Schlange hinzu, die Moses auf Geheiß des Herrn an einem Pfahl befestigte (Num 21, 4–9 und Joh 3, 14/15); wie damals die Israeliten durch den Anblick der ehernen Schlange geheilt wurden (*quem intuentes sanabantur*), so der Christ, wenn er den Herrn anruft (Z. 208–210): *qui suggestione demonum per incentiva viciorum vulneratus fuerit, Christum in cruce pro se passum attendat, cum fide Christum invocet et sanabitur*.

Das Feuer, das den Dornbusch nicht verbrennt (Exod 3, 1–5), ist ein anderes Zeichen für die Gottheit Christi; wer sich ihr nähern will, muß gereinigt sein in Gedanken, Worten und Werken (Z. 230f.), frei von bösen

Werken (*calciamenta ... per que opera peccatorum designantur ... qui Christo propinquare vult, cum Moyse solvere debet*), weil Reue, Bekenntnis und Genugtuung von der Schuld befreien (234–236).

Über *fons in deserto* geht *fons boni* hinaus (254f.): *quidquid boni in nobis est a Deo est, natura eius bonitas est, a quo tanquam a fonte indeficienti bona cuncta procedunt.* Die Bitten des Schlußversikels gliedert Caesarius in vier Bitten (*peticiones*), bzw. Abschnitte (*clausule*): *in prima clausula quilibet fidelis orat pro gracia contemplacionis, in secunda pro mundicia cordis, sine qua impossibile est deum videre, in tercia pro sanctitate vite que in sana fide et operibus fidei consistit ... in fine sequencie pro beato orat fine.*

So ist Caesarius bemüht, den Text der Sequenz, der sich unablässig auf die Heilige Schrift bezieht, zu erhellen, indem er die Schriftbezüge deutlich macht und, was die Sequenz mit Mitteln der zweiten Sprache sagt, mit den Mitteln der ersten Sprache auszudrücken.

Auch der Anonymus deckt Schriftbezüge auf, und zwar weit über Caesarius hinaus. Er erfaßt aber die Sequenz als eine gedanklich gegliederte Komposition und bemüht sich, mit den Mitteln der Theologie die Dichtung als einen systematischen Zusammenhang zu erklären.

Der Anonymus beginnt seine Erklärung mit einer Gliederung der Sequenz, um durch zusammenfassende Überschau einen geordneteren Weg für den Kommentar zu finden (Z. 30–32): *... sequenciam in partes suas distinguamus, ut per divisionis summariam cognicionem ad eius declaracionem viam ordinacius habeamus.* Er setzt drei Hauptteile an (Z. 32/33): *tres partes principales.* An die Spitze tritt eine ehrfürchtige Begrüßung (Z. 33 *in primo ponitur devota salutacio*); sie umfaßt den Eingangsversikel (*Ave* bis *orta*). Der zweite Hauptteil bringt eine vielfältige Rühmung (Z. 34 *in secunda multiplex commendacio*); er reicht vom ersten bis (einschließlich) zum dritten Versikelpaar (von *euge* bis *exemisti*). Der dritte Hauptteil bringt ein demütiges Gebet (*supplex oracio*); es reicht von *hinc gencium* bis zum Schluß.

Diese drei Hauptteile sind nach dem Anonymus drei natürliche Stufen.[1496] Wer von einer hochgestellten Person etwas zu erlangen wünscht, grüßt sie zunächst in Demut, preist sie dann mit verherrlichenden Worten, um ihre Zuneigung zu gewinnen, und spricht dann zum Schluß flehentlich sein Anliegen aus.

[1496] Es heißt (Z. 35–38): Ordo satis patet: qui enim a magna persona impetrare desiderat, in primis humiliter salutat, deinde magnifice commendat, ut ipsum benivolum reddat, et demum quod intendit suppliciter postulat.

Die Dreiteilung ist für einen Christen durch die Trinität nahegelegt, die der Anonymus beim 5. Gegenversikel (*fac igni sancto patrisque verbo*) anwesend sieht (Z. 728/29 *tocius Trinitatis presencia insinuatur*). Sie tritt in seinem Kommentar immer wieder in Erscheinung.

Im Eingangsversikel erkennt er Anspielungen auf drei Schriftstellen (Z. 40f.); *maris stella* hat drei *proprietates* (Z. 49 *beatam virginem designat precipue propter tria*); der Gruß *Ave* (*id est sine ve*) wird für den Anonymus zum Anlaß, von dem dreifachen *ve* (Z. 88 *triplici ve*) zu sprechen, das Maria nicht kannte, einmal bei der Geburt und dann (unter Zitierung von Apoc 8, 13) als Mensch (Z. 91–93), der dem dreifachen Verhängnis des Menschen (*concupiscencia*, *culpa*, *pena eterna*) ein *triplex bonum* entgegensetzte (Z. 91–93): *continencia*, *gracia*, *perseverancia*. In drei Stufen wurde Maria von der Geburt bis zur Himmelfahrt von der Erbsünde frei (Z. 160–171) und zugleich an diesen Stufen geheiligt (Z. 171–175): gnadenhafte Neigung zum Guten, Unfähigkeit zum Bösen, wirksame Hilfe.

Christus zeigt in der Präfiguration der Mandelfrucht drei Seiten (Z. 334–337), drei Eigenschaften treten in seiner Präfiguration und Nennung als *agnus* hervor (Z. 381/82). Dafür, daß der eucharistische Christus vom Menschen im Glauben mit geistigem Auge geschaut werden kann, führen die *doctores* drei Gründe an (Z. 500–505 *cuius rei doctores triplicem solent assignare racionem*). In der Weisung Jahwes an Moses, drei Tagereisen weit in die Wüste zu ziehen, um dem Herrn zu opfern (Exod 3, 18), sieht er die Haltung präfiguriert, mit der der Mensch der Gottheit nahen soll (Z. 234–238): ... *ut sit opus nostrum a peccato mortali innoxium, os nostrum a peccato verborum et cor nostrum a peccato cogitacionis mundum* ... *Hoc enim terno itinere beate Trinitatis contemplacioni appropinquamus*. Das wird zum zweiten Teil des 5. Gegenversikels gesagt.

Auch innerhalb der Dreiteilung des Ganzen tritt Dreiteiligkeit auf: Vom zweiten bis (einschließlich) zum 3. Gegenversikel reicht ein Abschnitt, der von der *generacio activa* spricht (Z. 305–311): *Sequitur pars, in qua beata Virgo commendatur a sua generacione activa* (vorausgegangen war mit dem zweiten Versikel der versus: *in quo beata Virgo commendatur a sua generacione passiva*), *quia ipsa Christum concepit et peperit, qui victo diabolo mundum redemit. Unde hec pars habet tres versus, in quorum primo tangitur generacio activa beate Virginis, quoad filii sui concepcionem* (*Te lignum vite*), *in secundo quoad eius nativitatem* (*Tu agnum regem*), *in tercio quoad mundi redempcionem per Christi passionem* (*Tuque furentem Leviatan*).

428

In der beliebten Dreigliedrigkeit (Anfang-Mitte-Ende) sieht Lausberg ein Mittel, »die Vollständigkeit des Ganzen (zu) dokumentieren«.[1497]

Der Anonymus schließt die Erklärung des Eingangs mit der Bemerkung ab (Z. 195–198): *Ubi notandum, quod iste versus (Ave ... orta) singularis est et parem sibi non habet in dictamine seu modulamine, quod similiter de ultimo versu (Da fontem ... venire) est accipiendum. Intermedii vero bini et bini sese concomitantur.* Eingang und Schluß sind ohne Entsprechung, während die Versikel dazwischen in Paaren folgen.

Auf die *salutatio* des Eingangs folgt die *commendatio* (Z. 199–205): *Sequitur secunda pars principalis, in qua beate Virginis ponitur commendacio multiformis, que in quatuor dividitur.* Der erste Teil (*Euge ... orbem*) nimmt liebevollen Anteil an der Erhöhung Mariens (Z. 201 *commendacio cum affectuosa congratulacione*). Die rühmenden Bilder gelten der Empfängnis und der Inkarnation (vgl. Z. 217f.). Soweit der Kommentar zum 1. Teil der *commendatio* (Z. 199–233). Der 2. Teil der *commendatio* (Z. 234–279) erhält sein Gepräge durch das fromme Gebet (Z. 234f.): ... *versus, in quo beata Virgo commendatur cum devota oracione, que in fine apponitur (Virgo ... diligentes).* Den Sinn des Gebets, das rühmende Bilder abschließt, faßt der Anonymus so (Z. 274–276): *agnosce omnes diligentes te, agnosce speciali gracia consolacionis et subvencionis, quia mater es gracie et misericordie.* Der 3. Teil (*Te plenam fide ... prophete*) wird unter den Begriff der *generacio passiva* gestellt (Z. 280–304): *Sequitur versus, in quo beata Virgo commendatur a sua generacione passiva, scilicet qua generata est a patriarchis et prophetis, ex quibus ipsa religiosam originem duxit.*

Sehr viel umfangreicher ist die Erklärung des 4. Teils der *commendatio* (Z. 305–427), der drei Versikel einschließt (2b, 3a und 3b) und zum Thema die *generatio activa* hat (Z. 305f.). Sie vollzieht sich in drei Stufen, denen jeweils ein Versikel entspricht: Versikel 2b (*Te lignum vite ... Gabriel*) stellt die Empfängnis dar (*concepcionem*), Versikel 3a (*Tu agnum ... transduxisti*) die Geburt Christi (*nativitatem*), Versikel 3b (*Tuque ... exemisti*) die Erlösung der Welt durch Christi Passion (*mundi redempcionem per Christi passionem*). Beim 3. Versikelpaar erklärt der Anonymus den Text aus seinen Quellen und nimmt das als Begründung für den Wortlaut. Es heißt (Z. 379f.): *quod* (die Aussendung des erlösenden Lammes zur Kirche) *quia factum est per nativitatem Christi ex beata Virgine, recte ad eius laudem et commendacionem dicitur: Tu traduxisti agnum.* Zum 3. Gegenversikel wird vermerkt (Z. 424f.): *quod* (die Befreiung von der

---

[1497] Lausberg, Handbuch der literarischen Rhetorik (wie Anm. 9), I, S. 242, § 443, 2a.

Herrschaft des Teufels) *quia per passionem Christi factum est, quem Virgo beata peperit, recte in eius commendacione hic dicitur: Tuque furentem* usw.

Der dritte Hauptteil bringt nach *Salutatio* und *Commendatio* die *Oratio* (Z. 428–430): *sequitur tercia pars principalis huius sequencie, in qua post supradictam salutacionem et commendacionem devota et supplex oracio subinfertur, que in duas partes distinguitur, quia in prima sermo ad beatam Virginem, in secunda ad eius filium dirigitur, ibi: Salva nos et cetera.*

Wie beim zweiten Hauptteil greift diese Gliederung über die musikalische Komposition der Sequenz hinaus; denn der 1. Teil der *oratio*, der sich an Maria wendet, schließt nach dem Anonymus nicht mit dem fünften Versikelpaar, sondern mit dem 1. Versikel des sechsten Paares (*Audi nos ...*). Den Versikel 4a (*Hinc gentium*) und Versikel 4b (*Hinc manna verum*), bis auf die beiden Schlußzeilen (*ora ... effici*), versteht der Anonymus als Beweggrund (*motivum*): *... primo motivum premittitur, quo beata Virgo ad audiendum inclinetur* (Z. 432/33). Indem er (wie auch sonst) den Zusammenhang mit dem Vorhergehenden herstellt, erläutert er das *motivum* so (Z. 437/38): *... quia tu mundum sic a dampnoso crimine exemisti, hinc nos ad laudem et veneracionem tuam hostiam salutarem in altari offerimus.* Es geht also in diesem Versikel (*Hinc gentium*) um das Sakrament der Eucharistie, in dem der Leib Christi wahrhaft gegenwärtig mit geistigem Auge im Glauben zu schauen ist. Das Sakrament der Eucharistie wird im Gegenversikel (*Hinc manna verum*) durch Präfiguration bestätigt (Z. 471f.): *Sequitur versus, in quo predictum eucharistie sacramentum per figuram approbatur, cum dicitur: Hinc manna verum.* Der Versikel schließt mit einem Gebet an die Jungfrau (*Ora ... effici*), das auf das »*motivum*« folgt (Z. 508–510): *Debet enim movere Virginem ad orandum pro fidelibus, quod ad eius honorem misse misteria devote celebrantur.*

Er nimmt das Gebet, das Versikel 4b schließt, mit den folgenden Bitten zusammen (Z. 510ff.): *Ubi* (d. h. in der Bitte, *Ora, virgo, nos illo pane dignos effici*) *primo spiritualis vite puritas in generali petitur, secundo ipsa in speciali per multa veteris testamenti misteria explicatur, ibi: Fac fontem et cetera.* Es geht also um die Reinheit des Lebens, die im Schluß von Versikel 4b im allgemeinen (*in generali*) ausgesprochen wird und dann im 5. Versikelpaar (*Fac fontem*) im einzelnen an »*mysteria*« des Alten Testamentes entwickelt wird (vgl. Z. 522f.): *in sequentibus quippe duobus versibus quinque misteria veteris testamenti tanguntur, quibus puritas spiritualis vite designari et postulari videtur.*

430

Sehr ausführlich geht der Anonymus auf das 5. Versikelpaar ein (Z. 524–745), besonders auf Versikel 5a (Z. 524–658). Die doppelte »*percussio petre*« (nach Exod 17, 1–7 und Num 20, 2–13), in einer langen »*digressio*« erläutert (Z. 525–566), ist Präfiguration der Passion, aus der die Sakramente der Kirche hervorgegangen sind (Z. 566f. *utraque ergo dominicam passionem prefigurat*): *ex Christi latere in cruce passi fluxerunt sacramenta ecclesie* (Z. 573f.). Der Versikel bittet um die sakramentale Gnade (Z. 582f.), die reinen Glauben fordert (Z. 589–602).

Um Reinheit wird gebeten (Z. 613f.): *petitur virtus castitatis, sine qua non potest esse puritas vite spiritualis* (das bezieht sich auf *renes constringi*). Hinzukommen muß das Erneuerungsbad der Taufe (Z. 617–647), das *sacramentum regeneracionis* (so Z. 635f.), und häufiges Gedenken an die Passion des Herrn (Z. 673–675): *Nulla enim speculacionis sive contemplacionis species utilior ad puritatem vite spiritualis quam frequens memoria dominice passionis*.

Der Gegenversikel 5b (*Fac igni sancto*) bittet Maria, dem Gläubigen dazu zu verhelfen, daß er frei von sündigen Taten, Worten und Werken der Trinität nahen darf (Z. 686–745).

Dem kurzen sechsten Versikelpaar, das Caesarius nicht erklärungsbedürftig findet, widmet der Anonymus einen ausführlichen Kommentar (Z. 745–828). Zu Anfang der Erklärung (Z. 745–748) bestimmt der Anonymus den Stellenwert des Versikels 6a (*Audi nos*): *Sequitur enim: Audi nos, nam te filius nichil negans honorat. Hic est ultimus versus partis illius, in qua oracio ad beatam Virginem dirigitur; qui eciam quasi conclusio premissorum esse videtur, ut si dicatur: ita quidem premissa sub variis sacre scripture misteriis postulavimus, sed ut hec fiant et effectum sorciantur*. Was vorher an »*mysteria*« der Schrift dargelegt worden ist, möge durch Maria wirksam werden. Das liegt in: *Audi nos*.

Mit zwei Stellen aus dem Alten Testament (3 Reg 2, 19–20 und Esther 5, 3) als Präfigurationen begründet der Anonymus, daß Christus Maria die Erfüllung keiner Bitte verweigern wird.

Mit dem Gegenversikel 6b (*Salva nos*) läßt der Kommentator den Schluß beginnen, der sich unmittelbar an Christus wendet (Z. 770–774): *Sequitur: Salva nos, Iesu, pro quibus Mater Virgo te orat. Hec est ultima pars sequencie, in qua quasi per apostropham ad filium oracio convertitur. Primo quidem in genere: Salva nos et cetera, deinde in specie: Da fontem boni visere, et cetera*. Beide Versikel (6a und 6b) zusammen begründen für den Menschen eine große Hoffnung (Z. 801–804): *Et revera si horum duorum versuum collacio pia diligencia advertitur, ex ipsis magna spei et venie fiducia nobis generari videtur: quis etenim desperacionis locus esse valeat, ubi mater honoranda filium pro nobis orat, ubi filius honorans matrem nichil prorsus denegat?* Vorher wird mit den Namen Jesu (*salutaris* und *salvator*) begründet, daß von ihm Heil (*salus*) erwartet werden darf (Z. 774–790): *videtur hic postulari principaliter eterna salus anime.*

Die Erklärung des Schlußversikels (*Da fontem*) umfaßt 235 Zeilen (Z. 829–1066), fast ein Viertel des Kommentars zum Text der Sequenz. Die Eigenheiten des anonymen Kommentators treten dabei besonders deutlich hervor.

Bemerkenswert ist, daß er die Schrift des Boethius offenbar genau kennt; denn er deutet den Zusammenhang an, in den die Schlußverse von *De consolatione*, lib. III, metr. 9 gehören (Z. 833–836): *Et notandum, quod iste versus pro magna sui parte sumptus est ex Boecio, qui in libro De consolatione Philosophie, dum intendit investigare que sit et in quo sit vera beatitudo, divinum invocat auxilium metro heroico quod sic incipit: O qui perpetua mundum ratione gubernas, et plurimis sublimiter interpositis circa finem sic ait: Da, pater, angustam menti cognoscere sedem,/da fontem lustrare boni, da luce reperta/in te conspicuos animi defigere visus.*

Wie Caesarius klammert der Anonymus die Zeilen *Quo haustu … intelligere* als späteren Einschub aus und nimmt die Partie von *Da fontem* bis *auctor venire* als eine Einheit, die sich in vier Abschnitte und damit zugleich in vier Bitten gliedert (856–860): *… unus est versus ab illo loco: Da fontem boni visere usque ad finem sequencie, qui singularis est et parem non habet … et in suis quatuor clausulis quatuor continet peticiones, in quibus petitur in speciali quod supra petitum est in generali, ubi dictum est: Salva nos.*

Zwei der Bitten beziehen sich auf den *status vite contemplative* (Z. 860f. *due pertinent ad statum vite contemplative*), die dritte Bitte auf den *status vite active* (Z. 861 *tercia ad statum active*) und die vierte auf die Vollendung beider *status* (Z. 861f. *quarta ad consummacionem utriusque*). Vollkommene *contemplacio* fordert Ausübung der geistigen Kräfte und der Gefühlskräfte; darum beziehen sich die beiden ersten Bitten auf die *vita contemplativa.* Die Bitte um Vollkommenheit des Erkennens geht der Bitte um Vollkommenheit der Liebe voraus, weil man nur lieben kann, was man irgendwie kennt (Z. 864f. *nichil quippe amatur, nisi aliqualiter cognoscatur*). Bei der ersten Bitte führt der Kommentar Schriftquellen für »Quelle des Guten« (*fontem boni*) an und faßt die Analyse in Sätzen aus dem Proslogion Anselms von Canterbury zusammen (Z. 882/83): *Quere unum bonum, in quo sunt omnia bona, et sufficit. Desidera simplex bonum, et satis est.* Bei der zweiten Bitte geht er auf »Reinheit der Augen« (*puros mentis oculos*) systematisch ein und klärt am Ende der beiden Bitten (Z. 927–948) den Begriff der *vita contemplativa* (im Anschluß an Beda). Weil der *status* der *vita contemplativa* nur wenigen und nur für kürzere Zeit gegeben wird, bedarf es der ständigen Betätigung durch die *vita activa* (Z. 952–957).

Davon spricht die dritte Bitte: den christlichen Glauben durch das Tun zu krönen (*Christianismi fidem operibus redimire*). Der Anonymus sagt (Z. 970–974): *Christianismi fides operibus redimitur, dum ipsa per dilectionem operatur. Cum enim caritas non solum virtus sit, sed eciam aliarum virtutum forma, et cum forma det esse rei et conservet rem in esse, ad hoc ut fides sit virtus, oportet quod informata sit caritate* ... Gekrönt aber wird der Glaube durch die sieben Werke der Barmherzigkeit (Z. 983–985): *Sunt etenim septem opera misercordie corporalis et totidem spiritualis, quibus christanismi fides redimitur.* Er faßt sie jeweils in einem Hexameter zusammen, der in der Scholastik verbreitet ist (Z. 985 und 990f.): *Poto, cibo, redimo, tego, visito, colligo, condo* und *Consule, coge, doce, solare, remitte, fer, ora.* Wer die Werke der Barmherzigkeit körperlich nicht ausüben kann, soll es wenigstens im Geiste tun (Z. 993–995): *Cui ergo ad illa exteriora corporalia misericordie opera facultas non suppetit, saltem istis spiritualibus fidem suam redimire poterit, ut quod non valet effectu operis, suppleat voluntatis.*

Den Kommentar zur vierten Bitte leitet die Bemerkung ein (Z. 1002–1008): *Verum quia hec omnia tam contemplative quam active vite merita perdi possunt in hac mortali et misera vita, ... post predictas tres clausulas ad contemplativam et activam vitam pertinentes sequitur quarta clausula, in qua utriusque felix consummacio postulatur et in qua tocius sequencie huius series consummatur.*

Die letzte Bitte ist an Jesus als »Urheber« des Menschen gerichtet (Z. 1011–1013): *Est autem Jesus, quem in hac oracione alloquimur, auctor nostre creacionis* (nach Joh. 1, 3), *redempcionis* (nach 1 Petr 1, 18–19), *iustificacionis* (nach Rom 5, 1) *et glorificacionis* (nach Col 3, 4). An ihn geht die Bitte (Z. 1025f.): *Auctor, da nobis transire, quia vita hominis transitus est*; und weiter, in die Eingangsworte aus den *Confessiones* Augustins mündend (Z. 1030–32): *... da ... nobis transire ad te, quia, ut Augustinus ait, fecisti nos ad te et inquietum est cor nostrum, nisi requiescat in te ... Da ergo transire de huius incolatu seculi, id est de huius mortalis vite exilio et peregrinacione* (1004f.); *non enim habemus hic manentem civitatem, sed futuram inquirimus* (Z. 1006f.). Das selige Ende aber (*beato fine*) soll nach dem Anonymus[1498] kein *finis consumens* sein, wie

---

[1498] Anonymus (Z. 1040–1044): est quippe finis consumens, ut cum dicitur candela finita

beim Ausbrennen der Kerze, sondern ein *finis consummans*, eine Vollendung, wie nach der Vollendung eines Gebäudes (Z. 1040–1049). Wer in der Liebe durchhält, erreicht den vollkommenen *status*, von dem Boethius spricht[1499] und Augustinus am Ende von *De civitate Dei* (Z. 1061–1064): *nam quis alius noster est finis, quam venire ad regnum, cuius non est finis.*[1500]

---

que ardendo consumpta est; est eciam finis consummans, ut cum dicitur edificium finitum quod consummatum est.

[1499] Boethius (III, pr. 2): id autem est bonum, quo quis adepto nichil ulterius desiderare queat. est quippe status omnium bonorum aggregacione perfectus. Dieses Zitat ist eine Verkürzung; bei Boethius steht zwischen diesen beiden Aussagen noch die Feststellung, daß höchstes Gut alle Güter in sich enthält, und daran schließt sich als Folgerung an: liquet igitur esse beatitudinem statum bonorum omnium congregatione perfectum. Mit dieser Stelle beginnen im 3. Buche der Consolatio die Überlegungen über das wahre Glück (Consolatio, hg. Peiper – wie Anm. 1307 – S. 52). Der Anonymus beginnt sein Zitat aus Boethius mit den ersten Worten der Philosophia in der 2. Prosa des 3. Buches (S. 51f.).

[1500] Es ist bedeutsam, daß der Anonymus am Ende seines Kommentars außer der Kernstelle bei Boethius den Schluß aus Augustins De civitate anführt.

Personen- und Sachverzeichnis in Auswahl